KB201524

역사 논픽션
3·1운동

이 도서의 국립중앙도서관 출판예정도서목록(CIP)은 서지정보유통지원시스템 홈페이지(http://seoji.nl.go.kr)와
국가자료공동목록시스템(http://www.nl.go.kr/kolisnet)에서 이용하실 수 있습니다.
CIP제어번호: CIP2019005327(양장), CIP2019005325(반양장)

역사 논픽션 3·1운동

논픽션그룹 실록 지음

일러두기

_ 이 책은 논픽션으로, 이 책에 등장하는 인물, 사건의 장소와 시간, 발언과 글 등은 모두 가공되지 않은 역사적 사실입니다. 다만 사건이나 인물에 대한 평가는 물론이고, 일부 사실관계를 놓고 자료 또는 연구자마다 주장하는 바가 다를 수 있습니다. 필요시 본문에 해당 사실을 밝혔습니다.

_ 인명, 지명 등은 원지음을 외래어표기법에 따라 표기하는 것을 원칙으로 했습니다. 다만 간도의 용정(龍井), 일본의 입헌정우회(立憲政友會)와 같이 한국 한자음으로 더 널리 통용되는 일부 명칭은 관용을 따라 표기했습니다.

_ 본문에서 책 제목에는 『　』를, 논문·보고서·시·노래의 제목에는 「　」를, 신문·잡지 등 정기간행물의 제목에는 ≪　≫를, 기사 제목에는 " "를 사용했습니다.

이종찬

국립대한민국임시정부기념관 건립추진위원회 위원장

올해는 3·1운동과 대한민국 임시정부 수립 100주년이 되는 의미 있는 해다. 정부와 여러 민간단체에서 1919년에 벌어진, 우리 민족사의 큰 획을 그은 사건들을 기리고자 다양한 행사를 준비하고 있다. 하지만 많은 행사 진행을 보면서도 무엇인가 남는 것이 없다는 아쉬움이 있었다. 지난날처럼 또 일회성 행사로 끝나는 것은 아닐까. 100주년인 만큼 규모는 크고 거창할지 모르지만, 과연 내실 있는 무언가를 남길 수 있을까 걱정해온 것이 솔직한 심정이었다.

그러던 중 논픽션그룹 '실록'이 집필한 『역사 논픽션 3·1운동』의 원고를 미리 볼 기회가 있었다. 기미독립선언과 그 후에 벌어진 전 민족의 거대한 운동을 방대한 자료에 기초해 세밀하게 조명했고, 우리가 기억해야 할 사실들을 풍부하게 설명하고 있음이 반가웠다. 우리는 3·1운동에 대해 많이 알고 있는 것처럼 생각하지만, 사실 자세히 살펴보면 의외로 모르고 있는 것이 적지 않다. 그런 부족함을 이 책이 메워줄 것이 틀림없어 보였다.

당시 세계는 제1차 세계대전의 엄청난 참화를 겪으면서 약육강식의 세상에 대한 자성의 목소리와 사상의 등장을 목도했다. 민족자결주의도 러시아혁명도 모두 이런 시대 변화에서 탄생한 결과였다. 이런 변혁의 시대를 가장 민감하게 받아들인 것이 우리의 선열들이었다. 그러므로 기미독립선언서에서 "위력의 시대는 가고, 도의의 시대가 왔다. 지난 한 세기 동안 갈고닦아 길러진 인도주의적 정신이 이제 막 밝아오는 빛을 인류의 역사에 쏘아 비추기 시작했다"고 예고했던 것이다. 우리의 독립과 자유가 시대의 필연적 요구임을 천명한 것이다.

물론 우리에게 3·1운동은 민족 전체의 대일항전으로서 의미를 지닌다. 우리나라가 일제에 병탄당한 지 당시로 9년이 되었지만, 조선왕조와 대한제국을 통해 벼슬을 하고 백성을 지배했던 상층부는, 국치에 책임을 느끼고 자결한 일부를 제외하면, 국권 상실에 저항하는 기색조차 없었다. 그러나 우리 민족의 저변에는 나라를 빼앗긴 데 대해 거대한 분노의 용틀임이 내재해 있었다. 이런 민족의 저력이 고종의 서거를 계기로 일제히 폭발한 것이다. 2개월간 지속적으로 국내외를 막론하고 한국인이 모여 사는 곳이라면 어디에서든 태극기를 들고 만세운동을 벌였다. 세계사에서 유례를 찾아보기 어려운 총궐기였다.

3·1운동의 큰 의미 중 또 하나는 그것이 비폭력투쟁이었다는 점이다. 전 국민이 마치 사전 시나리오나 있는 듯이 선언서 말미에 강조한 공약 3장을 그대로 지키면서 비폭력으로 일관했다. 일제는 폭압적인 총칼로 탄압했지만, 이에 저항하는 한국의 민중은 그야말로 최후의 일인, 최후의 일각까지 평화적인 방법으로 정당한 민족적 요구를 의연히 외쳤던 것이다. 일본 측 통계에 따르더라도 전 민족의 10분의 1이 이 운동에 참여했다는 사실로부터 그 열도(熱度)와 집요함이 어느 정도인지를 짐작할 수 있다. 총칼보다 더 무서운 비폭력투쟁의 힘을 세계에 입증한 것이다.

3·1운동은 시위에 그치지 않고 4월 대한민국 임시정부 수립으로 승화되었다. 서울 지하에서, 중국 상하이에서, 그리고 극동 러시아에서 일제히 임시정부가 수립되었다. 그리고 그해 9월 조국의 자주독립이라는 대의 앞에 각 지역의 임시정부는 통합했다. 그러한 총단결은 '한국인은 분열해 망한다'는 말이 제국주의자들이 만들어낸 거짓말임을 증명해주었다.

전 세계에서 활동하던 독립운동 세력은 임시정부의 깃발 아래 뭉쳤다. 만주의 무장독립운동 세력들은 자발적으로 대한민국 임시정부 산하의 군부대로 편입되었다. 하와이 사탕수수밭에서 일하는 이민노동자들은 자진

6

해 성금을 모아 임시정부에 보냈다.

오늘날 세계에서 인구 5000만 이상, 국민소득 3만 달러 이상이면서 민주주의를 달성한 나라는 7개국밖에 없다고 한다. 영국, 미국, 프랑스, 독일, 이탈리아는 모두 서양 국가이고 동양에서는 우리와 일본뿐이라 한다. 우리가 국제적으로 이러한 지위에 올라선 것을 기적이라 말하는 사람이 많다. 그러나 3·1운동에서 보여준 우리 민족의 저력을 보면 이는 기적이 아니라 당연한 결과다.

이 책은 이러한 세계사적 의의를 가진 3·1운동을, 매우 구체적인 시위 현장에서 일어난 사건부터 전 세계적 질서 재편의 거대한 움직임에 이르기까지 생생하게 그려낸다. 모든 사람이 읽을 수 있도록 쉽고 재미있게 서술하면서도, 언급하는 사실에 관한 정보의 출처를 성실하게 제시한다. 참으로 역사 서술의 본보기가 되는 글이라 할 만하다.

3·1운동의 정신을 책에 훌륭하게 담아낸 필자들의 노고에 경의를 표하며, 이 책을 널리 추천하고자 한다.

2019년 2월
이종찬

차례

제1장

혁명 전야

吾等은茲에我朝鮮의獨立國임과朝鮮人의自主民임을宣言하노라此로써
世界萬邦에告하야人類平等의大義를克明하며此로써子孫萬代에誥하야
民族自存의正權을永有케하노라半萬年歷史의權威를仗하야此를宣言함
이며二千萬民衆의誠忠을合하야此를佈明함이며民族의恒久如一한自由
發展을爲하야此를主張함이며人類的良心의發露에基因한世界改造의大
機運에順應幷進하기爲하야此를提起함이니是ㅣ天의明命이며時代의大
勢ㅣ며全人類共存同生權의正當한發動이라天下何物이던지此를沮止抑
制치못할지니라

———

우리는 이에 조선이 독립국임과 조선인이 자주민임을 선언한다. 이 선언
을 세계 온 나라에 알리어 인류 평등의 크고 바른 도리를 분명히 하며, 이
것을 후손들에게 깨우쳐 민족자존의 정당한 권리를 길이 지녀 누리게 하
려는 것이다. 반만년이나 이어온 우리 역사의 권위에 의지해 독립을 선언
하는 것이며, 이천만 민중의 정성을 모아 이 선언을 널리 펴서 밝히는 바
이며, 민족의 한결같은 자유 발전을 위해 이것을 주장하는 것이며, 인류적
양심이 드러남으로 말미암아 온 세계가 올바르게 바뀌는 커다란 기회와
운수에 발맞추어 나아가기 위해 이를 내세워 보이는 것이니, 이 독립선언
은 하늘의 밝은 명령이며, 시대의 대세이며, 전 인류가 함께 살아갈 권리
를 실현하려는 정당한 움직임이므로, 천하의 무엇이든지 우리의 이 독립
선언을 가로막고 억누르지 못할 것이다.

번영 꿈꾸는 제국의 심장부

제국의 심장부에서는 제국의 이익과 번영을 위한 구체적인 논의가 불빛과 함께 반짝반짝 빛나고 있었다. 거기에는 병합 당시 내걸었던 동양의 평화나 식민지 조선의 번영이 끼어들 틈은 없어 보였다. 너무 평온하고 생산적이어서 오히려 불온한 그런 밤이었을 것이다.

1919년 2월 28일 저녁, 일본 도쿄 지요다구 나가타초 총리 관저. 하라 다카시(原敬) 총리는 식량 문제 해결을 위한 개간회사 설립과 관련해 기업인들과 간담회를 갖고 있었다.

일본은 당시 극심한 식량 부족을 겪고 있었다. 심지어 6개월 전인 1918년 8월 식량난과 쌀값 인상에 따른 전국적인 '쌀 소동'이 벌어져 정권이 교체되기도 했다. 즉, 그해 9월 데라우치 마사타케(寺內正毅) 내각이 무너지고 하라 다카시 내각이 들어선 것도 식량난이 근원에 자리하고 있었다. 물론 일본은 식량 문제를 해결하고자 식민지 조선에서 1918년부터 산미증산계획을 실시했지만, 초기 실적은 아직 크게 개선되지 못한 상황이었다.

이날 간담회 참석자들은 일본제일은행을 창업해 '일본 자본주의의 아버지'로 불리는 시부사와 에이이치(澁澤榮一), 미쓰이그룹 발전의 기초를 닦은 마스다 다카시(益田孝), 일본상업은행과 메이지상업은행 등을 세운 전 돗토리현 지사 다케이 모리마사(武井守正), 미쓰이그룹의 총수 단 다쿠마(團琢磨), 일본의 주요 기업 미쓰이와 미쓰비시, 후루카, 후지타, 스미토모의 대표들이었다. 내각에서도 다카하시 고레키요(高橋是淸) 대장상과 야마모토 다쓰오(山本達雄) 농상무상이 함께 참석했다.

하라 다카시의 일기(原奎一郎 편, 1950, 168쪽 참고)에 따르면, 일본 정부는 이날 연 8% 이익을 보장하는 조건으로 자본금 3000만 원을 15년 유예기간을 두고 대장성 예금부로부터 융통하는 방안 등을 제시했고, 참석자 모두 찬성했다. 개간회사 대표는 시부사와 에이이치가 맡기로 했고, 다수의 발기인을 모집하지 않기로 했다.

하라 다카시는 이날 일본의 식량 문제에 대한 근본적인 해결책은 '개간 조성법'상 대자본을 통한 전국의 미개간지를 개간하는 것 외에는 없다고 강조했다. 다만 다케이 모리마사는 사유지에 토지수용법을 적용해 강제 개간을 해야 한다고 주장하기도 했지만, 이 문제는 각 지역의 이해와 적지 않는 관계가 있어 받아들여지지 않았다. 하라 다카시 정부는 일본의 식량난 문제를 개간 사업과 경작지 확대를 통해 해결하려 했던 것이다.

하지만 하라 다카시의 개간 사업을 통한 경작지 확대 정책은 큰 성공을 거두지 못했고, 결과적으로 1920년대 식민지 조선에서 쌀 증산계획을 강도 높게 펼치게 된다.

일본 제19대 총리 하라 다카시는 1856년 이와테현에서 태어나 1875년 독립해 스스로 평민이 됐다. 1892년 외무성 차관과 1897년 조선 주재 공사를 역임한 뒤 1897년 ≪오사카마이니치신문(大阪每日新聞)≫의 사장이 됐다. 1900년 '입헌정우회(立憲政友會)'에 참여하면서 정계에 입문했고, 1902년 중의원 당선 이후 체신상, 내무상 등을 역임했다. 그는 군인이 아니면서도 일제 군벌 원로 야마가타 아리토모(山縣有朋)를 비롯해 군부 번벌(藩閥) 세력도 포용했다. 하라 다카시는 사이온지 긴모치(西園寺公望)가 은퇴한 후 입헌정우회 총재가 됐고, 1918년 9월 28일 쌀 소동으로 데라우치 마사타케 내각이 무너지자 최초의 정당 내각을 조직해 총리가 됐다.

이날 저녁, 경기도 용산(현재 서울시 용산)에 위치한 일제 조선군사령부. 조선군사령부는 식민지 조선에 대한 일제 지배체제의 근간인 '물리력'의 중심이었다. 조선군사령관 우쓰노미야 다로(宇都宮太郎)는 관저에서 척식국 장관 고가 렌조(古賀廉造)를 초대해 만찬을 함께했다. 고가 렌조는 우쓰노미야 다로와 같은 사가현 출신으로, 3월 3일로 다가온 고종의 국장 참석을 위해 일본에서 조선으로 건너왔다(宇都宮太郎關係資料硏究會 편, 2007, 220쪽 참고).

우쓰노미야 다로는 밤 9시가 넘자 경성 남대문역(현재 서울역)으로 나갔다. 고종의 장례식 참석을 위해 조선으로 건너온 아키야마 요시후루(秋山

好古) 육군 대장을 맞기 위해서였다. 아키야마 요시후루는 1916~1917년 조선주차군사령관을 지낸 인물로, 청일전쟁과 러일전쟁에도 참전한 백전 노장이었다. 특히 러일전쟁 당시 기병 제1여단장으로 사하전투, 펑톈전투 등에서 기병전술을 구사해 '일본 기병의 아버지'로 불렸다.

조선군사령관 우쓰노미야 다로는 1861년 규슈 사가현 가메가와 세이이치(亀川貞一)의 넷째 아들로 태어나 우쓰노미야 주베(宇都宮十兵衛)의 양자가 된다. 우쓰노미야가는 지쿠고국 야나가와 성주의 가신 아들인 가마치 사다히사(蒲池貞久)를 선조로 하는 가문. 우쓰노미야 다로는 육군 유년학교와 육군사관학교를 차례로 졸업하고 1885년 육군 소위로 임관했고, 육군 대학을 졸업한 뒤 1892년 육군참모본부에서 근무했다. 1894년 발발한 청일전쟁에서는 대본영 육군참모로 정보 수집 및 분석 업무를 맡았고, 주영 대사관 부관을 거쳐 1904년 러일전쟁 때는 아카시 겐지로(明石元二郎) 주 스웨덴 대사관의 부관으로서 러시아 약체화 공작, 이른바 '아카시 공작'을 지원했다. 육군 총참모본부 제2부장을 역임했고, 1911년 중국 신해혁명 때는 청조를 지지하던 정부 방침과 달리 은밀히 쑨원을 비롯한 혁명파를 지원했다. 육군 제7사단장과 제4사단장을 거쳐 1918년 조선군사령관이 됐다. 당시 계급은 육군 대장.

혁명 전야

마치 빅뱅 직전 같았다. 알 수 없는 긴장이 한반도를 종횡으로 분주히 가로지르고 있었다. 그 중심에 위치한 경성부는 차분해 보이는 겉모습과 달리 곳곳에서 뜨거운 피처럼 부글부글 끓고 있었다. 한강 이남이 도심으로 편입되기 전이어서 시내를 동서로 가로지른 청계천을 경계로 남과 북으로 나뉜 식민지 도시 경성. 제국의 신민 일본인과 식민지 조선인의 거주 지역 또한 청계천을 경계로 나뉘어 있었다. 조선인 번화가는 북쪽의 종로에 형성된 반면, 일본인 번화가는 남쪽의 혼마치(本町, 지금의 충무로)와 고가네마치(黃金町, 지금의 을지로), 메이지초(明治町, 지금의 명동)를 중심으로 형성돼 있었다. 사진관이나 유곽 등도 일본인과 조선인 대상으로 구분돼 있었다. 일본인들은 19세기 후반부터 일본 공사관이 위치했던 진고개(현재 충무로) 일대에 정착하기 시작했다. 반일 감정 탓에 안전에 유리한 공사관 주변에 머물고자 했던 것이다. 1910년대 중반 이후에는 혼마치를 비롯해 남대문로 1~4가 대부분이 일본인 소유로 넘어가게 된다(김경민, 2017, 25~26쪽 참고).

2월 28일 오후 8시, 경성부 가회동 170번지 천도교 교주 손병희의 산정 사랑채. 손병희를 비롯해 권동진, 권병덕, 김완규, 김창준, 나용환, 박동완, 박준승, 박희도, 신석구, 신홍식, 오세창, 오화영, 이갑성, 이승훈, 이종일, 이종훈, 이필주, 임예환, 최성모, 최린, 한용운, 홍병기 등이 모여 있었다. '기미독립선언서'에 서명한 이른바 민족 대표들이었다. 전체 33명 가운데 길선주, 김병조, 나인협, 백용성, 양전백, 양한묵, 유여대, 이명룡, 정춘수, 홍기조 등 10명을 제외한 23명이었다. 이 외에도 독립선언서에 민족 대표로 서명을 하지 않았지만 남대문교회 전도사 함태영도 참석했다(고등법원, 1920. 3. 22, 7쪽; 최린, 1962. 8, 181쪽 참고). 참석자들은 서로 인사하고 다과를 나눴다. 손병희가 간단하게 인사했다.

"이번에 우리의 의거는 위로 선조의 신성한 유업을 계승하고 아래로 자손만대의 복리를 크게 일으키는 민족적 위업입니다. 이 성스러운 과업은 제현의 충의에 의지해 반드시 성취될 줄 믿어 의심치 않는 바입니다."(최린, 1962. 8, 181쪽)

그러면서 손병희는 오랫동안 준비한 거사가 일본 경찰에 발각되지 않고 거사 하루 전에 이르게 해준 하느님께 감사드린다며, 이 운동을 통해 즉각적인 독립은 기대할 수 없다고 하더라도 반드시 성공해 간절한 소망이 이뤄질 것이라고 역설했다(국사편찬위원회, 1990a, 44쪽; 최린, 1962. 8, 180쪽; 최효식, 2003. 9, 9쪽 참고).

세브란스병원에서 제약부 주임으로 일하는 기독교도 이갑성은 이 자리에서 다수의 학생들이 파고다공원에 집결할 것이라는 소식을 전했다. 민족 대표들이 사전에 듣지 못한 이야기였다. 한 참석자는 우리의 독립선언 준비를 누설한 것이 아니냐고 묻자, 이갑성은 자연히 알게 됐을 것이라고 답했다. 손병희 등은 학생들이 대거 참가한다는 소식에 "학생들이 다수 있으면 소동을 일으켜 도리어 유해할 것이니 다수 앞에서 선언서를 발표하지 않더라도 배포하면 지장이 없으므로 태화관에서 발표하기로 하자"고 제안했다(국사편찬위원회, 1990a, 71쪽 참고). 즉, 파고다공원에서 선언식을 열면 자칫 군중심리에 따른 유혈 충돌이 발생하거나 일본 경찰에 탄압의 구실 또는 빌미를 제공할 수 있다고 우려한 것이다. 최린이 기억하는, 민족 대표들의 논리다.

"내일 파고다공원에 다수의 학생과 민중이 회집하게 되면 군중심리로서 의외에 무슨 동요가 있을지 모르고 또 일본 군경이 무슨 간계로 현장을 교란시켜 폭동의 구실을 만들어서 흉한 강압 수단을 취할지 모르니 … 선언서로 말하면 내일 새벽에는 벌써 전 시내에 살포될 터인즉 살포 그것이 곧 발표라고 본다면 따로 무슨 발표의 형식이 있을 필요가 없을 것이다."
(최린, 1962. 8, 181쪽)

참석자들은 이에 따라 3월 1일 독립선언 장소를 당초 예정했던 경성 파고다공원이 아니라 명월관의 지점으로 파고다공원에서 150여 미터 떨어진 인사동 '태화관'으로 변경했다. 한 참석자가 일본 경찰의 취조에 대비해 주요 사항에 대해 서로 말을 맞출 필요가 있다고 말했다. 이에 최린은 "당당한 민족 대표로서 독립선언에 관한 사항을 군이 왜곡할 필요가 없고 또는 말을 맞춘다고 맞춰지는 것도 아니니 각기 자기가 관계한 사실을 사실 그대로 솔직히 말한다면 맞추지 않아도 맞아질 것이 아니냐"고 말해 일본 경찰의 조사에 솔직하게 임하는 것으로 의견을 모았다(최린, 1962. 8, 181쪽 참고).

독립선언서에 서명한 33명의 민족 대표 좌장 역할을 한 손병희는 1861

년 충청북도 청주에서 청주관아 아전의 아들로 태어났다. 자는 응구(應九). 서자 출신인 손병희는 청년 시절에는 반항심이 강했다고 한다. 22세 때인 1882년 조카 손천민의 권유로 동학에 입도했고, 3년 뒤 최시형을 만나 그의 수제자가 됐다. 최시형에게서 받은 도호는 의암(義菴). 손병희는 1894년 동학농민운동 때는 북접 소속으로 남접의 전봉준과 함께 관군에 맞서 싸웠고, 우금치전투에서 패한 뒤에는 함경도와 평안도 지역에 은신하며 동학 재건에 앞장섰다. 그는 1897년 최시형의 뒤를 이어 제3대 교주가 됐다. 동학에 대한 탄압이 거세지자 1901년 중국을 거쳐 일본으로 망명했다. 손병희는 1903년 일본에서 교리서 『삼전론』과 『명리전』 등을 저술했고, 권동진, 양한묵, 오세창 등 개화파 인사들을 포교했다. 그는 일본에 머물면서 '일본적 서구'를 지향하는 문명개화 노선을 정립했다. 손병희는 1905년 12월 1일 동학을 천도교로 개칭하고, 1906년 1월 귀국해 송병준과 이용구 등 일진회 인사 62명을 출교시켰다. 그는 1907년 '대한협회'를 결성해 일진회의 '한일합방론'을 비판했다. 손병희는 1908년 도주직을 넘기고 교육 및 출판 사업에 힘을 쏟다가 1919년을 맞았다. 그때 손병희의 나이는 59세였다(김정인, 2002. 12; 최효식, 2003. 9).

한 시간 전인 오후 7시, 경성 인사동에 위치한 승동예배당. 경성의학전문학교(서울대 의과대학의 전신) 2학년에 재학 중인 한위건의 통지로 보성법률상업학교(전 보성전문학교, 고려대의 전신)의 강기덕과 한창환, 세브란스의학전문학교의 김문진과 이용설 등 학생 대표들이 회동했다. 이날 학생 대표들은 각 전문학교 대표자 및 주목받고 있는 사람은 3월 1일 독립운동에 참가하지 않게 하고 그 대신에 중등학교 학생들을 적극 동원하기로 했다. 다만 중등학교 학생들이 당일 폭력적으로 나오지 않도록 하자고 의견을 모았다. 이들은 3월 1일 독립만세시위에 이어 3월 5일 학생 그룹에서 제2의 독립만세시위를 하기로 대략 결정했다. 아울러 강기덕이 이갑성에게서 받은 독립선언서 1500매를 중등학생들에게 배포하기로 했다.

강기덕 등은 이에 따라 이날 밤 10시쯤 정동제일교회로 가서 중등학생

15~16명에게 독립선언서를 건네며 경성 시내에 배포하게 했다(고등법원, 1920. 3. 22, 13쪽; 국사편찬위원회, 1990a, 87쪽 및 115쪽 참고). 그러면서 경성의 종로 이북은 불교 학생들이, 종로 이남은 기독교 학생들이, 남대문 밖은 천도교 학생들이 분담해 배포하게 했다. 학생들은 다음 날 만세시위에도 앞장설 것을 결의했다(국사편찬위원회, 1990a, 37쪽; 윤병석, 2013, 423쪽 참고).

강기덕은 1886년 함경남도 원산에서 태어나 보성법률상업학교에 재학 중이었고, 박희도와 이갑성 등을 통해 민족 대표 33인과 연결된 뒤 학생 그룹을 이끌고 만세운동 조직화를 주도했다. 1896년 함경남도 홍원에서 태어난 한위건은 정주 오산학교를 거쳐 경성의전에 입학했고, 3·1운동 당시 강기덕과 연희전문학교 재학생 김원벽과 함께 학생운동을 주도했다.

이날 밤, 경성 남대문 밖 복숭아골 세브란스의학전문학교 안에 위치한 프랭크 스코필드(Frank W. Schofield) 사택. 세브란스의전 부속병원의 제약 부 주임 이갑성이 찾아왔다. 그는 이날 허리춤에서 종이 한 장을 꺼냈다. '기미독립선언서'였다. 이갑성은 이를 스코필드에게 전했다. 이갑성은 이 날 스코필드에게 이를 번역해 미국을 비롯해 세계에 알려달라고 부탁한 것으로 알려진다. 이갑성은 1889년 대구에서 태어나 11세 때 선교사 알프 레드 샤록스(Alfred M. Sharrocks)를 만나 기독교 신자가 됐다. 12세 때 상경 한 그는 세브란스의전을 중퇴하고 3·1운동 당시 세브란스의전 부속병원 의 제약부 주임으로 재직하고 있었다.

스코필드는 이날 이갑성이 '기미독립선언서'를 전달하고 도움을 요청한 것에 깜짝 놀랐다고, ≪재팬애드버타이저(The Japan Advertiser)≫ 8월 2일 자에 실린 기고문 "한국 민심의 발견"에서 회고했다. 당시 한국인들이 독 립을 요구할 용기가 없을 것이고, 따라서 일제에 예속된 한국인에게 자주 독립은 한갓 백일몽일 것이라고 판단했던 스코필드였다. 그런데 조선인들 이 자신들의 독립 의지를 세계만방에 보이기 위해 독립선언과 만세운동에 나서고 있지 않은가. 그의 판단이 틀렸던 것이다.

"나는 형용할 수 없을 만큼 놀랐다. 그때까지만 해도 나는 한국인의 심중을 다 알고 있다고 생각했지만 그게 아니었다. 나는 한국인들의 정부에 대한 불평도 자주 들었고, 장차 시기가 무르익으면 쇠사슬을 풀고 독립을 찾을 것이라는 이야기도 싫을 만큼 들어왔다. 하지만 나는 그것이 한갓 백일몽에 지나지 않는다고 생각했고, 그들이 그러한 행동을 할 만한 용기도 없다고 판단했다."(이장락, 2007, 332쪽 재인용)

경성 재동 68번지 최린의 집. 최린은 이날 저녁 가회동 회동을 마치고 돌아온 뒤 사랑방에 누워 혼자 내일의 일을 생각했다. 최린의 자서전(최린, 1962. 8, 181~182쪽 참고)에 따르면, 최린은 일본 경찰의 고문에 대비해 혀를 깨무는 연습도 하고 사십 평생 삶의 공과도 생각했다. 자신의 목숨을 조국에 바치게 된 점이 통쾌하기도 하고, 백발의 부모가 겪을 고통을 생각하곤 가슴이 터지는 듯하기도 했다. 그는 눈물을 흘렸다. 최린은 이 생각 저 생각을 하며 몸을 뒤척였다. 이때 최린의 아내가 안방에서 나왔다. 아내는 최린의 눈물을 보고 "무슨 걱정이 계세요"라고 물었고, 최린은 "걱정은 무슨 걱정" 하며 자세를 가다듬었다. 최린의 아내는 "무슨 일이 있느냐"고 재차 물었다. 최린은 "우연히 부모님의 생각이 나서 울었다"고 대답했다. 최린은 아내를 따라 안방에 들어가 늦은 저녁밥을 먹었다.

밤 12시, 경성 계동 43번지 불교 잡지 ≪유심(惟心)≫의 사옥. 김규현, 김법린, 오택언, 정병헌 등 불교중앙학림과 중앙학원 학생 7명이 모였다. 불교중앙학림 학생 김규현이 한용운의 지시에 따라 학생들을 데려온 것이다. 손병희의 집에서 돌아온 한용운은 이 자리에서 내일 있을 독립선언과 만세시위에 대해 알리고 이종일에게서 받은 독립선언서 3000매를 학생들에게 경성 시내에 배포하라고 했다(고등법원, 1920. 3. 22, 10쪽 참고).

한용운은 특히 학생들에게 독립선언서를 2월 28일 밤이 아닌, 독립선언을 한 뒤인 3월 1일 밤에 집중적으로 배포하라고 했다고, 나중에 일제 조사 및 재판 과정에서 진술했다. 즉, 한용운은 "우리는 내일 오후 2시 독립선언서를 발표할 것이니, 그 전에 배부하면 안 된다. 낮에 배부하다가 폭동이 일어나면 안 되니 3월 1일 밤에 집집마다 돌리도록 할 것이며, 너희들은 그것만 할 것이지 폭동을 일으키면 좋지 못하다"고 말했다(학회자료, 1994, 113쪽 참고).

당일 현장에 있었던 김법린에 따르면, 이 자리에서 한용운은 3·1운동 준비 과정에서 불교 측의 교섭 과정에 대한 소회, 안타까움 등을 밝히기도 했다.

"우리 불교에 관한 것인데, 호남 방면의 도진호, 박한영, 전진응 제사와 경상남도의 사허, 오성월과 회담을 교섭했지만 교통과 기타 사정으로 면담치 못하고 백용성 선사만이 승인을 인게 됐다. 손병희 선생을 총대표로 기독교 측 15인, 천도교 측 15인, 불교 측 2인으로 결정하고 보니 임진왜란 당시 국사에 분주하신 서산, 사명대사 등 제사의 법손으로서 우리가 소수로 참가한 것은 참으로 유감스럽다."(김법린, 1979. 8, 64~66쪽)

불화의 근원, 한일병합

한국인들은 왜 일제가 전혀 생각지 못했던 거족적인 독립선언과 독립만세시위를 준비했던 것일까? 그 근원에는 민족의식과 독립정신이 자리한다. 한민족은 수많은 외세의 침략 속에서도 민족과 국가의 독립을 유지해 온 오랜 역사와 문화, 전통이 있었다. 오랜 독립의 역사와 강한 독립정신을 가지고 있었던 것이다.

하지만 일본은 1910년 8월 나라를 강제로 빼앗고 조선을 식민지로 만들었다. 일본은 무도한 제국이 됐다. 조선인은 일본에 분노했고, 자신의 운명에 절규했다. 경술국치 1개월 후 이종일은 일제 식민지로 전락한 직후 조선인이 느낀 분노와 슬픔을 다음과 같이 기록했다.

"나라를 일본에 빼앗긴 지 벌써 한 달. 나라를 빼앗긴 것에 분개해 스스로 목숨을 끊은 사람이 상당수에 달한다. 전 판돈녕부사 김석진 이후 황현 동지, 박병하, 의병장 이근주, 전 공조참의 이만도, 전 사헌부지평 이중언,

안동 사람 유도발 등 수십 명이나 된다. 나는 죄인인데 죽지 못함이 못내 안타깝다."(이종일, 1922/1984, 473쪽)

특히 매천 황현은 경술국치 직후인 9월 7일 전라남도 구례의 자택에서 음독해 순국하면서 그 유명한 「절명시」를 남겼다. 그의 나이 55세. 황현의 「절명시」는 장지연이 주필로 있던 ≪경상남도일보≫에 실렸다. 다음은 「절명시」의 일부다.

鳥獸哀鳴海岳嚬　새와 짐승 슬피 울고 강산도 찡그리니
槿花世界已沈淪　무궁화꽃 아름다운 우리나라 망하고 말았네
秋燈掩卷懷千古　가을 등불 아래 책 덮어놓고 지난 역사 생각해보니
難作人間識字人　인간 세상에 글을 아는 사람의 처신 참으로 어렵구나

한민족은 조국의 독립 회복을 강력히 원했다. 일제의 식민지가 아닌, 일제 지배하의 자치가 아닌, 완전한 자주독립을 원했다. 조선인은 과거에도 독립적으로 살았고, 당시에도 독립을 원했으며, 미래에도 독립의 길을 갈 운명이었다.

당시 한국인, 특히 독립운동을 주도한 이들은 조선의 독립이야말로 민족과 나라의 이익에 맞을 뿐만 아니라 일본의 궁극적인 이익과 동양 평화에도 기여하는 것으로 생각했다. 이는 일제의 식민지가 되는 것이 동양 평화와 한민족에게 이익이라고 강변했던 일제 지배층의 조선 식민지배 논리와는 정반대였다.

더구나 일제가 조선을 식민지로 만드는 과정 자체도 한국인의 자발성과 동의, 합의에 의한 것이 아니라 힘과 강압에 의한 불법 행위였다. 일제가 조선을 식민지로 만드는 과정은 정의롭지 못한 전쟁과 야만적인 무력, 국제법 위반, 테러 등 온갖 부조리한 행위를 총동원한 야만 그 자체였다.

일본은 1868년 구미 근대국가를 모델로 메이지유신에 성공하면서 동아시아에서 가장 빨리 근대적 국가를 형성한 뒤, 아직 근대화를 본궤도에 올

리지 못한 이웃 나라 조선을 노리기 시작했다. 1894년 2월, 전라북도 고부에서 동학농민군이 학정과 부진한 개혁에 맞서 봉기했다. 동학농민군은 이후 잇단 전투에서 관군을 물리치고 전주성을 점령했고, 당황한 조선 조정은 청나라에 원병을 청했다. 청나라가 그해 6월 출병하자, 조선 침략의 기회를 노리고 있던 일본은 청의 출병과 톈진조약을 빌미로 조선에 출병했다. 일본은 "중국군과 일본군 모두 조선에서 떠나달라"는 조선 정부의 철병 요구에 응하지 않고 경복궁을 침입해 친일 내각을 수립했다. 일본군은 곧이어 7월 25일 풍도에서 청국 함대를 공격해 청일전쟁을 일으켜 승리한 뒤 조선과 요동반도에 대한 영향력을 강화하고 대만을 할양받아 식민지로 만들었다(長田彰文, 2013/2017, 60쪽 참고).

1895년 10월 8일 새벽, 일본은 주조선 일본 공사 미우라 고로(三浦梧楼)를 앞세워 군인과 정치낭인 등을 동원해 경복궁을 습격하여 러시아와 미국을 이용해 일본을 견제하던 명성황후를 잔인하게 시해했다. 미우라 고로 등은 나중에 증거 불충분으로 석방되고, 그 대신에 조선인 3명이 진범으로 몰려 교수형에 처해졌다(長田彰文, 2013/2017, 62쪽 참고).

1904년 2월 9일, 일본은 한반도와 만주의 세력권 확보를 위해 뤼순항과 인천항에 정박해 있던 러시아군을 공격해 러일전쟁을 일으켰다. 중립을 선언한 조선에 '한일의정서' 등을 통해 전쟁을 지원할 것을 강요했다. 일본은 1905년 러일전쟁에서 승리한 뒤 그해 11월 17일 '을사조약'을 강압적이고 불법적으로 체결했다. 일본은 을사조약을 통해 당시 대한제국의 외교권을 박탈했다. 대외적인 주권을 빼앗은 셈이다(長田彰文, 2013/2017, 94~96쪽 참고).

미국인 감리교 선교사 호머 헐버트(Homer B. Hulbert)는 을사조약의 무효성을 알리고자 고종의 친서를 받아 시어도어 루스벨트(Theodore Roosevelt) 미국 대통령에게 밀서를 전달하고자 했지만, 실현되지는 못했다. 헐버트는 나중에 루스벨트가 을사조약 직후 고종의 청을 받아들이지 않고 친일 정책을 쓰면서 동아시아의 역사가 바뀌었고 결국 태평양전쟁까지 일어났다고 주장했다. 대한민국 정부와 일본 정부는 1965년 국교를 정상화하는 '한일기본조약' 제2조를 통해 을사조약이 '무효'임을 서로 확인했다.

일제는 을사조약에 따라 1906년 한성에 조선통감부를 설치해 내정에 간섭했고, 1907년 6월 네덜란드 헤이그에서 열린 제2차 만국평화회의에 이준, 이상설, 이위종을 특사로 파견해 을사조약이 무효라고 알리려 한 고종을 그해 7월 강제 퇴위시키고, 8월에는 군대를 강제로 해산시켰다(長田彰文, 2013/2017, 100쪽 참고).

일본은 고종 강제 퇴위와 군대 해산을 계기로 전국 곳곳에서 의병투쟁이 벌어지자 이를 대대적으로 탄압했고, 1909년에는 2개 사단 병력을 동원해 대토벌작전을 전개했다. 일본은 1910년 6월 경찰권마저 강제로 장악한 뒤 그해 8월, 불법으로 탄생한 조선통감부의 주도로 '병합' 방식으로 조선을 강점했다. 1910년 8월 22일, '한국 병합에 관한 조약'이 조인됐다. 조약문은 이렇게 시작한다.

"한국 황제 폐하와 일본국 황제 폐하는 두 나라 사이의 특별히 친밀한 관계를 고려해 상호 행복을 증진시키며 동양의 평화를 영구히 확보하자고 하며 이 목적을 달성하고자 하면 한국을 일본국에 병합하는 것이 낫다는 것을 확신하고 두 나라 사이에 합병조약을 체결하기로 결정했다."

일본은 '대한'이라는 국호를 없애고 그냥 '조선'이라고 불렀다. '반만년의 유구한 역사'를 자랑하는 조선은 일제의 식민지로 전락했다. 수도 한성부는 경성부로 격하됐다. 일제 지배층은 조선이 일제의 식민지가 되면 조선인의 이익이나 일본의 국익, 동양의 평화에 더 좋을 것이라는, 맞지도 않고 잘못된 생각을 했다. 제국의 정점에 자리한 메이지(明治)와 다이쇼(大正), 쇼와(昭和) 덴노(天皇)도 일본 내각과 군의 정책 및 방침에 동의하고 최종 승인했다는 점에서 그 책임으로부터 자유로울 수 없다고 지적된다. 덴노와 일제 지도부는 조선의 식민지화가 진실과 정의에 맞지 않다고 생각했다면 애초에 조선을 식민지로 만들지 말았어야 했을 뿐만 아니라 뒤늦게라도 식민체제를 청산했어야 함에도 전혀 그렇게 하지 않았다.

일제의 조선 지배체제

일제는 한국을 강제 병합하면서 조선총독부-조선군-동양척식주식회사로 이어지는 식민지배체제를 구축했다. 일본제국을 위한, 일본제국에 의한, 일본제국의 지배체제였다.

일제는 1910년 8월 한일병합 직후 공식적인 식민지배체제로서 통감부를 조선총독부로 개편했다. 일본은 조선총독에게 조선 전체를 관할하게 했고, 총독으로는 육해군 대장만이 임명될 수 있게 했다. 이는 군대 중심의 식민체제, 군사적이고 강압적인 식민체제 형성을 의미하는 것이었다. 조선총독은 내각의 감독하에 있던 타이완총독과 달리 덴노의 직속이었다. 이것은 조선총독이 일본 내각의 직접적인 견제를 받지 않고 일반 행정권은 물론 입법권, 사법권과 군대 통수지휘권까지 아우르는 강력한 통치권을 부여받는 것을 의미했다. 이는 육군의 막강한 지배력 유지와 함께 일본의 한반도 식민지배의 최종적인 책임이 덴노에게 있다는 것을 의미하기도 한다.

초대 조선총독은 1910년 5월부터 제3대 한국통감을 맡고 있던 데라우치 마사타케였다. 육군 대장 출신인 데라우치 마사타케는 6년간 일본 헌병을 앞세워 가혹한 무단통치와 동화정책을 펼쳤다. 그는 미국 대통령 윌리엄 태프트와 벗겨진 머리가 흡사한 데다 헌정의 상식을 무시한 채 비입헌적 행위를 자행함으로써 '빌리켄(Billiken)'이라는 별칭을 얻었다.

1852년 조슈번 하급 무사의 아들로 태어난 데라우치 마사타케는 14세에 정무대에 들어가 군인의 길에 들어선 뒤 오사카군사학교에 입학했다. 보신전쟁과 세이난전쟁에 출정했던 그는 세이난전투에서 부상을 당해 오른손이 자유롭지 못하게 되자 야전 사령관을 포기하고 참모본부에서 일하며 전략가로서 두각을 나타냈다. 데라우치 마사타케는 야마가타 아리토모의 신임을 받으면서 1901년 가쓰라 다로(桂太郎) 내각의 육군대신이 됐다. 데라우치 마사타케는 육군대신으로 재직 중 일본 국가주의 우익단체 '흑룡회(黑龍會)' 활동을 지원하고 일본 국가주의자 우치다 료헤이(內田良平)와 송병준을 통해 일진회를 후원했다. 캐나다 언론인 프레더릭 매켄지(Frederick A. McKenzie)는 데라우치 마사타케에 대해 "조선인이야말로 집어 삼켜 씨를 말려야 할 민족이라고 생각한 인물"이라고 평가했다(McKenzie, 1920/1999, 150쪽).

조선총독 아래에는 행정과 교육, 문화를 담당하는 정무총감과 치안을 담당하는 경무총감이 존재했다. 총독부에는 총독관방 외에 총무부, 내무부, 탁지부, 농상공부, 사법부가 설치됐다. 소속 관서로는 중추원, 경무총감부, 재판소, 감옥, 철도국, 통신국, 전매국 등이 설치됐다. 행정구역도 개편해 전국을 13개 도로 구획하고 그 아래에 부, 군, 면을 두는 중앙집권체제를 수립했다. 일제는 조선총독부의 정무총감이 의장인 자문기관 '중추원'을 설치하는 한편, '조선총독부재판소령'과 '조선감옥령'을 개편 또는 개정했다.

일본의 '조선군'은 조선에서 무단지배를 수행하는 주요한 '물리력'이었다. 일본은 1904년 러일전쟁을 계기로 '한국주차군'이라는 이름으로 한국에 정규 1개 사단과 1개 여단을 파견했다. 이들은 1910년까지 일본에 항거하던 항일 의병들을 '토벌'하고 한일병합의 물리적 기반을 구축했다. 일본 정부는 러시아의 극동 진출과 청조 멸망에 따른 대륙 침략의 필요성이 커지자 1916년 4월부터 군사력을 증강했다. 제19사단(사단 사령부는 함경북도 나남에 위치)은 기존 제9사단과 교대하면서 1919년 2월 말까지 사단 편성이 완료됐고, 제20사단(사단 사령부는 경기도 용산에 위치)도 1921년 4월까지 완료되면서 2개 사단 체제가 됐다. 주한일본군의 이름도 기존 '주차군사령부'에서 '조선군사령부'(용산에 위치)로 바뀠다. 제19, 20사단은 이후 점차 증강돼 1922년 평양에 비행 제6대대가 신설됐고 1925년에는 연대로 증강됐다. 1936년에는 함경북도 회령에 비행 제9연대가 설치됐다(蔡永國, 1992. 12, 169~207쪽 참고).

조선군사령부에는 참모부와 부관부, 경리부, 군경부, 수의부, 법무부, 애국부 등의 부서가 있었다. 예하 부대로는 요새사령부, 조선 내에서 군사경찰을 집행한 헌병대 등이 있었다. 특히 헌병대는 경성(경기도, 황해도, 강원도 관할), 대구(충청도, 전라도, 경상도 관할), 평양(평안도 관할), 함흥(함경남도, 강원도 관할), 나남(함경북도 관할) 등 5개 지역에 헌병대를 두고 그 밑에 분대와 분견대, 분견소를 설치해 식민지 조선의 초기 경찰 업무를 수행했다. 조선 헌병대는 군사와 관련한 것은 조선군사령관의 지휘를, 행정경찰에 관한 사항은 조선총독의 지휘를 받는 이원적 거버넌스로 구성되었다(蔡永國, 1992. 12, 169~207쪽 참고).

경제적 수탈체제도 확립했다. 1906년 전국 12개 도시에 농공은행을, 1907년 금융조합을 잇따라 설립한 일본은 1908년 식민지 조선의 토지 수탈을 위해 동양척식회사를 설립했다.

크게 봤을 때 식민지 조선에 대한 일제의 통치 유형은 '사회경제적 수탈'을 목적으로 '간접 지배' 형태를 취한 '영국형'이나 '네덜란드형'이라기보다는 '사회경제적 수탈'을 목적으로 '직접 지배'를 선택한 '프랑스형'에 상대적으로 가깝다고 분석된다. 하지만 사회경제적 수탈만이 아니라 대륙 진출의 전초기지나 일본의 이익선 개념을 위한 측면 등 '정치적·군사적 고려'를 본질적으로 생각했고, 이른바 '동화정책'이라는 이름으로 민족말살 정책을 강행했다는 점에서 프랑스형과도 근본적으로 다르다고 지적된다. 특히 동화정책은 실제로 차별적 동화정책을 실시했다는 점에서 식민지 민중, 조선인에게는 너무나 가혹하고 불의한 것이었다. 이와 관련해 오인환은 다음과 같이 분석했다.

"일본의 한반도 식민통치는 제국주의 역할 모델인 영국과 프랑스와는 근본적으로 다른 지정학적 여건 속에서 시작됐다. 영국과 프랑스는 본국과 멀리 떨어진 아프리카, 아시아에 식민지를 가지고 있었기 때문에 제한된 수의 군대와 관료, 민간인을 보내 통치했다. 소수 정예의 관료를 보내 '간접통치'하던 영국보다 좀 더 많은 본국인을 투입해 '동화통치' 정책을 편 나라가 프랑스였고, 프랑스의 '동화정치'를 모델로 해 더 철저하고 악랄한

식민통치를 한 것이 일본이었다."(오인환, 2013, 104쪽)

오인환(2013, 104쪽 참고) 등에 따르면, 영국은 당시 3억 2500만 명의 인도인을 상대로 영국 관리 4898명을 파견해 식민지 인구 대비 관리자 수 비율이 6만 6150 대 1이었다. 프랑스는 1500만의 베트남인을 상대로 4300명의 프랑스 관리를 둬 그 비율이 3490 대 1이었다. 하지만 일본은 인구 2100만 명의 한국에 경찰, 공무원, 민간인 등 75만 명을 투입했고, 그중 일본인 공무원은 24만 6000명으로, 그 비율은 85 대 1이었다. 영국이나 프랑스와 비교조차 되지 않는 규모다. 그 외에 2개 전투사단을 주둔시키고 있었다.

식민지 무단통치

일제는 1910년 8월 조선을 강점한 직후부터 헌병과 군대를 앞세운 강압적 통치로 일관했다. 이른바 '무단통치'가 이뤄진 것이다. 일제의 조선 지배 세력은 식민 초기인 1910년대에는 조선의 일본화, 이른바 '내지(內地: 일본)연장주의'가 필요하다고 하면서도 한국의 '시세'와 한국인의 '민도' 등을 거론하면서 권력과 군인에 의한 장기통치가 불가피하다는 점을 강조했다. 이로써 내지연장주의가 지연되면서 자연스럽게 무단통치로 흘러갈 수밖에 없었다고 분석된다(류승렬, 2010 여름, 122쪽 참고).

먼저 일제는 한일합방 공표와 함께 '신문지법'과 '출판법', '보안법' 등을 통해 ≪경성신문≫, ≪조선일일≫ 등 10종의 한국어 신문을 모두 폐간하고 언론과 집회, 출판, 결사의 자유를 박탈했다. 이종일은『옥파 비망록』에서 '벙어리의 세상이 돼버렸다'고 당시를 기록했다.

"우리나라에서 일본이 행한 침략적 수법은 벌써부터 나타나기 시작했다. ≪대한매일신보≫를 접수해 ≪매일신보≫로 제호를 바꿔 총독부의 기관지로 만들었고 내가 간행하던 ≪제국신문≫도 ≪황성신문≫과 같이 문을 닫게 되니 기가 막혀서 말이 나오지 않는다. 서북학회 등 수십 개의 단체도 해산시키고 종교집회까지도 금지당하는 벙어리의 세상이 되고 말았구나."(이종일, 1922/1984, 473쪽)

일본은 이어 9월 10일 칙령 제343호를 통해 조선군에 속하는 헌병이 일반경찰 업무까지 담당하는 '헌병경찰제'를 도입했다. 군이 사회 전체와 분위기를 장악함으로써 이른바 '병영화'가 이뤄졌다. 일제는 군사경찰인 헌병과 문관경찰인 경찰에게 즉결처분권 등을 부여해 재판 없이 구금했고, 갑오개혁 때 폐지됐던 태형을 부활시켜 한민족에게만 차별적으로 적용했다. 박은식의 지적이다.

"저들의 통치 방침은 오로지 헌병과 경찰 중심으로 한다. 모든 행정의 운용과 행정사무의 입안 및 심의도 모두 헌병과 경찰의 간섭을 필요로 한다. 헌병사령관은 경무총감을 겸임하며 덴노의 칙령으로 명령의 권한을 줬다. 그의 명령으로 3개월 이하의 징역, 금고, 구류, 100원 이하의 벌금 및 과료를 붙일 수 있으며, 민사소송 조정에도 법령을 발포할 수 있다."(박은식, 1920/1999a, 101쪽)

아울러 조선총독부 행정관리와 교원에게도 제복과 함께 대검(帶劍)을 착용하게 했다. 조선총독은 헌병경찰을 한반도 전역 935곳에 배치하고(1911년 말 기준) 조선인 헌병 보조원을 채용해 헌병 중심의 억압 통치를 실시했다(신용하, 2013, 190쪽 참고).

일제는 그러면서 조선인의 독립운동에 대해서는 가차 없이 탄압했다. 1910년 12월, 안중근의 사촌 동생 안명근이 황해도 일대에서 서간도 무관학교를 세우기 위한 군자금을 모집하려다가 일본 경찰에게 체포됐다. 조선총독부는 안명근 검거를 계기로 1911년 황해도 일대의 민족주의자와 독립운동가를 일제히 검거하고 '안악 사건', '105인 사건', '신민회 사건' 등을 통해 각종 조선인 단체를 해산시켰다. 김구는 당시를 이렇게 회고했다.

"신해년(1911년) 정월 초닷새, 내가 양산학교 사무실에서 아직 일어나지도 않았을 때, 왜헌병 1명이 와서 헌병소장이 잠시 면담할 일이 있다고 함께 가기를 청했다. 같이 가니 벌써 김홍량, 도인권, 이상진, 양성진, 박도병, 한필호, 장명선 등 교직원을 차례로 불러 모은 후였다. 경무총감부의 명령이라며 임시구류에 처한다고 선언한 뒤 2~3일 후 전부를 재령에 옮겨 가두고, 황해 일대의 평소 애국자로 지목된 인사를 대부분 체포했다. … 내가 서대문옥에 갇힌 지 며칠 후 중대 사건이 발생하니, 왜놈의 이른바 제2차 뭉우리돌 줍는 사건이다. 제1차는 황해도 안악을 중심으로 해 40여 명 인사를 타살, 징역, 유배의 세 종류로 처결한 것이었다. 그런데 이번에는 평안북도 선천을 중심으로 애국 인사를 일망타진해 105명을 검거 취조했다. 이미 제1차 소위 보안 사건으로 2년 형을 집행받고 있던 양기탁, 안태국, 옥관빈과 유해형에 처했던 이승훈까지 다시 집어넣고 신문을 개시했다."(김구, 1947/2002, 218~246쪽)

김구는 특히 일제가 '안악 사건'과 '105인 사건' 당시 독립운동가나 민족주의자에게 진술을 받아내고자 혹독한 고문과 구타를 했다고 기록했다.

"하루는 소위 신문실에 끌려갔다. 처음에는 연령, 주소, 성명을 묻더니, '네가 어찌해 여기에 왔는지 알겠느냐?' 하고 물었다. '잡아오니 끌려올 뿐 이유는 모른다.' 다시는 묻지도 않고 수족을 결박하고 천장에 달아맨다. 처음에는 고통을 느꼈지만, 마지막에는 눈 내리는 밤 달빛 적막한 신문실 한 모퉁이에 가로누워 있게 됐다. 얼굴과 전신에 냉수를 끼얹은 느낌만 날 뿐 그 전에 무슨 일이 있었는지 알 수 없었다. 정신을 차리자 왜구는 비로소 안명근과의 관계를 물었다. 나는 안명근은 서로 아는 친구일 뿐이고 같이 일한 사실은 없다고 답했다. 그놈은 노발대발해 다시 천장에 매달고 세 놈이 돌아가며 매와 몽둥이로 무수히 난타했다. 나는 또 정신을 잃었다. 세 놈이 마주 들어다가 유치장에 눕힐 때는 이미 동창이 밝았다. 내가 신문실에 끌려가던 때는 어제 해 진 후였다. 처음에 성명부터 신문을 시작하던 놈이 불을 밝히고 밤을 새우는 것과 그놈들이 온 힘을 다해 사무에 충실한 것을 생각할 때에 자괴심을 견딜 수가 없었다."(김구, 1947/2002, 220쪽)

일제는 제1차 조선교육령을 통해 서당을 폐지하고 초등학교를 설립하는 등 식민지 노예교육을 강제했다.

일제는 경제 침탈도 심화했다. 조선총독부는 1910년 12월 총독부의 허가에 의해서만 회사를 설립할 수 있다는 '회사령'을 발표하고 민족자본을 억제했다. '산림령'과 '임야조사령', '어업령', '광업령' 등을 차례로 제정해 사실상 경제적 지배권이 일본인에게 넘어가게 했다. 담배와 인삼, 소금의 전매제를 실시해 재정수입 증대를 꾀했고, 신작로와 간선 철도, 항만 시설을 정비해 조선의 식량과 원료를 일본으로 쉽게 수송할 수 있게 했다.

조선총독부는 근대적 토지소유제도를 확립한다는 명분 아래 '토지조사령'을 선포하고 1912년부터 조선에서 토지조사사업을 벌여 조선 전체의 토지 가운데 40%를 차지했다. 동양척식회사는 확보한 토지를 싼 가격으로 일본인과 친일 인사에게 팔아넘겼다. 수많은 조선인이 가난한 소작농이 돼야 했고, 그것마저 여의치 않으면 공장의 노동자로, 도시 빈민으로 살아야 했다.

나중에 3·1운동이 발발하자 일본 언론은 일제와 데라우치 마사타케 조선총독의 무단통치가 군사적 목적을 최우선으로 한 것으로 조선인의 민복을 위한 것이 아니었다고 지적했다. ≪오사카아사히신문(大阪朝日新聞)≫의 기사 중 한 대목이다.

"데라우치 마사타케 총독은 군인정치를 추진해 문관의 군인화를 원했다. 그 무렵 총독부의 문관으로서 제모를 쓰는 법, 패검을 차는 법, 거수할 때 팔의 각도까지 데라우치의 잔소리를 듣지 않은 자는 없었다. … 경성에 놀러온 사람은 시중의 전차가 거리의 중앙을 달리지 않고 반드시 가로의 가장자리에 치우쳐 있는 것을 보고 매우 기이한 생각을 품을 것이다. 데라우치는 처음부터 전차 선로를 도로 가장자리에 치우쳐 부설하도록 명했다. 그 이유는 '군대의 통행에 방해가 된다'는 것이다. 즉, 데라우치에게 교통은 인민의 교통이 아니고 군대의 교통을 의미하는 것이다. 그는 갑작스러운 유사시를 가상해 도로이든 식산이든 모두 군사상의 목적을 첫 번째로 했고 인민을 위하는 것은 두 번째 목적으로 삼았다."(≪大阪朝日新聞≫, 1919. 6. 26, 2면; 윤소영 편역, 2009a, 303~304쪽 재인용)

일제의 가혹한 무단통치는 조선인의 광범위한 민심 이반을 초래했다. 일제에 대한 조선인의 민심은 일제 조선군사령관 우쓰노미야 다로의 1919년 일기에서도 그 일단이 드러난다. 즉, 우쓰노미야 다로는 2월 11일 경성 시내를 왕복하며 둘러봤는데 조선인이 운영하는 점포 가운데 일장기를 내건 곳은 단 한 곳도 없었다며 이것이야말로 조선의 현상이라고 지적했다 (宇都宮太郎關係資料硏究會 편, 2007, 212쪽 참고).

일제의 식민지배와 무단통치가 지속되면서 조선인의 민족의식은 펄펄 끓기 시작했다. 윤치호도 1919년 2월 27일 자 일기에서 조선인의 민족의식이 펄펄 살아 있다고 적고 있다.

"조선인들이 참을성 많고 우둔하고 호전성이 없기 때문에 민족 본능이 조금도 없다고 생각할지도 모른다. 그러나 최근의 사건들, 광무태황제의 서거에 대한 대중들의 애도와 도쿄에서 일어난 조선인 유학생들의 소요 (2·8독립선언) 등은 다른 모든 민족과 마찬가지로 조선인들 마음속에 민족 본능이 살아 있다는 결정적 증거다."(박미경 역, 2015, 265쪽)

일제의 식민지배와 무단통치에 맞서 조선 안에서는 여러 비밀결사운동이, 해외에서는 독립운동단체가 속속 결성됐다. 한반도 안에서는 1912년에는 국권 반환을 촉구하는 서간을 보내고 의병 전투를 준비하려고 한 '대한독립의군부'가 1915년에는 군자금을 모아 만주에서 독립군을 조직하려던 '대한광복회'가 차례로 결성됐다. 또한 '조선국권회복단', '조선국민회' 등의 비밀결사 조직이 만들어지기도 했다.

강력한 무단통치 때문에 독립운동은 주로 해외에서 전개됐다. 많은 조선인이 의병전쟁 패배 후 간도 지방이나 러시아 연해주 블라디보스토크, 중국의 상하이와 베이징 등으로 건너가 활발하게 독립운동을 준비했다. 특히 1917년 6월 러시아 연해주에서 '전로한족회'가, 1918년 6월 하바롭스크에서 '한인사회당' 등이 차례로 결성됐다. 미국에서는 1909년 2월 '대한인국민회'가, 1913년 5월 샌프란시스코에서 민족 엘리트 양성을 목적으로 '흥사단'이 각각 조직됐다. 결국 무단통치는 한민족의 거족적인 독립만세운동을 촉발하게 된다.

무단통치의 실상과 염상섭의 『만세전』

　군대에 헌병경찰까지 확보하는 일제의 무단통치의 실제는 어땠을까. 사실주의 작가 염상섭의 소설 『만세전』(1924)에는 당시 일제 무단통치의 실제와 식민지 조선인의 고통을 엿볼 수 있다. 염상섭 본인이 게이오대 학생으로서 3·1운동에 가담한 혐의로 투옥되기도 했다. 조금 길지만, 염상섭의 『만세전』 속으로 들어가 보자.

　조선인은 항구의 여객터미널과 기차역, 버스정류장 등 곳곳에서 일본 헌병과 순사, 보조원 등으로부터 검문검색을 받아야 했다. 심지어 배와 기차, 버스 등이 멈출 때마다 헌병과 순사, 보조원들의 감시의 시선과 불시 검문검색을 받아야 했다(염상섭, 1924/2005, 115쪽 참고).

　한국인 주인공이 일본 시모노세키에서 배를 타고 부산항에 도착했을 때 그를 가장 먼저 맞은 이는 일본 헌병과 순사, 조선인 보조원이었다. 조선인들은 제국의 헌병, 순사, 보조원 앞에서 도살장에 끌려가는 소처럼 벌벌 떨었다. 불안이 모든 피부마다 파고들었을 것이다.

　"배에서 끌어 내린 층층다리가 잔교 위에 걸리니까, 앞장을 서서 올라오는 것은 흰 테를 두른 벙거지를 쓰고 외투를 입은 순사보와 육혈포 줄을 어깨에 늘인 일본 순사하고, 누런 복장에 역시 육혈포의 검은 줄을 늘인 헌병이다. 그들은 올라오는 길로 배에서 내려서는 어귀에 좌우로 지키고 서고, 그다음에는 이쪽저쪽에서 승객이 통해 나가는 길의 중간에도 지키고 섰다. 이같이 경관과 헌병이 소정한 자리에 서니까, 그제야 1, 2등 승객이 하나둘씩 풀리기 시작했다. 교통차단을 당한 우리들 3등객은 배 속에 갇힌 포로 모양으로 매우 부러운 듯이 모든 광경을 바라만 보고 섰다. … 나는 한중턱에서 천천히 걸어 나갔다. 층계에서 한 발을 내려디딜 때는 뒤에서 외투 자락을 잡아당기는 것 같았다. 그러나 열 발자국을 못 떼어놓아서 층계의 맨 끝에는 골똘히 위만 쳐다보고 서 있는 네 눈이 있다. 그것은 육혈포도 차례에 못 간 순사보와 헌병 보조원의 눈이다. 그 사람들은 물론 조선 사람이다. 나는 될 수 있는 대로 태연히 그들에게 눈을 거들떠보지도 않고 확실한 발자취로 최후의 층계를 내려섰다. 될 수 있으면 일본 사람으로 보아달라는 요구인지 기원인지를 머릿속에 쉴 새 없이 되뇌면서…. 그러나 나의 태연한 태도라는 것은 도살장에 들어가는 소의 발자취와 같은 태연이다.

'여보, 여보!'

물론 일본말로다. 나는 나의 귀를 의심했다. 으레 한번은 시달리려니 하는 생각이 있었기 때문에 공연히 부르는 듯싶었다. 나는 모르는 체하고 두서너 발자국 떼어놓았다. 하니까 이번에는 좌우편에 쭉 늘어섰던 사람 틈에서, 일복에 인버네스를 입은 친구가 우그러 쓴 방한모 밑에서, 이상하게 번쩍이는 눈을 무섭게 뜨고 앞을 탁 막는다. 나의 등에서 식은땀이 쭈르륵 흘렀다.

'저리 잠깐 가십시다.'

인버네스는 위협하듯이 한마디하고 파출소가 있는 방향으로 나를 끌었다. 나는 잠자코 따라섰다."(염상섭, 1924/2005, 71~72쪽)

부산역에서 출발해 중간 기착지인 심천역에 도착했을 때는 헌병이나 순사, 헌병 보조원이 기차 안으로 들어오기도 했다. 그들이 허리에 총과 칼을 차고 날카로운 눈초리로 뚜벅뚜벅 다가올 때, 조선인들은 흔들리는 남폿불처럼 불안에 떨어야 했다.

"두 사람이 잠자코 앉았으려니까 차는 심천 정거장엔지 도착한 모양이다. 새로운 승객도 별로 없이 조용한 속에 순사가 두리번두리번하고 뚜벅 소리를 내며 들어와서 저편 찻간으로 지나간 뒤에 조금 있으려니까, 누런 양복바지를 옹구바지로 입고 작달막한 키에 구두 끝까지 철철 내려오는 기다란 환도를 끌면서 조선 사람의 헌병 보조원이 또 들어왔다. 여러 사람의 눈은 일시에 구람만 한 누렁저고리를 입은 조그마한 사람에게로 모였다. 누구를 찾는 것이 분명하다. 나는 공연히 가슴이 선뜩했으나, 이 찻간에는 나를 미행하는 사람이 있으리라는 생각을 하니까 안심이 됐다. 찻간 속은 괴괴하고 헌병 보조원의 유착한 구두소리만 뚜벅뚜벅 난다. 그러나 여러 사람의 가슴은 컴컴한 남포의 심짓불이 떨리듯이 떨렸다. 한 사람 두 사람 낱낱이 얼굴을 들여다보고 지나친 뒤의 사람은, 자기는 아니로구나 하는 가벼운 안심이 가슴에 내려앉은 동시에, 깊은 한숨을 내쉬는 모양이 얼굴에 완연히 나타났다. 헌병 보조원의 발자취는 섬섬 내 앞으로 가까워 왔다. 나는 등을 지고 돌아앉았고, 내 앞의 갓장수는 담뱃대를 든 채 헌병의 얼굴을 똑바로 쳐다보고 앉았다. 헌병 보조원은 내 곁에 와서 우뚝 섰다. 나는 가슴이 뜨끔해 무심코 쳐다보았다. 그러나 헌병 보조원은 나를 본체만체하고 내 앞에 앉았는 갓장수를 한참 내려다보고 섰더니 손에 들었던 종잇조각을 펴본다. 내 가슴에서는 목이 메게 꿀떡 삼키었던 토란 같은 것이 쑥 내려앉은 것 같았다.

'당신, 이름이 뭐요?'

헌병 보조원은 갓장수더러 물었다.

'나요? 김××예요.'

하며 허둥지둥 일어났다.

'당신이 영동서 갓을 부쳤소?'

'네에.'

'그럼 잠깐 내립시다.'

찻간 속은 쥐 죽은 듯한 침묵에서 겨우 벗어났다. 여기저기서 수군수군하는 소리가 난다. 내 말동무는 헌병 보조원의 앞을 서서 허둥지둥 차에서 내렸다."(염상섭, 1924/2005, 122~124쪽)

중간 기착지인 대전역에서는 헌병경찰과 순사, 보조원 등에 붙들린 조선인들의 모습도 보인다. 어설픈 웃음에 담긴 청년들의 공포, 추위와 두려움에 떠는 결박된 조선인들, 아이를 업은 조선 아낙의 슬픔….

심지어 자신의 집에서조차 조선인들은 자유를 만끽하지 못했다. 헌병과 순사, 보조원들의 '감시', '관리'의 눈이 대문을 박차고 들어오고 담을 넘어 틈입해서다. 조선인들은 언제나 관리되고 있음을 의식해야 했고, 그것은 엄청난 압박이고 불안이었다.

일제의 가혹한 무단통치는 식민지 조선을 희망을 잃어버린 땅으로 만들고, 조선인을 숨조차 제대로 쉬지 못하게 만들었다. 그래서 염상섭은 『만세전』에서 일제에 짓눌린 식민지 조선을 '공동묘지'라고 묘사했다.

"다른 것은 그만두더라도 나의 주위는 마치 공동묘지 같습니다. 생명력을 잃은 백의의 민(民) 망량(魍魎) 같은 생명들이 준동하는 이 무덤 가운데에 들어앉은 지금의 나로서 어찌 '꽃의 경성'을 꿈꿀 수가 있겠습니까? 눈에 띄는 것, 귀에 들리는 것이 하나나 나의 마음을 보드랍게 어루만져주고 기분을 유쾌하게 돋우어주는 것은 없습니다. 이러다가는 이 약한 나에게 찾아올 것은 질식밖에 없겠지요. 그러나 그것은 장미 꽃송이에 파묻혀서 강렬한 향기에 취하는 벌레의 질식이 아니라 대기와 절연한 무덤 속에서 구더기가 화석(化石)하는 것 같은 질식이겠지요."(염상섭, 1924/2005, 164쪽)

하라의 집권과 식민지배체제의 균열

1918년 6월 29일, 연합군의 일원으로 독일과 항전하려던 체코군이 블라디보스토크에 도착한 뒤 봉기를 일으켜 블라디보스토크의 소비에트를 무너뜨렸다. 미국은 7월 8일 체코군을 구원하기 위해 일본에 함께 출병하자고 제안했고, 일본은 8월 2일 내각회의를 소집한 뒤 시베리아 출병을 결정했다. 앞서 그해 1월 거류민 보호 명목으로 소규모 병력을 보냈던 일본은 체코 병사를 구한다는 명분으로 시베리아에 출병해 블라디보스토크에 상륙했다. 일본군은 미군이 들어오기 전에 블라디보스토크에 약 2만 8000명을 배치했다. 영국군이 8월 3일 상륙했고 이어 캐나다군 6000명, 프랑스

군이 8월 10일 차례로 도착했다. 미군은 8월 16일에야 블라디보스토크에 상륙했다. 원래 일본은 미국과 협정을 맺어 각각 1만 2000명을 파병하기로 했지만, 협정을 맺은 규모보다 훨씬 많은 병력을 파병했다. 일본이 시베리아에 파병한 병력은 최종적으로 6~7만 명에 이르렀다. 일본은 10월 러시아 동부 시베리아 일대를 점령하며 동북아시아 최강자로 부상했다. 이미 청일전쟁과 러일전쟁을 통해 동북아 주도권을 장악했고 대만과 조선을 병합하면서 동아시아 패권체제를 강화한 뒤였다.

그해 8월 3일, 일본 혼슈 도야마현. 어부의 아내들이 쌀값을 내리라고 요구하며 쌀가게를 습격해 불태우는 일이 벌어졌다. 이른바 '쌀 소동'이 발생한 것이다. 미국의 시베리아 출병 요청이 알려진 이후 물가가 뛰었다. 철, 석탄, 종이 등의 가격도 급등했다. 특히 쌀 도매상들이 가격을 담합하면서 7월 쌀값은 4년 전인 1914년보다 무려 네 배나 뛰었다. 민중은 삶을 잃었고 분노를 폭발시켰다.

도야마 사건을 계기로 8월에는 일본 전역에서 민중이 쌀값 폭등에 항의하며 '쌀 소동'이 벌어졌다. 1개월 동안 전국 38개 현에서 70만 명이 시위에 나섰다. 300여 곳의 쌀 상점과 지주를 습격했다. 쌀 소동은 이후 보통선거를 요구하는 민중운동의 계기가 됐다(신주백, 2001. 3, 39쪽 참고).

데라우치 마사타케 내각은 군대를 동원해 쌀 소동을 일으킨 민중을 진압했다. 쌀 소동은 진압됐지만 내각에 치명타를 안겼다. 야당과 언론은 물론 여당도 데라우치 마사타케 내각을 비판했고, 방패막이였던 야마가타 아리토모도 데라우치 마사타케를 버렸다.

1918년 9월 27일 오전, 도쿄 지요다구 지요다 1번지 고쿄(皇居). 전날 다이쇼 덴노 요시히토(嘉仁)의 시종장으로부터 입궐하라는 연락을 받은 하라 다카시는 덴노를 배알했다. 데라우치 마사타케 내각을 퇴진시키고 조각하라는 취지의 칙명을 받았다(原奎一郎 편, 1950, 31쪽 참고).

9월 28일, 도쿄 나가타초 총리 관저. 시베리아에 파병하고 조선 및 중국에서 불법적이고 강압적인 제국주의 정책을 폈던 데라우치 마사타케 총리가 물러났다. 하라 다카시가 데라우치 마사타케의 뒤를 이어 일본 총리에 올랐다. 입헌정우회의 첫 내각으로, 정당 세력의 성장을 상징했다. 입헌정우회는 1900년 이토 히로부미가 주도해 설립한 정당으로, 정부에 대한 의회의 참여를 늘려야 한다는 입장을 지녔다. 제2당은 헌정회였다.

하라 다카시 신임 총리는 10월 29일 육군상과 해군상, 외무상을 제외한 전 내각을 입헌정우회 회원으로 채웠다(原奎一郎 편, 1950, 37쪽 참고). 야마가타 아리토모 등 육군 군벌과도 관계를 유지하면서 내각과 의회를 정당 인사 중심으로 이끌어가려 했다. 영국 및 미국과 협조체계를 구축하는 한편, 군사력을 바탕으로 한 대외팽창주의는 최소화했다. 하라 다카시의 국제 협조 평화 노선은 1931년 만주사변이 발발하기 전까지 일본 국정의 기본 노선이 됐다. 교육기관 확충과 교육제도 개선, 교통기관 정비, 산업 진흥 등의 정책을 폈다(김종식, 2007. 4, 277쪽; 宇治敏彦 외, 2001/2002, 102~118쪽 참고).

일본제국의 내각 교체는 식민지 조선 지배체제에도 변화를 예고하는 것이었다. 조선총독 하세가와 요시미치(長谷川好道)와 조선군사령관 우쓰노미야 다로, 정무총감 야마가타 이사부로(山縣伊三郎)로 이어진 식민지 지도부 모두 데라우치 마사타케 전 총리나 군벌 야마가타 아리토모의 영향력 안에 있던 인사들로, 하라 다카시 집권 이후 미묘한 균열이 생겨나기 시작했다.

하라 다카시의 총리 취임 직전인 9월 24일, 조선총독 하세가와 요시미치는 데라우치 마사타케 총리에게 건강상의 이유로 사직하겠다는 뜻을 내비쳤다. 하세가와 요시미치는 같은 야마가타 아리토모 파벌 소속으로 자신의 지지자였던 데라우치 마사타케의 퇴진이 분명해지자 조선총독직을 수행하기가 여의치 않을 것을 직감하고 사의를 표한 것이다. 하세가와 요시미치의 사표는 받아들여지지 않았다. 그럼에도 데라우치 마사타케에서 하라 다카시로의 내각 교체는 일제 입장에서 충직하게, 식민지 조선의 입장에서는 고통스러웠던 무단통치를 주도해온 하세가와 요시미치 체제의 균열을 의미하는 것이었다.

하세가와 요시미치는 1850년 과거 조슈번이던 야마구치현 하급 무사인 하세가와 도지로(長谷川藤次郎)의 장남으로 태어났다. 초대 조선총독을 지낸 데라우치 마사타케와 동향이다. 가난한 하급 무사의 아들이었지만 보신전쟁에 참전했고 오사카군사학교를 졸업한 뒤 육군대위가 됐다. 세이난전쟁과 청일전쟁, 러일전쟁에 참여했다. 1904년 대장으로 진급해 조선주차군사령관으로 임명된 뒤 1905년 헌병경찰 도입과 을사조약, 1907년 군내 해산과 정미 7조약 체결 등에 깊숙이 개입했다. 을사조약 후 의병운동을 무자비하게 탄압하는 데 앞장섰고, 조선주차군 예산으로 일진회와 우치다 료헤이를 비롯한 대륙낭인들을 지원했다. 그는 데라우치 마사타케의 뒤를 이어 1916년부터 제2대 조선총독으로 부임했다. 하세가와 요시미치는 데라우치의 억압정책을 그대로 계승했다는 평가를 받았다.

10월 13일, 조선총독부 정무총감 야마가타 이사부로는 일본으로 들어가 하라 다카시 총리와 만났다. 야마가타 이사부로는 이 자리에서 조선의 상황이 무관 총독을 필요로 하지 않는다는 점과 하세가와 요시미치도 사직할 의사를 보이고 있다는 점을 알린 뒤 자신이 하세가와 요시미치 사임 이후 후임 조선총독이 되고 싶다는 뜻도 은근히 내비쳤다(김종식, 2007. 4, 278쪽 참고).

총리 하라 다카시도 당시 식민지 정책과 관련해 '식민지특수주의'가 아닌 '내지연장주의' 정책이 필요하다고 여겼다. 즉, 가급적 일본과 제도가 같고 구별이 없어야 하며, 이를 위해 총독으로 무관 대신 문관이 필요하다고 생각했다.

야마가타 이사부로 정무총감은 일본 육군 파벌의 원로인 야마가타 아리토모의 양자다. 야마가타 아리토모는 야마가타 가문을 이을 자손이 없어 누나의 차남인 이사부로를 양자로 삼았던 것이다. 야마가타 이사부로는 독일 유학 이후 내무 관료로 도쿠시마현과 미에현 지사, 지방국장, 내무차관 등을 역임했고, 1906년 제1차 사이온지 긴모치 내각에서 체신상으로 입각했다. 야마가타 이사부로는 특히 1910년 조선통감부 부통감이 돼 대한제국 병탄 작전을 벌였고, 병합 뒤에는 조선총독부 정무총감이 됐다.

총리 하라 다카시는 야마가타 이사부로의 말을 듣고 움직이기 시작했다. 하라 다카시는 야마가타 이사부로에게 양아버지 야마가타 아리토모를 설득하게 하는 한편, 11월 다나카 기이치(田中義一) 육군상을 만나 문무관제 병용과 군대 통솔권 등에 관한 관제개정의 틀을 논의했다. 이미 다나카 기이치가 야마가타 아리토모와 만나 하세가와 요시미치의 사임 문제를 논의한 뒤였다. 하라 다카시는 하세가와 요시미치의 사임에 맞춰 조선총독부 관제개정을 구상했다. 즉, 군대 통솔권과 행정권을 무관 총독이 일괄적으로 장악하던 조선총독부 관제를 군대 통솔권은 조선군사령관을 통해 육군이, 행정권은 덴노의 관리하에 총독이 행사하도록 하고, 이를 위해 문관이든 무관이든 총독이 될 수 있게 하는 방안을 생각했다. 하지만 이것은 내각의 간섭과 개입을 허용하는 것으로, 결과적으로 군벌의 약화를 가져올 수 있었기에 군벌의 반발은 불가피했다.

하라 다카시는 일본군 최대 군벌인 야마가타 아리토모의 양해를 받기 위해 분주히 움직였다. 하라 다카시는 12월 미우라 고로를 통해 야마가타 아리토모에게 야마가타 이사부로를 후임 조선총독으로 하는 대신에 조선총독에는 문무관 어느 쪽도 임용할 수 있도록 하는 방안을 설득했다 (≪大阪毎日新聞≫, 1919. 6. 12, 석간 1면; 윤소영 편역, 2009b, 358쪽 참고).

1919년 1월 15일, 육군상 다나카 기이치도 하라 다카시 총리를 만나 조선총독 문무관 병용에 지장이 없도록 하겠다고 말했다. 하라 다카시 내각은 3·1운동 발발 전에 이미 조선총독 교체와 총독부 관제개정을 구상하고 있었던 것이다(김종식, 2007. 4, 278~280쪽 참고).

제1차 세계대전 종전과 민족자결주의

1914년 6월 28일 보스니아 사라예보에서 오스트리아 황태자 부부가 세르비아 청년 가브릴로 프린치프(Gavrilo Princip)에게 피살된 사건을 계기로 오스트리아가 세르비아에 선전포고를 하면서 시작된 제1차 세계대전은 1917년에 접어들면서 중대한 변화를 맞고 있었다.

먼저 3월에는 러시아에서 혁명이 발발해 니콜라이 2세가 퇴위하고 알렉산드르 케렌스키 임시정부가 수립(율리우스력 기준으로 '2월 혁명')된 뒤 11월 블라디미르 레닌이 지도하는 볼셰비키에 의한 사회주의혁명('10월 혁명')으로 소비에트 정부가 수립됐다. 러시아는 자연스럽게 연합국 대열에서 이탈했다.

4월에는 연합국 영국과 추축국 독일 간 중립을 표방했던 미국이 연합국의 일원으로 참전했다. 미국의 참전에 따라 연합국의 승리는 더욱 분명해졌다.

1917년 11월 8일, 러시아 볼셰비키 정부는 사회주의 혁명으로 권력을 쟁취하자 즉각 2개의 법령을 채택했다. '평화에 관한 포고'와 '토지에 관한 포고'가 그것이다. 특히 '평화에 관한 포고'는 '병합이나 배상 없는 즉각적인 평화'를 교전국에 호소하는 내용이었는데, 제국주의 전쟁 반대, 무병합과 무배상, 민족자결주의 이념 등이 담겼다. 추축국과 연합국, 반혁명 세력 등으로부터 사회주의혁명과 볼셰비키 정부를 지키기 위해 '평화에 관한 포고'와 민족자결주의를 주창한 것으로 분석됐다. 그럼에도 민족자결주의를 담고 있다는 점에서 일제의 식민지배에 신음하는 조선인들에게 뜻밖의 희소식으로 해석됐다.

3개월 뒤인 1918년 1월 18일, 미국 워싱턴 D.C. 캐피틀힐의 국회의사당. 대통령 우드로 윌슨(Thomas Woodrow Wilson)은 국회 연설에서 레닌의 민족자결주의를 의식하면서 외교협약의 공개성, 항해의 자유, 무역에서의 장애 제거, 군비 축소, 국제연맹 설립 등 14개조 평화원칙(Fourteen Points)

을 발표했다. △ 벨기에의 주권 회복, △ 오스트리아-헝가리 제국 내 여러 민족의 국제적 지위 보장, △ 루마니아, 세르비아 등 발칸반도 여러 나라의 독립 보장, △ 오스만 제국 지배하 여러 민족의 자치, △ 폴란드 재건 등 '민족자결의 원칙(principle of national self-determination)'이 반영된 가운데, 특히 제5항에서 식민지 문제의 공정한 해결을 주장했다.

"주권에 관한 모든 사항을 결정할 때 해당 민족의 이익이 향후에 권한을 부여받게 될 정부의 정당한 요구와 마찬가지로 똑같이 중요하다는 원칙을 엄격하게 준수하면서, 모든 식민지의 요구 사항에 대한 조정 과정이 자유롭고도 열린 마음으로, 그리고 절대로 편견 없이 진행돼야 한다."

월슨의 민족자결의 원칙은 독립 능력과 자격이 있는 민족은 독립국으로 나아가게 하며, 독립국에 이를 능력과 자격이 없는 소수민족에게는 충분한 보호를 제공하자는 내용이었다. 원칙적으로 식민지의 독립을 주장했지만, 대체로 패전국 식민지를 대상으로 한 것이었다.

그럼에도 제3세계 식민지 및 반식민지 국가에서는 레닌과 월슨의 민족자결주의 천명에 한껏 고무됐다. 식민지에서 벗어날 가능성이 생긴 것으로 보여서였다. 특히 월슨의 민족자결주의는 큰 반향을 일으켰다. 실제 일부 아시아나 아프리카 약소민족은 이에 공명해 민족운동을 벌였다.

일제의 식민지배에 신음하던 조선도 마찬가지였다. 월슨의 민족자결주의는 독립을 간절히 원하던 한국인에게 새로운 희망의 근거가 됐다. 천도교 독립만세운동을 주도한 손병희의 법정 진술이다.

"미국 대통령이 주창한 민족자결은 우리들의 피를 끓게 하는 주장이며 이천만의 생명을 상실한 이번 유럽전쟁, 그리고 민족자결의 제의에 의해 세계가 새롭게 될 것이라고 생각 …."(국사편찬위원회, 1990a, 64쪽)

3·1운동 준비 초기에 주도적으로 참여한 현상윤도 월슨 대통령이 천명한 민족자결의 원칙이 기미독립선언운동의 '직접 도화선'이 됐다며 "이 소식을 듣고 국내외에서는 독립운동의 숙덕공론이 돌아"갔다고 회고했다. 국내외를 불문하고 "도처에서 비밀운동이 시작됐다"고 전했다(현상윤, 1950.

3. 5, 279쪽; 현상윤 등, 1949. 3. 1, 211쪽 참고).

기독교사회주의자로 3·1운동 당시 기독교 측 대표로 참여한 김창준도 나중에 자신의 회고록 「기미운동 후 금일까지의 경위」에서 "윌슨 대통령이 주장한 민족자결주의 선언은 세계 모든 약소민족에게 있어 해방의 큰 희망을 주게 됐다. 이러한 서광이 비침에 따라 우후죽순 격으로 모든 피압박 민족의 궐기는 세계적 대세였다. 일제의 속박 아래 신음하던 조선 민족도 자유해방의 열기는 불기둥같이 일어났다"고 거들었다(유영렬, 2005. 12, 180쪽 참고).

1918년 11월 11일 월요일, 오스트리아-헝가리 제국이 연합국에 항복한데 이어 독일마저 연합국에 항복하면서 제1차 세계대전이 마침내 막을 내렸다. 세계인들이 기뻐한 가운데 중국 상하이도 같은 분위기였다. 여운형과 함께 독립운동을 준비하던 김홍일은 그날의 풍경을 다음과 같이 표현했다.

"내가 부푼 꿈을 안고 구이저우(貴州)로 떠나려던 무렵, 그러니까 1918년 11월 제1차 세계대전이 연합국의 승리로 끝난 어느 날 상하이에서 각국 육해군 연합 경축 사열식이 벌어졌다. 천지가 온통 경축 기분으로 들뜬 것 같은 그런 분위기였다. 상하이 경마장에서 열린 연합국의 경축 분열식은 각국 군대의 호화찬란한 군복과 훈장들, 번쩍거리는 총검으로 장내를 황홀하게 만들었다. 축제 분위기는 경마장에서 시작된 각국 군대의 행렬이 상하이 중심가 쪽으로 행진함으로써 절정에 달했다. 그날은 중국인들뿐만 아니라 상하이에 거류하는 각 외국인이 모두 거리로 쏟아져 나왔다. 거기를 꽉 메운 인파가 어찌도 많았던지 나는 생전 처음 보는 광경이었다."(김홍일, 1972, 54~55쪽; 이정식, 2008, 148쪽 재인용)

제1차 세계대전이 종결되면서 새로운 세계질서에 대한 희망이 곳곳에서 분출됐고 조선인도 마찬가지였다. 특히 세계대전 종결 직후인 1919년 1월 프랑스 파리에서 열릴 것으로 예고된 강화회의도 중요한 자극이 됐다. 즉, 세계대전 종결에 따른 강화회의에서 영토 및 식민지의 획정이나 재조정 논의가 예상됐고 더구나 민족자결주의를 제창한 윌슨 대통령도 참석할 것으로 알려지면서 식민지 조선의 민중을 자극했다. 최린의 설명이다.

"1919년, 즉 기미년 1월경에 이르러 각국 사절은 프랑스 파리에 모여 대독강화조항을 심리하려고 했다. 이때 윌슨 대통령 자신도 회의에 참석해 자신이 주창한 14개조에 의해 민족자결주의를 실현할 것과 대소 국가의 정치상 독립 및 영토 보전을 위해 국제연맹의 조직을 웅변으로 강조했다. 동시에 세계 약소민족에게 일대 풍조를 일으켰다. … 이러한 소식은 우리 조선 내에도 파급되어 민심은 고도로 흥분됐지만 일본 경찰의 가혹한 감시로 표면은 침묵한 듯하지만 폭풍우 전야와 같은 감이 없지도 아니했다."(최린, 1962. 8, 163~164쪽)

선구적인 조선인 독립운동가 사이에서도 국제 정세의 변동을 기민하게 포착해 독립운동을 벌어야 한다는 움직임이 일었다. 즉, 한민족과 독립운동가들은 윌슨의 민족자결주의 등을 독립운동을 위한 좋은 기회로 판단하고 행동에 나서게 된다. 이른바 '기회포착론'이다(신용하, 2006c, 122~125쪽 참고). 천도교 독립만세운동을 주도한 손병희의 법정 진술이다.

"… 파리강화회의(Paris Peace Conference)에서 제창된 미국 대통령의 민족자결 문제에 의해 민심이 움직이고 있는 것을 간취했으므로 나는 우리 조선도 민족자결의 취지에 의해 독립시키고 싶은 희망을 품고 힘으로 다투지 않고 일본 정부에 대해 그 취지를 건의하고 형편을 봐 그 일을 선언하기로 하는 것이 좋겠다고 생각 …."(국사편찬위원회, 1990a, 63쪽)

윤치호도 자신의 일기에서 파리강화회의를 둘러싸고 곳곳에서 독립을 주장하거나 독립운동을 시도하려는 움직임을 기록하고 있다. 흐리고 추웠던 1919년 1월 16일 아침, 경성 윤치호의 집에 윤병희가 찾아왔다. 윤병희는 윤치호에게 파리강화회의에 참석하려는 조선인들의 움직임을 전했다. 윤치호의 당일 일기다.

"… 재미 조선인들이 안창호 씨를 파리강화회의에 파견하려고 1만 원정도 모금했고, 러시아에 거주하고 있는 조선인들 역시 하상기 씨의 사위

(윤해 또는 고창일 가운데 한 명으로 추정)를 파리강화회의에 보내려고 5000원 정도 모금했다고 한다. 권 모 씨라는 사람이 동일한 사명을 띠고 경성을 출발해 가고 있다고 한다."(박미경 역, 2015, 237쪽)

우드로 윌슨의 민족자결주의와 제1차 세계대전의 연합국 승리, 1919년 1월 파리강화회의 개최 등 새로운 국제질서의 형성이 가시화할 조짐을 보이면서 한반도에서도 독립운동의 기운이 다시 도래하고 있었다.

상하이의 여운형과 찰스 크레인

1918년 11월 11일 오후, 중국 상하이 프랑스 조계의 한 주점. 조국을 떠나온 여운형과 김홍일, 장덕수가 연신 술잔을 입으로 가져가며 비분강개했다. 독일의 항복으로 제1차 세계대전이 이날 연합국의 승리로 끝났지만, 기대했던 조선의 독립 소식을 듣지 못해서였다. 여운형보다 여덟 살 아래인 장덕수는 일본 와세다대 출신으로 1917년 중국 상하이로 망명했다. 김홍일은 평안북도 정주 오산학교에서 교편을 잡고 있다가 합류한 경우였다(이정식, 2008, 145~147쪽 참고). 김홍일의 기억에 따르면, 이날 여운형은 비정한 세계질서를 지적하며 하루빨리 조국이 독립해야 한다고 목청을 높였고, 장덕수는 여운형의 이야기를 듣고 분통을 터뜨렸다.

"몽양(여운형) 선생과 장(덕수) 형, 나는 벅찬 축제의 분위기와는 반대로 울분과 서글픔을 억누를 길 없었다. 이 넓은 상하이 천지에 대한 사람 셋이 모여 나라 없고 군대 없는 설움을 씹고 있었던 것이다. 우리들 셋은 민족의 슬픔을 한잔 술에 달래고자 거리의 주점에 들어갔다. 몽양 선생은 장형과 나를 상대로 일장 애국 열변을 토했고 성격이 활달한 장형은 비분강개했다."(김홍일, 1972, 54~55쪽; 이정식, 2008, 149쪽 재인용)

11월 28일 저녁, 중국 상하이 닝보루(寧波路)에 있는 칼튼카페(Carleton Cafe). 상하이 외교관협회 주최로 각국 대사나 영사, 외교 관계자 등 1000

여 명이 참석한 가운데 찰스 크레인(Charles R. Crane) 주중 미국 대사 예정자의 환영 만찬이 열렸다. 찰스 크레인은 우드로 윌슨 대통령에게 많은 선거자금을 지원한 윌슨의 친구였다. 모임 회비는 1원. 여운형은 이날 한국인들에 우호적이었던 미국인 선교사 조지 피치(George A. Fitch)의 도움으로 행사에 몇몇 동지들과 함께 참석했다. 조지 피치는 매주 수요일 저녁 상하이 기독교청년회(YMCA)에서 쑨원, 탕사오이(唐紹儀) 등 중국 국민당 정부 인사뿐 아니라 베이징 정부의 왕정팅(王正廷) 외무부장 등도 참여하는 성경공부 모임을 이끌고 있었는데, 여운형도 거기에 참여하고 있어 연결해 준 것이었다. 여운형이 도착했을 때는 크레인이 연설을 하는 중이었다(강덕상, 2002/2007, 154쪽; 김주성, 2017. 2, 162쪽 참고).

크레인은 이 자리에서 제1차 세계대전 전후 처리에 대한 우드로 윌슨의 14개조 평화원칙을 설명하고 프랑스 파리에서 강화회의를 열어 패전국의 식민지에 대해서는 피압박민족의 의사를 존중해 '민족자결의 원칙'에 따라 처리될 것이라고 설명했다. 여운형은 크레인이 전한 윌슨의 민족자결주의와 파리강화회의 이야기에 눈이 번쩍 뜨였다. 일제의 부당한 식민통치를 폭로하고 한국인의 독립 의지를 세계에 널리 알릴 절호의 계기가 될 수도 있다고 판단해서였다. 여운형은 파티가 끝난 후 조지 피치와 왕정팅의 소개를 받아 찰스 크레인과 개별 면담을 했다.

"저는 한국인입니다. 조선은 일본인들의 강압과 악랄한 간계로 병합을 당하고 말았습니다. 국민은 결사적으로 이를 반대해 유혈의 사투가 계속되고 있으며, 일본인들의 억압은 날로 심해져만 가고 있습니다. 이 기회에 우리는 일제의 압박과 지배에서 해방돼야 합니다. 그러기 위해서는 파리강화회의에 우리도 대표를 파견해 우리 민족의 참상과 일본의 야만적 침략성을 폭로해야 하겠는데, 당신의 원조를 요청하는 바입니다."(여운홍, 1967, 25쪽; 강덕상, 2002/2007, 155쪽 재인용)

크레인은 여운형의 이야기를 들은 뒤 "조선인이 일본 치하에 있는 것에 대해 불복한다는 의사를 세계에 표명해야 한다"며 "그에 상응하는 성원을 보내겠다"고 약속했다(강덕상, 2002/2007, 155쪽; 이정식, 2008, 153~154쪽 참고). 크레인의 반응은 다분히 상투적이고 외교적인 립 서비스일 수 있었지만, 독립만을 생각해온 여운형에게는 새 희망의 근거로 보였다. 즉, 파리강화회의가 독립운동을 위한 절호의 기회가 될 것으로 판단한 것이다. 그날 밤, 여운형은 장덕수를 만나 찰스 크레인과 만난 이야기를 전했다. 두 사람은 이 자리에서 1919년 1월 열리는 파리강화회의에 한국 대표를 보내기로 의기투합했다.

여운형을 찰스 크레인과 연결해준 조지 피치는 1883년 중국 장쑤성 쑤저우시에서 장로교 선교사 조지 필드 피치(George F. Fitch)의 아들로 태어났다. 그는 형제들과 함께 미국으로 건너가 1909년 미국 컬럼비아대 연합신학대학원을 졸업해 목사가 된 뒤 중국 상하이로 돌아왔다. 한국 이름은 '비오생(費吾生)'.

"파리에 특사를 파견하라"

여운형은 이어 장덕수, 조동화 등과 함께 파리강화회의에 보낼 대표 선정, 여비, 진정서 문제 등을 상의했다. 그는 파리강화회의 대표로 중국 톈진에 있던 김규식을 파견하기로 계획했다. 여운형은 이를 위해 장덕수를 국내로 들여보내 독립운동 자금을 모집하고 이광수를 일본 도쿄에 파견하기로 했다. 여운형의 주도로 파리강화회의에 민족 대표 파견을 위한 준비가 시작된 것이다. 아울러 영문으로 진정서를 2통 작성하기로 했다. 윌슨 대통령과 파리강화회의에 참석할 각국 대표들에게 전달하기 위해서였다. 한 통은 크레인 특사를 통해 윌슨 대통령에게 전하고, 다른 한 통은 파리강화회의에 가지 못할 경우에 대비해 잡지 ≪밀러드 리뷰(Millard's Review of the Far East)≫의 사장 미국인 토머스 밀러드(Thomas Franklin Millard)에게 전달하기로 했다(신용하, 2006a, 77쪽; 이정식, 2008, 155쪽 참고).

여운형 등은 다만 진정서를 개인 자격으로 보낼 수는 없다고 판단했다. 이에 부랴부랴 상하이 프랑스 조계 바이얼루(白爾路) 25호 자신의 거처에서 국제 정세와 조국 독립을 함께 논의한 김철, 선우혁, 장덕수, 조동우, 조소앙(조용은), 한진교 등을 규합해 독립운동단체로 '신한청년당'을 조직했다. 여운형의 동생 여운홍의 회고다.

　"형님은 청원서 한 통은 크레인에게 줘 윌슨 대통령에게 전달하도록 부탁하고, 또 한 통은 당시 상하이에서 발간되던 월간잡지 ≪밀러드 리뷰≫의 사장인 밀러드에게 줘 우리 대표가 파리강화회의에 못 가게 될 경우, 대신 제출해달라고 부탁했다. 하지만 막상 진정서를 작성하고 보니 제출자가 문제였다. 세계 각국의 대표가 참석하는 국제회의에 개인 명의로 제출할 수 없음은 상식 이전의 일이었다. 그리하여 상하이에 머물고 있던 여러 동지들을 모아 '벼락정당'을 조직하고 그 당명으로 보내게 됐다."(여운홍, 1967, 26쪽; 강덕상, 2002/2007, 157쪽 재인용)

　물론 여운형 등이 신한청년당을 창당한 시기가 1918년 11월이 아니라 그에 앞선 그해 7~8월경이었다는 주장도 있다. 여운형 스스로 나중에 심문 등에서 신한청년당 창당 시기를 1918년 6~7월이라거나 1918년 11월이라고 헷갈리게 진술했다(강덕상, 2002/2007, 116쪽 참고).

　신한청년당 창당 시기는 다소 불명확하지만, 큰 틀에서는 제1차 세계대전 종전 전후 국제정세에 적극적으로 대응하기 위해 만들어진 것만은 분명하다. 이후 김구, 서병호, 신규식, 이광수 등도 신한청년당에 가담해 활동했다.

　여운형은 3일 동안 상하이 프랑스 조계 베이러루(貝勒路) 장덕수의 집에서 '신한청년당 대표 여운형'의 이름으로 '한국 독립에 관한 진정서' 2통을 작성했다. 주요 내용은 다음과 같다.

　"천지창조 인류발생 이래 대참극이라 할 세계대전이 종식되고 정의와 인도 및 자유의 목소리가 하늘에 닿아, 교란자의 사악한 뜻이 전 지구에서 배제되고 드디어 연합국이 승리했다. 특히 미국이 참전한 후에 전쟁의 목적이 정의와 인도 및 자유에 있음을 선명히 함에 귀국 및 귀국인의 고결한 정신과 위업에 우리들은 경하의 뜻을 표하는 바이다. 세계 역사는 일신하며 신정신과 신경영이 무한히 향상돼 평화회담에서 대통령 윌슨 씨가 주장하는 국제연맹, 즉 세계평화를 유지할 유일한 기관에서 토의하는 것은 역사의 신기원을 이룩하는 것이다. … 그들이 어떠한 정책을 취하건, 우리들은 독립과 정의와 평화를 위해 전심전력을 다해 세계 양심의 심판을 구하는 바이다. 대통령 윌슨 씨의 고대한 이상, 즉 국가는 그 인민의 뜻에 따라 반드시 다스려야 한다는 주장을 비호하는 미국 인민의 동정을 요청하는 바이며, 일본이 이와 같은 폭정을 행함에 우리는 절망하는 세계 평화를 물거품으로 되살려야 한다. 마지막으로 우리 조선인은 결코 일본에 정복되지 않을 것이며, 일본의 교활한 간계와 사기에 속지 않을 것이다. 이 제국주의는 장래 전 아세아를 침식해 대통령 윌슨 씨의 평화주의와 민주주의를 정복하려 하지만, 조선인은 반드시 독립을 회복함과 아울러 민주주의가 반드시 아세아에서 존재하도록 할 것이다. 30년 전 미국과 미국 인민이 조선의 독립을 담보한 그 독립을 위해 귀국 및 귀국 인민은 조그마한 원조라도 아끼지 않기를 간절히 바라는 바이다."(강덕상, 2002/2007, 168~172쪽 재인용)

토머스 밀러드는 여운형에게서 받은 청원서를 파리강화회의에 전달하지 못했다. 중간 기항지였던 일본 요코하마에서 서류를 도난당했기 때문이다. 일본 정부가 밀러드가 소지한 '한국 독립에 관한 진정서'를 훔쳤을 것으로 많은 이들은 분석한다(이정식, 2008, 157~158쪽 참고).

1918년 12월 초, 중국 상하이. 여운형은 중국 톈진에 있던 김규식에게 상하이로 오라고 편지를 보냈다. 파리강화회의에서 일제의 부당한 식민통치와 조선의 독립 의지를 알리기 위한 신한청년당 특사로 파견하기 위해서였다. 김규식은 애국심이 있는 데다 미국 유학 등으로 한국어와 영어는 물론 중국어, 일본어, 러시아어 등도 구사하는 인재였다.

12월 10일, 중국 톈진. 여운형의 제안으로 파리강화회의 특사로 가기로 마음을 굳힌 김규식은 미국 하와이에 있는 박용만에게 편지를 썼다. 김규식은 편지에서 "다음 달 무렵 이곳을 떠나 유럽으로 가려고 매우 노력하고 있다"며 최소한 1년 정도 파리에 머물 것이라고 전했다. 그는 이어 "귀하가 유럽에서 합류하기를 바라며 다른 무엇보다도 우리 민족을 위해 공보국을 개설하고 운영하는 데 조력"해달라고 부탁했다(정병준, 2017. 11, 83쪽 참고).

여운형의 편지를 받은 김규식은 톈진에서 상하이로 달려왔다. 김규식은 파리로 가기 위한 경비 2000원도 만들어 왔다. 장덕수도 부산으로 몰래 들어가 이상재와 손병희 등을 만나 김규식의 여비 2000원을 모아 상하이로 돌아왔다(이기형, 2004, 83쪽 참고). 김규식은 여운형을 만난 자리에서 특사 제안을 수락하면서 자신이 맡은 사명을 잘 수행하려면 식민지 조선 내에서 가시적인 독립운동이 일어나야 한다고 강조했다.

"내가 떠나가기는 가되 세계 각국의 대표들이 내가 누군지 알 리가 없다. 지도상에 보더라도 조선 반도는 쌀알만큼밖에 나타나 있지 않고, 코리아라는 나라는 거의 알려지지 않았다. 내가 만일 정식 대표라면 회의 석상에 좌석이 있고 발언권이 있겠지만 나는 방청인에 불과할 것이다. 그러니까 나는 가서 일제의 학정을 폭로하고 선전하겠다. 그러나 나 혼자의 말만을 가지고는 세계의 신용을 얻기가 힘들다. 그러니까 신한청년당에서 경성에 사람을 보내 독립을 선언해야 되겠다. 가는 그 사람은 희생당하겠지만, 국내에서 무슨 움직임이 있어야 내가 맡은 사명이 잘 수행될 것이고, 우리나라의 독립에 보탬이 될 것이다."(이정식, 2008, 166쪽)

여운형은 김규식의 제언이 일리가 있다고 판단했다. 그는 식민지 조선에서 어떻게 독립 의지를 보여줄 것인지, 그리고 세계에 이것을 어떻게 인식시킬 것인지를 본격적으로 고민하기 시작했다.

뉴욕 '소약속국동맹회의'

1918년 11월 25일 오후 8시, 미국 샌프란시스코. 미국 내 한국인 독립운동단체인 '대한인국민회(大韓人國民會, Korean National Association)'가 중앙총회 임시협의회를 열었다. 대한인국민회는 샌프란시스코에서 박용만, 안창호, 이승만 등의 주도로 하와이의 '한인합성협회'(1907)와 샌프란시스코의 '공립협회'(1905)가 연합해 탄생한 뒤 샌프란시스코의 '대동보국회'(1907)와도 다시 연합한 미주의 대표적인 독립운동단체였다. 신한협회의 서재필과 흥사단을 이끄는 안창호, 외교 노선을 이끄는 이승만 등이 참석했다.

총회장 안창호가 주재하고 북미지방총회 임원과 유지 등 20여 명이 참석한 가운데 대한인국민회는 이날 △ 약소민족 대표들이 모여 독립을 촉구하는 뉴욕 '소약속국동맹회의(小弱屬國同盟會議, League of Small and Subject Nationalities)'(제2회)에 한인 대표자를 3명 파견하고, △ 한인 대표자는 이승만과 민찬호, 정한경으로 하며, △ 뉴욕 소약속국동맹회의에 참여한 각국이 파리강화회의에 대표자를 파견할 경우에 한인 대표자 정한경을 그들과 함께 파견할 것 등을 결정했다. 아울러 독립운동 자금 조성을 위한 모금운동도 시작하고 윌슨 대통령에게 한국 독립을 요망하는 진정서도 제출하기로 했다(金度亨, 2009. 9, 76쪽; 홍선표, 2017. 12, 309~310쪽 참고).

하지만 미국 정부가 대한인국민회의 대표에게 비자를 발급해주지 않기로 하면서 파리강화회의에 대표를 파견하려던 계획은 이뤄지지 못했다. 미국 국무부 측은 이들이 미국 시민이 아니기에 여권을 받을 수 없고 당시 국제법상 일본 국민인 까닭에 주미 일본 대사관에서 여권을 받아야 한다며 비자 발급을 거부했다(신용하, 2006a, 79쪽; 신용하, 2013, 268~269쪽 참고). 이승만 등에게 프랑스 파리로 갈 수 있는 비자를 발급하지 말라고 미 국무부에 지시한 사람은 윌슨 대통령이었다. 로버트 올리버(Robert T. Oliver)는 당시 윌슨 대통령이 미국의 동아시아 전략에 차질이 빚어질 것을 우려했다고 기록했다.

"윌슨은 이승만의 여권 발급을 거부하도록 국무부에 지시했다. 이유는 일본을 자극할 우려가 있고, 그렇게 되면 일본의 군사력과 협조를 바탕으로 동양 평화를 달성한다는 자신의 계획이 차질을 빚을 위험이 있다는 것이었다."(Oliver, 1960/2002, 161쪽)

미주 한국인들이 파리강화회의에 대표를 파견하는 데 실패했지만, 파리강화회의와 뉴욕 소약속국동맹회의에 각각 대표를 파견하기로 했다는 소식은 AP통신을 통해 전 세계로 타전됐다. 이는 일본에서 발행되거나 유통되는 영자지와 일본 신문 등을 통해 알려졌고, 결과적으로 재일 한국 유학생과 독립운동가에게 독립운동에 대한 자극 또는 영감을 주게 된다. 숨도 제대로 쉴 수 없는 식민지 현실에서 서로의 작은 행동이 서로에게 작은 희망의 근거가 된 것이다.

12월 14일, 미국 뉴욕. 세계 약소국과 식민지, 억압받는 민족의 대표들이 맥알핀호텔(McAlpine Hotel)과 자유극장(Liberty Theatre)에서 소약속국동맹회의 제2회 연례총회를 이틀간 열었다. 이날 회의의 목적은 제1차 세계대전이 끝난 후 개최될 파리강화회의 및 각종 국제회의에서 약소민족 대표들이 자신들의 의견을 제시할 권한을 얻는 것이었다. 민찬호와 정한경은 대한인국민회 및 한민족 대표로 회의에 참석했다. 두 사람은 다른 약소민족 대표들과 함께 파리강화회의에서 민족자결의 원칙에 의거해 모든 약소민족을 독립시켜야 한다고 주장했다. 하와이에 있던 이승만은 회의가 끝난 후 대표단에 합류했다.

반면 미국에서 활동 중이던 안창호 등은 제1차 세계대전이 종결되고 파리강화회의가 다가오고 있지만 식민지 조선이 곧 독립을 맞을 것으로 기대하는 것은 환상이라고 생각했다. 그래서 독립 전쟁이나 독립 승인 모두 현실성이 없다고 판단했다(이태복, 2006, 241쪽 참고).

'퍼스트 펭귄' 재일 조선인 유학생

일본에서 발간된 영자 신문 ≪재팬애드버타이저≫는 1919년 1월 22일자 6면에 미국 내 한인들이 조선의 독립운동에 대해 미국의 도움을 요청하는 탄원서를 미국 정부에 제출했다는 내용의 1단짜리 기사 "조선, 파리에 대표단 파견(Koreans to send delegates to Paris)"을 싣기도 했다.

"샌프란시스코, 12월 27일 자 — 중국의 보호 아래 있다가 지금은 일본의 식민지가 된 은자의 나라 조선, 이곳 미국에 있는 조선인들과 다른 도시의 정치 망명자들 사이에 계획이 잘 수립됐다면 파리강화회의에서 일본 정부로부터 독립을 요구할 것이라고 ≪이그재미너(The Examiner)≫ 신문은 보도했다. 샌프란시스코와 미국 그리고 아시아에 있는 조선인들은 대표단을 후원하기로 결정하고 평화회의에 대표단을 파견하기 위해 후원금을 모금하고 있다. 대표단은 조선이 '약소국 자치권'의 넓은 범주 안에 있음을 주장하며, 동아시아 역사의 여러 중요한 사건들 속에서 일본이나 중국과 함께 한 영역을 담당했던 조선이 일본의 탄압에도 이제는 완전한 독립을 원하고 있음을 보여줄 예정이다. 아시아의 조선인들로부터 이곳의 동포들에게 중요한 소식을 전하는 사람에 의하면, 일본 비밀 정보부에 의해 밤낮으로 미행당했던 동아시아의 저명한 한 미국인 정치 관계자(토머스 밀러드로 추정)는 어제 이곳에 '덴요마루'라는 배로 도착했다고 한다. 이 전달자는, 그 미국인이 중국을 출발하기 전에 한 저명한 조선인과 이어 다른 조선인 망명자가 그를 방문했고, 바로 미국을 향해 출발했다고 말했다. 요코하마에서 일본 경찰과 외사국 직원은 그의 여행 목적은 무엇이며 조선인 망명자가 왜 그를 방문했는지를 심문했다. 일본 당국은 평화회의에 조선 대표단이 간다는 것을 알게 됐다. 그들은 그 외에 다른 것은 확실하게는 알 수 없었다. 세 명의 대표단이 이미 미국에 와 있다고 말해도 안심이 될 정도로 이곳 샌프란시스코와 다른 지역에서 조선인의 계획은 준비돼 있었다. 어제 그는 그중 한 명이 샌프란시스코에 있는 것을 부인하지는 않았다. 세

명 모두 대학 교육을 받았으며 한 명은 의사이고 다른 두 명은 극동 지역 정치에 매우 해박한, 국제법을 공부하는 학생이다. 프랑스로 이미 보내진 후원금은 10만 달러에 이르며 필요하면 자금 조달이 더 있을 것이라고 한 관계자는 밝혔다. 그는 일본이 조선 저명인들의 출국을 허용하지 않을 것이므로 평화회의에 보낼 조선 대표단을 망명자 중에서 선정하는 것이 불가피했다고 말했다."(독립기념관 한국독립운동사연구소, 2015, 69~70쪽 재인용)

일본 아오야마가쿠인대 재학생 윤창석은 이 기사를 보고 ≪학지광(學之光)≫ 편집국장 최팔용에게 알렸다(신다혜, 2016. 2, 24쪽 참고). 2·8독립선언을 준비했던 전영택은 재미 한인들이 파리강화회의에 한국 대표를 파견한다는 소식이 재일 조선인 유학생들의 가슴을 뛰게 했다고 다음과 같이 회고했다.

"고베에서 영국인의 손으로 발행되는 영자 신문 ≪재팬애드버타이저≫에 이승만 박사가 한국 대표로 파리강화회의에 간다는 기사가 조그맣게 기재된 것을 미션학교인 아오야마가쿠인에 있는 우리 학생들이 서양인 교수의 집에서 발견하게 되매 이 뉴스는 곧 비밀리에 유학생 중에 몇 사람에게 알려지자 그들에게 큰 충동을 줬다."(전영택, 1946. 3, 97쪽)

최팔용은 이미 12월 15일 도쿄에서 발행된 ≪도쿄아사히신문(東京朝日新聞)≫에 미국 샌프란시스코에 거류하는 한인들이 독립운동을 위한 자금으로 30만 원의 거액을 모집했다는 기사도 접했다(신다혜, 2016. 2, 24쪽 참고). ≪오사카아사히신문≫ 12월 18일 자에 "민족자결을 인정하라"는 제목의 기사가 크게 실렸다는 주장도 있다(김학은, 2017, 471쪽 참고).

최팔용은 이를 통해 우드로 윌슨이 제창한 민족자결의 원칙과 다가온 파리강화회의 등이 독립운동의 천재일우 기회가 될 것으로 판단하고 이 기회를 활용해 독립운동을 전개하려고 구상했다. 1891년 함경남도 홍원에서 태어난 최팔용은 오성중학교를 졸업한 뒤 일본으로 유학을 떠나 와세다대에서 수학 중이었다.

12월 28일, 도쿄 시부야구 요요기 메이지회관. 재일 조선인 유학생들의 모임인 '재일본동경조선유학생학우회(在日本東京朝鮮留學生學友會, 이하 학우회)' 주최의 유학생 망년회가 열렸다. 학우회는 1912년 설립된 재일본 한국인 유학생들의 중추적인 조직이었다. 당시 한국인 유학생들의 조직으로는 학우회 이외에도 '도쿄조선기독교청년회', '조선여자친목회' 등이 있었다. 1918년 말 기준 재일 한국인 유학생은 769명이었고, 도쿄에만 642명이 모여 있었다(3·1문화재단, 2015, 70쪽; 이이화, 2015, 205쪽 참고).

최팔용 등 조선인 유학생들은 이날 학우회 망년회에서 급변하는 국제 정세와 윌슨 대통령의 민족자결주의 등에 대해 의견을 교환했다.

12월 30일, 도쿄 간다구 니시간다 2층 건물에 입주한 조선YMCA회관. 학우회 주최의 '동서연합웅변대회'가 열렸다. 조선인 유학생들은 이날 국제 정세의 변화와 독립운동 방향 등에 대해 논의했다.

1919년 1월 6일, 도쿄 조선YMCA회관에서 학우회 주최의 웅변대회가 다시 열렸다. 이날 행사에는 박정식, 서춘, 윤창석, 이종근, 전영택, 최팔용 등을 비롯해 조선인 유학생 700~800명이 참석했다.

행사 인사말에서 최팔용은 파리강화회의에서 윌슨 대통령이 주창한 14 개조에 의해 우리 조선도 독립하지 않으면 안 된다고 강조한 뒤 대회의 개최 목적을 민족자결주의를 응용해 조선의 독립을 상의하는 것이라고 규정했다(신다혜, 2016. 2, 25쪽 참고).

조선인 유학생들은 이날 국제 정세의 변화에 따른 대응 방안을 논의한 뒤 일본 정부와 각국 대사에게 식민지 조선의 독립을 요구하기로 의견을 모았다. 유학생들은 이를 위해 김도연, 김상덕, 백관수, 서춘, 송계백, 윤창석, 이종근, 전영택, 최근우, 최팔용 등 10명을 실행위원으로 선출했다. 이들은 독립을 선언하고 일본 정부와 의회, 주일 각국 대사와 공사 등에게 그 선언서를 보내기로 했다. 최팔용 등은 특히 독립선언서 가운데 국문과 일문은 이광수에게 맡기고, 영문은 전영택이 쓰게 했다. 아울러 도쿄와 경성에서 동시에 독립운동을 일으키기 위해 송계백을 경성으로 파견하기로 의견을 모았다(3·1문화재단, 2015, 69~70쪽; 신용하, 2006a, 79쪽 참고).

재일본 한국인 유학생들은 이 무렵 상하이에서 온 신한청년당의 장덕수, 조소앙 등으로부터 파리강화회의에 김규식을 특사로 파견할 계획 등 중국에서 벌어지고 있는 독립운동 소식을 전해 들었다. 뒤이어 베이징, 경성을 거쳐 도쿄에 도착한 이광수는 독립선언서의 초안을 기초했다(신용하, 2006a, 79~80쪽 참고).

1월 중순, 송계백은 최팔용을 비롯한 학우회의 결정에 따라 재일 유학생들의 독립선언 움직임을 전하고 이에 대한 구체적인 도움을 받기 위해 식민지 조선에 입국했다. 송계백은 국내에 입국해 현상윤과 송진우 등을 차례로 만난 뒤 천도교의 실력자 최린을 만나 조선인 유학생들이 준비 중인 2·8독립선언 움직임을 전달했다. 이는 천도교가 독립선언운동에 참여하기로 결심하는 데 결정적으로 기여하게 된다.

'비운의 군주' 고종의 죽음

맑고도 추웠던 1919년 1월 21일 화요일 오전 6시, 경성 덕수궁 함녕전. 조선의 왕이자 대한제국의 황제였던 고종이 마지막 숨을 거뒀다.

하지만 조선총독부는 고종의 서거를 곧바로 발표하지 않았다. 그 대신에 위독하다고 이날 공개했다. 그래서 1월 22일 자 언론에는 고종이 위독하다는 소식이 대대적으로 보도됐다.

"이태왕 전하가 중태에 빠지셨다. 전하의 근황을 들으니, 이태왕 전하는 이왕세자 전하의 경사에 대해 매우 만족하셔서 빨리 혼례 날이 오면 좋겠다고 하시고 마사코는 정말 아름답다고 말씀하시는 등 두 분의 사진을 보며 기뻐하시며 가까이 시중드는 이들에게 즐겁게 말씀하셨다고 한다. 20일 밤에는 언제나처럼 시의의 진찰을 받으시고 별다른 증상도 없었는데 21일 오전 1시 45분에 이르러 돌연 발병하셨다. 즉시로 촉탁의가 진찰해 응급치료를 했다. 이날 오전 5시 30분 모리야스, 하가 두 박사가 앞서거니 뒤서거니 참내해 진찰한 결과 뇌일혈증이라고 진단을 내렸고 이어서 치료를 받았는데 경과가 좋지 못하다."(≪大阪朝日新聞≫, 1919. 1. 22, 7면; 윤소영 편역, 2009a, 6쪽 재인용)

조선군사령관 우쓰노미야 다로는 이날 고종이 서거했다는 내용의 비밀 전보를 조선총독부 경무부장에게서 받았다. 우쓰노미야 다로는 일기에 "어쨌든 인심에 악영향을 주는 것은 물론이거니와 인심은 동요할 것이다. 경계를 해야 한다"고 적었다(宇都宮太郎關係資料硏究會 편, 2007, 206쪽).

이날 오후 1시, 일본 도쿄 시마야여관. 오는 1월 25일로 예정된 조선의 왕세자 이은과 일본 덴노가의 나시모토노미야 마사코(梨本宮方子)와의 결혼식에 참석하기 위해 도쿄에 도착해 막 짐을 풀던 이완용은 '덕수궁 이태왕 전하의 환후가 위중하다'는 급전을 받았다. 조선과 일본의 '융화'를 위해 이은과 마사코의 결혼을 추진해온 그였다. 이완용은 곧바로 왕세자 이은의 자택으로 달려가 전보 내용을 알렸다. 이은은 다음 날 조선으로 가겠다고 했다. 이완용은 왕세자 이은과 함께 서둘러 경성으로 출발했다(윤덕한, 1999, 328~330쪽 참고).

윤치호는 이날 종로경찰서 형사 '신승희'에게서 고종이 이날 새벽 승하했다는 말을 들었다고 자신의 일기에 적었다. 이에 미뤄보면 일부 조선인은 고종의 승하 소식을 곧바로 알았을 것으로 추정된다(박미경 역, 2015, 241쪽 참고).

맑고 추웠던 1월 22일, 조선총독부와 왕실가를 담당한 이왕직에서 고종이 1월 22일 오전 6시에 서거했다고 발표했다. 조선총독부는 "이태왕 전하는 어제 21일 오전 1시 35분에 뇌일혈증을 일으켜 용체가 점점 험악해 이날 6시 35분 중태에 빠져서 22일 오전 6시에 마침내 훙거하시니라"고 발표했다(조선총독부, 1919. 1. 23, 3쪽; 이정은, 2009, 129쪽 재인용). 일본 신문 ≪오사카아사히신문≫이나 조선총독부 기관지인 ≪매일신보≫ 등은 고종이 1월 22일 서거했다고 일제히 보도했다(≪大阪朝日新聞≫, 1919. 1. 23, 석간 2면; 윤소영 편역, 2009a, 13쪽; ≪매일신보≫, 1919. 1. 23, 1면; 김홍식, 2009, 72쪽 참고).

일제는 고종의 서거일을 실제보다 하루 늦춰 발표했다. 조선군사령관 우쓰노미야 다로도 이와 관련해 1월 22일 자 일기에서 고종의 서거 일자가 "실제는 어제 같은 시각이었다"고 적었다. 즉, 일제가 의도적으로 고종의 서거일을 하루 늦췄음을 인정한 것이다(宇都宮太郎關係資料硏究會 편, 2007, 206쪽 참고). 일제가 고종의 서거일을 하루 늦춘 이유는 독립운동 등 만일의 사태에 미리 대비하기 위해서였던 것으로 추정된다.

조선의 왕이자 대한제국의 황제 고종의 서거 소식에 식민지 조선은 큰 슬픔에 빠졌다. 많은 조선인이 가게를 닫고 덕수궁 대한문 앞으로 몰려가 통곡했다. 일본 언론은 '경성이 슬픔에 갇혔다'고 당시 분위기를 전했다.

"이태왕의 훙거 발표와 함께 조선인은 모두 가게를 닫았고 거리는 완전히 우울한 분위기로 가득 차 있다. 덕수궁 내전에서는 친족 및 측근의 통곡 소리가 들리고 대한문 바깥에서는 조선의 남녀 수백 명이 각각 자리를 깔고 슬프게 부르짖으며 통곡해 밤을 새우고 있다. 이것은 조선 구래의 관습이지만 그러한 모습은 사람으로 하여금 더욱 슬프게 한다."(≪大阪朝日新聞≫, 1919. 1. 24, 석간 2면; 윤소영 편역, 2009a, 21쪽 재인용)

일제는 고종의 장례식을 일본 궁내부에서 주도하도록 했다. 장의 사무소를 도쿄 고쿄 안에 있는 내각에 설치하고, 조선에는 분실 형태로 총독부 중추원에 장의실을 마련했다. 장의괘장에는 정무총감 야마가타 이사부로를 임명해 장례 총책임을 맡겼다. 장의괘 차장에는 이완용과 이토 히로부미의 손자 이토 히로쿠니(伊藤博邦)를 임명했다. 야마가타 이사부로와 귀국한 이완용은 국장 준비를 서둘렀다(윤덕한, 1999, 330쪽 참고).

고종에 대한 평가는 꼭 긍정적인 것만은 아니었다. 그의 노력에도 결국 조선을 일제의 식민지로 전락시킨 것에 대한 책임론과 비판이 제기됐다. 미주 한인 사회의 민족단체인 대한인국민회 북미지방총회의 기관지 ≪신한민보≫의 부음 기사 일부다.

"광무제(고종)께서는 유년에 등극해 민간의 질서를 알지 못할 뿐이라 세계의 대세와 정리의 현상을 알지 못하므로 권세를 황족과 외척에게 맡겨

혹은 일본의 병력을 빌며 혹은 청국의 세력을 청하며 혹은 러시아 간섭을 요구하다가 마침내 명성황후로 하여금 일본 군인의 손에 사살당하고 5조약 7조약을 체결하고 마침내 폐위를 당했으니 광무제는 실로 우리 신성한 역사를 더럽혔으며 준수한 이천만 우리 족속으로 하여금 일인의 노예를 만들었으니 슬프다."(《신한민보》, 1919. 1. 30, 1면; 김홍식, 2009, 75쪽 재인용)

그럼에도 고종 서거는 조선의 민심을 뒤흔들었다. 특히 고종이 독살된 것이라는 소문이 퍼지면서 민심은 극도로 악화했다. 다음은 당시 한민족 사이에 널리 퍼진, 박은식이 책에 소개한 고종의 독살설 가운데 하나다.

"일본인은 적신(賊臣) 한상학을 시켜 식혜에 독을 타서 드리게 했다. 얼마 안 되어 독이 온몸에 퍼지니 (고종) 황제가 소리치기를 '내가 무얼 먹었길래 이러하냐' 하더니 잠시 후 갑자기 붕어하자, 두 눈은 붉고 온몸에는 붉은 반점이 생기며 부패해갔다. 그 장면을 보고 있던 두 시녀도 갑작스레 죽고 말았다."(박은식, 1920/1999a, 157쪽)

일제는 고종 독살설을 부인했다. 조선총독부 기관지 《매일신보》도 1면 머리기사로 "이태왕 전하의 홍거에 관해 세상에서 근거 없는 억설을 전한다 함은 이미 본보에 게재한 바이거니와 이태왕 전하 홍거하신 후 이왕직에서 발표한 환후 경과를 아래에 기록한바 이것을 보아도 그러한 사실이 전혀 없는 것을 가히 알 것이더라"며 고종의 독살설은 근거 없다고 강조했다(《매일신보》, 1919. 3. 16, 1면; 김홍식, 2009, 76쪽 재인용). 그만큼 당시 민중 사이에서는 고종의 독살사망설이 확산됐다는 의미다. 왕세자 이은과 일본인 나시모토노미야 마사코의 결혼을 반대하기 위해 고종이 자살한 것이라는 소문도 돌았다. 윤치호도 고종의 자살설이 퍼져 폭동이 일어나려 한다고, 1월 26일 자 일기에 적었다.

"광무태황제(고종)가 이 왕세자와 나시모토 공주의 결혼식 나흘 전에 승하함으로써 스스로 목숨을 끊었다는 소문을 불러일으키고 있다. 말도 안 되는 소리다! 이미 큰 굴욕을 감수한 터에 작은 일 때문에 목숨을 끊었을 리 없다. … 조선인들은 지금 바로 자신들의 설움 때문에 눈물을 흘리고

있고, 광무태황제를 위해 폭동을 일으키려고 하는 것이다."(박미경 역, 2015, 244~245쪽)

독살 사망설이나 자살설 등 고종을 둘러싼 소문과 의혹은 그 진위 여부를 떠나 일제 치하에서 고통받은 수많은 민중의 불만과 분노를 결집할 수 있는 분위기를 조성했다. 독립에 대한 강한 열망을 키우던 한국인들은 우드로 윌슨의 민족자결의 원칙과 파리강화회의, 일본 지배체제의 변동과 식민지배체제의 균열, 여기에 고종의 갑작스러운 서거 등까지 겹치면서 마침내 민의를 폭발시킬 수 있게 된 것이다(함태영, 1946. 3, 55쪽 참고).

김규식 파리강화회의 파견

1919년 1월 18일 토요일, 프랑스 파리. 미국과 영국, 프랑스, 독일, 일본 등 제1차 세계대전 승전국과 패전국을 중심으로 평화조약 체결을 위한 국제회의, 이른바 '파리강화회의(Paris Peace Conference)'가 시작됐다. 회의는 1920년 1월 21일까지 오랜 기간에 걸쳐 이어졌다. 영국과 미국 등 승전국들은 파리강화회의와 베르사유조약을 통해 승전국 중심으로 국제질서를 재편한다. 참가국들은 회의에서 국제연맹 창설을 결의하는 동시에 독일과의 베르사유조약을 포함한 5개 평화조약 등을 체결하게 된다.

회의가 열리기 하루 전인 1월 17일, 조선총독부는 각 도의 경무부장에게 민족자결주의나 파리강화회의와 관련한 기사를 일절 싣지 못하도록 하고 조선으로 반입되는 외국 신문도 관련 기사가 게재되면 압수할 것을 지시했다(제2756호, "소요사건에 관한 신문기사 取締의 건"). 일제도 조선인들이 파리강화회의를 겨냥한 모종의 거사를 도모할 가능성을 우려한 것이다.

"민족자결주의를 조선에서도 적용해 독립을 계획하고자 해 미국 또는 강화회의 등에 대해 한인이 종종 운동을 하는 신문기사는 치안을 방해하는 것으로 인정함으로써, 신문지에 게재하지 않도록 발행책임자에게 경고할 것. 이에 저촉하는 것은 (수입용 신문도 포함) 차압처분 후 그 제호, 발행 월일, 호수를 전보할 것."(윤병석, 2013, 479쪽 재인용)

일제는 아울러 신흥우 등을 파리강화회의장 부근으로 가서 친일 활동을 벌이도록 움직인 것으로 보인다. 윤치호의 2월 24일 자 일기다.

"신흥우 씨가 해리스 감독과 함께 파리에 가서 친일 선전 활동을 하는 대가로 우사미(가쓰오 조선총독부 내무부장관으로 추정) 씨가 신 씨에게 연간 3만 엔의 수입을 올릴 수 있는 어장을 줬다."(박미경 역, 2015, 263쪽)

1월 19일, 중국 난징의 어느 선교사 지택. 한민족을 대표해 파리강화회의에 가기로 한 김규식은 김순애와 조촐한 결혼식을 열었다.

1889년 황해도 장연에서 기독교도 아버지 김성섬과 어머니 안성은 사이에서 태어난 김순애는 2·8독립선언에 참가한 김마리아가 그의 조카이고, 독립운동가 서병호가 큰 형부이며, 세브란스의학전문학교 1회 졸업생으로 만주와 몽골 지역에서 독립운동을 한 김필순이 셋째 오빠다(姜英心, 2012. 12, 10~12쪽 참고). 김순애는 경성에 위치한 기독교 북장로교 계열의 연동여학교(정신여자고등학교의 전신)를 졸업하고 부산 초량소학교에서 교사로 근무하다가 105인 사건 이후 1911년 가족과 함께 중국으로 망명했다. 김순애는 1915년 난징의 명덕여자학원에 입학했고 1918년 형부 서병호의 초청으로 상하이로 건너왔다가 김규식을 만나게 된 것이다.

김규식·김순애 부부는 결혼 후 곧바로 상하이로 이동했다. 파리강화회의의 특사 준비를 서둘러야 해서였다. 그것은 향방과 결과를 알 수 없는, 새로운 길이었다.

1월 25일, 중국 상하이. 김규식은 '김성'이라는 이름으로 신규식과 연명으로 우드로 윌슨 미국 대통령에게 독립을 청원하는 편지를 썼다. 편지는 프랑스어로 작성됐다(정병준, 2017. 11, 107쪽 참고).

2월 1일 토요일, 김규식은 마침내 중국 대표단에 끼어 프랑스 우편선 '포르토스(Porthos)'를 타고 파리를 향해 출발했다. 김규식의 당시 나이는 38세였다. 여운형은 파리강화회의에 중국 대표 수행원으로 가는 중국 여성 정민수의 도움을 받아 파리로 가는 배편을 가까스로 구했다. 김규식을 실은 배는 싱가포르, 인도양, 수에즈 운하를 거쳐 파리로 향할 예정이었다. 그는 42일 만인 3월 13일에야 파리에 도착한다(신용하, 2006a, 77쪽; 이이화, 2015, 204쪽; 이정식, 2008, 160~164쪽 참고).

김규식은 1881년 강원도 홍천에서 태어났고, 호러스 언더우드(Horace G. Underwood)가 세운 경신학당을 거쳐 1897년 미국으로 건너갔다. 그는 버지니아주 로노크대(Roanoke College)와 뉴저지주 프린스턴대 등에서 공부했다. 1904년에 귀국해 배재학당에서 영어교사 등으로 활동하다가 1913년 중국으로 망명했다(윤경로, 2010. 8, 72쪽 참고). 중국 화베이 지역과 몽골 등에서 상업에 종사했고, 1916년 앤더슨 마이어 회사(Andersen, Meyer & Company)의 몽골 접경지 지점에서 근무하기도 했다.

신한청년당이 파리강화회의에 김규식을 대표로 파견한 것은 매우 중요한 의미가 있다. 파리강화회의에서 공식적인 발언권을 얻을 수 없는 상황이었지만, 대표 파견 그 자체로 한국 국민의 독립 의지를 자극하기에 충분했기 때문이다. 즉, 김규식의 파송도 3·1운동의 도화선이 됐다는 분석이다(이철순, 2011. 9, 252쪽 참고).

한국인들은 당시 신한청년당이 파리강화회의에 김규식을 파견한 것에 주목했고, 세계로부터 한국의 독립을 인정받기 위해 독립만세운동을 벌이는 것이라고 인식했다. 윤치호의 3월 27일 자 일기다.

"만세운동에 관해 말하자면, 윌슨 대통령의 은혜로 파리강화회의에서 조선의 독립을 선언할 때까지 만세를 부른다. 이것이 바로 시위자들이 순진한 조선인들에게 선전하고 있는 내용의 골자이다."(박미경 역, 2015, 287쪽)

특히 여운형은 신한청년당 대표로 김규식을 파리강화회의에 대표로 보내는 데 성공함으로써 일약 독립운동의 지도자로 부상했다. 한반도를 뒤흔들 대사건을 예비하고 있던 여운형의 당시 나이는 33세였다(이정식, 2008, 164~165쪽 참고).

여운형은 1886년 경기도 양평에서 여정현과 경주 이씨의 넷째 아들로 태어났다. 세 형이 일찍 사망하면서 가문의 9대 종손이 됐다. 어릴 적 유학을 공부했던 여운형은 1900년 감리교 학교인 배재학당에 입학했다가 1901년 홍화학교로 전학했다. 1902년 관립 우무학당에 입학했다가 1905년 을사조약이 체결되자 수학을 단념했다. 여운형은 1907년 기독교에 입교했고 그해 안창호의 연설을 듣고 동생 여운홍과 함께 독립운동에 투신하기로 결심했다. 1911년 평양장로교신학교에 입학해 2년간 공부한 뒤 1914년 중국 난징에 있는 금릉대에 입학했다. 여운형은 1917년 상하이 '협화서국(協和書局)'에 취직했고 ≪자림보≫ 기자 진한명의 소개로 쑨원을 만나기도 했다.

김규식이 파리를 향해 상하이를 떠난 직후인 2월 16일, 베이징 주재 미국 대사관은 김규식의 계획에 대한 상세한 보고를 국무성에 전했다. 베이징에 거주하는 한국 지사들이 김규식의 활동을 돕기 위해 미국 대사관에 미리 알렸기 때문이다(독립운동사편찬위원회, 1970b, 819쪽 참고).

김규식을 태운 포르토스호는 동지나해를 지나 말레이반도를 끼고 돌아 드넓은 인도양으로 향했다. 김규식은 항해 도중 배에서 파리강화회의에 제출할 비망록 초안 등을 작성하기도 했다. 2월 25일, 김규식은 인도양 실론 콜롬보에서 헤이룽장성 치치하얼 남문 밖 북제진료소에 있는 아내 김순애에게 '순애(Stella)에게'로 시작하는 편지를 보냈다. 김순애는 국내로 몰래 잠입해 독립운동 자금을 모금한 후 오빠 김필순이 있는 헤이룽장성 치치하얼로 이동한 뒤였다.

"나는 파리에서 사용할 비망록의 초안을 만들고 있소. 나는 당신과 Phil, P. H. S가 읽을 수 있도록 사본을 동봉하려고 하오. 물론 이는 우리가 제출하려는 최종 비망록은 아니오. 그러나 내가 파리에 도착했을 때 이승만 박사 및 다른 이들과 협의에 사용하기 위한 기초일 뿐이오."(정병준, 2017. 11, 116쪽 재인용)

나비, 날기 시작하다

　여운형과 신한청년당은 전 세계에 독립 의지를 보여줄 가시적인 독립운동이 필요하다는 김규식의 제언에 따라 독립만세시위를 본격적으로 조직하기 시작했다. 일본, 간도와 러시아 연해주, 조선 세 지역으로 사람들을 보내 독립운동 조직화에 나섰다.

　먼저 일본에 대표를 보내 재일본 한국인 유학생들에게 독립운동을 제안했다. 1월 10일 오후 8시 30분, 이광수는 신한청년당 당원으로서 베이징을 출발했다. 이광수는 조선을 경유해 일본 도쿄로 건너갔다. 이광수는 도쿄에서 재일본 한국인 유학생들의 독립운동 모임인 '조선청년독립단'에 가담했고, 2·8독립선언의 선언문을 기초했다. 이광수는 1월 31일 2·8독립선언 준비가 예정대로 진행되고 있음을 확인하고 고베에서 기선 '고쿠라마루(小倉丸)'를 타고 출항해 2월 5일 상하이로 돌아왔다(강덕상, 2002/2007, 173쪽; 박찬승, 2014, 95쪽; 신용하, 2006a, 77~78쪽; 신용하, 2013, 263~267쪽; 이이화, 2015, 204~205쪽 참고).

　1월 28일, 조선으로 몰래 들어가 김규식의 여비를 조달했던 장덕수는 다시 중국인 이름으로 도일했다. 그는 2월 3일 도쿄에서 한국인 유학생을 만났다. 장덕수는 유학생들에게 독립운동을 촉구한 뒤 2월 20일 경성으로 잠입했다가 인천에서 일제 관헌에게 붙잡혀 전라남도 하의도에 유배됐다(강덕상, 2002/2007, 173쪽 참고).

　여운형의 동생 여운홍도 2월 1일 중국 상하이에서 일본 요코하마를 거쳐 도쿄 조선YMCA 기숙사에 묵으면서 최팔용과 접촉했다. 여운홍은 최팔용에게 국제 정세와 해외 각지에서 준비 중인 독립운동 움직임 등을 전했고, 최팔용으로부터 조선인 유학생들의 2·8독립선언 움직임을 전해 들었다.

　여운형도 스스로 1월 말 간도와 러시아 연해주로 향했다. 여운형은 중국인 아편상으로 가장하고 창춘행 기차를 탔다. 여운형은 창춘에서 심영구의 집에서 묵었고, 지린에서는 여준에게 지역 연락을 부탁한 뒤 하얼빈으로 갔다. 그는 이곳에서 파리강화회의 대표로 김규식을 파견했다며 독립선언을 해야 한다고 강조했다.

여운형은 러시아 연해주 니콜리스크(우수리스크의 옛 이름)에서는 박은식, 이동녕, 이동휘, 조완구 등을 만났다. 니콜리스크에서 열린 전러시아조선인대회에 참석하기도 했다. 블라디보스토크에서는 채성하의 집에 묵으며 강우규, 이강, 정재관 등을 만났다. 여운형은 블라디보스토크에서 2주 정도 체재했다. 블라디보스토크에서는 한국인들이 윤해와 고창일을 파리강화회의에 파견하기로 하면서 자금을 추가로 염출할 수 없었다. 윤해와 고창일은 2월 5일 블라디보스토크에서 프랑스 파리를 향해 출발했다. 남러시아를 통과해 유럽에 도착할 예정이었지만, 소련 내전이 발발하면서 일정이 크게 꼬였다. 윤해와 고창일은 천신만고 끝에 9월 26일에야 파리에 도착할 수 있었다. 하지만 그때는 이미 파리강화회의가 상당 부문 진전된 뒤였다(신용하, 2013, 268쪽 참고). 그럼에도 여운형이 이들과 만나면서 나중에 상하이 임시정부 수립에 중요한 토대가 됐다(박찬승, 2014, 95쪽; 신용하, 2006a, 77~78쪽; 신용하, 2013, 263~267쪽; 이기형, 2004, 88쪽; 이이화, 2015, 204~205쪽; 이정식, 2008, 173~174쪽 참고).

여운형을 중심으로 한 중국 상하이의 독립운동가, 간도 동포, 러시아 연해주 동포, 재일 조선인 유학생, 재미 동포 등이 해외 각지에서 따로, 그러면서 큰 틀에서는 함께 행동을 개시하면서 거족적인 3·1운동이 일어날 수 있는 토대를 형성했다. 특히 여운형을 중심으로 상하이 독립운동가들이 파리강화회의에 김규식을 특사로 파견하고 이를 계기로 한반도에서 대대적인 독립만세운동을 추진한 것이 3·1운동의 결정적인 터닝 포인트였다는 분석이 많다.

조선총독 하세가와 요시미치조차 "(3·1운동) 음모의 중심지는 상하이 주재 조선인이고 이들이 미국, 하와이 및 내지(일본)의 유학생 또는 만주, 시베리아의 재류 조선인과 연락해 망동계획을 기도했음이 판명됐다"고 나중에 4월 16일 언론 인터뷰에서 밝히기도 했다(≪大阪每日新聞≫, 1919. 4. 17b, 2면; 윤소영 편역, 2009b, 283쪽 재인용). 그는 7월 5일 언론 인터뷰에서도 3·1 운동이 "과격 사상의 침입에 관해서도 충분히 경계는 하고 있지만 그렇게 넓은 지역에서 어디로 어떤 사상을 가진 사람이 들어오는지 알 수 없지만 대부분은 상하이 방면과 연락을 취하고 있는 것으로 생각된다"며 기독교 선동이나 사회주의 사상의 영향보다 중국 상하이와의 연락 속에서 일어난 것으로 거듭 주장했다(≪大阪每日新聞≫, 1919. 7. 6, 6면; 윤소영 편역, 2012, 42쪽 재인용).

여운형과 신한청년당은 특히 선우혁과 김철, 김순애, 백남규, 한송계 등을 국내로 잇따라 잠입시켜 많은 국내 인사를 접촉해 김규식을 파리강화회의에 파견했음을 알리고 한반도 내에서 세계에 독립 의사를 보여줄 대대적인 독립만세운동을 호소하고 촉구했다.

2월 초, 경성 소격동의 이승훈 숙소. 밖에서 사랑문을 두드리는 소리가 들려왔다. 이승훈은 자연스럽게 문을 열었다. 중국 상하이에서 꽁꽁 언 압록강을 건너 국경을 넘은 선우혁이었다. 김기석(1964/2017, 139쪽 참고) 등에 따르면, 선우혁은 이날 이승훈을 만나 파리강화회의에 조선 대표로 김규식을 파견했다는 소식을 전했다. 그러면서 국내에서 독립운동을 일으켜달라고 부탁했다.

이승훈은 "와신종석할 줄 알았더니 이제 죽을 자리가 생겼구나"라며 흔쾌히 승낙하고 만면에 기쁨을 감추지 못했다. 이승훈은 그러면서 선우혁에게 평양에서 평양기독교청년회 총무 안세환을 만나보라고 권했다. 선우혁은 그렇게 하겠다고 답했다.

눈보라가 흩날리던 이튿날, 이승훈은 평양으로 가기 위해 근처 고읍역으로 향하는 선우혁을 배웅하는 도중 어느 나무 밑에서 선우혁의 두 손을 잡고 기도를 했다.

"어떻게 하시렵니까? 이 불쌍한 백성에게 독립을 허락하시렵니까? 안 허락하시렵니까? 이번 기회에 어떻게 하시렵니까?"

하나님에게 일제의 부당한 식민통치에 맞서 한민족의 독립운동 기회를 달라는 취지였다. 이승훈은 기도를 하면서 눈물을 비 오듯 흘렸다. 흩날리며 내리는 눈은 이승훈의 눈물에 순식간에 녹아내렸다(김기석, 1964/2017, 139쪽 참고).

이승훈은 이후 신한청년당이 파리강화회의에 한국인 대표로 김규식을 파견했다는 사실을 최남선에게 전했고, 최남선은 이를 다시 천도교 간부 최린에게 전했다. 최린은 이 사실을 천도교 교주 손병희와 권동진, 오세창 등 지도부에게 전했다(국사편찬위원회, 1990a, 46쪽 참고).

2월 초 어느 날, 평양부 계리 72번지 강규찬 목사의 집으로 신한청년당 선우혁이 찾아왔다. 강규찬의 아내는 병중이었다. 선우혁은 강규찬과 함께 길선주 목사의 집으로 향했다. 선우혁은 길선주 목사를 만나 "중국 방면에서 김규식을 파리로 파견해 조선독립의 청원을 하게 하도록 했다"고 전했다. 선우혁은 "지금 강화회의가 열리고 민족자결주의에 의해 병합된 나라의 독립을 허용하도록 한다고 하니 조선도 독립 가능성이 있으므로 김규식이 조선독립의 청원을 위해 파리로 갔다"는 것이었다. 강규찬은 이 말을 듣고 자신의 집으로 돌아갔다(국사편찬위원회, 1990a, 97쪽 참고).

선우혁은 경성과 평양 등지에서 이승훈과 길선주 목사 이외에도 변인서, 안세환, 양전백, 이덕환 등과 접촉해 변화하는 국제정세와 파리강화회의 특사 파견 등에 맞춰 거족적인 독립운동을 벌여나가자고 호소했다(강덕상, 2002/2007, 175쪽; 국사편찬위원회, 1990a, 90쪽 참고).

서병호도 2월 20일 경성에 잠입해 주로 영남 지역 애국 인사들을 접촉하며 독립운동을 자극했다. 기독교 측 핵심 인사로 3·1운동에 참여한 함태영은 이와 관련, "그때 나는 경성에 있기는 했지만 처음에는 그런 계획(독립선언 및 독립만세운동)이 있는 줄도 모르고 있었는데 해외에서 들어온 서병호, 여운홍 씨 등을 만나 국제정세를 듣고 독립운동을 일으킬 것을 결심했다"고 회고했다(현상윤 등, 1949. 3. 1, 212쪽 참고). 서병호는 3월 7일 고향을 출발했다.

백남규는 주로 호남 지역 애국 인사들을 접촉하며 국제 정세의 변화와 거족적인 독립운동을 강조했다. 비슷한 시기에 신한청년당의 김철은 경성에서 천도교 측 인사를 만나 파리강화회의에 특사를 파견한 사실을 알리고 이에 맞춰 거족적인 독립운동을 벌여나갈 것을 호소했다. 김철은 천도교 측 인사를 만나 3만 엔의 송금을 약속받고 상하이로 돌아갔다(강덕상, 2002/2007, 175쪽 참고).

2월 23일, 김순애도 남편 김규식이 상하이에서 프랑스 파리를 향해 떠나자 비밀리에 배편으로 부산으로 입국했다. 그는 대구에서 계성고교 교감 백남채를 비롯한 기독교계 인사를 접촉하며 파리강화회의 특사 파견 등을 알렸고 거족적인 독립운동의 필요성을 역설했다. 그는 2월 24일 경성으로 상경해 세브란스병원에 입원했고 이곳에서 함태영을 만났다. 김순애는 함태영에게 파리강화회의에 김규식을 파견했다고 알렸다. 김순애는 이어 평양을 거쳐 거사 전날인 2월 26일 열차편을 이용해 국경을 넘었다(姜英心, 2012. 12, 18쪽; 편집부, 1968. 3, 96쪽 참고).

중국 상하이에서 시작한 몸부림이 러시아 연해주, 미국, 일본 등으로 퍼져가면서 마침내 식민지 조선에서도 거센 후폭풍을 예고하고 있었다. 마침내 나비가 날기 시작했다.

제2장

기미년 3월 1일 경성 태화관

舊時代의遺物인侵略主義强權主義의犧牲을作하야有史以來累千年에처
음으로異民族箝制의痛苦를嘗한지今에十年을過한지라我生存權의剝喪
됨이무릇幾何ㅣ며心靈上發展의障礙됨이무릇幾何ㅣ며民族的尊榮의毀
損됨이무릇幾何ㅣ며新銳와獨創으로써世界文化의大潮流에寄與補裨할
奇緣을遺失함이무릇幾何ㅣ뇨

———

낡은 시대의 유물인 침략주의와 강권주의의 희생이 되어 우리 역사가 있
은 지 수천 년 만에 처음으로 다른 민족에게 자유를 구속당하는 고통을 맛
본 지 이제 10년이 지났으니, 그동안 우리의 생존권을 빼앗겨 잃은 것이
그 얼마이며, 민족의 존엄함과 영화로움에 손상을 입은 바가 그 얼마이며,
새로우면서도 날카로운 독창력으로써 세계 문화의 큰 흐름에 이바지하고
보탤 기회를 잃어버린 것이 그 얼마인가.

1919년 3월 1일의 아침

서리가 살짝 내린 영하의 1919년 3월 1일 토요일 새벽, 경성 종로구 경운동 78번지. 천도교 월보과장 이종일이 눈을 스르르 떴다. 너무 이른 시각. 그는 다시 눈을 감았지만 잠을 다시 이룰 수 없었다. 이종일은 그대로 두 손을 잡고 기도했다.

"오늘의 거사가 반드시 성공하기를! 이제야말로 민족자결의 시대이다. 독립 의사를 가지고 있으면 반드시 독립이 된다. 조선 민족이 독립하고 싶은 의사를 가지고 있다는 것을 알리자. 세계의 대세가 이와 같으니 그 대세에 비춰 일본 정치가도 조선의 독립을 허락해줄 수밖에 없을 것이다. 비록 곧바로 독립이 되지는 않겠지만, 하여간 그렇게 해두면 반드시 가까운 장래에 독립은 될 수 있을 것이다."(국사편찬위원회, 1990b, 25쪽)

날이 채 다 밝기 전, 동생 이종린이 찾아왔다. 형 이종일은 이날 독립선언을 할 것이라며 동생에게 전후 사정을 간단하게 말했다. 그는 "오늘 오후 태화관에서 독립선언을 하기로 돼 있으니 네가 ≪조선독립신문≫을 발행해 시민에게 배포해달라"고 부탁했다. 독립선언서를 ≪조선독립신문≫에 실어 조선 민중에게 독립선언 사실을 알려달라는 것이었다.

다만 3·1운동 초기 대표적인 지하신문인 ≪조선독립신문≫의 기획 주체와 준비 시기 등에 관해서는 관계자들의 증언이 다소 엇갈린다. 즉, 이종일은 나중에 법정에서 동생 이종린이 ≪조선독립신문≫을 발행하고 싶다고 먼저 말해 찬성했다고 진술한 반면, 경성고등법원 재판부는 동생 이종린이 이종일과 천도교 대도주 박인호 등과 협의하에 이미 2월 18일경 경성 송현동 천도교 중앙총부에서 손병희 등의 독립선언 전말과 조선독립정신을 고취하는 내용의 원고를 작성했다고 판단했다(고등법원, 1920. 3. 22, 13쪽; 국사편찬위원회, 1990a, 163쪽, 167쪽 참고).

이종일은 동생 이종린을 만난 뒤 경성 경운동 집을 나와 수송동 보성학교 안에 위치한 인쇄사 '보성사(普成社)'로 향했다. 보성사 사장은 천도교

대도주 박인호였지만, 실질적인 운영 책임자는 월보과장 이종일이었다. 긴 하루가 그를 맞고 있었다.

비슷한 시각, 경성 남대문 인근 류영모의 집. 이승훈이 옷에 서늘한 기운을 담아 찾아왔다. 류영모는 이승훈이 평안북도 정주에서 오산학교를 세울 때 교사로 초빙한 인물로, 나중에 오산학교 교장을 지낸 뒤 은퇴해 다종교 사상가가 된다. 이승훈은 지난 2월 26일 밤 독립운동 자금 3000원을 류영모에게 맡기며 돈 관리를 부탁했다. 3000원은 현재의 가치로 환산하면 대략 3000만 원 수준. 류영모는 박희도가 2000원을 받아 가서 이제 1000원만 남았다고 이승훈에게 보고했다. 박희도는 류영모에게서 2000원을 받아 평양 기독교서원의 총무 안세환과 월남 이상재의 방일 여비로 700원을 줬다가 이상재가 일본에 가지 않게 되면서 200원을 돌려받아 그것을 중국 상하이로 떠난 현순 가족에게 줬다. 류영모는 아버지가 경영하는 상점 '경성피혁'에 돈을 보관했다. 이승훈은 류영모에게 부탁했다.

"만약 박희도가 체포되면 그가 하는 일을 왕십리의 장로교 목사 박용희가 맡게 될 것이므로 박용희의 청구에 응해 돈을 건네주시게."(국사편찬위원회, 1990a, 92쪽 참고)

이승훈은 그러면서 마음속으로 생각했다. '독립이 언제 된다는 것까지는 생각할 수 없지만, 하여간 독립선언 등 독립운동을 해두면 반드시 가까운 장래에 꼭 독립이 될 것이다.'(국사편찬위원회, 1990b, 45쪽)

하늘은 청명했다. 이른 아침, 경성 재동 68번지 최린의 집. 최린은 일찍 일어나 평소처럼 아침 기도를 했다. 기도를 마치고 나니 마음이 깨끗하고 가벼웠다. 마치 무거운 짐을 졌다가 벗어놓은 것 같은 심정이었다고 최린은 기억했다. 최린의 자서전(최린, 1962. 8, 182쪽 참고)에 따르면, 최린은 곧이어 방에서 나와 밖에 있는 화장실로 향했다. 대문 안에는 유인물 두 장이 떨어져 있었다. '기미독립선언서'였다. 독립선언서를 들고 읽어봤다. 분명히 자기가 주도적으로 참여해 제작한 독립선언서였다. '됐다! 경성 시내는 무사히 살포됐구나.' 그는 기뻐서 발로 땅을 꽝 차고 하늘을 쳐다봤다.

그 순간 눈물이 쏟아지고 심장은 요동쳤다. 최린은 아침을 먹다가 숟가락을 놓고 그대로 일어섰다. 손병희 선생을 모시고 인사동 태화관으로 가야겠다는 생각에 미쳐서였다. 아내가 붙잡는 데도 돌아보지 않고 가회동에 있는 손병희의 집으로 향했다. 독립 의지로 뜨거웠던 최린의 당시 나이는 42세였다.

아침, 경성 남대문역(현재 서울역). 함태영에게서 독립선언서와 독립청원서 등을 건네받은 감리교 전도사 김지환은 발걸음을 재촉한 끝에 신의주행 기차에 올랐다. 그는 이승훈과 함태영의 부탁으로 독립신언서와 우드로 윌슨 미국 대통령에게 보내는 독립청원서, 파리강화회의 대표들에게 보내는 서한 등을 중국 상하이에 있던 김규식의 아내 김순애에게 우편으로 전달하기 위해 만주 안둥(安東)현으로 향했다. 김지환은 전날 함태영으로부터 이들 서류를 받았다. 그는 이날 늦게 신의주역에 도착했다. 그는 기차에서 내려 국경 철교를 통해 안둥현에 사는 장로교 목사 김병농의 집을 찾아가야 했다(고등법원, 1920. 3. 22, 11쪽; 국사편찬위원회, 1990b, 98쪽 참고).

엇비슷한 시각, 경성 남대문 밖 복숭아골(현재 서울역 앞 연세재단빌딩 일대)에 위치한 세브란스의학전문학교. 부설 세브란스병원 제약부 주임 이갑성은 세브란스의전 교사 프랭크 스코필드를 찾아갔다. 이갑성은 스코필드에게 오후 파고다공원(현재 탑골공원)에서 독립만세시위가 예정돼 있으니 사진을 찍어 그 모습을 세계에 알려달라고 부탁했다.

경기도 고양군 연희면 창천리(현재 연세대 부지)에 위치한 연희전문학교. 3학년생 김원벽은 학교 수업이 시작되기 전에 김상덕과 서광진, 최평운, 하태홍 등 학교 동료와 선후배들에게 "오늘 오후 2시 파고다공원에서 독립선언과 독립만세운동이 있다"고 조용히 알렸다. 70여 명의 학생 가운데 4~5명을 제외하고는 이미 모두 독립만세운동이 있을 것이라는 사실을 알고 있었다. 다들 말없이 오후를 기다리고 있었다(국사편찬위원회, 1990a, 39쪽 참고).

발칵 뒤집힌 일본 경찰

경성의 하늘이 푸른 피부를 뽐내기 시작했다. 안개가 조금 얼쩡거렸지만 푸른 하늘의 생기를 가릴 수는 없었다. 변덕이 심한 바람마저 찾지 않았다. 경성도 깨어나고 있었다.

3월 1일 아침, 덕수궁 대한문을 중심으로 '아이고 아이고' 소리가 끊이지 않았다. 덕수궁 안에는 지난 1월 21일 서거한 고종의 시신이 안치돼 있었다. 고종의 장례식이 이틀 후인 3월 3일로 다가오면서 수많은 이들이 상경해 대한문 앞에서 그의 죽음을 애도했다. 당시 신문 보도의 일부다.

"고 이태왕 전하 의식이 마침내 가까워지면서 경성은 점점 소란스러워진다. 당일은 각지에서 참례하는 대표자 및 배관자가 무려 10만 명에 달해 남대문 역에 열차가 도착할 때마다 수천 명의 군중으로 가득하다. 시내는 제각각의 상복 차림을 한 조선인 남녀노소가 왕래하고 있다. 이태왕의 영령이 함녕전인 정침에 계시는 것도 이제 얼마 남지 않아서 지금은 마지막 인사를 하려고 내곡반, 외곡반은 물론이고 대한문 밖에 무릎 꿇고 슬프게 곡을 하는 자가 매우 비통한 광경을 자아낸다."(≪大阪每日新聞≫, 1919. 3. 2b, 석간 6면; 윤소영 편역, 2009b, 107쪽 재인용)

오전 9시, 덕수궁 함녕전. 대한제국 황제 고종의 장례 관계자들이 함녕전에 놓인 고종의 정침에 갖가지 장식을 하고 있었다. 이날 덕수궁 근처뿐만 아니라 경성 곳곳에는 일본 헌병경찰들이 대거 배치돼 있었다. 헌병경찰들의 눈빛은 조선인들을 향해 번뜩이고 있었다. 말 그대로 삼엄했다. 일본군 조선헌병대사령관이자 조선총독부 경무총장 고지마 소지로(児島惣次郎)는 앞서 고종의 국장을 앞두고 만일의 사태에 대비해 전도(全都)에 순사헌병 약 300명과 경기도 관내 각 헌병대 경찰서에서 순사헌병을 모조리 차출, 상경시켰다(≪大阪每日新聞≫, 1919. 3. 4b, 석간 6면; 윤소영 편역, 2009b, 123쪽 참고).

오전 10시, 덕수궁 함녕전. 장의 제관장 등이 의관을 갖추고 식장 좌석에 앉았다. 상주인 이왕과 왕세자 이은 등이 제복(祭服)을 입고 순차로 참례하기 시작했다. 장의괘장인 정무총감 야마가타 이사부로와 각 청 대표자 등도 대례복이나 정장에 상장을 달고 참석했다. 공물을 바치는 여러 의식이 끝나자 덴노 요시히토의 칙사 히네노 요타로(日根野要太郎) 황궁 시종이 고종의 관 앞에 절을 공손히 한 다음 조문을 낭독하기 시작했다.

"자비하시고 일찍부터 효성이 지극하시고 백성에게 은혜로워 인정을 베푼다는 명성은 멀리까지 떨쳐 조선에 군림하신 것이 40여 년입니다. 근검의 풍습, 관후한 넉은 하늘의 법도에 남김없이 부합하셨습니다. 애노하는 마음을 이루 금할 수 없습니다. 이에 시신(侍臣)을 보내 부의를 올려 애도하는 바입니다."(≪大阪每日新聞≫, 1919. 3. 2a, 석간 6면; 윤소영 편역, 2009b, 106쪽 재인용)

덴노 요시히토의 조사 봉독 의식이 막 시작될 즈음, 남대문파출소의 한 일본인 순사가 남대문 부근을 지나다가 성벽에 긴 종이가 나붙어 있는 것을 봤다. 종이에는 주로 한자와 한글이 혼합된 글자가 가득했다. '기미독립선언서'였다. 순사는 독립선언서를 뜯어 곧바로 혼마치경찰서에 보고했다. 격문 내용을 살펴본 혼마치경찰서는 내용이 심각하다고 판단해 곧바로 지휘계통을 거쳐 조선총독부 경무총장 고지마 소지로에게 보고했다. 경성 시내 곳곳에서 독립선언서 배포 보고가 쏟아지고 있었다.

오전 10시, 경성 송현동에 위치한 천도교 중앙총부. 이종일의 동생 이종린이 건물 안에 자리한 월보편집실에 들어왔다. 사무실에는 윤익선과 이관이 있었다. 윤익선은 1871년 황해도 장연군에서 태어나 1906년 보성전문학교 법률과를 졸업한 뒤 육군법원 이사와 육군감옥장 등 법률 전문가로 활동하다가 1907년 퇴관한 뒤 보성전문학교 교장을 맡아왔다. 이관은 1860년 경상남도 산청 출신으로 천도교 전도사이자 편집원이었다.

윤익선 등(국사편찬위원회, 1990c, 5쪽 참고)에 따르면, 월보편집실에 들어서는 이종린의 손에는 종이가 들려 있었다. 이종린은 윤익선에게 종이를 들어 보이며 말했다.

"이것을 인쇄하는 데 발행인이 돼주십시오. 박인호 대도주님도 선생님을 발행인으로 하는 편이 좋을 것이라고 말했습니다."

이종린은 이렇게 말하며 윤익선에게 종이를 건넸다. 윤익선은 종이를 찬찬히 읽었다. 천도교 비밀신문 ≪조선독립신문≫ 제1호였다. ≪조선독립신문≫ 제1호에는 ① 손병희 등 민족 대표 33인이 3월 1일 태화관에서 독립선언서를 발표하고 종로경찰서에 붙잡혀 갔다, ② 최후의 1인까지 난폭한 행동을 자제하라, ③ 민족 대표의 구인과 동시에 전 국민이 민족 대표의 뜻을 관철하기 위해 일제히 호응하라는 등 독립을 선언했다는 사실을 알리고 평화적 시위로써 국민들이 궐기할 것을 촉구하는 내용이 담겨 있었다. 윤익선은 ≪조선독립신문≫의 발행인이 될 것을 승낙했다.

이종린은 수송동 보성사로 서둘러 가서 김홍규에게 ≪조선독립신문≫을 1만 매 정도 인쇄해달라고 부탁했고, 김홍규는 직공에게 인쇄하도록 지시했다. 직공들은 부지런히 ≪조선독립신문≫을 인쇄하기 시작했다. 이종린은 인쇄가 끝나자 임준식 등에게 ≪조선독립신문≫ 제1호 1만 매를 건네면서 "오늘 오후 파고다공원에 가서 사람들에게 배포해달라"고 부탁했다(고등법원, 1920. 3. 22, 13쪽 참고).

비슷한 시각, 황해도 서흥군 천도교도 박동주의 집. 천도교 월보과장 이종일의 부탁을 받은 천도교도 이경섭이 찾아왔다. 이경섭은 전날 오후 8시 경성을 출발해 황해도 서흥까지 걷고 또 걸어 도착한 터였다. 이경섭은 독립선언서 750여 장을 박동주에게 건네며 현지에서 독립선언서를 배포해달라는 이종일의 말을 전했다. 밤새 경성에서 서흥까지 걸어서 오느라 피곤했지만, 이경섭은 다시 서둘러 곡산으로 향했다(국사편찬위원회, 1990a, 200쪽 참고).

비슷한 시각, 경성 인사동 태화관. 주인 안순환은 오전부터 직원들과 함께 태화관 안팎을 정리하고 깨끗이 청소하기 시작했다. 천도교 교주 손병희의 손님들을 맞기 위해서였다. 그는 이른 아침 손병희 측으로부터 점심 손님 30명이 간다는 연락을 받았다(이난향, 1977, 611쪽 참고).

오전 11시 30분, 덕수궁 함녕전. 덴노 요시히토의 조사 봉독 의식에 참례 중이던 경무총장 고지마 소지로는 참모로부터 조선인들의 독립선언서와 독립만세시위 계획을 보고받았다. 전혀 예상하지 못한 사건이었다. 다소 마른 듯한 고지마 소지로의 광대뼈가 조금 더 도드라져 보이는 듯도 했다. 고지마 소지로는 앞서 이날 동이 트기 전 첩보망으로부터 한 장의 서류를 전달받기는 했다. 천도교 교주 손병희를 비롯해 민족 대표 33인이 서명한 독립선언서였다고, 경기도 경찰부장 출신 지바 료(千葉了)는 당시 상황을 전했다(千葉了, 2003, 244쪽; 이규수, 2005. 3, 174~175쪽 참고).

고지마 소지로는 1870년 일본 오카야마현에서 나가노 로쿠지로(長野六三郎)의 셋째 아들로 태어났고, 육군유년학교를 거쳐 1890년 육군사관학교를 졸업하고 이듬해 3월 일본군 보병 소위로 임관했다. 청일전쟁 때는 보병 제8여단 부관으로 출병했고, 전쟁 후 육군대학에 복교해 1898년 수석으로 졸업했다. 군벌 야마가타 아리토모의 부관과 육군참모본부 과장, 근위보병 제3연대장 등을 거쳐 1914년 육군 소장으로 승진했다. 1918년 7월 육군 중장이 된 뒤 일본군 조선헌병대사령관 겸 조선총독부 경무총장에 부임한 그였다.

고지마 소지로는 행사장에서 급히 빠져나와 남산 왜성대(현재 필동)에 위치한 조선총독부(현재 서울애니메이션센터 자리) 경무총감부로 향했다. 고지마 소지로는 조선총독부로 향하면서 경성 헌병대장이자 경무부장인 시오자와 요시오(塩沢義夫)와 종로 및 혼마치 경찰서장, 용산 및 경성 헌병분대장, 경무총감부 각 과장도 조선총독부로 급히 소집했다(≪大阪朝日新聞≫, 1919. 3. 3, 7면; 윤소영 편역, 2009a, 80쪽 참고).

고지마 소지로는 이날 조선총독부 경무총감부 회의실에서 조선인들의 독립선언 대응을 협의하는 한편 각 통신 및 신문사에 독립선언이나 관련 움직임을 일절 보도하지 말라는 명령을 내렸다(≪大阪毎日新聞≫, 1919. 3. 4b, 석간 6면; 윤소영 편역, 2009b, 121쪽 참고).

고지마 소지로는 독립선언과 독립만세운동이 일어날 것을 전혀 상상하지 못했다. 외견상 평온무사한 것으로 생각했던 그였다. 3·1운동은 '밤중에 홍두깨'를 만난 격이었다. 고지마 소지로의 회고다.

"아니, 이번에는 조선인에게 한 방을 먹었다. … 내가 취임해 보니 조선은 아주 평온무사였다. 데라우치 백작이 세운 총독정치의 위력이라는 것이 대단한 것이라고 경복하고 있었다. 그런데 이번 소동이 돌발했다. 아닌 밤중에 홍두깨란 바로 이런 것일 것이다. 이 소동이 국장 전후 시기가 아니었으면 사건이 발생하기 전에 탐지하기 쉬웠을 텐데 옛 군주 국장 전후에 소란을 일으킬 것이라고는 상상을 하지 못했고 국장 준비로 세간이 떠들썩하고 사람들의 왕래도 빈번했기 때문에 조금 애먹게 했다."(兒嶋摠次郞, 1919. 4, 46쪽)

상황을 모르는 덴노 요시히토의 칙사 히네노 요타로는 덕수궁 함령전에서 덴노의 조사 봉독이 끝나자 조사를 제관부장에게 전하고 배례한 뒤 여러 의원의 선도 속에 물러났다.

오전 11시 40분, 경성 경운동 78번지. 이종일은 집에 보관했던 독립선언서가 거의 다 배포됐음을 확인했다. 그는 이날 눈코 뜰 새 없이 바빠 아침식사도 하지 못했다. 이종일이 태화관으로 나가려고 할 때 동생 이종린이 들어왔다. 이종린의 손에는 ≪조선독립신문≫ 제1호가 들려 있었다. 이종일은 신문을 살펴봤다. 나쁘지 않았다. 이종일은 태화관으로 발길을 옮기기 시작했다(국사편찬위원회, 1990a, 167쪽; 이종일, 1922/1984, 502쪽 참고).

비슷한 시각, 경성 가회동 손병희의 집. 손병희는 실무를 기획하고 준비해온 보성고보 교장 최린과 기미독립선언서를 읽고 또 읽고 있었다. 최린은 독립선언서가 이미 경성과 조선 각지에 배포됐거나 되고 있으니 독립선언서에 서명한 사람을 일본 경찰이 그냥 놔둘 리 없다며 태화관으로 가서 여러 동지들과 함께하는 것이 어떻겠느냐고 여쭸다. 손병희는 최린의 말을 따라 권동진, 오세창, 최린과 함께 인력거를 타고 인사동 태화관으로 향하기 시작했다(최린, 1962. 8, 182쪽; 최효식, 2003. 9, 20쪽 참고).

오후 1시, 경성 YMCA회관. 일본 경찰들이 사무실에 들이닥쳤다. 형사들은 독립선언서를 찾는다며 사무실 서랍 등을 샅샅이 뒤졌다. 아무도, 아무것도 찾을 수 없었다. 독립선언을 막기에는 이미 너무 늦었다(박미경 역, 2015, 267쪽 참고). 이와 관련해 일제 조선총독부 지도부가 독립선언서에 서명한 민족 대표들의 집으로 경찰을 급파했지만 민족 대표 대부분이 태화관으로 향하면서 집을 비운 것으로 확인됐다고, 경기도 경찰부장 출신 지바 료는 훗날 당혹스러웠던 당시 모습을 증언했다.

"… 논의 끝에 선언서에 서명한 33명의 집을 정찰시켰는데, 그들은 모두 집을 비우고 없었습니다. 정말 이상한 일이라는 생각과 너불어 선언문이 사실일지도 모른다는 우려가 들었습니다."(이규수, 2005. 3, 173쪽 재인용)

그날 경성 태화관

1919년 3월 1일 낮 12시, 명월관의 지점인 인사동의 태화관. 손병희가 권동진, 권병덕, 오세창, 최린 등과 함께 인력거를 타고 나타났다(국사편찬위원회, 1990a, 25쪽, 71쪽, 79쪽; 최린, 1962. 8, 182쪽 참고).

손병희 등은 주인 안순환을 불러 "오늘 내객은 30여 명이니 점심을 준비하라"고 말한 뒤 한적한 산정별관인 '별실 6호'로 들어섰다. 시간을 두고 대표들이 속속 모여들기 시작했다. 오후 2시쯤 독립선언서 서명자 33명 가운데 길선주, 김병조, 유여대, 정춘수 4명을 제외한 29명이 모였다(최린, 1962. 8, 182쪽 참고).

참석자들은 원래 파고다공원에서 학생 그룹과 함께 독립선언식을 거행하기로 했지만, 전날 회의에서 학생 그룹과 분리하기로 하면서 이곳에 모인 것이다. 대체로 긴장하기는 했지만, 단정히 자리에 앉아 있었다(국사편찬위원회, 1990a, 44쪽 참고).

길선주 목사는 이날 오후 2시쯤 태화관에 나타나지 않고 남산 경무총감부에 곧바로 출두했다. 역시 태화관 회동에 참석하지 못한 유여대는 이날

의주에서 학생과 시민 800여 명과 함께 독립선언서를 낭독하고 독립선언서 200여 매를 배포한 뒤 만세를 부르다가 일본 경찰에게 체포됐다. 전날 밤 독립선언서를 받아 본 정춘수는 이날 오전 9~10시경 원산역에서 열차편으로 경성을 향해 출발했지만, 그가 태화관에 도착했을 때는 민족 대표들이 모두 경찰에 끌려간 뒤였다. 정춘수는 3월 7일 종로경찰서에 자수했다(고등법원, 1920. 3. 22, 11쪽; 국사편찬위원회, 1990b, 58쪽, 78쪽, 129쪽 참고).

민족 대표들이 다른 참석자를 기다리는 동안 학생 대표 강기덕과 김문진, 한국태가 태화관을 찾아왔다. 파고다공원에서 예정된 만세시위에 참여해달라고 요청하기 위해서였다. 파고다공원은 인사동 태화관에서 150미터 정도 떨어진 곳에 위치한다. 학생 대표들은 별실에 앉아 있는 민족 대표들에게 파고다공원에 나가 민중과 함께 예정된 독립선언식을 거행해달라고 요청했다(국사편찬위원회, 1990a, 23쪽, 195쪽; 최린, 1962. 8, 182쪽 참고).

"파고다공원에서 선언서를 발표한다고 하기에 학생을 모이게 했으니 여기에서 발표하게 되면 거짓말을 한 것으로 되니, 꼭 파고다공원으로 와주기 바랍니다. 그렇지 않으면 불법행위가 일어날지도 모릅니다."(국사편찬위원회, 1990a, 195쪽)

"파고다공원에서 독립선언서를 선포한다고 해놓고 무슨 이유로 이곳에 와 계십니까. 지금 공원에서는 수천 명의 남녀 학생들이 선생님들의 선도를 바라고 있습니다. 빨리 파고다공원으로 오셔서 시위운동을 인도해주십시오!"(국사편찬위원회, 1990a, 23쪽 참고)

학생 대표들의 주장은 결코 잘못된 것이 아니었다. 학생들의 말을 조용히 듣고 있던 손병희가 차분한 목소리로 말했다.

"우리들은 여기에서 조용히 독립선언을 발표할 작정이므로 갈 필요가 없다. 젊은이들은 잘 이해되지 않는 일이니, 여기 있는 사람에게 맡기고 돌아가 달라."(국사편찬위원회, 1990a, 71쪽, 173쪽 참고)

보성법률상업학교 학생 강기덕은 "만약 파고다공원에서 선언서를 발표하지 않아 폭력으로 나오는 사람이 있을 경우에는 그 책임을 질 것입니까"

라고 묻기도 했다. 최린 등은 "우리들은 국가를 위해 여기에서 선언서를 발표하는 것이니 어디에서 발표하더라도 무방하므로 여기에서 발표하겠다"면서 "만약 불법 행동이 있을 때는 우리들이 그 책임을 지겠다"고 답했다(국사편찬위원회, 1990a, 88쪽, 174쪽, 195쪽 참고).

손병희는 얼마 후 최린에게 하세가와 요시미치 조선총독과 종로경찰서장에게 각각 독립선언서를 전달하고 자신들의 거처를 알리도록 지시했다. 손병희는 "우리는 당당히 스스로 잡혀가는 것"임을 강조했다. 조선총독에게는 이갑성을, 종로경찰서장에게는 요리집 인력거꾼을 보내 기별하도록 했다(국사편찬위원회, 1990a, 44쪽; 박성수, 2013, 157쪽 참고).

태화관 별실 6호실 탁상 위에는 독립선언서 100여 매가 놓였다. 참석자들은 독립선언서를 손으로 들거나 탁자에 올려놓고 열람하기 시작했다. 별도의 낭송은 하지 않았다. 한용운이 일어났다. 그는 "우리는 독립선언을 해서 목적을 달성했다"는 취지의 연설을 했다. 이어 참석자 모두가 기립하고 대한독립만세를 외치기 시작했다(고등법원, 1920. 3. 22, 8쪽; 최린, 1962. 8, 183쪽 참고).

"대한독립만세! 대한독립만세! 대한독립만세!"

거의 동시에 파고다공원 쪽에서도 독립만세를 제창하는 소리가 들려오기 시작했다. 분명하고 거대한 만세 소리였다. 최린은 "과연 천지를 진동했고 태화관 건물까지도 그 만세 소리에 동요됐다"고 기록했다(최린, 1962. 8, 183쪽 참고). 권동진도 "처음에는 멀리서부터 만세 소리가 들리더니 그 소리는 꼬리에서 꼬리를 물고 일어나며, 만세 소리는 우레 소리와 같이 커가고, 고함은 천지를 진동하듯이 일어"났다고 기억했다(정기호, 2005. 3, 57쪽). 학생들의 만세 소리는 경성 곳곳으로 퍼져가는 것 같았다. 경성 시내 곳곳으로 퍼져 행진하고 만세시위를 벌이고 있음이 분명했다. 민족 대표들은 "알지 못하는 사이에 만족의 미소를 띄"웠다(정기호, 2005. 3, 57쪽).

비슷한 시각, 경성 남산 조선총독부. 이갑성은 민족 대표 33인의 독립의견서를 제출하러 갔다. 그는 현장에서 조선총독부 경찰에게 체포돼 수감됐다.

　독립선언서에 서명한 인사들이 대한독립만세를 외치고 다시 식탁에 앉으려 할 때, 일본 순사 70~80명이 태화관 별실 6호실로 몰려왔다. 그들은 산정별관을 포위했다. 최린의 자서전(최린, 1962. 8, 183쪽 참고)에 따르면, 산정별관을 포위한 뒤 일본인 경부(警視) 한 사람이 최린에게 청해 물었다.

　"사세가 이에 이른 이상에는 (경찰서에) 가실 수밖에 없습니다."

　"간다면 어디로 가느냐."

　"경시총감부까지는 가서야 합니다."

　"걸어서 갈 수는 없으니 자동차를 준비하라."

　30여 분 후, 일본 경찰은 자동차 한 대를 끌고 와서는 "차가 부족해 한 대만 가져왔으니 1회에 3명씩 타고 왕래하자"고 말했다. 손병희가 먼저 차를 타고 태화관 정문 밖으로 나갔다. 두 번째부터는 3명씩 차를 타고 태화관 정문을 나갔다. 최린은 이처럼 차량 한 대를 타고 왕래하면서 민족 대표들이 일경에게 끌려갔다고 증언했지만, 이종일 등은 다섯 대의 차량에 나눠 타고 일경에게 끌려갔다고 다르게 증언했다.

　민족 대표들이 차를 타고 태화관을 벗어날 즈음, 태화관 정문 밖에는 학생들이 길 좌우에 서서 그들을 보며 만세를 연호했다. 이종일과 이승환 등은 차에 실려 끌려가는 도중 차창을 열고 사람들에게 독립선언서를 던져주면서 대한독립만세를 외치기도 했다. 이종일의 회고에 따르면, 이들을 본 사람들은 분노와 감격의 목소리로 대한독립만세를 부르며 응답했다(박성수, 2013, 158쪽 참고).

　"나용환, 이승훈 그리고 나는 독립선언서 200~300매씩 군중에게 던지면서 대한독립만세를 고창하니 분노와 감격의 흥분 속에 묻혀 그들은 목이 터지라고 만세를 따라 불렀다."(박성수, 2013, 158쪽 재인용)

　최린과 한용운이 마지막 회차에 동승하고 태화관을 나섰다. 학생들이 길 좌우에 서서 만세를 연창하고 있었다. 최린은 그 모습을 보고 감격해 눈물을 흘렸다(최린, 1962. 8, 183쪽 참고). 한용운도 그때 조선총독부 마포경찰서로 연행되는 차 안에서 평생 지울 수 없는 광경을 보게 되었다고 ≪조선일보≫ 1932년 1월 8일 자에서 밝혔다.

"나도 신체의 자유를 잃어버리고 마포경찰서로 가게 됐습니다. 그때입니다. 열두서넛 돼 보이는 소학생 2명이 내가 탄 차를 향해 만세를 부르고 또 손을 들어 부르다가 일경의 제지로 개천에 떨어지면서도 부르다가 마침내는 잡히게 되는데, 한 학생이 잡히는 것을 보고는 옆의 학생은 그대로 또 부르는 것을 차창으로 보았습니다. 그때 그 학생들이 누구이며, 왜 그같이 지극히 불렀는지는 알 수 없으나, 그것을 보고 그 소리를 듣던 나의 눈에서는 알지 못하는 사이에 눈물이 비 오듯 했습니다. 나는 그때 소년들의 그림자와 소리로 맺힌 나의 눈물이 일생을 잊지 못하는 상처입니다."(김삼웅, 2006, 157쪽 재인용)

민족 대표들은 일본 경찰이 마련한 자동차에 실려 혼마치경찰서나 마포경찰서 등으로 분산 유치됐다. 이들은 혼마치경찰서나 마포경찰서에서 다시 남산 조선총독부 경무총감부에 구금됐다. 최린 등이 경무총감부로 간 것은 오후 5시쯤이었다(최린, 1962. 8, 183쪽 참고).

저녁 무렵, 민족 대표들뿐만 아니라 시간이 흐를수록 많은 조선인들이 독립만세시위 과정에 체포돼 경무총감부에 합류했다. 경성에서 독립만세운동을 부르다가 붙들려 온 많은 사람들은 경무총감부와 각 경찰서 유치장 등에서 다시 만세를 불렀다. 권동진의 기억이다.

"시간이 갈수록 붙들려 들어오는 사람의 수는 늘어간다. 붙들려 오는 사람들이 만세를 부르면 먼저 붙들려 온 사람들이 이것에 끌려 다시 또 부른다. 저곳에서 나면 이곳에서도 만세 소리는 우리가 있는 곳에서 그치지 않고 붙들려 오는 사람이 늘고 밤이 짙어갈수록 만세 소리는 고조돼가니 이 사람의 심회, 그 얼마나 통쾌했으랴."(권동진, 1946. 3, 6~12쪽)

민족 대표들은 이날 밤부터 남산 경무총감부에서 개별적으로 취조를 받았다. 이들 외에도 준비 과정에서 중요한 역할을 한 관련자들도 속속 구속돼 취조를 받았다. 손병희는 권동진, 오세창, 최린과 함께 경무총감부 정문 내 숙직실에서 다른 이들과 격리돼 한두 차례 간단한 취조를 받았다(최린, 1962. 8, 183쪽 참고).

일본 언론에 따르면, 전체 3·1운동을 기획한 천도교 교주 손병희는 경찰 조사에서 "한목숨을 바쳐서라도 이 목적을 관철하겠다"며 강한 대한독립 의지를 밝혔다(≪大阪每日新聞≫, 1919. 3. 4e, 석간 6면; 윤소영 편역, 2009b, 127쪽 참고).

니콜리스크 '무오독립선언'

"아(我) 대한동족(同族) 남매와 기아(曁我)편구(遍球) 우방 동포여! 아(我) 대한은 완전한 자주독립과 신성한 평등복리로 아(我) 자손여민(子孫黎民)에 세세상전(世世相傳)키 위해 자(玆)에 이족(異族) 전제의 학압(虐壓)을 해탈하고 대한 민주의 자립을 선포하노라."

1919년 2월 1일, 러시아 연해주 니콜리스크 등지에서 중국 간도 지방과 러시아 연해주 지역 독립운동가 39명의 이름으로 대한독립선언서가 발표됐다. 이른바 '무오독립선언서'이다. 이날 2월 1일은, 음력으로는 1919년 1월 1일이어서 선언서 작성과 서명이 그 이전인 무오년(1918년)에 이뤄졌음을 고려해 '무오독립선언'으로 불린 것으로 추정된다. 당시 간도 지역과 러시아령 연해주 지역은 한민족의 독립 역량이 대거 집결된 지역이었다. 개항 전후에 한민족의 이주가 시작됐고 1905년과 1910년 이후 이주가 급증했다. 많은 한국인은 이곳을 근거로 국권을 회복하기 위한 독립운동을 벌였다.

'무오독립선언서'는 조소앙이 기초한 것으로 알려져 있다. 1887년 경기도 파주에서 태어난 조소앙은 1912년 메이지대를 졸업하고 귀국해 경신학교 교사 등으로 활동했다. 그는 1913년 중국 상하이로 망명한 뒤 김규식과 함께 독립운동에 본격 참여해 대동단결운동을 전개했다.

조선의 독립운동가들은 선언서에서 우선 사기와 강박으로 이루어진 일본과의 병합은 무효라고 주장했다. 즉, 이들은 일제가 조선을 강제 병탄한 것에 대해 △ 동기는 그들의 소위 '범일본주의'를 사사롭게 행하는 것이니 동양의 적이고, △ 수단은 사기와 강박과 불법무도한 무력폭행을 극도로 써서 된 것이니 국제법규의 악마이며, △ 결과는 군대 경찰의 야만적 힘과 경제 압박으로 종족을 멸망시키고 종교를 강박하고 교육을 제한해 세계 문화의 성장을 가로막았으니 인류의 적이라고 규탄했다.

독립운동가들은 그러면서 일제와 '육탄혈전(肉彈血戰)'을 벌이더라도 독립을 쟁취할 것이라고 다짐했다. 이들은 일본 정부에 대해 독립 승인의 최후통첩을 발송하고 만약 회답을 얻지 못하면 한국인 일반의 명의로 영구적인 혈전을 선언하겠다고 밝혔다.

"아, 이제 우리 마음이 같고 도덕이 같은 이천만 형제자매여! 국민 본령을 자각한 독립임을 기억할 것이며, 동양 평화를 보장하고 인류 평등을 실시하기 위한 자립인 것을 명심할 것이며, 황천(皇天)의 명령을 크게 받들어 〔祇奉〕 일체 사망(邪網)에서 해탈하는 건국인 것을 확신해, 육탄혈전으로 독립을 완성할지어다."

'무오독립선언서'에 서명한 독립운동가들은 항일독립운동의 서막을 연 중국 간도와 러시아 연해주 지역 인사들을 중심으로 많은 해외 인사들이 망라돼 있다. 39명의 독립운동가 명단은 다음과 같다.

김교헌(金敎獻), 김규식(金奎植), 김동삼(金東三), 김약연(金躍淵), 김좌진(金佐鎭), 김학만(金學滿), 문창범(文昌範), 박성태(朴性泰), 박용만(朴容萬), 박은식(朴殷植), 박찬익(朴贊翼), 손일민(孫一民), 신정〔申檉, 본명은 신규식(申圭植)〕, 신채호(申采浩), 안정근(安定根), 안창호(安昌浩), 여준(呂準), 유동열(柳東說), 윤세복〔尹世復, 본명은 윤세린(尹世麟)〕, 이광(李光), 이대위(李大爲), 이동녕(李東寧), 이동휘(李東輝), 이범윤(李範允), 이봉우(李奉雨), 이상룡(李相龍), 이세영(李世永), 이승만(李承晚), 이시영(李始榮), 이종탁(李鍾倬), 이탁〔李鐸, 본명은 이용화(李溶華)〕, 임방(任邦), 조용은(趙鏞殷), 조욱〔曹煜, 본명

은 조성환(曺成煥)], 정재관(鄭在寬), 최병학(崔炳學), 한흥(韓興), 허혁(許爀), 황상규(黃尙奎).

다만 지린의 독립선언은 대표들이 한자리에 모여서 한 것이 아니라 합의한 뒤 별도의 공식적인 선포 절차 없이 발표된 것이고, 이를 해외 각지에 배포한 것이다(신용하, 2006a, 78쪽; 이이화, 2015, 207~208쪽 참고).

'무오독립선언서'는 '육탄혈전으로 독립을 완성'하겠다는 표현처럼, 일제에 대한 결사항전과 무장독립투쟁에 대한 강한 의지를 표시한 것이 가장 큰 특징으로 꼽힌다. 즉, "정의는 무적의 칼이니 이로써 하늘에 거스르는 악마와 나라를 도적질하는 적을 한 손으로 무찌르라. 이로써 오천년 조정의 광휘를 현양(顯揚)할 것이며, 이로써 이천만 백성의 운명을 개척할 것이니, 궐기하라 독립군! 제(齊)하라 독립군!"이라고 주장하는 등 여타 독립선언서와 달리 일관되게 무력 독립전쟁을 제창했다. 일본을 조선의 침략자로 규정하는 한편, 우방국과의 국제적 연대를 강조하는 등 국제정세에 대해서도 현실적으로 파악한 것으로 분석된다(조철행, 2001. 5, 120쪽 참고).

무오독립선언은 기미독립선언에 앞서 발표된 독립선언이라는 점에서 의미가 적지 않다. 즉, 무오독립선언은 2·8독립선언이나 기미독립선언 등에 직간접적으로 영향을 끼친 것으로 분석된다.

천도교 독립운동 결의

1919년 1월 중순, 경성 북촌에 자리한 계동의 중앙학원(현재 중앙고등학교) 숙직실. 와세다대 재학생인 송계백이 조용히 문을 열고 들어왔다. 송계백은 보성학교 선배이자 중앙학원 교사 현상윤을 만났다. 1896년 평안남도 평원에서 태어난 송계백은 보성중학교를 거쳐 당시 와세다대 학생으로 최팔용, 백관수 등과 함께 지난 1월부터 도쿄 독립선언을 준비해온 실행위원이었다. 송계백은 재일본 유학생들의 독립선언 준비 상황을 전하는 한편, 이광수가 기초한 '2·8독립선언서'를 인쇄할 수 있는 활자와 독립운동 자금을 구하기 위해 입국한 것이었다. 송계백은 이를 위해 '2·8독립선언서' 원고를 모자 안창에 넣어 들여왔다. 일각에서는 학생복 속에 바늘로 꿰매어 숨겼다고 설명하기도 한다.

송계백은 이날 현상윤에게 '2·8독립선언서' 초안을 보여주며 재일 유학생들의 독립운동 계획 등을 설명했다. 현상윤은 이 내용을 다시 중앙학원 교장 송진우에게, 송진우는 다시 천도교 간부인 최린에게 알렸다.

1월 19일, 최린의 경성 사택. 송계백이 최린을 찾아왔다. 송계백은 최린이 보성학교장일 때 졸업생으로, 최린이 특히 아낀 학생이었다. 최린 등(최린, 1962. 8, 165쪽 참고)에 따르면, 송계백은 이날 도쿄 유학생들의 동향과 결의 사항을 보고한 뒤 자기 모자 내면을 뜯고 명주로 된 헝겊을 끄집어 건넸다. 최린이 받아 보니 그것은 '2·8독립선언서'였다. 최린은 독립선언서를 읽는 순간 청년들의 애국심에 감격해 눈물을 흘렸다. 최린은 송계백에게 말했다.

"최근 일본 경찰의 주목이 여간 심한 것이 아니니 경성 내에서 체류하다가는 잡힐 염려가 있다. 만사를 나에게 일임하고 송 군은 고향 집에 내려가서 친환으로 귀성했다고 하고 잠복해 있다가 다음 기회를 봐 움직이는 것이 어떠한가."

당시 요시찰 인물로 일본 경찰의 감시를 받아오던 최린의 말에 송계백은 그러하겠다고 대답했다. 최린과 송계백은 이날 눈물로써 작별했다. 최린은 이후 송계백의 소식을 듣지 못했다(국사편찬위원회, 1990a, 154쪽; 3·1문화재단, 2015, 71~72쪽; 신용하, 2006a, 80쪽 참고).

최린은 이날 송계백이 건넨 '2·8독립선언서'를 손병희, 권동진, 오세창에게 보여줬다. 손병희는 이를 보고 "젊은 학생들이 이같이 의거를 감행하려 하는 이때에 선배들로서 우리가 어찌 앉아서 보기만 할 수 있느냐, 좌시할 수 없다"고 말했다(현상윤, 1946. 3, 274쪽; 현상윤, 1950. 3. 5, 281쪽 참고).

이처럼 2·8독립선언이 있기 전에 천도교 지도부가 도쿄 한국인 유학생

들이 독립선언을 할 것임을 미리 알았고, 이것이 국내에서 독립운동 계획
을 본격적으로 세우게 된 계기가 됐다고 평가된다. 현상윤은 도쿄 유학생
들의 2·8독립선언 준비 움직임과 독립선언서가 국내 독립운동의 불씨가
됐다면서, "최남선 씨는 처음에는 (독립선언 참여를) 주저했지만 도쿄 유학생
중의 한분인 송계백 씨가 모자 속에 감춰 가지고 나온 독립선언서를 보고
마음을 결정하고 국내 독립선언도 자기가 준비하겠다고 했다. 이것을 보
고 손병희 씨 등 천도교의 장로들도 마음을 작정했다"고 기억했다(현상윤
등, 1949. 3. 1, 211쪽; 현상윤, 1946. 3, 274쪽 참고).

춥고 흙먼지 바람이 불던 1월 20일, 경성 동대문 밖 천도교 교주 손병희
의 사저 '상춘원'. 천도교 간부인 권동진, 오세창, 최린이 방문했다. 이들은
1918년 연말부터 거의 매일 손병희의 집을 찾아 독립운동 방략을 논의해
왔다. 최린의 기억이다.

"… 파리강화회의의 결과로서 세계 지도의 착색과 계선이 변경될 것과
함께 국내 인심 동향, 재외 동포의 동정에 대해 각각 들은 바를 보고했다.
동시에 장래할 정세에 대처할 방략을 논의했다."(최린, 1962. 8, 164쪽)

'손병희 신문조서'(국사편찬위원회, 1990a, 64쪽) 등에 따르면, 손병희는 이
날 권동진, 오세창, 최린에게 독립선언운동을 제안했다.

"신문 지상에 의하면 민족자결이라는 것이 제창되고 있는데, 이 기회에
조선에서도 일본 정부에 권고해 독립자결 운동을 하면 어떻겠느냐."

손병희의 제안에 권동진, 오세창, 최린 모두 찬동을 표시했다. 손병희는
권동진, 오세창, 최린의 보고와 논의를 듣고 다음과 같이 지시했다.

"장차 우리 면전에 전개될 시국은 참으로 중대하다. 우리들이 이 천재일
우의 호기를 무의무능하게 간과할 수는 없는 일이다. 내 이미 정한 바 있
으니 제군은 십분 분발해 대사를 그릇됨이 없게 하라."

천도교 교주 손병희가 독립운동을 적극 지지하고 천도교 차원에서 전개
하기로 결심한 것은 커다란 의미가 있었다. 당시 국내에서 일제의 지속적
인 탄압으로 많은 독립운동 인사들이 구속되고 사회단체나 학술단체 등은

해체된 상황으로, 사실상 공식적이고 전국적인 독립운동 조직은 와해된 상태였다. 일제에 맞서 대중 시위를 할 수 있는 현실적인 역량은 종교 및 학생 조직 정도밖에 없었다는 것이 대체적인 분석이다(최린, 1962. 8, 164쪽 참고).

이런 상황에서 당시 많은 신도와 조직력을 갖춘 천도교가 독립운동 전면에 조직적으로 나선다는 것은 독립운동이 실질적인 조직력과 대중 동원력을 얻는 것을 의미했다. 천도교는 급격히 세력을 늘려 1918년 2월 당시 신도수가 108만여 명에 이르렀고, 중앙집권적 교단 체제를 갖춰 식민지 조직에서 가장 강력한 조직이었던 것으로 평가된다. "국외에서 비롯된 독립운동의 태동을 이어받아 국내에서 3·1운동을 초기에 조직화하기 시작한 것은 손병희를 중심으로 한 천도교 독립운동의 흐름이었다"는 평가가 나오는 이유다(최효식, 2003. 9, 12쪽).

현상윤은 3·1운동의 최초 계획을 세운 것은 천도교 측이 아니라 송진우와 김성수, 현상윤을 중심으로 한 중앙학원 그룹으로, 이미 1918년 11월경부터 계획이 시작됐다고 주장했다. 즉, 현상윤 등은 국내에서 대규모 독립운동을 벌이기 위해서는 천도교를 움직이는 것이 상책이라고 판단, 최린 등과 접촉해 천도교 측의 참여를 이끌어냈다고 설명했다(현상윤, 1946. 3, 273쪽; 현상윤, 1950. 3. 5, 280~281쪽 참고).

최린 등은 이후 독립운동을 일으킬 방략을 다각적으로 검토한 끝에 독립운동은 △ 대중화해 하고, △ 일원화해 하며, △ 비폭력으로 한다는 세가지 원칙에 따라 추진하기로 합의했다(신용하, 2006a, 81쪽; 최효식, 2003. 9, 11쪽 참고).

천도교 지도부가 마련한 3대 원칙은 3·1운동의 형태와 특징을 가름하는 중대한 합의였다. 실제 3·1운동은 이러한 방식으로 진행됐다. 독립운동의 대중화를 내건 것은 세계적인 공론으로서 일대 풍조를 일으키고 있는 민족자결주의에 의해 일어나는 당당한 독립운동이 돼야 하기 때문이었고, 독립운동의 일원화를 추구한 것은 운동이 부분적이거나 분산적으로 이뤄지면 민족적 의사가 일치되지 못한 것으로 이해될 수도 있기 때문이었다. 비폭력적 방식을 추구한 것은 폭력화하게 되면 일제에 강경 진압에 나설 명분을 줄 것을 우려했기 때문이었다(최린, 1962. 8, 164쪽 참고).

며칠 후, 평안도 고향으로 내려갔던 송계백이 다시 상경했다. 송계백은 현상윤에게서 독립선언서 인쇄용 활자를, 정노식에게서 독립운동 자금 3000원을 각각 주선해 받았다(현상윤 등, 1949. 3. 1, 213쪽; 현상윤, 1950. 3. 5, 282쪽 참고). 송계백은 1월 30일쯤 다시 도쿄로 건너갔다.

감리교 및 학생 그룹도 준비

고종이 서거한 지 얼마 지나지 않은 1월 하순, 경성 세브란스병원. 김원벽 등은 미국인 선교사 조지 매큔(George Shannon McCune)을 만났다. 조지 매큔은 이날 조선인도 자신의 운명은 스스로 개척해야 한다고 말했다. 김원벽(국사편찬위원회, 1990a, 34쪽, 117쪽 참고)에 따르면, 조지 매큔은 다음과 같이 말했다.

"자신의 운명은 자기가 개척하지 않으면 안 되니, 체코 민족이든 폴란드 민족이든 자기 스스로 독립한 것이고, 남의 동정은 그 뒤에 모아진 것이다. 그러므로 조선인도 자신의 일은 자기가 처리하고, 자신의 운명은 자기가 개척하지 않으면 안 된다."

'민족의 운명은 스스로 개척해야 한다'는 매큔의 이야기는 식민지 조선의 청년 김원벽의 가슴에 깊이 새겨졌다.

한국 이름이 '윤산온(尹山溫)'인 조지 매큔은 1873년 미국 펜실베이니아 주에서 태어났고, 1905년 부인 헬렌 매큔(Helen McAfee MacCune)과 함께 미국 북장로교 선교사로 내한했다. 그는 평양에서 교장 윌리엄 베어드 (William M. Baird)를 도우며 숭실학교에 근무했다. 그는 1909년 평안북도 선천군 신성중학교 교장에 부임했고, 1911년 일제가 조선총독 데라우치 마사타케 암살 미수 사건을 조작해 벌어진 '105인 사건'에 연루돼 고초를 겪기도 했다.

맑았지만 추웠던 1월 27일 오후 7시 30분, 경성 관수동의 중국 음식점 '대관원'. 보성법률상업학교 강기덕, 연희전문학교 김원벽, 경성의학전문학교 김형기와 한위건, 경성전수학교 윤자영과 이공후, 배화여학교에 근무 중인 윤화정, 세브란스의학전문학교 이용설, 보성법률상업학교 출신의 주익, 공업전문학교 주종의 등 경성의 학생 대표급 인사들이 모였다. 감리교 전도사로 당시 조선YMCA 전국연합회 간사였던 박희도의 주도로 이뤄진 모임이었다(국사편찬위원회, 1990a, 33쪽 참고).

김원벽 등(국사편찬위원회, 1990a, 194쪽; 김진호, 2014, 18쪽 참고)에 따르면, 주익은 이 자리에서 "근간의 신문, 잡지를 보면 민족자결주의에 따라 약속국도 독립하기에는 좋은 기회처럼 생각되는데, 과연 그 시기인지 어떤지 궁금하다"며 학생들에게 독립운동을 제안했다. 강기덕, 김원벽, 박희도 등은 독립의 좋은 시기라고 진단했다. 도쿄의 한국 유학생들의 독립운동 움직임도 거론됐다. 학생 대표들은 이날 모임에서 청년 학생이 주도하는 독립선언운동을 펼치기로 큰 틀에서 의견을 모았다. 오후 9시경 산회했다.

강기덕과 김원벽, 한위건 3인이 학생 대표 그룹의 리더로 부상한 가운데 서양인과 접촉면이 있던 감리교 계열의 조선YMCA 간사 박희도와 세브란스병원 제약부 주임 이갑성, 보성법률상업학교 졸업생 주익 등이 결합하면서 학생 그룹도 독립만세시위를 준비하기 시작했다. 나중에 강기덕은 이갑성과 상의해 각 중등학교 대표자들을 통해 독립선언서 배포를 주도하고, 김원벽은 조선YMCA 간사 박희도와 연락을 주고받게 된다(국사편찬위원회, 1990a, 114쪽; 신용하, 2006a, 82쪽; 윤병석, 2013, 416쪽 참고).

감리교 인사로 학생 그룹과 관계를 맺고 있던 이갑성은 세브란스의전 프랭크 스코필드에게 독립운동을 도와달라고 부탁하기도 했다. 맑지만 추웠던 2월 5일 오후 8시, 세브란스의전 내 프랭크 스코필드의 사택. 밖에서 문을 두드리는 소리가 들려왔다. 이장락(2007, 47~50쪽 참고)에 따르면, 스코필드는 여느 때와 마찬가지로 문을 향해 조금 크고 유창하고 부드러운 우리말로 말했다.

"누구세요? 들어오세요."

문을 열고 들어서는 사람은 세브란스병원 제약부 주임 이갑성이었다. 그는 스코필드와 연배도 엇비슷해 형제처럼 다정하게 지내는 사이였다. 이갑성은 두꺼운 외투로 몸을 감싼 모습이었다.

"오! 이 선생 아니세요? 이 추운데 웬일이십니까?"

"밤늦게 미안합니다. 용서하시오, 닥터 스코필드."

두 사람은 난롯가에 마주보고 자리를 잡았다. 이갑성은 용건을 바로 말하지 않았다. 스코필드가 먼저 입을 열었다.

"무슨 일이 생겼어요, 이 선생?"

"사실은 당신께 좀 부탁할 일이 있어서…."

이갑성은 이날 스코필드에게 한국인들이 조만간 독립선언을 할 것이라고 말하면서 도와달라고 부탁했다. 스코필드는 이갑성의 말을 들으며 조용히 생각했다. '내가 참으로 한국과 한국 사람을 위해 일할 때가 다가왔나 보다.'

프랭크 스코필드는 1889년 영국 워릭셔주 럭비시에서 3남 1녀 중 막내로 태어났다. 1905년 고등학교를 마친 뒤 대학 진학을 못한 그는 1907년 홀로 캐나다로 이민해 농장에서 일하면서 토론토대 온타리오수의과대학에 입학한다. 스코필드는 1909년 여름 소아마비를 앓아 왼쪽 팔과 오른쪽 다리가 마비돼 지팡이를 짚게 됐다. 스코필드는 1911년 토론토대 온타리오수의과대학에서 세균학 관련 박사학위를 받고 1914년부터 모교에서 강의했다. 1916년 봄 세브란스의전 교장 올리버 에이비슨(Oliver. R. Avison)으로부터 세균학을 가르쳐달라는 편지를 받고 10월 아내 앨리스와 함께 입국해 세브란스의전에서 세균학과 위생학을 강의했다. 스코필드는 한국인을 돕겠다는 마음을 담아 '석호필(石虎弼)'이라는 한국 이름을 지었다(김형목, 2014. 여름, 36~38쪽 참고). 그때 스코필드의 나이는 31세.

눈이 조금 내렸던 2월 10일, 경성 남대문 밖 복숭아골 세브란스병원에 위치한 이갑성의 거소. 강기덕, 김원벽, 윤자영, 전성득, 주익 등 학생 지도자들이 모였다. 김원벽은 이날 세브란스병원 안 예배당에서 열린 음악회를 본 뒤 이갑성으로부터 연락을 받고 참여했다(국사편찬위원회, 1990a, 109쪽 참고). 학생 대표들은 이 자리에서 파리강화회의에 한국인이 갔다는 사실을 전해 들었다(국사편찬위원회, 1990a, 110쪽 참고). 이날 모임에서 주익은 일본이 조선을 병합했지만 조선을 식민지로 보고 있고 설령 조선의 발전이 일부 있었더라도 일본의 발전을 위한 자원이라며 동양 평화를 위해 민족자결의 원칙에 따라 독립을 선언한다는 취지로 선언서를 준비하자고 제안했다(국사편찬위원회, 1990a, 35쪽 참고). 학생들은 이날 학생들만의 독립선언을 하기로 의견을 모았다.

도쿄 '2·8독립선언'

자주 보기 힘든 눈이 내리던 2월 8일 토요일 오후 2시, 일본 도쿄 간다구니시간다에 위치한 조선YMCA회관. 조선인 유학생들이 삼삼오오 모이더니 순식간에 600여 명으로 불어났다. 이들은 모두 조선유학생학우회의 결산총회 명목으로 모였다.

와세다대 재학생으로 ≪학지광≫ 편집국장 최팔용은 이날 자리에서 일어나 재일 '조선청년독립단' 대회로 바꾸자고 제안했다. 이에 따라 아오야마가쿠인대 영문학부에 재학 중이던 윤창석의 사회로 조선독립청년단 주최의 독립선언식이 전격적으로 거행됐다. 연단에 오른 조선청년독립단장 백관수는 차분한 음성으로 독립선언서를 낭독했다. 1889년 전라북도 고창에서 태어난 백관수는 경성법학전문학교를 졸업하고 일본 메이지대 법학과에 재학 중이었다. 그는 1919년 2월 도쿄에서 한국인 유학생들을 중심으로 조선청년독립단을 조직하고 단장을 맡고 있었다. 백관수가 이날 낭독한 독립선언서는 이광수가 기초한 것이었다. 최팔용은 일본으로 돌아온 송계백에게서 활자 등을 전달받아 2월 7일 일문 '민족대회소집 청원서'를 도쿄 시바구 고야마초에 있는 이토인쇄소(伊藤印刷所)에서 1000부 인쇄했고, 국문과 일문 '독립선언서 부(附)결의문'을 김의술의 집에서 등사판으로 밀었던 것이다(신다혜, 2016. 2, 26쪽; 윤병석, 2013, 424쪽 참고).

"조선청년독립단은 우리 이천만 민족을 대표해 정의와 자유의 승리를 얻은 세계만국 앞에 독립을 기성(期成)하기를 선언하노라. 반만년의 장구한 역사를 가진 우리 민족은 실로 세계 최고 민족의 하나이다. 조선은 항상 우리 민족의 조선이요, 한 번도 통일한 국가를 잃고 이민족의 실질적 지배를 받았던 일은 없었다. 이에 우리 민족은 일본이나 혹은 세계 각국에 우리 민족에게 민족자결의 기회를 얻기를 요구하며 만일 그렇지 않으면 우리 민족은 생존을 위해 자유의 행동을 취해 이로써 독립을 기필코 이룰 것을 선언하노라."

독립선언에 조선청년독립단 대표로 이름을 올린 사람은 김도연, 세이소쿠중학교 학생 김상덕, 게이오대의 김철수, 메이지대의 백관수와 백인수, 고등사범학교의 서춘, 와세다대의 송계백과 윤창석, 이광수, 최팔용, 도요대의 이종근, 고등상업학교의 최근우 등 모두 12명이었다. 김도연은 이어 4개 항의 결의문을 낭독했다. ① 본 단은 한일병합이 우리 민족의 자유의사에 나오지 아니하고 우리 민족의 생존발전을 위협하고 동양의 평화를 요란케 하는 원인이 된다는 이유로 독립을 주장함. ② 본 단은 일본의회 및 정부에 조선민족대회를 소집해 대회의 결의로 우리 민족의 운명을 결할 기회를 여하기를 요구함. ③ 본 단은 만국평화회의에 민족자결주의를 우리 민족에게 적용하기를 요구함. 위 목적을 전달하기 위해 일본에 주재한 각국 대사에게 본 단의 의사를 각국 정부에 전달하기를 요구하고 동시에 위원 3인을 만국평화회의에 파견함. 위 위원은 기히 파견된 오족의 위원과 일치행동을 취함. ④ 전제 항의 요구가 실패할 시에는 일본에 대해 영원히 혈전을 선언함. 이로써 발생하는 참화는 우리 민족이 기책을 임치 아니함.

회관 안에는 박수와 만세 소리가 울려 퍼졌다. 사회자 윤창석의 기도로 폐회했다. 이른바 '2·8독립선언'이었다. 행사가 끝나기도 전에 도쿄 경시청에서 경찰대를 급파해 대회장을 포위했다. 유학생들이 경찰과 충돌하면서 일대는 아수라장이 됐다. 이때가 오후 3시 50분경. 백관수, 신익희, 최팔용 등 학생 대표 9명은 현장에서 일경에게 연행됐다. 이들은 니시간다 경찰서에 수감됐다가 다시 지요다구 유락초 경시청으로 이감됐다. 최팔용은 앞서 2월 8일 오전 영문 '독립선언서 부결의문'노 타자를 친 뒤 독립청원서, 독립선언서와 함께 우편으로 도쿄 주재 각국 대사관·공사관, 일본 정부 각 대신, 조선총독, 언론사 등에 보냈다(윤병석, 2013, 425쪽 참고).

조선 유학생들은 2·8독립선언 직후인 2월 12일 도쿄 히비야공원에서 100여 명이 집합, 이달을 회장으로 선임하고 조선독립 등을 외치다가 이달을 비롯한 13명이 히비야경찰서로 붙잡혀 갔다. 2월 23일 오후 2시 히비야공원에서 조선 유학생 150여 명이 모여 다시 만세시위를 시도했다(윤병석, 2013, 425쪽 참고).

2·8독립선언을 주도한 최팔용, 백관수, 송계백 등은 재판에 넘겨졌고 2월 15일 도쿄지방재판소 1심에서 유죄를 선고받았다. 6월 26일 상고가 기각되면서 형이 확정됐다. 서춘과 최팔용은 금고 1년을, 김도연과 김철수, 백관수, 윤창석 등은 금고 9개월을, 김상덕과 송계백, 이종근 등은 금고 7개월 15일을 각각 언도받고 스가모형무소 등에서 복역했다(윤병석, 2013, 425쪽 참고). ≪재팬애드버타이저≫는 2월 16일 자 1면에서 다음과 같이 전한다.

"어제(2월 15일) 도쿄지방재판소에서 일주일 전에 회부됐던 9명의 조선 학생들에 대한 판결이 나왔다. 간다에서 정치적 집회를 열고 과격한 결의문과 선언서를 배포하고 외국 대사와 각료, 상원과 하원의 의원들, 기타 저명인사들에게 유포한 혐의이다. 학생들은 출판법 위반으로 기소되었으며 재판은 비공개로 열렸다. 강제노동은 부과되지 않았고 2명은 1년, 4명은 각각 9개월, 나머지 3명은 각각 7개월 15일의 형을 선고받았다. 이들은 문서 작성, 발행, 인쇄의 세 가지 죄목으로 구형되었고, 각 죄목은 3개월의 형량으로 9개월이 선고된 것이다."(독립기념관 한국독립운동사연구소, 2015, 80쪽 재인용)

2월 19일, 도쿄 지요다구 가스미가세키 중의원(현재는 지요다구 나가타초로 이전) 예산위원회. ≪재팬애드버타이저≫ 2월 21일 자 10면에 실린 기사에 따르면, 중의원 다카기 마스타로(高木益太郞)는 사법부가 2·8독립선언을 주도한 조선인 유학생에게 너무 가혹한 처벌을 내린 것이 아니냐고 정부에 항의했다.

"제40회 의회 개정 후 조선인의 성공적인 동화는 의회의 주요 논의 사항이었다. 우리는 지금 다수의 조선 학생들이 극단적 내용이 담긴 유인물을 배포한 혐의로 금고형을 선고받았다는 사실을 알게 됐다. 처벌하기보다는 경고하고 선도하는 것이 더 바람직하다는 것을 명심해야 하며, 정부도 이 문제에 더욱 주의를 기울여야만 한다. 게다가 단순한 출판법 위반 혐의에 대해 잘못 이끌리고 있는 조선 청년들에게 1년의 금고형 같은 무거운 처벌을 하는 것은 너무 지나친 처사다. 정부는 사소한 범법행위에 중형을 부과하기보다는 조선인이 일본인과 같은 혈통이라는 인식을 심어줄 필요성을 먼저 깨달아야 한다."(독립기념관 한국독립운동사연구소, 2015, 83쪽 재인용)

도쿄 2·8독립선언은 국내에도 알려져 민족 지도자와 청년 학생을 자극했고, 독립선언서는 기미독립선언서에 심대한 영향을 미쳤다. 이광수는 중국 상하이로 건너가 영자 신문 ≪대륙보(the China Press)≫와 ≪데일리뉴스(Daily News)≫에 도쿄 한국인 유학생들의 2·8독립선언을 알려 기사로 보도되도록 했다(3·1문화재단, 2015, 70쪽; 신용하, 2006a, 80쪽; 신용하, 2013, 269~273쪽; 이이화, 2015, 205~207쪽 참고).

일제도 식민지 조선을 둘러싼 일련의 상황 전개를 우려하기 시작했다. 조선군사령관 우쓰노미야 다로는 2월 13일 자 일기에서 파리강화회의와 고종의 사망 등을 거론하면서 "조선의 인심이 점점 험악, 지난 8일에는 도교에서 다수의 조선인 학생들이 독립청원을 선언하고 일본 정부 대신과 의회, 각국 공사 등에 발송했다"고 2·8독립선언을 거론했다(宇都宮太郎關係資料硏究會 편, 2007, 213쪽 참고).

천도교의 선회와 이승훈의 분투

손병희와 최린 등 천도교는 독립선언을 위해 처음 박영효, 윤용구, 윤지호, 한규설 등 한말 명사 4인과의 교섭에 나섰지만 지지부진하자 답답해했다. 천도교 교주 손병희까지 거들고 나섰지만, 원하던 바가 성사되지는 못했다. 손병희는 2·8독립선언 직후 박영효를 찾아 설득을 시도하기도 했다. 손병희는 "신문 지상에서 보면 전쟁이 끝나고 세계가 평화롭게 돼 여러 문제가 일어났는데, 그것에 대해 어떻게 생각하느냐"고 묻자 박영효는 "생각 중에 있으므로 무엇이라고 말할 수 없다"고 답했다. 손병희는 이어 박영효에게 시국이 변해 신세계가 되고 도쿄에서 독립선언을 했으니 무엇인가 해볼 생각인데 참가하지 않겠느냐고 물었다. 박영효는 자신도 여러 가지를 생각하고 있으니 기다리라고 답했다. 손병희는 이에 박영효가 참여할 의사가 없다고 판단했다. 손병희는 박영효에게 윤치호의 생각에 대해서도 물었다고 한다(국사편찬위원회, 1990a, 127쪽, 132쪽, 151쪽 참고).

최린 등은 김윤식과 접촉을 시도하기도 했다. 즉, 2월 9일 독립운동 참여를 권유하기 위해 김윤식을 만났던 최남선은 다시 2월 16일 접촉을 시도하는 등 두 차례 더 접촉했다. 최남선은 김윤식으로부터도 긍정적인 대답을 얻지 못했다(국사편찬위원회, 1990a, 123쪽 참고).

구한말 유명 인사를 중심으로 한 독립선언 추진이 지지부진할 즈음, 경성 재동에 있는 최린의 집에 작가 최남선이 찾아왔다. 최린 등(최린, 1962. 8, 167쪽)에 따르면, 최남선은 이날 최린에게 다음과 같이 말했다.

"최근 소문에 의하면 기독교 측에서도 최근 시국에 대해 무슨 운동적 기미가 있는 듯한데 그 내용을 자세히 알 수 없습니다. 어쨌든 기독교 측에는 이승훈 같은 이가 가히 대사를 논할 만한 인물인즉 한번 불러 올려다가 기독교 측과 연락해보면 어떻겠습니까."

최남선의 이 의견은 나중에 최린 등이 기독교 측과 접촉하는 중요한 계기가 됐다(최린, 1962. 8, 167쪽).

폭설이 내린 2월 11일 밤, 경성 재동의 김사용 집. 최남선의 연락을 받고 상경한 이승훈은 최남선은 만나지 못하고 그 대신에 송진우를 만났다. 최남선이 일본 경찰의 주목을 피하기 위해 일부러 자신이 아닌 송진우에게 이승훈을 만나도록 부탁한 때문이었다. 송진우는 이 자리에서 천도교 측의 독립운동 계획을 알렸고 기독교 측의 참가와 동지 규합을 부탁했다. 이승훈은 송진우의 제안을 즉석에서 승낙하고 동지를 규합하기 위해 그날 밤 경성을 떠나 평안북도 선천으로 향했다(국사편찬위원회, 1990a, 122쪽; 국사편찬위원회, 1990b, 160쪽; 김기석, 1964/2017, 141쪽; 최린, 1962. 8, 168쪽 참고).

추웠던 2월 12일, 평안북도 선천의 양전백 목사 집. 김병조 목사, 유여대 목사 등 기독교 장로교 인사들이 방문했다. 이승훈이 이미 와 있었다. 이승훈은 이날 김병조, 양전백, 유여대, 이명룡에게 송진우에게서 들은 천도교 측의 독립운동 계획을 알리고 기독교에서도 독립청원운동을 하자고 공식적으로 제안했다. 참석자 모두 찬성했다. 김병조, 유여대, 이명룡은 이승훈에게 구체적인 독립운동 준비를 일임했다. 이승훈은 2월 13~14일경 평양으로 향했다(국사편찬위원회, 1990b, 162쪽; 김기석, 1964/2017, 141쪽; 최린, 1962. 8, 168쪽 참고).

다만 이승훈은 이때만 해도 독립선언과 독립청원의 차이를 제대로 알지 못했다고 나중에 법정에서 진술했다. 그는 그래서 운동 준비 초기 동료들에게 독립선언과 독립청원을 구별하지 않은 채 참가를 권유한 것으로 보인다(국사편찬위원회, 1990a, 143쪽 참고).

화창했던 2월 15일, 평양 기홀병원. 손정도 목사가 전날 아침 복통으로 입원한 이승훈을 찾아왔다. 이승훈은 이날 손정도 목사에게 독립만세운동

계획을 설명했다. 손정도는 독립만세운동에 찬성하지만 자신은 조만간 상하이로 가기 때문에 참가할 수 없다며 대신 기독교 감리교 신홍식 목사를 데려왔다. 이승훈은 장로교 길선주 목사에게도 와달라고 요청했다. 이승훈은 이날 길선주, 신홍식 목사 등에게 독립운동 계획을 알려주고 찬동 여부를 물었다. 두 목사는 처음에는 종교인이라며 난색을 표했다. 이승훈은 책상을 치면서 화를 냈다.

"나라 없는 놈이 어떻게 천당에 가! 이 백성이 모두 지옥에 있는데, 당신들만 천당에서 내려다보면서 거기 앉아 있을 수 있겠는가!"

길선주와 신홍식은 이번 일에 동지가 되겠다고 답했다. 이승훈은 이렇게 평양에서 장로교 원로 목사 길선주와 감리교 목사 신홍식의 독립운동 참가를 약속받았다. 기독교계 독립만세운동을 주도적으로 준비하던 이승훈의 당시 나이는 55세였다(국사편찬위원회, 1990b, 163쪽; 김기석, 1964/2017, 141쪽; 김진호, 2014, 16쪽).

이승훈은 1864년 평안북도 정주의 가난한 집안에서 태어나 어릴 때 부모를 여의고 16세에 놋그릇가게 노동자가 됐다. 10여 년간 놋그릇 행상과 공장 경영 등으로 많은 재산을 모았지만, 1904년 러일전쟁이 발발하면서 공장은 파산했다. 그는 1905년 평양에서 안창호의 연설을 듣고 40대의 나이에 교육운동에 투신해 강명의숙과 오산학교를 세웠다. 1910년에 장로교 신자가 됐고, 1916년에는 장로로 선출됐다. 1911년 '105인 사건'으로 검거돼 징역 10년 형을 선고받은 교육자이자 독립운동가였다.

이날 인천에서 발행하는 한 신문에는 일본 도쿄에서 벌어진 재일 유학생들의 2·8독립선언 소식이 실렸다(국사편찬위원회, 1990a, 52쪽 참고). 소식은 곧바로 조선 지식인들 사이에 퍼졌다. 이종일에 따르면, 독립선언을 준비 중이던 천도교 교주 손병희는 이종일 등을 통해 지난 2월 8일 일본 도쿄에서 한국인 유학생들이 독립선언서를 발표했다는 말을 듣고 거사를 칭찬했다(박성수, 2013, 156쪽 참고).

화창한 날씨의 2월 16~17일경, 경성 계동 중앙학원 내 숙직실. 송진우,

최남선, 최린, 현상윤이 모여 한말 명사 중심의 독립선언 준비 상황을 점검했다. 최린 등에 따르면, 이들은 각각 교섭 결과를 확인한 결과 김윤식, 박영효, 윤용구, 윤치호 등은 회피하거나 대답이 없었고 한규설만이 일이 중대하니 신중히 고려해보자고 말했을 뿐임을 확인했다(최린, 1962. 8, 166~167쪽). 참석자 모두 실망한 기색이 역력했다. 최린은 이에 젊은 사람을 중심으로 한 독립운동을 제안했다.

"그 사람들은 이미 노후한 인물들이다. 독립운동은 민족적 제전이다. 신성한 제전에는 늙은 소보다 어린 양이 좋다. 차라리 깨끗한 우리가 제물이 되면 어떤가."

하지만 송진우와 최남선 등이 "우리들만으로는 (독립운동을 추진하기에는) 너무 약체이므로 운동의 대중화를 기대할 수 없다"고 우려를 표시했다고 최린은 기억했다.

송진우는 자신은 학교를 관리하고 있기 때문에 학교에 누를 끼쳐서는 안 된다며 독립선언서에 서명하기 어렵다고 밝혔고, 최남선도 조선의 참모습을 역사상으로 밝히는 일을 필생의 사업으로 하기 위해 독립선언서에 이름을 내지 않겠다고 말했다(국사편찬위원회, 1990b, 106쪽 참고).

천도교 측은 처음 한말 명망가를 중심으로 구상한 독립선언 계획이 주요 인사들의 참여 부진으로 추진하기 어렵게 되자, 기독교나 불교 등 종교연합을 통한 추진으로 방향을 선회한다.

감리교와 장로교 연합

화창한 2월 17일 아침, 이승훈은 평양에서 기차로 상경해 경성 소격동에 있는 김승희의 집에 투숙했다. 이승훈은 송진우에게 상경했다는 소식을 편지로 알렸다.

오후 4~5시, 송진우가 이승훈의 숙소로 찾아왔다. 이승훈은 평안북도 선천과 평양에서 논의한 일을 설명한 뒤 "경성에서는 어느 정도 일이 진행됐느냐"고 물었다. 송진우는 구한말 인사들과 교섭했지만 찬동을 얻지 못해 천도교와 기독교만으로 실행해야 할 것 같다며 "최남선을 만나면 자세히 알게 될 것"이라고 전했다. 최남선으로부터 곧바로 연락이 오지는 않았다(국사편찬위원회, 1990b, 163쪽; 김기석, 1964/2017, 142쪽 참고).

이승훈은 송진우가 모호한 태도를 보인 데다 최남선마저 곧바로 만나지 못하면서 고민이 깊어졌다. 이승훈은 이때 YMCA 간사 박희도로부터 감리교 측에서도 독립운동 논의가 진행 중이라는 이야기를 전해 들었다(최린, 1962. 8, 168쪽). 이승훈은 감리교 인사들과의 연대를 구상하게 됐다.

이날 경성 함태영의 집에 이승훈이 나타났다. 이갑성도 이미 와 있었다. 이승훈은 기독교 장로교 이갑성, 함태영과 함께 그간의 독립운동 준비와 경과를 설명한 뒤 만일 천도교 측에서 주저한다면 장로교와 감리교 연합만으로도 거사해야 한다고 말했다. 참석자 모두 찬성했다(국사편찬위원회, 1990b, 59쪽; 김기석, 1964/2017, 142쪽 참고).

2월 17일경, 경성 종로 YMCA회관의 박희도 사무실. 보성법률상업학교 학생 강기덕이 찾아왔다. 강기덕은 이날 YMCA 간사 박희도에게서 천도교와 기독교가 각각 독립선언을 준비 중이라는 소식을 전해 듣는다. 박희도는 김원벽에게도 같은 소식을 전했다(국사편찬위원회, 1990a, 84쪽, 194쪽 참고). 강기덕은 이 소식을 한창환에게 전했고, 한창환은 한위건을 강기덕에게 소개했다. 학생들은 이에 독립운동을 구체적으로 준비해야 한다는 의견을 나눴고, 2월 20일 경성 승동예배당에 모여 의견을 모으기로 했다(국사편찬위원회, 1990a, 109쪽; 김진호, 2014, 18쪽 참고). 박희도가 천도교와 기독교에서 독립운동을 준비 중이라는 소식을 학생 대표들에게 알린 시기와 관련해, 강기덕과 김원벽의 기억은 조금씩 다르지만, 학생 대표들 사이에 두 종교계의 독립운동 준비 움직임이 급격히 알려진 시기가 2월 17일이라는 점에서 2월 17일 전후로 추정하는 것이 합리적이라고 판단된다.

새벽에 안개가 끼기도 했던 2월 19일, 경성 소격동 김승희의 자택. 이승훈은 송진우의 연락을 받고 찾아온 최남선을 만났다. 이승훈은 선천과 평양에서 논의하고 진행 중인 일을 전한 뒤 "그대들은 어떻게 할 것인가"라고 물었다. 최남선은 "구한국 귀족 대신들과 교섭을 했지만 그들이 움직이지 않아 결과가 좋지 않다"며 이번 거사에 전력을 기울여달라고 말했다. 이승훈은 천도교 최린과의 만남을 주선해달라고 최남선에게 부탁했다(국사편찬위원회, 1990a, 122쪽; 국사편찬위원회, 1990b, 164쪽 참고).

그날 밤, 이승훈은 자리에 누워 여러 생각을 했다. '이제 이 민족적 거사의 직전에 와서 천도교 측도 구한국 고관마냥 꽁무니를 빼는 것이 아닐까. 그렇지 않으면 본래 발의자인 송진우, 최남선, 최린, 현상윤이 뒤로 주춤하는 것은 아닐까. 만일 천도교가 떨어져 나가면 기독교만이라도 밀고 나가야 하고 기독교에서 감리교 측이 떨어져 나가면 장로교만이라도 밀고 나가야 하지 않을까.'(김기석, 1964/2017, 142쪽)

안개가 끼었다가 오후에 맑아진 2월 20일, 경성의 승동예배당. 김대우, 김문진, 김원벽, 김형기, 이용설, 주익, 한위건 등 경성의학전문학교, 연희전문학교 등 6개 전문학교의 대표가 모였다. 이들은 강기덕, 김대우, 김문진, 김원벽, 김형기, 전성득을 학생 대표자로 해서 독립선언을 추진하기로 했다. 학생 그룹은 기성세대의 독립운동에 참가하되 독자적인 만세시위를 전개하기로 의견을 모았다. 학생 대표자들이 체포되면 윤자영, 이용설, 한위건, 한창환 등이 뒷일을 처리하기로 했다(국사편찬위원회, 1990a, 84쪽; 김진호, 2014, 19쪽; 신용하, 2006a, 84쪽 참고).

같은 날, 경성 YMCA회관. 박희도는 김원벽에게 천도교와 기독교 등에서도 독립선언을 계획하고 있으므로 양쪽에서 독립선언서를 발표하는 것은 좋지 않다며 학생의 독자적인 독립선언은 중지하고 종교계와 함께 추진해달라고 요청했다. 김원벽은 "내 생각만으로는 결정할 수 없으므로 일단 간부들과 상의해보겠다"고 답했다(국사편찬위원회, 1990a, 36쪽, 196쪽; 국사편찬위원회, 1990b, 125쪽 참고).

이승훈을 중심으로 기독교 인사들도 잇따라 회동했다. 2월 20일 오후 2

시, 경성 남대문로 5가의 함태영의 집. 안세환, 오상근, 이갑성, 함태영, 현순 등 기독교 장로교 인사들이 모였다. 안세환, 오상근, 이갑성은 초면이어서 서로 인사를 나눴다. 방이 시끄럽다고 해서 바로 옆에 있는 이갑성의 방으로 옮겼다. 이갑성은 이날 경성 학생들의 동향을 설명했다. 이갑성은 독립운동 실행에 학생들의 힘을 빌리는 것이 유리하다고 생각해 경성 시내 각 고등학교와 전문학교 학생들의 동정을 주시하고 있었다. 안세환은 같은 장로교 소속인 평양의 길선주 목사와 선천의 양전백 목사도 독립운동에 찬성하고 있다고 전했다(국사편찬위원회, 1990a, 165쪽 참고).

오후 7시, 경성 협성실업학교 안의 박희도의 집. 이승훈은 박희도의 중재로 신홍식, 오기선, 오화영, 정춘수 등 기독교 감리교 인사들을 만났다. 이승훈 등은 이날 도쿄 2·8독립선언과 상하이 신한청년당의 파리강화회의 대표 파견 등 해외 독립운동에 대해 의견을 나눈 뒤 국내에서도 거족적인 운동을 일으켜야 한다고 의견을 모았다. 이승훈은 그동안 논의되거나 준비된 일을 설명하고 천도교 측과의 합동 추진 문제를 거론했다. 참석자들은 이 자리에서 독립청원서를 제출할 것을 결의했고, 천도교와의 공동 추진 문제는 장로교 측이 합석한 자리에서 협의하는 것이 좋겠다고 의견을 모았다. 만일 천도교 측이 독립운동을 전개하지 않는다면 학생들과 연합해 독립청원서를 제출하자고 협의했다. 거사는 고종의 국장일에 임박해 단행하기로 의견을 모았다. 이를 위해 서무, 외교통신, 회계 세 부분으로 나눠 일을 추진하기로 하고, 서무는 이승훈, 함태영, 오기순이, 외교통신은 현순, 안세환, 이갑성이, 회계는 박희도가 각각 맡기로 했다. 특히 외교 및 통신원으로 현순을 상하이에 파견하기로 했다(고정휴, 2016, 56쪽; 국사편찬위원회, 1990a, 144쪽; 김기석, 1964/2017, 143쪽 참고).

화창했던 2월 21일 오전 10시, 경성 함태영의 집. 이승훈은 함태영과 함께 감리교 측 박희도, 오기선과 회동했다. 이날 모임에서 기독교만으로 독립운동을 하지 말고 천도교와 합동해 운동하는 것이 어떻겠느냐는 의견이 나왔다. 이들은 장로교 측 인사들과 합동으로 협의해 진행하기로 했다. 바야흐로 기독교에서도 천도교와 연합해 독립운동을 벌이는 것을 고민하기 시작한 것이다(국사편찬위원회, 1990a, 140쪽; 국사편찬위원회, 1990b, 167쪽 참고).

최린과 이승훈의 만남

1919년 2월 21일 금요일 오후 1~2시경, 경성 재동 67번지 최린의 집. 작가 최남선이 최린을 찾아왔다. 최남선은 이승훈이 전날 밤 기독교 측 사람들과 만나 독립운동을 하기로 협의했다면서 김윤식, 윤치호 등이 가담하지 않더라도 기독교 측과 합동해 독립선언을 추진하면 어떻겠느냐고 최린에게 의견을 물었다. 최린은 이승훈과 만나보고 싶다고 말했다. 최남선은 이날 경성 소격동 이승훈의 숙소에 찾아가 "그간 일본 경찰의 주목 때문에 사통이 없었다"며 미안함을 표한 뒤 함께 최린의 집으로 향했다(최린, 1962. 8, 168쪽).

오후 7~8시경, 최린의 집. 최남선이 이승훈을 데리고 왔다. 이승훈과 최린 등(국사편찬위원회, 1990a, 21쪽; 국사편찬위원회, 1990b, 165쪽 참고)에 따르면, 최린은 이날 이승훈에게 물었다.

"어젯밤에 예수교에서 조선의 독립운동을 할 것을 결의했다는데 사실입니까?"

이승훈은 사실이라고 답했고, 최린은 다시 물었다.

"우리와 별도로 운동하기로 했습니까?"

"그것은 나 혼자의 생각이 아니고 모두가 천도교와 종파가 다르고 인물도 모르고 진정한 의사를 모르니 별도로 운동하는 것이 좋지 않겠느냐고 해 그렇게 결의했던 것입니다."

최린은 말했다.

"이 일은 종교상의 문제가 아니고 일부의 문제도 아니고 조선 민족 전체의 일이므로 종교는 비록 다르다 하더라도 지장이 없고 별도로 운동하는 것은 좋지 않으니 합동해 운동하도록 하지 않겠습니까?"

이승훈은 "동지들에게 협의해보겠다"고 대답했다.

최린은 기독교 측이 독립선언서 발표가 아닌 독립청원서를 내기로 한 것은 느슨한 수단을 취하는 것이 아니냐고 말하기도 했다.

최린과 이승훈이 처음 만난 정황은 나중에 최린이 자서전에서 밝힌 내용과 큰 틀에서는 비슷하지만 세부 사항에서는 약간 차이가 있다. 최린의 자서전(최린, 1962. 8, 168쪽)에 따르면, 이승훈이 먼저 최린에게 그동안의 경과와 논의 내용을 말한 뒤 전날 밤 기독교 인사들과 회합해 독자적으로 운동을 하기로 했다고 말했다. 최린은 이에 종교 간 합동으로 독립운동을 전개해야 한다고 설파했다.

"일국의 독립운동은 민족 전체에 관한 대사업입니다. 이와 같은 민족적 과업에 있어 종교의 같고 다름이나 당파의 다름이 있을 수 없고 독립운동이 만일에 분산적으로 된다면 그것은 독립에 대한 민족적 불통일을 의미하는 것이니 절대로 통합해야 합니다."

옆에 있던 최남선도 이승훈에게 종교 간 합동으로 독립운동을 전개해야 한다고 거들었다. 이승훈은 말했다.

"나도 그 말씀을 찬성합니다. 그러나 기독교 동지들의 의사가 어떠할지 가서 문의한 후에 대답하겠습니다."

이승훈은 이날 독립운동을 위한 자금 변통을 부탁했다. 최린의 자서전(최린, 1962. 8, 168쪽)에 따르면, 이승훈은 최린과 이야기를 한 뒤 자리에서 일어서며 말했다.

"어제 회의에서 가장 곤란한 문제는 돈 문제였습니다. 동지들이 각기 분담해가지고 다소간에라도 변통해보자고 했지만 시기가 급박해 도저히 불가능한 일이니 천도교회에서 우선 5000원만 돌려주면 만사여의할 것 같습니다. 만일 5000원이 안 되면 3000원가량이라도 우선 급한 비용은 될 듯하니 기어이 돌려주기를 원합니다만."

최남선도 최린의 옆에서 "이것은 기독교 측과 연락하는 것에 있어 무엇보다 긴요한 일"이라고 은근히 수용을 종용했다. 최린은 답했다.

"천도교에서 은행에 저금했던 돈은 일전에 전부 압수당하고 역시 곤란 중에 있지만 될 수 있는 대로 주선해보려고 합니다. 만일 돈이 되면 '김자성'이라는 암호 명찰을 선생님 숙소로 보낼 것이니 그리 알고 기다리십시오."

천도교의 독립운동 실무 준비 책임자인 최린과 기독교 독립운동을 이끌던 이승훈의 이날 만남은 3·1독립운동에서 매우 결정적인 순간이었다. 양 교단의 핵심 인사인 두 사람이 만나면서 천도교와 기독교 연합의 길이 열렸기 때문이다.

오후 8시, 경성 이갑성의 집 안방. 기독교 감리교와 장로교 측의 연합회의가 열렸다. 감리교 측에서는 김세환, 박희도, 신홍식, 오기선, 오화영, 현순 등이, 장로교 측에서는 이승훈을 비롯해 안세환, 오상근, 이갑성, 함태영 등이 참석했다. 참석자는 모두 20명이었다. 김세환은 박희도의 말을 듣고 참석했다. 이승훈은 그동안의 경과에 대해 설명하고 최린에게서 들은 천도교 측의 계획을 보고했다. 오기선은 일본 정부에 독립을 청원하고, 그 회답을 받은 뒤 독립을 선언하는 것이 좋을 것 같다고 주장했다. 하지만 오기선의 주장은 받아들여지지 않았다. 2월 22일 새벽 2시까지 논의한 끝에 세 가지가 결정됐다(국사편찬위원회, 1990a, 141쪽; 김기석, 1964/2017, 144쪽; 김진호, 2014, 16쪽; 한규무, 2008, 127쪽 참고). ① 천도교와 합동으로 독립운동을 추진하는 문제는 천도교 측의 운동 방법을 정확히 탐문해본 후 결정한다. 독립선언으로 할 것인가, 독립청원으로 할 것인가는 협의해 결정한다. ② 독립청원서에 서명할 대표자를 모집하기 위해 신홍식을 평양에, 오화영을 개성에, 이갑성을 경상도에, 김세환을 충청도에 보내고, 구주에 서면을 보내기 위해 현순을 상하이에 파견한다. ③ 이승훈, 함태영 두 사람으로 기독교 측을 대표하게 해서 모든 일을 일임한다.

관서 지역 장로교와 경성 감리교 인사들은 이날 회합에서 독립운동을 함께 전개하기로 의견을 사실상 모은 셈이다. 이날 철야 회동은 기독교 내 의견 통일이 사실상 이뤄졌고, 구체적인 역할 분담이 이뤄졌으며, 특히 이승훈과 함태영이 대표로 단일화했다는 점에서 의미가 적지 않다. 업무의 실제적인 추진과 천도교 등과의 통합이 진전될 틀을 갖춘 셈이다.

저녁, 경성 동대문 밖 손병희의 상춘원. 최린은 손병희를 찾아왔다. 최린 등(최린, 1962. 8, 169쪽)에 따르면, 최린은 이날 이승훈과의 회동 내용을 자세히 보고하고 이승훈이 청구한 돈 이야기를 꺼냈다.

"이승훈의 말대로 5000원이 못 되면 3000원이라도 (변통해주면) 좋을 것 같습니다. 우선 3000원만이라도 줘 기독교 측에 우리의 성의를 표시하는 게 좋은 조건이요, 이로 말미암아 기독교 측과 연결하는 인연이 지어질 수 있는 일 같습니다."

손병희는 이에 "(이승훈이) 5000원을 청구했으니 그 액수대로 융통해주는 것이 좋겠다"고 답했다. 어려운 교단 상황에도 적극적으로 나서는 손병희의 모습에 최린은 감동했다.

단일 대오의 형성

화창한 날씨의 2월 22일, 천도교 금융관장 노헌용이 현금 5000원을 최린에게 가져왔다. 최린은 이를 이승훈의 숙소인 경성 소격동 김승희의 집으로 가서 전달했다. 이승훈은 최린에게서 돈을 받으면서 "대사가 이로 인해 성취될 가망이 있다"고 대단히 기뻐했다(국사편찬위원회, 1990b, 167쪽; 최린, 1962. 8, 169쪽 참고).

이승훈은 함태영과 함께 이날 최린의 집을 찾아왔다. 최린 등(김기석, 1964/2017, 144쪽; 최린, 1962. 8, 170쪽)에 따르면, 이때 이승훈과 함태영은 전날 기독교 측의 회의 경과를 설명한 뒤 회의 과정에서 나온 풍설의 진위를 물었다.

"들은 바에 의하면 천도교 측에서 만주 방면으로부터 무기를 수입한다는 풍설이 있다고 하는데 사실입니까?"

최린은 "그런 말은 상식으로도 족히 판단할 수 있지 않느냐"라고 가볍게 대답했고, 이승훈도 "나도 그 자리에서 그런 풍설은 신뢰할 수 없다고 했으나 참고만 하는 말에 불과하다"고 말하며 웃었다.

독립운동 방법과 관련해 이승훈은 독립선언서보다 독립청원서를 제출해보자는 의견이 있었다고 전했다. 이에 대해 최린은 독립선언이어야 한다고 말했다.

"금후 독립운동은 윌슨 미국 대통령이 제창한 민족자결주의에 의한 외적 환경과 우리 자주정신의 전통에 의한 독립운동이므로 독립선언이라야 옳습니다. 독립청원은 의의가 없습니다."

최린은 그러면서 독립선언을 두 종교가 함께 하자고 거듭 강조했다.

"독립운동은 현하 조선 내의 사회상으로 봐서 천도교와 기독교와의 합동으로 하지 않으면 모든 민중을 총동원시킬 수가 없고 독립운동의 일원화와 민족정신의 위대성을 발휘할 수가 없습니다."

이승훈과 함태영 두 사람은 최린의 말에 찬성을 표하면서 동지들과 상의한 후 회답을 주기로 약속했다. 이렇게 천도교의 최린과 기독교 측 이승훈, 함태영이 독립청원이 아닌 독립선언을 하기로 큰 틀에서 의견을 모은 것으로 분석된다.

천도교 측은 왜 독립청원이 아닌 독립선언을 하려 했을까. 최린은 나중에 법정에서 '왜 독립청원의 형식을 취하지 않고 독립한다는 선언을 했는가'라는 재판부 질문에 대해 다음과 같이 설명했다.

"한일병합은 조선의 이익을 위해 병합한 것이 아니고, 일본의 이해관계에 의해 병합한 것이다. 그런데 일본이 조선에 대한 관계는 영국이 인도와의 관계 또는 프랑스가 베트남에 대한 관계와는 다른데, 일본 정부가 조선에 대한 정치는 가혹하므로 불평으로 생각하고 있었는데, 이번 세계적인 평화를 제창하는 시기가 돼 민족자결이라는 것이 제창되고, 그 민족자결이라는 것은 세계의 장래 평화에 대해 중대한 사항이라고 생각하고, 이때 조선도 민족자결의 의사가 있다는 것을 나타내고, 근본적으로 해결해두지

않으면 안 된다고 생각해 독립선언의 형식으로 하기로 했던 것이다."(국사편찬위원회, 1990a, 133쪽)

즉, 제국에 청원하는 것이 아닌, 제국의 입장과 상관없이 독자적으로 독립을 선언하는 것이 민족자결과 독립 의지를 세계에 더 분명히 보여주고 밝힐 수 있다고 판단한 것이다.

같은 날 밤, 최린의 집. 이승훈과 현순이 다시 찾아왔다. 이승훈은 그간 기독교에서 논의된 내용과 현순의 상하이행을 알렸다. 최린은 이에 찬성하고 경비 2000원을 조달하겠다고 약속했다. 최린은 이날 비밀리에 현순에게 다음과 같이 당부했다.

"첫째, 만주의 펑톈으로 가면 해천양행이 있으니 그곳에서 최창식을 만나 동행할 것. 둘째, 상하이에 먼저 잠입한 김철에게 운동금 1만 원을 줬으니 일의 형편에 따라 쓸 것. 셋째, 향후 서로 통신할 때는 남이 알 수 없는 절차를 사용할 것."(고정휴, 2016, 56쪽)

화창한 날씨의 2월 23일, 경성 송현동 34번지 천도교 중앙본부(현재 덕성여자중학교 자리). 이승훈은 최린에게서 2000원을 받았다. 이승훈은 1000원을 기독교 간부에게 맡겨두고 나머지 1000원을 현순에게 여비로 지급했다. 현순은 이날 곧바로 상하이로 출발할 준비를 시작했다(고정휴, 2016, 56쪽; 김진호, 2014, 16쪽 참고).

오전, 함태영의 집. 이승훈은 박희도, 안세환, 오기선, 함태영과 회동했다. 이날 이승훈 등은 천도교에서 독립청원이 아닌 독립선언으로 하겠다고 하므로 천도교와 합동하는 이상 독립선언으로 하지 않으면 안 된다고 결정했다. 이승훈은 이날 회동에서 오기선에게 독립선언서에 명의를 내라고 권유했지만, 당초 독립선언이 아닌 독립청원을 주장했던 오기선은 이번 독립선언서에는 자신의 이름을 내지 않고 뒤에 남아 대표 가족들을 돌보는 일을 하겠다고 답했다(국사편찬위원회, 1990a, 141쪽, 145쪽; 국사편찬위원회, 1990b, 167쪽 참고).

박희도는 이날 청년 학생 대표인 보성법률상업학교 강기덕과 연희전문학교 김원벽 등과 접촉했다. 박희도와 김원벽, 강기덕, 한위건 등은 학생만의 독자적인 독립선언을 발표하지 않고 민족 대표의 독립선언에 공동으로 참여하기로 의견을 모았다. 박희도와 김원벽 등은 이때 네 가지 큰 틀의 의견을 모았다. ① 학생 측에서 독립선언서를 발표하지 않을 것, ② 중학 정도의 학생 측 사람은 3월 1일 선언서 발표 때 모두 참가하도록 할 것, ③ 그 뒤의 운동에 대해서는 학생 측 임의의 행동에 맡길 것, ④ 3월 1일의 운동에는 전문학교 학생들은 가급적 나오지 않도록 할 것.

이는 정리하자면 3월 1일에는 중학생 등을 중심으로 참여하고, 전문학교 학생들은 후속 시위 등을 준비하라는 내용으로 이해된다. 김원벽은 거족적인 독립운동에 합류하기로 하고 학생 지도부에 이를 전달했고 학생들이 미리 준비했던 독립선언서도 소각했다. 박희도는 이러한 사항을 이승훈에게 알렸다(국사편찬위원회, 1990a, 36쪽, 196쪽; 국사편찬위원회, 1990b, 125쪽; 윤병석, 2013, 422쪽; 최린, 1962. 8, 173쪽 참고).

이틀 뒤인 2월 24일, 이승훈은 함태영과 함께 최린의 집을 찾아왔다. 이승훈은 기독교가 천도교와 연합으로 독립운동을 전개하기로 결정했다고 통보했다. 이로써 천도교와 기독교 측의 연합이 공식적으로 성립됐다. 두 종교는 대표를 각각 선임하는 등 독립운동을 위한 실무에 착수했다. 이승훈은 구체적인 실무 준비와 관련해서는 함태영에게 일임했으니 함태영과 만나 상의하라고 했다. 기독교 측 창구는 함태영으로, 천도교 측 창구는 최린으로 단일화했다. 이른바 '최린-함태영 라인'이 형성된 것이다(국사편찬위원회, 1990b, 168쪽; 한규무, 2008, 128쪽 참고).

기독교 측 실무를 책임진 함태영은 1873년 함경북도 무산에서 태어나 1898년 근대식 법조인 교육기관인 법관양성소를 졸업하고 한성재판소에서 검사로 근무했다. 독립협회와 만민공동회 사건을 담당하면서 이상재, 이승만 등에게 무죄를 구형한 것을 비롯해 관대한 처분을 했다가 파면된 이후 파면과 복직을 반복하다가 1910년 10월 한일합방 이후 사직하고 남대문교회 전도사로 활동 중이었다.

천도교 측 실무를 맡은 보성고등보통학교장 최린은 1878년 함경남도 함흥에서 태어났고 1902년 일본 육군사관학교 출신 한국인 모임 '일심회'에 가입해 정부 개혁을 추진하다가 발각돼 일본으로 피신했다. 1902년 귀국 후 1904년 황실 특파 유학생으로 도쿄부립중학 보통과에서 2년간 수학한 뒤 1909년 메이지대 법학과를 졸업하고 1910년 귀국했다. 1911년 손병희의 권유로 천도교에 입교했고 보성고등보통학교 교장에 취임했다.

불교 측과의 연합을 위한 교섭도 이루어졌다. 2월 24일 밤, 경성 계동 43번지 한용운의 경성 사택으로 최린이 찾아왔다. 한용운은 1879년 충청남도 홍성에서 태어나 1897년에 출가한 뒤 1908년 일본으로 건너가 신문물을 시찰했다. 1910년 일본이 주장하는 '한일불교동맹'을 반대해 철폐하고 그해 백담사에서 조선 불교의 개혁을 주장하는 논저『조선불교유신론』을 저술했다. 1918년 불교 잡지 ≪유심≫을 창간하기도 했다. 당시 강원도 신흥사 주지로 있었다. 최린 등(최린, 1962. 8, 171쪽)에 따르면, 최린은 한용운의 의향을 알아보기 위해 국제 정세와 국내 민심 동향에 관해 이야기했다. 한용운은 이에 비분강개하면서 "천재일우의 이 기회를 우리로서 어찌 좌시 묵과할 수 있는 일인가"라고 되물었다. 최린은 한용운의 의사를 간파하고 그동안 천도교와 기독교에서 논의한 만세운동 계획을 말했다. 한용운은 즉석에서 불교 측 동지들과 협의해 공동으로 참가할 것을 승낙했다. 그때 한용운의 나이는 41세였다(국사편찬위원회, 1990a, 26쪽; 국사편찬위원회, 1990b, 88쪽, 159쪽 참고).

불교계의 합류가 확정된 것으로 평가되는 2월 24일 최린과의 회동과 관련해 한용운은 훗날 일제의 조사 및 재판 과정에서 최린의 진술과는 다르게 말했다. 한용운은 이날 최린이 한용운의 집을 찾은 것이 아니라 자신이 경성 재동에 있는 최린의 집을 찾아 독립선언서와 독립통고서 작성 사실과 기독교와의 합동 등 독립운동 준비 상황을 알려줬다고 밝혔다(학회자료, 1994, 112쪽 참고). 한용운은 게다가 이날 기독교계를 이끌었던 이승훈과 만나 서로 "금번 같이 독립운동을 하는 것은 참 좋은 일"이라고 말하고 작별했다고 진술했다.

특히 한용운은 일제의 조사 및 공판 과정에서 2월 24일 최린과의 회동 때 독립운동에 합류하기로 한 것이 아니라 이미 1월 27일경 독립운동을 하기로 최린과 뜻을 모았다고 밝혔다. 한용운은 1월 27일경 경성 재동 최린의 집에서 시국 정세를 이야기하면서 최린에게 다음과 같이 제안했다고 진술했다(학회자료, 1994, 111쪽 참고).

"목하 열국 간에 평화회의를 개최 중인데 세계의 영원한 평화를 유지하기 위해 각 식민지의 민족자결을 허할 것이라는바, 식민지 주민은 독립할 좋은 기회가 됐으므로 각국 식민지 영토의 주민은 다 독립할 것이고, 우리 조선도 민족자결에 의해 독립하는 것이 좋을 것이니 우리도 운동을 해 독립을 해보는 것이 어떠한가. 독립운동을 하는 데는 적은 수의 사람으로써는 도저히 될 수 없으니 큰 단체를 조직하지 않으면 안 된다. 천도교는 대단체이니 그대 등 천도교 단체에서는 독립운동을 할 의사가 없는가."

이미 1월 20일 손병희를 비롯한 천도교 지도부와 독립운동을 결의했던 최린은 이에 "한 사람이라도 그런 의사를 가지지 않은 사람이 없으니 내가 천도교인과 의논해 독립운동할 것을 기도해보겠다"고 답했다고 한용운은 전했다(학회자료, 1994, 111쪽 참고).

천도교, 기독교, 불교 세 종교의 동맹이 성립됐다. 최린 등에 따르면, 유교 측에 개인적인 명사가 적지 않았지만 당시 유교의 조직 체계가 상대적으로 분명하지 않은 데다 일본 경찰의 감시도 심해 더 이상 지연하기 어렵다고 판단해 세 종교의 연합만으로 독립운동을 추진하기로 결정했다(최린, 1962. 8, 171쪽). 여기에 기독교 측 박희도, 이갑성 등과 연결된 학생 그룹도 종교단체들과 함께하기로 하면서 단일 대오를 형성하게 됐다.

50대의 손병희(59세)와 이승훈(55세), 백용성(56세)이 각각 천도교와 기독교, 불교의 좌장이 되고 40대의 최린(42세)과 함태영(47세), 한용운(41세)이 실무 라인을 형성해 뒷받침하는 틀을 갖췄다. 학생 그룹에서는 박희도와 이갑성이 민족 대표 그룹과 연결고리 역할을 했고 강기덕, 김원벽, 한위건 등이 실무를 주도했다.

천도교와 기독교, 불교, 학생 그룹 등이 손을 맞잡으면서 독립만세운동의 불꽃은 이제 되돌릴 수 없는 흐름이 된다. 동학으로 시작한 천도교는 농민층, 기독교는 지식인층과 도시 시민층, 불교는 서민층과 부녀자층을 주요 기반으로 하고 있었다(신용하, 2006a, 84쪽 참고).

천도교 측 최린과 기독교 측 함태영, 불교 측 한용운은 경성 재동 최린의 집에서 자주 회동하며 독립운동의 구체적인 방법을 논의하고 준비해나갔다. 특히 2월 24일부터 2월 27일까지 최린-함태영 라인이 가동되면서 독립만세운동을 실무적으로 기획·준비하게 된 것이다(국사편찬위원회, 1990b, 157쪽, 168쪽; 최린, 1962. 8, 171쪽 참고).

이들은 협의를 통해 거사 날짜를 3월 1일로 정했다. 3월 1일 오후 2시 파고다공원에서 독립선언서를 낭독하고, 독립선언서는 3월 1일 배부하며 독립만세를 고창하기로 했다. 거사일을 3월 1일로 한 것에 대한 최린의 설명이다.

"당시 고종 황제의 국장을 2, 3일 앞두고 각 지방에서 다수의 인사가 경성에 내집했을 뿐만 아니라, 고종을 일인들이 역신배들을 사주해 독살했다는 유언비어가 떠돌기 때문에 인심은 극도로 격분했다. 예로부터 천시, 지리, 인화는 사업을 성취하는 데 있어 3대 요건이라고 하는 말도 있거니와 이러한 시기야말로 가위 하늘이 준 시기라고 할 것이다."(최린, 1962. 8, 173쪽)

민족 대표는 천도교와 기독교 측에서 각각 십수 명을, 불교도 등도 가입시키기로 했다. 아울러 선언서와 기타 서류의 기초와 인쇄는 천도교 측이, 선언서 배부는 천도교와 기독교가 함께, 일본 정부와 일본 의회에 대한 서면 전달은 천도교 측이, 미국 대통령과 열국 강화위원에 대한 서면 제출은 기독교 측이 맡기로 의견을 모았다(김기석, 1964/2017, 145쪽; 김진호, 2014, 16쪽; 신용하, 2006a, 84쪽 참고).

독립선언서 완성

이즈음, 독립선언서를 비롯한 독립선언 관련 문건도 완성됐다. 독립선언서와 관련 서류의 완성 및 전달 시기 등에 대한 최남선과 최린의 증언은 약간 다르지만, 최남선은 2월 18일에서 2월 22일 전후 독립선언서를 완성했고 2월 18일에서 2월 23일 사이에 최린을 통해 '기미독립선언서'와 '독립청원서', '서한', '독립통고서'를 천도교 측에 전달한 것으로 분석된다(오용섭, 2017. 9, 199쪽 참고).

최린은 처음 송진우와 현상윤 등과 함께 독립운동을 준비할 때 최남선에게 독립선언문 등을 준비해둘 필요가 있다고 말하자, 최남선은 "나는 일생애를 통해 학자의 생활로 관철하려고 이미 결심한 바 있으므로 독립운동 표면에는 나서고 싶지 않지만 독립선언문만은 내가 지어볼까 하는데 그 작성 책임은 형이 져야 한다"고 말했다. 최린은 최남선의 충정과 처지를 동정해 최남선의 제안을 승낙하고 독립선언서를 써달라고 부탁했다(최린, 1962. 8, 172쪽 참고).

최린은 손병희, 권동진, 오세창 등과 각종 문안의 취지를 논의해 결정한 뒤 이 내용을 최남선에게 전달했다(국사편찬위원회, 1990b, 157쪽 참고). 손병희는 동양 평화를 위해 조선이 독립하는 것이 정당하다는 뜻을 나타내고 감정에 흐르지 말고 온건한 표현으로 할 것을 최린에게 지시했다.

최남선은 손병희가 구상하는 독립선언서의 큰 방향을 최린을 통해 전달받고 독립선언서의 방향을 네 가지로 잡았다. 즉, ① 조선 민족의 독립정신과 그 유래를 철두철미 민족 고유의 양심과 기능에서 발동하는 것으로 하고, ② 조선인의 독립운동은 배타심, 특히 단순한 배일정신에서 나온 것이 아니라 민족 생존의 발전상 당연한 지위를 요구하는 데서 나오는 일임을 밝히며, ③ 조선인의 독립운동은 조선인 독자의 이기적 동기에서 나오는 것이 아니라 동양 전체의 평화 또는 세계 역사의 추세에 비춰 불가피한 것이요, 타당한 것임을 주장하고, ④ 조선인의 독립운동은 한때 감정으로 일어났다가 꺼질 것이 아니라 그 목적을 완수할 때까지 지속될 성질의 것임을 밝히려고 했다.

최남선이 작성한 '기미독립선언서'는 앞서 작성된 여러 독립선언서와는 크게 달랐다. 비폭력 평화주의가 강조된 것이 대표적인 특징으로 꼽힌다. 최남선이 작성한 '3·1독립선언서'의 내용은 재일본 유학생들의 '2·8독립선언서'보다 훨씬 더 평화주의적 경향이 짙으며, 투쟁적·전투적 표현을 의식적으로 피해 기초된 것이었고, 매우 웅장한 명문으로 한국의 독립을 설득력 있게 주장한 것으로 평가된다(최효식, 2003. 9, 17쪽 참고). 즉, 높은 도의성은 한국독립사상의 최고봉으로 한민족의 독립 의지를 잘 대변해 독립운동에 결정적인 역할을 했다는 것이다.

물론 외세의존적이고 무저항적이며 청원적인 관점에서 민족 지도자의 지도성을 부정적으로 보는 비판적인 견해도 없지 않다. 실제 한용운은 최남선이 기초한 독립선언서가 너무 어려운 한문투인 데다가 내용이 온건하다고 생각했던 것으로 알려진다. 한용운은 그래서 자신이 다시 쓰기를 최린에게 자청했지만 받아들여지지 않았다.

독립선언서의 '눈동자'격인 공약 3장을 누가 썼느냐를 두고 의견이 갈리기도 한다. 최남선이 독립선언서와 공약 3장을 모두 썼다는 의견과 독립선언서는 최남선이 썼지만 공약 3장은 한용운이 추가했다는 주장이 맞선다(김삼웅, 2006, 177~181쪽 참고).

최남선은 이와 관련해 일제의 조사 과정에서 독립선언서의 공약 3장 가운데 제2장의 '최후의 일각까지, 최후의 일인까지'의 표현에 대해 다음과 같이 설명했다.

"최후의 일각이라고 하면 이번의 국제연맹 회의가 계속하는 한이라는 의사였다. … 최후의 일인까지라고 한 것은 우리 33인뿐 아니라 조선 민족 전체가 그 의사로 발표하라는 것이다. … 이번 세계 개조의 해결에 이르기까지 독립 의사를 발표하라는 의사를 썼다."(국사편찬위원회, 1990b, 85쪽 참고)

반면 한용운은 재판 과정에서 "(나는) 그것(독립선언서)을 보고 찬성한 것이 아니라 다소 나의 의견이 다른 점이 있어서 내가 개정한 일까지 있소"
라고 답해 '기미독립선언서'의 일부 내용을 수정했음을 분명히 밝혔다. 한
용운은 자신이 수정한 내용이 공약 3장이었는지에 대해서는 명확히 하지
않았지만, 공약 3장일 가능성이 높아 보인다는 분석도 있다(≪동아일보≫,
1920. 9. 25, 3면 참고).

최남선은 자신의 집에서 독립선언서를 작성하거나 보관하지 않고 경성
초음정(현재 오장동)에 위치한 일본 여성의 집에서 했다고 한다. 최남선이
일하던 일본 여성의 집을 가끔 찾았던 현상윤의 기억이다.

"우리가 가끔 그 집으로 최남선 씨를 찾아가게 됐는데, 하루는 최 씨를
찾아 (독립)선언문이 어떻게 됐나 좀 알아보러 갔더니 '최 씨는 없다'고 하
기에 그대로 돌아오려고 했다. 그랬더니 그 일본인 여성(오자와(小澤))이 하
는 말이 '현 선생께서 무엇 때문에 여기에 왔는지 나는 잘 안다'고 말했다.
나는 어이가 없어서 '알기는 무엇을 아느냐'고 하며 '그저 최 씨를 좀 만나
보러 왔다'고 하니까, 일본인 여성은 점점 웃으면서 '선생은 무엇을 보러
오지 않았느냐'고 하면서 '이왕 여기까지 왔으니 들어와서 보고 가라'고 하
더라. 나는 비밀이 탄로 나지 않았나 하는 의심이 나서 자꾸 시치미를 뗐
다. 그래도 일본 여성은 자꾸 들어오라고 하기에 방에 들어가니 그녀는 자
기 옷깃에서 독립선언문을 꺼내 보여줬다. 나는 순간 얼굴이 파랗게 질렸
다. 떨리는 마음으로 선언문을 읽고 있노라니까 또 자기 자식을 부르더니
그 옷깃에서는 일본 정부에 보내는 글(독립통고서)을 꺼내 보여줬다. 그 후
최 씨에게 (자초지종을) 따져보았더니 '자기 집이나 조선 사람에게 맡겨두는
것보다 일본 사람에게 맡겨두는 것이 더 안전할 것 같아서 그랬다'고 하더
라. 말을 듣고 보니 그럴듯하기는 했지만 외나무다리를 건너가는 것보다
도 아슬아슬했다."(현상윤 등, 1949. 3. 1, 217쪽)

민족 대표 그룹은 3·1운동과 관련해 독립선언 관련 문건을 크게 네 가
지로 준비했다. 즉, ① 조선 국민과 세계 시민들을 겨냥해 조선의 독립을
선언하는 '기미독립선언서', ② 우드로 윌슨 미국 대통령과 파리강화회의의

대표들에게는 조선의 독립을 청원하는 '독립청원서'와 관련 '서한', ③ 일본 정부와 의회, 신문과 방송, 조선총독 등에는 조선이 독립을 선언했음을 알리는 '독립통고서'가 그것이다.

왜 독립선언서만이 아닌 네 가지 종류의 문서를 작성한 것일까. 기독교계 인사들을 이끌었던 남강 이승훈의 설명이다.

"선언서를 발표하고 조선 민족에 대해 지금이야말로 조선은 민족자결에 의해 독립할 수 있는 기운을 맞이하고 있다는 것을 주지시키고, 미국 대통령은 민족자결의 제창자이므로 그 사람에게 청원서를 제출하면 반드시 동정해줄 것이다. 강화회의에는 세계의 5대국 대표자가 회합하고 있다. 그 가운데 일본의 대표자도 있으므로 강화회의에 청원서를 내면 반드시 거기에서 토의가 된다. 그러면 일본 본국에서도 교섭하게 돼 그 결과 독립을 허용할 것인지 아닌지를 정할 것이 틀림없다. 또 일본 정부에 청원서를 제출해두면 대단히 형편이 좋을 것이다."(국사편찬위원회, 1990b, 44쪽)

최린은 최남선이 작성한 독립선언서를 포함한 관련 서류 초안을 손병희, 권동진, 오세창 등에게 보이고 함태영을 통해 기독교 측에도 보냈다. 기독교 측은 독립선언서 등을 검토한 뒤 바로 다음 날 다시 최린에게 되돌려줬다(국사편찬위원회, 1990a, 22쪽, 24쪽 참고).

서명자 규합 및 노령(露領) 임시정부 수립

2월 24일, 경성 가회동 170번지 손병희의 집. 오랜 친구 김완규가 찾아왔다. 손병희는 숨기고 있을 수 없어 "독립선언을 기도하고 있는데 그대는 어떻게 생각하고 있느냐"고 말했다. 김완규는 "나도 이전부터 그런 생각이었으므로 찬성한다"고 답했다. 손병희는 김완규에게 상세한 것은 권동진에게 가서 들으라고 덧붙였다(국사편찬위원회, 1990a, 67쪽 참고).

이날 대구부 남성정 115번지 장로교 목사 이만집의 집에 세브란스병원 제약부 주임 이갑성이 찾아왔다. 지난 2월 22일부터 경상도로 내려와 세 규합 작업을 해온 그였다. 이갑성은 이만집 목사에게 "이미 신문지상을 통해 알고 있는 바와 같이 유럽의 강화회의에서 각국은 민족자결주의를 주장하고, 일정한 영토의 민족이 독립을 희망하고 독립을 청원하면 독립국이 될 수 있으니, 조선도 이번에 독립을 선언하고 강화회의에 독립을 청원하면 독립할 수가 있으므로, 우리들 동지는 이미 경성에서 그 청원을 하기로 돼 있다. 그대도 그것에 찬성하고, 뒷날 청원서를 보낼 것이니 그것에 조인해달라"고 요청했다. 이만집 목사는 "내 직무가 바쁘므로 그런 큰일에는 관계할 수가 없다"면서 참가를 거부했다. 하지만 이 목사는 3월 8일 대구부에서 벌어진 독립만세시위에 독립선언서를 배포하고 시위를 주도하다가 일본 경찰에 검거됐다(국사편찬위원회, 1990a, 216쪽 참고).

밤, 경기도 용산역. 현순은 아내에게 작별을 고하고 만주로 가는 기차에 올랐다. 박희도가 홀로 전송 나와 신표로서 금시계를 줬다. 현순은 2월 25일 신의주, 2월 26일 펑텐, 2월 27일 톈진을 거쳐 3월 1일 상하이에 최창식과 함께 도착한다. 민족 대표 그룹을 대표하는 역할을 맡은 그는 해외 독립운동, 특히 상하이 대한민국 임시정부 수립에 지대한 역할을 하게 된다(고정휴, 2016, 57쪽 참고).

현순은 1879년 경기도 양주에서 아버지 현제창과 어머니 평양 조씨 사이에서 태어났다. 1897년 한성영어학교에 입학했다가 이듬해 퇴교당한 현순은 1899년 일본으로 유학을 떠나 1902년 도쿄 준텐중학교를 졸업했다. 현순은 1903년 미국 하와이로 건너가 한인감리교회에서 일했다. 현순은 1907년 귀국해 1908년 목사 안수를 받았다. 1911년 협성신학교를 졸업했지만, '105인 사건'에 연루돼 투옥된 바 있다.

화창한 날씨의 2월 25일, 경성 가회동 손병희의 집. 지난 1월 5일부터 49일간 기도를 끝내고 상경한 나인협, 박준승, 홍기조 등 천도교 도사 5명이 찾아왔다. 손병희는 이날 이들에게 독립선언운동에 대해 의견을 물었다고 나중에 법정에서 진술했다(국사편찬위원회, 1990a, 67쪽 참고).

비슷한 시각, 경성 돈의동 76번지 권동진의 집에서 권동진은 자신의 집을 찾아온 김완규에게 독립운동 계획을 알렸다. 전날 손병희의 집에서 독립선언 준비 소식을 들은 김완규였다. 권동진과 오세창의 법정 진술(국사편찬위원회, 1990a, 46쪽, 54쪽 참고)에 따르면, 김완규는 이날 권동진에게 다음과 같이 말했다.

"손병희 선생에게 들으니 독립운동을 준비하고 있다는데 어떻게 돼가는 것인가? 가능하다면 나도 참가하고 싶다."

권동진은 현재 천도교와 기독교 등에서 공동으로 독립선언과 독립운동을 준비하고 있다고 말했다.

오세창은 또 이종일이 보성사에서 독립선언서를 인쇄하고 미국 등에도 독립건의서를 내기로 했다는 사실도 전했다. 그러면서 "독립선언서는 3월 1일 오후 2시 경성 파고다공원에서 낭독해 발표하기로 돼 있으므로 그때 관헌이 체포할 것이 틀림없으니 잡힐 각오를 하고 있지 않으면 안 된다"고 말했다(국사편찬위원회, 1990a, 54쪽 참고).

천도교 수뇌부는 이날 재경 간부들과 지방 간부들에게 기독교 측과의 연합이 성사돼 본격적인 준비를 하는 상황을 알리고 찬동을 얻어 15명이 대표로 서명했다. 대표에는 거사에 처음부터 참여해온 권동진, 오세창, 최린과 더불어, 손병희가 마땅하다고 인정한 간부 가운데 개별적으로 취지를 설명한 뒤 찬동한 나용환, 나인협, 박준승, 양한묵, 이종일, 이종훈, 임예환, 홍기조, 홍병기 등도 포함됐다. 대도주 박인호는 교단 운영과 이후 상황 대비를 위해 포함되지 않은 대신, 고령이어서 대표에 넣지 않은 이종일은 독립선언문 인쇄를 맡는 자신이 빠져서 되겠느냐고 간곡히 요청해 포함됐다(최효식, 2003. 9, 18쪽 참고).

이날 경성 정동제일교회 내 이필주 목사의 집에서는 각 학생 그룹 대표자들과 윤자영, 한위건, 한창환 등이 만나 3월 1일 전문학교와 중등학교 학생들이 파고다공원에 집합해 독립만세운동에 참가하기로 의견을 모았다. 이들은 2월 26일 이필주의 집에서, 2월 27일 정동제일교회에서 잇따라 모여 논의를 이어갔다(김진호, 2014, 19쪽; 이이화, 2015, 212쪽 참고).

경성의학전문학교 3학년에 재학 중이던 이미륵도 학생들이 이즈음 모처에서 비밀리에 만나 만세시위를 준비했음을 증언했다.

"3학년 때의 일이었다. 어느 날 오후, 안과학 수업이 끝나고 강의실을 나오는데 상규에게 붙들렸다. 상규는 나와 꽤 친한 아이였다. 그는 나지막한 목소리로 내일 저녁에 중대한 회의가 있으니 남운식당으로 오지 않겠느냐고 물었다. 나는 그러기로 약속하고 무슨 일이냐고 물었다. 상규는 나를 으슥한 곳으로 데리고 가더니 거의 속삭이듯 말했다. 그는 한국 전문학교의 많은 학생들로부터 이상한 이야기를 들었는데, 그 문제에 대해 이야기를 할 거라고 했다. 우리 민족은 곧 부정한 일본 정책에 대항해 시위를 벌일 것이며, 모든 한국 학생들이 이에 가담할 것이라고 했다. 그러므로 우선 우리 학교의 믿을 만한 한국 학생들에게 우리도 그 일에 참가해야 하는지를 물어보려는 것이라고 했다. … 이튿날 저녁, 우리는 남운식당에 갔다. 그곳에는 10명 정도의 학생들이 모여 있었다. 상규가 시위 준비는 이미 상당히 진행됐고, 이 사실을 국립대 학생들만이 모르고 있다고 설명했다. 또 사람들이 우리를 '반왜놈'이라고 하며 믿지 않는다고 했다. 모두가 긴장해 그의 이야기에 귀를 기울였다. 우리는 참가하기로 의견을 모았다. 아무도 반대하는 사람은 없었다. 그러나 어느 누구도 이 시위를 누가 먼저 일으켰으며, 어떻게 조직됐고, 일본 정부에 대해 무엇을 요구하는지 알지 못했다. 그럼에도 모든 동료들은 참가하기를 원했다."(이미륵, 1946/2010, 177~179쪽)

이즈음, 경성 숭삼동(현재 명륜동 3가) 105번지 함태영의 집 뜰에서 이승훈은 장사를 하는 류명근에게 맡겨둔 독립운동 자금 3000원의 지출과 관련해 왕십리교회의 박용희에게 "박희도가 체포된 뒤에는 박희도가 하던 일을 담당해달라"며 각종 경비 지출을 부탁했다. 함태영은 박용희와 초면이어서 서로 인사를 했다(국사편찬위원회, 1990a, 92쪽, 170쪽 참고).

경성에 올라왔던 장로교 안세환은 이날 이승훈 등 기독교 인사들을 접촉한 뒤 평양으로 돌아갔다. 안세환은 숭덕학교 학생 박인관에게 곧바로 장연에 가서 길선주 목사에게 3월 1일 경성에서 독립선언서를 발표하기로 돼 있으니 그날까지 경성으로 가도록 하라는 말을 전하게 했다(국사편찬위원회, 1990a, 94쪽 참고). 박인관은 2월 26일 오후 3~4시 장연에 도착해 길선주 목사에게 안세환의 말을 전하고 다시 평양으로 발길을 돌렸다. 길선주 목사는 그날 바로 상경을 준비했다(국사편찬위원회, 1990a, 95쪽 참고).

감리교 신홍식은 이날 평양에서 홍기황을 만나 경성에서 추진 중인 독립운동 소식을 전했다. 신홍식은 그러면서 "경성에서는 3월 1일 오후 2시 독립선언서를 낭독하고 만세를 부르면서 시내를 행진하기로 했고 이에 맞춰 각 지방에서도 운동을 하기로 돼 있는데, 진남포에서는 어떤 방법으로 하느냐"고 물었다. 진남포에서도 독립만세운동을 준비하라는 취지였다(국사편찬위원회, 1990b, 139쪽 참고).

2월 25일, 경성 봉익동 1번지. 한용운이 이곳에 사는 해인사 승려 백용성을 찾아왔다. 본명이 백상규인 백용성은 1864년 전라북도 장수에서 태어났고 16세에 출가해 해인사로 들어가 선종과 교종을 공부했다. 백용성은 나중에 불교를 발전시키려면 농사도 지어야 한다는 '선농불교'를 주장해 경상남도 함양에 자급 농장을 만들었고, 『수심론』, 『어록』 등을 저술하기도 했다. 한용운에 따르면, 한용운은 이날 백용성에게 독립운동 준비 상황을 설명하면서 "금번 각 교회가 단체로써 독립운동을 하고 있으니 그대도 참가하는 것이 어떠한가"라고 물었다. 백용성은 흔쾌히 독립운동에 참가하겠다고 답했다. 한용운은 이에 최린에게 백용성도 독립선언서 대표자로 참가할 것임을 통지했다(학회자료, 1994, 112쪽 참고).

한편 2월 25일 러시아 연해주 니콜리스크에서 러시아령 각지와 간도 등에서 온 독립운동가 약 130명이 참석한 가운데 '전로한족회 중앙총회'가 열렸다. 전로한족회 중앙총회는 한 해 전인 1918년 6월 니콜리스크에서 열린 전로한족대표회의에서 문창범을 의장으로 한인 자치기관으로 결성된 바 있다. 당시 러시아 연해주 지역에는 한인 동포 20여만 명이 거주하고 있었다. 참석자들은 이날 임시정부 성격의 '대한국민의회'를 조직했다. 대한국민의회는 전로한족대표회의를 확대·강화한 것이지만, 소비에트 방식의 의회제도를 채택했기에 입법 기능뿐만 아니라 행정 및 사법 기능까지 겸하고 있었다. 상임의원 30명과 통상의원 40~50명으로 구성됐다. 대한국민의회 의장에는 문창범, 부의장에 김철훈, 서기에 오창환이 각각 선출됐다. 이른바 '노령(露領) 임시정부'로, 3·1운동 전후 세워진 최초의 임시정부였다. 대한국민의회는 3월 17일 블라디보스토크의 독립만세시위를 주도하는 등 러시아 연해주 지역 독립만세운동을 주도하게 된다(윤상원, 2015. 11, 557~562쪽 참고).

다만 일각에서는 2월 대한국민의회 조직과 별개로 3·1운동 직후인 3월 21일 결의안 5개조를 채택하고 대통령에 손병희, 부통령에 박영효, 국무총리에 이승만을 선출하며 노령 임시정부를 수립했다고 주장하기도 한다. 탁지총장에 윤현진, 군무총장에 이동휘, 내무총장에 안창호, 산업총장에 남형우, 참모총장에 유동열, 강화대사에 김규식도 각각 선출했다는 것이다. 이에 대해 3·1운동의 영향을 받은 것을 강조하는 과정에서 대한국민의회가 입법뿐만 아니라 행정, 사법 기능까지 수행한 조직이었다는 점을 잘 모르고 분석한 것이라는 지적이 있다(윤상원, 2015. 11, 557~562쪽 참고).

서명 및 날인

화창한 날씨의 2월 26일 정오, 한강 인도교 근처. 이승훈은 경성을 출발해 용산 인도교를 건너 절이 있는 곳에서 박희도, 안세환, 오화영, 이갑성, 이필주, 최성모, 함태영 등 기독교 감리교 및 장로교 인사들과 회합했다. 경상도에서 세 규합 작업을 했던 이갑성도 2월 25일 상경해 모임에 합류했다. 이승훈은 이 자리에서 3월 1일 파고다공원에서 독립선언서를 발표할 것이라고 알렸다. 이승훈 등 8명은 이날 독립선언서에 이름을 올릴 사람을 15명으로 하기로 했다. 다만 일본에 가서 일본 정부에 독립선언에 대해 설득하는 역할을 맡기로 한 안세환과 가족 보호 임무 및 후사를 맡기로 한 함태영은 각각 서명하지 않는 것으로 의견을 모았다(국사편찬위원회, 1990a, 142쪽, 146쪽, 168쪽; 국사편찬위원회, 1990b, 101쪽 참고).

평안북도 선천의 기독교 장로 홍성익은 이즈음 이승훈의 지시에 따라 평양의 길선주 목사, 선천의 양전백 목사 등에게 3월 1일 독립선언 거사를 한다는 것과 지방에서도 같이 준비할 것이라는 사실을 알리기 위해 지역으로 떠났다. 오화영은 이날 경성에서 원산에 있는 정춘수에게 3월 1일 파고다공원에서 독립선언을 하기로 했다는 것을 우편으로 통지했다(국사편찬위원회, 1990a, 157쪽 참고).

이승훈은 이날 밤 경성 류영모의 집에서 류명근의 아들인 류영모에게 천도교와 기독교가 함께 3월 1일 오후 조선의 독립선언을 하기로 했다고 말하고, "아버지 류명근은 장사를 하고 있어 불편하다"며 류명근에게 맡긴 3000원을 대신 맡아달라고 부탁했다. 그러면서 박희도의 청구에 응해 건네주라고 덧붙였다(국사편찬위원회, 1990a, 92쪽 참고).

박희도는 이날 밤 평양 숭실중학교 동창이자 경성 중앙교회에서 함께 전도사로 활동 중인 김창준을 만나 "지금 (파리)평화회의에서는 민족자결이라는 것을 논의하고 있으니 우리 조선도 어떻게 하든지 이 기회를 당해 독립을 계획할 목적으로 길선주, 양전백, 오화영, 이필주 등이 운동을 하니 찬성하겠느냐"고 물었다. 김창준은 이에 참여하겠다고 답했다(유영렬, 2005. 12, 182쪽 참고). 1890년 평안남도 강서에서 태어난 김창준은 1907년 세례를 받고 개신교에 입교했고 도쿄 아오야마학원에서 1년간 수학한 뒤 1917년 감리교의 협성신학교를 졸업했다.

밤, 경성 정동제일교회 내 이필주 목사의 집. 보성학교의 강기덕, 공업전문학교의 김대우, 전수학교의 김성득, 김원벽, 의학전문학교의 이용설, 전수학교 윤자영, 전성득, 주종의, 최순택, 한위건, 한창환 등 전문학교 대표들이 모였다. 이들은 3월 1일 독립만세운동에는 가급적 중등학교 학생들을 참여시키고, 이와 별도로 학생들을 중심으로 제2의 독립만세운동을 열기로 하며 일시는 3월 1일 운동 상황을 보고 정하기로 의견을 모았다(국사편찬위원회, 1990a, 37쪽 참고).

이즈음 조선인들이 독립선언과 대규모 만세시위를 전개할 것이라는 소문이 조선인들 사이에 상당히 퍼졌던 것으로 보인다. 윤치호의 2월 26일자 일기다.

"오후 정화기가 들려준 이야기에 따르면, 경성의 모든 중등학교 학생들이 광무태황 장례식(3월 3일) 하루나 이틀 전에 동맹휴학을 벌이기로 결정했고, 지위와 명성을 가진 인물이 이 음모의 배후이고, 그 인물이 지시하면 그것을 신호로 시위가 일어나기로 돼 있고, 비폭력 시위를 벌이기로 했고, 학생들 사이에서 내가 독립선언서에 서명하기를 거부했다는 소문이 돌고 있고, 그 음모꾼들은 3개월 이내에 조선이 독립될 것이라고 실제로 믿고 있으며, 천도교 인사들이 정치적 성격의 시위를 벌이기로 계획 중이라고 한다."(박미경 역, 2015, 264쪽)

화창한 날씨의 2월 27일 오전 8시, 경성 남대문역. 임규는 전날 최남선에게서 받은 독립선언서와 독립통고문을 소지하고 도쿄를 향해 출발했다. 임규는 독립선언서에 일본어로 주석을 달았고 일본 정부에 보낼 독립통고서는 일본어로 미리 번역해뒀다. 당초 이상재가 통역 안세환과 함께 일본에 가기로 했다가 이상재가 독립청원에는 찬성하지만 독립선언에는 찬성하지 않으면서 가지 않게 돼 임규가 가게 된 것이었다. 임규는 도쿄로 이동해 기미독립선언서와 독립통고문을 일본 정부와 의회, 신문사 등에 보내는 임무를 맡게 됐다(고등법원, 1920. 3. 22, 11쪽; 국사편찬위원회, 1990a, 166쪽 참고).

임규는 전라북도 익산 출생으로 일본 게이오대를 졸업해 일본어에 능숙했다. 경성에서 일본어 교사로 근무하던 그는 일본 유학생 출신인 최남선의 권유로 운동에 참여하게 됐다.

평양 기독교서원 총무 안세환도 경성을 떠났다. 안세환은 당초 이상재의 통역을 맡기로 했다가 이상재를 대신해 임규가 가게 되면서 도쿄에 갈 필요가 없었지만, 이왕 마음먹은 것이니 도쿄에 가겠다고 한 것이었다. 그는 기독교 측 대표로 일본에 건너가 일본 정부와 의회 등에 조선독립의 필요성을 이해시키기 위해 활동할 사람으로 선정됐다(고등법원, 1920. 3. 22, 11쪽; 국사편찬위원회, 1990b, 93쪽; 국사편찬위원회, 1990b, 169쪽 참고).

2월 27일 오후 1시, 경성 정동제일교회 이필주 목사의 집. 이승훈과 김창준, 박동완, 박희도, 신석구, 오화영, 이갑성, 이필주, 최성모, 함태영 등 기독교 인사 10명이 모였다. 함태영은 이날 최린에게서 받은 독립선언서와 독립청원서 초안을 공개하고 참석자들에게 회람하도록 했다. 참석자들은 취지가 대체로 잘 반영됐다는 의견을 밝혔다. 기독교 인사들은 이날 모임에 참석한 10명 가운데 함태영을 제외한 9명과 길선주, 신홍식, 양전백, 이명룡 등 7명이 독립선언서에 서명하기로 했다. 참석자들은 이날 독립선언서 부본에 서명도 했다. 서명 순서를 놓고 작은 소란이 벌어졌다. 이에 이승훈은 "순서가 무슨 순서야, 이거 죽는 순서야, 죽는 순서. 누굴 먼저 쓰면 어때"라고 말하며 소란을 진정시켰다(김기석, 1964/2017, 146쪽 참고).

함태영은 일본 정부 등에 제출할 독립통고서 등에 날인하기 위해 모임에 출석한 이들에게서 도장을 예치하도록 했다. 이승훈은 이날 모임에 참석하지 않은 김병조, 유여대, 이명룡 3명의 도장을 받아서 왔다. 함태영은 이미 예치 중이던 길선주, 신홍식, 양전백의 도장과 함께 그날 밤 최린의 집으로 향했다. 아울러 독립선언서 배포도 평안도 방면은 김창준, 원산은 박희도, 개성은 오화영, 대구는 이갑성 등이 맡기로 하는 등 개략적인 역할 분담도 있었다(국사편찬위원회, 1990b, 72쪽 참고).

저녁 즈음, 경성 가회동의 한옥. '김상규'라는 문패가 걸려 있었다. 이 집은 손병희 첩의 집으로, 조용해 비밀 모임을 하기에는 안성맞춤이었다. 권동진, 권병덕, 김완규, 나용환, 나인협, 박준승, 양한묵, 오세창, 임예환, 최린, 홍기조 등 천도교 인사 11명이 모였다. 독립선언서 외의 서류가 모두 구비되지 못한 상태였다. 훗날 나용환이 법정에서 진술한 바에 따르면, 이날 참석자들은 권동진, 오세창, 최린 등이 지켜보는 가운데 별도의 종이에 성명을 열거하고 그 이름 아래에 도장을 날인하는 방식으로 서명했다. 권 병덕은 손병희에게서 받은 도장을 날인했고, 오세창은 권동진과 이종일의 도장을 받아 함께 날인했다(고등법원, 1920. 3. 22, 6쪽; 국사편찬위원회, 1990a, 67쪽, 75쪽, 78쪽, 171쪽; 국사편찬위원회, 1990b, 35쪽, 158쪽 참고).

엇비슷한 시각, 최린의 집. 이승훈, 이필주, 함태영이 기독교 대표로 참 석하고, 한용운은 불교 대표로, 최남선은 개인 자격으로 참석했다. 기독교 측에서는 함태영이 대표들의 도장을 맡아 가지고 와서 대리로 도장을 찍 었다(국사편찬위원회, 1990a, 25쪽, 57쪽 참고). 불교계 한용운도 최린의 집에 와서 서면에 날인하고, 백용성의 도장을 지참해 대신 날인했다(국사편찬위 원회, 1990b, 90쪽, 158쪽 참고).

한용운은 독립선언에 참여하기로 승낙한 뒤 불교계 인사를 접촉하려 노 력했지만, 일정이 촉박한 상황에서 전국에 흩어진 동료 승려를 규합하기 가 쉽지 않았고 일본 경찰의 감시도 있어 여의치 않았다. 그래서 백용성 한 사람만이 참가할 수 있었다.

최린 등(최린, 1962. 8, 176쪽 참고)에 따르면, 최린은 이날 자리에서 그동안 서명하지 않겠다고 했던 최남선에게 "선언문을 내가 지었다는 약속은 어 디까지든지 이행할 터이나 사실이 중대하므로 필경 발각되고 말 것 같은 즉, 그러할 바에는 차라리 선언문에 기명하는 것이 어떠한가"라고 다시 물 었다. 최남선은 "그 말도 그럴듯하나 나는 학자의 생활로 일생을 관철하고 싶다는 것이 나의 일관된 주의인데 이제 독립선언문에 기명한다는 것은 곧 정치운동의 표면에 나서는 것이므로 나의 주의가 허락지 않는바"라고 말하며 서명을 거부했다.

이날 문서에 서명하는 순서를 놓고 논란이 있었다. 기독교 측은 연령순 으로 하거나 이름의 가나다순으로 서명하자고 제안했다. 최린은 "가나다 순으로 연명한다면 천도교회 체제나 질서를 보아서 선생, 제자가 역순위 로 기명할 수는 없다"면서 "이 순간까지 서로 노력해온 일은 그만 파기할

수밖에 없다"고 강하게 반발했다. 최남선은 "인물로 보거나 거사의 동기로
보아서도 손병희 선생을 모시고 수위에 쓰는 것이 어떠한가"라고 중재안
을 냈다. 이승훈은 그러면 두 번째는 기독교를 대표하는 길선주 목사를 쓰
자고 타협안을 제의했다. 이에 한 감리교 측 인사는 감리교를 대표해 이필
주 목사를 세 번째로 쓰자고 제의했다. 한용운도 이에 "불교에서는 시일이
급박한 관계로 다수가 참가하지 못한 것은 유감이지만 우리 2인만이라도
역시 불교를 대표해 참가했으니 네 번째로 백용성 씨를 쓰는 것이 옳다"고
제의했다. 제의들이 모두 받아들여져 손병희, 길선주, 이필수, 백용성 순
으로 4명을 앞에 쓰고 그 이하는 모두 가나다순으로 배열해 날인했다(최린,
1962. 8, 175쪽 참고).

세계만방에 대한민국의 독립을 선언할 독립선언 문서에 서명한 민족 대
표 33인의 명단은 이렇게 확정됐다. 종교별로는 천도교계가 15명, 기독교
계가 16명, 불교계가 2명이었다. 명단은 다음과 같다.

손병희(孫秉熙), 길선주(吉善宙), 이필주(李弼柱), 백용성(白龍成), 권동진
(權東鎭), 권병덕(權秉悳), 김병조(金秉祚), 김완규(金完圭), 김창준(金昌俊),
나용환(羅龍煥), 나인협(羅仁協), 박동완(朴東完), 박준승(朴準承), 박희도(朴
熙道), 신석구(申錫九), 신홍식(申洪植), 양전백(梁甸伯), 양한묵(梁漢默), 오
세창(吳世昌), 오화영(吳華英), 유여대(劉如大), 이갑성(李甲成), 이명룡(李明
龍), 이승훈(李昇薰), 이종일(李鍾一), 이종훈(李鍾勳), 임예환(林禮煥), 정춘
수(鄭春洙), 최성모(崔聖模), 최린(崔麟), 한용운(韓龍雲), 홍기조(洪其兆), 홍
병기(洪秉箕).

오세창은 이날 최린에게서 받은 독립선언서 초안을 최남선에게 줘 활자
판을 만들게 했다. 아울러 이종일에게는 독립선언서 2만 매를 인쇄해달라
고 부탁했다.

독립선언서 인쇄

2월 27일 오후, 경성 종로구 수송동 보성학교 내 보성사. 이종일은 공장 감독 김홍규에게 최린의 재동 자택에 가서 독립선언서 활자판을 가져오게 했다. 독립선언서 활자판은 최남선이 수일 전에 자신이 경영하는 인쇄소 '신문관' 식공을 시켜 조판한 뒤 보자기에 싸 최린의 집에 미리 가져다 놨던 것이다. 김홍규는 재동 최린의 집으로 가서 독립선언서 활자판을 가져온 뒤 인쇄과장 신영구에게 인쇄를 지시했다(고등법원, 1920. 3. 22, 7쪽; 최린, 1962. 8, 176쪽 참고).

오후 5시, 보성사 인쇄과장 신영구는 독립선언서가 박힌 활자판을 이용해 인쇄하기 시작했다. 독립선언서 인쇄 작업은 극비 '위장인쇄'였다고, 이종일은 훗날 회고했다.

"보성사가 천도교 중앙본부의 것이어서 우리 보성사 직원 40여 명은 극비리에 이것을 위장인쇄했다. 선언서를 찍을 때는 관계 직원을 보성사 안에서 밖으로 나가지 못하게 했다. 일이 있어 계속 야근을 해야 하기 때문이라 속였다. 그래서 어떤 직공은 인쇄물이 무엇인지 모르고 있는 것 같았다."(박성수, 2013, 160쪽 재인용)

독립선언서를 인쇄하는 동안 민족 대표의 이름이 세 차례나 바뀌었다. 민족 대표 변경은 함태영 등이 최린에게 알리면 최린이 이종일에게 연락해 변경을 지시하는 식으로 이루어졌다. 첫 번째 인쇄에서는 김인전, 김지환, 안세환이 포함됐지만, 두 번째 변경에서는 이들이 다 빠지고 그 대신에 김창준, 백용성, 신석구, 최성모가 들어갔다. 세 번째로 바뀔 때는 박동완, 김병조를 추가하면서 결국 33인으로 결정됐다(국사편찬위원회, 1990a, 169쪽 참고).

인쇄가 한창이던 이날 갑자기 종로경찰서 고등계 형사 신철(또는 신승희)이 보성사에 들이닥쳤다. 신철은 1909년부터 순사보로 일했다. 당시 그의 나이는 40세. 신철은 1919년 당시 월급 40원을 받고 있었고, 자택을 포함해 재산도 1000여 원에 달한 상당한 재력가였다. 신철은 이종일이 지켜보는 앞에서 윤전기를 멈추게 하고 '기미독립선언서'를 빼내 봤지만 그냥 돌아갔다. 이종일은 최린에게 보고했고, 최린은 급히 신철을 저녁 식사에 초대했다. 최린은 신철에게 돈 5000원을 주며 만주로 떠나라고 권했다. 이종일은 이에 대해 신철을 설득했고, 신철이 주춤한 사이 손병희에게 달려가 사정을 이야기하고 돈을 받아 신철에게 건넸다고 기억했다.

"대한인 형사(신철)는 의암(손병희)과 상의해 겨우 매수할 수 있었다. 수천 원을 덥석 집어주니 겸연쩍게 물러갔다."(이종일, 1922/1984, 500쪽)

이종일이 지시한 독립선언서 2만 매를 인쇄하기 위해 신영구 등은 이날 밤 늦도록 인쇄를 계속했다. 인쇄는 밤 11시까지 이어졌다. 인쇄된 독립선언서는 모두 2만 1000매였다(국사편찬위원회, 1990b, 114쪽 참고).

이종일은 이날 김홍규와 보성사 사동 최동식을 시켜 화물차로 2만 매의 독립선언서를 경성 경운동 78번지 자신의 집으로 옮기도록 했다. 이종일이 『옥파 비망록』에 남긴 기록에 따르면, 당시 독립선언서를 운반하던 도중에 파출소에서 검문당해 발각될 뻔했지만, 족보라고 속여 운반에 성공했다(이종일, 1922/1984, 500쪽 참고).

이종일은 이와 관련해 비망록에 이틀 전인 2월 25일 이미 독립선언서 2만 5000매를 1차로 인쇄했다고 적었다. 즉, 그는 2월 25일 2만 5000매를 1차 인쇄한 뒤 천도교 총부로 운반했고, 2월 27일 인쇄는 2차로 인쇄 매수도 2만 1000매가 아닌 1만 매였다고 기록했다. 이럴 경우 전체 독립선언서 인쇄 매수는 2만 1000매가 아니라 3만 5000매가 된다(이종일, 1922/1984, 500쪽; 오용섭, 2017. 9, 200~205쪽 참고).

1858년 충청남도 태안에서 태어난 이종일은 1873년 과거에 급제해 관료가 됐고, 1882년 일본 수신사 박영효의 수행원으로 일본을 다녀온 뒤 근대화의 필요성을 절감했다. 그는 1896년 독립협회와 만민공동회 등의 활동에 적극 참여했고, ≪독립신문≫과 ≪황성신문≫ 필진으로도 활약했다. 1906년 천도교 교주 손병희의 권고로 천도교에 입도한 뒤 매달 발행하는 천도교의 월보 발행을 책임졌다. 아호는 옥파(沃波), 천도교 도호는 묵암(默庵).

밤, 경기도 용산에 위치한 조선군사령관 관저. 독립선언과 만세운동에 깊숙이 관여해온 천도교 도사 권동진이 조선군사령관 우쓰노미야 다로를 찾아왔다. 우쓰노미야 다로의 일기(宇都宮太郎關係資料硏究會 편, 2007, 220쪽 참고)에 따르면, 내방한 권동진은 이날 조선 사람들의 마음의 괴리감이 점점 심해지는 실상을 전했다. 권동진은 그러면서 "이번 국장 때 뭔가 사건이 없다고 할 수 없으니 조심하라"는 말을 남기고 사라졌다. 천도교의 독립선언과 만세운동에 주도적으로 참여하면서도 거사 직전 일본 조선군사령관 우쓰노미야 다로에게 3·1운동 거사가 임박했음을 시사하고 경고한 셈이다. 권동진의 이 행동은 천도교는 물론 전체 독립운동 준비 그룹에서 전혀 논의되지 않은 데다가 천도교 측 최린이나 손병희, 기독교 측 이승훈이나 함태영 등조차 전혀 몰랐다는 점에서 비판으로부터 자유롭지 못할 것으로 보인다.

권동진은 1861년 충청북도 괴산에서 태어났고 경기도 포천과 한성부 숭인동에서 성장했다. 그는 조선 말기 함안 군수와 육군 참령을 지냈고, 구한말에는 개화당에 참가했다가 1882년 임오군란이 벌어지자 일본으로 망명했다. 특히 권동진은 1895년 10월 을미사변 당시 일본인 낭인, 조선인 길 안내자들과 함께 명성황후를 척살하기 위한 조선인 행동대의 한 사람으로 활동했다고 나중에 증언했다.

"이 음모에 간여한 사람은 오카모토 류노스케(岡本柳之助) 외 일본인 30여 명이 있었으며, 우리 사람으로는 개혁파의 관계자는 무조건 참가했다. 우리 정부 대신을 비롯해 훈련대 제1대대 제2중대장 내 백형(맏형) 권형진(사변 후 경무사로 임명) 등도 획책에 가담했으며, 직접파로는 훈련대 외에 일본사관학교생도이던 우리 여덟 명이 활동했는데 그 성명은 정난교, 조희문, 이주회, 유혁로, 구연수 외 김모였다."(≪동아일보≫, 1930. 1. 29, 2면)

일본 낭인들이 명성황후를 살해함으로써 권동진이 직접 시해는 하지 않왔지만, 을미사변 이후 정난교 등과 함께 일본으로 망명했다(《동아일보》, 1950. 1. 22, 2면). 그는 1907년까지 일본에서 생활했고, 망명 중에 일본에서 손병희의 권고로 천도교에 입도했다. 3·1운동으로 3년간 복역한 그는 1927년 신간회를 조직하는 데 참여했고 1929년 광주학생항일운동에 관련돼 다시 1년간 수감됐다가 풀려나기도 했다.

가장 길고 바쁜 하루

안개가 끼었던 1919년 2월 28일 아침, 경성 종로구 경운동 78번지 천도교 월보과장 이종일의 집. 사람들이 하나둘 긴장한 표정으로 집으로 들어왔다. 이종일은 그들을 경계하는 듯하면서도 살갑게 맞았다. 그들이 청색 종이쪽지를 꺼내 보이자, 이종일은 종이 뭉치를 건넸다. 이종일이 건넨 종이는 바로 독립선언서였다. 천도교 지도자 오세창이 '청색 종이쪽지를 가져가는 사람에게 독립선언서를 배부하라'고 지시한 데 따른 것이었다.

이종일은 이렇게 천도교도 김상열(김홍열)에게 독립선언서 3000매, 감리교회 전도사 김창준에게 300매, 천도교도 안상덕에게 2000매, 천도교도 이경섭에게 1000매, 보성사 간사 인종익에게 2000매, 신흥사 주지 한용운에게 3000매, 장로교 장로 함태영에게 1200매 등을 각각 배포했다(고등법원, 1920. 3. 22, 8쪽 참고).

독립선언서 배포는 기본적으로 경성 시내는 학생 그룹이 주로 하고 그밖의 지역은 기독교와 천도교가 주로 분담해 사람을 보내서 하기로 했다. 경성에서는 강기덕, 김문진, 김성국, 이갑성 등이 배포를 주도하면서 천도교 나용환과 이관, 불교 중앙학림 학생 등이 거들었다. 황해도에서는 기독교 측 강조원과 오화영, 천도교 측 박동중, 이경섭, 홍석정 등이 맡았다. 충청도에서는 천도교 인종익이 배포를 담당했다. 전라도에서는 천도교 측 김진옥, 민영진, 인종익, 한영태 등과 기독교 측 김병수, 박운세, 이갑성,

불교 측 정병헌, 한용운 등이 분담해 배포했다. 경상도는 기독교 측 이갑성과 이용상, 불교 측 김대용, 김법린, 오택인, 한용운 등이 맡았다. 함경도는 천도교 측 안상덕, 기독교 측 곽명리, 오화영, 이가순 등이 주로 맡았다. 평안도에서는 천도교 측 김홍열, 기독교 측 김지웅, 김창준, 이규창, 함태영 등이 주로 배포했고, 강원도에서는 천도교 측 안상덕, 이태용 등이 배포를 담당했다(국사편찬위원회, 1990a, 161~162쪽; 최린, 1962. 8, 180쪽 참고).

독립선언서는 배포 책임자 외에 독립선언서를 받은 사람들도 별도로 복사하는 것을 허용함으로써 급속히 전국 각지에 배포될 수 있었다. 예를 들면 다음과 같다.

장로교의 장로 함태영은 이날 아침 천도교 월보과장 이종일로부터 기미독립선언서 1200~1300매를 받았다(고등법원, 1920. 3. 22, 10쪽 참고). 함태영은 이를 이날 아침 경성 숭삼동 105번지 자신의 집을 찾아온 평양의 기독교도 이규갑에게 600매를, 감리교회 전도사 김창준에게 역시 절반 정도를 건넸다고 나중에 법정에서 진술했다(국사편찬위원회, 1990a, 170쪽 참고).

전도사 김창준도 이날 아침 이종일과 함태영으로부터 독립선언서 900~1000매를 받은 뒤 이갑성에게 600매를, 감리교회 목사 오화영에게 100매를 각각 교부하고, 나머지 300매는 경성 낙원동 이계창에게 명해 평안북도 선천군 기독교회에 보내도록 했다. 이계창은 그날 곧바로 선천으로 달려가 독립선언서를 전달했다(고등법원, 1920. 3. 22, 10쪽 참고).

김창준 목사에게서 독립선언서 600매를 받은 이갑성은 이튿날인 3월 1일 오전 세브란스의학전문학교 이용상에게 400장을 건네면서 200매는 대구의 목사 이만집에게, 나머지 200매는 마산의 독립운동 동조자 임학찬에게 각각 주어 배포하도록 했다. 나머지 200매는 세브란스의전 학생 김병수에게 주면서 전라북도 옥구에 있는 박연세 등에게 전달해 전라북도 지역에 배포하게 할 것을 부탁했다. 충청남도 천안에서 올라온 임영신에게도 일부 배포했다. 이갑성은 이종일에게서 독립선언서 1500매도 받아 이를 김성국을 시켜 보성법률상업학교 3학년생 강기덕에게도 독립선언서

1500매를 줘서 학생들에게 뿌리도록 하라고 전했다(고등법원, 1920. 3. 22, 9~10쪽; 국사편찬위원회, 1990a, 166쪽; 국사편찬위원회, 1990b, 69쪽 참고).

감리교회 목사 오화영은 이날 김창준으로부터 독립선언서 약 100매를 받아 그날 곧바로 사람을 시켜 경기도 개성군에 있는 목사 강조원에게 건네도록 했다. 오화영은 역시 이날 박희도의 형 박희숙이 있는 여관에서 독립선언서 약 200~300매를 받은 뒤 전도사 곽명리에게 원산으로 가서 정춘수 등에게 전달해달라고 요청했다(고등법원, 1920. 3. 22, 10쪽; 국사편찬위원회, 1990a, 157쪽 참고). 곽명리는 오화영에게서 받은 독립선언서를 이날 저녁 무렵 원산부 감리교회 목사 정춘수에게 전달했다(국사편찬위원회, 1990a, 155쪽 참고).

오전 11시, 경성 송현동 5번지 여인숙. 황해도 곡산에서 농사를 짓는 천도교도 이경섭은 전날부터 이곳에서 평안남도 천도교도 김명선과 투숙하고 있었다. 그는 경성에 오면 이곳에 머물곤 했다. 천도교 중앙본부 월보과장 이종일이 여인숙에 찾아왔다. 이종일은 평소 그가 존경하던 인사였다. 이경섭에게 이종일은 "독립선언서를 많이 인쇄했는데 황해도 방면에는 아직 배포하지 못해 곤란하네. 독립선언서를 황해도 방면에 배포해달라"고 귀엣말로 조용히 부탁했다(국사편찬위원회, 1990b, 111쪽 참고). 이경섭이 "선언서는 무슨 선언서입니까?"라고 묻자 이종일은 "조선의 독립선언서"라고 답했다. 이경섭이 "독립선언서는 누가 만들었습니까?"라고 묻자 이종일은 "나와 경성에 있는 보성학교 최린 등이 만들었네"라고 대답했다. 이경섭은 요청을 승낙했다. 이종일은 "그러면 독립선언서를 가지고 오겠네"라고 말하고는 숙소를 나갔다. 20여 분 뒤, 이종일은 흰 양지에 싸서 풀로 붙인 독립선언서를 가지고 와 "여기 1000장을 쌌다"며 종이 꾸러미를 건넸다. 이경섭은 독립선언서를 세어보지 않고 그냥 받았다. 이종일은 "그중에서 700장은 황해도 서흥의 천도교구실 박동주라는 사람에게 건네주게. 그가 해주와 사리원 방면에 배포할 것이네"라고 말했고, 나머지 300장은 황해도 곡산에 배포해달라고 부탁했다. 이종일은 가급적 속히 운반해 배포해달라는 부탁을 덧붙였다. 이경섭은 이날 오후 8시 경성에서 황해도로 출발했다. 이경섭은 독립선언서를 들고서 황해도 서흥을 향해 밤새 걷고 또 걸었다(고등법원, 1920. 3. 22, 9쪽; 국사편찬위원회, 1990a, 199쪽 참고).

오전 11시, 손병희는 천도교 대도주 박인호에게 독립선언 및 독립운동 계획을 알리고 교단을 잘 이끌어달라고 부탁했다. 손병희는 그러면서 다음과 같은 내용이 담긴 서면을 박인호에게 전달했다. 일종의 '훈유서' 또는 '유시문'이었다.

"그대는 천도교를 주관하고 있는 사람으로 우리 교의 일은 모두 그대에게 맡겨져 있어 안심하고 있는데, 조상은 4000년 이래로 이 조선을 분묘의 땅으로 하고 있으니 이제 가만히 침묵하고 있을 수 없어 나라를 위해 진력하기로 하는바 시국을 위해 일어선다. 그대는 어디까지나 천도교 쪽의 일을 잘 맡아 종교를 위해 진력해달라. 다수의 사람이 자기를 따라 소동을 일으켜서는 안 되니 그때는 경거폭동을 하지 않도록 교도를 감독해 단속해달라."(국사편찬위원회, 1990a, 67쪽, 129쪽; 국사편찬위원회, 1990b, 118쪽)

손병희는 또 보성법률상업학교 교장 윤익선에게 독립선언과 독립운동 계획을 말하기도 했다. 윤익선 재판 자료(국사편찬위원회, 1990a, 72쪽 참고) 등에 따르면, 윤익선은 손병희에게 이렇게 물었다.

"저는 어떻게 하면 좋겠습니까?"

"대표자는 이미 결정됐으니 무리하게 가입할 필요는 없을 것이네."

윤익선은 이종일과 함께 일종의 지하신문인 ≪조선독립신문≫을 발간해 배포를 준비했다.

경성 숭삼동 105번지 함태영의 집. 남강 이승훈이 이날 개성에 사는 감리교 전도사 김지환을 데리고 찾아왔다. 김지환은 평안북도 정주에서 태어났고 정주 오산학교를 거쳐 일본 유학을 마치고 막 귀국해 정춘수를 만나 독립운동에 참여하게 된 경우였다. 이승훈은 함태영에게 김지환을 소개한 뒤 독립선언서와 우드로 윌슨 미국 대통령과 파리강화회의 대표들에게 보내는 독립청원서와 의견서 서한을 건네달라고 부탁했다. 만주 안둥현에 가지고 가서 상하이에 있는 현순에게 보내 세계에 알리기 위해서였다. 함태영은 보성고등보통학교장 최린에게서 받아온 독립선언서 초안과 독립청원서 등을 김지환에게 건넸다(국사편찬위원회, 1990b, 98쪽; 김기석, 1964/2017, 147쪽 참고).

오후 1시 30분, 경성 덕수궁 대한문. 상여 하나가 대한문을 나와 고가네마치 쪽으로 일직선으로 향하기 시작했다. 상여가 고가네마치 6가를 지나 훈련원 국장 식장까지 실수 없이 도달하는 것을 연습하는 이른바 '국장 예행연습'이었다. 대여는 대한문을 나와 종로통을 거쳐 동대문으로 나와 훈련원으로 향했다. 예행연습은 오후 3시쯤 끝났다(≪大阪朝日新聞≫, 1919. 3. 1, 7면; 윤소영 편역, 2009a, 78쪽 참고). 연도에는 고종의 장례식을 미리 보려는 수십만의 인파가 몰렸다. 일본 언론의 보도다.

"이태왕 전하의 국장 예행연습은 이미 보도한 대로 28일 거행돼 정오 소여가 덕수궁 함녕전 앞 광명문을 출발해 대한문 앞의 차일(遮日) 안에 머물렀다가 오후 1시 반 대여는 대한문 앞을 나와 순로 고가네마치 거리에서 훈련원 제장으로 향해 30분을 거쳐 10개의 요여가 덕수궁을 출발해 신여의 앞장을 섰다. 열두 개의 이여가 이어지고 소여는 그 맨 뒤를 이어 태평정 거리에서 종로 거리로 나간 다음 먼저 출발한 장례 행렬에 맞춰 주작 깃발을 선두로 동대문 밖으로 향해 동소에서 정지했다. 대여는 40분 걸려서 제장에 도착해 특설한 대차에 올려 제전에 안치됐다. 이리하여 오후 3시 제장에서 출발해 신설한 도로를 거쳐 동대문 밖으로 나가 조선 장례 행렬에 맞춰 오후 5시 반 동소에서 되돌아 7시 반 영성문에 도착했다."(≪大阪每日新聞≫, 1919. 3. 1, 11면; 윤소영 편역, 2009b, 104쪽 재인용)

제3장

"대한독립만세" 천지를 흔들다

噫라舊來의抑鬱을宣暢하려하면時下의苦痛을擺脫하려하면將來의脅威
를芟除하려하면民族的良心과國家的廉義의壓縮銷殘을興奮伸張하려하
면各個人格의正當한發達을遂하려하면可憐한子弟에게苦恥的財產을遺
與치안이하려하면子子孫孫의永久完全한慶福을導迎하려하면最大急務
가民族的獨立을確實케함이니二千萬各個가人마다方寸의刃을懷하고人
類通性과時代良心이正義의軍과人道의干戈로써護援하는今日吾人은進
하야取하매何强을挫치못하랴退하야作하매何志를展치못하랴

———

슬프다. 지난날 당한 억울함을 드러내 세상에 펴려 하면, 지금 당하는 고
통을 벗어나려 하면, 앞날의 두려움을 없이 하려면, 억눌려 오그라들고 사
그라진 민족의 양심과 국가의 위엄과 체면을 떨쳐 일으켜 세우려면, 각 개
인의 인격을 정당하게 발전시키려면, 가엾은 자손들에게 쓰라리고 부끄러
운 재산을 물려주지 않으려면, 자손에게 영구하고 완전한 경사스러움과
복됨을 이끌어 맞이하게 하려면, 무엇보다도 급한 일이 민족의 독립을 확
실하게 하는 것이니. 이천만 동포 한 사람 한 사람이 굳게 결의를 품고 인
류의 공통된 본성과 이 시대를 지배하는 양심이 굳게 결의를 품고 인류의
공통된 본성과 이 시대를 지배하는 양심이 정의와 인도를 실현하기 위해
군대와 무기를 대신해 돕고 지켜주는 오늘날, 우리는 나아가 취함에 어떤
강한 자인들 꺾지 못하며, 물러나서 일을 꾀함에 무슨 뜻인들 펴지 못하겠
는가.

경성으로, 파고다공원으로

1919년 3월 1일 낮, 식민지 조선의 경성. 새벽에 내린 서리와 오전 안개는 정오가 되면서 모두 걷혔고 오후에 들어서자 초속 2~3미터의 약한 바람이 불기 시작했다. 기온은 섭씨 12.6도까지 올라갔다.

삼삼오오 모여드는 학생모를 쓴 대학생과 두루마기를 입은 남성들. 날카로운 눈빛과 긴장된 표정. 뿌려지는 유인물들…. 경성 태화관에서 직선거리로 약 150미터 떨어진 곳에 위치한 파고다공원 곳곳에서는 불온한 기운이 퍼져가고 있었다. 학생들과 시민들은 시간이 갈수록 불어났다.

경성의학전문학교 2학년생 나창헌도 "강화담판(파리강화회의)에서 민족자결주의를 표방한 이때에 조선은 독립해 일본과 제휴해 동양 평화를 위해 진력하는 게 좋겠다"(조철행, 2015, 21쪽)는 생각에 이날 학교 수업을 마다하고 파고다공원으로 달려왔다. 1897년 평안북도 희천군에서 태어난 나창헌은 경성의전 4학년 선배 김형기, 한위건 등과 함께 3·1운동을 준비한 뒤 참여했다. 황해도 해주 출생의 독일 망명 작가로 자전적 소설 『압록강은 흐른다』로 널리 알려진 이미륵도 당시 경성의전 학생으로 참여했다. 일본인 학생을 제외하고 이미륵, 나창헌을 비롯해 경성의전 한국인 학생 대부분은 이날 오전 수업을 빠지고 파고다공원으로 왔다.

역시 보성전문학교와 연희전문학교 학생들도 미리 서로 연락해 오전 수업만 마치고 파고다공원에 학교별로 모였다.

일본 유학생 양주흡도 그 시각 경성을 향해 발걸음을 재촉하고 있었다. 그는 지난 2·8독립선언 직후 동료들과 함께 귀국해 경성에서 4일 만에 고향 함경남도 북청으로 돌아갔다. 이어 다시 북청을 떠나 13일 만에 신창과 원산 등을 거쳐 경성으로 돌아오는 중이었다. 양주흡이 경성으로 돌아오는 데 많은 시간이 걸린 것은 고종의 장례식을 보러 가는 사람들이 너무 많아서이기도 했고 여러 곳을 들러 사람을 만나 자금을 모으면서 경성으로 향했기 때문이었다(최우석, 2014. 4, 299쪽 참고). 그가 경성에 도착했을 때는 3월 1일 오후 4시 50분경, 3·1독립만세시위도 거의 정리된 뒤였다. 양주흡처럼 도쿄에서 2·8독립선언에 참여했다가 귀국한 도쿄 유학생 상당수가 이날 파고다공원을 찾았다.

고등학생들도 적극 참여했다. 나중에 사회주의계열 독립운동가로 활동한 경성고등보통학교 학생 박헌영과 배재학교 학생 김단야도 이날 3·1독립만세시위에 가담했다. 1900년 충청남도 예산에서 몰락한 양반 박현주와 이학규 사이에서 서자로 태어난 박헌영은 3·1운동에 참여한 혐의로 조선총독부 경찰에게 체포돼 퇴학 위기에 내몰렸다. 1899년 경상북도 김천에서 중농의 아들로 태어나 1917년 9월부터 경성 배재학교에 재학 중이던 김단야도 3월 말 고향 김천에서 만세시위를 벌이다가 체포돼 태형 90대를 언도받았다(임경석, 2000. 11, 125쪽 참고).

파고다공원이 아닌 학교에서 독립만세시위의 흥분을 경험하기도 했다. 경성의 기독교계 중학교에 재학 중이던 김산은 학교에서 독립만세시위의 시작을 목격했다. 평안북도 용천에서 태어난 김산은 11세이던 1916년 집을 나와 경성에 있던 형의 구두 가게에서 일하면서 중학교에 재학 중이었다. 김산의 기억에 따르면, 1919년 3월 1일 오전 중학교에서 김산의 담임은 엄숙한 모습으로 교단에 올라와 '독립선언서'를 보면서 다음과 같은 충만한 연설을 했다.

"오늘은 우리 조선의 독립을 선언하는 날이다. 조선 전역에 걸쳐서 평화적인 시위가 있을 것이다. 우리의 집회가 질서정연하고 평화적으로 이뤄지기만 한다면 우리는 윌슨 대통령과 베르사유 강화회의에 참석한 열강들의 지원을 받을 것이요, 그러면 조선은 자유로운 나라가 될 것이다. … 나는 여러분들에게 윌슨 대통령의 14개 조항에 대해 여러 차례 들려줬다. 만일 우리가 평화적인 시위를 해 그의 입장을 강화해주기만 한다면 윌슨 대통령은 강화회의에서 조선을 편들 것이다. 휴전은 14개 조항의 실현만을 조건으로 수락된 것이다. 제5조에는 식민지 주권에 관해 식민지 주권의 이해를 관계국의 이해와 동등하게 존중한다고 명백하게 쓰여 있다."(Kim &

Wales, 1941/1992, 60~61쪽)

머리를 짧게 자른 중고등학생, 주름이 훈장처럼 걸린 노인, 수건을 두른 여성, 아이를 업은 여인…. 사람들은 계속 몰려왔다. 파고다공원 안은 사람들로 미어터질 듯했다. 공원 외곽에는 일본 경찰들도 자리하기 시작했다. 당시 파고다공원에 운집한 참가자 규모를 놓고 수천 명에서 수만 명까지 다양한 추정이 있다. 이미륵의 기억이다.

"오후 2시, 공원은 이미 경관들에게 포위돼 있었고, 공원 안은 손바닥만 한 틈도 없이 사람들로 가득 차 있었다. 나는 불과 열 발자국도 더 걸을 수가 없었다. 익원과 다른 학생들을 그 근처에서는 찾아볼 수 없었다. 나는 담장 구석에 서서 점점 더 많은 학생들이 입구를 통해 몰려 들어오는 것을 보았다."(이미륵, 1946/2010, 180~181쪽)

파고다공원 안팎에는 이미 민족 대표들이 독립선언을 했다는 내용이 담긴 ≪조선독립신문≫ 5000여 장이 뿌려져 있었다. 보성전문학교 교장 윤익선이 천도교 인쇄사 '보성사'에서 인쇄해 전국에 배포한 것이다.

프랭크 스코필드도 이 시각 카메라를 매고 파고다공원 언저리를 서성거렸다. 그는 이갑성으로부터 이날 오후 독립만세시위가 있다는 사실을 들었고 독립만세시위 사진을 찍어 전 세계에 알려달라는 부탁을 받은 터였다(이장락, 2007, 52쪽 참고).

'천지진동'시킨 만세 함성

시민과 학생들은 파고다공원 팔각정 주위에서 오후 2시가 되기를 기다렸다. '민족 대표들'은 나타나지 않았다. 민족 대표들은 태화관에서 독립선언을 하고 그대로 머물러 있었다. 시위 주최 또는 주도자가 나타나지 않자 파고다공원 안에는 무거운 정적이 흘렀다. 사람들의 마음속에는 미묘한 불안감도 감돌았다. 독립선포를 못하는 것은 아닐까. 혹시 독립만세시위가 좌절되는 것은 아닐까.

이때였다. 대학모 비슷한 모자를 쓴 한 사람이 단상에 올랐다. 손에는 '기미독립선언서'가 들려 있었다. 경신학교 졸업생 정재용이었다. 그는 민족 대표인 박희도에게서 독립운동 계획을 전해 듣고 이를 지역민들에게 알리고 지역으로 전달되는 독립선언서 배포에도 적극 참여한 뒤 공원에 온 것이었다. 단상에 올라가 기미독립선언서를 낭독하기 시작했다.

"吾等(오등)은 玆(자)에 我(아) 朝鮮(조선)의 獨立國(독립국)임과 朝鮮人(조선인)의 自主民(자주민)임을 宣言(선언)하노라. 此(차)로써 世界萬邦(세계만방)에 告(고)하야 人類平等(인류평등)의 大義(대의)를 克明(극명)하며, 此(차)로써 子孫萬代(자손만대)에 誥(고)하야 民族自存(민족자존)의 正權(정권)을 永有(영유)케 하노라. …"

정재용은 1886년 황해도 주내면 서이리에서 부친 정추기와 모친 나주 임씨의 외아들로 태어났고 1908년 경성 경신학교로 유학을 와 서구 학문을 배웠다. 그는 1911년 경신학교를 졸업하고 해주로 가 해주읍교회에서 주일학교 교장으로 활동했고, 1913년 해주 서구역교회를 담당한 박희도와도 친분을 맺었다.

이날 파고다공원에서 독립선언서를 낭송하고 독립만세를 선창한 사람이 정재용이 아니라 보성전문학교 학생 대표 강기덕이라는 증언도 있다. 이명룡은 "강기덕 씨가 3월 1일 정오에 학생을 지휘하고 파고다공원으로 와서 우리들이 나오기를 기다렸지만 우리가 선포 장소를 태화관으로 옮기고 나오지 아니하므로 자기가 선포문을 읽고 독립만세를 선창했다"고 증언했다(현상윤 등, 1949. 3. 1, 219쪽).

최근에는 한위건일 가능성도 제기됐다. 신용하는 "일본 경찰은 당시 대학모 모양의 캡 모자를 쓴 학생 대표가 독립선언서를 낭독했다고 증언했는데, 이는 중절모를 쓰고 두루마기를 입은 것으로 알려진 정재용의 복장과는 많이 다르다"며 "당시 불교학림(동국대의 전신) 학생 신분으로 탑골공원 집회에 앉아 있던 김성숙 옹도 정재용이 아닌 경성의전 학생이 독립선언서를 낭독했다고 증언했다"고 말했다. 신용하는 그러면서 "그 학생이 누구인지 특정할 수는 없지만, 정재용이 독립선언서를 낭독했다는 것은 사실과 다른 것으로 보인다"며 당시 경성의전 학생 대표 모임을 주도한 한위건일 가능성이 크다고 주장했다(김길원, 2018. 3. 1).

파고다공원 팔각정에서 독립선언서가 낭독되고 있었지만, 공원 담벼락 쪽에 위치해 있던 경성의전 학생 이미륵은 제대로 알아들 수 없었다.

"갑자기 무거운 정적이 흘렀고, 누군가가 조용한 가운데 연단에서 독립선언서를 소리 높여 읽었다. 나는 너무나 멀리 떨어져 있었기 때문에 내용을 제대로 알아들을 수 없었다."(이미륵, 1946/2010, 180~181쪽)

'독립선언서' 낭독이 끝나자 순간 사위는 쥐죽은 듯 고요해졌다. 곧이어 "대한독립만세" 선창이 이뤄졌다. 공원에 모인 학생과 시민도 선창에 따라 일제히 대한독립만세를 벼락같이 외쳤다. "대한독립만세! 대한독립만세! 대한독립만세!" 만세 소리는 천지를 진동했다. 만세 소리는 그칠 줄 몰랐다. 이미륵의 기억이다.

"잠깐 동안 침묵이 흐르더니, 잠시 후 그칠 줄 모르는 '만세' 소리가 천지를 진동했다. 그 조그마한 공원이 진동하고 폭발해버릴 것 같았다. 공중에는 각양각색의 선전물이 휘날렸고 ….."(이미륵, 1946/2010, 180~181쪽)

북악산 자락에 자리한 경성 북촌의 계동 1번지 중앙학교(현재 중앙중학교)의 뒷산. 제2차 독립만세시위를 위해 이날 독립선언문 선포식에 참석하지 않았던 현상윤은 파고다공원 쪽을 예의 주시하고 있었다. 오후 2시가 넘어서자 파고다공원 쪽에서 거대한 소리가 들려왔다. "대한독립만세! 대한독립만세! 대한독립만세!" 현상윤은 이날 "오정(낮 12시, 착각으로 보임)이 지나니 파고다공원에서 만세성이 일어나는데 순식간에 장안을 뒤집어놓은 것같이 천지를 진동했"다고 당시를 기억했다(현상윤 등, 1949. 3. 1, 218쪽).

영문도 모르고 공원 근처에 있던 사람들은 처음 듣는 독립만세 소리에 깜짝 놀랐다. 카메라를 메고 현장을 지켜본 프랭크 스코필드는 "뇌성벽력 같은 소리에 공원 근처에 살던 시민들도 매우 놀랐다"고 주변 상황을 전했다(≪동아일보≫, 1969. 2. 28, 1면).

쏟아져 나온 시위대, 시내로

파고다공원에서 독립만세를 외친 학생과 시민들은 독립선포식이 끝난 뒤 공원에서 쏟아져 나왔다. 사람들은 종로통으로 움직이기 시작했다. 누가 먼저랄 것도 없었다. 검은색 모자를 쓴 대학생, 치마를 입은 여학생, 검은색 두루마기를 걸친 남성….

시위대 규모는 때마침 국장으로 전국에서 올라온 민중이 합류하면서 순식간에 불어났다. 그 규모는 수만에서 수십만에 이른 것으로 추산된다. 일본 조선총독부 관계자들도 이때 최소 3만 4000명이 경성 종로에 집합한 것으로 파악했다고 일본 신문은 전했다(≪大阪每日新聞≫, 1919. 3. 7a, 11면; 윤소영 편역, 2009b, 141쪽 참고). 국어학자 이희승(1969, 402쪽)도 경성 거리가 만세시위대로 가득했다고 증언했다.

"경성의 거리는 열광적인 독립만세를 연달아 부르는 시위대로 가득 찼다. 어느 틈에 만들었는지 종이로 만든 태극기 물결 대열 앞에는 학생들이 선두에 섰으며 경성 시민들과 지방에서 올라온 시골 사람들이 이에 호응했다."

기독교계 중학교에 재학 중이던 김산은 선생의 선도 아래 이날 경성 시내에서 벌어진 독립만세시위에 참가했다. 김산은 다만 이날 파고다공원에서 열린 독립선포식과 관련해서는 구체적인 증언을 남기지 않아 파고다공원 집회에는 참석하지 않은 것으로 추정된다.

"선생님은 우리를 이끌고 거리로 나갔다. 우리는 수천 명의 다른 학생, 시민들과 함께 대오를 이뤄 노래를 부르고 구호를 외치면서 거리를 누볐다. 나는 너무나 기뻐서 가슴이 터질 것만 같았다. 모든 사람들이 환호했다."(Kim & Wales, 1941/1992, 62쪽)

이날 독립만세시위에 열 살도 안 된 어린 소년, 소녀들도 참여했다. 당시 아홉 살이던 김성욱은 "대한독립만세" 소리에 친구와 함께 시위대 중간에 끼어들었다. 김성욱은 일행과 함께 만세를 소리 높여 외치며 다시 앞서거니 뒤서거니 하면서 남대문역으로 향했다(Kang, 2001/2011, 17~18쪽).

시위 현장 곳곳에서 조선의 독립을 주장하는 각종 선전물이 뿌려졌다. 일부는 ≪조선독립신문≫을 길가의 시민들에게 배포했고, 구세군 본부 측도 ≪구세신문≫을 시위대에게 나눠줬다(≪大阪每日新聞≫, 1919. 3. 4b, 석간 6면; 윤소영 편역, 2009b, 122쪽 참고). 현장에서 참가자에게 배포 지시가 떨어지기도 했다. 이미륵의 기억이다.

"… 군중들이 공원으로부터 쏟아져 나와 시가행진을 했다. 우레와 같은 만세 소리가 터져 나왔고, 사방에서 선전물이 마구 날리는 가운데 군중들은 행진을 계속했다. 나도 선전문을 한 장 받아서 읽었다. … 공원 입구에서 누군가가 한 뭉치의 선전물을 내 손에 안겨주고는 명령하듯이 짧게 소리쳤다. '뿌려라!' 길은 벌써 인산인해를 이뤘고, 갑작스러운 사태에 놀라 멍하니 서 있던 사람들이 서로 선전물을 받았다."(이미륵, 1946/2010, 181쪽)

시위대는 순식간에 거대한 물결을 이뤄 종로 2가 YMCA 건물을 지나갔다. 관립고등여학교 학생들이 시위대의 앞장에 섰다. 학생과 시민 수만 명이 그 뒤를 따랐다. 친일파 윤치호는 자신의 일기에 3월 1일 당시를 이렇게 기록했다.

"… 거리에서 군중들의 함성이 들려왔다. 창문으로 내려다보니 거리를 가득 메운 학생들과 시민들이 '만세'를 외치며 종로광장 쪽으로 달려가고 있었다. 소년들은 모자와 손수건을 흔들었다. 이처럼 순진한 젊은이들이 애국심이라는 미명 아래 불을 보듯 훤한 위험을 향해 자진해 달려가는 모습을 보니 눈물이 났다."(박미경 역, 2015, 267쪽)

윤치호는 독립만세시위대 모습을 보면서 '골치 아픈 문제'에 연루되지 않기 위해 YMCA회관을 완전히 봉쇄하기로 결정했다(박미경 역, 2015, 267쪽 참고).

시위대들은 거리를 이동하면서 대한독립만세를 외쳤다. "대한독립만세!" "조선독립만세!" "왜놈 물러가라!" 한 사람 입에서 나온 만세 소리는 식민지 사람들의 입에서 입으로 번졌다. 고종의 국장을 위해 상경한 촌로와 여성, 아이들도 덩달아 외쳤다. 시위대 일부가 민가를 향해 만세를 부르면 민가 쪽 사람들도 만세로 화답했다. 만세 소리가 일시에 터질 때는 지축이 흔들리는 듯했다. 시위대 오른쪽 멀리 북촌이나 왼편 청계천 너머 고가네마치와 남촌으로도 독립만세 함성은 퍼져갔다. 만세시위가 시작되면서 경성의 거리와 주요 시설마다 흥분의 도가니 속으로 빠져들고 있었다. 나중에 제암리 학살 사건을 세계에 알린 기자 앨버트 테일러(Albert W. Taylor)의 아내 메리 테일러가 기억하는 당일 세브란스병원의 풍경이다.

"문이 열렸다 닫히고, 귓속말과 고함 소리, 쿵쾅거리는 발소리와 발끝을 들고 조심조심 걷는 소리가 번갈아가며 들렸다. 나중에는 사람들이 내 방에 살금살금 들어왔다 빠져나가는 것을 느꼈고, 어느 순간 눈을 떴더니 간호사가 아기가 아니라 종이 뭉치를 안고 있는 모습이 보였다. 그러다 그 서류를 내 침대의 이불 밑에 집어넣는 것이 아닌가. 바깥 거리도 온통 소란스러웠다. 간간이 비명소리와 총성이 들리고, 찬송가를 부르는 소리도 들렸다. '만세, 만세' 하고 외치는 커다란 함성이 계속 반복됐다. '만세!' 그 소리는 거의 포효와 같았다."(Taylor, 1992/2014, 226쪽)

그날 그들은 독립을 봤다

시위대는 종로 2가를 지나 종로 1가 전차 교차점에서 두 갈래로 나뉘었다. 한 갈래는 남대문과 서소문을 거쳐 정동 미국 영사관으로 향했다. 시위대는 우드로 윌슨 미국 대통령이 민족자결주의를 제창했다는 사실을 기억하고 있었다. 미국 영사관 측도 시위대에게 우호적이었다. 미국 영사는 찾아온 독립만세시위대를 대사관 밖으로 나와 맞으며 "독립만세운동의 취지를 충분히 알았으니 영국 영사관에도 가서 알리라"고 말했다(독립기념관 한국독립운동사연구소, 2014, 52~53쪽 참고).

시위대가 가는 길가에는 냉수 동이가 즐비했고, 수건을 쓴 여성들은 길가에서 놀라면서 바가지로 물을 퍼주거나 먹을 것을 전달했다. 두 손을 번쩍 들고 만세를 부르는 이도 있었다. 이미륵의 기억이다.

"'이제야!' 몇 사람이 부르짖었다. '학생들이여! 청년들이여! 자, 이제 때가 왔다!' 또 다른 사람들도 고함을 질렀다. 여자들은 통곡하고 부들부들 떨면서도 우리에게 마실 것과 먹을 것을 날라다 줬다."(이미륵, 1946/2010, 181쪽)

시위대는 정동 미국 영사관에서 이화학당을 거쳐 고종의 시신이 안치돼 있고 사전 장례의식이 열린 덕수궁 대한문 앞으로 몰려갔다. 종로 1가 전차 교차점에서 갈라진 또 다른 시위대도 무교동과 덕수궁 대한문을 거쳐 정동 미국 영사관에 갔다가 다시 대한문 앞으로 몰려왔다. ≪재팬애드버타이저≫ 3월 9일 자 1면에는 중국에서 잡지 창간을 돕기 위해 조선 경성을 찾은 미국인 어니스트 오스월트(Ernest M. Oswalt)가 우연히 덕수궁 시위를 목격했다는 내용이 실렸다. 오스월트의 증언이다.

"기차에서 장례식이 예정돼 있다는 이야기를 듣고 들른 것뿐입니다. 토요일에 제 아내와 저는 경성을 둘러보기 시작했고 궁 앞에 있었는데 조선인들이 제 주변으로 모여들어서 '윌슨 만세'를 외쳤습니다. 저는 가이드에게 무슨 일인지 물어봤고, 윌슨 대통령이 조선의 독립을 보장하게 됐다는 소식이 방금 경성에 들려와 사람들이 미국인인 저를 보자 저와 함께 축하하길 원한다는 거였습니다. 제 어림으로는 2만 명 정도가 될 때까지 빽빽하게 모여들었고 모두 자유를 위한 만세를 불렀습니다. 저는 여기서 빠져나와 제 아내와 호텔로 가고 싶은 마음뿐이었습니다. 만세의 외침은 점점 커져갔고 저는 겁이 나서 군중이 원하는 대로 모자를 벗고 함께 환호성을 질렀습니다. 우리는 경계를 뚫고 파고다공원까지 들어갔고 그 후에야 호텔로 돌아왔습니다."(독립기념관 한국독립운동사연구소, 2015, 119~120쪽)

오후 3시 30분, 덕수궁 대한문 앞. 독립만세시위대는 고종의 국장을 보기 위해 각 지역에서 상경한 민중들과 합세하면서 거대한 물결을 이뤘다. 조선인 500여 명이 독립만세를 외치며 일본 군경의 경비선을 뚫고 일시에 덕수궁 안으로 진입했다. 덕수궁 안에는 순종과 그의 후계자 영친왕 이은이 자리해 있었다. 학생과 시민들은 끊임없이 독립만세를 외치면서 광명문으로 갔고, 이어 고종의 본궁으로 갔다. 일본 순사들이 몰려와 시위대 일부를 체포하고 시위대를 덕수궁에서 몰아냈다(독립기념관 한국독립운동사연구소, 2014, 52~53쪽; ≪大阪毎日新聞≫, 1919. 3. 3a, 석간 6면; 윤소영 편역, 2009b, 113쪽 참고).

시위대 일부는 대한문에서 광화문으로 나아갔다. 광화문 육조거리는 인산인해를 이뤘다. 광화문 네거리 시위에 참여한 연희전문학교 2학년생 정석해의 기억이다.

"백의의 청년들이 앞을 다투어 대열에 가담했다. 인파는 광화문 네거리까지 꽉 메웠다. 우리 눈에는 왜놈 하나 보이지 않았다. 모두 만세꾼들이었다. 우리의 발걸음 앞에는 거칠 것이 없었다. '왜놈 물러가라' 함성은 지축을 진동했다."(정석해, 1969. 3, 215쪽)

증언에 따르면, 광화문 육조거리에서 인력거를 타고 지나가다가 시위대에게 막힌 일본인 경기도지사는 이날 만세를 부르라는 시위대의 압박에 맥락 없이 만세를 불렀다. 국어학자 이희승의 증언이다.

"지금의 광화문 세종로거리인 육조거리가 콩나물시루같이 인파로 빽빽했다. 그 속을 인력거를 타고 지나던 일인 경기도지사에게 모자를 벗어 들고 만세를 부르라고 호통을 치니까 혼비백산한 이 자는 시키는 대로 고분고분 만세를 불렀다."(이희승, 1969, 402쪽)

시위대는 이어 조선헌병대를 향해 나아갔다. 시위대 규모와 맹렬한 기세에 일본 관헌들도 무엇을 해야 할지 제대로 파악하지 못한 채 수수방관했다(이희승, 1969, 402쪽 참고).

시위대는 서대문 쪽 프랑스 영사관 방면으로도 향했다. 프랑스 영사관 역시 독립만세운동을 우호적 시선으로 보았다. 프랑스 영사도 나와 "우리들은 이미 알았으니 다른 곳에 가서 더 알리라"는 취지로 시위대를 설득했다(독립기념관 한국독립운동사연구소, 2014, 52~53쪽 참고).

시위대들이 곳곳에서 모여 독립만세를 외치고 빠른 속도로 돌아다녔다. 시위대의 규모가 크고 기세도 높아 경성 시내 중심부에서 전차는 오도 가도 못하는 상황이 됐다(≪大阪毎日新聞≫, 1919. 3. 4b, 석간 6면; 윤소영 편역, 2009b, 123쪽 참고).

시위 현장 곳곳에서는 독립만세 외침과 함께 즉석연설이 이뤄지기도 했다. 즉석연설에 백발이 성성한 노인은 감격스러워했고, 중학생 김산의 가슴은 피가 끓었다.

"우리가 행진하고 있을 때 백발이 성성한 노인 한 분이 계단에 나와 쉰 목소리로 외쳤다. '이제 내 살아생전에 조선의 독립을 볼 수 있겠구나!' 시위를 하는 중에 시내에서는 대중 집회가 열렸고 미국 독립선언문을 본 딴 독립선언문이 낭독됐다. 나는 새까맣게 깔린 인파를 뚫고 맨 앞줄에 나가 영원한 운명의 계시라도 들어 있는 듯이 독립선언문 낭독에 귀를 기울였다. 듣고 있자니 피가 끓어올랐다. '최후의 한 사람까지 자유를 위한 열혈을 땅에 흘릴 것이니'라는 대목에서 특히 그랬다."(Kim & Wales, 1941/1992, 62쪽)

시위대는 이어 서소문과 하세가와초(현재 소공동), 을지로를 지나 총독부가 멀지 않은 혼마치(현재 충무로)에 다다랐다(3·1문화재단, 2015, 76~77쪽 참고). 또 다른 시위대는 대한문 앞에서 무교동, 종로를 거쳐 창덕궁으로 향했다가 안국동, 서대문 프랑스 영사관 등을 거쳐 영선문, 대한문, 하세가와초를 지나 혼마치 방향으로 향했다(3·1문화재단, 2015, 76~77쪽 참고). 일본 언론은 창덕궁으로 향하는 시위대 모습을 다음과 같이 기록했다.

"군중은 종로에서 동쪽으로 향해 창덕궁에 도착했는데 여기에서 또 만세를 절규했다. 그중에는 돈화문에 돌을 던지는 자도 있었다. 거기에서 되돌아와 다시 남대문에서 서대문 방면으로 밀어닥치면서 재차 대한문 앞으로 와서 돌입하고자 했지만 이때 이미 문 앞은 기마헌병 및 경부 순사 그 외 다수가 호위해 빈틈이 없었다. 그래서 결국 이 무리는 하세가와초로 서로 몰려가 혼마치 거리에서 총독부 및 총독부 관저로 향하고자 했다."(≪大阪每日新聞≫, 1919. 3. 4b, 석간 6면; 윤소영 편역, 2009b, 123쪽 재인용)

조선인들은 이날 경성 곳곳에서 독립만세를 부르고 다니느라 밥을 먹는 것조차 잊었다. 그것은 기쁨이자 환희였다. 독립은 그들의 가슴속에 이미 와 있었다. 중학생 김산도 이날 "너무나 흥분한 나머지 하루 종일 밥 먹는 것도 잊어버렸다"며 "이날 끼니를 잊은 조선인은 수백만 명은 될 것"이라고 전했다(Kim & Wales, 1941/1992, 62쪽).

일본 군경의 반격

일본 군대는 이날 경성 시내 요소마다 삼엄한 경계를 펴고 있었다. 다만 독립만세시위를 대비한 것이 아니라 고종의 장례식과 관련한 경비만 하고 있었다. 그래서 일본 군경은 이날 처음 독립만세시위대가 몰려오자 당황했다. 단속 명령도 내려오지 않은 상황이었다. 처음에는 독립만세시위를 수수방관했다. 시위대를 눈앞에서 쳐다볼 뿐 아무런 행동도 취하지 않았다(≪大阪每日新聞≫, 1919. 3. 4b, 석간 6면; 윤소영 편역, 2009b, 123쪽 재인용). 이미륵의 증언도 일본 언론 보도와 일치한다.

"경찰관들은 일절 개입하지 않았다. 그들은 시내로 통하는 길을 완전히 개방하고 있었다. 중무장을 한 경찰관들은 학생들이 어떤 폭력 행위를 할까 날카롭게 감시하면서 관청 건물과 영사관만을 에워싸고 있었다."(이미륵, 1946/2010, 182쪽)

일본 군경은 조선총독부 청사와 각종 관공서, 철도역 등 주요 시설을 삼엄하게 경계했다. 당시 아홉 살이던 김성욱을 비롯한 시위대들이 이날 오후 남대문역 철길을 넘어가는 육교에 이르자 일본 기마대가 대열을 가로

막고 총검을 겨눴다. 일본 기마대는 시위대가 계속 전진하자 총검을 휘두르며 시위대를 체포하기 시작했다.

"그들은 시위대 가까이 다가오더니 군중들을 향해 총검을 휘두르기 시작했다. 모든 사람이 피했다. 다른 사람들은 총검에 찔렸다. 기병대가 사람들을 포위하고 밧줄로 묶고 끌고 갔다. 그들은 말채찍 자루로 사람들을 때렸다. 김성욱은 필사적으로 숨으려 했지만 너무 어렸기 때문에 기마대는 그를 그대로 두고 갔다."(Kang, 2001/2011, 17~18쪽)

일제는 평화적인 시위에 당혹스러워했다. 평화적인 시위를 무력으로 진압하는 것은 부담이 적지 않았다. 일본 군경은 총과 칼을 가지고 시위대를 해산시켰지만, 시위대는 곧 다시 다른 곳에 모여 시위를 벌이기도 했다. 일본 군경이 쳐놓은 경계선을 어렵지 않게 무너뜨리는 경우도 있었다(독립기념관 한국독립운동사연구소, 2014, 52~53쪽 참고).

조선총독부 경무총장 고지마 소지로는 독립만세시위 규모가 엄청난 것을 확인하고 하세가와 요시미치 조선총독에게 조선에 주둔 중인 일본군을 출병시킬 것을 건의했다. 오후 3시, 조선군사령관 우쓰노미야 다로는 고지마 소지로의 전화를 받았다. 고지마 소지로는 식민지 조선 경성의 형세가 불온하니 보병 1개 중대를 출병시켜달라고 요청했다. 이에 하세가와 요시미치는 우쓰노미야 다로에게 1개 중대 출동 명령을 승인했다(≪大阪每日新聞≫, 1919. 3. 4b, 석간 6면; 윤소영 편역, 2009b, 124쪽 참고).

우쓰노미야 다로는 고지마 소지로의 요청에 응해 보병 제78연대의 야마모토(山本) 소좌가 이끄는 1개 중대를 출동시켜 헌병순사들과 협력하도록 했다. 우쓰노미야 다로는 상황이 점점 악화되자 보병 7개 중대, 기병 1개 소대를 동원했다고 자신의 일기에 기록했다(宇都宮太郎關係資料研究會 편, 2007, 220~221쪽; ≪大阪每日新聞≫, 1919. 3. 4b, 석간 6면; 윤소영 편역, 2009b, 124쪽 참고).

야마모토 소좌가 이끄는 중대는 한강 거리에서 남대문 거리를 통과해 다이헤이초(太平町)를 지나 대한문 앞으로 왔다. 야마모토 소좌는 덕수궁 경비를 위해 1개 소대를 남기고 1개 소대는 혼마치 거리로, 1개 소대는 종로와 고가네마치 방면으로 보내 방비하게 했다(≪大阪每日新聞≫, 1919. 3. 4b, 석간 6면; 윤소영 편역, 2009b, 124쪽 참고).

혼마치 회전과 일제의 무력 진압

어스름이 끼기 시작하던 3월 1일 저녁 무렵, 경성 혼마치 2가 진고개(현재 충무로). 프랑스 영사관 앞에서 독립을 주장하고 조선총독부로 향하려던 시위대는 이곳에서 무장한 일본 군경에 가로막혔다. 야마모토 소좌가 이끄는 군대는 착검을 하고, 헌병들은 검을 빼들면서 시위대를 가로막았다. 당시 혼마치 시위에 참여했던 정석해는 이때 일본 군경이 평화적인 시위대를 향해 무자비한 폭력을 행사하며 시위대를 해산시켰다고 증언했다.

"시위 군중은 갈수록 늘어났다. … 진고개 좁은 거리에는 수많은 군중이 꽉 들어차 입추의 여지도 없었다. 좌우편 상점에 왜놈들은 영문을 알지 못하는지 모두들 나와 구경을 하고 있었다. 데모 대열이 지금의 세종호텔(충무로 2가에 위치) 근처에 도착했을 때 갑자기 2명의 기병이 마상에서 검을 휘두르면서 데모대를 향해 마구 내려치는 것이었다. 그 비좁은 거리에서 데모대는 좌우로 갈라졌다. 많은 사람들이 왜놈의 상점으로 밀려들게 되니 유리 창문이 깨어졌다. 이 무자비한 칼부림 바람에 다른 골목으로 흩어지지 않을 수 없었다."(정석해, 1969. 3, 216쪽)

시위대들이 곳곳에서 좁은 골목에 갇혔다. 일본 군경은 앞에서 하얗게 번쩍이는 총검을 들고 시위대를 향해 돌진했다. 맨 앞줄의 시위대가 쓰러지거나 체포되자 뒤편 시위대는 공포에 휩싸여 후퇴했다. 만세 소리는 사라지고 비탄이 거리를 감쌌다. 이미륵의 기억이다.

"우리는 저녁때가 돼 비로소 우리가 제지당하고 있다는 것을 깨달았다. 행동의 자유는 점점 좁혀졌다. 우리가 이미 행진했던 구역은 경찰과 병정들에 의해 점령됐고, 우리는 점점 폐쇄당하고 있었다. 프랑스 영사관 앞에서 자유민족임을 거리낌 없이 선언한 다음 총독부로 행진하려 했을 때 우리는 완전히 포위당하고 말았다. 모든 도로의 양옆에는 중무장한 경찰들이, 한가운데에는 병정들이 넉 줄로 서 있었다. 양쪽이 잠시 동안 서로 어찌할 바를 몰라 대치하고 있었다. 그러자 병정의 앞줄에서 하얗게 번쩍이는 총검이 군중을 향해 돌진했다. 맨 앞줄의 군중들은 용감하게 대항하고 있는데, 뒤에서는 공포에 휩싸여 전 대열이 후퇴했다. 이리하여 우리는 대치 상태에서 패하고 말았다. 비탄의 소리만 들리고 더 이상 만세 소리는 들리지 않는다. 그 순간 병정들은 우리를 한길로 몰아넣었고 다음 부대가 우리를 받아서는 다시금 몰아냈다."(이미륵, 1946/2010, 182쪽)

일본 언론은 평화적인 독립만세시위대가 폭도적인 행동을 취했고 이에 어쩔 수 없이 일본 군경이 무력으로 진압했다며 사실과 다르게 왜곡 보도했다. ≪오사카마이니치신문≫ 기사의 일부다.

"그때 학생단체는 입에서 입으로 혼마치의 상가를 매도하고 불온한 말을 하면서 혼마치 2가에 도착했다. 먼저 도착해 있던 군대 1소대 및 기병헌병은 군중을 제지했지만 군중은 거의 폭도적인 행동을 취해 군대는 총검을 잡고 헌병은 검을 빼들고 이들을 막았다. 이때부터 군중은 도저히 대적할 수 없음을 알자 미쓰코시 앞의 다카키 구두점의 창문을 파괴하고 그 외에 돌을 던져 일본 상점을 파괴하면서 후퇴했는데 한 집단은 우체국 뒷길로 가서 모두 영국 영사관으로 향해 만세를 외치고 다른 집단은 종로 방면으로 향했는데 혼마치 거리는 대개 길의 폭이 좁고 막혀 있어 부인과 어린이는 달아날 곳을 못 찾고 아비규환, 완전히 아수라장을 연출했다."(≪大阪毎日新聞≫, 1919. 3. 4b, 석간 6면; 윤소영 편역, 2009b, 124쪽 참고)

일본 정부는 초기 독립만세운동의 성격을 정확히 파악하지 못하면서 '불령자'(독립운동가)들이 선동해 일어난 것으로 보고 주동자만 체포해 처벌하면 진정될 것으로 관측했다. 즉, 일본 군경은 3월 1일 시위대 해산과 주동자 체포에 역점을 뒀다.

해가 저물고 난 뒤 일본 군경은 시위대를 대거 체포하기 시작했다. 일본 군경은 진고개에서 가게를 하는 일본인들의 도움을 받아 시위대를 닥치는 대로 체포했다. 헌병들은 수갑이나 포승도 없이 시위대의 팔을 붙잡고 끌고 갔다. 경성여자고등보통학교 학생 최은희의 기억이다.

"물샐틈없는 좁은 골목이라 혼마치 2가에 이르러서부터는 몽땅 체포되기 시작했다. 일제 상가가 모두 떨쳐 나와 협력했다. … 수갑이나 포승을 사용할 겨를이 없었다. 헌병들은 양편 손에 한 사람씩 손목을 잡고 남산 밑에 있는 경무총감부로 연행해 갔다."(최은희, 1973, 100~101쪽)

조선총독부는 보병 3개 중대, 기병 1개 소대를 추가로 출동시키고 철도 원호대, 소방대 등도 총동원했다. 일본 깡패들도 동원했다. 일본 경찰과 헌병은 혼마치뿐만 아니라 고가네마치, 미나미야마초(南山町) 일대에서 체포 작전을 폈다. 일본 깡패들은 시위대를 향해 닥치는 대로 주먹을 휘둘렀다(이이화, 2015, 226~227쪽 참고).

일본 군경은 이날 혼마치 진고개 등에서 최소 200명 이상을 검속한 것으로 보인다. ≪오사카아사히신문≫은 이날 경성에서 시위와 관련해 체포된 자가 주모자 33명, 시위대 가운데 선동자 160여 명 등 200명 안팎이었다고 보도했다(≪大阪朝日新聞≫, 1919. 3. 4b, 7면; 윤소영 편역, 2009a, 100쪽 재인용).

조선인들은 일본 군경에 의해 체포돼 가면서도 독립만세를 외쳤다. 현재 서울 중구 필동에 위치한 경무총감부(조선헌병대사령부) 마당에 붙들려 갔을 때도 독립만세를 외쳤고, 동료들이 잡혀 올 때도 독립만세를 외쳤다. 최은희(1973, 100~101쪽)는 "군중들은 끌려가는 길에서도 힘차게 만세를 불렀고 (경무)총감부 마당에 꿇어앉은 사람들도 새 사람이 잡혀 들어올 적마다 마주들 바라보며 만세를 불렀다"고 기억했다.

오후 6~7시쯤 대규모 시위대는 해산했다. 대규모 시위대가 해산했지만 만세 소리는 여기저기서 산발적으로 들려왔다. 어둠이 짙어지자 일본 군경은 잔인한 반격을 시작했다. 경성 안국동 부근에서는 일본 순경이 만세를 부르는 여인의 팔을 환도로 내리쳐 잘라버렸다는 증언이 있다. 경성여자고등보통학교 학생 최은희의 회상이다.

"평화적인 시위 군중에 대해 창과 칼을 거리낌 없이 사용했다. 안국동 부근에서는 손을 들고 만세를 부르는 여인에 대해 일본 순경이 환도로 팔을 내리쳐 잘라버렸다. 여기저기서 이런 일들이 생겨났다."(이희승, 1969, 402쪽)

경무총장 고지마 소지로는 전도에서 소집한 순사 헌병을 경성 요소요소에 배치하고 시위대 해산 이후 순찰을 대폭 강화했다. 군대 역시 경계 태세를 높였다. 일본 군경은 친일파 등의 저택을 엄중히 경비했다(독립기념관 한국독립운동사연구소, 2014, 52~53쪽 참고). 일본 언론은 "경성 시내는 완전히 계엄령이 선포된 것처럼 삼엄한 광경을 노정하고 있었다. 하세가와 요시미치 조선총독의 저택 경비도 평소보다 두 배로 늘렸다"고 전했다(≪大阪毎日新聞≫, 1919. 3. 4b, 석간 6면; 윤소영 편역, 2009b, 124쪽 참고).

한편 이날 밤 8시 경성 마포의 전차 종점에서 전철에서 내린 사람들이 모이기 시작해 약 1000명의 사람들이 독립만세시위를 하다가 동막 쪽으로 흩어졌다. 이날 밤 11시에는 경성 신촌 연희전문학교 부근에서 학생 약 200명이 집결해 독립만세시위를 벌였다.

평양의 외침 "의를 위해 고난받으면 복"

팽팽한 긴장이 감돌던 3월 1일 오후 1시, 경성에서 북쪽으로 195킬로미터 떨어진 평안남도 평양부 시내. 장대현교회의 종각에서 종소리가 울려퍼졌다. 이 종소리는 사전에 약속된 독립만세운동의 신호였다. 평양 관후리 장대현교회 앞 숭덕학교 운동장. 숭덕학교 학생들과 장로교 총회장이자 서문외교회를 담임하던 김선두 목사를 비롯한 장로교인 3000여 명이 모였다. 평양 장로교회 연합으로 '광무황제(고종) 봉도식'이 열릴 예정이었다. 운동장은 사람들로 꽉 찼다. '마포삼열(馬布三悅)'이라는 한국 이름을 지난 미국인 선교사 새뮤얼 모펫(Samuel A. Moffet)과 엘리 모우리(Eli M. Miller Mowry), 찰스 번하이젤(Charles F. Bernheisel) 등 미국 북장로교 선교사 4명도 참석했다. 일본인 사복형사들도 행사장 안팎에 진을 치고 있었다.

찰스 번하이젤 등(김승태, 2018. 5, 91~100쪽 참고)에 따르면, 김선두 목사가 이날 개회를 선언한 뒤 산정현교회 강규찬 목사가 고종 황제의 생애를 이야기했다. 김선두는 "이제 송영가를 부르고 축도를 하며 봉도회를 마치지만 다음 순서가 남아 있으니 그 자리에 그냥 앉아 있어달라"고 말했다. 송영가를 불렀다. 김선두는 축도를 한 뒤 성경 두 구절을 봉독하기 시작했다. 먼저 「베드로전서」 3장 13~17절을 낭송했다.

"또 너희가 열심으로 선을 행하면 누가 너희를 해하리요. 그러나 의를 위해 고난을 받으면 복 있는 자니 그들이 두려워하는 것을 두려워하지 말며 근심하지 말고 너희 마음에 그리스도를 주로 삼아 거룩하게 하고 너희 속에 있는 소망에 관한 이유를 묻는 자에게는 대답할 것을 항상 준비하되 온유와 두려움으로 하고 선한 양심을 가지라. 이는 그리스도 안에 있는 너희의 선행을 욕하는 자들로 그 비방하는 일에 부끄러움을 당하게 하려 함이라. 선을 행함으로 고난받는 것이 하나님의 뜻일진대 악을 행함으로 고난받는 것보다 나으니라."

김선두는 이어 「로마서」 9장 3절을 낭송했다.

"나의 형제 곧 골육의 친척을 위해 내 자신이 저주를 받아 그리스도에게서 끊어질지라도 원하는 바로라."

김선두는 성경 말씀으로 '독립선언식'을 개회한 것이다. 김선두는 나중에 재판정에서 "유럽 전쟁의 강화회의에서 약소국은 자유 독립을 할 수 있게 됐다는 것을 듣고 그 이후 조선의 독립을 희망하게 됐는데 그런 연유로 독립선언식 사회자가 될 것을 승낙했다"고 밝혔다.

산정현교회 전도사 정일선이 연단에 올라섰다. 정일선은 "읽어서 알려드려야 할 중요한 것이 있다"고 하면서, "오늘은 저의 평생에서 가장 행복하고 영광스러운 날이며 내일 죽는 한이 있더라도 이것을 읽지 않고는 못

배기겠다"고 말했다. 청중들은 박수갈채를 보냈다. 정일선은 독립선언서를 낭독하기 시작했다.

독립선언서 낭독이 끝나자 한 사람이 올라가 지켜야 할 것을 설명했다. 불법적인 일을 해서는 안 되고, 주어진 지시에 따를 것이며, 관헌에게 저항하지 말고, 일본인 관리나 민간인을 해치지 말라고 당부했다. 강규찬 목사는 민족독립에 관한 연설을 했다.

연설이 끝날 때쯤 숭덕학교 교사들은 태극기를 한 아름 가지고 나와 사람들에게 나눠줬다. 커다란 태극기 하나가 연단에 걸리자 사람들은 만세를 부르기 시작했다. 안세환으로부터 독립선언 준비 소식을 들었던 숭덕학교 학생 박인관도 이날 행사에 참가해 독립만세를 외쳤다(국사편찬위원회, 1990a, 94쪽 참고).

이때 한 사람이 모두 대열을 지어 태극기를 흔들고 '만세'를 부르면서 거리를 행진하자고 제안했다. 숭덕학교에 모였던 학생과 시민, 장로교도들은 일본 경찰의 만류에도 너나 할 것 없이 독립만세를 외치며 거리 행진을 시작했다. 이날 평양의 독립만세시위는 3월 1일 독립선언식을 제대로 거행한 지역 일곱 곳 가운데 시간적으로 제일 앞서 벌어졌다. 즉, 평양은 경성보다 한 시간여 빨리 독립만세시위에 돌입한 것이다.

시위대는 이날 평양 시내를 활보하며 "조선독립만세", "대한독립만세" 등을 연호했다. 시민들의 호응으로 시위 행렬은 점점 불어났다. 남녀 중학생들은 각자 태극기 10개씩과 독립선언서 20장씩을 가지고 합류하는 시위대에게 나눠줬다. 상인들도 철시하고 시위에 가담했다. 보통학교 학생들도 시위에 합류했다.

비슷한 시각, 평양부 광성학교 근처에 위치한 감리교 남산현교회 뜰에서는 박석훈 목사를 비롯한 교인들이 독립선언식을 진행하고 있었다. 이들 기독교인의 독립만세시위는 민족 대표 이승훈의 주도로 준비된 것이었다. 또 설암리 옛 대성학교 뒷자리에 자리한 천도교구당에서도 천도교인들이 독립선언식을 진행하고 가두시위에 가세했다.

독립만세시위대는 설암리 천도교구당 집회를 마치고 나선 천도교인들과 합류해 남문 거리 평양경찰서 앞까지 이르렀다. 당시 신시가라 불리던 일본인 상가와 그들 거주지 입구였다. 시위대는「혈성가」를 부르고 독립만세를 외치며 경찰서 쪽으로 접근했다. 일본 경찰과 헌병들은 경찰서 건물의 앞뒤에 막아서고 기마대를 앞장 세웠다. 일본 군경은 기마대의 돌격을 앞세워 시위대를 큰 거리 쪽으로 몰아냈다.

이번에는 남산현교회에서 집회를 마치고 진출한 교인들이 시위대에 합류했다. 시위대는 다시 일본인 거리인 신시가로 나아갔다. 시위대의 한 갈래는 도청과 재판소 앞 큰 거리를 누비며 평양역 광장까지 나아갔고, 다른 한 갈래는 평양부청 옆과 당시 일본인 중학교 옆 거리를 거쳐 평양형무소 뒷거리와 서성리, 서문 밖 큰 거리를 돌았다.

평양 거리는 이날 하루 종일 들끓었다. 학교별로 또는 동네별로 개별적으로 시위를 조직해 종로에 진출했다. 일본 군경은 시위대의 기세가 점점 커지고 거세지자 태도를 바꾸고 시위 지도부를 비롯해 마구잡이로 체포하고 연행했다. 여학생과 부녀자를 때린 뒤 끌고 가기도 했다.

오후 7시, 평양경찰서 앞. 격분한 시위대가 몰려와 평양경찰서를 포위했다. 낮보다 배가 되는 규모였다. 시위대는 경찰을 꾸짖으며 구금된 사람들을 석방하라고 요구했다. 석방하지 않을 거면 시위대 모두를 잡아 가두라고 소리쳤다. 시위대가 일본 경찰과 대치했다.

경찰을 지원하기 위해 일본군 부대가 출동했다. 일본 경찰은 소방대를 동원해 소방호스로 물을 뿌리며 시위대를 해산시키려 했다. 시위대는 꿈쩍도 하지 않았다. 일부 조선인 헌병 보조원들은 호스 진압 명령을 거부하고 경찰복을 벗어 던진 채 시위대에 합세하기도 했다.

그때 일부 격앙된 시위대가 경찰서에 돌을 던졌고 경찰서 일부 유리창이 깨졌다. 경찰은 이를 빌미로 발포했다. 시위대가 쓰러졌고, 일본 군경은 시위대를 체포하기 시작했다. 발포에 분격한 일부 시위대는 일본 군경에게 달려들어 난투극을 벌였다. 하지만 무력 앞에 어쩔 도리가 없었다.

밤이 되자 일본 군경은 더욱 잔인하게 대응했다. 소방대는 무차별적으로 쇠갈고리를 휘둘러 거리에서 사람들을 난자했다. 무수한 부상자가 발생했다. 일본 헌병과 경찰은 이날 평양 독립만세시위대를 습격해 50여 명을 검거했다(윤병석, 2013, 428쪽; 이이화, 2015, 234쪽 참고).

이날 평양 만세시위에서 부상자가 속출한 것은 일본 군경의 무자비한 진압 방식 때문이라고 분석된다. 즉, 무장한 일본 군경이 시위 지도부를 구속했고 이들의 석방을 요구하는 시위대를 향해 소방호스로 물을 뿌려 해산을 시도했다. 시위대가 이에 항의하면서 돌을 던지자 총칼을 비롯한 무기를 사용해 시위대 해산에 나섰다. 당시 시위 상황을 전한 중국 신문 ≪민국일보≫의 관련 기사다.

"전신 무장한 헌병과 경찰 대오가 시위대를 덮쳐 영수를 경찰서로 연행했다. 시위대는 경찰서까지 따라가서 영수들의 석방을 요구했다. 경찰과 소방대는 물총으로 시위대를 해산시키려 했다. 시위대가 격노했다. 어떤 사람들은 돌을 던져 경찰서의 유리창을 깨뜨렸다. 경찰들은 하는 수 없이 체포한 지도자를 석방했다. 1개 대의 군대가 시위대에 달려들어 사격하고 칼을 휘둘렀다. 30여 명이 부상을 입었다."(독립기념관 한국독립운동사연구소, 2014, 55쪽 재인용)

발포 정황과 관련해 일본군이 의도적으로 총격을 가하도록 기만했다는 증언도 있다. 서양인 선교사들의 「3·1운동 발발 보고서(Korean Independence Outbreak Beginning March 1st, 1919)」에 의하면, 일본 군경이 소방대까지 동원해 시위대 해산을 시도했지만 실패하자 기만 술책을 사용했다. 일본 군경은 일부 일본인에게 한복을 입혀 변장시킨 뒤 시위대에 섞여 들어가게 했고 이들에게 경찰서에 돌을 던져 유리창을 깨뜨리도록 했다는 것이다. 실제로 경찰서에 돌을 던져 유리창을 깬 것은 이들이었다(안영배, 2018. 7. 14, 10면 참고).

일본 언론은 폭도들의 소요 때문에 사태가 악화했다는 식으로 보도했다. 즉, 일본 경찰이 소방호스로 시위대를 해산시키려 했지만 시위대가 기와와 돌을 던지며 폭행해 어쩔 수 없이 군대를 출동시켜 진압했다는 취지로 보도했다. ≪오사카아사히신문≫의 1919년 3월 7일 자 기사 내용이다.

"평양에서는 1일 폭동에서 그 수괴로 지목할 만한 신홍식을 구속했는데 군중은 거세게 욕을 하면서 쳐들어오고자 해 소방수 등 호스로 물을 방사해 쫓아버리려고 했지만 그들은 기와와 돌을 던지며 폭행을 가했다. 경찰서의 소수 인원으로는 도저히 진압할 수 없어서 결국 군대가 출동하게 됐고 마침내 잠시 후에 해산시켰는데 이때 쌍방에 십수 명의 부상자가 발생했다."(≪大阪朝日新聞≫, 1919. 3. 7c, 7면; 윤소영 편역, 2009a, 107쪽 재인용)

특히 일본 언론은 평양 독립만세시위의 배후로 미국인 선교사 새뮤얼 모펫을 지목했다. 조선의 독립만세시위가 마치 외부 세력의 사주에 의해 발생한 것처럼 호도하려 한 것이다.

"폭도는 처음에 오전 10시경 장로파 교회당에 모여 기도를 하고 나서 일동은 세력을 정비해 몰려나왔다. 이 소식을 듣고 관장인 미국인 모펫을 경찰서로 불러 일단 조사했는데 그곳도 다수의 선교사와 학생 등이 운동을 지휘하고 있었다."(≪大阪朝日新聞≫, 1919. 3. 7c, 7면; 윤소영 편역, 2009a, 107쪽 재인용)

46년간 조선에서 선교사 생활을 해온 새뮤얼 모펫은 평양에서 전도사 22명에게 성서를 가르쳐 현 장로회신학대 전신인 조선예수교장로회신학교와 숭실전문학교 창설에 중심적인 역할을 한 인물이다. 1911년 '105인 사건' 때 미국 장로교본부 전도국에 보고해 국제 여론을 일으켰고, 1936년 일제의 탄압으로 미국에 돌아가야 했다.

선천, 첫 총격 사망자 발생

3월 1일 오후, 평안북도 선천군 신성중학교 집회실. 전교생이 성경 수업을 위해 모여들기 시작했다. 신성중학교는 평양 숭실학교와 함께 미국 북장로교 선교회가 설립한 장로교계 학교였다. 전교생이 다 모이자 성경 과목을 맡고 있던 홍성익이 단 위에 올라갔다. 1883년에 태어난 홍성익은 '105인 사건'에 연루돼 18개월간 옥고를 치른 뒤 선천의 신성중학교 교사로 재직 중이었다. 이승훈의 지도로 동료 교원 김지웅과 양준명, 목사 김석창 등과 함께 선천 지역 만세운동을 비밀리에 준비해온 그였다.

≪독립신문≫(1920. 2. 17, 1면)에 따르면, 홍성익은 이날 단 위에서 학생들을 찬찬히 둘러보며 격정적으로 말했다.

"학생들아, 우리는 죽으면 다 죽고 살면 다 살자. 오늘이 독립을 선언하는 날이니 금일이 실로 우리의 사는 날이다."

홍성익은 이렇게 말하고 자신의 오른손 무명지를 입술로 가져가서 주저 없이 깨물었다. 붉은 피가 흘러나왔다. 그는 왼손으로 오른손 무명지를 잡고 종이 위에 올리더니 여섯 글자를 뚜렷하게 혈서했다. '대한독립만세'.

홍성익의 혈서를 본 학생들은 누가 먼저랄 것도 없이 독립만세시위를 다짐했다. 교사들과 함께 만세시위를 준비해온 학생들은 시민들에게 나눠줄 독립선언서와 태극기를 학생들에게 건네줬다. 홍성익을 비롯한 신성중학교와 선천 남교회는 앞서 2월 이승훈의 요청에 따라 몇 차례 준비회의를 열어 독립만세시위를 준비했다. 2월 26일경부터 김봉성 등 신성중 학생들도 만세시위 준비에 참여해 독립선언서를 등사하고 태극기도 대량으로 제작했다.

선천은 개신교 교회가 많아 해방 이전 '조선의 예루살렘'이라 불릴 만큼 교회와 기독교계 학교 기반이 튼튼한 곳이었다. 특히 1911년 이른바 '105인 사건'에서 전체 피검자 105명 가운데 정주 출신(44명, 41.9%)에 이어 무려 23명(21.9%)이 선천 출신일 만큼 항일과 배일의 지역이었다. 일본 언론조차 '배일의 본고장'이라고 부를 정도였다.

오후 2시, 신성중학교 종이 울렸다. 미리 약속한 궐기 신호였다. 신성중 학생과 교사 150여 명은 독립만세시위를 위해 시내로 향하기 시작했다. 미리 연락해뒀던 인근 보성여학교 학생 60여 명도 이들의 행렬에 가담했다. 보성여학교는 신성중학교의 자매학교였다.

신성중학교 학생과 교사 150여 명과 보성여학교 60여 명은 '조선독립단'이라고 쓴 큰 깃발을 앞세우고 선천 남교회와 북교회를 거쳐 시내를 향해 걸었다. 학생들은 독립만세를 외치면서 독립선언서와 태극기를 시민들에게 나눠줬다. 시민들은 학생들의 갑작스러운 만세시위에 놀라면서도 벅차오르는 감정에 받은 태극기를 흔들며 하나둘 만세를 따라 외쳤다.

시위대가 선천 천남동시장에 이르자 시민들이 대거 가세하면서 규모가 1000여 명으로 불어났다. 여기에서 신성중학교 교사가 '기미독립선언서'를 낭독했다. 선언서는 천도교도 김상열이 경성에서 받아온 것이었다.

시가행진이 재개됐다. 맨 선두에 교사가 서고 학생들이 미리 준비한 '조선독립단'이라는 깃발과 장대에 맨 커다란 태극기를 들고 나아갔다. 누가 지은 것인지 몰라도 「독립창가」를 소리 높여 부르기도 했다. 행진은 먼저 군청과 경찰서가 있는 방면으로 나아갔다. 시위대가 군청 앞에 도달했을 때 선천 수비대와 기마경찰이 시위대의 행진을 저지하려 했다. 시위대는 계속 독립만세를 연호했다.

일제 군경은 시위대를 향해 무차별 총격을 가했다. 시위대 기수인 신성학교 강신혁이 피를 흘리며 쓰러졌다. 총탄에 맞아 절명했다. 3·1운동의 첫 사망 피해자였다. 시위 대열은 순식간에 아수라장이 됐다. 이날 일본군의 발포로 시위대 12명이 살상됐다. 현장에서 50~60명이 체포됐다(한국독립운동사편찬위원회, 2009a, 256쪽; 윤병석, 2013, 429쪽 참고).

하지만 일본 언론들은 학생들이 경찰서를 대거 습격했고 이에 철도수비대 등이 출동해 어쩔 수 없이 진압했다는 취지로 기사를 써 진실을 호도했다. 신문 기사의 일부다.

"1일 오후 3시경 경의선 연선인 평안북도 선천의 야소학교 생도가 대거 이 지역의 경찰서를 습격했는데 우리 수비대 군대도 출동해 진압 중이다. … 이 야소학교는 미국 선교사가 운영해 이미 불온한 주의를 고취하고 있었지만 이번의 원인과 그 외의 상세한 사정은 불명이다."(≪大阪朝日新聞≫,

1919. 3. 3, 7면; 윤소영 편역, 2009a, 80쪽 재인용)

"배일의 본고장으로 여겨지는 평안북도 선천에서는 천도교 손병희 일파와 내통한 듯 1일 오후 3시경 선천 야소학생 생도가 대거 경찰서를 습격했다. 이곳에 주둔한 철도수비대가 출동해 이들을 진압하고 있다."(≪大阪每日新聞≫, 1919. 3. 4d, 석간 6면; 윤소영 편역, 2009b, 127쪽 재인용)

일본군은 시위대가 흩어지자 검거에 나섰다. 신성학교 기숙사와 교회 목사관 밑 교직원 사택에도 들이닥쳐 관련자들을 검거했다. 이날 시위 투쟁에서 모두 100여 명이 일경에게 체포됐다. 신성학교 학생들과 교사가 대부분이었다.

교사 홍성익은 3월 3일까지 일본 경찰에게 체포되지 않고 선천 지역에서 학생들과 함께 독립만세시위를 주도했다. 일본 경찰은 홍성익을 체포하고자 눈에 불을 켜고 찾았다. 홍성익은 잠시 피신했다가 주변의 권유에 따라 3월 하순 중국 상하이로 망명했다. 선천의 독립만세시위는 의거로 분류되고 나중에 수안 의거, 수원 의거, 창원 삼진 의거와 함께 3·1운동 4대 의거로 분류된다.

진남포와 원산에서도 "대한독립만세"

3월 1일 오후 2시, 평안남도 진남포 신흥동 언덕 위에 자리한 감리교회당. '고종 봉도식'을 구실 삼아 감리교인과 시민 등 500여 명이 모여들었다. 이들은 봉도식을 간단히 끝낸 뒤 '대한독립'이라고 크게 쓴 기를 세우고 미리 준비한 태극기를 시민과 학생 등에게 나눠주며 독립만세를 연호했다. 진남포는 평안남도선 철도의 종착역이 있고 제련소 등이 위치한 신흥도시였다. 3·1운동 당시 진남포 인구는 2만 명 정도였는데, 일본인 거류민이 그중 30%를 차지했다. 진남포 만세시위는 민족 대표 이승훈과 연결돼 있었다. 이승훈은 2월 중순 진남포로 내려와 삼숭학교 교장 홍기황과 김정민, 노윤길 등 감리교회 간부들에게 진남포에서도 독립운동 준비에 착수해줄 것을 부탁했다. 거사 하루 전인 2월 28일, 감리교인 노윤길은 이승훈으로부터 "평양에 있는 윤원삼을 만나라"는 전보를 받았다. 노윤길은 급히 평양으로 가서 윤원삼을 만나 독립선언서 500여 매를 받아 진남포로 돌아왔다. 노윤길은 '대한독립'이라 쓰인 큰 기와 태극기를 제작했고, 삼숭학교 교사 조두식과 홍기주 등은 학교 등사판을 이용해 독립선언서를 인쇄했다. 교회 전도사 최병훈과 삼숭학교 교사 이겸로 등이 교인과 시민, 학생들에게 연락해 독립만세시위가 이뤄진 것이었다(독립운동사편찬위원회, 1970a, 400~401쪽; 윤병석, 2013, 429쪽 참고).

시민들은 큰 기를 앞세우고 시내로 내려가기 시작했다. 이들은 태극기를 들고 만세를 부르며 거리로 쏟아져 나왔다. 시위대는 진남포경찰서 쪽을 향해 행진을 시작했다. 시위대가 경찰서 앞에 이르렀을 때 일본 경찰은 발포하기 시작했다. 김기준과 그 아내가 현장에서 쓰러져 숨졌다. 무수한 사람이 부상을 입었다. 이날 진남포 만세시위에서 조선인 70~80명이 일본 경찰에게 체포됐다. 독립만세시위 연락을 주도한 최병훈은 나중에 재판 과정에서 "(파리)강화회의에서 민족자결 문제가 생겨 우리 조선도 독립의 기회가 부여되려 하고 있다. 군중 속에 참가해 조선독립만세를 부른 것은 국민의 당당한 의무를 다한 것"이라며 만세운동의 정당성을 주장했다. 최병훈은 일제에 의해 1919년 9월 고등법원에서 보안법 위반으로 징역 2년을 선고받았다(독립운동사편찬위원회, 1970a, 400~403쪽; 한국독립운동사편찬위원회, 2009a, 233~235쪽 참고).

오후 2시, 함경남도 원산시. 시내 각 교회에서 만세시위를 알리는 종이 일제히 울렸다. 종소리에 맞춰 이순영, 차광은, 차용운 등 13명은 각각 예정된 장소에서 독립선언서를 낭독하고 오후 2시 30분경 일제히 시내 장촌동시장을 향해 행진하기 시작했다. 이날 원산의 독립만세시위는 민족 대표 33인의 한 사람인 남촌동 남감리교회 목사 정춘수에 의해 준비됐다. 독립선언서 300매를 전달받은 정춘수는 2월 28일 밤 교인들을 모아 태극기를 만들고 시위 대열을 인도할 책임자를 정했다. 함흥에도 사람을 보내 시위 계획과 독립선언서를 전했다.

시위대가 장촌장에서 독립만세를 외치자 장에 나온 많은 시민이 가세했다. 시위대는 2000~3000명으로 불어났다. 시위대는 이어 일본인 집단 거주지를 지나 원산경찰서로 몰려갔다. 시위대는 조선독립을 주장하면서 일본인들을 향해 일본으로 돌아가라고 외쳤다.

일본 헌병경찰은 소방대와 재향군인대의 지원을 받아 물감을 탄 물을 소방용 호스로 뿌리며 시위대를 해산시키려 했다. 시위대는 이에 굴하지 않고 계속 만세시위를 전개했다. 일본 군경은 오후 6시 공포를 쏴 시위대를 강제 해산했다.

일본 언론은 원산 시위에 대응하기 위해 소방대와 무장한 재향군인대가 지원했다는 사실을 확인했다.

"원산에서는 1일 오후 2시 반 같은 소요가 있었다. 조선인 2000~3000명이 원산경찰서로 몰려와서 아무리 제지해도 해산하지 않고 소방대와 함께 재향군인대가 무장하고 경찰서로 달려와 대처해 잠시 후 해산했지만 이어서 불온한 형세이므로 엄중히 경계하고 있다."(≪大阪朝日新聞≫, 1919. 3. 7e, 7면; 윤소영 편역, 2009a, 111쪽 재인용)

일본 군경은 시위 해산 이후 옷에 물감이 묻은 사람을 집중적으로 체포했다. 이날 시위 현장에서 체포된 이는 50여 명에 달했다(≪大阪每日新聞≫, 1919. 3. 7d, 11면; 윤소영 편역, 2009b, 144쪽 참고).

"독립을 환영하자" 의주·안주·해주 시위

3월 1일 오후 2시, 황해도 해주 남본정교회. 기독교인 180여 명이 모인 가운데 오현경 목사 주재로 독립선언식을 거행했다. 고종의 봉도식에 이어서 독립선언서 봉독식을 마치고 만세 삼창을 했다. 오현경은 이날 모인 사람들에게 독립선언서를 나눠주고 남은 선언서는 김창현에게 각처에 발송하도록 부탁했다. 오 목사 등은 이날 해주경찰서에 구속됐다(한국독립운동사편찬위원회, 2009a, 225쪽 참고). 같은 시각 황해도 옹진에서도 독립선언식이 거행됐다.

오후 2시 30분, 평안북도 의주읍 홍서동 서교회당 옆 공터이자 양실학교 운동장. 조금 높은 단이 하나 있었고 단상 위에는 두 개의 대형 태극기가 걸려 있었다. 양실학교 학생들과 기독교도, 시민 등 1000여 명이 모인 가운데 독립선언식이 거행됐다.

참석자들은 먼저 찬송가를 불렀다. 이 사이 평안도 선천에서 200매가량의 독립선언서가 도착해 배포됐다. 독립선언식을 주도적으로 준비한 유여대 목사는 경성에서 막 도착한 독립선언서를 거침없이 읽어 내려갔다. 황대벽이 독립에 관한 연설을 했고 만세 삼창과 학생들의「독립창가」제창이 이어졌다.

반도 강산아 너와 내가 함께 독립만세를 환영하자
충의를 다해서 흘린 피는 우리 반도의 독립의 준비라
사천 년 이래 다스려온 우리 강산을
누가 강탈하고 누가 우리 정신을 변하게 할 수 있으랴
만국평화회의의 민족자결주의는 하늘의 명령이다
자유와 평등은 현시의 주의인데 누가 우리 권리를 침해할쏘냐

참가자들은 이어 구한국기를 앞세우고 시내로 시위행진에 들어가려 했다. 이때 일본 헌병이 출동해 시위대를 가로막았다. 하지만 시위대의 규모가 점점 늘어나자, 일본 헌병은 어쩔 수 없이 행진을 허용하고 경계만 했다. 만세 행진이 끝나자 유여대 등 주동 인물 10명을 체포해 갔다.

학생들과 시민들은 밤에도 학생들을 선두로 구한국기를 앞세우고 만세 시위에 들어갔다. 이들은 시내를 활보하면서 독립만세를 외쳤고「독립창

가」를 불렀다. 일본 헌병이 시위대를 해산하려 했지만 시간이 갈수록 늘어나 오후 8시쯤에는 시위대가 2000~3000명으로 늘어났다. 경찰이 유여대 이하 6인을 헌병대에 구류했다가 그날 밤 방면했다(한국독립운동사편찬위원회, 2009a, 462~463쪽; 윤병석, 2013, 429쪽 참고).

이날 의주의 독립만세운동은 민족 대표 유여대 목사의 기획과 준비로 이뤄졌다. 유여대는 1919년 2월 평안북도 선천 천북동 양전백의 집에서 이승훈을 만나 3·1운동에 민족 대표 33인으로 참가하기로 했다. 유여대는 "조선이 독립하지 않으면 발달하지 못한다"며 "조선 민족이 자유롭게 발달할 수 있도록 하기 위해 독립을 희망한다"고 생각했다고 나중에 일본 당국의 신문 과정에서 밝혔다. 그는 독립선언서에 서명할 수 있도록 도장을 이명룡에게 맡기고 당일 경성에서 열린 모임에는 참가하지 않았다. 유여대는 그 대신 의주 지역 만세운동을 조직했다. 그는 2월 27일 평안북도 정주 덕흥교회의 조형균에게서 의주에서 독립만세운동을 일으켜달라는 부탁을 받았다. 그는 의주 일대 50여 개 교회와 각 사회단체에 통고문을 보내 2월 28일 양실학원에 모여 시위를 준비했다. 이들은 경성의 흐름에 맞춰 3월 1일 오후 2시 의주 읍내 서부교회 앞 양실학교 운동장에서 독립선언식을 열기로 한 것이다(한국독립운동사편찬위원회, 2009a, 462쪽 참고). 유여대는 1878년 평안북도 의주에서 태어났고 평양신학교를 졸업한 후 목사로서 의주 동교회를 담임해왔다. 그는 3·1운동으로 1920년 경성복심법원에서 징역 2년 형을 선고받고 서대문감옥에서 옥고를 치렀다.

오후 5시, 평안남도 서북단에 위치한 안주군 안주읍 서문 밖. 안주읍 동예배당 김찬성 목사가 주도해 장로교 청년 교인들을 중심으로 500여 명이 모여 독립선포식을 거행했다. 김찬성 등은 이날 독립선언서를 낭독한 뒤 건인리와 청교리 방면으로 만세시위를 벌였다. 시위대는 모여든 시민들에게 독립선언서를 나눠주고 독립만세를 외쳤다.

일본 헌병대는 처음에는 당황해 방관했지만 독립선언서를 발견하고 주동자 검거 작업에 나서 10여 명을 체포하고 독립선언서를 압수했다. 시위대 수십여 명은 일본 헌병대 문 앞에 모여 밤을 새우며 옥에 갇힌 주모자들을 격려했다(한국독립운동사편찬위원회, 2009a, 239~240쪽 참고).

안주의 독립만세시위는 김찬성 목사의 주도로 준비됐다. 김찬성은 3월 1일 경성을 비롯한 각지에서 독립만세시위운동이 벌어질 것임을 알고 안주에서도 경성과 같은 날 거사하기로 결심했다. 그는 아들 김화식을 비롯한 교회 청년들을 자택에 소집해 극비리에 독립선언서를 등사 제작하는 등 시위계획을 주도했다. 1871년 평안남도 안주에서 태어난 김찬성 목사는 평양신학교를 졸업한 후 안주에서 목사로 활동했다.

상하이, 워싱턴, 그리고 도쿄

3월 1일 오후 7시, 중국 상하이역. 현순은 최창식과 함께 플랫폼에 내렸다. 두 사람은 민족 대표들이 3월 1일 독립만세시위를 하고 있다는 것을 세계에 알리는 한편 독립선언서 등을 윌슨 미국 대통령에게 보내기 위해 상하이에 밀파된 이들이다. 현순은 상하이에 도착하자마자 한국 독립운동을 돕고 있는 장로교 선교사 조지 피치를 찾았다. 조지 피치는 여운형을 1918년 11월 상하이에서 열린 찰스 크레인 주중 미국 대사 예정자의 환영 만찬에 참가할 수 있도록 도와준 인물이다.

미국 워싱턴 국무성은 이날 이승만 등 한인 대표들이 여권 발급을 요청했다는 사실을 파리의 미국 대표단에게 전문으로 알리고 "만약 파리의 미국 대표단이 승인한다면 여권을 발급하겠다"고 밝혔다. 프랑스 파리에 있던 로버트 랜싱(Robert Lansing) 미국 국무장관은 한국의 독립 문제가 "전쟁과 관련된 문제가 아니며(not a war-related issue)" 평화회의는 한국인들의 주장을 청취하지 않을 것이라는 이유로 여권 발급을 승인하지 않았다. 이승만 등의 여권 발급은 이뤄지지 않았다. 이승만은 이에 '대단한 실망(great disappointment)'을 표시하면서 한국의 주장을 담은 각서를 로버트 랜싱 장관을 통해 파리강화회의에 제출해줄 것을 요청했다. 하지만 미국 국무성은 이를 '수교(手交)'했다는 회신(acknowledge)조차 보내지 않았다. 미국 국무성의 태도는 외교 관례상 상대방의 존재를 완전히 무시하는 것이었다(Baldwin, 1969, 128쪽). 이승만은 당시 주로 하와이에 근거를 두고 ≪한국·태평양≫이라는 신문을 발간하면서 박용만, 안창호와 협력해 독립운동을 벌이고 있었다.

이날 일본 도쿄 간다구 니시간다에 위치한 조선YMCA 사무실에 평양 기독교서원 총무 안세환이 찾아왔다. 그는 일본 정부와 의회, 신문, 잡지사 등에 조선독립을 통보할 임무를 맡고 지난 2월 27일 경성을 출발했다. 사무실에는 간사 백남훈이 있었다. 안세환은 백남훈에게 "류메이칸(龍明館)에 투숙하려고 했지만 빈방이 없다고 하는데, 여기서 투숙하면 어떤가"라고 물었다. 백남훈은 "류메이칸은 지점도 있으니 한번 물어보자"며 류메이칸으로 전화를 걸었다. 백남훈은 통화 끝에 스루가다이 류메이칸에 빈방이 있다는 말을 듣고 안세환을 그곳으로 보냈다(국사편찬위원회, 1990a, 225쪽 참고).

백남훈의 신문조서(국사편찬위원회, 1990a, 225쪽 참고) 등에 따르면, 안세환은 백남훈을 스루가다이 류메이칸으로 불러 만났다.

"실은 경성에서 천도교, 기독교, 불교 등의 사람들이 모여 조선의 독립운동을 하게 됐는데 조선총독부에 (조선독립을) 진정하는 것은 물론이지만, (일본) 의회에도 진정을 하고 (일본) 유식계급 사람들에게도 이야기하기 위해 그 사명을 갖고 일본에 왔습니다."

백남훈은 이야기를 듣고 안세환을 만류했다.

"그 일에 대해서는 이미 지난 2월 초순에 일본에 와 있는 조선 유학생들이 조선의 독립운동을 하려고 해서 의회에 진정하려고 했지만 되지 않았으니, 지금 그런 운동을 해도 도저히 될 수 없을 것입니다."

안세환은 완강하게 자신의 뜻을 굽히지 않았다.

"안 될 때 안 되더라도 저는 그 사명을 띠고 조선에서 왔으므로 할 수 있는 데까지는 해볼 생각입니다."

안세환은 일본 현지에서 임규와 만나기로 했지만 접촉하지 못했다. 안세환은 혼자서라도 일본 정부와 의회 등에 진정하기로 결심했다.

"경거망동 말라" 경고하고 심야 대책회의

3월 1일, 경성 필동 조선총독 관저. 조선총독 하세가와 요시미치는 초유의 사태에 하루 종일 긴장 속에 보냈다. 독립선언서와 선언서에 서명한 인물 중 29명의 체포자 명단과 ≪조선독립신문≫의 간행 등 독립만세운동에 대해 시시각각 보고받았다. 하세가와 요시미치는 독립선언서가 각 지방에 배포돼 운동이 일어날 것을 우려해 각 도 경무부장에게 상황을 시시각각 보고하도록 지시했다. 또 고지마 소지로 경무총장의 요청에 따라 우쓰노미야 다로 조선군사령관에게 군 병력 지원을 요청하기도 했다.

오후 5시, 경성 헌병대장이자 경무부장 시오자와 요시오는 찾아온 기자에게 이번 시위가 일부 학생들의 경거망동에 불과하다고 말했다. 즉, 학생들의 망동으로 일부 제한된 사람만이 만세시위에 참여하고 있다는 것이었다. 당시 정확히 실체를 파악하지 못했거나 아니면 의도적으로 의미를 축소하려 했던 것으로 추정된다. 당시 일본 신문에 실린 시오자와 요시오의 발언이다.

"돌연이라고 하면 돌연이지만 그 형세는 알고 있었다. 요는 학생들이 선동해 함부로 망동을 하는 것이다. 국장을 목전에 두고 있어 단속하는 데 신속한 방법을 취하지 않으면 안 된다. 경계하는 쪽이 사람 수가 적으면 오히려 무의미한 소동을 확대시킬 수 있으므로 대규모라 할 정도는 아니지만 할 수 있는 준비는 다했다. 단지 지금 모든 준비가 끝났기 때문에 곧 진압될 것이다. 보도가 단편적으로 내지(일본)에 전달되면 큰 소동인 것처럼 생각될 수 있지만 실제로는 결코 큰일이 아니라는 점을 말해두고 싶

다."(≪大阪每日新聞≫, 1919. 3. 3b, 석간 6면; 윤소영 편역, 2009b, 115쪽 재인용)

저녁 무렵, 하세가와 요시미치는 관보의 호외를 통해 '경거망동해 허튼 소리를 해서 인심을 흔드는 자에 대해 가차 없을 것'이라는 우려와 경고를 담은 '유고(諭告)'를 발표했다.

"고 대훈위 이태왕 국장의가 이제 내일모레인 3일에 거행되므로 서민은 진실로 근신해 애도하는 마음을 보여야 하는데 만약 소란을 피우는 행동을 한다면 이를 좌시할 수 없다. 따라서 이번 성대한 의식을 거행하려고 하는 때에 허무맹랑한 유언비어를 유포하고 함부로 인심을 어지럽히려고 소란을 피우는 무리가 있는 것은 매우 유감스럽다. 서민은 서로 근신해 경계해 경건하게 조의를 표해 만전을 기해야 할 것이다. 만약 경거망동하고 헛소문을 날조해 인심을 선동하는 언동을 하는 자에 대해 본 총독은 직권으로 엄중 처벌할 것이며 조금이라도 용서하지 않을 것이다. 이를 유고한다."(≪大阪每日新聞≫, 1919. 3. 2c, 11면; 윤소영 편역, 2009b, 109쪽 재인용)

오후 6시 40분, 도쿄 나가타초 일본 육군성. 육군상 다나카 기이치는 조선군사령관 우쓰노미야 다로로부터 전보("경성 선천 지역의 시위운동 및 파병상황", 密受 제102호, 제74호, 朝督 제1호)를 받았다. 조선반도에서 독립만세운동이 벌어졌다는 제1보였다.

"경성의 학생 2000~3000명이 오늘 오후 3시경 대한문 앞에 집합해 독립을 선언하고 창덕궁으로 향했으며, 일부는 궁 안에 침입하려 했지만, 이를 제지했다. 위와 같이 형세가 다소 불온하므로 (고지마 소지로) 경무총장의 요청에 의해 보병 3개 중대, 기병 1개 소대를 파견해 원조했다. (평안북도) 선천에서도 독립운동이 있어 그 지역 철도원호대는 경찰관을 원조해 이를 해산시켰다고 하는데 아직 상세한 보고는 접하지 못했다."(김승태, 2016. 5, 163쪽 재인용)

전보는 하라 다카시 총리, 우치다 고사이(內田康哉) 외무상에게도 송부됐다(김종식, 2007. 4, 274쪽 참고). 하라 다카시 총리는 앞서 오후 4시 55분 도쿄역을 출발해 가나가와현 가마쿠라시 고시고에 별장으로 향하고 있었다. 감기가 전혀 낫지 않아 어려움을 겪고 있었다.

조선군사령관 우쓰노미야 다로와 조선총독 하세가와 요시미치 등 일제 지휘부는 3월 1일부터 다나카 기이치 육군상 등을 비롯해 일본 정부에 식민지 조선의 상황을 긴밀히 보고했다. 보고 라인은 '조선총독-총리'로 이어지는 행정연락체계보다 '조선군사령관-육군상·육군성차관', '조선총독-육군상·육군성차관' 같은 군의 연락체계가 주로 이용된 것으로 분석된다. 식민지 조선, 특히 군부는 육군에 의해 장악·통제되고 있어서였다(김종식, 2007. 4, 274쪽 참고).

당시 식민지 조선에 대한 육군의 통제권은 우쓰노미야 다로 조선군사령관과 하세가와 요시미치 조선총독, 다나카 기이치 육군대신, 전 조선총독 데라우치 마사타케 및 군부 최고 실력자이자 원로인 야마가타 아리토모로 이어지는, 이른바 '야마모토벌(山縣閥)'이 쥐고 있었다(김종식, 2007. 4, 274쪽 참고).

이날 밤, 경성 필동 조선총독부 경무총감부실. 조선총독부와 조선군사령부의 핵심 간부들이 심각한 표정을 한 채 속속 모여들었다. 야마가타 이사부로 정무총감과 고지마 소지로 경무총장, 우사미 가쓰오(宇佐美勝夫) 내무부장관, 오노 도요시(大野豊四) 조선군참모장, 무라타 시노(村田信乃) 조선총독부 무관, 경성 헌병대장인 시오자와 요시오 경무부장…. 조선총독부와 조선군사령부의 핵심 간부들은 3·1독립만세시위에 적잖은 충격을 받고 심각한 표정으로 대책회의를 이어갔다. 이들은 회의에서 고종의 국장은 예정대로 거행하고 학생들의 국장 배관은 금지하지 않기로 하되 경비를 한층 강화하기로 했다. 시오자와 요시오는 "몸을 던져 힘쓰겠다"고 단호한 각오를 밝혔다. 이날 회의는 2일 새벽 3시까지 계속됐다(≪大阪每日新聞≫, 1919. 3. 4c, 석간 6면; 윤소영 편역, 2009b, 126쪽 참고).

일제 조선군사령관 우쓰노미야 다로는 독립만세시위가 발발하자 막료 중 위관 1명과 하사 1명을 자신의 조선군사령관저에서 숙식하도록 했다. 그는 이들에게 일반 막료들이 퇴근한 후에 오는 전보와 전화 등을 받게 했다. 일종의 '상황실'인 셈이었다. 우쓰노미야는 이들을 6월 9일까지 관저에서 근무하게 했다(宇都宮太郎關係資料研究會 편, 2007, 266쪽).

우쓰노미야 다로는 3월 1일 자 일기에서 7개 중대를 증파해 가까스로 경성 시위를 진정시킬 수 있었다고 기록했다.

"… 오늘 오후에 기독교 학생 등을 중심으로 하는 수천(나중에는 만 명 이상으로 늘어난 경우도 있지만)의 군중은 독립선언서를 살포하고 독립만세를 외치며 가로를 달렸고 일부는 창덕궁과 대한문 안으로까지 들어오게 돼 조선보병대 헌병대 등을 통해 가까스로 몰아냈다. 형세가 이와 같아서 수차례 병력을 증가해 보병 7개 중대, 기병 1개 소대를 사용하는 데 이르렀다. 저녁부터 점차 진정되면서 밤에는 보병 3개 중대를 남기고 기타 병력은 철수했다."(宇都宮太郎關係資料研究會 편, 2007, 220~221쪽)

우쓰노미야 다로는 독립만세운동에 대해 국내외에서 광범위하게 조직적으로 준비한 것으로 추정하면서도 외국인 선교사의 지원과 한일병합에 대한 오해 등을 주목했다.

"추측컨대 이번 독립운동은 국내외에서 광범위하게 기맥을 통해 조직적으로 준비해 근저가 있다. 기독교도, 천도교도, 학생 등 신진분자들이 주동이 돼 외국인, 특히 선교사의 후원을 얻어 봉기를 일으킨 것으로 이번은 물론 진압하는 것은 의심의 여지가 없지만 그 근저는 깊고 장래의 형세는 감히 걱정할 것이 없는 게 아니다. 필경 잘못된 대한 근본정책(무리하게 강행한 병합), 이것은 딸을 납득시키지 못한 채 무리하게 결혼시키는 것과 같이 그들은 오해하고 있다."(宇都宮太郎關係資料研究會 편, 2007, 221쪽)

제4장

요원의 불길… 제국의 기만

丙子修好條規以來時時種種의金石盟約을食하얏다하야日本의無信을罪
하려안이하노라學者는講壇에서政治家는實際에서我祖宗世業을植民地
視하고我文化民族을土昧人遇하야한갓征服者의快를貪할쑨이오我의久
遠한社會基礎와卓拳한民族心理를無視한다하야日本의少義함을責하려
안이하노라自己를策勵하기에急한吾人은他의怨尤를暇치못하노라現在
를綢繆하기에急한吾人은宿昔의懲辯을暇치못하노라

———

병자수호조약 이후, 여러 차례에 걸쳐 맺은 가지가지의 굳은 약속을 지키
지 아니했다고 해 일본의 신의 없음을 단죄하려는 것이 아니다. 일본의 학
자는 강단에서, 그들 정치가는 정치 현실 속에서 우리 조상 대대로 이어온
빛나는 업적을 식민지로 여기고, 우리 문화 민족을 무지몽매한 야만인으
로 대우해, 다만 정복자로서의 쾌감을 욕심낼 뿐이요, 우리의 오랜 사회적
바탕과 뛰어난 민족정신을 업신여긴다 해 일본의 의리 없음을 꾸짖으려
도 아니한다. 스스로를 채찍질하고 격려하기에 급한 우리는 남을 원망하
거나 탓할 겨를이 없다. 지금의 처지를 고치고 수습하기에 급한 우리는 묵
은 잘못을 들추어 응징할 겨를이 없다.

경성, 만주, 도쿄로 번지는 불씨

1919년 3월 2일, 식민지 조선의 경성은 전날처럼 고종의 국장을 참관하기 위해 상경한 사람들로 인산인해를 이뤘다. 특히 고종의 시신이 안치된 덕수궁 대한문 앞에는 수많은 이들이 찾아와 고개를 조아렸다.

일본 언론은 이날 학생을 비롯해 조선인 수만 명이 덕수궁을 중심으로 왕성하게 시내를 돌아다니며 시위운동을 벌였다고 전했다. 시위대의 선두에서 여성들이 흰 천에 '대한독립', '조선독립'이라고 쓴 깃발을 들고 입에서 입으로 독립만세를 외치며 시내를 행진했다. 《오사카아사히신문》은 "대단한 기운이 전 시가를 가득 채웠다"고 전했다(《大阪朝日新聞》, 1919. 3. 3, 7면; 윤소영 편역, 2009a, 81쪽 재인용).

일본 당국은 헌병경찰을 총동원해 경계를 엄중히 했지만, 시위대를 제지하는 것은 오히려 위험하다고 판단해 특별히 제지하지는 않았다.

낮 12시 20분, 경성 종로 사거리 보신각 부근. 학생과 노동자, 시민 400여 명이 모여 만세를 부르고 행진을 했다. 시위대는 종로경찰서 앞에서 제지를 받았고, 주동자 20여 명이 일본 경찰에 의해 체포됐다. 《매일신보》는 이날 시위에서 "군중의 다수는 노동자요, 학생도 더러 섞여 있었다"고 전했다. 지금의 프레스센터 자리에 위치해 있던 조선총독부 기관지 《경성일보》사 앞에서도 시위가 벌어졌다(《매일신보》, 1919. 3. 7, 1면; 김흥식, 2009, 78쪽 재인용).

만세운동 이틀째인 이날, 경성 외에 함흥, 해주, 황주, 중화, 강서, 대동 등지에서도 만세시위가 벌어졌다. 특히 평안도 지역이 뜨거웠다. 시기별로 독립만세시위의 주요한 흐름을 살펴보면 다음과 같다. 운동 초기에는 경성을 비롯한 경기도와 평안도, 황해도, 함경도 등 한반도 북부 지역을 중심으로 시위가 전개되기 시작한다. 평양을 중심으로 평안도가 특히 활발했고 천도교와 기독교, 학생 등이 초기 독립만세시위를 주도한 것으로 평가된다. 3월 중순에는 간도 지역과 러시아 연해주 지역 등 해외로도 번

지는 한편, 경기도와 경상도, 충청도 등 한반도 남쪽 지역으로도 급격히
확산한다. 이때 경상남도에서 특히 광범위하고 격렬하게 전개됐고, 종교
조직이나 학생들과 함께 지방 유지와 지역 공동체가 적극적으로 참여하고
주도한 것으로 평가된다. 3월 말, 4월 초에는 강원도 등까지 포함해 한반
도 전역에서 시위가 맹렬하게 전개된 것으로 분석된다(金容稙, 1994. 11,
62~70쪽 참고).

　일제 측이 작성한 '조선소요사건 일별조표'에 따르면, 3월 2일 전국 5곳
에서 소요가 발생했고, 2곳에서 시위대와 일본 군경의 충돌이 발생했으며,
1곳에서 일본군의 발포가 이뤄졌다(윤병석, 2013, 438쪽 참고).

　오후 7시, 만주 안둥현 김병농 목사의 집. 피곤한 모습의 감리교 전도사
김지환이 모습을 드러냈다. 그는 미국 대통령 윌슨에게 보내는 독립청원
서와 파리강화회의 열강 대표들에게 제출할 의견서, 독립선언서를 현순에
게 전달하는 역할을 맡았다. 김지환은 지난 2월 28일 함태영에게서 독립
선언서와 독립청원서 등을 받고 3월 1일 경성역에서 출발해 신의주역에서
하차했다. 그는 일본 경찰의 감시가 심해 도보로 압록강 철교를 통과해 이
날 안둥현에 도착한 것이었다. 김병농은 이날 집에 없었다. 김병농은 의주
의 독립만세운동에 참가하기 위해 이미 귀국한 상태였다. 그 대신에 김지
환은 김병농의 아들 김태규에게 독립선언서 등의 서류를 중국 우편으로
상하이에 있는 현순에게 보내줄 것을 부탁했다. 김지환은 경성을 향해 다
시 발길을 돌렸다. 김지환은 귀로에 올랐다가 3월 3일 남만주의 백마역에
서 일본 경찰에게 체포됐다(고등법원, 1920. 3. 22, 12쪽).

　현순은 이날 중국 상하이에서 최창식과 함께 선우혁의 주선으로 신규
식, 이광수, 신헌민, 김철 등과 함께 자리했다. 현순은 이 자리에서 자신은
국내 독립당을 대표해 상하이에서 외교 선전 및 통신 활동을 펼치겠다고
말했다(고정휴, 2016, 58쪽 참고).

　일본 도쿄 도요타마군 요도바시초. 임규는 이날 가방을 들고 소마 아이
조(相馬愛藏)가 운영하는 가게에서 일하는 사촌 조카 임정자(林靜子)를 찾

아왔다. 그의 가방에는 모포와 비누뿐만 아니라 독립선언서와 독립통고문, 두루마리 종이 등이 담겨 있었다. 임규는 일본 정부와 귀족원, 중의원에 조선독립에 관한 의견서와 통고문 및 독립선언서 등을 전달하기 위해지난 2월 27일 밤 경성 남대문역에서 출발, 3월 1일 오후 4시 일본 도쿄에도착했다.

소마 아이조는 아직 숙소를 잡지 않은 임규에게 지쓰노하즈 12번지 자신의 집에 빈방이 있다며 평소 사용하지 않던 2층 건물의 별채 다다미 6첩방에 거처하도록 했다(고등법원, 1920. 3. 22, 11쪽; 국사편찬위원회, 1990a, 222쪽참고).

이날 일본 총리 하라 다카시는 조선에서 일어난 독립만세운동을 민족자결주의에 대한 오해에서 벌어진 것으로 오판한다. 일본의 식민지배에 반대하고 독립하겠다는 조선인들의 분명한 의지를 전혀 읽지 못한 것이었다. 그는 3월 2일 자 일기에 다음과 같이 적었다.

"조선 경성에서 학생들을 비롯해 2000~3000명이 조선독립운동을 위해집결했고 해산을 명하고 주모자를 체포했다는 것, 단 위험한 행동이 없었지만 조선 각지에서도 이러한 운동이 있어 경계를 위해 군대도 출동시켰다는 것을 알리는 전보가 있었다. … 요컨대 민족자결 등 근거 없는 공설에 영향을 받은 사실도 있지만 그 외에도 다소 원인이 있지 않을까 생각한다(일전에 송병준이 조선인에게 참정권을 빨리 부여하는 것이 득책이라는 말을 했는데이러한 사정을 감지했기 때문이었을까라고 생각된다)."(原奎一郎 편, 1950, 169쪽)

즉, 하라 총리는 3·1운동이 일제 식민지배에 대한 거부와 조선인의 독립 열망 때문이 아니라 민족자결주의 등에 현혹돼 일어났다고 본 것이다. 참으로 안타까운 인식 수준이다(신주백, 2001. 3, 44쪽 참고).

일본 정부도 그래서 3·1독립운동을 '조선만세소요사건'으로 부르며 기본적으로 '소요'로 해석한다. 소요는 뭇사람들이 들고일어나 폭행 협박함으로써 한 지역의 공공질서를 문란하게 한다는 의미로, 무질서를 강조한개념이라고 할 수 있다. 아울러 '사건'이라고 규정해 사건화를 시도한 것이다. 하라 다카시 내각은 조선총독부가 조금만 움직이면 독립만세시위는 금방 수습될 것으로 관측했다. 다나카 기이치 육군상도 처음에는 큰일이라고 여기지 않았던 것으로 보인다.

조선군사령관 우쓰노미야 다로는 이날도 조선총독부 등의 요청에 따라 7개 중대를 시위 대응에 차출했고, 이들 중 일부는 남기고 일부는 다른 곳에 파견하는 등 3개 중대를 3일까지 경성에 파견했다(宇都宮太郞關係資料研究會 편, 2007, 222쪽). 특히 조선총독 하세가와 요시미치는 이날 우쓰노미야 다로에게 군대로 평양 부근 상원의 시위를 진압하라고 명령했다. 우쓰노미야는 이에 "총독의 명에 따라 제19사단장에게 평양 부대를 이용해 평양 부근(상원 등)의 폭도 진압을 하명했다"고 일기에 적었다(宇都宮太郞關係資料研究會 편, 2007, 222쪽).

통곡하는 산하, 고종의 장례식

추위가 완연했던 3월 3일 월요일 새벽 3시, 경성 덕수궁 앞. 흰옷을 입은 조선인들이 아직 어둠이 자욱한 거리를 지키고 있었다. 대한문에서 훈련원 장의장으로 이르는 고가네마치도리(黃金町通) 5가 거리는 일찍부터 장례식 조문객으로 가득했다. 배관자들은 정숙하게 행렬의 출발을 기다리고 있다.

언론 보도 등에 따르면, 이날 오전 6시 30분 덕수궁 함녕전 정침인 영구봉안소에서 조식을 차린 뒤 이왕과 왕세자 이은, 이강 공이 모두 삼베 상복을 입고 영구와 마지막 작별로서 헌전(獻奠) 의식을 치렀다. 의식 중에 곳곳에서 '아이고' 소리가 터져 나왔다(≪大阪朝日新聞≫, 1919. 3. 4a, 석간 2면; 윤소영 편역, 2009a, 94쪽; ≪大阪每日新聞≫, 1919. 3. 4a, 석간 6면; 윤소영 편역, 2009b, 116~120쪽; ≪大阪每日新聞≫, 1919. 3. 4g, 석간 6면; 윤소영 편역, 2009b, 131쪽; 독립기념관 한국독립운동사연구소, 2015, 89~90쪽 등 참고).

서서히 날이 밝아온 오전 7시, 많은 사람들이 흰옷 상복이나 정장을 입고 미리 예정된 장소에 정렬했다. 자동차와 인력거는 끊임없이 대한문 쪽으로 달려왔다. 금빛 견장이 반짝거리는 고관, 연미복을 입은 일본인, 마로 된 조선 상복을 입은 사람….

오전 7시 반, 대한문에서 다이헤이도리(太平通), 하세가와초 거리에 걸쳐 상여 행렬에 참여하는 관리들이 이미 도열한 채 기다리고 있었다. 덕수궁 함녕전 안에서는 희미하게 '아이고, 아이고' 하는 궁녀들의 통곡 소리가 들려왔다.

머지않아 장례식을 위해 특별히 임명된 사람들이 고종의 시신이 들어있는 커다란 관을 어깨에 메고 덕수궁에서 서서히 나왔다. 진홍색 모직물로 덮여 있는 관은 광명문을 나와서 작은 상여로 옮겨졌다. 대한문 밖에 이르자 관은 다시 큰 상여로 옮겨졌다. 황동 장식으로 눈부시게 빛나며 연꽃과 봉황으로 장식된 약 7미터 길이의 이 대여는 보라색 다마스크(한쪽 면은 광택이 있고, 다른 면은 어둡게 해 무늬를 두드러져 보이게 하는 직물 방식) 직물로 덮여 있었다. 하세가와 요시미치 조선총독, 우쓰노미야 다로 조선군사령관 등 조선총독부 고위 관리 및 일본군 지휘관들도 오전 7시부터 덕수궁에서 긴장된 모습으로 장례식을 지켜봤다.

오전 8시, 재궁을 실은 대여가 대한문 앞을 조용히 출발했다. 대여가 대한문에서 움직이기 시작하자 용산에 대기하고 있던 포병대는 1분간 101발의 조포를 발사했다. 이 조포는 제물포항에 정박 중이던 순양전함 구라마호와 이부키호, 다른 작은 배에서 발사된 21발의 포성의 울림과 섞이면서 경성을 뒤덮고 있던 고요를 깨뜨렸다.

대여를 따라 상주인 이왕이 이화문장의 마차를 타고 슬픔이 가득한 얼굴을 하고 따랐다. 그 뒤를 이재각, 윤택영, 박영효 등 친족과 하세가와 요시미치 조선총독, 야마가타 이사부로 정무총감 이하 장의계 고등관 등 많은 관계자들이 따랐다. 행렬이 이뤄지는 동안 일본 해군 군악대가 곡「슬픔의 극치」를 연주했다. 대여가 지나가자 연도에는 수십만의 시민들이 쏟아져 나와 '아이고'를 외치며 오열했다. '아이고' 소리가 경성에 진동했다. 땅바닥에 무릎을 꿇고 통곡하는 이들, 하늘을 올려다보며 통곡하는 이들…. 이날 고종의 배관을 위해 각지에서 올라온 사람은 수십만 명에 이른 것으로 추정됐다.

오전 10시, 장례식 행렬 선두가 고가네마치 종점에서 보이기 시작했다. 많은 요인과 관계자들이 장례 행렬을 맞는 가운데 영어가 조용하게 장례식장인 훈련원(과거 동대문운동장)으로 들어갔다. 영어는 소리 없이 장례식장에 안치됐다. 고종의 장례식이 열렸다. 주악이 울리는 가운데 제관이 음식과 폐물을 진설했다. 제문 봉독과 배례, 선물 등이 헌상됐다. 이왕 등이 순서대로 배례했고, 오전 11시가 지나면서 장례식이 끝났다. 우쓰노미야 다로 조선군사령관 등은 정오가 되기 전에 관저로 돌아갔다.

오후 1시 30분, 장례 행렬은 장례식 의식을 끝내고 묘지가 있는 경기도 양주 금곡을 향해 출발했다. 이왕을 비롯해 장례 관계자는 청량리에서 노제를 지냈다. 오후 11시, 장례 행렬은 경기도 양주 금곡 묘소에 도착했다. 금곡 묘지에 도착한 사람은 모두 3000여 명. 수천 개의 화톳불을 켜놓고 휘황한 불빛 속에 침전 빈전을 거행했다. 고종의 시신은 4일 새벽 금곡 묘소에 매장됐다. 한민족은 이날 일본 고베시와 후쿠시마, 중국의 간도 용정 등지에서도 고종의 장례식이나 애도식을 열어 고종의 죽음을 애도했다.

일본 지도부는 고종의 장례식 날 경성에서 큰 시위나 혼란이 벌어지지 않은 것에 안도했다. 조선군사령관 우쓰노미야 다로는 고종의 장례식을 무사히 마치고 관저로 돌아온 뒤 일종의 유쾌 또는 안도감을 느꼈다고 한다. 지난 3월 1일 시작된 만세시위가 고종의 장례식 날에도 발생하지 않을까 하고 우려했던 그였다. 그는 이날 오찬에서 관례를 깨고 혼자 술을 마시며 최근 며칠간의 걱정을 쓸어내렸다(宇都宮太郎關係資料研究會 편, 2007, 222쪽).

우쓰노미야는 오후에는 말을 타고 경성의 상황을 시찰했다. 많은 조선인들이 경성 거리에 나와 있지만 만세시위의 모습을 거의 볼 수 없었다고 기록했다. 그는 야마가타 이사부로 정무총감의 관저를 방문했지만 부재하자 하세가와 요시미치 조선총독을 방문했다. 우쓰노미야 다로는 하세가와 요시미치를 만나 고종의 장례식을 무사히 마친 것을 축하하고 오후 5시경 관저로 돌아왔다. 그는 관저로 돌아와 독립만세시위로 마음고생이 가장 심한 고지마 소지로 경무총장에게 새우 등을 선물로 보냈다(宇都宮太郎關係資料硏究會 편, 2007, 222쪽).

"왜놈 물러가라" 수안의 눈물

고종의 장례식이 엄수되던 3월 3일 경성에서는 독립만세시위가 벌어지지 않았지만, 황해도와 평안도 등에서는 독립만세운동이 들불처럼 번져갔다. 황해도 수안에서는 새벽부터 시위가 이어졌다.

3월 3일 오전 6시, 황해도 곡산군 수안읍 천도교구실. 일본 군경의 검속을 피한 한청일, 홍석정 등 천도교인 150여 명이 모였다. 이들은 2개의 대형 태극기를 높이 세우고 만세를 부르며 금융조합 앞 큰길을 지나 수안 헌병분견대로 나아갔다.

시위대는 "우리는 이미 조선독립을 선언했으니 너희들은 속히 분대를 내어놓고 물러가라"고 외쳤다. 시간이 흐르자 대열은 점점 증가했고, 분위기는 더욱 달아올랐다. 몇몇 시위대는 헌병대 사무실에 몰려가 분대장에게 분견대를 인도할 것을 강경하게 요구했다. 헌병분대장은 상부로부터 지시받은 바가 없다며 경성 본부에서 연락이 오는 대로 물러나겠다는 뜻을 밝혔다(고등법원, 1920. 3. 22, 12쪽 참고). 이날 시위는 앞서 3월 1일 황해도 곡산의 천도교도 이경섭이 경성에서 보내온 독립선언서와 시위 관련 소식을 수안읍 천도교구장 안봉하에게 전하면서 기획·준비됐다. 일본 헌병대가 미리 만세시위 계획을 파악하고 주동자를 검속했지만, 이를 피한 사람들을 중심으로 이날 시위가 이뤄졌다.

시위대는 이날 환성을 올리며 시가지를 돈 뒤 오전 11시경 수안읍 천도교구실 앞에 모였다. 이때 수안 각지에서 천도교인 시위 행렬이 읍내로 들어와 합류했다. 이 과정에서 대천면 사리원교구의 천도교인들이 행렬 도중 대천면 사창리에서 남정리 주재소 헌병의 저지를 받았다는 사실이 알려졌다.

시위대 150여 명은 이에 오후 1시쯤 다시 수안헌병분견대 사무실로 몰려가 독립만세를 외치며 억류된 사람들의 석방을 요구하고, 헌병분견대의 퇴거를 거듭 요구했다. 몇몇 시위대는 헌병분견대로 돌입해 문간에 설치한 장애물을 제거하고 헌병대의 퇴거를 강경하게 요구했다.

이때 헌병이 시위대를 향해 발포하기 시작했다. 수안 인근 곡산에서 독립선언서 배포를 책임졌던 천도교도 홍석정이 총탄에 쓰러졌다. 홍석정의 아들도 일경에게 체포됐다. 홍석정은 전날 새벽 3시 이종일에게서 독립선언서 배포를 부탁받은 천도교도 이경섭이 경성에서 걸어오면서 발이 아파 제대로 걷지 못하자 그를 대신해 독립선언서를 곡산읍에 배포하기도 했다. 이날 수안읍에서 9명이 죽고 18명이 다쳤다. 수안 의거는 선천 의거와 수원 의거, 창원 삼진 의거과 함께 3·1운동 4대 의거로 높이 평가된다. 수비대는 천도교당을 점거하고 공금 600원을 탈취했다(국사편찬위원회, 1990a, 200쪽, 203쪽, 205쪽; 한국독립운동사편찬위원회, 2009a, 195~196쪽 참고).

일본 언론은 일본 군경이 시위대를 향해 발포했다는 사실을 제대로 알리지 않았다. 그 대신 시위대가 헌병대를 습격했고 협박·폭행했다며 "위험이 급박해 도저히 평상시의 수단으로는 진압할 가망이 없어서 결국 발포"했다고 일본 군경의 입장만 일방적으로 전달했다.

"3일 오전 6시 천도교도 등 150여 명의 집단이 헌병대를 습격해 일단 후퇴했다가 오전 10시경부터 오후 7시경까지 세 차례에 걸쳐 습격했다. 함성을 올리면서 헌병분대 건물을 건네라고 협박하며 폭행해 헌병대와 충돌했다. 결국 군중 9명의 사망자와 18명의 중상자가 발생하자 퇴각했는데 인심이 흉흉하다."(≪大阪朝日新聞≫, 1919. 3. 7e, 7면; 윤소영 편역, 2009a, 110

"황해도 수안에서 3일 오전 6시 천도교도 집단 150명이 헌병대로 쳐들어왔지만 점점 퇴산시켰다. 사망 2명, 부상자 5명이 발생했다. … 수안의 천도교단은 3일 오전 11시부터 오후 7시까지 세 차례 헌병분대 구내로 몰려와 분대장을 넘기라고 협박하며 폭행을 가했다. 위험이 급박해 도저히 평상시의 수단으로는 진압할 가망이 없어서 결국 발포해 폭도 9명이 죽고 18명이 중상을 입었다."(≪大阪每日新聞≫, 1919. 3. 7d, 11면; 윤소영 편역, 2009b, 144쪽 재인용)

조선총독부 기관지 ≪매일신보≫도 수안의 시위대가 수안헌병분견대를 음습했다는 식으로 보도했다(황민호, 2006. 6, 176쪽 참고).

오전 10시, 평안남도 서남부에 위치한 강서군 강서읍. 장날이었던 강서읍장에서 학생과 기독교도와 천도교도 수천 명이 참여한 가운데 독립선포식이 열렸다. 기독교 측에서는 최승택, 박상현, 박의현, 홍석찬 등이, 천도교 측에서는 이진식, 김병주, 황재호, 변경식, 송현건 등이 주도적으로 참여했다. 시민들은 독립선언서를 낭독하고 독립만세를 삼창했다. 시민들은 이어 거리로 쏟아져 나와 독립만세를 외치며 시가행진을 시작했다. 많은 장꾼들이 합류하면서 4000여 명의 물결을 이루었다. 시위행진이 무르익자 일본 헌병과 경찰, 보병 등이 총출동했다. 일본 군경이 시위대를 향해 발포했다. 이날 강서 시위 현장에서 9명이 죽고, 4명이 다쳤다. 또한 수십 명이 검거됐다(한국독립운동사편찬위원회, 2009a, 236쪽 참고).

오전 11시, 평안도 북서부 청천강과 접한 안주군 율산공원. 학생과 천도교도, 기독교도 등 5000여 명이 모였다. 이들은 독립선언서를 낭독하는 등 독립선언식을 거행했다. 안주 시위는 천도교도들이 주로 기획·준비했다. 즉, 천도교 안주교구장 김안실은 경성에서 보내준 독립선언서가 도착하자 간부들과 상의해 독립만세시위를 벌이기로 하고 기독교 측에 연락하는 한편, 독립선언서를 대량 복사하고 태극기도 대규모로 제작했다.

안주 시민들은 대형 태극기와 악대를 앞세우고 독립만세를 외치며 읍내를 행진하기 시작했다. 시위대는 연도에 있는 시민들에게 독립선언서와 태극기를 나눠줬다. 많은 시민이 합류했다. 시위대는 안주읍성 동문 안에서 출발해 서문연당(西門蓮塘) → 공립보통학교 → 공립농업학교 → 군청 → 평양지방법원 안주지청을 거쳐 안주헌병대에 도착했다. 시위대는 오후 4시쯤 안주헌병대를 포위하고 지난 3월 1일 시위에서 검거된 김화식과 박의송 등의 석방을 요구하며 만세시위를 벌였다. 일본 헌병들이 시위대를 향해 발포했다. 천도교도 연성운을 비롯해 천도교도 2명이 그 자리에서 숨졌고 5명이 부상을 입었다. 그리고 20여 명이 체포됐다(한국독립운동사편찬위원회, 2009a, 240쪽 참고).

일본 언론은 안주에서 일본 군경이 발포했다는 사실을 제대로 알리지 않았다. ≪오사카마이니치신문≫은 되레 시위대를 폭민이라고 부르며 헌병분대를 습격하고 폭행을 가했다고 사실과 다른 내용을 보도했다.

"평안남도 안주에서는 3일 오후 4시 약 1000명의 폭민이 헌병분대를 습격해 유치 중이던 소요 피고인을 탈환하고자 해 폭행을 가했지만 설득해 일단 해산시켰다."(≪大阪每日新聞≫, 1919. 3. 7c, 11면; 윤소영 편역, 2009b, 143쪽 재인용)

일본 헌병대는 그 자리에서 20여 명을 체포한 뒤 시내에서 엄중한 경계망을 펴고 일부 주동자들을 검거했다. 안주 군수 김의선은 일본 군경의 무차별 발포에 대해 헌병대에 직접 찾아가 "이와 같이 잔혹한 짓을 할 터이면 왜 조선인 전부를 살육하지 않느냐"고 헌병분대장에게 강력히 항의했다(윤병석, 2013, 490쪽 참고). 김의선은 이후 죽은 사람의 가족을 찾아다니며 위로했고, 나중에 군수직을 내던지고 압록강을 건너가 독립운동에 투신했다(한국독립운동사편찬위원회, 2009a, 240쪽).

이날 황해도 황주군 겸이포에서는 독립만세시위에 제철소 노동자들이 가세했고 경찰서에 근무하던 조선인 순사 17명이 모두 사직했다(한국독립운동사편찬위원회, 2009a, 192쪽 참고).

일제 측이 작성한 '조선소요사건 일별조표'에 따르면, 3월 3일 예산, 개성, 사리원, 수안(2회), 곡산, 통천 등 전국 10곳에서 만세시위가 벌어졌고, 4곳에서 충돌이 발생했으며, 3곳에서 일본군의 발포가 이뤄졌다(윤병석, 2013, 438쪽 참고).

한편 천도교 보성전문학교 교장 박익선과 이종일 등이 주도적으로 준비해온 ≪조선독립신문≫은 3월 3일 자 제2호에서 임시정부 조직을 예고했다. 이들은 신문에서 "일간 국민대회를 개하고, 가정부(假政府: 임시정부)를 조직해, 가대통령(임시대통령)을 선거한다더라. 안심안심, 불구에 호소식이 존하리라"라고 전했다(신용하, 2006b, 103쪽 참고).

군대 파견 및 발포 진압 보고

3월 3일, 도쿄 지요다구 유락초 경시청사(현재는 지요다구 가스미가세키로 이전). 평양 기독교서원 총무 안세환과 백남훈이 일본 경시청에 나타났다. 안세환은 지난 2월 27일 경성을 출발해 3월 1일 도쿄역에 도착한 뒤 간다구 스루가다이의 여관 '류메이칸'에서 투숙해왔다(고등법원, 1920. 3. 22, 11쪽 참고).

안세환은 경시청에서 국회의원인 '대의사(代議士)'를 면회하려 했지만 하지 못하고 그 대신 경시총감을 만나고 싶다고 밝혔다. 일본 정부에 조선독립 의지와 독립선언 통고서 등을 전달하기 위해서였다. 경시총감 오카 기시치로(岡喜七郞)는 안세환과 백남훈을 만났다. 백남훈의 진술 조서(국사편찬위원회, 1990a, 225쪽 참고) 등에 따르면, 안세환은 이 자리에서 오카 기시치로 경시총감에게 다음과 같이 말했다.

"인류는 자유롭게 생각하고 자유롭게 행동하지 않으면 안 된다. 조선인은 종래 총독정치에 의해 여러 가지로 차별받았고 학대받아 언제나 이익을 얻지 못하고 있다. 인류는 자유를 원하고 있으니 그것을 근본적으로 해결하기 위해서는 독립을 하는 수밖에 없다. 세계의 대세도 요즈음 민족자결이라는 쪽으로 기울어지고 있으므로 그 점에서 보더라도 독립을 하지 않으면 안 된다. 그래서 그것을 일본 정부, 의회 등에 진정하고 싶은데, 의회에 진정하려면 어떤 절차를 밟으면 되는가. 내무상과도 만나서 이야기하고 싶으니 만나도록 알선해달라."

오카 기시치로는 답했다.

"온건하게 의견을 진술하는 것은 좋은 일이다. 총독부에서 이번에 취한 방법이 나빴다는 점에 대해서는 매우 유감으로 생각하므로 나도 그런 일이 없도록 진력해주겠다. 그러나 조선의 독립이라는 문제에 대해서는 나의 처지에서는 무엇이라고 말할 수 없다. 의회에 진정하는 데에는 대의사의 소개가 필요하다."

안세환은 오카 기시치로 경무총감을 만난 이후 일본 경찰의 밀착 감시를 받게 됐다. 안세환은 이후 일본 정부 내무상을 만나 조선독립의 불가피성과 순기능에 대해 설명하고 이해를 구하려고 했지만 이뤄지지 못했다.

임규는 이날 일본 소마 아이조의 다다미방에서 주석을 단 독립선언서와 번역한 조선독립통고문을 각각 세 통씩 정서해 일본 총리와 중의원 및 귀족원 양원에 보냈다(고등법원, 1920. 3. 22, 11쪽; 국사편찬위원회, 1990a, 222쪽 참고). 임규에게 상을 차려 가져간 임정자는 "임규가 책을 읽기도 하고 무엇을 쓰기도 했다"고 나중에 7월 16일 도쿄지방재판소에서 진술했다(고등법원, 1920. 3. 22, 11쪽; 국사편찬위원회, 1990a, 222쪽 참고). 임규는 3월 9일 오후 3시 도쿄역에서 귀국 도중에 일본 경찰에게 체포됐다.

조선총독 하세가와 요시미치는 이날 다나카 기이치 육군상에게 만세시위와 관련해 군대 파견과 발포 진압이 있었음을 보고했다(전보 제2호, 밀제102호, 기11).

"(3월) 2일 (평안남도) 상원에서는 폭도가 순사주재소를 파괴하고 경관을 포박해 이를 구원하기 위해 장교 이하 약간 명이 출동, 안주에서는 1일 이래 소요가 아직 그치지 않아 형세가 가장 험악하므로 어제 2일 밤 군사령관(우쓰노미야 다로 조선군사령관)에게 필요에 응해 평양에 있는 부대를 사용해 진압을 꾀하도록 지시함. 지금 얻은 정보에 의하면, 어제 오후 대동, 증산, 강서, 용강, 적지동 등 각지 불온 형세로서, 강서 및 안주에는 어제 오늘(3일) 각 보병 11명을 파견했음. 평양에서는 오늘 오전 군중이 다시 불온의 거동으로 나왔으므로 이의 진압에 힘쓰는 중, 당지 외에 선천, 평양 등에서는 군중이 같은 모양의 운동을 하기 때문에 군사령관은 임시조치로서 선천에서는 철도경계 중의 보병 1개 소대, 평양에서는 보병 약 1개 중대를 시위 진압의 목적에 사용함."(윤병석, 2013, 484쪽 재인용)

하세가와 요시미치도 하라 다카시처럼 조선민중을 '폭도', '군중'으로 바라봤고, 이들의 만세시위를 '소요', '불온 형세'로 평가했으며, 시위의 '진압'을 제언했다. 일제는 이로부터 군경을 출동시켜 총과 칼 등으로 다수의 살상자를 내고 강제 진압했다.

일본 언론은 이날 3·1운동과 시위를 처음 보도하기 시작했다. 기사의 양은 적었고, 그 내용도 피상적이었다. ≪도쿄아사히신문≫은 이날 "불온 격문 배포"와 진남포 특파원발로 "진남포에서도 불온의 형세"라는 기사 두 건을 게재했다. ≪도쿄니치니치신문(東京日日新聞)≫도 이날 경성 특전 형식으로 "군중 대한문에 모여", "작일도 역시 소란", "선동자는 천도교조라 칭하는 일파", "총독 유고를 발하다, 망동자는 엄중히 처분", "유언비어에 미혹하지 말라" 등의 기사를 내보냈다(이규수, 2003. 2, 267쪽 참고). ≪오사카아사히신문≫도 조간 7면에 관련 기사 "야소교(기독교)도인 조선인의 폭동"을 통해 3·1운동을 처음 보도했다(≪大阪朝日新聞≫, 1919. 3. 3, 7면; 윤소영 편역, 2009a, 80~81쪽 참고). ≪오사카마이니치신문≫ 역시 경성과 진남포 등의 시위 모습을 간략히 전하면서도 하세가와 요시미치 조선총독이 3월 1일 오후 발표한 유고를 비중 있게 다뤘다(≪大阪每日新聞≫, 1919. 3. 3a~c, 6면; 윤소영 편역, 2009b, 109~111쪽 재인용).

성천의 비극과 사천 모락장의 학살

3월 4일 오전 6시, 평안남도 양덕군 상석리 천도교구당 앞. 각 면에서
몰려온 천도교도 등 주민 수천 명이 모인 가운데 독립선언서 낭독과 함께
독립선포식이 진행됐다. 이들은 이어 헌병대와 우체국 등이 있는 하석리
방면으로 시위행진을 벌였다. 금융조합장이 오전 9시쯤 시위대를 질타하
자, 시위대는 "너는 조선 사람이 아니냐"며 구타했다. 일제 헌병이 쫓아와
서 발포했다. 10여 명이 사상했다. 시위대는 헌병분견소로 몰려갔고, 일제
헌병이 다시 발포했다. 20여 명이 죽고, 30여 명이 부상을 당했다(한국독립
운동사편찬위원회, 2009a, 244쪽 참고).

오전 10시, 평안남도 대동군 금제면 원장리 원장교회의 합성학교 운동
장. 기독교도 1000여 명이 모였다. 이들은 기도와 독립선언서 낭독, 연설
을 끝으로 평화적 시위를 시작했다. 원장리의 독립만세운동은 대동군 반
석면에 위치한 반석교회 장로이자 반석학교를 세워 운영 중이던 조진탁이
2월 28일 평양에 갔다가 3월 1일 그곳에서 거행된 독립만세운동에 참여한
뒤 독립선언서를 몇 장 얻어 가지고 급히 돌아오면서 시작됐다. 조진탁은
돌아오는 길에 원장에 들러 교회 지도자인 윤상열, 고지형, 차현구 등을
만나 평양의 만세운동에 대해 설명하고, 다음 날 반석교회 지도자 최능현
과 백이옥, 송현근 등을 만나 반석 및 원장 두 교회가 중심이 돼 독립만세
운동을 전개하기로 결의했다. 원장리의 합성학교를 중심으로 만세시위 준
비가 진행되는 가운데 인접한 지역인 강서군 반석면 모락장(사천시장)에서
만세시위를 추진 중이던 최능현, 송현근 등 10여 명이 앞서 일본 경찰에게
체포되기도 했다.

시위대는 대형 태극기를 앞세우고 나팔수를 선두로 손에 태극기를 쥐고
독립만세를 외치며 원장시장터로 향했다. 시위대가 장터를 한 바퀴 돌면
서 많은 주민들이 가담했고 다시 합성학교 교정으로 돌아왔다. 시위대는
이때 보통학교 학생들까지 합류하면서 3000여 명으로 늘었다. 일본인 보

통학교 교장과 경찰관 주재소 주임도 시위대의 기세에 못 이겨 독립만세를 따라 부르는 진풍경이 펼쳐졌다. 이때 인접한 지역인 강서군 반석면 모락장 만세시위를 준비하던 동지들이 강제 연행돼 사천 헌병주재소에 갇혀 있다는 사실이 시위대에게 알려졌다. 시위대는 동지들을 구하기 위해 대형 태극기를 앞세우고 대동군 금제면 원장리에서 25리가량 떨어진 강서군 반석면 상사리 모락장 방면으로 행진을 벌였다. 모락장은 강서군과 대동군의 경계쯤에 위치한 오일장이었다.

사람이 계속 불어난 시위대가 사천시장 북쪽에 도달했다. 이때 대동군 반석면장 김종화의 밀고로 미리 매복 중이던 사천 헌병주재소장 사토 지쓰고로(佐藤實五郎) 상등병은 조선인 헌병 보조원 강병일, 김성규, 박요섭 등과 함께 시위대를 향해 발포했다.

시위대는 격분했고 곧 투석전을 전개했다. 사태가 불리해지고 탄약도 떨어진 사토 지쓰고로 사천 헌병주재소장과 보조원 3명이 도망가려 했지만 분노한 시위대에게 붙잡혔다. 사토 지쓰고로 상등병과 헌병 보조원 김성규, 강병일, 박요섭 세 사람은 분노한 시위대에게 그 자리에서 피살됐다. 사토 지쓰고로의 아내 우메코는 이날 권총을 발사하며 도망쳐 목숨을 건졌다. 시위대는 체포된 사람들을 모두 구출하고 헌병주재소를 불태웠다. 이날 현경묵 등 19명이 현장에서 숨졌고, 40여 명이 부상을 입었다(한국독립운동사편찬위원회, 2009a, 227쪽 참고).

일본 언론은 시위대를 '폭도', '폭민'이라고 부르면서 이들이 헌병주재소를 습격하고 폭력을 휘둘러 어쩔 수 없이 발포했다는 식으로 보도했다.

"4일 평안북도 사천에서 조선인 폭도 수백 명이 봉기해 헌병은 이를 진압하고자 노력했지만 쉽게 진압되지 않아 할 수 없이 발포해 사상자가 발생했다. 이곳 헌병주재소장 상등병 이하 보조원 전원이 살해당하고 주재소는 불태워졌다."(≪大阪朝日新聞≫, 1919. 3. 7e, 7면; 윤소영 편역, 2009a, 110쪽 재인용)

"평안남도 사천 헌병대는 별보와 같이 4일 밤 폭도의 습격을 받아 서장

이하 상등병, 보충원에 이르기까지 전부 살해되고 청사도 파괴됐다."(≪大阪每日新聞≫, 1919. 3. 7c, 11면; 윤소영 편역, 2009b, 142쪽 참고)

시위대에게 피살된 사토 지쓰고로 상등병은 1985년 오이타현 오이타군 노즈하라무라에서 사토 우이치의 장남으로 태어났다. 1905년 12월 헌병에 임명돼 1913년 조선에 부임했다. 그는 1913년 2월 아내 우메코와 결혼했다(≪大阪朝日新聞≫, 1919. 3. 9d, 7면; 윤소영 편역, 2009a, 122~123쪽 참고). 함께 피살된 조선인 헌병 보조원 김성규와 강병일, 박요섭은 각각 1910년과 1916년, 1917년 헌병 보조원이 됐다. 박요섭은 사망 당시 23세로, 사망한 일본 헌병 가운데 최연소자였다(친일반민족행위진상규명위원회, 2006. 12, 548~559쪽 참고).

일본 헌병대는 사천 헌병분견소 피격 소식에 곧바로 출동해 독립만세시위자들에 대한 대대적인 검거에 나섰다. 일경은 가가호호 방문하면서 만세시위에 가담한 주민 400여 명 이상을 체포했다. 일제는 만세시위를 주도하고 사토 지쓰고로 타살에 가담한 것으로 알려진 조진탁 등에 대해서는 궐석재판을 통해 살인과 방화, 소요 및 보안법 위반 혐의로 사형을 선고하고 전국에 지명수배했다. 강서군 사천 모락장 시위에 대한 무차별 발포와 뒤이은 주민 400여 명에 대한 무더기 검거 등 보복 행위는 수원 제암리 학살과 정주 학살, 맹산 학살 사건과 함께 3·1운동 당시 일제가 벌인 가장 야만적인 학살로 꼽힌다.

오전 11시, 평양의 동북방 대동강 상류에 자리한 평안남도 성천군 성천읍의 천도교구당 앞. 천도교 성천교구장 이돈하는 시민 4000여 명이 모이자 독립선언서를 낭독하고 "대한독립만세"를 삼창했다. 여기저기에서 태극기가 배포됐다. 이돈하는 앞서 2월 하순에 평양에서 열렸던 천도교 대교구장회에 참석한 뒤 2월 28일 밤차로 독립선언서를 가지고 급히 성천에 돌아왔다. 그는 3월 1일 성천에 도착하자마자 교우들을 소집해 만세운동 계획을 잡았다. 이돈하는 이대수를 구룡 및 능중 2개 면에, 박치상을 삼덕과 쌍룡 2개 면에, 석이원을 사가면에 각각 급파해 교우들을 동원했다.

이돈하 등 천도교 지도부는 시민들을 이끌고 가두시위에 돌입했다. 시위대 1000여 명은 읍내 상부리 동명관(東明館) 앞 헌병대를 향해 행진했다. 시위대는 헌병대 정문 앞에서 대한독립만세를 외쳤다. 성천 헌병분견소의 과잉 진압으로 유혈 충돌이 발생했고, 헌병분대장이 부상을 입었다. 일본인 헌병과 보조원 10여 명은 일렬횡대로 서 있다가 시위대를 향해 무차별 사격을 가했다. 23명이 현장에서 즉사하고, 40여 명이 중상을 입었다. 시위대는 이에 괭이와 도끼 등을 들고 대항했다. 시위대는 오후 6시경 해산했다. 일제는 성천의 만세시위를 진압하기 위해 평양으로부터 수비대 1개 중대를 파견했다. 이날 주민 500여 명이 체포됐다(고등법원, 1919. 9. 18; 독립운동사편찬위원회, 1970a, 389~392쪽; 한국독립운동사편찬위원회, 2009a, 231쪽 참고).

일본 헌병대의 성천 발포 상황에 대한 한국 연구자의 분석과 일본 언론의 보도는 확연히 엇갈린다. 한국 연구는 일본 군경과 시위대 사이에 육박전이 벌어져 헌병분대장 마사이케 가쿠조(政池覺造)가 중상을 입자 헌병이 무차별 총격을 가했다고 분석한다(이이화, 2015, 235쪽 참고). 반면 일본 언론은 각종 무기로 무장한 시위대가 헌병분대를 '습격'해 파괴 행위를 벌여 어쩔 수 없이 발포했다고 보도했다. 당시 일본 신문 기사 중 일부다.

"평안남도 성천에서도 역시 4일 오전 10시 곤봉과 낫, 도끼 등 흉기를 휴대한 약 200여 명의 조선인 군중이 헌병분대로 습격해 유리창과 그 외를 파괴하고 완전히 폭도로 변해 헌병분대 전부를 격살하자고 절규했다. 결국 헌병대는 이들에게 발포하지 않을 수 없었는데 ….."(≪大阪朝日新聞≫, 1919. 3. 7e, 7면; 윤소영 편역, 2009a, 109쪽 재인용)

일제 측 '조선소요사건 일별조표'에 따르면, 3월 4일 10곳에서 만세시위가 벌어졌고, 3곳에서 충돌이 발생했으며, 2곳에서 일본군의 발포가 이뤄졌다(윤병석, 2013, 438쪽 참고).

언론을 통한 프레임 짜기

3월 4일 이른 아침, 정무총감 야마가타 이사부로가 우쓰노미야 다로 조선군사령관을 찾아왔다. 야마가타 이사부로는 우쓰노미야 다로에게 만세시위 대응에서 일본군의 협력에 감사를 표시한 뒤 만세시위에 대해서도 이야기했다. 우쓰노미야 다로는 이 자리에서 만세시위에 관한 기사, 특히 외국인 선교사 등의 시위 교사나 선동 등의 사실에 대한 기사를 공개할 것을 제안했다(宇都宮太郞關係資料硏究會 편, 2007, 223쪽). 즉, 만세시위에 대한 배후 선동 사실 등을 제기하자는 것인데, 사실상 만세시위에 대한 언론 공작이나 여론 조작을 주문한 것으로 해석된다. 실제로 이후 일본 언론은 시위대의 폭력성과 배후, 희생된 일본인 또는 조선인 군경 및 보조원들의 시언을 전하며 반대 여론을 확신시켰다.

우쓰노미야도 이날 밤 다나카 기이치 육군상에게 흘림체로 긴급 전보를 타전했다. "성천 헌병분대장 마사이케 가쿠조 사망." 마사이케 가쿠조 일본군 성천 헌병분대장도 충돌 과정에서 시위대로부터 오른쪽 무릎 및 두 군데 중상을 입고 목숨을 잃은 것이다. 일본군 장교의 죽음은 일제의 여론 조작에 좋은 먹잇감이 됐다.

마사이케 가쿠조의 피격 상황에 대한 구체적인 설명은 일본 언론조차 서로 달라 정확한 실상을 확인하기 쉽지 않다. ≪오사카아사히신문≫은 "헌병 대부분은 폭도 진압을 위해 출동하고 분대 안에는 겨우 분대장 이하 6명의 헌병이 남아 있을 뿐이었다. 중과부적이어서 분대장은 검을 휘두르며 폭도를 공격하고 다른 헌병은 발포해 격퇴하던 중 우연히 폭도가 발사한 총탄 한 발이 분대장의 오른발에 명중했다"며 시위대의 총격으로 마사이케가 사망에 이르렀다고 보도했다(≪大阪朝日新聞≫, 1919. 3. 11a, 석간 2면; 윤소영 편역, 2009a, 132쪽 재인용). 반면 ≪오사카마이니치신문≫은 "… 조선인 대표와 응접실에서 면회했다. 그들은 분대의 사무를 자신들에게 넘기라는 등 무법적인 요구를 해 분대장은 설득했지만 듣지 않고 그중 한 명이 어느새 마사이케 중위 뒤로 돌아 숨겨놓은 도끼로 중위의 무릎을 내리쳐서 다리를 절단했다"며 시위대의 흉기 가격으로 사망에 이르렀다고 보도했다(≪大阪每日新聞≫, 1919. 3. 11f, 11면; 윤소영 편역, 2009b, 169쪽 재인용).

일본 언론은 사망한 조선인 만세시위대에 대해서는 거의 보도하지 않으면서도 31세의 나이에 한반도에서 비운에 숨진 마사이케 가쿠조의 사연은 집중적으로 조명해 만세시위의 폭력성을 부각하려 했다. 마사이케의 죽음 또한 충분히 안타깝고 애도해야 할 일이었지만, 그와 달리 대한독립만세를 외치다가 이름 없이 쓰러져 간 수많은 조선인의 죽음과 삶을 제대로 조명하지 않은 것은 공정하지 못한 불의였다. 일본 언론 등에 따르면, 마사이케 가쿠조는 오이타현 시모게군 출신으로, 나카쓰중학교를 졸업하고 히메지 연대 사관후보생이 돼 도쿄사관학교에서 수학했다. 이후 히메지 연대에 임관한 뒤 조선군 성천 헌병분대로 전임됐다(≪大阪每日新聞≫, 1919. 3. 9b, 석간 6면; 윤소영 편역, 2009b, 154~155쪽 참고). 특히 일본 언론은 마사이케 가쿠조가 1917년 겨울 교토부립 제2고등여학교를 졸업한 미요코와 결혼한 뒤 1918년 10월 장남 노리오를 낳았지만 아들의 사진도 보지 못하고 숨졌다며 관련 소식을 연일 보도했다.

일본 언론은 경성 특파원발로 만세시위를 개략적으로 전달하면서도 만세시위를 흠집 내기 위한 시도를 집요하게 폈다. ≪오사카마이니치신문≫은 이날 조간 1면에 "조선과 일본의 융합"이라는 장문의 칼럼을 싣고 만세시위에 대해 민족자결주의를 잘못 이해한 경거망동이라며 비난했다.

"우리 조선인 중에 요즘 민족자결주의를 오해해 때때로 외국인 이간책에 희생이 돼 경솔하고 생각 없게도 스스로 불안, 궁핍의 참화에 빠지는 수단임을 알지 못하고 감히 경거망동해 다수를 소집해 소동을 일으키는 자가 있음은 걱정할 만한 일이라고 하지 않을 수 없다. 특히 외국인 중에 배일사상을 품고 이를 남용하는 자가 있으며 조선 인민을 기만해 그 도구로 삼고자 하는 자도 적지 않은 것 같다. 조선인이 아주 주의하지 않으면 안 되는 바이다."(≪大阪每日新聞≫, 1919. 3. 4f, 1면; 윤소영 편역, 2009b, 128~

131쪽 참고)

일본 언론도 3·1운동이 △ 민족자결주의의 오해, △ 외국인의 이간책과 선동, △ 경솔하고 생각 없는 경거망동 등에 의한 것이라고 지적한다. 즉, 3·1운동이 일제의 식민통치에 항거하고 민족의 독립 의지를 분명히 표현한 것이라는 점을 애써 외면한 것이다.

오전 11시, 감기 등으로 지난 1일 오후 고시고에 별장으로 떠났던 하라 다카시 총리가 도쿄로 돌아왔다(原奎一郎 편, 1950, 169쪽).

조선군사령관 우쓰노미야 다로는 이날 낮 관저에서 아키야마 요시후루 대장 및 그 부관과 오찬을 함께하며 응원의 말을 건넸고, 이날 밤에는 아키야마 요시후루 대장을 주빈으로 해 다카시마 도모타케(高島友武) 제19사단장, 시로우즈 아와시(白水淡) 중장(시모노세키 사령관), 진해항부 사령관 다도코로 히로미(田所廣海) 해군 중장 등 육해군 장교 30여 명을 초대해 민찬을 제공했다(宇都宮太郎關係資料硏究會 편, 2007, 223쪽).

일제가 프레임 짜기를 본격화했지만 독립을 향한 몸부림은 멈추지 않았다. 이날 경성에서는 많은 학생들이 학교에 등교하지 않았다. 독립만세 참여를 둘러싸고 여러 움직임이 복합적으로 이뤄지고 있었다고 당시 언론은 전한다.

"3월 4일에는 각 관공사립학교에 결석 생도가 많고 혹은 한 명도 출석하지 않은 학교가 있었는데, 그 원인은 불량 학생들이 이번 시위운동에 참가하지 않으면 죽이겠다고 위협을 하거나 또는 부형이 위험하다고 염려해 출입을 금하고 혹은 3월 1일 소요 후 고향으로 돌아간 자가 많은 까닭이더라."(≪매일신보≫, 1919. 3. 7, 1면; 김흥식, 2009, 78쪽 재인용)

강기덕, 김원벽, 한위건 등 각 전문학교 학생 지도급 대표와 장채극, 전옥결, 강우열 등 중등학교 대표들은 이날 경성 배재고등보통학교 기숙사에 모여 제2차 독립만세시위 계획을 논의했다. 이들은 이 자리에서 3월 5일 경성 남대문역에서 시위를 벌이기로 합의했다. 모임에서 강기덕과 김원벽은 제2차 독립만세시위의 최고선도자로 추대됐다. 쪽지와 통문을 돌리는 등 구체적인 준비도 시작했다(이이화, 2015, 228쪽 참고).

민족 대표의 위임으로 파견된 현순은 3월 4일 중국 상하이 프랑스 조계 내 바오창루(寶昌路) 329호에서 상하이에서 활동 중인 독립 인사들을 긴급 소집해 '독립임시사무소'를 설치하고 본격적인 독립만세 지원 운동에 나섰다. 중국 상하이에서 발행되는 영자 신문 ≪대륙보≫에 3·1운동 관련 첫 소식이 실린 것을 확인한 뒤였다. 신문은 많은 조선인들이 고종의 국장을 기회로 거사를 도모했고, 손병희 등 160명이 체포됐다고 보도했다. 현순은 사무소의 총무를 맡았고, 이광수·여운홍이 통신 서기, 신규식·신헌민이 서무, 김철·선우혁이 재무를 맡기로 했다. 독립임시사무소는 △ 3·1운동 소식을 세계에 알리고, △ 국내외 독립운동단체 대표자를 상하이에 불러 모아 향후 진로와 방책을 모색할 수 있도록 주선하며, △ 이를 통일적으로 수행할 최고기관을 조직하기로 의견을 모았다(고정휴, 2016, 59쪽; 이기형, 2004, 94쪽 참고).

현순은 이와 함께 국내에서 입수된 '독립선언서'를 이광수와 함께 영문으로 번역해 현지 언론에 알렸다. 또한 파리강화회의에 참가하는 프랑스, 미국, 영국, 이탈리아, 벨기에, 중국 대표에게 3·1 독립 요구를 알리는 장문의 전보를 발송했다(고정휴, 2016, 61쪽 참고). 현순은 쑨원 면담을 시도했지만 이뤄지지 못했고, 그 대신에 국민당의 영자 기관지 ≪상하이 가제트(The Shanghai Gazette)≫의 주임을 만나 영국 기자 한 명을 한반도에 들여보내 3·1운동의 진행 상황을 탐색해 오기로 의견을 모았다.

경성을 뒤흔든 2차 만세시위

날씨가 맑았던 3월 5일 수요일 오전 9시, 경성 남대문역 앞. 나팔 소리와 함께 학생과 시민들이 남대문역 광장으로 몰려나왔다. 학생들은 어깨띠를 두르고 기를 휘날렸다. 수많은 시위대가 뒤따랐다. 이들은 독립만세를 외쳤다.

남대문 근처에서 인력거를 탔던 김원벽은 당초 계획한 시간인 오전 9시 보다 약 10분쯤 늦게 남대문역 근처에 도착했다. 김원벽은 인력거를 타고 달리며 '조선독립'이라 쓰인 큰 기를 휘둘렀다. 자연스레 시위대의 선두에 선 모양새가 됐다(고등법원, 1920. 3. 22, 13쪽; 국사편찬위원회, 1990a, 31쪽 참고).

시위대는 급속히 불어났다. 미국인이 경영하는 세브란스병원 간호부 5~6명도 참가했다. 이들은 직접 독립선언서를 배포했다. 어깨에 지게를 지고 짐을 나르는 짐꾼이나 마차에 짐을 싣고 가는 짐꾼도 만세운동에 동참했다.

일부 시위대들은 '자유와 독립을 위해서는 피를 흘릴 각오가 다 돼 있다'는 마음의 표시로 붉은 천을 왼팔에 둘렀다. 시위대는 독립만세를 외치며 거리를 행진하기 시작했다. 시위에 참여했던 민경배는 당시를 이렇게 회고한다.

"3월 5일, 나는 여러 사람들과 함께 사랑하는 조국의 자유를 절규하면서 남대문을 떠나 행진하고 있었다. 자유를 위해서는 피를 흘릴 각오가 다 돼 있다는 마음의 표시로 우리들은 품에 붉은 피와 붉은 붕대를 감고 나섰다. 우리는 남대문역에서 종로를 향해 전진하면서 '만세'를 목이 터지도록 외쳤다."(민경배, 1966. 3, 86~87쪽)

전차용 고압선을 이어주는 전봇대에 팽팽하게 늘어진 전선줄도 만세 함성에 떨렸다. 조선은행 등 일제가 만든 근대식 건물 안에서 일하던 일본인과 조선인 중에도 창밖에서 울리는 거대한 함성에 놀라 밖을 내다보는 이들이 적잖았다.

학생 대표 강기덕과 김원벽은 이날 독립만세를 부르며 시민들을 이끌어 남대문 방향으로 행진했다. 시위대는 독립만세를 외치며 덕수궁 대한문 앞으로 나아갔다(이이화, 2015, 228~229쪽 참고).

일본 군경이 덕수궁 안팎, 주변에서 삼엄한 표정으로 기다리고 있었다. 갑자기 시위대 선두를 향해 맹렬하게 몰려왔다. 일본 군경이 시위대를 급습해 선두 대열이 주먹에 맞거나 칼에 찔렸고 잡혀가기도 했다. 부상자가 발생했다(≪大阪朝日新聞≫, 1919. 3. 8d, 7면; 윤소영 편역, 2009a, 118쪽 재인용).

일본 군경은 학생 대표 강기덕과 김원벽을 체포했다. 세브란스병원 간호부 1명도 관계 당국에 체포됐다. 민경배도 이때 일본 경찰에 붙잡혀 여러 차례 맞은 뒤 경찰서로 끌려갔다고 증언했다.

"우리가 덕수궁에 가까이 이르자 갑자기 일본 경찰이 몰려들었고, 그중 한 경관은 내 머리카락을 뒤에서 잡아당기고서 무섭게 나를 땅에 넘어뜨렸다. 발길이 사정없이 내 얼굴과 배를 찼다. 얼마 동안 정신을 잃었지만 그것도 잠깐, 내 머리를 잡아당기면서 종로경찰서까지 나를 끌고 갔다."(민경배, 1966. 3, 86~87쪽)

나머지 시위대는 보신각까지 진출했다. 보신각 앞에서 일본 경찰이 총을 쏘며 제지했다. 대열은 흩어졌다(이이화, 2015, 229쪽 참고). 일본 군경은 가차 없이 이들을 구속했다.

오전 10시 30분, 윤치호는 경성 종각 부근에서 만세시위 현장을 지켜본 뒤 그날 일기에 다음과 같이 적었다.

"경찰이 시위에 참가한 소년 소녀들을 끌고 가느라 바쁜 모습을 보았다. 그 장면을 보면서 흐느껴 울었다. 하지만 난 너무 무력하다!"(박미경 역, 2015, 271쪽)

오후 4시, 경성 동대문 밖인 동궁 부근. 일부 시위대가 이곳에 진출했고, 학생 300여 명이 행렬 뒤를 따라붙었다. 이들은 연호하며 동대문에 이르렀다. 남녀 학생, 간호부 등은 모두 왼팔에 붉은 천을 두르고 있었다. 헌병 경관에게 저지당해 다행히 별일은 일어나지 않았다. 이때 검거된 자는 100여 명에 이르렀다. 절반은 기독교 학생과 간호부였다(≪大阪朝日新聞≫, 1919. 3. 7b, 7면; 윤소영 편역, 2009a, 106쪽 재인용).

경성 시외 청량리에서는 유생 20여 명이 '반우식(返虞式)'을 마치고 귀환하는 이왕에게 상소를 시도하기도 했다. 반우식은 시신을 매장하고 난 뒤 신주를 집으로 가지고 오는 의식이다. 일본 경찰은 이들을 즉시 체포했다

(≪大阪每日新聞≫, 1919. 3. 8a, 11면; 윤소영 편역, 2009b, 149쪽 참고).

이날 현장에서 체포된 만세시위 참가자들은 경찰서에서 또다시 일본 군경에게 발길질이나 주먹세례를 받아야 했다. 일부는 의식을 잃기도 했다. 민경배의 증언이다.

"경찰서 입구에는 20명 이상의 경관들이 나란히 서서 발길로 걸어차기도 하고 칼집으로 얼굴을 내리쳐서 나는 거의 의식을 잃고 말았다. 얼마나 잔인하게 사람을 치는지 나는 이들이 나를 때리고 있는지, 딴 사람을 때리고 있는지까지도 분간 못 하고 있었다. 견디려야 견딜 수 없는 잔학성이었다. 손과 발에는 피가 흘러 진흙처럼 묻었고, 몸은 검고 퍼렇게 멍이 들고 있었다."(민경배, 1966. 3, 86~87쪽)

오후 11시, 경성 송현동 이 모 씨의 집. 도쿄 유학생을 중심으로 경성 시내 학생 60여 명이 모여 만세운동 등을 모의하다가 일경에게 석발됐다. 일제 헌병경찰은 이들을 모두 구속했다(≪大阪朝日新聞≫, 1919. 3. 8d, 7면; 윤소영 편역, 2009a, 118쪽 재인용).

이날 오후 2시쯤, 평안북도 삭주군 삭주읍에서도 기독교인과 천도교인 장대길 등의 주도로 3000여 명이 시내를 돌면서 독립만세시위를 벌였다. 일본 헌병대의 제지를 물리치며 헌병대 청사까지 진격했다. 헌병과 충돌하면서 4명이 현장에서 숨지고 20여 명이 붙잡혔다(독립운동사편찬위원회, 1970a, 467쪽).

일제 측 '조선소요사건 일별조표'에 따르면, 3월 5일 전국 15곳에서 만세시위가 벌어졌고, 1곳에서 충돌이 발생했으며, 1곳에서 일본군의 발포가 이뤄졌다(윤병석, 2013, 438쪽 참고).

일본 경찰은 독립만세시위의 전모를 파악하고 이날까지 최남선, 송진우, 현상윤 등 16명을 추가로 체포·구속했다(이이화, 2015, 252쪽 참고). 최린은 이날 밤 경무총감부에서 서대문감옥으로 이송됐다. 독립운동가들은 서대문감옥에서 다시 문초와 대질신문 등을 받았다(최린, 1962. 8, 183쪽 참고).

총독의 유고와 언론 보도 해금

3월 6일 낮 12시, 후일 용강 온천으로 널리 알려진 평안남도 용강군 해운면 용반 1리. 주민 김정식, 김태웅 등은 태극기를 만드는 등 여러 준비를 한 뒤 마을 주민 70여 명과 함께 행진을 시작했다. 이들은 용반 2리와 궁산리, 일병리 등을 거쳐 만세를 부르며 온정리 시내로 진격해 시위를 벌였다. 시위행진을 하는 사이에 시위대 규모는 1000명가량으로 불어났다. 온정리는 평양 서쪽에 위치한 용강군 광량만 일대의 유원지였다. 광량만은 당시 전국 제일가는 관영염전 소재지로, 염전 노동자들이 몰려 사는 곳이었다.

이날 시위 도중 한 일본인 여성이 시위대를 향해 욕설을 퍼부었다. 시위대는 격분했고, 그 여인과 조선인 순사보를 구타해 응징했다. 시위대는 이어 주재소로 몰려갔다. 이들은 돌을 던져 유리창을 부수고 간판을 떼어 팽개친 후 오후 2시쯤 일단 해산했다(독립운동사편찬위원회, 1970a, 404쪽).

주재소 측은 이날 낮 시위에 당황해 대동강 하류의 진남포 본서에 위급함을 알리고 지원을 요청했다. 일본군은 장교 이하 7명을 편성해 오후 7시경 진남포에서 급파했다. 일본군은 오후 11시쯤 광량만 현지에 도착했다.

밤이 되자 시위대 40~50명은 주재소 부근에 집결해 횃불을 올리고 농성투쟁을 벌였다. 파병된 군인들은 농성 중인 시위대를 급습해 실탄사격을 가했다. 1명이 현장에서 숨지고 7명이 부상을 입었다. 일본군도 시위대가 던진 돌에 맞아 1명이 부상당했다(독립운동사편찬위원회, 1970a, 404쪽; ≪大阪朝日新聞≫, 1919. 3. 10f, 7면; 윤소영 편역, 2009a, 129쪽 재인용).

'조선소요사건 일별조표'에 따르면, 3월 6일 평안남도 용강군을 비롯해 21곳에서 만세시위가 벌어졌고, 용강군 등 2곳에서 시위대와 일본 군경이 충돌했으며, 용강군에서 일본군의 발포가 있었다(윤병석, 2013, 438쪽 참고).

학생들은 학교 수업에 불참하거나 동맹휴업을 하면서 일제를 향해 조선의 독립 의지를 표명했다. 경성에서 조선인 학생들은 일본식 수업을 거부했다. 특히 조선인 중등학생 거의 대부분은 학교에 출석하지 않았다고 한다(≪大阪朝日新聞≫, 1919. 3. 7b, 7면; 윤소영 편역, 2009a, 106쪽 재인용). 3월 6일부터 인천 우각동에 위치한 인천공립보통학교를 비롯해 상당수 학교의 조선인 학생들도 동맹휴학에 들어갔다. 교직원들은 경찰의 압력으로 일일이 학교 상황을 보고해야 했다. 인천공립보통학교 3학년 학생 김명진, 이만용 등은 3월 8일 오후 9시경 인천공립보통학교로 들어가 미리 준비한 전선 절단용 가위로 실내 도입 전선을 절단하고 수화기를 박살내기도 했다. 학교와 경찰이 연락하는 것을 차단하기 위해서였다(독립운동사편찬위원회, 1970a, 149쪽).

조선총독 하세가와 요시미치가 3월 6일 다나카 기이치 육군상에게 보고한 기록에 따르면, 한반도에서 3·1운동이 일어나자 평양 주둔 부대는 이미 10여 곳에 병력을 파견했고, 3·1운동이 일어나기 이전부터 국경 수비를 위해 지원 병력 5개 중대를 파견하는 등 만일의 사태에 대비하기 위해서 조선군사령관에게 요청해 용산 주둔 부대로부터 보병 1개 대대를 경성 이북 지구에 파견 조치하는 것을 승인받았다(독립운동사편찬위원회, 1970a, 391쪽).

하세가와 요시미치는 이날 자 총독부 기관지 ≪매일신보≫ 등을 통해 세계정세와 제국의 실제를 설명하면서 소요 민중을 훈계하고 회유하는 유고를 발표했다. 3·1운동과 관련한 그의 두 번째 유고였다. 하세가와 요시미치는 유고에서 3·1운동을 '일부 불순한 무리가 선동'한 '경거한 망동'으로 치부하고, "조선의 독립은 프랑스 파리 강화예비회의에서 열국이 승인한 바라고 하는데 이는 전혀 근거 없는 헛소문이며 처음부터 상대할 가치도 없는 말"이라면서 민족자결주의에 대한 이해를 강조했다. 그는 이어 "애당초 반도에서 제국의 주권이 확고부동하며 영구하다는 것은 말할 필요도 없다"며 "병합 이래 10년 동안 덴노의 은혜가 해가 지남에 따라 골고루 퍼지고 생명과 재산의 안전, 교육과 산업 발달이 현저한 것은 내외가 모두 인정하는 바"라고 강변했다.

하세가와 요시미치는 그러면서 "억지로 (독립만세운동을) 감행하는 자는 한 치의 용서 없이 엄중하게 이를 처분하고 있으니 점차 평정을 되찾게 될 것"이라며 "아무쪼록 여러분도 역시 자제와 향당을 잘 인도해 각자의 본분에서 벗어나 법에 저촉되는 일이 없도록 해야 할 것"이라고 강하게 말했다 (≪大阪每日新聞≫, 1919. 3. 7e, 11면; 윤소영 편역, 2009b, 145쪽 재인용). 독립만세시위에 강경하게 대응할 것임을 천명한 것으로, 독립운동 확산을 막기 위한 엄포였다.

하세가와 요시미치의 유고에 맞춰, 조선총독부는 이날 기자회견을 열었다. 야마가타 이사부로 정무총감, 고지마 소지로 경무총장, 우사미 가쓰오 내무부장관, 고쿠부 산가이(國分三亥) 사법부장관 등이 회견에 나서 독립만세시위와 관련해 '사실보도'는 해금한다는 내용의 담화를 발표했다(≪大阪朝日新聞≫, 1919. 3. 7a, 7면; 윤소영 편역, 2009a, 105쪽 재인용).

조선총독부 사법부장관 고쿠부 산가이도 "이번의 경거망동은 단순히 치안을 문란하게 하는 것에 불과하며 정당한 이유란 아무것도 없음이 명백하다"면서 "남녀를 가리지 않고 또한 학생들과 그 외 일반인들을 구별하지 않고 엄중 처분할 것"이라고 경고했다(≪大阪每日新聞≫, 1919. 3. 8e, 11면; 윤소영 편역, 2009b, 152쪽 재인용). 고쿠부 산가이는 1864년 오카야마현 출신으로 1883년 법무부 법률학교에 입학해 1885년 졸업했다. 1887년 판검사 등용시험에 합격한 뒤 오카야마지방재판소 검사를 시작으로 고후지방법원 검사정, 오사카지방법원 검사정 등을 역임했다. 1908년 조선으로 건너가 조선 검찰총장, 통감부법원 고등법원 검사장에 취임했고, 한일병합 후에는 조선총독부 고등법원 검사장을 거쳐 조선총독부 사법부장관을 맡고 있었다.

현재의 검사장 정도로 이해할 수 있는 경성지방재판소 검사국 검사정 고쓰 도모야(鄕津友彌)도 "어떤 경우든 법을 최우선으로 하면서 그들에게 관용을 베푸는 일 없이 엄중한 법의 신성함을 고수해 화근을 끊어버릴 방침"이라거나 "소요를 일으키는 무리는 법이 허락하는 한 어디까지나 처벌할 것"이라고 말하며 거들었다(≪大阪朝日新聞≫, 1919. 3. 8c, 7면; 윤소영 편역, 2009a, 117쪽; ≪大阪每日新聞≫, 1919. 3. 8e, 11면; 윤소영 편역, 2009b, 152쪽 재인용).

일본 언론은 이에 3월 7일 자부터 식민지 조선 등에서 벌어지는 독립만세시위를 다룬 기사를 본격적으로 싣기 시작한다.

도쿄 나가타초에 위치한 총리 관저에서는 조선에서 돌아온 체신상 노다 우타로(野田卯太郎)가 하라 다카시 총리에게 조선의 상황을 보고했다. 지금 조선에는 일본에 수출할 수 있는 쌀이 많고, 은행으로부터 4000만 원의 대출이 있으며, 일본 수입이 충분히 되지 않는 사정 등을 설명했다. 노다 체신상은 특히 조선독립운동에 대해 조선총독부가 지금 회유 작업 등에 착수하면 큰 사태에 이르지 않을 것이라는 취지의 의견을 은밀하게 말했다(原奎一郎 편, 1950, 171쪽).

육군성의 지령 "시위를 조속히 진압하라"

경칩이던 3월 7일 오전 10시, 경성 서대문 밖에 위치한 독립문. 한 조선인이 태극기를 알아보기 쉽게 채색한 뒤 독립문에 게양했다. 조선인 300여 명이 모여들어 이를 구경했다. 일본 경찰은 뒤늦게 이 사실을 파악하고 현장으로 달려와 급히 사람들을 해산시켰다(≪大阪朝日新聞≫, 1919. 3. 9b, 석간 2면; 윤소영 편역, 2009a, 105쪽 재인용).

낮 12시, 평안북도 서부에 위치한 철산군 철산읍 기독교회에서 종이 울렸다. 기독교인과 천도교인 할 것 없이 많은 주민이 기독교 교회당에 모였다. 김영락의 사회로 독립선언서를 낭독하고 독립만세를 연호했다. 이들은 손에 태극기를 들고 만세를 부르며 시가행진에 들어갔다. 교회당은 읍내의 동쪽에 있었고, 군청과 경찰서는 서쪽에 있었다. 행렬은 거리 동쪽부터 서쪽으로 향해 나아갈 수밖에 없었다. 장을 보러 온 많은 사람들이 이에 호응해 합세했다. 시위대 수는 어느덧 5000명 이상으로 불어났다. 철산 시위는 이틀 전인 3월 5일 오후 경의선 철도 '차련관(車輦館)' 영성상회 앞에서 차련관교회 목사와 교인들이 주도한 시위에서 비롯됐다. 장꾼들이 시위에 합세하면서 시위대는 순식간에 3000명 이상으로 불어났고, 선천경찰서와 선천헌병대의 지원을 받은 헌병대가 발포면서 10여 명이 부상을 입고 20여 명이 체포됐던 것이다.

이날 시위 행렬 선두가 작은 다리 '쪽다리'를 넘어설 때까지 아무 일도 없었다. 하지만 시위대가 우편국 앞을 통과할 때 안에 있던 일본인 직원들이 시위대를 향해 조소하며 욕설했다. 이때 철도원호대가 증파돼 경계를 강화하고 있었다. 시위대는 투석전으로 맞섰다. 투석전이 시작되자 일본군은 실탄사격을 시위대에게 가했다. 많은 이들이 쓰러졌다. 총에 맞거나 창에 찔려 유혈이 낭자한 채 사람의 등에 업히거나 자기 발로 걸어서 현장에서 그리 멀지 않은 '철산의원'으로 옮겨졌다. 하지만 의사 한 사람과 조수 한 사람만으로는 이들 사상자를 도저히 감당할 수가 없었다. 붕대가 모자라 부상자의 흐르는 피를 막아낼 도리가 없었다. 하는 수 없이 옷을 찢어 환자의 출혈을 막기도 했다. 9명이 즉사했다. 그중에는 과부의 외아들로 명흥학교에 다니던 안 모 소년이 포함돼 있었다. 부상자도 40~50명에 이르렀다. 이날 시위투쟁으로 안태영을 비롯한 김영락, 심치규, 김태명 등 70여 명이 검거됐다(독립운동사편찬위원회, 1970a, 441쪽; 한국독립운동사편찬위원회, 2009a, 254쪽 참고; ≪大阪朝日新聞≫, 1919. 3. 10f, 7면; 윤소영 편역, 2009a, 129쪽 재인용).

오후 9시, 평안남도 평원군 영유읍 인근 어파(漁波) 역전촌 철도 터널 어귀의 산언덕. 조선인 1000여 명이 모여 횃불을 올리고 독립만세를 불렀다. 당시 역전촌 인구는 200명 안팎에 지나지 않았지만, 근처 마을에서 온 사람까지 1000여 명이 그 자리에 모였다고 기록되어 있다. 일본 경찰은 평양에 급보해 헌병경찰 6명과 장교 이하 10명을 파견받아 철도 터널을 보호하는 한편, 시위대를 해산시키려 했다. 하지만 시위대가 해산 명령을 무시한 채 야영을 준비하자 다시 보병 10명과 헌병 6명을 파견해 조선인 7명을 검거했다(독립운동사편찬위원회, 1970a, 420쪽; ≪大阪每日新聞≫, 1919. 3. 10a, 11면; 윤소영 편역, 2009b, 161쪽; ≪大阪朝日新聞≫, 1919. 3. 10f, 7면; 윤소영 편역, 2009a, 129쪽 재인용).

'조선소요사건 일별조표'에 따르면, 3월 7일 13곳에서 만세시위가 벌어졌고, 1곳에서 일본군의 발포가 이뤄졌다(윤병석, 2013, 438쪽 참고).

일본 언론들은 언론 보도 금지 조치가 풀리면서 이날부터 대대적으로 3·1운동을 보도했다. ≪도쿄아사히신문≫은 경성 특파원발 기사로 "주모자는 천도교와 기독교", "미인 간호부 격문을 살포", "수인 탈감을 기하다", "경관대와 충돌해 사상자를 내다", "진남포의 소요: 구인된 피고를 탈취하고자 경찰을 습격", "평양 방면의 대경계: 학생은 전원 퇴학계 제출", "소년대를 선두로 시위: 개성 경찰파출소 파괴", "사천, 성천에서 봉기: 주재소와 파견소 소각", "헌병 참살", "경찰관 포로, 헌병중위 상사", "각지의 운동 주모자 속속 검거: 선천, 증산, 함흥, 황주 등"을 보도했다. ≪도쿄니치니치신문≫은 경성발 특전 형식으로 "각지 동시에 발발, 아직 소란", "황주서장 횡사: 폭민, 경찰서 습격, 유리창 등을 파괴", "헌병분대장 피살: 폭민도 사상 이십여 명", "안주의 폭도 헌병대를 습격: 천 명 집단으로" 등을 게재했다. ≪고쿠민신문(國民新聞)≫은 이날 "형세 점차 중대, 군대 출동할 듯", "천도교도가 야소교의 사주를 받다", "악랄한 야심교, 선동자는 미국 선교사", "공약을 작해 폭행을 금하다"를 보도했다(이규수, 2003. 2, 267~268쪽 참고). ≪오사카마이니치신문≫도 이날 조간에서 조선 각지에서 벌어진 만세시위, 일본의 조선군과 조선총독부의 대응을 비교적 자세히 전했다. 지난 6일 발표된 하세가와 요시미치 조선총독의 유고도 실렸다(≪大阪每日新聞≫, 1919. 3. 7a~e, 11면; 윤소영 편역, 2009b, 140~146쪽 참고). ≪오사카아사히신문≫도 이날 조간에서 조선총독부의 만세시위 관련 기사의 해금 사실을 전했고, 각 지역의 시위 양상을 일자별, 지역별로 자세히 보도했다. 폭도의 원흉으로 천도교 교주 손병희를 지목하기도 했다(≪大阪朝日新聞≫,

1919. 3. 7a~e, 7면; 윤소영 편역, 2009a, 105~112쪽 참고).

일본 언론은 3월 6일 언론 보도 금지가 풀리기 전에는 매우 제한적으로 기사를 통해 일부 천도교도의 '선동'에 따른 '군중'의 '소요'로 묘사했다. 다른 한편으로는 일제 군경이 신속히 대응하는 모습을 전했다. 3월 6일 보도 금지 조치가 풀리면서 3월 7일부터 관련 보도가 급증하지만, 사실과 본질에 대한 잘못된 내용과 이해를 낳는 보도 역시 크게 늘어난다. 즉, 한국인의 독립 요구를 부당한 것으로 보면서 독립만세시위 등을 '소란'이나 '폭동'으로, 독립선언서 등을 '불온문서'로 보도하고, 독립만세시위가 한국인들이 자발적으로 일으킨 것이 아니라 외국인 선교사의 음모나 일부 종교계의 '불순분자'들에 의해 발생한 것으로 해석한다. 특히 독립만세운동을 하는 이유나 배경, 주요 주장이나 각지에서 자행된 일제의 탄압 실상을 제대로 전하지 않으면서도 독립만세운동 과정에서 일본 군경이나 일본인이 입은 피해상만 적극적으로 부각한다(이규수, 2003. 2, 266~279쪽 참고).

조선총독부의 기관지였던 ≪매일신보≫도 이날부터 3·1운동의 동향에 관해 자세히 보도하기 시작했다. "각지 소요사건", "그 후의 소요", "소요사건의 후보(後報)", "소요사건" 등의 고정란을 편성해 3·1운동의 동향을 지역별로 보도했다(황민호, 2006. 6, 170쪽 참고).

특히 친일 인사로 분류되는 윤치호는 ≪경성일보≫ 3월 7일 자 등에 3·1운동에 반대하는 이유를 게재해 독립운동에 찬물을 끼얹으려 했다. 다른 친일 인사들이 한동안 목소리를 거의 내지 않고 사태를 관망하던 상황에서 윤치호는 '용감하게' 독립만세시위에 반대를 표명한 것이다. 윤치호는 약자가 강자에게 항상 순종해야만 평화의 기틀이 마련된다며, 약자가 강자에게 무턱대고 대든다면 약자 자신을 괴롭히는 일이라고 독립만세운동을 비판했다.

"강자와 서로 화합하고 서로 아껴가는 데에는 약자가 항상 순종해야만 강자에게 애호심을 불러일으키게 해 평화의 기틀이 마련되는 것입니다마는, 만약 약자가 강자에 대해 무턱대고 대든다면 강자의 노여움을 사서 결국 약자 자신을 괴롭히는 일이 됩니다. 그런 뜻에서도 조선은 내지(일본)에 대해 그저 덮어놓고 불온한 언동을 부리는 것은 이로운 일이 못 됩니다."
(정운현, 2016, 49쪽 재인용)

윤치호는 파리강화회의에서 조선의 독립 문제가 다뤄지지 않을 것이고 조선독립은 불가능할 것이라면서, 3·1운동을 순진한 애국심에 기초한 민족주의자들의 무모한 행동으로 파악했다. 그는 "자신들은 죽을 용기도 없으면서 다른 순진한 사람들을 죽음의 골짜기로 몰고 가는 저주받을 악마와 같은 존재들"이라는 표현으로 독립만세운동을 주도한 천도교와 기독교, 지식인들을 경멸했다(박미경 역, 2015, 272쪽; 이준식, 2017. 6).

윤치호의 글은 일본 언론에도 실렸다. 윤치호는 글에서 "오늘날 조선은 자립이 도저히 불가능해 타력에 의존한다고 하면 결국 일본이며 달리 조선과 제휴할 나라는 없다"고 하면서, "이번 소요는 우리 조선인을 위해 실로 슬퍼할 만한 일"이라고 말했다(≪大阪每日新聞≫, 1919. 3. 8d, 11면; 윤소영 편역, 2009b, 151쪽 재인용).

일본 육군성은 차관 명의로 이날 우치노미야 다로 조선군사령관에게 "부하들을 독려해 불상사의 진압을 빨리함은 물론, 그 폭거에 이르는 경로를 정탐해 장래 이 같은 거(擧)를 미연에 방알하는 수단을 유루(遺漏) 없이 하기를 기(期)하라"고 함으로써, 사실상 무력으로 독립만세시위를 미연에 방지하라는 비밀 지령을 내렸다. 만세시위의 조속 진압을 명령한 것이다.

"금회 조선 각지에서 봉기한 선인(鮮人: 조선인)의 폭동은 그 범위가 수 개 도에 걸쳐 소요지가 20여 개소에 미치고 그 거동은 경시할 수 없는 것이 있다. 그 발발 후에 있어서의 제 정보에 징험하건대 폭민 등(은) 맥락을 보지(保持)하고 특히 그 이면에는 이의 선동 지휘에 임하는 자가 있어 계획적으로 유기(誘起)된 것 같다. 여하한 기도에 대해 미연에 방알(防遏)해 미리 화근을 삼제하는 처치를 강구했더라면 금회와 같은 소요를 확대시키지 않았을 것으로 생각된다. 차제 특히 부하를 독려해 불상사의 진정을 빨리하게 함은 물론 그 폭거에 이르기까지의 경로를 정탐해 장래 이들 거동에 대해 미연에 방알하는 수단에 있어 유산(遺算: 실책)이 없기를 기하기 바란다."(한국독립운동사편찬위원회, 2009a, 9~10쪽; 윤병석, 2013, 486쪽 재인용)

인쇄 노동자 파업과 대구 시위

3월 8일 밤, 용산 원효로 3가에 위치한 조선총독부 인쇄소. 조선인 직원 500여 명은 야근을 중지하고 독립만세를 부르며 시위를 벌였다. 인쇄소장과 헌병분견장 등이 조선인 근로자들을 설득하려 했지만 듣지 않았다. 경성 헌병대 용산분대가 급거 현지에 출동해 주모자 19명을 긴급 구속했다(독립운동사편찬위원회, 1970a, 115쪽; ≪大阪每日新聞≫, 1919. 3. 10b, 11면; 윤소영 편역, 2009b, 161쪽 재인용).

이와 관련해 조선군사령관 우쓰노미야 다로는 자신의 일기에서, 이전 직공의 혼란은 있었지만 이번처럼 순수 직공들의 독립만세운동은 없었는데 발생했다며 이에 주목해야 한다고 우려했다(宇都宮太郞關係資料硏究會 편, 2007, 225쪽).

앞서 낮 12시, 진남포에서 서북방 약 60리 지점에 위치한 평안남도 강서군 함종면 공립보통학교 교정. 함종 시내뿐만 아니라 부근 발산과 승영, 광덕, 계명 등 각 동리에서 참가한 주민 2000명이 모인 가운데 경성의학전문학교 출신의 개업의 강기팔과 잡화상 김용수, 범오리 거주 이능훈과 오영선 등의 주도로 독립만세집회가 열렸다. 일본기 게양대에 대형 태극기를 달아놓자 펄펄 휘날리는 태극기를 보고 이들은 감격에 벅차 환호하고 박수갈채를 했다. 강기팔이 단상 위에 올라 독립만세시위 개회를 선언하고 독립선언서를 낭독했다. 대한독립만세를 제창한 후 가두시위에 들어갔다. 지도부는 행렬이 출발하기에 앞서 시위대에게 비폭력 무저항주의로 일관할 것을 호소하는 한편, 일본 헌병출장소장에게 그 뜻을 통고해 무력으로 개입하지 말라고 미리 경고했다.

일본 헌병들은 시위대 행렬이 지나가는 동안 검거자 명단을 작성한 뒤 행진이 끝날 무렵 돌연 실탄사격을 가했다. 그들은 시위대를 해산시키면서 점찍어놓은 사람들을 검거하기 시작했다. 1명이 현장에서 사망하고, 1명이 중상을 입었다. 검거자가 40여 명에 달했다.

이능훈과 오영선은 하수구에 숨었다가 국외로 도피했고, 강기팔과 김용수 등은 가족들까지 검거돼 철야심문을 받았다. 일본 헌병 스에쓰구(末次)는 강기팔의 머리에 오물을 퍼붓고 팔뚝시계를 찬 팔목을 구둣발 뒤축으로 내려 밟아 시계 유리 파편이 동맥을 파열시켜 출혈 과다로 실신하게 만들었다. 강기팔은 징역 2년 형을 선고받았다. 일본 측 기록에는 검거 대상자가 수사 중에 반항하므로 부득이 실탄을 쓰지 않을 수 없었다고 적시돼 있다(독립운동사편찬위원회, 1970a 407쪽).

오후 3시, 대구 서문시장. 장날이어서 장꾼도 많았지만 평소와 달리 긴장된 표정의 많은 사람들로 붐볐다. 남산교회 장로 김태련과 이만집 등도 교회 측 인사 수십 명과 함께 장꾼에 끼여 장터로 잠입해 초조하게 기다리고 있었다. 계성학교 학생 약 100명도 수업을 마치고 집으로 돌아가는 것처럼 각각 흩어져 시장 주변에서 기다렸다. 성경학교 학생 약 20명도 박장호의 인솔로 시장으로 들어왔다. 신명학교 여학생 약 50명도 머리와 허리를 수건으로 매고 시장 입구 방아치골목 인가에서 대기했다. 이때 제복과 제모를 입은 대구고등보통학교 2, 3학년생 약 200명이 대한독립만세를 외치며 시장을 향해 돌진해왔다. 일본군 헌병기마대가 시위대의 길을 막아섰다. 일본 군경은 이날 아침 도청 정문을 비롯한 각처에 붙은 대한독립만세 또는 태극기에 독립만세라고 쓴 유인물을 제거하고 주요 관공서 등에 대한 경계를 강화했다. 도장관이 관립 및 사립 조선인 학교장을 소집해 주의하도록 훈시한 뒤였다.

대구고보 학생들은 헌병과 격투를 벌이며 줄버드나무거리에 나타났다. 잠복하고 있던 계성학교 학생들도 헌병기마대에게 달려들었다. 일제 헌병기마대가 길을 비켜줬다. 학생들이 조수처럼 시장 쪽으로 밀려들었다. 학생들은 시장의 쌀가마니를 포개서 단을 만들고 이만집과 김태련을 단 위로 올려 세웠다. 학생들은 독립선언서를 사람들에게 배부하고 숨겨뒀던 태극기를 끄집어내 들었다. 김태련이 울먹이는 목소리로 독립선언서를 낭독하다가 형세가 급박해 중단했다. 이만집이 사람들에게 외쳤다.

"여러분! 지금은 한국이 독립할 시기이니 우리는 독립을 달성하기 위해 힘차게 독립만세를 부릅시다!"

이만집이 대한독립만세를 소리 높여 선창했다. 사람들은 일제히 호응했다. "대한독립만세!" 시위대가 외치는 함성은 장터를 진동시켰다. 만세시위가 전개됐다. 시위행진은 서문시장, 혼마치(현재 경상감영길), 경정(현재 종로), 약전골목, 중앙파출소, 달성군청으로 이어졌다. 학생 시위 대열에는 안경수가 태극기를 단 장대를 들고 앞장섰다. 태극기를 손에 든 시위대가 대구 시내 가로에 나타나자 입구에서 대기 중이던 신명여학교 학생들이 태극기를 흔들고 만세를 부르며 대열에 합세했다.

일제 헌병기마대와 경찰이 시위대의 행진을 가로막았다. 학생들은 장대와 돌로 말 궁둥이를 때려 달아나게 하고 경관을 밀어 제치면서 돌진해갔다. 일제 군경은 계속해서 시위를 막아서려 했다.

학생들은 빠르게 구보행진으로 들어갔다. 비가 와서 길은 질었다. 비와 눈물로 젖은 채 목멘 소리로 외쳤다. "대한독립만세!" 대구의 거리는 온통 흥분의 도가니에 휩싸였다. 흙이 튀어 학생들은 온통 흙투성이가 됐다. 따라오지 못하는 여학생들은 남학생 팔에 매달리며 독립만세를 외쳤다. 치마폭이 찢어져도 절규하듯 외쳤다. "대한독립만세!" 보는 사람들도 의분을 참지 못해 합세했다. 시위대는 순식간에 1000여 명으로 불어났다.

시위 대열이 경찰서 앞에 이르렀을 때 일본 군경은 이들을 저지하려 했다. 경찰서 옥상에는 기관총 몇 대가 가설돼 시위대를 겨누고 있었다. 노도와 같은 시위대를 막을 수는 없었다. 시위 대열은 경찰의 저지선을 뚫고 종로를 돌아 전진했다. 시위 대열이 종로통에서 중앙파출소 앞을 돌아 달성군청 앞 삼각지에 이르렀을 때였다. 대구 주둔 일본군 제80연대가 출동해 기관총 5~6대를 걸어놓고 기다리고 있었다. 배후에는 군인들이 착검한 총을 들고 시위대를 겨누고 있었다. 학생 시위대는 더 이상 전진할 수 없어 그곳에 머물렀다.

일본 헌병경찰은 이때 시위대를 향해 달려들어 닥치는 대로 구타하고 검거했다. 계성학교 학생 김용해는 그의 아버지 김태련이 일본 군경에게 구타당하는 것을 보고 덤벼들다가 일본 군경에 의해 하수구에 처박히고 마구 밟혔다. 김용해는 빈사 상태로 그의 아버지 김태련과 더불어 수감됐다. 김용해는 죽음 직전 가출옥됐지만 결국 숨졌고, 아버지 김태련도 나중에 감옥에서 숨을 거뒀다(이이화, 2015, 246쪽 참고). 대구고보생 마호(馬濠)는 총자루로 마구 얻어맞아 중상을 입고 헌병대로 붙들려 가기도 했다. 부상자가 속출했다.

학생 시위대는 나중에 다시 거사하기로 하고 일단 해산했다. 오후 8시쯤, 대구고보 학생 80여 명은 일본 경찰이 일부 학생을 구속한 사실이 알려지자 대구경찰서로 몰려갔다. 이들은 "우리들도 같이 독립운동에 가담했으니 같이 구금하라"고 외쳤다. 경찰서장은 학생 시위대를 설득해 돌려보내느라 진땀을 뺐다. 대구 시위는 이날 밤 10시쯤 진정됐다(독립운동사편찬위원회, 1970b, 351~352쪽). 일본 언론의 보도에 따르면 당시 시위 과정에서 체포된 사람은 157명에 이르렀다(≪大阪朝日新聞≫, 1919. 3. 10f, 7면; 윤소영 편역, 2009a, 129쪽; ≪大阪朝日新聞≫, 1919. 3. 10b, 석간 2면; 윤소영 편역, 2009a, 105쪽 재인용).

대구 시위는 인근 지역을 비롯해 경상북도 각 지역에 독립만세시위운동을 파급시켰다. 대구고등보통학교에서는 3월 24일까지 동맹휴학 투쟁이 벌어졌고 5월 20일에야 수업이 정상적으로 이뤄졌다.

'조선소요사건 일별조표'에 따르면, 3월 8일 한반도 9곳에서 독립만세시위가 벌어졌다(윤병석, 2013, 438쪽 참고).

초기 독립만세운동이 잇따랐던 평양 등 대도시도 삼엄한 경계 속에 평온한 듯했지만 매우 긴장감이 높았다. ≪오사카마이니치신문≫ 특파원 야마구치 이사오(山口諫男)는 이날 평양 시내를 찾아 르포를 게재했다. 야마구치 이사오는 나중에 강우규가 사이토 마코토(齋藤實)를 겨냥해 폭탄 투척을 할 때 현장에 있다가 중상을 입는다.

"소요 이래 경계가 엄중하기 때문에 표면은 평온하지만 일반 상인은 지금 여전히 문을 닫은 채 휴업하고 학교는 겨우 여자보통학교가 7일부터 점차 개교했지만 등교하는 생도는 적다. 특히 사립 기독학교 생도는 대부분 귀향해 그중에는 지방운동에 종사하는 자도 있어서 평온한 곳은 거의 없다."(≪大阪每日新聞≫, 1919. 3. 10d, 11면; 윤소영 편역, 2009b, 163쪽 재인용)

각종 유인물도 우후죽순 만들어져 배포됐다. 경성고등보통학교 학생 박노영은 이날부터 3월 11일까지 경성 광희동 김호준의 집에서 ≪각성호회보(覺醒號回報)≫ 제1~4호를 각 80매씩 등사했다. 그는 ≪각성호회보≫를 경성 시내 각처에 살포했다(경성복심법원, 1920. 2. 27, 11쪽 참고). 회보의 주요한 내용은 다음과 같다.

제1호   조선독립은 세계의 공도(公道)이며 사회의 정칙이다. 이천만 동포여! 태극기를 손에 들고 활동하라.

제3호   이천만 동포의 심령과 삼천리강산을 가진 우리 민족은 적수공권(赤手空拳)임을 근심하지 말라. 철함대포는 각자의 마음속에 있다. 미국의 독립이나 스위스의 건국은 소수인의 심령 활동에 기인한 것이니, 제군이 심령의 철함대포를 가지면 천하의 어떠한 것인들 이를 부수어버리지 못하겠느냐(독립운동사편찬위원회, 1970a, 126쪽).

조선총독부는 이날 '조선소요경과'를 발표했다. 조선총독부의 3·1운동 관련 첫 공식 발표였다(이규수, 2003. 2, 266쪽 참고).

≪오사카아사히신문≫은 이날 조간에서 만세시위 양상을 전하면서 격렬한 양상으로 전개된 평안도 성천 시위와 일본 경찰에게 체포된 여학생이 협박당해 맹목적으로 움직였다고 진술한 내용을 보도하는 등 독립만세

시위가 과격화하거나 선동에 의한 것임을 부각하려고 안간힘을 썼다(≪大阪朝日新聞≫, 1919. 3. 8b~f, 7면; 윤소영 편역, 2009a, 116~120쪽 참고). ≪오사카아사히신문≫은 이와 함께 조간 1면에 장문의 칼럼 "조선의 소요"를 게재하고 조선인은 현실적인 이익의 견지에서 민족자결주의를 바라봐야 한다고 지적했다. 사실상 만세시위는 이익이 없는 경거망동한 행동이라고 비판했다(≪大阪朝日新聞≫, 1919. 3. 8a, 7면; 윤소영 편역, 2009a, 113쪽 재인용).

일본 정치권에서도 야당을 중심으로 한반도에서 벌어지는 독립만세시위를 서서히 주목하기 시작했다. 야당인 헌정회 의원 가와사키 가쓰(川崎克)는 독립운동에 대한 질문서를 일본 정부에 제출했다. 가와사키 가쓰는 미에현 이가시 출신으로 군국주의에 대항해 의회정치 수호운동을 전개한 인물이다. 일본 언론은 가와사키 가쓰의 질문서 개요를 다음과 같이 전하고 있다.

"① 이번 조선에서 발발한 폭동은 그 범위가 전도에 미쳐 각지와 연락하는 내란적 소동으로 그 근저가 극히 깊고 파급하는 바는 심대하다. 정부는 왜 이러한 중대 사건을 미연에 방지하지 못했는가. ② 이번 폭동은 일면 사상 문제에 대한 곡해와 다른 면에서는 종교적 음모에 의해 이뤄지고 또한 어떤 외국인 등의 선동으로 일어난 힘이 있는 것으로 보인다. 정부는 그 이유를 명백히 밝히는 것이 긴급한 과제라고 생각하지 않는가. ③ 무단통치의 폐해를 일일이 열거할 필요는 없을지라도 이번의 경우는 헌병행정의 무능을 유감없이 폭로한 것이다. 정부는 공안 유지의 필요상 이러한 기관의 쇄신을 기도할 의사가 있는가, 없는가. ④ 조선인 문무관 임용 및 대우는 종래 명실상부하지 못한 점이 있다. 조선인 대우의 방도를 잘 만들어 명실상부한 제도를 갖출 필요가 있다고 생각한다. 정부 의견은 어떤가. ⑤ 조선인 화해일치 기관을 신설해 상호 간 이해에 이바지할 방법에 대해 정부는 무언가 고안하고 있는 것이 있는가, 없는가."(≪大阪每日新聞≫, 1919. 3. 9a, 석간 1면; 윤소영 편역, 2009b, 153쪽 재인용)

경성 파업시위와 철시 투쟁

오후 3시쯤 비가 내린 3월 9일, 용산의 조선총독부 인쇄소 직공들뿐만 아니라 철도국, 동아연초회사, 경성전기회사 등의 근로자들과 전차 승무원들도 독립만세를 요구하며 파업시위를 전개했다. 경성 전차 승무원들은 독립만세시위에 동참해 파업에 돌입했다. 전차 운전수 및 차장 약 120명이 파업했다. 경성 전차 58대 가운데 19대만 운행했다. 이날 아침에는 전차 노동자들의 파업 등으로 경성 시내 전차가 모두 운휴 상태에 들어갔다(독립운동사편찬위원회, 1970a, 116쪽; 이이화 2015, 249쪽 참고).

특히 종로 4가 사거리에 위치한 동아연초회사 노동자들은 일을 그만두고 독립만세를 외치며 일제히 시내로 진출하려고 했다. 동아연초 측은 종로경찰서 경찰 등의 지원을 받아 직원들이 시내에 나가지 못하도록 문을 잠그고 막아섰다. 시위 주도자 6명이 체포됐다(≪大阪朝日新聞≫, 1919. 3. 10d, 7면; 윤소영 편역, 2009a, 127쪽 재인용).

오후 11시, 경성 사대문 밖 부근에서 노동자 수백 명이 모여 "대한독립만세"를 외치고 경성 시내로 행진을 시도했다. 일제 헌병대가 미리 시위대 부근에서 삼엄하게 경비를 서고 시위 참여자 수십 명을 체포하며 시위대를 해산시켰다(≪大阪朝日新聞≫, 1919. 3. 11b, 7면; 윤소영 편역, 2009a, 133쪽 재인용).

경성의 조선인 상인들도 일제히 철시를 단행했다. 조선 상인들은 '경성 상민 대표자 일동'의 이름으로 '경성시 상민일동 공약서(京城市商民一同公約書)'를 맺고 이를 인쇄해 8일 밤 조선인 상점에 배포했다. 그 내용은 다음과 같다. ① 9일 일체 폐점할 것. ② 시위운동에 참가할 것. 단, 폭행은 하지 말 것. ③ 공약을 어긴 상점은 용서 없이 처분할 것.

상인들은 자발적이며 평화적인 방법으로 조국의 독립을 위해 각기 개인적인 영리 행위를 흔연히 포기했다(독립운동사편찬위원회, 1970a, 115쪽).

일제 군경은 철시를 중지하고 개점하라며 공갈과 협박, 권고 등 온갖 방법을 다 썼다. 상인들은 일제 눈앞에서 개점하는 척 문을 열었다가 돌아서면 또다시 문을 굳게 닫아 철시를 이어갔다. 심지어 경찰서에서 상인들을 소집해 개점을 강요하면, 이번 시위운동으로 강제 구속된 사람들을 즉시 석방하라는 요구를 하기까지 했다(독립운동사편찬위원회, 1970a, 115쪽).

일본 언론은 많은 조선인 상인들이 일부 조선인의 협박에 따라 철시했다고 왜곡하기도 한다. ≪오사카마이니치신문≫은 "경성 시내의 조선인 상점은 9일 이래 어떤 자의 협박 사주로 모두 문을 닫고 휴업해버렸다"며 '협박 사주'에 의한 것이라고 분석했다(≪大阪每日新聞≫, 1919. 3. 15c, 11면; 윤소영 편역, 2009b, 189쪽 참고).

앞서 오전 7시 30분, 함경남도 신흥군 우편국 앞. 주민들이 모여 독립만세를 외친 뒤 행진을 하기 시작했다. 시위대는 출동한 경찰에 의해 곧 해산됐다. 시위대는 오전 9시쯤 다시 보통학교 운동장 주변에 모여들었다. 학생들도 학교 밖으로 뛰어나와 가세하면서 행진을 하기 시작했다. 주민들도 가세했다. 시위대는 읍내 시장터에 집결해 독립 연설을 들은 후 시위행진을 벌였다. 일제 헌병대가 시위를 저지하려다가 시위대가 시위를 이어가자 발포했다. 시위대 6~7명이 현장에서 숨졌다. 주민 수백여 명은 다음 날인 3월 10일 헌병주재소로 몰려가 다시 시위를 벌였다. 헌병들은 시위대 4명을 붙잡아 현장에서 발포해 죽였다(한국독립운동사편찬위원회, 2009a, 303쪽 참고).

오후 1시, 평안남도 영원군 영원읍 외곽. 천도교인 200여 명이 영원읍 외곽에 집결했다가 읍내로 들어오면서 독립만세를 외치며 시위를 벌였다. 평안남도의 지붕이 되는 영원군은 천연림 산출이 막대해 벌채한 원목재를 겨울에는 대동강 지류까지 반출했다가 봄을 기다려 뗏목을 지어 하류로 띄워 보내곤 했다. 시위대는 헌병 분견대로 달려가서 이틀 전 피검된 시위자들의 석방을 요구했다. 천도교인 35명이 이틀 전인 3월 7일 독립선언서를 배포하고 만세를 부르며 가두행진을 벌이다가 체포돼서였다.

시위대가 헌병분견대로 밀려들면서 시위대와 일본 헌병 간 승강이가 이어졌다. 이 틈에 별실에 갇혀 있던 천도교 피검자들이 문을 안에서 부수고 나왔다. 시위대와 피검자들이 합세해 만세를 부르며 다시 시가행진에 들어갔다. 시위대 규모는 점점 불어났다.

일본군은 읍내 헌병분견대 외에 덕천 읍내에서 파견된 보병 10명이 지원을 나와 있었다. 이들은 헌병대를 뒤로 두고 시위대 행렬을 뒤쫓으면서 총격을 가하기 시작했다. 15명이 현장에서 숨졌고, 34명이 부상을 당했다. 피검자도 70여 명에 달했다. 일본군 측에서도 헌병군조 나카니시 야사부로(西中彌三郞)가 중상을 입었다가 며칠 후 절명했다. 일본 측은 시위대의 폭행 때문이었다고 했지만, 한국 연구진들은 일본군이 쏜 총알에 맞은 것이었다고 분석한다(독립운동사편찬위원회, 1970a, 435~436쪽; 윤병석, 2013, 432쪽; 한국독립운동사편찬위원회, 2009a, 244쪽; ≪大阪每日新聞≫, 1919. 3. 10e, 11면; 윤소영 편역, 2009b, 164쪽; ≪大阪朝日新聞≫, 1919. 3. 11c, 7면; 윤소영 편역, 2009a, 134쪽; ≪大阪每日新聞≫, 1919. 3. 13a, 석간 6면; 윤소영 편역, 2009b, 173쪽 재인용). ≪오사카아사히신문≫ 등에 따르면, 헌병군조 나카니시 야사부로는 1886년 나라현 요시노군에서 태어났고 1906년 오사카 보병 제37연대에 입영했다가 1908년 전역해 헌병 상등병이 됐다. 1912년 9월 조선헌병대에 편입돼 오장으로 진급해 특무에 복무했고, 1918년 군조로 진급했다. 1917년 4월 후미네와 결혼해 딸 하나를 두고 있었다(≪大阪朝日新聞≫, 1919. 3. 13a, 석간 2면; 윤소영 편역, 2009a, 141쪽 참고).

일제 측 '조선소요사건 일별조표'에 따르면, 3월 9일 9곳에서 만세시위가 벌어졌고, 1곳에서 시위대와 일본 군경이 충돌했으며, 2곳에서 일본군의 발포가 이뤄졌다(윤병석, 2013, 438쪽 참고).

오전 11시, 미국 샌프란시스코를 중심으로 미주 지역에도 한반도에서 벌어지고 있던 독립만세운동 소식이 전해졌다. 상하이에 있던 현순이 샌프란시스코에 있는 대한인국민회 중앙총회와 안창호, 하와이에 있는 박용만에게 각각 전보를 전했다.

"300만 명 조선독립단은 3000명의 예수교인, 5000명의 천도교인, 그리고 각 대·중학교 생도들 및 각 단체로써 조직한 기관이다. 독립단은 3월 1일 하오 1시에 경성과 평양과 기타 각 도시에서 대한독립을 선언했음. 대표자는 손병희와 이상재, 길선주임. 이승만 박사는 어디 있습니까."(金度亨, 2009. 9, 81쪽; 독립운동사편찬위원회, 1970b, 805쪽 재인용)

현순은 이 전보를 지난 3월 1일 상하이에서 보냈다고 한다. 현순은 3·1운동 이전에 경성을 출발했기에 자세한 독립만세시위 내용을 보고할 수는 없었다. 안창호는 현순의 전보를 받고 이승만에게 소식을 전했고, 이승만은 "천고에 희한한 일이며 하나님의 도우심"이라고 기뻐했다. 안창호는 식민지 조선에서 대규모 독립만세시위가 발발했다는 소식을 듣고 처음에는 당황하고 갑갑했다고 한다. 실질적으로 독립할 역량이 아직 없는 상황에서 준비가 덜 됐다고 판단해서다. 뒷감당을 어떻게 해나갈 것인지도 걱정했다. 그럼에도 기왕 벌어진 독립만세운동이 결실을 맺어야 한다고 생각했다(이태복, 2006, 241쪽 참고).

오후 7시 30분, 샌프란시스코 한인감리교회. '대한인국민회'는 중앙총회 임시협의회를 소집해 독립만세시위 소식을 공유하고 만세를 불렀다. 이어 3·1운동 이후 시급히 해야 할 안건을 선정하고 처리했다. 파리강화회의에 이승만과 정한경 두 사람이 여행권을 얻지 못하면 서재필 박사를 파견하고, 미국 각 종교계를 비롯해 주요 단체와 교섭해 대한독립에 대한 지지 여론을 얻어내는 것 등을 결의했다(金度亨, 2009. 9, 82쪽 참고).

대한인국민회의 기관지 ≪신한민보≫는 3월 9일 자에서 현순의 전보를 바탕으로 3·1운동 발발 소식을 호외로 전하며 "장쾌해도 이렇게 장쾌하고 신기해도 이렇게 신기한 일은 진실로 무엇에 비할 데 없으니 기쁨에 겨운 우리는 눈물로 뿌렸노라"라고 감격스러워했다. 하와이 ≪국민보≫ 역시 현순의 전보를 바탕으로 3월 12일 자에 3·1운동 소식을 게재했다. 미국 현지 한국 언론의 보도에 따라 4월 14일부터 제1차 한인회의가 준비되기 시작했다(고정휴, 2016, 62쪽; 이이화, 2015, 262쪽 참고).

조선총독부 총감부에서 검사의 취조를 받아오던 손병희를 포함해 민족 대표 28명은 이날 경성감옥에 수감됐다(≪大阪每日新聞≫, 1919. 3. 11b, 11면; 윤소영 편역, 2009b, 167쪽 참고).

우사미 가쓰오 내무부장관을 비롯해 조선총독부 관리들은 이날 경성 일본감리교 선교사 프랭크 스미스(Frank H. Smith)의 집에서 조선에 있는 외국인 선교사들과 만났다. 회동에는 프랭크 스미스와 윌리엄 노블(William A. Noble), 제임스 게일(James S. Gale), 올리버 에이비슨, 앨프리드 샤록스 등이 참석했다. 일제는 이 자리에서 독립만세시위 진압을 위해 이들 해외 선교사들에게 협조를 요청했다. 해외 선교사들은 일제가 조선에 대해 자치정부를 허용해야 한다고 조언했다. 캐나다 북장로교 선교사 제임스 게일은 "한국인들은 정신적인 공포 속에 살고 있다"며 "그들 자신의 개성에 따라 자신의 민족적 노선으로 발전되도록 허용돼야 한다"고 말했고, 윌리엄 노블은 "그들의 유일한 희망은 일본 정부와의 분리라고 느끼고 있다"고 거들었다. 올리버 에이비슨은 "그들은 일본어를 배우기를 원한다. 그러나 강제로 일본어를 통해 교육을 발표하고 있는 것에 대해 분개하고 있다"며 "그들에게 자치정부가 시작되기를 원하고 있다"고 가세했다. 일제와 외국인 선교사들은 3월 22일에도 한 차례 더 회동한다(송길섭, 1979. 3, 53~54쪽 참고).

≪오사카아사히신문≫은 이날 조간에서 만세시위 및 시위 관련 검거 상황을 간략히 전하면서도 시위 대응 과정에서 숨진 일본 조선군 성천 헌병분대장 마사이케 가쿠조 중위와 사토 지쓰고로 상등병의 사연을 소개했다 (≪大阪朝日新聞≫, 1919. 3. 9c~d, 7면; 윤소영 편역, 2009a, 122~123쪽 참고). ≪오사카마이니치신문≫도 이날 자 석간에서 일본 교토에 사는 마사이케 가쿠조의 아내 미요코의 인터뷰를 게재하며 시위 시위대에 의해 순직한 안타까운 사연과 마지막 편지를 보도했다. 미요코는 자신을 찾아온 기자에게 "오는 (3월) 12일에는 제가 아이를 데리고 조선에 가게 돼서 준비 중이었다"며 "남편은 직무를 수행하다가 순직하신 것이므로 저는 조금도 미련은 없다"고 말했다고 신문은 전했다(≪大阪每日新聞≫, 1919. 3. 9b, 석간 6면; 윤

소영 편역, 2009b, 155쪽 재인용).

　일본 언론은 이와 달리 민족 대표 선언을 주도한 손병희에 대해서는 노
골적으로 폄훼했다. ≪오사카마이니치신문≫은 이날 조간에서 이른바 '관
계 당국'이 독립선언서에 대한 조선 귀족의 감상이라는 것을 발표한 것을
게재해 천도교 지도자 손병희를 노골적으로 비판했다. 즉, 손병희가 "지방
교도를 기만해 이미 수백만 원을 징수해 자신만 호사를 누리고 있었는데
오늘에 이르기까지 아무런 현상이 일어나지 않자 지방교도로부터 추궁을
당해 답변이 궁한 즈음"이었다며, "한바탕 연극을 하지 않으면 자연히 신
도가 떨어질 뿐 아니라 또 자신에게 위험이 닥칠 염려가 있어서 이와 같은
사건을 야기한 것"이라고 하면서 독립만세시위 주도를 폄훼했다(≪大阪毎
日新聞≫, 1919. 3. 9d, 11면; 윤소영 편역, 2009b, 157쪽 재인용). ≪오사카아사히
신문≫도 이날 석간(3월 9일 자)에서 만세시위를 지휘한 천도교 교주 손병
희를 분석한 기사를 내보냈다. 신문은 기사에서 손병희에 대해 "동학당 두
목", "선술을 획득", "우민을 미혹", "재산 수백만 원을 저축" 등의 표현을
써가며 부정적으로 묘사했다(≪大阪朝日新聞≫, 1919. 3. 9a, 석간 2면; 윤소영
편역, 2009a, 121쪽 재인용).

맹산 학살

　3월 10일 새벽 1시, 경성 종로 4가의 한 집에서 화재가 발생했다. 불이
나자 수많은 경성 사람이 몰려들었다. 무려 3만여 명에 이르렀다. 여차하
면 독립만세를 외칠 기세였다. 일제는 보병 2개 중대를 출동시켜 시민들
을 해산시켰다(≪大阪毎日新聞≫, 1919. 3. 11c, 11면; 윤소영 편역, 2009b, 167쪽
참고).

　용산의 만철공장 노동자들이 파업에 들어갔다. 이날 조선인 출근자는
한 명도 없었다(≪大阪毎日新聞≫, 1919. 3. 11e, 11면; 윤소영 편역, 2009b, 168쪽;

《大阪朝日新聞》, 1919. 3. 11b, 7면; 윤소영 편역, 2009a, 133쪽 참고).

일제는 이날 경성에서 보병 제79연대 3개 중대와 2개 기병 소대, 1개 야포 중대를 시가 행군시켰다. 민중을 위압하고 공포 분위기를 조성하기 위한 것이었다. 경성에서는 이후 10여 일간 만세시위가 크게 잦아들었다(독립운동사편찬위원회, 1970a 116쪽; 이이화 2015, 249쪽 참고).

오후 2시, 평안남도 맹산군, 천도교구장이던 문병로를 비롯해 길응철, 방기창, 정덕화 등의 주도로 독립만세시위를 벌인 천도교도 100여 명 가운데 60여 명은 독립만세를 외치는 한편 지난 6일 이후 독립만세시위 과정에서 체포된 인사들의 석방을 요구하며 헌병분견소에 몰려가 항의했다. 주민들이 일본 헌병분견소 안으로 들어갔다. 이때 이노우에 중위가 이끄는 일본 헌병은 주민들을 분견소 안마당으로 끌어들인 뒤 문을 잠갔다. 일제 군경은 일제히 총격을 가했다. 주민들이 쓰러졌다. 일제 군경은 죽지 않은 사람은 칼 등으로 찔렀다. 주민 54명이 몰살당했다(독립운동사편찬위원회, 1970a, 431쪽).

이 과정에서 일제 측도 헌병 상등병 1명이 사망하고 헌병 보조원 1명도 중상을 입었다. 일본군은 만세시위대가 헌병대를 습격해 벌어진 일이라고 기록했다. 조선군사령관 우쓰노미야 다로는 다나카 기이치 육군상에게 이 사실을 보고했다.

일본 신문들도 맹산의 만세시위대가 헌병분견소에 돌입해 폭행을 가하면서 발포가 이뤄졌다는 식으로 보도했다. 심지어 시위대가 최후까지 완강하게 저항했다고 보도했다. 《오사카마이니치신문》과 《오사카아사히신문》의 보도다.

"조선 평안남도 맹산에서 10일 오후 2시 약 100명의 폭도가 헌병분견소를 습격해 이지리 헌병 오장은 부하 5명을 이끌고 수괴를 체포하려 향했다. 폭도는 분견소의 사무소 안으로 돌입해 폭행을 가하고 그 안에 있던 헌병 및 보조원이 이를 제지했지만 듣지 않아 대격투가 벌어졌다. 사토 헌병 상등병은 분투한 끝에 참사당하고 감독보조원도 중상을 입었다. 폭도와 헌병은 다시 뒷마당으로 나왔는데 왕성하게 발포해 점차 격퇴시켰다. 이때 폭도 중 사상자 50명이 발생했다."(≪大阪每日新聞≫, 1919. 3. 12, 11면; 윤소영 편역, 2009b, 172쪽 재인용)

"불온한 징조가 있던 평안남도 맹산군의 폭도 수백 명은 10일 오후 이르러 헌병분견소를 포위하고 폭행을 가했는데 폭도 사상자 50여 명이 발생했다. 우리도 군조 1명, 보조원 1명이 부상을 입었다. 폭도는 최후까지 완강하게 저항했다."(≪大阪朝日新聞≫, 1919. 3. 13a, 석간 2면; 윤소영 편역, 2009a, 139쪽 재인용)

일본 측의 주장은 사실과 다른 것으로 보인다. 일본군 보고에 의하면 맹산 학살에서 일본군이 사용한 탄환은 보병이 쏜 38식 보병총 실포 38발, 헌병이 쏜 38식 보병총 실포 10발과 26년식 권총 28발로 도합 76발에 지나지 않은 것으로 확인됐다. 즉, 76발로 56명을 쓰러뜨린 것으로, 사실상 조준 학살인 셈이었다. 사망한 일본 헌병도 시위대가 살상한 것이 아니라 좁은 뜰 안에서 총격을 가하는 와중에 자신들이 쏜 총알에 맞아 죽은 것으로 한국 연구진은 분석한다(윤병석, 2013, 491쪽 참고).

그나마 주민 3명이 구사일생으로 살아남아 나중에 선교사에게 이 사실을 알리면서 진실이 세상에 알려지게 됐다(신용하, 2006a, 91쪽; 이이화, 2015, 235쪽; 한국독립운동사편찬위원회, 2009a, 217쪽 참고). 시위대가 헌병대를 습격했다는 일본 언론의 보도와 달리 일본 헌병이 오히려 주민들을 헌병분견소 구내로 부른 뒤 문을 잠그고 집중 사격해 학살했다는 증언이 미국기독교교회총연합회 동양관계위원회(The Commission on Relation with Orient of the Federal Council of the Churches of Christ in America)에 의해 보고됐다.

"미국기독교교회총연합회 동양관계위원회의 결의서로 작성돼 미국 상원 의사록에 기재된 자료에는 '3월 상순 맹산에서 민중이 독립만세를 절규한 후, 56명이 헌병분견소에 오라 해서 갔다. 그들 전원이 헌병대 구내에 들어가자 헌병이 문을 잠그고 담 위에 올라가서 전부를 사격해 쓰러뜨린 후, 그 옆에 가서 아직 살아남은 사람을 전부 단검으로 찔러서 56인 중 53

인이 죽고 3명만이 시체 더미에서 기어 나올 수 있었다. 그들이 과연 살아남았는지 어떤지는 모른다.' 신용 있는 기독교 부인이 수일의 여행을 하고와서 외국인 친구에게 가서 이상과 같은 진술을 했다. 그 진실성을 의심할수 없다."(윤병석, 2013, 491쪽 재인용)

맹산의 피해 규모는 단일 시간, 단일 장소에서 벌어진 것 중에는 가장크다. 맹산 학살 사건은 수원 제암리 학살 사건과 사천 모락장 학살, 정주학살과 함께 3·1운동에서 일제에 의해 저질러진 가장 야만적인 학살로 꼽힌다.

맹산 주민들은 이후 연일 산발적으로 시위운동을 벌였다. 밤에는 산에올라 횃불을 들고 만세를 부르며 일제 헌병경찰을 괴롭혔다. 맹산에서3·1독립운동 중에 발생한 전체 사망자는 253명, 부상자는 250명에 이른것으로 한국 측 문헌은 기록하고 있다(독립운동사편찬위원회, 1970a, 431~432쪽; 한국독립운동사편찬위원회, 2009a, 242쪽).

'조선소요사건 일별조표'에 따르면, 3월 10일 15곳에서 만세시위가 벌어졌고, 1곳에서 시위대와 일본 군경이 충돌했으며, 3곳에서 일본군의 발포가 이뤄졌다(윤병석, 2013, 438쪽 참고).

일본 언론들은 이날 조간에서 경성 노동자들의 파업을 일제히 보도하면서도 독립운동을 위한 행위가 아니라 마치 동료들의 강제에 의해 마지못해 참여했다는 식으로 사실을 호도했다(≪大阪每日新聞≫, 1919. 3. 10c, 11면; 윤소영 편역, 2009b, 161쪽 재인용). ≪오사카아사히신문≫은 "시위운동 비용으로 어디에서 3만 5000원을 기탁해 왔으니 만세를 외치며 시위하는 자에게는 돈을 준다고 하면서 양민을 현혹시키는 일이 적지 않다"며 미국인 선교사 배후설을 거듭 제기하기도 했다(≪大阪朝日新聞≫, 1919. 3. 10g, 7면; 윤소영 편역, 2009a, 131쪽 재인용). 특히 ≪오사카아사히신문≫은 이날 조간에서 만세시위를 비판하는 정체불명의 '조선인 대표자 15명' 명의의 경고서"해혹문(解惑文)"을 게재했다. 내용은 다음과 같다.

"가련하다, 우리 동포여. 세계의 대세를 알지 못하고 개인의 일방적인 말을 맹신해 일한 양국 민족의 생활의 좋은 관계를 저해하고 자신의 생명을 해치니, 어찌 가련하지 않으리오. 세계의 형세를 살펴보니 태서강화회의에서 영지가 된 각국을 복권 독립시키기로 했는지 아닌지는 알 수 없지만 예를 들면 영국, 프랑스, 미국의 입장에서 말해보자. 영국 영토인 인도, 그외 여섯 대륙에 산재하는 각국으로 하여금 그 각각을 독립시키고 단순히 잉글랜드, 스코틀랜드, 아일랜드의 세 섬만을 보유하려고 할까. 실로 대서양의 한 작은 섬에 불과하다고 해 싸우지도 않는다면 스스로 그 나라를 멸망시키는 지경이 될 것이다. 이렇게 될 리는 단연코 없을 것이다. 프랑스가 베트남과 그 외 각주에 산재하는 영토를 복권시켜줄까? 실로 교주(交奏)는 한 소국임에 불과한데 프랑스가 왜 자멸 방책을 취하겠는가. 미국이 그 나라의 영토, 필리핀, 하와이 등의 국가를 복권시킨다면 정책상 손해만 있고 이익은 없다는 것은 정해진 이치이다. 그런데 이번에 유포된 소문은 미국 대통령 윌슨 씨가 주의상 각국의 영토복권 문제를 제출했다고 해 소문이 무성해 소란스럽게 됐다. 가령 그렇다고 치더라도 미국이 하와이와 마닐라를, 프랑스가 베트남을, 영국이 인도 등의 나라를 복권시키는 것은 영원히 불가능한데 어찌 이보다 앞서 한일 문제를 선언할 수 있겠는가. 대개 우리 동포인 자는 깊이 생각하시오. 만약 이러한 망동을 해 함부로 자신의 생명을 손상시키는 자가 있다면 자중하길 바란다. 조선인 대표단 씨명."(≪大阪朝日新聞≫, 1919. 3. 10e, 7면; 윤소영 편역, 2009a, 128쪽 재인용)

일본 언론들은 평안남도 영원군 시위와 헌병군조 나카니시 야사부로의 총상을 집중적으로 보도했다. ≪오사카아사히신문≫은 3월 10일 자 조간에서 나카니시의 중상과 위독 사실을 처음 알렸고(≪大阪毎日新聞≫, 1919. 3. 10e, 11면; 윤소영 편역, 2009b, 164쪽 재인용), 3월 11일 자에서는 "폭도가 헌병 분대를 습격해 나카니시 군조는 중상을 입고 위험한 상황에 빠졌다"는 식으로 보도했다(≪大阪朝日新聞≫, 1919. 3. 11c, 7면; 윤소영 편역, 2009a, 134쪽 재인용).

단천의 눈물

3월 10일 오전 11시, 함경남도 동단부에 위치한 단천군 천도교당. 각 면에서 천도교도 300여 명이 모여들었다. 단천의 천도교도들은 지난 3월 3일 경성으로부터 독립선언서가 전달되자 천도교 교조 최제우의 순도기념일인 3월 10일에 시위를 벌일 것을 계획해왔다. 단천은 함경도 다른 어느 지역보다도 천도교가 성했고, 이에 단천의 독립만세운동은 거의 전적으로 천도교를 중심으로 계획되고 준비돼왔다.

이들은 이날 최제우 순도기념식을 거행하고 독립선언서를 낭독한 뒤 독립만세를 외쳤다. 이들은 이어 태극기를 앞세우고 시위행진을 전개했다. 천도교당을 출발해 용현리와 하서리를 거쳐 헌병대로 행진했다. 시위대는 점차 늘어 1000여 명으로 불어났다. 시위대는 태극기를 휘두르며 독립만세를 큰 소리로 연호했다. 이들은 일제의 식민통치를 신랄하게 규탄하며 만세시위를 벌였다. 일제 헌병이 출동해 시위대를 강제로 해산시키려 했다. 시위대 가운데 서봉화가 헌병대장을 향해 호통쳤다.

"이놈들아! 내 나라를 내놓아라."

헌병대장은 태극기를 든 서봉화의 어깨를 군도로 내리쳤다. 서봉화는 이번에는 가슴을 헤치고 다시 외쳤다.

"이놈아, 찌를 테면 찔러보아라!"

헌병대장은 빼어든 군도로 서봉화의 배를 찔렀다. 서봉화가 쓰러졌다. 서봉화는 "대한독립만세"를 외치며 숨졌다.

서봉화가 죽자 시위대는 헌병대로 몰려갔다. 헌병들은 시위대를 향해 마구잡이로 총을 쏘아댔다. 시위대는 쓰러지고 또 쓰러졌다. 일시에 아비규환의 아수라장으로 변했다. 서봉화 외에 염석하, 염석한, 박홍선, 이영호, 김상갑, 이종환 등 7명이 숨졌다. 8명이 부상을 당했고, 142명이 체포됐다(독립운동사편찬위원회, 1970a, 721~722쪽; 한국독립운동사편찬위원회, 2009a, 299쪽 참고).

일본 언론은 시위대가 반항하고 방화를 하려고 해 일제 군경이 마지못해 총격을 가했다는 식으로 보도했다.

"함경남도의 단천에서는 오전 10시 약 1000명의 폭도가 일어났다. 헌병은 공포를 쏘며 위협을 가했는데 점점 반항해 상군에 방화하고자 하므로 10명을 사살하고 140명을 체포했다."(≪大阪朝日新聞≫, 1919. 3. 11d, 7면; 윤소영 편역, 2009a, 134쪽 재인용)

3월 11일 오전 11시, 주민 300여 명이 태극기를 흔들며 성진 쪽에서 단천 읍내로 들어왔다. 읍내에서도 800여 명이 호응했다. 주민들은 전날 7명이 숨지고 수십 명이 부상을 입은 참상이 입에서 입으로 전해지면서 크게 분노했다.

시위대 안에서 누군가가 독립선언서를 살포했다. 자연스럽게 여기저기서 독립만세 소리가 터져 나왔다. 시위대는 시내를 돌다가 헌병대를 향해 시위를 전개했다. 또 다른 시위대는 시가행진 끝에 군청으로 몰려들었다.

헌병대는 급히 출동해 시위대를 향해 사격을 가했다. 총격으로 시위대 18명이 현장에서 즉사했다. 14명이 중경상을 입었다. 143명이 체포됐다. 체포된 사람은 대부분 천도교도였다. 이들은 단천소학교에서 취조를 받고 그중 12명은 검사국에 넘겨졌다(독립운동사편찬위원회, 1970a, 721~722쪽; 한국독립운동사편찬위원회, 2009a, 300쪽 참고).

극심한 유혈 충돌이 두 차례나 벌어지자 단천헌병대는 군대 증파를 요청했고, 3월 17일 북청에서 장교 이하 16명이 파견됐다. 일제는 단천에 삼엄한 경계와 혹독한 탄압을 가했다.

11일 뒤인 3월 22일 낮 12시 40분, 북두일면 대신리. 김성호와 이종근 등의 주도로 주민 500여 명이 독립만세시위를 벌였다. 이들은 앞선 시위에서 많은 주민들이 일제 군경의 총칼에 희생된 것을 보고 분노해 있었다. 시위대는 헌병대로 몰려갔다. 시위대는 헌병의 만행을 규탄하고 투석을 시작했다. 일제 헌병들이 시위대를 향해 총을 쐈다. 이 총격으로 시위대 8명이 현장에서 사살됐고, 2명이 중경상을 입었다. 헌병 1명도 부상당했다.

김성호, 황희청, 송문일 등은 붙잡혀 유죄 판결을 받았다(독립운동사편찬위원회, 1970a, 723쪽; 한국독립운동사편찬위원회, 2009a, 300쪽; ≪大阪朝日新聞≫, 1919. 3. 24b, 석간 2면; 윤소영 편역, 2009a, 159쪽 참고).

일제 당국은 천도교도가 많이 살고 있는 단천군 신만면에 헌병 1개 중대를 상주시켜 공포 속의 평온이 유지되도록 했다. 단천에서는 1919년 3월 한 달 만에 33명이 현장에서 죽고 24명이 중경상을 입었다. 피검자는 290명에 달했다. 이러한 피해는 함경도 전역에서 가장 큰 것이었다(독립운동사편찬위원회, 1970a, 724쪽).

"감옥은 차고 넘쳤다" 성진의 비극

3월 11일 이른 아침, 함경북도 성진군 성진읍. 일제 경찰은 총을 들고 일본인 소방대들은 도끼를 든 채 일본인 거리에서 한국인 거리로 들어왔다. 이들은 한국인들을 도끼로 찍고 총으로 쏘기도 했다. 현장에서 죽거나 다친 사람이 적지 않았다. 전날인 3월 10일 오전 10시 제동병원 광장에서 욱정교회 교인들을 비롯한 5000여 명이 운집해 독립만세를 부르고 시가행진을 벌였고 오후 3시 반 보신학교 학생 약 40여 명도 일본인 상가와 경찰서, 우체국 앞에서 만세를 부르며 시위를 벌이다가 일본 경찰과 투석전을 벌여 일제 경찰 5명이 부상을 당했다. 이에 대한 보복이었던 것이다.

일본 군경의 복수 장면을 목격한, 한국 이름이 '구례선'이었던 캐나다장로교 선교사 로버트 그리어슨(Robert. G. Grierson)은 자신의 책 『아주 오랜 날들의 에피소드(Episode on a Long, Long Trail)』(1957)에서 그날의 모습을 다음과 같이 기록하고 있다.

"아침 일찍 일본 군인과 경찰들이 한국인들에게 무차별 난사, 구타해 부상자들이 병원에 몰려들기 시작했다. 가슴에 관통상을 입은 환자가 사망했다. 이날 아침 일찍 로스(Mr. Ross)와 나는 경찰서장으로부터 호출을 받앉는데, 환자 때문에 저녁식사 후에 갔다. 거리에는 경찰들이 집총자세로 지키고 있었다. 취조를 받았으나 혐의 사항에 대해 모두 해명했다. 성진교회의 모든 장로들과 많은 교인들이 투옥됐고 감옥은 차고 넘쳤다."(이만열, 2003, 509~510쪽 재인용)

오전 10시, 성진군 제동병원 앞. 성진 주민들은 일제 군경의 보복에 분노해 삼삼오오 모여들기 시작했다. 700여 명이 모였다. 우연히 앞을 지나가던 한 일본인이 눈에 띠었다. 시위대는 그를 붙잡아 마구 때려 실신시켰다(≪大阪每日新聞≫, 1919. 3. 15b, 석간 1면; 윤소영 편역, 2009b, 185쪽 재인용).

시위대는 시내를 행진했다. 일본 경찰은 기병대와 재향군인, 소방대 등 100여 명을 출동시켜 이들을 진압하려 했다. 일제 군경은 시위대를 진압하기가 여의치 않자 발포하기 시작했다. 강경준이 현장에서 즉사했다. 9명이 부상을 입었다(독립운동사편찬위원회, 1970a 764~766쪽 참고). 일본 언론은 시위대가 일본인에게 폭행을 가하자 경찰이 "이제 마지막이라고 생각해" 발포하게 됐다는 식으로 보도했다.

"11일 아침부터 600여 명의 폭민이 또다시 집합해 불온한 분위기여서 경찰에서는 재향군인 및 직공조합원을 소집해 경계 중이다. 폭도는 지나가는 일본인에게 위해를 가해 경찰대도 지금은 이제 마지막이라고 생각해 발포, 수 명의 사상자가 나왔다. 그들은 사방으로 흩어졌는데 중심인물 58명을 체포했다. 그중에는 수 명의 부인이 있고 여학생도 있다. 폭도의 대다수는 천도교회 및 야소교도이다."(≪大阪朝日新聞≫, 1919. 3. 12, 7면; 윤소영 편역, 2009a, 138쪽 재인용)

오전 11시, 황해도 안악군 은홍면 온정리 이정엽의 집 정원. 각 면에서 온 주민 수백 명이 독립선언식을 거행했다. 사립 선명학교 교장 박치간이 독립선언서를 낭독하고 질서정연하게 시위운동을 전개할 것을 서약했다. 이들은 손에 태극기를 들고 '대한독립'이라고 쓴 선두의 큰 기를 따라 시가행진을 시작했다. 군민들도 가세해 "대한독립만세"를 외치면서 함께 나섰다. 시위대는 불어나 1000여 명을 헤아리게 됐다.

시위대가 시가지를 한 번 돌고 두 번 돌아 헌병주재소 앞을 지나갔다. 일본인 헌병 1명과 한국인 보조원 2명이 나와 시위대의 '대한독립'이라고 쓴 큰 기를 뺏으려 했다. 일본 헌병과 시위대 간에 승강이가 벌어졌다. 청년 박승도가 한국인 헌병 보조원의 총검을 빼앗은 뒤 외쳤다.

"너희도 같은 조선 놈인데 같은 행렬에서 만세는 못 부를망정 이것이 무슨 소행이냐."

박승도가 총대로 보조원을 때리니 보조원이 쓰러지고, 나머지 보조원 1명은 달아났다. 겁에 질린 일본인 헌병은 시위대를 따라 "대한독립만세"를 크게 외쳤다.

이때 다른 헌병들이 총을 쏘기 시작했다. 시위대 앞줄에 섰던 몇 사람이 비명을 지르면서 쓰러졌다. 시위대는 격분했다. 돌을 집어 주재소를 향해 던졌다. 헌병들도 본격적으로 총격을 가하기 시작했다.

박승도와 전인식, 김학규 3명이 현장에서 즉사했다. 72세의 김광언을 비롯해 수십 명이 부상을 당했다. 일제 군경은 시위대 지도부를 검속했다. 시위를 주도한 박치간, 정계로는 징역 4년, 정공로는 징역 3년을 언도받았다(독립운동사편찬위원회, 1970a, 292~295쪽 참고). 일본 언론은 "어쩔 수 없이 발포했다"는 식으로 보도했다(≪大阪每日新聞≫, 1919. 3. 15b, 석간 1면; 윤소영 편역, 2009b, 185쪽 재인용).

황해도 안악에 있던 백범 김구는 이즈음 독립만세운동을 벌인 안악 청년들을 맞았다. 청년들은 김구에게 독립만세를 함께 부르자고 제안했다. 자서전에서 김구는 당시 청년들의 제안을 거부했다고 밝혔다.

"이미 준비가 완성됐으니 함께 나가서 만세를 부릅시다."

"만세운동에 참여할 마음이 없다."

"선생이 참여하지 않으면 누가 선창합니까?"

"독립은 만세만 불러서 되는 것이 아니고 장래 일을 계획 진행해야 할 터인즉 나의 참, 불참이 문제가 아니니 자네들은 어서 만세를 부르라."

김구는 독립만세운동이 아닌 실질적인 독립을 계획하고 준비하는 활동을 우선 고민하고 있었다(김구, 1947/2002, 283쪽 참고).

'조선소요사건 일별조표'에 따르면, 3월 11일 13곳에서 만세시위가 벌어졌고, 2곳에서 시위대와 일본 군경이 충돌했다(윤병석, 2013, 438쪽 참고).

이승만과 정한경은 이날 미국 필라델피아에서 미국 본토와 하와이에 거주하는 전체 한국인 단체인 '국민회의 대표들' 명의로 미 국무장관 서리에게 전보를 보냈다. 이승만 등은 중국 상하이로부터 받은 3·1운동 소식을 전하면서 일본 정부가 대한독립만세를 부르며 시위하는 조선의 애국자들을 탄압하는 만행을 중지하도록 중개해달라고 부탁했다. 이들은 3월 16~17일경 파리에 있는 우드로 윌슨 미국 대통령에게도 같은 내용의 전보를 발송하기도 했다(독립운동사편찬위원회, 1970b, 818쪽).

3월 11일 밤, 경성 조선호텔(현재 중구 소공로 웨스턴조선서울). 경성 주재 기자단은 독립만세시위와 관련해 여러 가지를 협의했다. 기자단은 독립만세시위에 대해 '경거망동'이라며 유감을 표시하고 반성을 촉구했다.

"구주대전 후 변한 상황을 보니 자유평등을 높이 외치며 동시에 인종적 장벽을 탈피하고자 한다. 우리 아세아민족은 혼연일체가 돼 그 권위를 발양하지 않으면 안 된다. 이는 실로 우리가 공동복지를 달성함과 함께 동양평화, 아세아민족자결의 요체이다. 그런데 일부 조선인이 세계의 대세를 무시하고 함부로 □□('독립'으로 추정)을 말하고 경거망동해 형제가 집안싸움을 하려는 것은 깊이 유감으로 여긴다. 우리는 새로 얻은 동포가 중외의 형세에 비춰 신속히 반성할 것을 희망한다."(≪大阪每日新聞≫, 1919. 3. 13b, 석간 6면; 윤소영 편역, 2009b, 174쪽 재인용)

"표면상 경미, 실제로는 엄중" 일제의 기만과 공작

3월 11일, 도쿄 나가타초 총리 관저. 총리 하라 다카시는 내각 회의를 주재하면서 하세가와 요시미치 조선총독에게 내릴 정부 훈령 내용에 대해 논의하고 조선총독에게 다음과 같은 훈령 전보를 보냈다.

"이번 소요사건은 국내외 표면상으로 극히 경미한 문제로 하는 것이 필요하다. 그렇지만 실제에 있어서는 엄중한 조치를 취해 장래 다시 발생하지 않도록 기하라. 단, 외국인들이 특히 이번 사건에 가장 주목하고 있으니 가혹하다는 비평이 터져 나오지 않도록 각별히 주의하라."(原奎一郞 편, 1950, 175쪽)

하라 총리의 훈령은 외견상 경미하게 보이도록 하되 실제로는 엄중한 조치를 취하라는, 지극히 표리부동하고 기만적인 지시였다. 하라 다카시 총리는 이와 함께 언론 대응에서도 국내외에 "경미한 문제"로 비춰지도록 하는 이면에 "엄중한 조치를 취해 다시 발생"하지 않도록 하라고 도코나미 다케지로(床次竹二郞) 내무상에게 지시했다(原奎一郞 편, 1950, 175쪽).

이는 운동의 조기 진압과 언론에 대한 통제를 지시한 것으로, 결과적으로 일본군이 독립만세시위 탄압과 피해 사례 및 규모를 축소·은폐하게 만들었다고 분석된다. 실제로 하라 다카시 총리가 3월 11일 언론 보도 통제를 지시한 이후 일본 언론에서는 독립만세운동 관련 사실보도가 상당히 줄어들고, 기사 내용 면에서도 독립만세의 부당성을 지적하고 일제의 무력 진압을 지지하는 내용이 크게 늘어난다. 아울러 독립만세운동의 내적 원인을 총독정치의 폭압성과 무단통치에서 찾으려는 논조도 본격적으로 대두한다. 하지만 일제의 잔학 행위나 과잉 진압, 특히 제암리 학살 등은 제대로 다뤄지지 않는다(신주백, 2001. 3, 44쪽; 윤병석, 2013, 493쪽; 이규수, 2003. 2, 270~276쪽 참고).

조선군사령관 우쓰노미야 다로는 조선의 독립만세시위가 확산돼 북쪽으로 의주, 회령부터 남쪽으로 광주, 부산에 이르면서 일시적인 방편으로 진압하기 어려워 각별한 대응이 필요하다고 느꼈다. 우쓰노미야 다로는 이날 오전 오노 도요시 조선군참모장과 무라타 시노 소장으로 하여금 하세가와 요시미치 총독에게 먼저 설명하도록 했다. 하세가와 총독은 이들의 설명에 동의했다. 우쓰노미야 다로는 오후에 자신이 직접 하세가와 요시미치를 만나 독립만세시위 대응 방법을 협의했다. 하세가와 요시미치는 이 자리에서 ① 현재의 독립만세시위는 만연할 기미를 보이고 있고 ② 조선군사령관은 요소의 병력을 사용해 그것을 진압해야 한다고 지시했다. 하세가와 요시미치의 이 명령은 일본군이 만세시위를 진압하기 위해 적극적으로 무력을 사용하게 된 계기가 됐다고 평가된다. 우쓰노미야 다로도 하세가와 요시미치의 "이 명령에 의해 군대의 행동이 처음으로 자유롭게 됐다"며 만세시위 진압에서도 효과를 볼 것으로 전망했다고 기록했다(宇都宮太郎關係資料研究會 편, 2007, 227쪽 참고).

결국 외견상 조선총독 하세가와 요시미치가 독립만세시위 진압에 일본군대를 자유롭게 사용하도록 우쓰노미야 다로에게 지시하는 모양새이지만, 이면에는 하라 다카시 총리의 훈령과 우쓰노미야 다로 조선군사령관의 치밀한 설명 등 위아래에서 종합적으로 영향을 미친 것으로 분석된다.

일제는 이와 함께 독립만세운동을 진정시키고 한국인들이 독립론이 아닌 자치론을 주장하도록 하기 위해 우호적인 인사들을 대상으로 조심스럽게 움직이기 시작했다. 그 중심에는 의외로 조선군사령관 우쓰노미야 다로가 있었다. 그는 만세시위 대응을 위해 친일파를 움직이려 했다.

3월 11일, 경기도 용산 조선군사령관저. 우쓰노미야 다로는 이희두와 함께 온 친일파의 거두 이완용을 만났다. 우쓰노미야와 이완용이 만난 것은 이날이 처음이었다. 우쓰노미야는 이날 이완용과 흉금을 터놓고 일본과 조선의 장래를 이야기했다. 우쓰노미야는 일본과 조선의 합동, 공존, 공영주의의 필요성을 역설했고, 이완용도 이에 완전히 공감했다고 한다. 우쓰노미야는 자신이 작성한 '다이혼간(大本願)'의 내용과 구연요지(口演要旨)를 이완용에게 보여주기도 했다(宇都宮太郎關係資料研究會 편, 2007, 227쪽 참고). 우쓰노미야 다로와 이완용 사이에 다리를 놓은 사람은 일본 육군 사관학교 등에서 수학하고 한때 대한제국의 무관을 역임한 일본군 소속 군인이었다. 친일조직인 일진회에 가담하기도 했고, 1920년 일본 육군 소장으로 승진해 훈장을 받기도 했다.

우쓰노미야 다로가 독립만세운동을 진정시키기 위해 친일파를 움직이려고 생각한 시점은 3월 9일쯤으로 추정된다. 그는 3월 9일 자 일기에 조선인들의 독립운동에 대해 사람들을 모아 한국과 일본의 화합과 융합을 촉구할 필요성을 느꼈다고 적었다. 그는 그래서 '사물은 합치면 강해지고 나눠지면 약해지는 것이 천지의 진리이며 세계는 아직 강자와 약자 간 차별이 없고 평등한 황금시대에 도달하지 않았기에 일본과 한국은 함께 공존하고 복지를 개척·증진하며 융화합해 세계 태평의 국민이 돼야 한다'는 취지의 '다이혼간'을 기술했다. 그는 이날 일제에 우호적이었던 김응선을 불러 자신의 '다이혼간'을 알리고 협력을 구했고, 자신과 교류가 잦았던 이희두를 초청해 똑같이 알린 뒤 협력을 요청하고 지지자를 확대할 방안을 논의했다. 우쓰노미야는 가까운 시일 안에 이완용을 동반해 방문할 것을 요청했다(宇都宮太郎關係資料研究會 편, 2007, 226쪽).

우쓰노미야는 3월 22일 오전 관저에 머무르며 이희두를 초청해 조선의 상황을 듣고 4명의 확실한 동지를 얻었다고 보고받았다. 그는 이날 저녁 송병준이 찾아오자 조선 통치에 관해 이야기하고 마지막에는 세계적 대세에 대한 자신의 의견을 알리면서 '다이혼간' 구연요지 등을 빌려줬다. 송병준은 재방문을 약속하고 밤 10시가 넘어 떠났다(宇都宮太郎關係資料研究會 편, 2007, 233쪽).

우쓰노미야는 3월 26일에는 박영효를 만찬에 초대했다. 우쓰노미야는 박영효에게 자신이 쓴 글 "동지에게 보이다(同志に示す)"를 보여주고 '다이혼간' 등을 설명한 뒤 빌려줬다. 박영효도 이에 동감을 표시하면서 지난 2월 손병희로부터 윤치호와 3인이 서명해 독립청구서를 총독에게 보내자고 교섭이 왔지만 응하지 않았고, 이완용이나 조중응 등은 인기가 없어 그들을 이용하는 것은 잘못이며, 윤치호는 유약해 도움이 되지 않고, 귀족들은 인기가 없다는 점 등을 말했다(宇都宮太郎關係資料研究會 편, 2007, 234쪽 참고).

우쓰노미야는 3월 28일 관저에서 이완용과 한상용과 오찬을 함께하며 시국에 대해 의견을 교환했다. 우쓰노미야와 이완용 등은 위압의 부족이나 미국 신문기자가 경성에 올 때 한층 시위가 격화된 이유, 시위가 노동계급에게도 파급된 점 등에 대해 이야기를 나눴다. 이완용은 이날 오후 1시 30분이 넘어 관저를 나갔다(宇都宮太郎關係資料研究會 편, 2007, 236쪽).

제5장
간도, 연해주, 미주, 파리

今日吾人의所任은다만自己의建設이有할쑨이오決코他의破壞에在치안이하도다嚴肅한良心의命令으로써自家의新運命을開拓함이오決코舊怨과一時的感情으로써他를嫉逐排斥함이안이로다舊思想舊勢力에羈縻된日本爲政家의功名的犧牲이된不自然又不合理한錯誤狀態를改善匡正하야自然又合理한政經大原으로歸還케함이로다

———

지금 우리가 할 일은 다만 우리나라를 건설하는 것일 뿐이요, 결코 다른 나라를 파괴하는 데에 있지 아니하도다. 엄숙한 양심의 명령으로, 우리나라의 새로운 운명을 개척하고자 함이요, 결코 묵은 원한과 한때의 감정에 따라 남을 시기해 쫓고 물리치려는 것이 아니다. 낡은 사상과 묵은 세력에 얽매인 일본 정치가들의 공명심에 희생이 되어버린, 불합리하고 또 부자연스러운 그릇된 상태를 크게 바로잡아 고쳐서, 일본으로 하여금 자연스럽고도 합리적이며 올바르고 떳떳한 큰 원칙으로 돌아가게 하려는 것이다.

꿈틀거리는 간도… 13도 대표 독립애원서

1919년 3월 12일 오후 2시, 경성 보신각 앞. 경성 사람 수백여 명이 모인 가운데 김백원과 문일평, 차상진, 문성호, 조형균, 김극선, 백관형 등 13도 대표가 민족 대표들이 잡혀간 것을 계승하겠다며 13도 대표 명의로 '조선독립애원서(朝鮮獨立哀願書)'를 읽어 내려갔다.

"조선독립은 민족이 요구하는 정의 인도로써 대세 필연의 공리요 철칙이다. … 우리들은 촌철의 무력에도 의하지 않고 정의와 인도의 대경대법으로써 언제까지든지 그 목적을 관철할 것이다."

이들은 애원서에서 "조선독립은 이천만 동포의 요구이다. 우리들은 손병희 등의 후계자로서 조선의 독립을 관철시키지 않으면 안 된다"고 주장했다.

일본 군경이 출동해 시위대를 해산하고 대표들을 체포했다. 김백원, 문일평 등은 앞서 경성 서린동 영락관(永樂館)에 모여 13도 대표 명의로 '조선독립애원서'를 작성했다(≪大阪每日新聞≫, 1919. 3. 14a, 석간 6면; 윤소영 편역, 2009b, 180쪽 재인용).

이날 경성 시내에서 일제 당국은 철시한 조선인 상점에 경관 40여 명을 보내 개점을 설득했다. 하지만 많은 조선인 상점이 개점하지 않거나 일부는 개점했다가 곧바로 폐점했다. ≪오사카마이니치신문≫은 이와 관련해 "선동자들이 경관의 뒤에서 직접 다시 협박하며 돌아다녀 상인은 중간에 낀 상태가 돼 뒤탈이 두려워 개점하는 자도 없다. 또 종로의 금은세공 '상신상회'가 경관대의 설득에 따라 점포를 열었는데 즉시 돌이 날아와 창문과 진열대가 파손돼 많은 손해를 입자 다시 폐점했다"고 보도했다(≪大阪每日新聞≫, 1919. 3. 15c, 11면; 윤소영 편역, 2009b, 189쪽 참고).

오후, 경성 경무총감부에 한국인 2명이 찾아와 공공연히 독립을 주장하기도 했다. 전에 볼 수 없던 현상이었다. ≪오사카마이니치신문≫(1919. 3. 14d, 11면; 윤소영 편역, 2009b, 184쪽 재인용) 등에 따르면, 경기도 양주의 농부와 경성 상인이라고 밝힌 조선인 2명이 찾아왔다. 두 사람은 정중하게 예를 표시한 뒤 조선의 독립을 공공연하게 주장했다.

"우리 양반은 중대한 청이 있어서 왔습니다. 부탁 말씀은 조선을 즉시 독립시켜주십시오. 이 청만 들어주신다면 우리는 경성 시내는 물론이고 전도의 인민에게 전달해 즉시 소요를 중지시키겠습니다. 우리들 조선인은 병합 이래 일본의 정치를 충분히 배웠으므로 독립해도 충분히 훌륭한 정치를 할 수 있다고 믿고 있습니다. 대개 부모라는 사람은 아이가 성장하면 장가를 보내 빨리 자립할 수 있도록 해준 다음에 안심하는 법입니다. 일본은 부모이고 조선은 자식이므로 부모인 일본은 아이인 조선에게 빨리 독립이라는 아내를 갖게 해주시는 것이 당연하다고 생각합니다."

일제 경무부 관리들은 일순간 어떻게 대답해야 할지 몰라 당황했다. 관리들은 두 사람이 물러나려고 하지 않자 소리를 질렀다.

"아직 시집보내는 것은 빨라요."

조선인 두 사람은 이에 "부모가 빠르다고 한다면 어찌할 도리가 없지요. 아이고, 아이고"라고 말하면서 물러났다.

앞서 오전 10시, 황해도 송화군 송화 읍내 헌병분견대 앞. 천도교도 장병국과 손응규, 조종목 등이 태극기를 앞세우고 나타나자 순식간에 주민 200여 명이 모여들었다. 이들은 "대한독립만세"를 소리 높여 외쳤다. 시민들도 호응해 읍내는 만세 소리로 진동했다. 헌병대는 당황했다.

이들은 시가지를 돌면서 대한독립만세를 외쳤고 다시 헌병대 앞으로 모였다. 시위대 규모는 처음보다 배나 증가했다. 헌병들은 시위대의 해산을 촉구했다. 시위대는 듣지 않고 대한독립만세를 목청껏 외쳤다.

일제 헌병이 시위대에 총격을 가했다. 시위대 앞의 몇 사람이 쓰러졌다. 시위대는 돌을 던지고 몽둥이를 휘두르며 대항했다. 주민 10여 명이 중상을 입고, 헌병 보조원 2명도 부상했다. 천도교인 10여 명이 체포됐다(독립운동사편찬위원회, 1970a, 309쪽; 황민호, 2006. 6, 176쪽; ≪大阪每日新聞≫, 1919. 3. 16c, 석간 6면; 윤소영 편역, 2009b, 192쪽 참고).

'조선소요사건 일별조표'에 따르면, 3월 12일 13곳에서 만세시위가 벌어졌고, 2곳에서 시위대와 일본 군경이 충돌했다(윤병석, 2013, 438쪽 참고).

방일 중이던 조선총독부 정무총감 야마가타 이사부로는 이날 일본 기자와 만나 "(시위의) 주된 요인은 민족자결을 오해한 데에 있"다며 "조선민의 이번 소요가 지방에서는 아직 진정되지 않은 것이 유감"이라고 말했다. 그는 이어 "당국은 당면한 급무로 현재 오로지 인심 안정에 노력하고 있지만 그 선후책은 다소 시일이 필요하다"고 말했다. 그는 이어 "조선인 대우의 경우 내지인과 동일하게 취급하는 것은 실행상 많은 곤란이 수반된다"며 "이번 소요에 의해 통치상의 결함을 발견했으므로 앞으로 제도를 개혁할 필요가 생길 것인데 당국은 현재 여러 가지로 고려 중"이라고 식민지 조선의 통치제도 개혁을 시사하기도 했다(≪大阪每日新聞≫, 1919. 3. 13c, 11면; 윤소영 편역, 2009b, 176쪽 재인용).

조선군사령관 우쓰노미야 다로는 이날 오전 다카시마 도모타케 제19사단장과 우치노 신지로(內野辰次郞) 제40여단장을 조선군사령부로 불러 만세시위에 대한 일반 조치에 관한 명령과 훈시, 우쓰노미야 다로의 희망을 전달했다(宇都宮太郞關係資料硏究會 편, 2007, 220쪽). 우쓰노미야 다로는 이날 간도 방면이 '동요 불온'의 상황이라고 보고받았다.

실제 이날 서간도 펑톈성 류허현에 위치한 삼원보(三源堡)의 서문밖교회에서 재류 한국인 200여 명이 모여 독립선언 경축대회를 열었다. 삼원보는 작은 강물 세 줄기가 합쳐 흐르기 때문에 붙은 이름이다. 수 명의 연사가 차례로 연단에 올라 "조국 광복의 시기는 왔으며 동포들은 다 같이 궐기해 광복전선에 앞장서야 한다"고 열변을 토했다. 모였던 사람들은 박수갈채와 함께 독립전선에 나설 것을 다짐했다(독립운동사편찬위원회, 1970b, 717쪽).

서간도 통화현 금두화락(金斗伙洛)에서도 기독교 신도와 '한인청년회' 회원 등 재류 동포 300여 명이 모여 대한독립만세를 외치며 태극기를 들고 독립만세 시위행진을 벌였다. 시위대는 이날 일제 군경의 앞잡이 노릇을 하던 계성주를 포박했다. 이들은 계성주를 반역죄로 논고한 다음 사흘 뒤에 처단했다. 당시 '한인청년회' 회원 규모는 400명 정도였다. 한인청년회는 독립운동 자금을 동포들로부터 모집해 다양한 독립활동을 벌였다. 한인청년회 회원 등을 중심으로 일어난 퉁화현 지방의 만세시위는 3월 20일까지 계속됐다(독립운동사편찬위원회, 1970b, 718쪽).

서간도와 북간도 지역을 중심으로 해외 각지에서 이날부터 독립만세시위가 확산할 조짐을 보였다. 독립만세운동의 불길은 서간도 지역에서 북간도보다 하루 먼저 타오르기 시작했다.

용정의 독립만세 소리

찬바람이 불고 티끌과 모래가 날리던 3월 13일 목요일 오전, 북간도 옌지현 용정촌 서전(瑞甸)평야. 재류 한국인들이 아침부터 서전평야로 몰려들었다. 서전평야는 일본 영사관의 치외법권 구역과 울타리 하나를 사이에 두고 있고 소위 조선총독부 직영 소학교인 '중앙학교' 뒤로 펼쳐진 넓은 터였다. 용정 시가에 있는 '명동학교'를 필두로 70~80리, 멀게는 280리 떨어져 있는 12개의 한국인 학교 직원과 학생은 물론, 일제가 관리하는 학교의 조선인 학생까지 모여들었다. 명동학교 및 정동학교 학생들로 조직된 '충렬대원(忠烈隊員)' 320명 중 과반수는 권총까지 휴대하고 비장한 각오로 나섰다. 예정된 시간이 가까워오자 용정 시내의 동포들은 미리 준비한 태극기를 들고 모여들었다. 이날 모인 한국인의 규모에 대해 ≪독립신문≫은 3만 명이라고 보도했고 일제 측에서는 4000명으로 추산했지만, 상당수 연구진은 9000명 안팎으로 추산했다(독립운동사편찬위원회, 1970b, 698쪽).

명신여학교를 나왔고 '천우사' 사장의 부인으로 알려진 김정신은 이날 만주 용정에서 있었던 독립만세시위와 관련해 스탠리 마틴(Stanley H. Martin)과 모신주 등을 통해 다음과 같이 기억했다.

"그날 아침 모든 학생들은 시계를 들여다보느라 공부를 하지 못했다. 용정의 중심거리에는 수백여 명의 한국인들이 장으로 물건을 팔러 오는 것처럼 머리와 등에 짐을 이고 지고 줄짓다시피 모여 오고 있었다. 그날 시곗바늘이 12시를 가리키자 그곳에 있는 모든 교회들은 일제히 종을 울렸다. 기독교인 교사들이 있는 명신여학교 학생들도 일제히 책상을 떠나 교문으로 몰려 나왔지만 그들이 다칠까 봐 걱정하는 선생들이 굳게 닫힌 교문을 지켜 서서 그들을 말렸다. 하지만 제지당한 여학생들은 학교 담을 넘어 행진 속에 뛰어들어 만세를 외쳤다."(모진주, 1972. 3, 69쪽)

초만원을 이룬 동포들은 흥분과 초조 속에서 행사 시작을 기다리고 있었다. 식장에는 대회장 김영학, 회장 구춘선, 부회장 배형식 목사를 비롯해 김내범, 정재면, 신학봉 등이 자리했다(독립운동사편찬위원회, 1970b, 699쪽).

간도 지방 독립운동가들은 앞서 고종의 인산일을 기해 경성에서 독립만세운동이 있으리라는 것을 알고 경성의 독립선언과 동시에 거사할 수 있도록 미리 만반의 준비를 갖추어놓고 기다리고 있었다. 하지만 경성 독립만세운동 소식은 3월 7일 밤에야 북간도에 알려졌다. 용정 및 국자가(局子街) 동지들은 회의를 열고 독립운동 전개를 위한 통일체로, 구춘선을 회장으로 하는 '조선독립기성총회(朝鮮獨立期成總會)'를 조직하고 3월 13일 한곳에 모여 독립운동을 전개하기로 합의한 다음 '독립선언 포고문'을 작성했다. 이들은 거사 하루 전날인 3월 12일 독립선언 대표자의 이름으로 중화민국과 베이징 정부 외교부, 지린성장 앞으로 독립선언운동 통첩을 발송했다. 박예헌 목사도 이에 맞춰 선교사 윌리엄 스콧(William Scott)을 만났다. 박예헌 목사는 3월 13일 우리 동포의 독립선언운동이 있으리라는 것을 알리고 베이징 주재 미국 공사와 상하이 외국인 기독교 목사에게도 통보해줄 것을 윌리엄 스콧 선교사에게 부탁했다. 윌리엄 스콧은 일제의 만행을 비판하고 한국의 독립운동을 이해하고 있어 미국 공사 등 외교기관과 선교사들에게 이를 통보했다(독립운동사편찬위원회, 1970b, 698쪽).

정오에 맞춰 북간도 용정의 천주교 교회당이 타종을 하자, 이를 신호로

'조선독립축하식'이 시작되었다. 대회장 김영학이 '간도 조선 거류 민족 일동' 명의의 '독립선언 포고문'을 낭독하기 시작됐다. 다음은 '독립선언 포고문'의 일부다.

"우리 조선 민족은 민족의 독립, 민족의 자유, 민족의 정의, 민족의 인도를 선언하노라. 우리는 사천 년 역사를 가진 나라요, 이천만 신성한 민족이었노라. 그런데 우리 역사를 시멸(澌滅)하고 우리 민족을 타파해 기반(羈絆) 밑에 신음케 하며 농락 중에 고통케 함이 어언 16개 성상을 열력(閱歷)했다. … 천청(天聽)은 민청(民聽)으로, 천시(天視)는 민시(民視)로 세운이 일변하고 인도가 새로워지는 때에 정의의 효종(曉鍾)은 큰 거리에서 떨쳐 올리고 자유의 배는 앞나루에 두둥실 떠오르는도다. 강한 나라의 비행기와 잠수함은 대양에 침몰하고 약자의 높이 날린 의기는 춘풍에 나부끼는도다. 우리는 역시 천민(天民)의 하나요, 약자의 하나이다. 이제 천명을 이어 순종하고 인심을 합응(合應)해 이천만이 한입으로 일제히 자유의 노래를 부르며 두 손을 굳게 잡고 평등의 큰길로 전진하는 것이다. 이에 따라 저 동양문명의 수뇌가 되는 동양 평화의 아성이 되는 선진의 나라는 현세의 변천을 회고해 맹성개오(猛省改悟)할지며 우리들의 성의를 양찰해 묵인특허(黙認特許)하리로다."(독립운동사편찬위원회, 1970b, 699~700쪽)

김영학은 이어 '공약 3장'도 발표했다. 포고문과 공약 3장 낭독이 끝나자 서전평야에서 "대한독립만세" 소리가 울려 퍼졌다. 유예균과 배형식, 황지영 여사의 연설이 이어졌다. 이 무렵 용정 시내 800호의 한국인 인가에서는 집집마다 태극기가 게양돼 펄럭이고 있었다(윤병석, 2013, 466쪽 참고).

일본 영사관 측은 3월 13일 아침 한국인이 독립선언축하식을 대대적으로 거행한다는 정보를 입수하고 비상소집했다. 그러면서 "조선인은 일본제국의 국민이므로 집회 경비를 일본 영사관에게 맡겨달라"고 엔지 도윤(道尹)에게 강경하게 요구했다. 엔지 도윤 타오빈(陶彬)은 이를 거부했다. 일제 측은 공동 경비를 제안했지만, 타오빈은 그것도 완강히 거부했다. 그 대신에 멍푸더(孟富德)를 단장으로 해서 충분한 병력을 출동시켜 경비하게 했다. 일제 관헌은 자신들의 요구가 거절되자 권총으로 무장한 사복 경찰을 중국 군인들 틈에 끼어들게 했다(독립운동사편찬위원회, 1970b, 700쪽).

참가자들은 대회를 마친 뒤 '대한독립'이라고 쓴 깃발을 앞세우고 학생악대의 연주에 맞춰 대한독립만세를 연호하며 행진을 시작했다. 시위대는 시내를 겨냥했다. 명동 학생대를 선두로 시위대가 시내로 막 접어들려 하자, 중국 군인들이 시위대를 막아섰다. 중국 군인들은 시위대의 깃발을 뺏으려 했다. 실랑이가 벌어졌다.

이때 명푸더가 이끄는 중국 군인들 틈에서 총소리가 났다. 시가행진 중 행렬 선두에 섰던 기수 박문호가 현장에서 쓰러졌다. 현봉률, 김승록, 박문호, 김병영, 정시익, 현상노, 김홍식, 이유주, 차정룡, 공덕흡, 김봉균, 장학관, 김종묵, 허준언, 박상체, 채창헌, 최익선 등 17명이 총격 등으로 현장에서 숨졌다. 30명이 부상을 당했다(독립운동사편찬위원회, 1970b, 701쪽).

김정신은 독립만세시위대를 향해 총격이 가해지던 순간을 다음과 같이 기억했다.

"처음 일제사격이 있었을 때 만세 행진 속에 있던 김정신 선생은 순간 '나는 죽었구나' 하고 생각했다. 정신을 차리고 보니 온몸이 피투성이였다. 많은 부상을 당했나 하고 몸을 만져보았지만 한 군데도 다치질 않았단다. 다른 사람이 흘린 피가 튀겼던 것이다."(모진주, 1972. 3, 79쪽)

시위대는 군인들의 발포로 많은 사상자를 내자 순간적으로 흥분했다. 하지만 중국군이 자신들의 적이 아니라는 판단 아래 이성에 호소하며 감정 폭발을 자제했다(독립운동사편찬위원회, 1970b, 701쪽).

총격으로 숨지거나 부상을 당한 시위대는 영국인 선교사가 운영하는 '성안드레병원(St. Andrew Hospital)', 이른바 '제창병원'으로 옮겨졌다. 시신은 지하실에 안치됐고, 부상자는 응급치료를 받았다. 치료를 받다가 추가로 1명이 더 숨지면서 용정 시위로 숨진 사람은 18명으로 늘어났다. 병원장인 스탠리 마틴은 한국인 의사와 간호원, 한국 이름이 '박걸(朴傑)'인 선교사 아치볼드 바커(Archibald H. Barker) 등과 함께 부상자들을 성실하게 간호했다고 한다(독립운동사편찬위원회, 1970b 698~701쪽; 윤병석, 2013, 466쪽; 이이화, 2015, 255쪽 참고).

만주 용정에서 독립만세시위 중에 총격으로 부상을 당한 북간도 한국인들을 최선을 다해 치료한 스탠리 마틴의 기억이다.

"그날 아버지와 한국인 의사와 간호사들은 만세 행진 속에 쓰러진 부상자들을 치료하기에 바빴다. 병원 지하실에 부상자들을 눕히고 응급치료를 서두르며 한편으로 병원 밖에는 부상자의 이름을 종이에 써 붙여 가족이나 친지들이 알게 했다. 이 3·1만세로 인해 실로 많은 이들이 죽어갔다. 그날은 말할 수 없이 슬픈 비극의 날이었다."(모진주, 1972. 3, 70쪽)

한국 이름이 '민산해'인 스탠리 마틴은 1890년 캐나다 동부 해안에 위치한 섬인 뉴펀들랜드에서 태어나 퀸스대 의대를 졸업했다. 그의 아내 마거릿 마틴은 미국 코네티컷주 출신의 간호사였다. 마틴 부부는 1914년 조선에 입국했다. 그는 성경 「시편」 107편을 마음에 품고 선교의 열의를 펼쳤다. 「시편」 107편 20절에는 "그가 그의 말씀을 보내어 그들을 고치시고 위험한 지경에서 건지시는도다"라는 구절이 있다. 민산해는 한반도뿐만 아니라 만주까지 넓게 활동했다. 캐나다장로교는 한국인이 많이 사는 만주 용정에 서구식 병원이 없다는 것을 알고 그 책임자로 마틴 부부를 그곳에 파견했다. 마틴은 1919년 만주 용정에 30병상 규모의 서구식 병원 성안드레병원을 짓고 복음사업을 전개했다. 만주 용정 일대에 서구식 병원은 이곳뿐이고 중국인과 일본인도 적지 않았지만, 당시 환자 대부분은 한국인이었다(모진주, 1972. 3, 68쪽 참고).

시위대를 향한 최초 발포와 관련해 크게 두 가지 분석이 있다. 하나는 일본의 사복경찰이 중국군 틈에 숨어 발사하고 그 책임을 중국군에 전가하려 한 흉계였다는 것이며, 다른 하나는 중국 육군단장(연대장) 멍푸더가 일제의 계략에 말려들어 시위 대열을 저지하려고 발포 명령을 내림으로써 많은 희생자를 내게 했다는 것이다(독립운동사편찬위원회, 1970b, 702쪽).

이와 관련해 스탠리 마틴은 한국인 시위대에게 발포한 중국군의 배후에 일본이 있었다고 지적했다. 그는 한국인 사상자들의 몸에서 빼낸 탄환이 모두 일본제임을 확인했고, 이에 따라 일본군이 배후에서 중국군을 지원하고 조종했다고 분석했다(한국학중앙연구원, 2019. 1, '제창병원' 편).

일본 신문은 이날 간도 용정에서 벌어진 독립만세시위에 대해 멍푸더 육군단장이 온화한 말로 해산을 설득해 시로 진입하는 것을 차단했지만, 시위대가 수긍하지 않아서 할 수 없이 발포했다는 식으로 보도했다(≪大阪朝日新聞≫, 1919. 3. 15a, 석간 2면; 윤소영 편역, 2009a, 147쪽; ≪大阪每日新聞≫, 1919. 3. 16c, 석간 6면; 윤소영 편역, 2009b, 192쪽 재인용).

북간도 옌지현 이도구(二道溝)에서도 이날 재류 동포 약 700명과 다수의 중국인이 모여 대한독립축하식을 거행했다. 이도구에서는 중국인이 한국의 독립운동을 지지·찬성하면서 혼연히 경축식에 참가해 진심으로 축하하고 격려의 뜻을 표했다(독립운동사편찬위원회, 1970b, 703쪽). 또한 허룽(和龍)현 양무정자(養武亭子) 제3국민학교에서도 학생과 교직원, 부근에 거주하는 동포 등 약 300여 명이 참석한 가운데 경축식이 열렸다. 이들은 독립선언서를 낭독하며 선언서를 배포했다. 명사들의 연설을 들은 다음 대한독립만세를 연호했다(독립운동사편찬위원회, 1970b, 703쪽). 북간도에서 독립만세의 횃불이 오른 것이다.

북간도 허룽현에서는 이후 △ 3월 14일 지신사(智新社) 칠도구(七道溝) 200명, △ 3월 15일 하광포(下廣浦) 500명, △ 3월 15일 합성사(合成社) 함박동 300명, △ 3월 15일 지인사(志仁社) 팔도구(八道溝) 200명, △ 3월 16일 용신사(勇新社) 양목정자(楊木頂子) 300명, △ 3월 18일 신흥평(新興坪) 500명, △ 3월 18일 청산리(青山里) 900명, △ 3월 19일 명신사(明新社) 토산자(土山子) 300명, △ 3월 19일 명신사 이도구 300명, △ 3월 25일 사기동(沙器洞) 150명, △ 3월 28일 태랍자(太拉子) 중국 관헌의 제지로 산회, △ 3월 29일 선화사 강장동 100명, △ 4월 2일 시건평(始建坪) 800명 등 4월 2일까지 관내 14개소에서 독립선언축하식이나 독립만세운동이 벌어졌다(독립운동사편찬위원회, 1970b, 706쪽).

독립만세운동의 횃불이 타오른 이후 서간도와 북간도, 시베리아 등지에서 40일간에 걸쳐 대한독립을 요구하는 집회와 시위운동이 100회 이상 전개됐다(독립운동사편찬위원회, 1970b, 703~704쪽).

김규식, 마침내 파리 도착

3월 13일, 지난 2월 1일에 중국 상하이를 떠났던 김규식이 프랑스 파리에 도착했다. 김규식 일행은 프랑스 파리 시내 파리 9구 샤토됭가(Rue de Chateaudun) 38번지에 머물면서 각종 독립활동을 전개했다(윤경로, 2010. 8, 74쪽 참고).

김규식은 3월 17일 파리에서 자신을 도우러 온 미국인 호머 헐버트를 만났다. 이어 스위스 취리히대에서 유학 중이던 이관용도 찾아왔다. 장택상 등 유학 중인 청년들도 자발적으로 찾아와 그의 일을 도왔다. 5월 중국 상하이에서 김탕, 6월에는 독일에서 황기환, 상하이에서 여운홍 등이 잇따라 합류했다. 여운형은 약 8회에 걸쳐 3만 원 정도를 융통해 김규식에게 송금했다(강덕상, 2002/2007, 190쪽 참고). 김규식은 나중에 '대한민국 통신국 (Bureau de Information Coreen) 파리위원부'(줄여서 '파리위원부'라고 부름)를 설치하고 각종 외교적 활동을 전개한다.

파리에서 김규식의 활동을 도운 호머 헐버트는 1863년 미국 버몬트주 뉴헤이븐에서 목사이자 미들베리대 총장 캘빈 헐버트와 다트머스대 창립자의 후손인 매리 우드워드 사이에서 태어났다. 1884년 다트머스대를 졸업하고 유니언 신학교에서 2년간 수학했다. 1886년 한국으로 건너와 근대식 교육기관 육영공원에서 영어를 가르쳤고, 1891년 계약이 끝나자 미국으로 돌아갔다. 하지만 1893년 미국 감리교 선교사로 다시 내한했다. 1895년 10월 명성황후 시해 사건 이후 호러스 언더우드, 올리버 에이비슨 등과 함께 고종 침전에서 불침번을 섰다. 1900년부터 경기고등학교 전신인 관립중학교 교사로 재직했다. 1904년에는 AP통신의 객원 특파원으로 러일전쟁을 취재하기도 했다. 1907년 네덜란드 헤이그 만국평화회의장에 고종의 특사 3명을 파견하는 데 일조했고, 7월 헤이그 평화클럽에서 일본의 부당성을 질타한 후 미국으로 돌아갔다. 한국어 이름은 헐벗 또는 할보(轄甫).

3월 13일, 한반도에서도 독립만세운동이 곳곳에서 벌어지고 있었다. 경성은 표면상 안정된 모습을 찾아가는 듯했지만, 남대문통과 종로 등에서 많은 조선인 상점이 문을 닫았다. 경성 시내 학교들의 휴교도 이어졌다. 경성 시내에 관립학교 15곳, 사립학교 44곳 등 모두 59곳 가운데 13일까지 개교한 곳은 관립 3곳뿐이었다(≪大阪每日新聞≫, 1919. 3. 16b, 석간 6면; 윤소영 편역, 2009b, 191쪽 참고).

경성 조선인 상점의 철시가 이어지자 종로경찰서 및 혼마치경찰서는 이날 밤 조선인 주요 점주 50여 명을 불러들였다. 일본 언론 등에 따르면, 일본 경찰은 점주들에게 폐점의 이유를 묻고 가게를 열라고 요구했다. 점주들은 "경찰에서 죄 없는 소년과 부녀자까지 검거하는 것은 매우 바람직하지 않으며 이를 전부 석방하면 개점하겠다"고 답했다. 일본 경찰은 조선인 점주들을 간곡히 설득했다. 3월 14일부터 개점하는 조선인 상점들이 생겨나기 시작했다고 전했다(≪大阪每日新聞≫, 1919. 3. 13d, 11면; 윤소영 편역, 2009b, 177쪽; ≪大阪每日新聞≫, 1919. 3. 16a, 석간 6면; 윤소영 편역, 2009b, 191쪽 참고).

오후 1시, 함경남도 정평군 춘류면 신하리시장. 한장번은 우창기, 원세후, 이석관, 이준수, 김홍식 등과 함께 장날을 맞아 독립만세시위를 모의하고 시장으로 들어왔다. 시장에는 이미 많은 장꾼들이 웅성거리고 있었다. 한장번이 독립만세를 선창함으로써 시위는 시작됐다. 상인들도 철시하고 시위에 가담했다.

『독립운동사 제2권』(독립운동사편찬위원회, 1970a, 687쪽) 등에 따르면, 시위대는 신하리시장 안을 한 바퀴 돈 다음 신상리 어시장과 신포리 사이를 왕래하면서 독립만세를 외치고 일제의 식민지 정책을 규탄했다. 이러는 사이에 시위대 규모는 4000여 명으로 불어났다. 시위대는 오후 6시까지 독립만세시위를 벌이다가 자진 해산했다. 일본 헌병대는 시위대의 규모가 너무 커 제대로 대응할 수 없었다.

주민 1500여 명이 오후 9시 30분쯤 신하리 기독교회에 다시 모였다. 이들은 이석관과 이준수의 주도로 태극기를 들고 우편소 부근에서 독립만세시위와 행진을 벌였다. 오후 10시가 넘자, 시위대는 5000여 명을 넘어섰다. 이 무렵 주민 수백여 명이 신상리 헌병주재소를 습격하고 일본인 철도관사를 불태웠다.

일본 헌병은 철도수비대와 함께 시위대를 해산시키려 했다. 시위대가 격분했다. 일제 헌병들은 시위대를 향해 무차별 사격을 가했다. 현장은 아수라장이 됐다. 2명이 현장에서 숨지고, 10여 명이 다쳤다. 만세시위는 새벽 3시가 돼서야 끝났다(독립운동사편찬위원회, 1970a, 687쪽; 이이화, 2015, 236쪽; 한국독립운동사편찬위원회, 2009a, 288쪽; ≪大阪每日新聞≫, 11919. 3. 17b, 11면; 윤소영 편역, 2009b, 194쪽 재인용).

일본 헌병은 동이 트기 전에 독립만세시위 관계자를 잡아들이기 시작했다. 한장번 등은 보안법 위반 혐의로 유죄 판결을 받고 옥고를 치렀다.

'조선소요사건 일별조표'에 따르면, 3월 13일에는 전국 15곳에서 만세시위가 벌어졌고, 1곳에서 시위대와 일본 군경이 충돌했다(윤병석, 2013, 438쪽 참고).

일본 ≪오사카아사히신문≫은 이날 조간에서 만철 경성철도관리국장 구보 요조(久保要藏)의 인터뷰를 통해 독립만세시위를 매도하는 기사를 게재했다. 구조 요보는 "호외라도 파는 듯이 (독립선언서) 한 장에 1전씩 팔고 있는 모습은 황당했다"며 시위 참여자 대부분이 돈 때문에 뜻도 모르고 참여하고 있다고 비판했다(≪大阪朝日新聞≫, 1919. 3. 13b, 7면; 윤소영 편역, 2009a, 143쪽 재인용).

일본 언론은 그러면서 독립만세시위 진압 과정에서 부상을 당한 헌병군조 나카니시 야사부로의 사망 소식을 대서특필했다(≪大阪朝日新聞≫, 1919. 3. 13a, 석간 2면; 윤소영 편역, 2009a, 141쪽 참고).

하지만 일본에서 발행되는 영자지 ≪재팬애드버타이저≫는 3월 13일 자 1면에서 조선의 독립만세시위를 거론하며 평화적 저항의 가능성을 보여준 세계 최초의 시위라고 주목했다.

"이것은 전 국민에 의한 평화적 저항의 가능성을 보여준 세계 최초의 시위이다. 많은 조선인이 그들 동포의 의견에 적극적으로 참여하는 데는 공포심을 가지고 있음에도 일반적으로 독립운동을 지지하고 있기 때문이다. 오늘날 세계 사조를 따라 만약 이 운동이 합당한 인간적 처우와 정의의 기치 아래 계속 한마음으로 진행될 수 있다면, 이 운동은 국제적으로 주목받는 실험이 될 것이다."(독립기념관 한국독립운동사연구소, 2015, 134쪽 재인용)

신문은 특히 일본이 조선인들의 평화적 시위에 대해 잔인한 방법으로 대처하고 있는데도 "일본 경찰관과 헌병대의 죽음을 보도한 일본 신문들은 조선인들의 비무장과 질서 있는 평화적 시위에 일본 경관들이 잔인한 방법으로 대처한 것에 대해서는 보도하지 않았다"고 지적하기도 했다(독립기념관 한국독립운동사연구소, 2015, 134쪽 재인용).

미국 ≪뉴욕 타임스≫도 3월 13일 자 기사에서 "조선인들이 독립을 선언했다. 알려진 것 이상으로 3·1운동이 널리 퍼져갔으며 수천여 명의 시위자가 체포됐다"고 보도했다. 그러면서 "만세운동이 전국적으로 진행됐고, 이러한 일은 예상 밖의 일인데, 일본 관헌은 돌발적 사태에 당황했지만, 곧 강인한 태도로 진압하기 시작했으며, 많은 사람들이 고문을 당하고 있다"고 보도했다. AP통신도 이날 "독립선언문에 '정의와 인류애의 이름으로 이천만 동포의 목소리를 대표하고 있다'고 명시돼 있다"고 전 세계로 타전했다(독립운동사편찬위원회, 1970b, 805쪽).

"손병희를 모욕하라"

3월 14일 오전, 함경남도 풍산군 천도교구당. 천도교도 맹시정은 하지
경리의 불암에서 사람들을 모은 뒤 노원리 방면에서 오는 사람들까지 모
아 천도교구당으로 왔다. 교구장인 주병남과 박인진, 주의락 등 천도교 지
도자들이 기다리고 있었다. 모인 사람이 1000명을 넘었다. 주민들은 천도
교구당 안에서 독립을 기원하는 기도를 올린 다음 김창선, 박인진의 연설
을 들은 뒤 대한독립만세를 부르고 태극기를 높이 흔들었다.

출동한 일본 경찰은 흙발로 교당 안에 들어와 천도교인들을 내쫓으려
했다. 천도교인들은 자연스럽게 교구당을 빠져나와 만세를 부르며 헌병분
견소 앞에 이르렀다. 시위대는 일제의 만행을 규탄하고 대한독립만세를
외쳤다.

헌병들은 칼과 몽둥이로 시위대를 해산시키려 했다. 격분한 시위대는
헌병분견소 안으로 몰려가 기물을 부수고 병기를 탈취하려 했다. 이 순간
초소 방향에서 일제사격이 있었다. 헌병분견소 앞은 삽시간에 아수라장으
로 변했다. 시위대 2명이 현장에서 즉사했고, 10여 명이 부상을 입었다.

시위는 오후 4시쯤 진정됐다. 일본 군경은 이날 밤부터 주도자들을 검
거하기 시작됐다. 맹시정 등은 체포돼 유죄 판결을 받고 복역했다(독립운동
사편찬위원회, 1970a, 732쪽; 한국독립운동사편찬위원회, 2009a, 302쪽; ≪大阪每日新
聞≫, 1919. 3. 17b, 11면; 윤소영 편역, 2009b, 194쪽 재인용).

이날 함경북도 길주군 동해면 용원동 용원시장에서는 주민 1500여 명이
참가한 가운데 길주군 참사 김기연 등의 주도로 독립만세시위가 벌어졌
다. 시위대는 용원시장에서 만세를 부른 뒤 헌병주재소 앞까지 행진했다.
급보를 접한 길주 헌병대에서는 기병 1개 소대를 급파했다. 일본 군경은
시위대의 해산을 촉구했지만, 시위대는 응하지 않았다. 일본 군경은 시위
대를 향해 발포했다. 3명이 현장에서 숨지고, 9명이 크게 다쳤다(한국독립
운동사편찬위원회, 2009a, 320쪽 참고).

'조선소요사건 일별조표'에 따르면, 3월 14일 19곳에서 만세시위가 벌어졌고, 3곳에서 시위대와 일본 군경이 충돌했으며, 1곳에서 일본군의 발포가 이뤄졌다(윤병석, 2013, 438쪽 참고).

이날 러시아 연해주 니콜리스크에서는 '옴스크 정부'의 명령으로 대한국민의회가 중앙위원회를 해산했다. 옴스크 정부는 제정러시아 흑해함대 사령관 알렉산드르 콜차크 제독이 세운 반볼셰비키 정부였다. 이는 일제가 옴스크 정부에 한국인의 독립운동을 탄압하도록 압력을 가했고 이에 옴스크 정부가 한국인과 독립단체 등에 압력을 가한 결과였다.

블라디보스토크 일본 총영사 기쿠치 지로(菊池次郎)는 이에 앞서 3월 11일 블라디보스토크 요새 사령관과 옴스크 정부에 한국인 시위를 엄격하게 통제할 것을 요구했다. 옴스크 백군 당국은 이 요청에 곧바로 동의하고 "일본과의 외교적 관계에 손상을 끼칠지도 모르는 어떠한 행위"도 금지한다고 발표했다. 대한민국의회 블라디보스토크 지부는 이때 러시아 당국으로부터 해산을 명령받았다.

니콜리스크 재류 한인 중 주요 인물들은 3월 18일쯤에는 러시아 관헌의 단속을 피해 일시 신변을 감추었다. 독립운동을 펼쳐온 문창범, 김철훈 등은 3월 18일 니콜리스크로 돌아왔다(독립운동사편찬위원회, 1970b, 781쪽).

3월 14일 오전, 일본 지요다구 가스미가세키 중의원 회의실. 한반도 독립만세시위 문제가 다뤄졌다. 조선총독부 탁지부장관 스즈키 시즈카(鈴木穆)가 출석해 의원들의 질의에 대답했다. 당시 이루어진 질의와 답변을 잠시 들어보자.

마카야마 고조(牧山耕藏)　　이번 소요 발발과 동시에 언론기관의 보도를 금지한 결과 오히려 사정이 판명되지 않고 오해가 거듭돼 사태를 확대시킨 것 같다. 당국의 소견은 어떤가?

스즈키 시즈카　　과연 질문한 바와 같은 감이 있지만, 일면 조선인의 부화뇌동성에 비춰 소요에 관한 보도를 허락할 때는 그들의 행동을 그들 자신에게 알리는 결과가 될 우려가 있어서 당국의 처치로써는 어쩔 수 없는 바라고 하겠다.

마키야마 소요의 원인은 민족자결이라고 한다. 그 후 점차 노동자와 그 외로 확대해 배일 경향을 노정했다. 그런데 당국이 근본적 오해를 풀 수 있는 적절한 시기의 조치를 하지 못한 것은 어째서인가?

스즈키 노동자, 점원 등이 참가한 것은 완전히 협박을 받았기 때문이다. 오해를 풀도록 하는 점에 관해서는 될 수 있는 한 최선의 방법을 취할 것이다.

사사키 세조(佐佐木正藏) 도쿄 시외에서 수일 전 또 격문을 발송한 자가 있었다. 당국의 조사는 어떠한가? 우편의 소인은 아사쿠사국이다.

스즈키 이전의 경우와 같다고 생각하나 상세한 것은 모른다.

(≪大阪每日新聞≫, 1919. 3. 15a, 석간 1면; 윤소영 편역, 2009b, 185쪽 재인용)

일본 언론은 만세시위를 주도한 손병희를 폄훼하고 모략하는 기사를 쏟아냈다. ≪오사카마이니치신문≫은 이날 조간에서 독립만세시위를 이끈 손병희가 천도교 교주가 되고자 조카이자 최시형의 아들인 최동희가 일본인 여성과 사랑에 빠진 약점을 파고들었다며 성격이 음험하고 야망을 가진 인물이라고 묘사했다. 손병희의 도덕성을 흠집 내기 위한 보도로 해석된다(≪大阪每日新聞≫, 1919. 3. 14c, 11면; 윤소영 편역, 2009b, 182~183쪽 참고).

≪오사카아사히신문≫은 3월 14일 조간부터 3월 18일까지 시리즈 "조선인을 어지럽히는 천도교의 정체"를 5회에 걸쳐 연재해 천도교와 천도교 교주 손병희를 비판했다. 천도교와 손병희가 고종의 장례식에 모이는 인파를 겨냥해 독립만세운동을 기만적으로 기획했다고 비판한다. 이어서 천도교는 종교라기보다는 정치운동 성격이 짙은 기만적인 종교이고, 손병희는 선술을 부려 신도를 현혹하는 등 부도덕하고 믿을 수 없는 지도자라는 식으로 비판한다(≪大阪朝日新聞≫, 1919. 3. 14b, 7면; ≪大阪朝日新聞≫, 1919. 3. 15b, 7면; ≪大阪朝日新聞≫, 1919. 3. 16, 7면; ≪大阪朝日新聞≫, 1919. 3. 17c,

7면; ≪大阪朝日新聞≫, 1919. 3. 18e, 7면; 윤소영 편역, 2009a, 168~178쪽 참고).

명천의 눈물과 동씨 부녀

3월 15일 오전, 함경북도 명천군 최남단에 위치한 하가면 화대동 화대 장터. 명천 주민 5000여 명은 박승룡과 김성련, 허영준, 김하용 등의 주도로 만세를 부르며 하가면사무소로 향했다. 주민들은 전날인 3월 14일 일제 군경의 발포로 많은 희생자가 발생한 것에 분노해 있었다. 전날 오전 11시 하가면 화대동거리에서 명천 주민 5000여 명이 거리로 쏟아져 나와 대한독립만세를 부르며 시가행진에 돌입했다. 명천 시위는 앞서 3월 10일 함경북도 성진 시위에서 시작해 3월 12일 길주 시위를 거쳐 이어진 것으로 분석된다. 시위대는 화대 헌병분견소로 향했다가 헌병들의 발포로 5명이 현장에서 숨졌다(독립운동사편찬위원회, 1970a, 750쪽; 한국독립운동사편찬위원회, 2009a, 317쪽; ≪大阪每日新聞≫, 1919. 3. 18b, 11면; 윤소영 편역, 2009b, 197쪽 참고).

시위대는 이날 면사무소에 들이닥쳐 일제의 앞잡이가 돼서 면민들을 괴롭혔던 면장 동필한을 끌어냈다.

"너도 조선 사람이니 우리의 대열에 참가해 같이 만세를 부르자."

"나는 조선총독이 임명한 면장이니 총독의 지시가 없이는 만세를 부를 수 없다."

동필한은 독립만세를 부르지 않겠다고 버텼다. 격분한 시위대는 면장에게 침을 뱉고 이리저리 쳤다. 시위대 가운데 김성련은 칼을 빼어 동필한을 찌르려 했다. 좌수(座首) 현기율이 앞을 가로막아 동필한은 위해를 면했다. 면장 동필한은 헌병의 도움으로 김동영의 집에 숨었다가 다시 헌병분견소로 몸을 피했다.

시위대는 면사무소에서 헌병분견소로 몰려가 대한독립만세를 연호하는 한편, 면장 동필한을 내놓으라고 고함을 질렀다.

이때 헌병분견소 초소에서 총알이 빗발치듯 쏟아졌다. 길주 헌병대에서 지원 나온 제27대대 소속 기마 헌병 13명이 경찰과 함께 시위대를 향해 무차별 사격을 가했다. 동민수를 비롯해 5명이 현장에서 즉사했다. 11명이 중경상을 입었다. 박승룡, 마의춘, 김상훈, 최우용, 현용묵, 김익련, 허현 등 40여 명은 체포됐다(독립운동사편찬위원회, 1970a, 751쪽; 한국독립운동사편찬위원회, 2009a, 318쪽 참고). 하지만 일본 언론은 명천 주민들이 헌병파출소를 습격했고 해산을 명했음에도 듣지 않아 발포했다고 보도했다.

"15일 아침 11시 500명의 폭도가 명천군 하대 헌병파출소를 습격해 해산을 명했지만 듣지 않고 결국 응전해 폭도 즉사자 5명, 헌병 부상자 1명이 발생했다. 길주에서 기병 5기가 응원 파견됐고 그날 밤 면사무소장 가택은 불태워졌다."(≪大阪朝日新聞≫, 1919. 3. 17b, 7면; 윤소영 편역, 2009a, 151쪽 재인용)

특히 이날 명천 시위와 관련해서는 동민수와 동풍신 부녀의 이야기가 많이 화자된다. 『독립운동사 제2권』(독립운동사편찬위원회, 1970a, 752~753쪽) 등에 따르면, 명천군 하가면 지명동에 살던 농부 동민수는 늘 몸이 불편해 병상에 누워 있었다. 동민수는 전날인 3월 14일 독립만세시위에서 주민들이 일제 군경의 총에 맞아 숨진 뒤 3월 15일 독립만세시위를 다시 벌인다는 소식을 듣고 병상을 떨치고 일어났다.

"이제야 죽을 자리를 얻었구나."

동민수는 새 옷을 갈아입고 병든 몸을 이끌고 집에서 3킬로미터나 떨어진 화대장터까지 달려갔다. 그는 자청해 시위대의 앞장을 섰다. 그는 일본군의 총격에 물러섬 없이 맞서다가 일제의 총격으로 쓰러졌다.

그의 총격 사망 소식에 16세 딸 동풍신은 소복하고 머리를 풀어 호곡한 다음 화대 쪽으로 달려갔다. 동풍신은 아버지의 시체를 부둥켜안고 목 놓아 운 뒤 대한독립만세를 부르며 헌병분견소 앞으로 나아갔다. 헌병의 발포로 골목에 몸을 숨기고 있던 시위대도 동풍신의 모습을 보고 다시 대열을 정돈했다. 동풍신을 위시한 시위대는 다시 면사무소로 몰려갔다. 시위대는 면사무소에 불을 지르고 면장 집과 회계원 집도 불태웠다. 급파된 헌병들에 의해 동풍신을 비롯한 시위대 선도자들이 체포되고 시위대는 해산됐다. 동풍신은 함흥형무소에 이어 서대문감옥으로 이감됐다가 어머니가 죽었다는 소식을 듣고 쓰러진 뒤 옥중에서 세상을 떠났다.

함경남도 갑산군에서도 대규모 만세시위가 벌어졌다. 이날 천도교당인 정중조의 집에 천도교도 등을 비롯해 주민 200여 명이 몰려들었다. 갑산군은 지리적으로 경성과 거리가 멀고 교통 및 통신이 불편한 산간 벽지여서 독립만세 소식도 다른 지역에 비해 훨씬 늦게 전해졌다. 태극기가 게양되자, 여기저기에서 만세 소리가 저절로 터져 나왔다. 독립만세 시위행진이 시작됐다. 시위대는 불어나 1000여 명에 달했다.

시위대는 행렬을 가로막는 일본 헌병들과 충돌했지만 시위를 이어갔다. 급보를 받은 혜산진 수비대는 장교 이하 12명을 파견했다. 일본 경찰과 혜산진 수비대는 합세해 시위대를 해산시켰다. 이 과정에서 시위대 2명이 현장에서 숨졌고, 여러 명이 부상을 입었다. 일제 군경은 이날 밤부터 갑산 시위 지도부 검거를 시작해 최봉천, 정수웅, 김명수 등 주도자를 모두 체포했다. 이들은 유죄 판결을 받고 복역했다(독립운동사편찬위원회, 1970a, 727쪽; ≪大阪朝日新聞≫, 1919. 3. 17a, 7면; 윤소영 편역, 2009a, 150쪽 재인용).

'조선소요사건 일별조표'에 따르면, 3월 15일 10곳에서 만세시위가 벌어졌고, 1곳에서 시위대와 일본 군경이 충돌했으며, 1곳에서 일본군의 발포가 이뤄졌다(윤병석, 2013, 438쪽 참고).

샌프란시스코의 결의 "죽음으로 성공"

3월 15일, 미국 샌프란시스코. 대한인국민회 중앙총회는 미주·멕시코·하와이 재류 동포 전체 대표회를 열었다. 이들은 안창호 등을 재미 한인 대표로 선출했다. 안창호는 이 자리에서 "독립선언의 사건이 발생하기 전에는 내지 동포의 내정을 잘 몰라 앞뒤를 돌아보며 주저했지만 재주와 힘을 다해 생명을 희생해 죽기까지 용감하게 나아가자"고 연설했다(이이화, 2015, 262쪽; 이태복, 2006, 242쪽 참고). 대한인국민회는 대표자 토의를 거쳐 독립만세운동을 적극적으로 지지하기로 하는 한편, 서재필을 외교고문으로 임명해 필라델피아에 외교통신부를 설치하고, 동북아시아에 대표를 파견해 임시정부 수립 등의 활동을 펼쳐나가기로 했다(長田彰文, 2005/2008, 167쪽 참고). 이날 총회장 명의의 다음과 같은 포고령도 발표했다.

"오랫동안 우리 민족이 마음 아픈 비애에 싸여 있다가 이제 비로소 큰일을 일으켰으니 이는 대한독립선언이다. … 용감한 자는 큰일에 임해 대담하고 신중함으로써 일을 치르는 것이니, 우리는 허영을 징계하고 진실한 행동으로 독립운동에 응원을 끝까지 할지며, 죽음으로써 성공하기를 기약하고 우선 아래 3항을 실천하자."(윤병석, 2016, 99쪽 재인용)

대한인국민회는 그러면서 일치단결해 독립만세운동을 지지하고, 독립에 대한 국제적 공론을 일으키며, 독립운동을 위한 원조 활동을 펼치자는 뜻을 담은 3개 항의 실천 사항도 제시했다.

① 우리는 피 흘린 후에 목적이 관철될 것을 각오하고 마음으로 굳세게 맹세할 것이며, 우리의 운동이 단결과 행동 일치를 요구하나니 동포 간에 서로가 비밀이 없을 것이다. ② 재미 한인은 처지와 환경의 구애로 이행할 책임이 국한돼 있는데, 다행히 미국은 공화국으로 인권과 자유를 가장 힘있게 창도하고 있는 터이니 미국 언론기관과 종교기관을 통해 우리의 억울한 사정을 선전함으로써 국제 공론을 일으키는 데 노력할 것이다. ③ 재미 한인은 다른 곳 동포에 비교해 경제적 여유가 있은즉, 내외 각지 독립운동의 경제적 책임을 부담할 것이다(윤병석, 2016, 99쪽 재인용).

샌프란시스코 거주 한국인 상인들이 이때 즈음부터 가게 앞에 태극기를 게양하기 시작한 것으로 추정된다(≪大阪朝日新聞≫, 1919. 3. 18d, 7면; 윤소영 편역, 2009a, 152쪽 재인용).

3월 16일 오후 1시, 북간도 옌지현 내 두도구(頭道溝) 상부지(商埠地) 북방 공지. 재류 동포 2000여 명은 상부지로 향했다가 중국 경찰의 제지로 상부지 북방 공지에서 독립선언 경축식을 거행하게 됐다. 두도구는 용정촌에서 위쪽으로 40리, 북간도 남부 중심지에 위치한 중도시였다. 부근에는 이주 한국인 동포가 많기로 유명했다. 지난 3월 13일 북간도 용정 등지에서 일어난 독립만세운동에 당황한 일제는 중국에 철저히 단속하라고 강하게 압박했다. 이에 한국인 동포에 대한 중국 관헌의 태도는 삼엄했다.

독립선언서 발표가 있은 후 연사 7명이 차례로 나서 조국 독립운동에 대한 열변을 토했다. 모인 사람들은 연설에 깊은 감명을 받았다. 오후 4시 참가자들은 소리 높여 대한독립만세를 부르고 산회했다(독립운동사편찬위원회, 1970b, 704쪽).

북간도 옌지현 용정 등에서 조선인들의 독립만세시위가 잇따르자 용정에 거주하는 일본인들은 이날 밤 자위단을 조직했다. 자위단은 15세에서 50세까지 일본 남성으로 구성됐다. 일본인 자위단은 매일 밤 소방조를 꾸려 경계를 했다. 일본 자위단은 스즈키 요타로(鈴木要太郎) 일본 간도총영사에게 군대 파견을 요구하기도 했다(≪大阪每日新聞≫, 1919. 3. 18c, 11면; 윤소영 편역, 2009b, 198쪽; ≪大阪朝日新聞≫, 1919. 3. 18a, 7면; 윤소영 편역, 2009a, 151쪽 참고).

3월 16일, 서간도 창바이(長白)현에서 천도교도 약 30명이 태극기를 높이 들고 강 건너 혜산진에 있는 일제 헌병대를 처부수려 했다. 압록강 상류인 좁은 하천을 사이에 두고 혜산진을 바라보는 창바이현은 한반도에서 가장 높은 곳으로 알려져 있는 갑산과 삼수 등지로 용이하게 왕래할 수 있고, 강의 양쪽이 모두 험준한 산악지대로 돼 있어 비교적 자유자재로 일제의 눈을 피할 수 있는 곳으로 꼽혔다. 하지만 일제 헌병대가 반격을 가함으로써 목적을 달성하지는 못했다. 일제는 혜산진에 수비대를 두고 갑산과 삼수, 중평, 신갈파진 등지에 강력한 경찰기동부대를 둬 독립투사를 검거하는 데 혈안이 돼 있었다(독립운동사편찬위원회, 1970b, 724쪽).

이날 경성 경운동 및 낙원동 일대에서 휘문학교 학생 이태형은 보성고 등보통학교 학생 양규섭과 함께 '우리 동포의 관리 및 형사에게 고함!'이라는 제목의 경고문 30매를 뿌렸다. 비록 일시 호구지책으로 총독부 관리나 경찰 신분을 가진 자라 하더라도 한국인인 이상 시위운동에 적극 참가할 것과 시위운동자를 구속하지 말 것을 경고했다. 이들은 대한문 앞에서 어떤 이로부터 받았다고 나중에 밝혔다.

'조선소요사건 일별조표'에 따르면, 3월 16일 전국 8곳에서 독립만세시위가 벌어졌다(윤병석, 2013, 438쪽 참고).

블라디보스토크 뒤흔든 "코레아 우라"

3월 17일 월요일 오전, 러시아 연해주 블라디보스토크 일본 총영사관 앞. 한국인 학생 수십 명이 십자가가 꽂힌 자동차 2대에 나눠 타고 일본 영사관을 지나가면서 소리를 질렀다.

"코레아 우라! 코레아 우라! 코레아 우라!"

거의 절규하는 듯한 목소리였다. 이들은 일본군사령부 앞에서도 역시 '코레아 우라'를 격정적으로 외친 뒤 1번강 방면으로 모습을 감추었다(≪大阪每日新聞≫, 1919. 3. 20a, 석간 6면; 윤소영 편역, 2009b, 201쪽 재인용).

오후 4시, '재로한족회 중앙총회'를 대한국민의회로 개편한 재러 독립운동가들은 '대한국민의회장 우아문(문창범), 부회장 김철훈, 서기 오창환' 명의로 준비된 '조선독립선언서'를 발표했다. 독립선언서는 러시아어와 중국어, 한글로 동시에 발표됐다.

"조선 국민은 그것을 여하한 곤란이라도 낙담하는 일이 없이 용감히 그 무거운 십자가를 지지해 우리의 독립·자유 및 행복을 위해서는 전력을 경주해 분투할 것을 애호하는 표정을 항상 위무하는 자인 것을 명확히 언명하는 바이다. 이 위대한 때는 지금에 보래(報來)했다. 우리는 전 문명의 세계에 향해, 조선은 일본에 의해 정복된 것이 아니라 가장 강탈적인 배신의 수단에 의해 탈취됐다는 것을 고백할 것이다. 우리는 이천만의 조선 국민의 명의하에, 그 완전한 주권의 하등의 제한 없이 부흥될 것을 요구하고 그 모국에 있어서의 독립과 주권과 재보를 반환할 것을 요구하는 바이다. 우리는 그 독립 및 자유의 생존상 신성한 권리를 획득하기 위해서는 필요에 응해 여하한 다대한 희생을 지불한다 해도 이를 사양하지 아니한다. 우리는 자유를 위해 정의를 위해 일반적 평화를 위해 또 인류 최선의 이상을 위해 압제자 및 포학자에 대해서는 용감히 분투하고자 한다. 세계의 전 민주주의자는 다 우리의 편이다."

블라디보스토크에서 발표된 독립선언서는 국내와 일본, 만주에서 발표된 독립선언서보다 장문이다. 일본의 군국주의적 침략 행위와 한국 내 강탈 횡포를 규탄하는 동시에 인도, 정의, 민족자결주의가 선명해지는 시기에 연합 우방 국가들이 한국을 압제로부터 구출해야 한다고 강조했다. 동포들은 독립선언서를 낭독하고 대한독립만세를 소리 높여 외쳤다(독립운동사편찬위원회, 1970b, 781쪽).

이들은 러시아 주재 11개국 영사관 및 연해주국 당국에 독립선언문을 배부했다. 러시아 주재 미국과 프랑스 영사들은 한결같이 동의를 표했다. 러시아 민중들도 독립선언을 크게 환영했다.

"우리는 한국인이 이런 굳센 힘이 있을 줄은 몰랐다. 저들은 손에 한 조각의 쇠붙이도 없는데도 저렇게 결사적으로 독립운동을 하지 않느냐. 우리에게는 아직도 무기가 있는데 나라의 권리를 다른 사람에게 양보할 수 있느냐."

대한국민의회는 독립선언문 배포 등을 통해 조직 성립을 대외적으로 선포했다. 대한국민의회 간부로는 문창범과 김철훈, 오창환 외에도 외교부장에 최재형, 선전부장에 이동휘, 재정부장에 한명세가 각각 선임됐다.

오후 5시, 블라디보스토크 신한촌. 마을 곳곳에 태극기가 게양되고 2만여 명이 모여 독립선언식을 거행했다. 러시아 요새사령부에서 독립만세시위를 허가하지 않은 데다 준비도 부족해 당초 3월 15일에 열려던 것이 이틀 늦어진 것이었다(독립운동사편찬위원회, 1970b, 781쪽).

일본 총영사는 러시아 요새 사령관에게 즉각 독립만세시위를 제지해줄 것을 요구했다. 오후 7시, 러시아 군대가 일본 영사관의 항의를 받고 출동해 학생 2명을 체포하고 태극기를 끌어내렸다(독립운동사편찬위원회, 1970b, 780쪽; 윤병석, 2013, 472쪽; 이이화, 2015, 260쪽; ≪大阪朝日新聞≫, 1919. 3. 20a, 7면; 윤소영 편역, 2009a, 153쪽; ≪大阪每日新聞≫, 1919. 3. 20b, 석간 6면; 윤소영 편역, 2009b, 201쪽; ≪大阪每日新聞≫, 1919. 3. 22a, 석간 6면; 윤소영 편역, 2009b, 208쪽 참고).

파르티잔 리더십을 잘 보여준 것으로 평가받는 안드레이 예레멘코는 자신의 일기(영역본 제목은 Overview of the A. N. IAremenko Typescript: Diary of a Communist)에서, 블라디보스토크에서 벌어진 조선인들의 독립만세운동을 다음과 같이 증언했다. 당시 일본 헌병은 조선인 가옥들을 배회하며 전단을 찢으며 강하게 대응했다고 한다.

"3월 17~18일, 블라디보스토크 한인촌은 국기와 붉은기로 장식됐다. 오늘은 조선인들의 축제일, 즉 조선독립을 위한 시위가 있는 날이다. 집회가 열렸다. 조선인들의 시위가 한인촌으로부터 시의 중심으로 옮겨갔다. '대한독립선언문'이라는 제목의 전단이 질주하는 자동차에서 도로에 뿌려졌다. … 조선인 특별대표단이 각국의 영사들에게 영어, 러시아어, 중국어, 조선어로 인쇄된 '선언문'을 전달했다. 일본 헌병들은 조선인들의 가옥을 배회하며 전단을 찢어버리는 등 철저한 감시를 했다."(原照之, 1989, 26쪽 재인용)

한편 블라디보스토크 일본 총영사관은 니콜리스크 독립만세시위에 대해 일본 외무성에 다음과 같이 보고했다.

"현지에서 계획한 조선인의 독립시위운동은 17일 니콜리스크에서 문창범이라는 자가 지역 교민과 함께 일으켰다. 한인촌은 각각 구조선의 국기를 게양하고, 자동차를 이용해 각국 영사와 시내에 선언서를 살포했다. 또한 수천 명에 달하는 조선인들이 삼삼오오 모이기 시작해 신한촌에서 단체로 시내를 향해 돌진했는데, 인민을 식별하기도 어려울 정도로 그 수가 늘어났다. 시내에서는 자동차 3대와 마차 2대에 분승한 뒤, 갑자기 구한국 국기를 꺼내 들고 차 위에서 이를 흔들며 만세를 외쳤다. 시내의 주요 도로를 횡행하면서 차 위에서 독립선언을 외쳤다."(강덕상, 2002/2007, 198쪽 재인용)

여성이 앞장선 옌지 독립선포식

3월 17일, 서간도 류허현 대사탄(大沙灘) 보흥학교(普興學校). 재중국 조선인과 학생 500여 명은 대한독립만세를 부르고 독립선언 축하식을 거행했다. 류허현이 서간도 독립운동의 책원지임에도 시위대 규모가 비교적 작았던 것은 일제가 어느 곳보다도 신경을 집중해 온갖 방해 공작을 했기 때문이다. 한국인 대중운동의 중추 역할을 했던 '부민단(扶民團)' 간부와 단원들은 류허(柳河), 퉁화(通化), 환런(桓仁), 판쓰(磐石), 지안(輯安), 싱징(興京) 등 서간도 각 지방에 설치된 지회나 분회를 통해 항일독립운동을 조직했다(독립운동사편찬위원회, 1970b, 717~718쪽).

특히 이날 서간도 삼원보에서는 각 학교와 학생, 부민단원 등 1000여 명이 운집해 국내에 들어가 독립만세시위를 벌이는 방안을 검토하기도 했다. 하지만 독립운동 지도자 이시영은 "지나친 기분운동을 일시 억제하고 우리의 목적을 달성하는 순간까지 때에 따라 소극적·적극적 강유가 있어야 하며 지금은 앙양된 동포대중의 애국 정열을 올바로 계도해 조직화해 다음 독립전쟁에 총력을 바치도록 해야 된다"며 자제를 당부함으로써 국내 진공 만세시위 계획은 중단됐다.

서간도의 지안현 납석차(拉石岔)에서도 이날 기독교인을 중심으로 한국인 60여 명이 대한독립만세를 외쳤다. 오후 7시부터 창바이현 창바이가의 이창운 집에서도 창바이현에 재류하는 동포들이 모여 독립운동에 대해 모의하고 대한독립만세를 고창했다(독립운동사편찬위원회, 1970b, 724쪽).

북간도에서도 독립만세시위가 계속됐다. 이날 옌지현 수신사(守信社) 이도구(二道溝)시장에서도 동포 4000여 명이 모여 대한독립만세를 고창했다. 이날 시위에는 기독교 신도 부인들도 참가했다. 중국 경찰의 순경국장 부인도 부인회를 대표해 찬조 연설을 해 기염을 토했다. 당시 중국인들도 조선독립운동에 대한 이해와 동정심이 매우 컸던 것으로 분석된다(독립운동사편찬위원회, 1970b, 704쪽). 북간도 둥닝(東寧)현 삼차구(三岔口)에서도 진학신 등의 주도로 4000여 명이 참가한 가운데 독립선언 발표식이 열렸다(독립운동사편찬위원회, 1970b, 708쪽).

미국 샌프란시스코에 본부를 둔 대한인국민회는 이날 김정진을 미국 서부 각 지방에 파견해 독립의연금을 모집하기로 했다. 김정진은 63일간 서부 10개 주에 걸쳐 63개 지방에 흩어져 있는 동포 327명을 방문해 의연금 1만 달러 이상을 모았다. 나중에 5월 26일 국민회 중앙총회가 발표한 바에 따르면, 독립의연금으로 총 3만 388달러 25센트라는 거액이 모금됐다. 한국 이민자들이 하루 종일 농장에서 일을 해도 3달러 정도밖에 벌지 못하던 당시로서는 엄청난 거액이었다(독립운동사편찬위원회, 1970b, 806쪽).

대한인국민회는 이와 함께 이날 김평을 미주 특파원으로 결정했고, 4월 5일에는 정인과 황진남 두 사람을 통신원으로 임명해 중국 상하이로 보냈고, 강영소와 황사용 등을 하와이 특파원으로 임명해 파송했다.

동포들의 자발적인 움직임도 있었다. 미국 오하이오주에 모여 있던 조선인 유학생들은 미국인들에게 한민족의 실정을 알릴 필요가 있다며 영문 잡지를 발간하기로 결정했다(독립운동사편찬위원회, 1970b, 803쪽).

한편 ≪뉴욕 타임스≫는 이날 자 기사에서 이승만과 정한경이 미국 우드로 윌슨 대통령에게 한국 민족이 완전한 자치 능력을 인정받을 때까지 한국에 대한 국제연맹의 위임통치를 청원했다고 보도했다. 이승만과 정한경이 3·1운동이 벌어지기 전 윌슨 대통령에게 청원한 내용이 뒤늦게 알려진 것이다.

"대한인국민회는 윌슨 대통령에게 파리강화회의에서 한국 독립을 위한 조치를 단행해줄 것을 진정했다. 그 방법으로서 한국 민족이 완전한 자치 능력을 가졌다고 인정될 때까지 국제연맹이 한국을 위임통치해줄 것을 청원했다. 이러한 내용의 청원서는 정한경 씨와 함께 미국 내의 국민회 대표인 이승만 씨가 오늘 공개했다."

청원서 내용이 대한인국민회에서 토의된 것인지는 확실한 증빙 자료가 없어 확인할 수 없지만, 즉각적인 독립이 아닌 위임통치를 청원했다는 것을 놓고 훗날 큰 논란이 됐다. 이승만 개인도 이와 관련해 큰 비난을 받았다(독립운동사편찬위원회, 1970b, 803쪽).

한편 국내에서도 독립만세시위가 이어졌다. 3월 17일부터 경성 시내 공립보통학교 13곳이 수업을 개시했지만, 상당수 조선인 학생들은 수업에 결석했다. ≪오사카아사히신문≫ 등에 따르면, 조선인 중등학교 이상은 아직 출석자가 없어 휴교가 이어졌다. 교직원들은 개교를 위해 역할을 분담해 학생들의 가정을 방문하면서 등교 의지 등을 확인하기도 했다(≪大阪朝日新聞≫, 1919. 3. 18b, 7면; 윤소영 편역, 2009a, 152쪽; ≪大阪每日新聞≫, 1919. 3. 19, 11면; 윤소영 편역, 2009b, 200쪽 참고).

일부 한국인은 경성에서 친일파나 친일 경찰의 집에 불을 지르기도 했다. 경성 가회동에 위치한 친일파 이재각의 집에도 화재가 발생했다(≪大阪每日新聞≫, 1919. 3. 20c, 석간 6면; 윤소영 편역, 2009b, 202쪽 재인용).

특히 조선약학교 학생 김공우와 휘문학교 학생 정지현 등은 이날 경성에서 3·1운동을 노동자계급까지 확대하고 강력한 시위운동을 전개하기 위해 ≪노동회보≫를 발행했다. 이들은 ≪노동회보≫를 등사해 경성 중림동 일대의 서민층에게 배부했다. 3월 21일 노동자대회가 열리는 데 나름 기여했다는 평가가 나온다(독립운동사편찬위원회, 1970a, 127쪽).

'조선소요사건 일별조표'에 따르면, 3월 17일 10곳에서 만세시위가 벌어졌고, 2곳에서 시위대와 일본 군경이 충돌했다(윤병석, 2013, 438쪽 참고).

제6장

확산하는 불길

當初에民族的要求로서出치안이한兩國併合의結果가畢竟姑息的威壓과
差別的不平과統計數字上虛飾의下에서利害相反한兩民族間에永遠히
和同할수업는怨溝를去益深造하는今來實積을觀하라勇明果敢으로써舊
誤를廓正하고眞正한理解와同情에基本한友好的新局面을打開함이彼此
間遠禍召福하는捷徑임을明知할것안인가

———

처음부터 민족의 요구에서 나오지 않은 두 나라 합방이었으므로 그 결과
가 필경 힘으로 억누르려는 임시방편과 민족 차별의 불평등과 통계 숫자
를 이용해 거짓으로 꾸민 상태에서, 이해가 서로 다른 두 민족이 영원히
화목하게 살아갈 수 없는 원한의 구덩이를 날이 갈수록 깊게 만드는 오늘
의 실제 모습을 보라. 날래고 밝은 결단력으로써 묵은 잘못을 바로잡고,
참되고 바른 이해와 동정에 바탕을 둔 우호적인 새 국면을 여는 것이 서로
가 불행을 멀리하고 행복을 불러들이는 지름길임을 분명히 알 수 있지 않
은가.

만세시위의 대형화와 공세화

1919년 3월 18일 오전 11시, 경상남도 진주군 진주읍 장터. 장날을 맞아 각 면 각 동으로부터 수많은 주민이 운집해 들어왔다. 진주읍은 낙동강의 지류 남강이 부성(府城)을 둘러싼 지역으로, 군의 중앙에 위치한다. 진주읍 장은 도내에서 가장 큰 장으로, 장날에 각처에서 1만 명 전후의 인파가 모여들었다. 독립만세시위 개시를 알리는 타종 책임을 맡은 김영조는 진주교회로 달려갔다. 교회 종은 철거되고 없었다. 김영조는 이 사실을 대기 중인 군민들에게 알리고 비봉산 정상에서 나팔소리가 나면 거사하라고 약속을 변경했다.

일본 군경은 이날 진주에서 독립만세시위를 차단하기 위해 삼엄한 경계를 펴가면서 각 학교에 임시휴교를 명했고 일본인 교사들에게는 학생들을 엄중히 정탐하도록 했다. 다른 지방 학생들에게 여비를 줘 강제로 귀향시키는 비상조치까지 취했다.

이영규는 오후 1시쯤 비봉산 위에서 힘차게 나팔을 불었다. 세 곳에 모여 있던 군민들은 이강우, 김재화, 권채근 등의 주도로 일제히 일어났다. 학생들은 감춰둔 태극기를 사람들에게 나눠줬다. 재판소 부근에는 수천 명이 모였다. 이강우가 등단해 독립선언서를 낭독한 후 독립만세를 선창했다. 군민은 악대를 선두로 애국가를 제창하면서 시위에 들어가 성안을 일주했다.

일제 헌병과 경찰이 출동해 시위대를 저지·해산하려 했지만 뜻대로 되지 않았다. 이들은 소방대까지 동원해 소방차로 더러운 물을 퍼붓고 곤봉으로 시위대를 난타했다. 시위대는 시위를 계속했다.

시위대가 오후 4시쯤 경상도청 앞에 이르렀을 때 그 규모는 약 3만 명으로 늘어났다. 일제 헌병과 경찰은 시위대 주동 인물 의복에 잉크를 뿌려뒀다. 일제 군경은 해가 지자 약 300명을 검거했다. 시위는 야간에도 그치지 않았다. 시위대는 여러 그룹으로 나뉘어 곳곳에서 만세를 외쳤다. '노동독립단'이라 불리는 시위대가 오후 7시쯤 나타나 시위를 벌였고, 두 시간 뒤에는 '걸인독립단'이 나타나 시위를 벌였다. 이들은 태극기를 들고 외쳤다. "우리들이 유걸(流乞)하게 된 것은 왜노들이 우리 이권을 빼앗았기 때문이다. 우리나라가 독립하지 못하면 우리는 물론 이천만 동포가 모두 구렁텅이에 빠지고 말 것이다."

경상남도 진주의 독립만세시위처럼, 독립만세시위 양상은 3월 18일을 기점으로 크게 바뀐다. 지역사회 지도층 인사나 향촌 유지들이 독립만세시위에 적극 가세하거나 주도하면서 시위 규모가 대형화하고 공세성을 띠게 된다. 즉, 종교계와 학생층 등 신지식층이 지역 유지층과 연합하거나 국장에 참여하고 돌아온 지역 유지들이 시위운동을 주도하면서 크게 확산한 것이다. 독립만세시위가 지역 유지와 연결되면서 대규모 시위대가 일제의 관공서인 면사무소나 주재소 등을 공격하는 등 공세적으로 펼쳐졌다(이정은, 2009, 339~346쪽 참고).

구체적으로 3월 22일부터 경성 시내 곳곳에서 다양한 규모와 양상의 만세시위가 3월 27일까지 진행됐다. 노동자층의 시위 참여도 두드러졌다. 지방에서도 유림층이 고종 국장에 참여하고 돌아온 뒤 기독교나 천도교 등의 종교조직이나 학교들과 함께, 또는 독자적으로 공세적인 독립만세시위운동을 이끌거나 지원했다. 4월 1일 충청남도 천안군 갈전면 아우내시장의 대규모 시위나 4월 4일부터 4월 9일까지 강원도 양양의 공세적 만세시위 등도 여기에 포함된다. 시위 규모도 커지고 주재소와 면사무소 등 일제의 지방통치기관을 직접적인 공격 대상으로 삼았다. 이에 일제가 무단 발포로 과잉 대응하면서 많은 인명이 살상되었다.

오후 1시, 경상북도 영덕군 영해면 성내리시장. 만세시위를 준비해온 정규하와 박의락은 태극기를 들고 대한독립만세를 선창했다. 주민들이 이에 호응하면서 3000여 명이 모여들었다. 시위대는 시장을 누비면서 독립만세를 외친 뒤 경찰이 있는 주재소로 몰려갔다. 주재소 경찰들은 어쩔 줄을 몰라 했다. 정규하는 시위대를 이끌고 보통학교로 가서 학생들을 데리고 다시 주재소로 향했다. 시위대가 주재소 경찰들에게 독립만세를 부르라고 호통을 치자 경찰들도 순순히 만세를 불렀다. 시위대는 다시 시장을 누비면서 독립만세를 외친 뒤 다시 주재소로 몰려들었다.

주재소의 일본인 경찰부장이 시위대에게 해산을 명령했다. 시위대가 이에 불응하자 경찰부장은 큰 태극기를 빼앗으려 했다. 시위대는 곤봉과 돌을 들고 주재소 안으로 밀고 들어갔다. 경찰부장을 넘어뜨린 뒤 순사 2명의 제모와 허리에 찬 검을 탈취했다. 주재소 내의 유리창과 책상 등을 산산조각 내고 서적과 서류 등도 파기해버렸다. 일본인 순사부장은 시위대에게 몰매를 맞아 넘어졌다. 시위대는 다시 공립보통학교로 몰려갔지만 교원들은 이미 몸을 숨긴 뒤였다. 시위대는 기물을 닥치는 대로 파괴했다. 시위대는 일본인 소학교와 우편소, 면사무소로 차례로 몰려가 기물을 파괴했다.

시위대는 부근 음식점으로 들어가 잠시 휴식한 후 재차 시장에 집합했다. 정규하는 높은 단에 올라 이들에게 연설을 한 후 찬송가를 불렀다. 시위대는 다시 주재소로 몰려가 경찰복을 전부 찢어버리고 비치돼 있는 대검(帶劍)과 총기 4정, 탄약 87발을 파기했다.

근처 영덕경찰서의 일본인 서장 이하 경찰 4명이 달려왔다. 이들은 시위대에게 해산을 명했다. 시위대는 격분해 이들을 포위하고 총기와 대검을 빼앗은 후 낫으로 옷을 갈기갈기 찢고 곤봉과 주먹세례를 가했다. 그러고는 일본인이 경영하는 '수본(水本)여관'에 감금했다. 시위대는 밤새 독립만세를 외쳤다.

시위가 이튿날인 3월 19일 오전에도 이어지자 포항 일본군 헌병분대장이 헌병 6명을 거느리고 달려왔고, 오후 5시에는 대구 일본군 보병 제80연대에서 장교 이하 병사 17명이 도착했다. 일제 헌병들은 일본군과 협력해 공포를 발사했지만, 시위대는 두려워하지 않고 태극기를 흔들면서 시위를 계속했다. 일제 군경은 시위대를 향해 실탄사격을 가했다. 임창목과 최재곤, 이해술, 이회동 등 시위대 8명이 현장에서 쓰러져 숨졌다. 남효량, 김위환, 김도식 등 16명은 부상을 입었다. 시위대도 영덕경찰서장 이하 5명의 일제 경찰에게 중상을 입혔다. 시위는 3월 19일 오후 5시에야 끝났다. 일제 군경들은 주도 인물을 대거 검거해 96명을 재판에 회부했다(독립운동사편찬위원회, 1970b, 429~430쪽; ≪大阪朝日新聞≫, 1919. 3. 21b, 석간 2면; 윤소영 편역, 2009a, 154쪽 참고).

3월 18일 오후 2시, 경기도 강화군 부내면 강화장터. 종루의 종를 치는 것을 계기로 많은 군민이 모여들었다. 유희철, 조기신, 권태철 등의 주도로 대한독립만세를 외쳤다. 이들은 '조선독립'이라고 쓴 큰 깃발을 들고 시장을 돌면서 독립만세시위를 벌였다. 이들은 출동한 일본 헌병에게 검거됐다.

유봉진 목사와 최창인, 이봉석 등의 주도로 다시 대규모 시위대가 모였다. 참가자가 1만 명에 육박했다. 이들은 시장에서 향교를 거쳐 군청으로 향했다. 시위대는 군청 안으로 들어가 구금돼 있던 유희철과 조기신 등을 석방하라고 요구하는 한편, 군수 이봉종에게 독립만세를 함께 외치라고 요구했다.

시위대는 오후 5시쯤 경찰서를 포위하고 검거된 인사들을 석방할 것을 요구했다. 경찰은 시위대의 위세에 밀려 유희철, 장상용, 조기신 등을 석방했다. 시위대는 오후 8시 30분쯤 해산됐다(한국독립운동사편찬위원회, 2009a, 35쪽; 황민호, 2006. 6, 176쪽; ≪大阪每日新聞≫, 1919. 3. 21b, 11면; 윤소영 편역, 2009b, 206쪽 참고).

강화에서도 독립만세시위가 대규모로 벌어지자, 우쓰노미야 다로 조선 군사령관은 이날 오후 7시발 기차로 경성의 대위가 지휘하는 보병 40여 명을 강화도로 급파했다. 일제 군경은 읍내를 포위하고 시위 지도부를 검거하기 시작했다(宇都宮太郎關係資料硏究會 편, 2007, 230쪽).

오후 4시, 함경북도 명천군 상고면 보촌동 우사장(雩社場). 군민 700여 명이 집결해 만세를 부르며 시위행진을 했다. 일본 헌병들은 시위대를 향해 마구 총을 쏘았다. 시위대 2명이 그 자리에서 죽고, 6명이 부상을 당했다. 시위대는 물러서지 않고 독립만세를 부르며 일제의 만행을 규탄했다. 명천경찰서는 서장의 진두지휘 아래 경찰 10명과 장교 이하 수비대원 5명을 증파해 시위대를 해산시켰다. 일본 군경은 집집마다 수색에 나서 시위 주동자 10여 명을 검거했다(독립운동사편찬위원회, 1970a, 754쪽).

밤 10시, 경기도 양주군 화도면. 월산리와 답내리 주민 100여 명이 이달용을 중심으로 독립만세시위를 벌였다. 시위 주도자 3명이 일본 헌병에게 붙잡혔다. 시위대는 이후 1000여 명으로 불어나 마석우리 헌병대 앞으로 몰려가 시위 지도부의 석방을 요구했다. 시위 규모가 커지고 점점 공방이 가열되자 일본 헌병은 시위대를 향해 발포했다. 손복산, 신영희, 유상규, 이규직 등 4명이 현장에서 사망하고, 이제혁 등 7명이 부상을 입었다. 김필규 등은 체포돼 유죄 판결을 받았다(한국독립운동사편찬위원회, 2009a, 27쪽 참고).

'조선소요사건 일별조표'에 따르면, 3월 18일 14곳에서 만세시위가 벌어졌고, 4곳에서 시위대와 일본 군경이 충돌했으며, 3곳에서 일본군의 발포가 이뤄졌다(윤병석, 2013, 438쪽 참고).

이날 밤, 경성에서는 경관과 헌병, 군대 등이 엄중히 경계하고 있었는데도 여러 건의 방화가 발생했다. 전날 시작된 방화가 이날부터는 본격적으로 이뤄진 것으로 추정됐다(≪大阪每日新聞≫, 1919. 3. 21b, 11면; 윤소영 편역, 2009b, 205쪽 재인용).

러시아 연해주 스파스고예에서도 이날 한국인 500여 명이 모여 독립만세를 외치고 시위운동을 벌였다. 일본 군대가 아직도 러시아령에서 철병하지 않고 있던 때라 그들의 책동으로 러시아 관헌에 의해 시위대는 부득이 해산했다. 일부 한국인 동포들이 부상을 당하기도 했다(독립운동사편찬위원회, 1970b, 781쪽; 윤병석, 2013, 473쪽 참고).

연해주 블라디보스토크에서 독립운동은 이날 이후 일시적으로 활기를 잃었다. 독립만세시위를 주도했던 문창범과 김철훈 등은 3월 18일 니콜리스크로 돌아갔다. 니콜리스크에서는 3월 14일 옴스크 정부의 명령으로 국민의회 중앙위원회가 해산되고 3월 18일 재러시아 한인 중 주요 인물들이 러시아 관헌의 단속을 피해 일시 신변을 감추면서 독립운동의 기운이 크게 위축됐다(독립운동사편찬위원회, 1970b, 781쪽).

이날 북간도 허룽현 청산리에서 기독교도 김하구와 대종교도 김현묵 등의 주도로 동포 900여 명이 독립선언서를 낭독하고 독립만세를 외쳤다. 이들은 이어 태극기를 휘날리며 시위행진에 돌입했다. 시위행진 도중 중국 순경무장대의 강제 저지로 시위대가 해산하고 태극기는 압수당했다(독립운동사편찬위원회, 1970b, 706쪽).

진주 '기생독립단'과 덴노지의 염상섭

3월 19일 오전 11시, 경상남도 진주군 진주읍. 진주 사람 7000여 명이 전날 대규모 만세시위에 이어 이날도 상점을 모두 철시하고 악대를 선두로 태극기를 앞세우고 대한독립만세를 연호하며 시위를 전개했다. 시위대는 도청과 경무부로 몰려들었다. 일제 헌병은 총검으로 위협하고 시위대를 난타했다. 부상자가 속출했다.

한 무리의 청년들이 오후 3시쯤 돌을 던지며 일제 군경에게 대항했다. 시위대는 일시 후퇴했지만 다시 1만여 명으로 불어났다. 이때 '기생독립단'이라는 일단의 여성들이 어깨에 '조선독립'이라고 쓴 띠를 두르고 남강변두리를 둘러 촉석루를 향해 시위를 시작했다. 기생 시위대였다. 기생 시위대의 규모는 30여 명으로 추정된다. 이들 뒤로 진주 시내 부녀자 수천명이 따랐다고 한다(이이화, 2015, 249~250쪽 참고).

일제 경찰 수십 명이 기생 시위대에게 달려들었다. 칼을 빼어 치려고 했다. 한 기생이 외쳤다.

"우리가 죽어도 나라가 독립이 되면 한이 없다."

기생들이 전진하자 일제 경찰들은 차마 칼을 대지 못했다. 기생 6명이 현장에서 검거됐다. 일제 경찰에 구금된 한금화는 나중에 손가락을 깨물어 피로 흰 명주 자락에 "기쁘다, 삼천리강산에 다시 무궁화 피누나"라고 가사를 쓴 것으로 알려져 있다. 이른바 '진주기생독립단 사건'이라 불렀다. 진주 기생들은 임진왜란 당시 논개의 뜻을 이어받아 만세운동을 벌였다는 평가를 듣는다.

시위대는 오후 4시 30분쯤 여러 그룹으로 나눠 읍내 곳곳에서 시위를 벌였다. 밤 11시까지 만세시위가 이어졌다. 이날 약 100명이 검거됐다. 대부분 학생이었다(독립운동사편찬위원회, 1970b, 290~292쪽). 진주 만세시위는 3월 20, 21일에도 시민 수천 명이 참가한 가운데 이어졌다. 일제 군경은 기마병을 출동시키고 소방대까지 동원해 시위를 잔혹하게 진압했다(독립운동사편찬위원회, 1970b, 292쪽).

조선의 기생은 당시 단순히 '술이나 마시고 춤이나 추고 놀아나는' 그런 여성이 아니었다. 『조선독립운동비화(朝鮮獨立運動秘話)』에 따르면, 일본 경찰 치안책임자 지바 료는 오히려 이들이 사회적 의식이 매우 높고 독립의식도 상당히 높았다며 1919년 9월 조선총독부에 다음과 같이 보고했다.

"우리가 처음 부임했을 때 경성 화류계는 술이나 마시고 춤이나 추고 놀아나는 그런 기색을 전혀 보이지 않았다. 800명의 기생은 화류계 여자라기보다는 독립투사라는 것이 옳을 듯했다. 기생들의 빨간 입술에서는 불꽃이 튀기고, 놀러 오는 조선 청년들의 가슴속에 독립사상을 불 지르고 있었다. 경성 장안 100처 요정은 불온한 소굴로 화해버렸다. 간혹 우리 일본인들이 기생집에 놀러 오는 일이 있어도 그 태도는 냉랭하기가 얼음장 같고 이야기도 않거니와 웃지도 않는다. 그 분위기야말로 유령들이 저승에서 술을 마시는 기분이다."(정요섭, 1971. 12, 313~314쪽 재인용)

기생들의 삶은 신분제가 폐지된 갑오개혁 이후부터 변화하기 시작했다. 조선 왕실은 재정적인 이유로 갑오개혁 때 관기 약 300여 명을 해고했다. 기생의 버팀목이었던 양반 세력도 가파르게 기울어갔다. 관기에서 내몰린 기생들은 1패, 2패, 3패로 나뉘어 살아남기 위한 경쟁을 벌였다. 1패는 본래 의미의 기생으로, 궁중과 관청 등의 연회에서 가무를 하는 일급 기생을 말한다. 나중에 수원 기생 시위를 주도하는 김향화도 이러한 일급 기생이었다. 2패는 은밀히 몸을 파는 여성들로, 남의 첩 노릇을 하는 경우가 많아 1패에서 한 급을 내려 2패로 불렸다. 3패는 매음하는 창녀를 일컬었다.

일제가 조선을 사실상 지배한 1907년 직제상 관기가 폐지됐고, 1908년 9월 '기생 및 창기 단속령'이 제정되면서 국가에 소속된 공인 예술가로서 관기라는 개념이 공식적으로 사라졌다. 기생과 창기가 계급을 달리했기 때문에 1908년 9월 경시청령 제5호 '기생단속령'과 제6호 '창기단속령'이 따로 공포됐다. 이때부터 모든 기생은 기생조합에 가입해야 했고, 경시청의 영업 허가를 받은 기생조합만 활동할 수 있었다. 1908년 7월 경성고아원을 위해 장안사에서 열었던 기생들의 자선연주회가 조선 관기들의 마지막 무대였다.

그나마 1, 2, 3패의 구분이 무너지기 전인 1910년대까지는 기생과 창기의 구분이 어느 정도 남아 있었다. 각각의 조합은 1910년대 초반까지 대립각을 세우며 갈등했다. 관기적 입장을 갖고 있던 일등 기생들은 궁중의 후예라는 나름의 명분을 내세우며 자신들을 창기와 구분하고자 노력했고, 2패와 3패로 구분된 창기들은 자신들을 기생으로 격상시키고자 애썼다.

일제 강점 이후 조선 기생들의 위상은 서서히, 그러나 완전히 무너졌다. 일제는 의도적으로 전통적 관기의 입장에 있는 기생과 매음녀인 창기를 동일시하면서 공창화를 진행했다. 일등 기생들은 3패들의 조합이 기생조합으로 인정받는 것에 불쾌감을 느꼈지만 식민지 사회에서 관청의 허가 사항을 그대로 따를 수밖에 없었다. 기생들은 조합 운영을 위해 매월 경비의 견적서를 작성했다. 각종 회의 내용, 조약 개정, 치료소의 검진보고서, 결산보고, 공연 활동, 순회 연주 등에 대해서도 모두 보고와 허가를 받아야만 영업을 할 수 있었다(이동근, 2008, 120쪽 참고).

일제는 점차 1, 2, 3패 기생을 똑같이 취급하기 시작했고, 생존권 문제에 부딪혀 재주와 기예뿐만 아니라 스스로 몸을 파는 창기도 늘어났다. 이런 상황에서 전통적 기생의 입장을 고수하려 했던 이들이 만세운동에 동참하는 경우가 많았다.

오전 11시, 충청북도 음성군 소이면. 김을경, 이중곤, 권재학, 추성렬, 이용호 등의 주도로 시위대 수천여 명이 주재소를 포위하고 만세시위를 벌였다. 시위대의 투석으로 주재소 유리창이 깨지기도 했다. 오후 3시, 일제 군경은 충주 수비대를 출동시켜 무차별 사격을 가했다. 임신부를 비롯한 6명이 숨졌고, 4명이 중상을 입었다(독립운동사편찬위원회, 1970b, 62쪽). 다른 기록에는 8명이 부상을 당하고 18명이 체포됐다고 한다.

이날 경상북도 의성군에서도 만세시위가 벌어졌다. 주민들은 안평면 도옥동 하단에 모여 만세시위를 벌이며 도리원시장으로 향했다. 많은 주민들이 호응했다. 시위대는 점점 불어나 도리원시장으로 들어갈 무렵에는 수천 명에 이르렀다. 이들은 태극기를 휘날리고 만세를 부르며 도리원시장으로 몰려갔다. 의성 경찰서에서는 비안주재소에 응원 출장 중이던 군경을 도리주재소로 급파하고 도리원시장을 폐쇄했다. 시위대는 오후 1시 30분쯤 도리주재소로 몰려갔다. 일제 군경은 시위대에게 해산하라고 촉구했다. 시위대는 주재소를 포위하고 투석으로 맞섰다. 주재소 유리창이 산산조각 났다. 시위대는 만세를 부르며 주재소 안으로 몰려 들어갔다.

이때 일제 군경이 사격을 가했다. 선두에 섰던 권해운이 그 자리에서 쓰러져 숨졌다. 이양준, 이봉수 등 6명이 부상해 쓰러졌다. 시위대는 해산했다. 일제 군경은 주동자를 검거했다. 일제 군경은 대구 주둔 일본군 제80연대 장교 이하 107명을 동원했다(독립운동사편찬위원회, 1970b, 376~377쪽).

'조선소요사건 일별조표'에 따르면, 3월 19일 11곳에서 만세시위가 벌어졌고, 6곳에서 시위대와 일본 군경이 충돌했으며, 1곳에서 일본군의 발포가 이뤄졌다(윤병석, 2013, 438쪽 참고).

오후 6시, 일본 도쿄 간다학사회. 일본의 민본주의자 요시노 사쿠조(吉野作造)는 '여명회(黎明會)'에 백남훈, 변희용, 김준연 등 조선인 7명을 초청했다. 3·1운동에 대한 조선인들의 의견을 듣기 위해서였다. 조선인들은 이 자리에서 조선 민족은 독립을 원하며 일본에 결코 동화될 수 없다고 강조했다(이규수, 2003. 2, 278쪽; ≪大阪每日新聞≫, 1919. 3. 20d, 11면; 윤소영 편역, 2009b, 203쪽 참고).

오후 7시, 오사카 덴노지(天王寺)공원의 효탄이케. 조선 유학생 염상섭은 '독립선언서' 230장과 '대한독립'이라고 쓰인 깃발, 일본어로 된 '독립선언서' 13장을 휴대하고 나타났다. 독립선언서를 일본 내각 총리대신 및 양원의장, 신문사 등 13개소에 우송한 뒤였다. 그가 작성한 '재오사카 한국 노동자 일동 대표 염상섭' 명의의 '독립선언서'는 '기미독립선언서'와 내용이 달랐다.

"평화의 제단에 숭고한 희생으로 제공된 3000만 망령에 의해 가장 웅변으로, 가장 통절하게 우리에게 가르쳐준 것은 실로 민족의 자주독립 한마디였다. 일본이 입을 모아 조선을 혹은 동족이라고 부르고 혹은 조상을 같이한다고 역설하는 사실은 무엇보다도 역력한 증거이다. 우리 한국은 4300년의 존엄한 역사를 가졌고 일본은 한국에 뒤지기 실로 1000여 년이다. 단지 이 사실로 보아도 조선 민족은 일본 민족과 하등 서로 관련한 바 없음은 췌언(贅言)할 필요가 없다. 그럼에도 일본이 우리나라를 병탄해 10년을 지난 오늘까지 일본은 우리나라에 대해 과연 어떠한 참학(慘虐)과 무도한 처사를 극단으로 했는가는 우리들의 말을 기다리지 않고라도 일본 국민이 스스로 회고해 크게 깨달을 수 있을 것이다. 만일 우리들의 이성을 빼앗고 신경을 마비시켜 맹우(盟友)를 봉쇄하려 했다면, 우리들은 민족적 파멸에 만족하고 군벌의 관료적 가정(苛政)에 다만 묵묵히 순종할 것이다. 그러나 지금 우리들은 감언이설에 속기에는 너무나 자기를 지나치게 알고 있다. 사나운 것이 무서워 그에 복종하기에는 너무나 자유의 존엄성을 지나치게 깨달았다. 어찌 주저할 바 있으랴. 곧 이 한목숨을 도(睹)해서 독립을 선언하는 까닭이다."(독립운동사편찬위원회, 1970b, 672~674)

염상섭은 이날 격문 한 장도 같이 가져왔다. 염상섭은 '오후 7시 정각 천왕사 공원 내 영산생(靈山生)'이라 적힌 "격(檄)"에서 "제군이여 한반도의 다혈아 제군이여! 나는 제군의 비열한 양심의 타락을 경계한다. 이것이 많아지면 불쌍하게 생각하고 또 이와 같이 무정무도한 동포를 근심한다"며 "제군은 삼천리강토를 헛된 산하로 만들지 말고 장엄한 산하를 맹금악수(猛禽惡獸)의 소굴로 삼지 않도록 사려해 명일 오후 7시 정각에 만사를 제하고 공원 육각정 앞에 집합할 것을 뜨거운 눈물로써 바란다"고 촉구했다(독립운동사편찬위원회, 1970b, 672~674쪽).

공원에 먼저 도착한 염상섭은 사람들이 모여들기를 기다렸다. 그는 앞서 16~17일 카본 복사 방식으로 격문 10여 통과 독립선언 100여 통을 인쇄했고, 3월 18일 밤에는 오사카 공장에서 일하는 한국인 노동자에게 격문과 집합할 때 완장으로 사용할 붉은 천 조각을 배부했다.

오사카 경찰부에서는 독립만세운동의 기미를 미리 탐지하고 모여드는 사람들을 저지하는 한편 집회 장소의 경계를 엄중히 했다. 오후 8시쯤, 염상섭이 한국인 유학생 20여 명과 연못가 나무 그늘에 모여 독립만세시위를 막 논의하려던 순간 일본 경찰이 덮쳤다. 일본 경찰은 조선 유학생 24명을 검거했다고 밝혔다. 다만 염상섭의 이름은 일본 언론에 처음 염상린 또는 염상상으로 잘못 보도됐다(≪大阪每日新聞≫, 1919. 3. 21a, 11면; 윤소영 편역, 2009b, 204쪽; ≪大阪朝日新聞≫, 1919. 3. 21a, 석간 2면; 윤소영 편역, 2009a, 153쪽 참고).

일본 경찰 조사 결과 염상섭은 주모자로, 이경근와 백봉제는 염상섭을 방조한 사실이 판명돼 출판법에 의해 구속됐다. 염상섭은 1심에서 금고 10개월, 이경근과 백봉제는 각각 금고 3개월 15일의 형(刑)을 받았지만 그해 6월 6일 2심에서 무죄 판결을 받고 모두 석방됐다(독립운동사편찬위원회, 1970b, 671~672쪽).

이즈음 일본에서 유학 중인 조선 학생들은 독립운동에 참가하기 위해 학업을 폐하고 속속 조국으로 돌아왔다. 5월 15일까지 김마리아 등 300~500명 정도가 일본에서 조국 한반도로 돌아온 것으로 추정됐다. 일부는 중국 상하이로 건너가 본격적인 독립운동을 벌였다(독립운동사편찬위원회,

1970b, 645~668쪽 참고). 이와 관련해 1919년 2월 8일부터 5월 15일까지 조선으로 귀향한 조선인 일본 유학생이 전체 769명 가운데 359명이고, 경성으로 들어온 수가 117명에 달했다는 분석도 있다(김인덕, 1999. 12, 5쪽 참고).

재일 한국인 유학생 일부는 앞서 3월 9일 '재일 조선청년독립단 동맹휴교 촉진부'라는 명의로 격문을 작성해 학생들에게 우송해서 "항일 애국학생들은 동맹휴교하고 고국으로 돌아가 본국에 있는 형제자매를 도와라"고 촉구했다(독립운동사편찬위원회, 1970b, 668쪽 참고). 이와 관련해 ≪오사카아사히신문≫은 3월 17일 자 조간에서 도쿄의 조선인 대학생들이 동계 휴가 이래 모두 등교하지 않았고, 중학생들도 최근 수시로 협의해 200여 명 가운데 180여 명이 전부 동맹퇴교해 4월 5일까지 조선으로 돌아가기로 했다고 보도했다. 당시 도쿄의 한국인 학생은 대학생이 600여 명, 중학생이 200여 명 등 모두 800여 명 수준으로 추정됐다(≪大阪每日新聞≫, 11919. 3. 17a, 11면; 윤소영 편역, 2009b, 194쪽 참고).

훈춘과 함안 시위

3월 20일 오전 6시 반, 북간도 훈춘시. 한국인이 사는 집에서 태극기가 하나둘 게양되기 시작했고, 한국인 상가들은 일제히 철시했다. 훈춘은 동으로 시베리아, 남으로 두만강을 사이에 두고 온성, 경원, 경흥 등과 인접해 있어 3국 국경을 넘나드는 요충지였다. 훈춘 지방은 한인이 많이 재류하고 있는 연해주의 한인 마을 얀치헤(烟秋)와 가까웠다. 당시 우리 민족사회의 생활권 내 지역으로 일상생활에서 밀접했다.

오전 8시, 훈춘 동쪽 5리 거리에 위치한 차대인구(車大人溝). 훈춘 인근에 사는 한국인 350여 명이 '대한독립만세'라고 쓰인 장기를 앞세우고 2열 종대로 '대한독립만세'를 외치며 훈춘시 동문으로 들어왔다. 먼저 대기하고 있던 황병길 등 주도자들은 시위대를 맞이했다. 시위대는 황병길, 노종환, 양하구 등의 주도로 성안으로 들어가 연도에 도열한 조선인 동포와 중국인들에게 선언서를 살포했다. 시위대가 서문 밖 광장으로 나가 원형의 진을 형성했다. 미리 집결해 있던 시위대와 훈춘 시가의 동포들이 합세하자 시위대는 5000여 명에 달했다. 중국 군경은 이날 강력하게 저지하지 않았다. 황병길이 연설을 했다.

"우리나라는 10년 전에 일제에 병탄된 이래 위로는 태황제로부터 밑으로 동포 만민이 비참한 세월을 보아왔습니다. 하늘은 우리를 버리지 않으셔서 이번의 강화회의로 한국이 독립을 호소할 수 있는 기회를 주었습니다. 그러므로 이때 우리 민족은 일치단결해 설혹 가는 길에 험산지수(險山止水)가 가로 막혀 있더라도, 아니 강적의 총부리 앞에 맨주먹을 휘두르지 아니치 못할 장면에 이를지라도 신명을 아끼지 말고 다년간의 숙지(宿志)를 관철하지 않으면 아니 되겠습니다. 지금 내가 말하는 대의를 위해 능히 신명을 버릴 만한 결심을 가진 분이 있으면 손을 드시오."(독립운동사편찬위원회, 1970b, 708~711쪽)

황병길의 뒤를 이어 노종환, 최병문, 김정규 세 사람도 차례로 연설했다. 시위대는 다시 동문을 향해 행진해 훈춘강 기슭에 이르러 다시 원형진을 형성했다. 학생들은 음악을 연주하고 시위대는 대한독립만세를 외쳤다. 황병길이 작별 연설을 했다.

"오늘 아무 지장도 없이 여러분과 같이 예정한 행동을 충분히 할 수 있었던 것은 진실로 유쾌한 일입니다. 시내에 계신 여러분은 이 뒤로 더 한층 일제 관헌의 압박이 극심해질 것을 각오하지 않아서는 아니 되겠습니다. 이 점에 대해서는 참으로 동정을 금치 못하나 바라옵건대 희망을 갖고, 만일 무슨 일이 발생하면 동지에게 의논하셔서 근심과 걱정을 나누어 갖게 해주시오."

황병길과 시위대는 동포대(東砲臺) 방면으로 향한 뒤 해산했다. 중국인은 이날 폐점하지 않고 호기심 어린 눈으로 한국인들의 행동을 관망했다. 재류 동포는 각종 영업을 중단한 채 문을 열지 않았다(독립운동사편찬위원회,

1970b, 708~711쪽).

북간도 지역에서 독립만세시위를 주도한 황병길은 1885년 함경북도 경원의 소작인 가정에서 태어났다. 서당에 다닐 수 없을 정도로 가난했지만 또래들의 글 읽는 모습을 어깨너머로 보며 독학했다고 한다. 1905년 을사보호조약이 체결되자 만주로 이주해 이범윤이 조직한 산포총대에 가입해 안중근과 최재형, 엄창섭과 함께 회령, 부령, 경성 등지에서 의병 활동을 전개했다. 황병길은 러시아 연해주로 이주해 얀치혜에서 안중근, 백규삼 등과 단지동맹을 통해 조국의 독립을 염원하다가 1911년 북간도 훈춘으로 다시 이주한 뒤 독립군 인재 양성에 힘썼다. 3·1운동이 발발하자 북간도에서 독립만세시위를 주도한다.

이날 간도 지역에서 무장투쟁을 준비 중이던 의병장 출신 홍범도는 러시아령 블라디보스토크와 니콜리스크 지방을 순방하기 시작했다. 홍범도는 이동휘와 조성환 등 대한국민의회 관계자들과 여러 차례 회합했다. 그는 무장 독립군의 편성 및 무기 구입 등 전투 준비로 분주했다. 훗날 홍범도를 군무총지휘관으로 하는 '군무도독부'가 북간도 왕칭(汪淸)현에 설치된다(독립운동사편찬위원회, 1972, 184~194쪽).

김규식은 이날 프랑스 파리 교외 북서쪽의 고급주택가인 뇌이 쉬르 센 부르동 거리(Villa de Neuilly sur Seine Boulevard Bourdon) 72-2번지에 위치한 2층 석조 베이지색 건물인 중국인 리유잉의 집에 세를 들었다. 김규식 일행은 독립을 위한 외교·홍보 활동을 준비했다. 김규식이 머물렀던 이 건물은 현재도 잘 보존돼 있다.

김규식과 그 일행은 파리강화회의에 한국 대표로 참석하려 했다. 하지만 프랑스 외교부 측은 '정부의 대표자 자격이어야만 참가할 수 있다'고 밝히며 참석을 거부했다. 김규식은 이를 상하이 신한청년당에 알렸다. 김규식에게 한국 정부의 대표라는 신임장을 보내려면 정부를 조직하지 않으면 안 되는 측면도 있었다.

김규식이 당시 프랑스에서 얼마나 고군분투했는지는 중국인 집주인이 스즈키 분시로(鈴木文史朗) 일본 《아사히신문》 특파원에게 한 전언에서 엿볼 수 있다. 스즈키 분시로가 4월 25일 파리 교외의 뇌이 쉬르 센 부르동 거리 72-2번지로 찾아왔을 때 중국인 집주인은 "김 군은 최근 2주일 정도 밤낮으로 거의 침식을 잊고 여러 가지로 애를 썼"다고 전했다(《大阪朝日新聞》, 1919. 4. 29c, 7면; 윤소영 편역, 2009a, 237쪽 재인용).

일본은 김규식의 파리 활동에 대해 민감하게 반응했다. 《오사카마이니치신문》은 4월 9일 자 조간 1면에서 김규식의 동향을 우려 섞인 시각으로 전한다.

"로이터가 확인한 바에 의하면, 앞서 상하이를 거쳐 파리로 간 조선인 김 모는 파리에서 미국에서 도착한 안 모와 만나 강화회의에 조선독립에 관한 청원을 제출할 것이다."(《大阪每日新聞》, 1919. 4. 9b, 1면; 윤소영 편역, 2009b, 237쪽 재인용)

3월 20일 오후 1시, 경상남도 함안군 군북면 군북시장. 주민 3000여 명이 모인 가운데 조상규, 조용효, 이재형 등은 주재소 동편 군북교에 숨겨 가지고 온 큰 태극기를 세운 후 대한독립만세를 선창했다. 주민들이 일제히 호응하며 대한독립만세를 연호했다.

이미 전날 함안읍 독립만세시위가 열린 데다 장날인 이날 오전 9시 군북면 덕대리 남단 동촌리 사립 신창학교 교정에서 주민 50여 명이 시위를 한 뒤였기에 군북 경찰주재소에 파견돼 있던 마산 중포병대대 병사 16명과 경찰이 급거 출동했다.

신창학교 시위 진압에 동원됐던 일제 병사 16명과 경관들은 시위대의 해산을 촉구했다. 하지만 시위대는 이에 응하지 않았다. 일본군은 완강히 항의하는 청년을 넘어뜨려 손에 상처를 입혔다. 청년은 일어나 일제 병사의 모자를 내동댕이치고 육박전을 벌였다. 청년은 병사를 지휘하던 특무조장 다이마(泰間)의 옷을 움켜잡고 상의를 찢어버렸다.

일제 군경은 공포를 발사했다. 시위대가 흩어졌다. 군경은 주재소로 철수했다. 오후 5시, 시위대가 다시 모여들기 시작했다. 약 5000명을 헤아렸다. 시위대는 다시 경찰주재소로 몰려갔다. 일제 군경은 공포를 발사했다. 시위대는 투석으로 맞섰다. 주재소 유리창은 산산조각이 나고 벽은 여기 저기 구멍이 뚫렸다.

일제 군경이 시위대를 향해 실탄을 퍼부었다. 선두에서 시위대를 이끌던 조용효는 큰 태극기를 붙든 채 그 자리에서 숨졌다. 격분한 조상규는 군경에게 달려들어 이들을 때려눕혔다. 나중에 '공중대장(空中大將)'이라는 별명을 얻었다. 일제 군경의 총탄 60발에 조용효, 이원필, 이재형, 조주규, 김우곤 등 21명이 현장에서 사망했다. 박상엽, 송문호, 조용대 등 18명이 부상을 입었다(독립운동사편찬위원회, 1970b, 300~302쪽).

일제 조선군사령관 우쓰노미야 다로는 9월 29일에 다나카 기이치 육군상에게 보낸 '특별보고서'를 통해 이날 벌어진 경상남도 함안의 독립만세 시위를 다음과 같이 보고했다.

"… 군중의 태도가 점점 광폭해옴으로써 드디어 위협으로 4~5명의 병졸로 하여금 공포를 발사시켰더니 그 부근에 있는 자는 흩어졌지만, 그것이 공포라는 것을 알자 재거(再擧)해 오후 2시 지나서는 약 3500명의 군중이 주재소로 몰려와 여기에 투석해 유리창을 파괴하고 또 벽을 파괴해 병졸을 상하게 하는 등 더욱 폭위(暴威)를 심하게 했다. 따라서 재차 공포를 발사했지만 이를 경모(輕侮)하고 더욱 폭행의 도를 높여 폭민의 투석에 의해 부상하는 병졸이 생김으로써 부득이 실포(實包) 사격을 개시하고 근접해 폭행을 하는 자는 총검을 휘둘러 이들을 찔렀다. 그리하여 폭민은 군중 가운데서 쓰러지는 자를 보자 여기에 놀라 흩어지게 됐다."(독립운동사편찬위원회, 1970b, 303쪽)

우쓰노미야 다로는 발포 상황에 대해 시위대가 먼저 돌을 던져 일본군의 피해가 발생하자 발포했다고 보고했다. 이는 일본군이 발포해 시위대가 쓰러지자 시위대가 투석을 했다는 주장과 180도 다른 것이다. 그렇다 해도 군이 민간 시위대를 향해 발포해 20여 명을 숨지게 한 것은 변명의 여지가 없는 반인권적이고 야만적 행위라고 지적된다.

오후, 경상남도 합천군 대양면 마정부락. 전날 만세시위에서 대양면 사람 심재기 등 10여 명이 일제 경찰에 검거된 것에 분노한 대양 면민이 모여들었다. 심맹권은 대양 면민들이 합천 읍내로 몰려가려 할 때 크게 외쳤다.

"우리가 종시일관 뜻을 같이해 의거로써 소기의 목적을 달성하기 위해서는 결사대를 조직하는 것이 제일 긴요한 일이니 자원자는 나오라!"

이에 손득룡과 이용선, 김영기, 추용만, 이상우, 배상룡 외 5명이 결사대에 자진했다. 심맹권을 비롯한 이들 12명은 죽음을 같이할 것을 엄숙히 서약했다.

시위대가 결사대를 선두로 합천 읍내 광장에 이르렀을 때 각 면으로부터 모여든 시위대들이 기다리고 있었다. 시위대가 합세했다. 김영기는 시위대를 향해 외쳤다.

"나라 잃은 백성은 사람 아닌 닭과 개 같다. 조국 독립을 위해 최후의 일인 최후의 일각까지 싸워야 한다."

시위대 400~500명은 오후 7시쯤 결사대를 선두로 태극기를 뒤따라 대한독립만세를 외치면서 읍내 거리를 행진했다. 시위대는 합천경찰서로 몰려가 경찰서를 포위하고 독립만세를 외쳤다. 일본 경찰이 나와 해산을 종용했다. 시위대는 응하지 않았다. 결사대원 김영기는 시위대를 대표해 전날 구금한 심재기 등을 즉시 석방하라고 요구했다. 서장은 시위대가 먼저 해산하면 심재기 등을 석방하겠다고 했다. 시위대는 만세를 외치면서 경찰서 방향으로 밀고 들어갔다. 일제 경찰이 공포를 발사했지만, 시위대는 물러서지 않았다. 결사대원 추용만은 태극기를 단 대나무 장대로 서장과 순사 5~6명의 머리를 후려갈기고 문책을 넘어 앞으로 돌진했다. 시위대가 돌을 던지는 가운데 일부는 결사대원 추용만의 뒤를 따라 도끼와 낫을 들고 경찰서로 육박해 들어갔다.

이때 일제 경찰이 일제히 발포했다. 김영기, 추용만, 김호수, 강시만 등 4명이 현장에서 즉사했다. 이용선과 손득룡, 심재기 등 11명은 부상을 입었다. 시위대는 몸을 피해 해산했다. 경찰은 시위 주동자를 검거하기 시작했다. 심맹권, 손득룡, 이용선 등은 검거돼 나중에 유죄 판결을 받았다(독립운동사편찬위원회, 1970b, 325~326쪽).

이날 함경남도 이원군 천도교당 앞에서도 주민 1000여 명이 독립만세를 외친 다음 헌병주재소로 몰려갔다. 시위대는 유리창을 부수고 창문을 통해 들어가려고 했다. 헌병이 시위대를 향해 발포했다. 4명이 현장에서 숨지고, 8명이 중상을 입었다(한국독립운동사편찬위원회, 2009a, 298쪽 참고).

저녁, 조선군사령관저. 조선군사령관 우쓰노미야 다로는 야마가타 이사부로 정무총감을 초청해 만찬을 했다. 두 사람은 독립만세시위를 주도한 손병희 처분안〔좋은 시기에 특사, 일본으로 보내 우대, 천도교 감쇄(減殺)〕, 천도교 처분안(공인, 우군화, 최 모와 박 모를 내세워 이분화), 기독교와 불교 등의 건, 차별 대우 폐지, 봉급 개정, 중추원에 200만 원을 충당해 봉급을 인상하는 방안, 채용과 진급 문제 등에 대해 논의했다. 우쓰노미야 다로는 이 자리에서 조선인의 독립 분리 주장에 대해 협동 공존공영의 표어를 세계에 주장하고 이를 민심으로 선도하기 위해 먼저 일본에서 출판해 유행시킨 뒤 조선과 중국 등에 확산시켜 민심을 이끄는 방안을 보고했다. 야마가타 이사부로도 이 방안에 찬성했고, 깊은 밤까지 이야기한 뒤 밤 10시가 넘어 돌아갔다(宇都宮太郎關係資料硏究會 편, 2007, 231쪽).

산청 및 마산 1차 만세시위

3월 21일, 러시아 연해주 니콜리스크와 블라디보스토크 사이에 위치한 라즈돌노예에서 한국인 300여 명이 모여 일본 군대를 습격하려던 움직임이 포착되었다. 일제는 러시아 위수 사령관을 움직여 한국인들을 해산시켰다. 한국인의 일본 군대 습격 시도는 러시아 10월 혁명이 독립운동에 영향을 미친 사례로 지적되기도 한다(독립운동사편찬위원회, 1970b, 781쪽).

이날 서간도 싱징(興京)현 왕청문(旺淸門) 교회당에서도 재류 동포 400

여 명이 독립운동단체 '의용단(義勇團)'을 조직하고 태극기를 앞세워 독립만세를 외쳤다. 일제의 사주를 받은 중국 관헌이 시위대의 해산을 명했지만 시위대가 이에 불응하자 발포했다. 동포 9명이 희생됐다. 지난 3월 13일 북간도 용정에서 거행된 독립선언 축하대회에서 10여 명이 숨진 뒤 두 번째 큰 희생이었다. 일제 관헌의 사주를 받은 중국 관헌들에 의해 벌어진 일로 분석된다(독립운동사편찬위원회, 1970b, 720쪽; 윤병석, 2013, 471쪽; 이이화, 2015, 258쪽 참고).

서간도 지안현 관내 2곳에서도 만세시위가 전개됐다. 지안현 양자교자(楊子橋子)에 거주하는 이영철과 임임풍 등의 주최로 동포 200여 명이 모여서 대한독립만세를 부르면서 겨레의 울분을 발산했고, 지안현 비채원자(菲菜園子)에서도 부민단원 임재풍 등의 주도로 동포 100여 명이 모여서 시위운동을 단행했다. 서간도 펑톈현 안산점에서도 동포들의 독립만세시위가 벌어졌다(독립운동사편찬위원회, 1970b, 719쪽).

국내에서도 독립만세운동은 계속됐다. 오후 1시, 경상남도 합천군 초계면 초계장터. 장날이어서 시장에는 장꾼 등을 비롯해 주민들로 가득했다. 초계면 무릉리에 사는 유지 이원화와 전하선, 성만영 등은 미리 준비된 독립선언서와 태극기를 주민들에게 나눠준 후 태극기를 높이 들고 대한독립만세를 선창했다. 주민 4000여 명은 일제히 대한독립만세를 외쳤다. 시위대는 시장을 누비면서 목이 터지도록 독립만세를 불렀다.

청년 300여 명이 초계우편소로 몰려가 건물과 기물을 파괴한 후 초계주재소로 몰려갔다. 청년들은 주재소를 포위하고 투석과 곤봉으로 유리창을 산산이 파괴했다. 경찰은 공포를 발사했지만 청년들은 경찰 2명을 때려눕혔다. 이때 합천경찰서로부터 경찰 응원병이 달려왔다. 일제 군경은 합세해 총을 발사하고 시위대를 향해 뛰어들어 총검을 휘둘렀다.

김장배를 비롯해 2명이 총탄에 맞아 현장에서 숨졌다. 시위대를 지휘하던 이원탁은 다리에 관통상을 입었고 권국서도 헌병의 총검에 중자상을 입는 등 10명이 부상을 당했다. 시위대는 오후 4시 일단 해산했다. 이원화, 성만영, 구재범 등은 검거돼 징역형을 선고받았다(독립운동사편찬위원회, 1970b, 329~330쪽).

오후 1시, 경상남도 산청군 단성면 성내리 장터. 역시 장날이었다. 주민 1000여 명이 모여 태극기에 '독립만세'라고 크게 쓴 기를 앞세우고 독립만세시위에 들어갔다. 주민들은 하루 전인 3월 20일 오후 2시 산청군 단계리 시장에서 만세시위를 전개한 후 태극기를 앞세우고 단성면 성내리 시장으로 가서 시위를 벌였다. 시위 지도부는 일제 헌병에 검거돼 헌병주재소 넓은 뜰에 갇혔다(독립운동사편찬위원회, 1970b, 320쪽).

일제 헌병과 보조원 15명은 이날 단성공립보통학교 앞 삼거리에서 시위대 행렬을 제지하려 했다. 시위대가 헌병의 병기를 탈취한 후 돌을 들고 헌병 주재소로 몰려들었다. 헌병은 김영숙, 정태륜 등 주동 인물 6명을 구금했다. 시위대는 구금자 석방을 요구했다. 헌병은 시위대가 해산하면 석방하겠다고 했고, 교섭위원은 구금자를 석방하면 해산하겠다며 맞섰다. 시위대는 계속해서 모여들었다. 시위대와 헌병 사이에는 일촉즉발의 위기가 감돌았다.

일제 헌병들은 시위대에게 사격을 가했다. 시위대는 몸을 피하며 흩어졌다. 전용수는 총탄에 맞아 피를 흘리면서도 만세를 부르다가 객사 기둥을 안고 쓰러졌다. 정문수는 헌병 총대에 맞아 쓰러져 숨졌다. 정문수, 주금, 서윤홍, 강해수, 이철주, 김천석, 주쇠이, 김덕천, 박권세 등 11명이 숨졌다. 강문체, 정개이, 송말준 등 7명이 부상을 입었다. 헌병들은 시위가 끝난 후 거리 곳곳을 점거하고 왕래하는 사람을 불문곡절하고 때리고 국문했다(독립운동사편찬위원회, 1970b, 320~321쪽).

오후 3시, 경상남도 마산군 마산읍 장거리. 장날이어서 장꾼을 포함해 많은 주민이 모였다. 지도부는 '대한독립'이라고 쓰인 큰 기와 태극기를 흔들면서 대한독립만세를 소리 높여 외쳤다. 여학생들은 치마폭에 태극기를 감춘 채 장꾼 사이에 끼어 시중으로 잠입했다. 시위대는 일제히 태극기를 흔들며 만세를 연호했다. 시위대는 순식간에 늘어나 3000여 명으로 불었다. 학생을 위시해 나무꾼과 장사꾼들도 흥분해 독립만세를 외치며 시위 지도부의 행렬을 따랐다. 일제 헌병은 시위대를 해산시키려 했지만 대거 몰려온 이들을 막을 수 없었다. 처음에 어리둥절했던 헌병은 나중에 칼을 뽑아 휘둘렀다. 만세시위는 계속됐다.

마산 일본군 중포병대대병 21명과 마산 일본군 헌병분견소 하사 이하 7명이 지원을 나왔다. 이들은 경찰과 협력해 총검으로 시위대를 무자비하게 탄압했다. 시위대는 흩어졌다. 경찰은 주도 인물 50명을 검거했다. '제1차 구마산 독립만세시위'였다(독립운동사편찬위원회, 1970b, 238쪽).

일제는 총검을 찬 병사 3355명을 마산포 일대를 순시하도록 해 전쟁터를 방불케 했다고 일본 언론은 전했다. 진해 군항에서 군함 '아사기리(朝霧)'를 마산포로 파견하기도 했다(≪大阪朝日新聞≫, 1919. 3. 23a, 석간 2면; 윤소영 편역, 2009a, 156쪽; ≪大阪朝日新聞≫, 1919. 3. 24a, 석간 2면; 윤소영 편역, 2009a, 159쪽 참고).

'조선소요사건 일별조표'에 따르면, 3월 21일 12곳에서 만세시위가 벌어졌고, 7곳에서 시위대와 일본 군경이 충돌했으며, 1곳에서 일본군의 발포가 이뤄졌다(윤병석, 2013, 438쪽 참고).

남대문 앞 노동자대회

날씨가 맑았던 3월 22일 아침, 경성 남대문역에서 멀지 않은 봉래(현재 만리동) 철도 교차점 부근의 한 음식점. 만철경성관리국 해직 노동자인 차금봉이 음식점으로 들어섰다. 이곳 남대문역 앞 식당 거리에는 남대문역을 근거지로 두고 일하는 노동자들로 가득했다. 값싼 음식으로 허기를 달래러 온 노동자들이 아침 식사를 하고 있었다.

얼마 전까지 차금봉도 이들 대열에 끼어 있었다. 미동공립보통학교를 졸업한 그는 14살의 나이에 만철경성관리국 경성기관구 화부 견습공으로 취직했다. 삽으로 증기기관차의 화구에 석탄을 넣고 물탱크에 급수하는 고된 견습 생활을 거쳐 3·1운동 당시에는 기관수로 근무했다. 6년간 하루 16시간씩 일했다. 그는 앞서 3월 1일 독립운동이 일어나자 용산철도공장과 남대문 기관구, 남대문역 철도 노동자들을 규합하며 시위를 기획하다가 발각돼 해고됐다(김도형, 1991. 1. 11, 7면 참고).

오전 9시 30분, 경성 남대문역 근처 봉래동 공지. 차금봉은 조선약학교 김공우와 휘문고등보통학교 정지현 등과 함께 조반을 먹으러 온 철도 잡급직, 정미 노동자, 마차부 등 노동자들을 한데 모아 노동자 700~800여 명이 참가한 가운데 노동자들의 독립운동 참가를 촉구하는 '노동자대회'를 열었다.

이들은 '노동자대회', '조선독립만세'라고 쓴 큰 깃발을 든 엄창근을 선두로 태극기를 휘날리며 의주로에 진출해 아현고개까지 독립만세를 연호하며 행진했다. 노동자들이 가세하고 청년들과 일반 시민까지 동참하면서 시위대 규모는 약 800명으로 불어났다.

시위 대열은 '새문'으로 불렸던 서대문을 향해 걸었다. 그곳에는 경부선의 종착역이었던 서대문 정거장이 있었다. 시위대는 현재 경찰청 맞은편에 있는 이화여고 앞을 지나 독립문을 향해 나아갔다. 그리고 얼마 뒤 독립문에 이르렀다.

이때 신형균은 프랑스 영사관 앞 및 기타 2~3개소에서 "조선독립을 꾀함은 바로 이때다. 각자는 이를 위해 신명을 버릴 각오를 하라"고 외쳤고, 시위 도중 안흥성, 변장성, 김덕봉 등은 죽첨정에서 시위 행렬에 뛰어들어 만세를 목소리 높여 외쳤다.

혼마치경찰서는 노동자대회에 경관 다수를 파견해 시위대를 해산시키려 했다. 하지만 시위대는 멈추지 않았고, 독립문 및 마포 방면으로 향하는 죽첨정 철교에 이르러서야 해산했다. 일제는 종로경찰서와 혼마치경찰서, 고양군에 주둔하고 있는 일본군을 출동시켜 이들을 강제로 해산시켰다. 경관대는 시위대와 격투를 벌인 끝에 주모자로 인정되는 13명을 체포했다. 일제 군경은 이 일대 형세가 불안하자 1개 소대를 계속 배치했다(독립운동사편찬위원회, 1970a, 116쪽; ≪大阪每日新聞≫, 1919. 3. 23, 11면; 윤소영 편역, 2009b, 210쪽; ≪大阪朝日新聞≫, 1919. 3. 23b, 7면; 윤소영 편역, 2009a, 158쪽; ≪大阪朝日新聞≫, 1919. 3. 24c, 석간 2면; 윤소영 편역, 2009a, 160쪽 참고).

　이날 경성 노동자들의 시위행진은 한동안 숨을 죽였던 경성의 독립만세운동에 다시 불을 붙였다. 일제의 무자비한 탄압으로 일반인들의 시위는 일시적으로 잠잠해진 상태였지만, 노동자들은 분산적인 동맹파업을 이어갔다. 이미 지난 3월 7~8일 경성 용산의 총독부 직영 인쇄공장 노동자 200여 명이 시위를 벌였고 3월 9일에는 경성전기회사 소속 시내전차 운전사와 차장 약 120명, 경성 동아연초공사와 철도 노동자들도 만세시위를 전개했다.

　노동자들은 3·1운동이 일어나자 자발적으로 독립만세시위에 참여했다. 1910년대 조선인 공장노동자들은 일본인 자본가 밑에서 민족적 차별 대우와 장시간 노동, 열악한 노동조건, 저임금 등에 시달리고 있었다. 이 시기 임금 상승률은 물가지수 상승률을 따라가지 못했다. 1910년 8월의 물가지수 및 노임지수를 100으로 놓고 볼 때, 1918년 물가지수는 235%였던 반면에 공장노동자의 노임지수는 120%에 그쳤다. 게다가 조선인 노동자의 임금은 세계적으로 저임금으로 정평이 나 있던 일본인 노동자의 40~60%에 불과했다. 당시 진남포 제철소 노동자의 임금을 예로 들면, 일본인 노동자의 임금은 1원 12전, 조선인 노동자는 53전이었다. 당시 노동자의 하루 평균 노동시간은 12시간 42분이었고, 심한 경우에는 16시간을 넘는 일도 있었다고, 조선총독부 내무국사회과는 1923년에 보고서 「회사 및 공장에 있어서 노동자의 조사」에서 밝혔다(이창건, 2000. 2, 90쪽 참고).

　1910년대에 일제는 한국을 원료 공급지 및 상품시장으로 전환하기 위해 급속한 식민지 산업정책을 시행했다. 그 결과 많은 임금노동자가 생겼고 이들은 식민지 산업정책에 동원돼 값싼 노동력을 제공했다. 노동자들은 생계를 유지할 수 없을 정도의 저임금에 시달렸다. 자신의 생존권 확보 차원에서도 일제에 저항하는 의식을 갖고 있었다.

3·1운동이 발발하자 노동자들은 독립이 곧 생존권 회복임을 자각하고 적극적인 만세운동을 펼쳤다. 식민지 산업정책의 직접적인 피해자로서 한층 격렬하게 운동을 전개하며 시위운동의 열기를 고조시키는 역할을 했다. 이들은 만세시위 외에도 파업 및 동맹파업이라는 새로운 운동을 진행했다.

경성과 경기도 이외 지역의 노동자들은 뚜렷한 이념을 갖고 시위운동에 나서기보다는 주변의 권유나 강요, 또는 다른 사람이 만세를 외치는 것을 보고 함께 참여했다. 지식인들의 독립시위가 이론에 기반하고 조직에 의존하려 했다면, 노동자들의 시위운동은 개별적인 양상을 보였다. 전차와 파출소에 돌을 던지는 행동은 누구의 지시로 이루어진 것이 아니었다(이창건, 2000. 2, 89~98쪽 참고).

3·1운동 이후 노동자들은 독자적으로 시위를 전개하기도 했지만, 지식인과 청년 학생의 선전 선동에 자극받고 고무되기도 했다. 지식인과 청년 학생들은 노동자계급의 투쟁을 고무하고자 ≪진민보(震民報)≫, ≪조선독립신문≫, '전기회사에 근무하는 제군에게' 등 각종 파업 및 시위를 촉구하는 선전물을 제작·배포하며 노동자계급의 투쟁을 지원했다. 이 중에는 "철도 종업원인 동포는 전부 직을 포기함으로써 기차의 운전은 불가능하게 됐다. 이때 왜놈에게 혹사되면서 운동에 가담하지 않는 자는 사람이 아니다. 하루 속히 자살하라"는 격렬한 내용도 있었다(김인덕, 1995. 12, 162쪽 참고).

3월 22일 오후 11시, 경성 종로 3가 단성사 앞. 극장이 파해 퇴장하는 관객들이 일제히 독립만세를 불렀다. 순찰 중이던 일제 군경이 합동해 이를 해산시켰다(독립운동사편찬위원회, 1970a, 116쪽).

앞서 오전 11시, 경상남도 합천군 묘산면. 주민 100여 명이 모인 가운데 윤병석, 윤병은, 윤병양 등의 주도로 독립선언서를 낭독하고 독립만세를 외쳤다. 시위대는 묘산면사무소로 몰려갔다. 일부 참가자가 일제 군경과의 연락을 끊기 위해 연도의 전신주를 넘어뜨렸다. 시위대는 묘산면사무소 앞에 모여 독립만세를 연호하며 시위를 벌였다. 합천읍 헌병대와 묘산면 주재소 경관들이 달려왔다. 이들은 시위대를 향해 총격을 가했다. 윤병하, 윤병교 두 사람이 현장에서 숨졌다. 묘산면 주민들은 3월 23일에도 독립만세시위를 전개했다(독립운동사편찬위원회, 1970b, 331~332쪽).

오후, 경상남도 거창군 가조면 장기리 만도정(晚嶋亭) 앞. 가조면과 가북면 주민 3000여 명은 시위 지도부 체포 소식을 전해 듣고 '독립만세'라고 쓴 기치를 세운 후에 독립만세를 외쳤다. 앞서 일제 헌병분대는 이날 아침 장기리로 달려가 만세시위를 준비 중이던 김채환, 김호, 오문현 등을 검거했다. 이들은 이날 거창읍 장날을 이용해 거행하기로 한 시위 지도부였다. 주민 400~500명은 이틀 전인 3월 20일 가조면 장기리시장에서 김병직과 어명준의 주도로 만세시위를 벌이기도 했다.

시위대는 이날 헌병분견소로 달려가 유치된 인사들을 구출하고 거창읍으로 향했다. 시위대가 사포현에 이르렀을 때 거창 헌병대와 용산 헌병분견대가 합세해 시위대의 진로를 차단했다. 일제 군경은 시위대의 해산을 명했고, 시위대는 응하지 않았다. 일부 시위대가 헌병에게 달려들었고, 헌병들이 총격을 가했다. 신문구, 배이권, 조이록, 이석종 등이 현장에서 쓰러져 숨졌다. 현장은 사상자의 유혈로 피바다를 이뤘다. 김병직, 어명준, 김관묵 등은 징역형을 선고받고 투옥됐다(독립운동사편찬위원회, 1970b, 344~345쪽).

'조선소요사건 일별조표'에 따르면, 3월 22일 14곳에서 만세시위가 벌어졌고, 8곳에서 시위대와 일본 군경이 충돌했으며, 2곳에서 일본군의 발포가 이뤄졌다(윤병석, 2013, 438쪽 참고).

이날 서간도 콴뎬(寬甸)현 장음자(長陰子)에서는 재류 한국인 100여 명이 독립만세를 부르며 시가행진을 벌였다. 동포들은 퉁화현, 환런현의 동포들과 제휴해 무기를 준비하고 직접 행동을 취하려는 준비를 서두르고 있었다. 일제가 촉각을 곤두세우고 있었다(독립운동사편찬위원회, 1970b, 720

쪽). 러시아 연해주 니콜리스크에서는 독립운동 지도자 가운데 한 명으로 꼽히는 이동휘가 조성환과 함께 나타나면서 다시 긴장이 고조됐다(독립운동사편찬위원회, 1970b, 781쪽).

조선고등법원장 와타나베 도루(渡辺暢)와 조선총독부 사법부장관 고쿠부 산가이 등 일제 고위 인사들은 이날 외국인 선교사들을 다시 만났다. 지난 3월 9일 회동에 이어 두 번째였다. 일제는 이날 만세시위 진압을 위해 선교사들에게 협조를 공식 요청했다. 특히 조선총독부 사법부장관 고쿠부 산가이는 양자택일로 선교사들의 선택을 압박했다.

"여러분은 이 운동에 대해 단순히 구경만 하는 입장을 취하시겠습니까? 아니면 이 시위운동을 진압하는 데 정부와 협력을 하시겠습니까? 선교사들은 한국인에 대해 큰 영향력을 갖고 있습니다. 만일 여러분이 민중을 조용하게 하는 데 노력하신다면 여러분은 큰일을 하는 것이며 이런 방법으로 인류와 평화를 위해 큰일을 하시는 것입니다."(송길섭, 1979. 3, 57쪽)

감리교 선교사 허버트 웰치(Herbert G. Welch)는 자신들은 외국인이기 때문에 한 나라의 내정에 간섭할 수 없고, 간섭은 도리어 한국인의 분노를 초래하게 되며, 설령 간섭을 하더라도 기독교도뿐만 아니라 비기독교도들이 있어 무익한 것이 된다는 이유로 일제의 협조 요청을 거부했다. 이에 따라 외국인 선교사들은 독립만세시위에 대해 공식적으로 중립을 취하게 된다(송길섭, 1979. 3, 55~58쪽 참고).

야간 및 봉화 시위와 합천 삼가 의거

날씨가 맑았던 3월 23일 오후 8시, 종로통과 동묘, 돈화문 등 경성 시내 곳곳에서 시민들이 수백에서 수천 명 단위의 시위대를 형성해 동시 다발적으로 독립만세를 외쳤다. 종로통과 동묘 부근, 돈화문통시장, 숭정보통학교 부근, 연건동, 숭이동, 훈련원 부근, 숭인면 용두리, 한지면 왕십리 산 등에서는 500~1000명 단위의 시위대가 독립만세를 외쳤다. 경성 주변의 고양군(현재는 대부분 서울시에 편입)의 돈암리, 청량리, 마포, 양화진, 수색, 녹번현, 동막, 당진리, 행주, 창천리, 구파발리 등 각지에서도 시민 50~1000명이 만세를 외쳤다. 이날부터는 주로 야간에 만세를 불렀다(독립운동 사편찬위원회, 1970a, 117쪽).

오후 9시, 마포산과 청파산에 모인 시민들과 경성 용산 미생정 유곽 및 철도공사 부근 광장에 모인 시민들은 화톳불을 밝히고 서로 호응하며 만세를 연호했다. 혼마치와 종로 경찰서, 용산 및 경성의 헌병분대는 즉시 경관 헌병을 파견했다. 동대문소학교와 경무총감부에 나눠 주둔하고 있던 용산 제78연대 군인들도 출동했다. 헌병분대에서 주모자 15명을 체포했다. 동대문 부근에 모인 시위대는 일본인들이 살고 있는 시가의 동쪽 끝인 혼마치 5가로 몰려갔다. 이들 가운데 일부는 경관 파출소 보초를 습격해 투석하고 창문과 기물을 파괴했다. 전차 5~6대의 창문도 깨뜨렸다. 일본 경관헌병이 밀려오는 시위대를 향해 공포를 발사하고 위협해 동대문 방면으로 퇴산시켰다(≪大阪每日新聞≫, 1919. 3. 25c, 11면; 윤소영 편역, 2009b, 213쪽 재인용).

오후 10시, 동대문 동조문과 왕십리, 마포, 서호 및 시내에 가까운 훈련원, 종로 4가와 5가 등지에 각각 모인 시민 300~500명은 만세를 연호하며 시위운동을 벌였다. 특히 동대문 내외와 청량리 및 동묘리 부근의 시위대는 운행 중인 전차에 돌을 던져 전차 20대의 유리창 105장을 깨기도 했다. 노동자들이 대거 합세하면서 시위운동은 더 과격해졌다. 이들은 다음 날인 3월 24일 밤 12시 30분까지 만세를 부르다가 105명이 일제 군경에게 검거된 뒤 해산했다(독립운동사편찬위원회, 1970a, 117쪽; ≪大阪每日新聞≫, 1919. 3. 25d, 11면; 윤소영 편역, 2009b, 214쪽;≪大阪朝日新聞≫, 1919. 3. 25, 7면; 윤소영 편역, 2009a, 161쪽 참고).

이날 경성에서 벌어진 야간 시위처럼, 독립만세운동은 야간 시간대를 활용하거나 시내 또는 읍내 중심지가 아닌 외곽이나 산정 등을 활용하는 등 그 양상이 점차 다양해졌다. 시민들의 독립 의지와 열기는 고조됐지만 잔인한 진압을 벌이는 일제 군경을 극복하기 위한 불가피하면서도 현실적인 선택이었다.

3월 23일 오후 2시 20분, 경상남도 창원군 창원읍 장터. 장날인 이날 아침부터 많은 장꾼이 모여들었다. 창원읍은 토지가 비옥하고 장날에는 주변 농촌으로부터 많은 장꾼이 모여드는 곳이었다. 시위 지도부는 장 한복판에서 외쳤다. "대한독립만세!" 주민 6000~7000명이 호응해 독립만세를 외쳤다. 이날 경상남도 창원에서는 기생 수십 명도 태극기를 들고 시위에 참여했다.

창원 관내 헌병 및 경찰관만으로는 시위대를 막을 수 없었다. 이들은 군인 증파를 요청했고, 마산 중포병 대대의 일본군과 진해 요항부 장교 이하 26명이 지원됐다. 특히 일본군이 이례적으로 해군 수뢰정부대를 투입해 해상에서 경계 활동을 펴기도 했다고 일본 언론은 전했다.

일제 군경은 시위대를 총검으로 탄압했다. 오후 5시 20분, 시위대는 물러서야 했다. 시위 연루자 31명이 검거됐다. 일제 수뢰정 부대는 심해에 전조등을 비치며 밤새도록 경계를 폈다(독립운동사편찬위원회, 1970b, 241쪽; ≪大阪朝日新聞≫, 1919. 3. 24e, 석간 2면; 윤소영 편역, 2009a, 160쪽 참고).

오후 3시, 경상남도 합천군 삼가읍 정금당(正衿堂) 앞 광장. 일제 군경이 삼가읍 각 관서와 요소요소에 배치돼 삼엄한 경비를 하고 있는 가운데 가회면과 상백면, 삼가읍 면민들이 농악을 울리며 읍내로 몰려들었다. 몰려든 주민들은 1만 2000~1만 3000명에 달했다. 인근 쌍백면에서도 주민 4000여 명이 만세시위를 벌이고 면사무소를 불태운 뒤 10리 거리의 삼가 시장으로 몰려왔다. 이른바 '합천 삼가 의거'였다.

김전의와 정방철, 김달희, 임종봉 등은 운집한 시위대 앞에서 일제의 침략상을 규탄하고 독립 쟁취를 역설했다. 연설이 끝날 때마다 사람들은 독립만세를 외치고 북과 징을 울렸다. 마지막 연사 임종봉은 정금당의 계단 위에 큰 태극기를 들고 나타나 나라 없는 노예의 서러움을 호소했다. 그러는 사이에 일제 헌병과 경찰이 식장을 포위하고 있었다. 임종봉의 연설이 절정에 달했을 때 일제 헌병이 총격을 가했다. 임종봉은 대퇴부에 총탄을 맞아 계단 아래로 굴러떨어졌다.

시위대가 일제 군경에게 달려들었다. 일제 군경은 경찰주재소로 달아났다. 분노한 시위대는 곤봉과 낫을 들고 경찰주재소와 우편소로 몰려갔다.

일제 군경은 일제히 총격을 가했다. 순식간에 윤성, 배숙원, 권영규, 이상현, 박선칠, 공사겸, 이낙현 등 13명이 현장에서 쓰러져 숨졌다. 김주익, 임종봉 등 30여 명이 부상을 입었다. 시위대는 해산했다. 오후 5시 30분경이었다. 시위를 주도한 김태현과 한동규, 윤규현 등은 검거돼 징역형을 선고받았다(독립운동사편찬위원회, 1970b, 332~333쪽).

일본 언론은 시위대가 낫을 들고 몰려와 관청을 습격하고 불태우는 등 과격 행위를 벌여 군경이 어쩔 수 없이 맞서 싸우다가 발생한 피해였다는 식으로 보도했다.

"23일 삼막에서는 합천, 진주, 단계의 세 방면에서 폭민 약 1만 명이 모여 합천과 진주 사이의 전선을 절단하고 관청을 불태우고 낫을 들고 몰려와 우체국 및 순사주재소를 습격하고 순사 및 병사 11명은 죽음을 각오하고 이에 맞서 다수의 손해가 발생했다. 25일 대구 수비병 90명이 진주로 오게 된다."(≪大阪毎日新聞≫, 1919. 3. 25, 석간 6면; 윤소영 편역, 2009b, 211쪽 재인용)

합천 시위는 규모가 컸을 뿐 아니라 시위 양상도 일제 관공서의 파괴 및 방화, 전선 절단 등 격렬했다. 특히 삼가 시위에서는 여러 면이 연합해 시위를 전개했는데, 이는 이 지역 3·1운동이 보여준 특색의 하나다. 시위의 규모와 양상, 특징과 함께 유림의 3·1운동 참여라는 면에서도 주목됐다.

오후 7시 30분, 경상북도 안동군 안동읍 읍내 남방 산록. 일본 군경이 장날인 이날 아침부터 읍내 곳곳에서 물샐틈없는 삼엄한 경계를 펴자, 주민 수십여 명이 산록에서 '독립만세'를 외쳤다. 안동 주민들은 지난 3월 18일 만세시위를 벌였다가 지도부 14명이 체포되자 다음 날 새벽까지 체포된 이들의 석방을 요구하며 시위를 벌이다가 일제 수비대의 사격으로 많은 피해를 입었다.

안동군 서후와 와룡, 남선, 남후, 풍산면 등 각 방면 주민들은 지역별로 따로 집결한 뒤 읍내를 향해 물밀 듯이 몰려들었다. 오후 8시경 시위대 규모가 크게 불어났다.

일제 군경은 시위대의 해산을 종용했고, 시위대는 거부했다. 일제 군경은 공포 30발을 발사했지만, 시위대는 물러서지 않았다. 시위 지도부가 외쳤다.

"일본군 수비병의 총은 공포이니 두려워하지 말라! 경찰서와 지방법원 안동지청을 파괴하고 애국자를 구출하자!"

시위대 3000여 명이 경찰서와 지방법원 안동지청으로 몰려갔다. 투석으로 항거하기 시작했다. 이때 일제 군경이 시위대에게 사격을 가했다. 현장에서 13명이 쓰러져 숨졌고, 20여 명이 부상당했다. 시위대는 북서쪽 산위로 철수해 다시 독립만세를 외친 뒤 이튿날 오전 4시쯤 날이 밝아오자 해산했다(독립운동사편찬위원회, 1970b, 399쪽).

밤, 충청북도 청주 강내면 대성리. 지역 주민 조동식은 '변이 있을 때면 봉화로 이를 알린다'는 옛이야기를 적용해 주민들을 모아 산마루에 횃불을 피우고 독립만세를 외쳤다. 곧이어 강내면 다른 마을과 인접한 강외면과 옥산면, 남이면 마을에서도 횃불이 피어올랐다. 이날 횃불운동에 3000명 정도가 참여했다고 일본 언론은 보도했다. 일제는 경찰과 헌병, 수비대를 청주와 조치원에서 지원받아 시위 참가자들을 체포했다. 시위대는 새벽 1시경에야 해산했다(≪大阪朝日新聞≫, 1919. 3. 24d, 석간 2면; 윤소영 편역, 2009a, 160쪽 참고).

청주 횃불시위는 3월 24일에도 이어졌다. 3월 26일에는 이웃 충청남도 연기군 동면 응암리와 함께 재개됐다. 3월 27일에는 예양리와 노송리, 송용리 등지에서도 호응하고 멀리 경기도까지 파급됐다. 3월 30일 밤에는 부용면 등곡리에서 횃불운동이 일어났다. 4월 1일에는 청주군 오창면, 강외면, 부용면과 북일면, 북이면, 강내면, 옥산면에서도 일어나면서 대봉화운동으로 번졌다. 봉화운동은 조동식과 옥천군 서면 하동리에 사는 김순구 등이 주도한 것으로 알려진다(독립운동사편찬위원회, 1970b, 81쪽).

안동이나 청주의 야간 횃불시위처럼 많은 지역에서 야간 산상 횃불시위가 벌어졌다. 평지에서 시위운동을 벌여 쉽게 일제에 제압당하는 것을 피하기 위해 비교적 적은 규모의 주민들이 시위 시간을 야간으로, 공간을 산상으로 확대한 창조적인 시위였다. 3월 23일부터 4월 15일까지 고양군과 시흥군, 광주군, 부천군, 수원군, 개성군, 강화군, 장단군, 파주군, 김포군, 양주군, 진위군, 이천군, 여주군 등에서 산상 횃불시위가 이루어졌다. 전국 65곳에서 면 또는 마을 단위로 봉화를 올리거나 횃불을 신호로 만세시위를 벌였다고 한다(이이화, 2015, 239쪽 참고).

'조선소요사건 일별조표'에 따르면, 3월 23일 27곳에서 만세시위가 벌어졌고, 26곳에서 시위대와 일본 군경이 충돌했으며, 1곳에서 일본군의 발포가 이뤄졌다(윤병석, 2013, 438쪽 참고).

3월 23일, 북간도 옌지현 수산리(守山里)에서 중국 관헌의 묵인하에 현규일과 김하범 등의 주도로 재류 동포 1000여 명이 모여 태극기를 손에 들고 만세를 불렀다. 현규일과 김하범은 세계 각국에서 조국 독립에 대한 지지 찬성이 있다는 등 세계정세와 독립운동 전개 상황에 관해 연설했다. 시위대는 오후 7시경 해산했다(독립운동사편찬위원회, 1970b, 704쪽).

이날 서간도 환런현에서도 무기를 휴대한 재류 동포 400여 명이 집결했다. 이들은 독립만세시위를 벌이면서 일제가 방해하면 실력으로 대항하고자 무기를 소지했던 것이다. 중국 지역 관리들은 일제의 간섭이 두려워 병력을 동원해 시위대 행렬을 저지했다. 시위대는 일제가 아닌 이상 충돌할 필요가 없다며 해산했다(독립운동사편찬위원회, 1970b, 721쪽).

동삼성 순열사 장쭤린(張作霖)은 이날 베이징 정부에 급전을 보내 간도 지역 상황을 알렸다. 간도 지역을 중심으로 재류 한국인들이 잇따라 독립만세시위를 벌이거나 궐기하려 한다는 내용을 각 현 지사로부터 보고받은 뒤였다. 베이징 정부는 한국인들의 독립만세시위를 엄중하게 관리하고 법 위반자는 경찰법 등으로 단호하게 처벌하라고 지시했다.

"중국 정부는 동삼성 순열사 장쭤린에게 … 동문동종의 관계에 의해 독립운동 원조를 청원 … 일본과 중국의 친신이 이뤄진 오늘날 이 청원을 재용할 리 없고 단연 … 역시 단속을 엄중히 하길 바란다."(≪大阪每日新聞≫, 1919. 4. 3, 석간 1면; 윤소영 편역, 2009b, 225쪽 재인용)

장쭤린은 이에 한국인의 만세시위를 엄중히 통제하라고 각 현 지사에게 지시했다. 이에 따라 중국 관헌들은 한국인들의 독립만세시위에 엄격하게 대응했다(독립운동사편찬위원회, 1970b, 721쪽; ≪大阪每日新聞≫, 1919. 3. 25e, 11면; 윤소영 편역, 2009b, 214쪽 참고).

일제는 앞서 간도에서 한국인을 단속하기 위해 중국 정부와 교섭을 벌였다. 우쓰노미야 다로가 남긴 일기에 따르면, 이 과정에서 조선총독부와 조선군사령부 등은 육군성과 참모본부 등에 간도에서 한국인 단속이 어렵다면 일본인 자위를 위한 법적 조치를 취할 수 있다는 식으로 중국 정부와 담판을 벌일 수 있게 해달라고 요청하기도 했다. 중국을 압박해 간도의 한국인을 억압하려는 취지였다(宇都宮太郎關係資料研究會 편, 2007, 233쪽).

조선군사령관 우쓰노미야 다로는 이날 한반도 남쪽에서 독립만세시위가 격화하는 것과 관련해 보병 제40여단장에게 강원도, 충청북도, 충청남도, 경상북도, 경상남도, 전라북도, 전라남도 등 7개 도를 진압하라고 명령했다(宇都宮太郎關係資料研究會 편, 2007, 233쪽).

일제 군법회의 증설

3월 24일, 경성 주재 미국 총영사는 일제 조선총독부 측에 항의했다. 미국인이 고용한 한국인을 일제가 동행 취조하고 구류했기 때문이다. 미국 측은 법 위반이라고 항의했다. 일제 경무총감부는 일본 신민에 대해 일본

헌법과 법률에 따라 취한 조치로, 항의받을 이유가 없다고 맞섰다(≪大阪
每日新聞≫, 1919. 3. 27b, 석간 6면; 윤소영 편역, 2009b, 216쪽 참고).

만세시위가 초점을 잃고 엉뚱한 곳으로 불똥이 튀기도 했다. 오후 2시,
경기도 부천군 계양면 장기리장터. 심혁성 등이 주도해 장터에서 주민
300여 명이 태극기를 휘두르며 만세시위를 벌였다. 장터를 경계하던 주재
소 경찰 4명은 만세시위가 일어나자 심혁성을 붙잡아 면사무소로 끌고 간
뒤 다시 주재소로 데리고 갔다. 시위대는 경찰의 뒤를 따라가면서 심혁성
을 석방할 것을 요구했다. 일본 경찰과 안면이 있는 임성춘은 경찰과 석방
을 교섭했다. 이 사이 시위대 100여 명이 함성을 올렸다.

"어서 그 사람을 놓아달라!"

시위대는 경찰의 앞길을 막았다. 시위대는 실력으로 심혁성을 탈취하려
고 했다. 일본 경찰은 심혁성을 취조한 뒤 곧 석방하겠다고 말했다. 이때
누군가 소리쳤다.

"안 될 말이다."

이 말과 동시에 누군가 일제 경찰의 뒤통수를 쳤다. 시위대는 일제히 몰
려들어 경찰로부터 심혁성을 탈취했다. 일본 경찰은 칼을 빼 들고 시위대
속으로 달려들었다. 시위대 속에 있던 이은선이 경찰의 칼에 맞아 그 자리
에서 숨졌다. 시위대가 흥분했다. 시위대 이영춘은 급히 뛰어가 이은선의
육촌 이담에게 알렸다. 이담이 달려왔다. 흥분한 시위대가 외쳤다.

"순사를 죽여라!"

시위대는 경찰에게 돌을 던지고 몽둥이질을 했다. 응원 경찰 3명이 달
려왔다. 그들은 심혁성을 다시 주재소로 끌고 갔다. 저녁 무렵, 면사무소
에 시위대 100여 명이 모였다. 이담은 사람들을 향해 소리쳤다.

"주재소에 가서 이은선을 죽인 이유를 따지자."

시위대는 일본어 통역으로 데리고 갈 예정이던 면서기 이경웅을 찾았지
만, 그는 나타나지 않았다.

"이경웅의 집으로 가자."

시위대는 이경응의 집으로 달려갔지만, 이경응은 이미 자취를 감춘 뒤였다. 성난 시위대는 이경응의 집을 박살냈다. 인천경찰서에서 경관 10여 명이 현장으로 급히 지원을 나섰다(독립운동사편찬위원회, 1970a, 150~152쪽; ≪大阪每日新聞≫, 1919. 3. 27c, 석간 6면; 윤소영 편역, 2009b, 216쪽; ≪大阪朝日新聞≫, 1919. 3. 26, 2면; 윤소영 편역, 2009a, 163쪽 참고).

이 사건에 대해 독립운동사편찬위원회(1970a, 151쪽)는 "시위가 잘못 번져나가 뜻밖에 면서기 집을 파괴했고 엉뚱한 사람이 죽고 그 사람을 죽인 일본인 경찰은 여전했다. 개탄할 일"이라고 지적했다.

'조선소요사건 일별조표'에 따르면, 3월 24일 11곳에서 만세시위가 벌어졌고, 9곳에서 시위대와 일본 군경이 충돌했다(윤병석, 2013, 438쪽 참고).

이날 서간도 안투(安圖)현에서 대종교인 200여 명이 모여 독립만세를 부르며 독립선언 축하식을 가졌다. 이들 가운데 50여 명은 이후 지안현 퉁거우(通溝) 덕수동에 위치한 대종교 교주 김교헌을 찾아가 독립운동의 지도를 부탁했다. 3월 27일 안투현 성내에서 한국인 400여 명이 독립선언 축하식을 거행했다(독립운동사편찬위원회, 1970b, 729쪽; 윤병석, 2013, 469쪽 참고).

프랑스 파리의 김규식은 이날 미주의 대한인국민회에 타전해 국민회를 대표할 위임장을 신청했다. 이는 미국 내 재류 동포의 기개를 올리고 그들의 독립에 대한 열의와 자신감을 더욱 북돋운 것으로 분석된다(독립운동사편찬위원회, 1970b, 806쪽).

일본 육군은 이날 우쓰노미야 다로 조선군사령관이 5월부터 용산과 나남에 육군군법회의를 새롭게 설치하기로 했다고 발표했다. 강원도와 함경도 사건은 나남 육군군법회의에서, 그 밖의 각 도 사건은 용산 육군군법회의에서 관할하기로 했다. 이 사실은 일주일 뒤에야 일본 언론에 알려졌다. 기존 조선군 육군군법회의와 함께 나남에 새롭게 군법회의를 신설한 셈이다. 이는 대규모 독립만세시위로 재판 수요가 급증한 데 따른 조치로 해석된다(≪大阪朝日新聞≫, 1919. 4. 1, 석간 1면; 윤소영 편역, 2009a, 179쪽 참고).

주택 방화와 전차 투석

3월 25일, 경성 경복궁 앞. 도쿄 유학생 양주흡은 경성 시민들과 함께 독립만세시위를 벌였다. 조장록은 팔판동에서 시민들과 만세를 불렀다(독립운동사편찬위원회, 1970a, 118쪽).

이날 경성 정동공립보통학교에서 많은 일본 관리들이 참석한 가운데 졸업식이 열렸다. 우선 교장이 전체 학생들에게 훈시했다. 두 번째 순서로 졸업증서 수여식이 있었고, 졸업생 대표의 발언이 있었다. 졸업생 대표는 "학교 교육의 은혜에 대해 감사하다. 졸업하게 되는 우리 졸업생들의 전도는 원대하다. 여러분들과 졸업의 기쁨을 나누고 싶다. 그런데 오늘 더욱 기쁜 일이 있다. 우리 한국은 오늘 독립했다"고 말하며 태극기를 꺼내 들고 흔들면서 독립만세를 환호했다. 전교 학생 400~500명이 일제히 따라 외쳤다. 각자 태극기를 꺼내 들고 독립만세를 목청껏 환호했다. 교정이 만세 소리로 가득 찼다. 일본 내빈은 어이가 없었지만 그렇다고 섣불리 나서서 함부로 간섭할 상황도 되지 못했다. 각자 기분이 엉망이 돼 졸업식장을 떠났다고 ≪민국일보≫가 1919년 4월 14일 자에서 보도했다(독립기념관 한국독립운동사연구소, 2014, 113~115쪽 참고).

오후, 경성 종로경찰서 관내에서 일본 순사의 집을 비롯해 주택 3곳에 불이 났다. 방화였다. 바람이 강하게 불었지만 곧바로 진화됐다. 일제 경찰은 네 번째 방화를 하려던 이를 체포했다고 전했다. 일본 언론은 "범인은 일견 노동자로 위장했지만 노동자가 아니고 금품을 받고 의뢰받은 것 같다"고 보도했다(≪大阪每日新聞≫, 1919. 3. 27a, 석간 6면; 윤소영 편역, 2009b, 216쪽 참고).

밤, 경성 청운동과 청파동의 산 위에서 약 100명이 만세를 불렀다. 용산 전차 정류장에서도 70여 명이 만세를 불렀다. 용산에서는 전차에 돌을 던져 유리창을 깼다. 이들은 곧 해산했다. 일제는 전차에 경관을 태워 저지하려 했지만 멀리서 돌을 던지는 사람이 많아 한 명도 체포하지 못했다(독립운동사편찬위원회, 1970a, 118쪽; ≪大阪每日新聞≫, 1919. 3. 27a, 석간 6면; 윤소영 편역, 2009b, 216쪽 참고).

'조선소요사건 일별조표'에 따르면, 3월 25일 7곳에서 만세시위가 벌어졌고, 7곳에서 시위대와 일본 군경이 충돌했다(윤병식, 2013, 438쪽 참고).

오후 3시, 서간도 지안현 치화보(致和堡) 대회구(大檜溝) 유수림자가(楡樹林子街) 북단 광장. 천도교구장 김충익 등 천도교도 약 90명이 모여 태극기와 천도교기를 세우고 대한독립만세를 불렀다. 이들은 시가지로 행진하려 했지만 중국 관헌의 제지로 해산했다(독립운동사편찬위원회, 1970b, 719쪽).

≪오사카마이니치신문≫은 이날 자 조간에서부터 원산상업회의소가 독립만세시위가 경제계에 미치는 영향을 조사한 결과를 담은 기사 "조선 폭동의 영향"을 이틀에 걸쳐 연재했다. 3·1운동의 결과로 조선인 사이의 거래나 일본인과 조선인 사이의 거래 모두 급격히 줄어들었다며 사업계와 금융경제에도 막대한 경제적 손실이 발생했다는 취지였다.

"이 지방 조선인 부락에서 상거래는 이번 망동 사건 발발 이래 현저히 부진해졌다. 현저한 상황을 적으면 이곳 부근 각 군, 즉 함흥, 영흥, 정평, 문천, 안변 등 각 시장은 이번 불령 사건 이래 관계 당국의 경계 수단으로 개시(開市)가 정지됐다. 유일한 거래기관이 개시가 두절되자 즉시 지방민 자체의 생활상 불안을 낳고 금융거래는 완전히 중지됐다."(≪大阪每日新聞≫, 1919. 3. 25b, 4면; 윤소영 편역, 2009b, 212쪽 재인용)

제7장

절정

쏘二千萬含憤蓄怨의民을威力으로써拘束함은다만東洋의永久한平和를
保障하는所以가안일뿐안이라此로因하야東洋安危의主軸인四億萬支那
人의日本에對한危懼와猜疑를갈스록濃厚케하야그結果로東洋全局이共
倒同亡의悲運을招致할것이明히니今日吾人의朝鮮獨立은朝鮮人으로하
야금正當한生榮을遂케하는同時에日本으로하야금邪路로서出하야東洋
支持者인重責을全케하는것이며支那로하야금夢寐에도免하지못하는不安
恐怖로서脫出케하는것이며쏘東洋平和로重要한一部를삼는世界平和人
類幸福에必要한階段이되게하는것이라이엇지區區한感情上問題ㅣ리오

———

또, 분함과 원한이 쌓인 우리 이천만 민족을 위압적인 힘으로써 구속하는
것은 오직 동양의 영원한 평화를 보장하는 길이 아닐 뿐 아니라, 이로 말
미암아 동양의 안전과 위험의 주축이 되는 4억 중국인의 일본에 대한 두려
움과 시기와 의심을 갈수록 두텁게 해, 그 결과로 동양의 온 판국이 함께
망해버리는 비참한 운명을 가져올 것이 분명하니. 오늘날 우리 조선의 독
립은 조선인에게 정당한 생존과 번영을 이루게 함과 아울러 일본인에게
침략자의 그릇된 길에서 벗어나, 동양을 떠받치는 자의 중요한 책임을 다
하게 하는 것이며, 중국인에게 꿈속에서도 떨쳐버리지 못하는 불안과 공
포에서 벗어나게 하는 것이며, 또 동양 평화로 중요한 일부를 삼는 세계
평화와 인류 행복에 필요한 과정이 되게 하는 것이니, 이 어찌 사소한 감
정상의 문제이겠는가.

뜨거워지는 경성

날씨가 맑았던 1919년 3월 26일 오후 8시, 경성 누하동 신명학교 마당. 이 학교 교사 이범구의 주도로 박순장, 김진영 등 시민과 학생 100여 명이 모닥불을 피워놓고 만세를 크게 불러댔다. 경성 시위는 나날이 격화하며 3월 27일의 절정을 향해가고 있었다.

적선동에서는 박홍준을 비롯해 약 50명이, 안국동에서는 박학준을 포함해 약 30명이, 광화문통(현재 세종로) 기념비각 부근에서는 김교승과 김규정, 정만성 등 약 50명이 각각 만세를 불렀다.

삼청동에서는 김경준과 김재완이 노상에 모인 시민 수백 명과 함께 만세를 부르며 시위행진을 벌였다. 가회동과 옥인동, 한양공원(현재 남산공원의 동쪽) 등 여러 곳에서도 시민 30~200명이 독립만세를 부른 뒤 곧 해산했다(독립운동사편찬위원회, 1970a, 118쪽).

오후 8시 30분, 경성 종교파출소. 동아연초회사 직공 박귀돌은 동료 50명을 이끌고 파출소를 포위해 조선독립만세를 외쳤다. 그는 주먹만 한 돌을 던져 파출소 유리창을 깼다. 박귀돌은 이날 "만세를 불러라. 만약 부르지 않으면 죽이겠다"고 일본 순사보를 협박했다. 순사보가 칼을 빼어 들고서 시위대를 쫓아냈다(독립운동사편찬위원회, 1970a, 118쪽; 독립운동사편찬위원회, 1971b, 219쪽).

종교파출소 앞 시위대는 300여 명으로 늘어나 오후 9시쯤 만세를 부르며 광화문통을 거쳐 서대문 1가(현재 충정로 1가) 쪽으로 행진했다. 시위대는 광화문파출소 앞에서 돌을 던졌다. 시위대가 야주현(현재 신문로 1가 인근) 어귀까지 이르렀을 때 전차가 서대문 쪽에서 그들 앞으로 지나갔다. 시위대는 전차를 보고 돌을 던졌다. 전차 유리창 5매가 깨졌다. 시위대는 두 갈래로 나뉘어 한쪽은 야주현 어귀로, 다른 한쪽은 당주동 어귀로 나아갔다. 경비하러 나온 일제 기마대를 돌을 던져 쫓아냈다. 박진갑 등 약 30명은 무교동에서, 이종엽 등은 인사동 어귀에서 동대문행 전차에 돌을 던져 유리를 많이 깼다.

이날 밤 경성 전차 차장과 운전수 각 1명이 부상당했다. 전차 19대의 유리창 39매와 덧문 18개, 지붕 1개소가 깨졌다. 동대문과 서대문 사이의 전차 운행은 끝내 중지됐다(독립운동사편찬위원회, 1970a, 118쪽 참고).

오후 10시, 경성 와룡동과 재동의 2개 파출소, 안국동의 파견소에 시위대 약 50명이 밀어닥쳐 투석했다. 유리창이 다수 깨졌다. 시내 주변 지역인 용산과 동막 사이에서는 300여 명, 왕십리와 회기리에서는 약 150명이 각각 독립만세를 불렀다. 주모자 29명이 경찰에 연행됐다(독립운동사편찬위원회, 1970a, 118쪽 참고).

일제 군경은 경성 곳곳에서 산발적으로 벌어지는 시위를 진압하기 위해 갈고리와 곤봉, 칼 등으로 무장한 일본인을 동원했다는 증언도 있다. 윤치호의 3월 26일 자 일기다.

"일본 당국은 갈고리, 곤봉, 칼 등으로 무장한 일본인 날품팔이들이 '만세'를 외치는 군중을 공격하게 만드는 저열하고 무자비한 방법을 채택했다. 당국은 경찰, 헌병, 군인만으로는 충분하지 않은가? 왜 이렇게 야비한 방법을 쓰는 것일까?"(박미경 역, 2015, 286쪽)

윤치호는 3월 28일 자 일기에서도 "일본의 군인, 헌병, 경찰, 그리고 날품팔이들이 남녀노소를 가리지 않고 찌르고 쏘고 걸어차고 곤봉으로 내려치고 갈고리를 휘두르는 잔학 행위는 문자 그대로 독일인들이 벨기에서 자행한 무자비한 행위의 복사판"이라며 "친일파로 간주됐던 제임스 게일 박사도 비무장 조선인들에 대한 일본인들의 잔학 행위에 혐오감을 느끼는 것 같다"고 적었다(박미경 역, 2015, 287쪽).

3월 26일 오후 2시 40분, 경상남도 마산군 구마산 석정통. 장날이어서 장꾼이 많이 모인 가운데 시민들이 다시 태극기를 높이 들고 독립만세를 큰 소리로 외쳤다. 주민 3000명이 호응해 독립만세를 부르고 시위를 전개했다. 마산 중포병 대대원 16명의 협력을 얻은 경찰 18명은 총검으로 탄압했다. 주동 인물 30여 명을 검거했다. 제2차 마산 의거였다(독립운동사편찬위원회, 1970b, 240쪽; ≪大阪每日新聞≫, 1919. 3. 27d, 11면; 윤소영 편역, 2009b, 218쪽 참고).

밤, 경기도 고양군 뚝섬. 군민 2000여 명이 모여 독립만세를 외치면서 면사무소로 몰려갔다. 시위대는 면서기를 구타하고 면장 집에 몰려가 돌을 던졌다. 시위대 300여 명은 헌병주재소를 포위하고 태극기를 흔들며 독립만세를 외쳤다. 헌병은 병력이 증파되자 시위대를 향해 발포했다. 시위대 1명이 현장에서 숨지고, 12명이 부상을 입었다. 일제는 시위대 103명을 체포해 조사했다(한국독립운동사편찬위원회, 2009a, 44쪽 참고).

'조선소요사건 일별조표'에 따르면, 3월 26일 18곳에서 만세시위가 벌어졌고, 17곳에서 시위대와 일본 군경이 충돌했으며, 1곳에서 일본군의 발포가 이뤄졌다(윤병석, 2013, 438쪽 참고).

이날 북간도 옌지현 주도(州都)인 국자가(局子街)에서도 명동학교와 정동학교 생도, 기독교 신자를 포함한 약 2000명이 모여 독립선언 축하식을 개최했다. 중국 군경 200여 명이 출동해 삼엄한 경계를 했다. 행사가 성대하게 진행되지는 못했다고 한다(독립운동사편찬위원회, 1970b, 704쪽; ≪大阪每日新聞≫, 1919. 3. 28b, 석간 6면; 윤소영 편역, 2009b, 218쪽 참고).

북간도 왕칭현 백초구(百草溝) 상부지(商埠地)에서도 재류 동포 약 1200여 명이 독립선언 축하식을 거행했다. 이날 축하회에는 왕칭현 공서 순경국장 및 서기가 참석했고, 특히 순경국장은 시위대를 격려하는 연설까지 했다. 참가자들은 대한독립만세를 맘껏 외쳤다. 김석구, 계활, 구자익 등은 열변을 토해 대중을 열광시켰다. 집회에 참가한 사람들은 대종교인 300여 명, 기독교인 300여 명, 부인 50여 명, 기타 200여 명 등 1200여 명 규모였다. 백초구에서는 4월 16일 다시 약 5000명이 만세시위를 벌였다고 한다(독립운동사편찬위원회, 1970b, 707쪽).

정무총감 야마가타 이사부로는 이날 오전 부산에서 비서관과 함께 관부연락선 '시라기마루(新羅丸)'를 타고 도쿄로 떠났다. 야마가타 이사부로는 오전 시모노세키에 도착했다. 시모노세키 부두의 경계는 매우 삼엄했다.

야마구치현 경찰부에서 후지와라(藤原) 경부보가 시모노세키 경찰서 경관과 함께 환영 나왔다(≪大阪朝日新聞≫, 1919. 3. 27, 2면; ≪大阪朝日新聞≫, 1919. 3. 28a, 석간 1면; 윤소영 편역, 2009a, 164~165쪽 참고).

야마가타 이사부로는 이날 산요호텔에서 휴식하면서, 찾아온 기자에게 독립만세시위에 대해 이야기했다. 야마가타 이사부로는 "원인은 미국 대통령 윌슨 씨의 민족자결주의의 영향을 받은 것은 부정할 수 없다. 내지인에 대한 불평이라든가 대우가 후한가 박한가는 다소 부수적일지 모르지만 주된 원인은 아니다"고 지적했다. 그는 그러면서 "외국인과 이번 소요와의 관계에 대해서는 앞으로 취조를 하지 않으면 판명되지 않겠지만 소동에 참여한 대부분의 조선인은 일부 사람에게 협박당해 할 수 없이 가담한 것에 불과하다"고 왜곡하기도 했다(≪大阪每日新聞≫, 1919. 3. 28c, 2면; 윤소영 편역, 2009b, 219쪽 재인용). 야마가타 이사부로는 또 "정확한 원인이나 상세한 내용은 재판 중으로 비밀에 속하지만 대체적인 표방은 민족자결사상에 의한 독립이라는 것은 물론이나 제각각 말하는 것을 들으면 '요보'로 불리는 것이 싫다든가, 종전에 신분이 낮았던 조선인이 헌병이나 순사 보조원이 돼 위세를 펴는 것이 화가 난다든가 하는 감정상의 작은 불평들을 늘어놓는 자도 있다"고 독립 의지를 폄훼하기도 했다(≪大阪朝日新聞≫, 1919. 3. 28a, 석간 1면; 윤소영 편역, 2009a, 165쪽 참고).

일본 언론 ≪중외상업신보(中外商業新報)≫는 이날 자 사설 "조선총독을 바꿔라"를 게재하고 "무관제도야말로 조선 주민의 오해를 초래할 염려가 있지 않은가. 참으로 조선동화정책을 도모하고 선민으로 하여금 폐하의 적자로서 천일을 나누고자 한다면 무단적이라는 오해는 폐지해야 할 것 아닌가"라며 하세가와 요시미치 조선총독의 퇴임을 요구했다(이규수, 2003. 2, 273쪽 참고).

임시정부로 할 것인가, 당으로 할 것인가

3월 25일, 일제의 식민통치 실상과 3·1운동의 진실을 알리기 위해 3월 8일 베이징으로 떠났던 현순이 상하이 프랑스 조계로 돌아왔다. 그는 진선푸루(金神父路)에 있는 프랑스인 집을 거처로 정했다. 현순이 상하이로 돌아오면서 거족적인 독립운동을 지휘할 최고조직 건립 논의가 본격화하기 시작한다. 그는 3월 4일 독립임시사무소를 세운 이래 주로 독립만세시위를 지지하거나 홍보하는 활동을 벌여왔고, 각 독립운동 조직과 단체를 묶거나 주요 인사들을 연계하는 일을 해왔다.

3월 26일, 프랑스 조계 진선푸루 모처에서 현순은 러시아에서 온 이동녕, 만주에서 온 이회영·이시영 형제, 베이징에서 온 이광과 조소앙 등 각 방면에서 온 인사들과 회동했다. 독립운동 최고기관 건립안이 주요 의제가 됐다. 현순은 국내에서 신호가 오기 전에는 최고기관 건립안을 유보하고 대신 재외기관 설치 연구위원 8명을 선정했다. 연구위원 8인은 이동녕, 이시영, 조소앙, 이광, 조성환, 신헌민, 이광수, 현순이었다. 현순을 포함한 연구위원들은 이후 수차례 모여 상의했지만 합의안을 도출하지 못했다(고정휴, 2016, 65쪽 참고).

현순은 당시 독립운동 최고조직체 논의와 관련해 민족 대표들의 의견을 가지고 올 것으로 알려진 이봉수를 기다리고 있었던 것으로 분석된다. 천도교도인 이봉수는 함경남도 홍원 출신으로 당시 메이지대에 재학 중이었다(윤대원, 2009. 8, 277쪽 참고).

현순은 3월 29일과 3월 31일 손병희를 대통령으로 추대하는 독자적인 임시정부안을 미주 대한인국민회 하와이지방총회와 이승만 등에게 잇따라 타전했다. 즉, 현순은 4월 4일 자로 도착한 전보에서 임시정부안을 통보하고 조직과 인선에 대해 동의를 얻으려 했다.

"임시정부가 대표자들에 의해 조직됐소. 대통령 손병희, 부통령 박영효, 국무장관 이승만, 내무 안창호, 재무 윤현진, 법무 남형우, 군무 이동휘, 사령관 유동열, 파리 대표 김규식. 곧 공표될 예정이니 즉시 당신의 의견을 답하시오. 당신은 재정 지원을 잘 받게 될 것이오. 절대독립이 요구되오."
(고정휴, 2016, 66쪽 재인용)

현순의 특전에 의거해, ≪신한민보≫ 등은 임시정부 조직안을 공개하기도 했다. 현순은 이때 대통령을 손병희, 부통령을 박영효로 하는 임시정부 조직안을 구상했던 것으로 보인다. 대통령제를 택하고 손병희와 박영효, 이승만 등 주요 세력을 적절하게 안배한 것이 특징으로 분석된다. 다만 그는 10여 일 뒤 자신이 3월 29일 보낸 영문 전보가 '착오'였다고 정정한다. 이와 관련해, 현순은 3월 25일에서 3월 29일 사이 경성에서 온 이봉수를 만나 천도교 측의 조직 구상을 듣고 이를 미주 인사들에게 알린 것이 아니냐는 분석도 있다(윤대원, 2009. 8, 277~286쪽 참고).

3월 31일, 프랑스 조계 바오창루의 허름한 집에서 이동녕과 이시영, 신익희, 선우혁, 조완구, 조성환, 신석우, 조동호, 신규식, 한진교 등이 참여한 가운데 임시정부 조직을 위한 비밀회의가 열렸다. 4월 1일 프랑스 조계 샤페이루(霞飛路)의 한 서양인 집에서 여운형, 이동녕, 이시영, 이광수, 조소앙, 조성환 등 독립운동가 20여 명이 모여 독립운동을 지도하기 위한 조직체 논의를 벌였다. 주로, 하나의 당으로 만들어 대응할지, 아니면 임시정부를 조직해 조선 민족을 대표할지를 놓고 논의가 벌어졌다고 한다.

여운형과 이광수, 최근우 등은 정부 형태가 아닌 당 형태의 조직을 주장했다. 정부를 표방하려면 영토, 주권, 국민의 세 요소가 필수인데 하나도 구비되지 않았기 때문이었다. 반면, 현순과 신익희, 윤현진, 최창식 등은 임시정부를 수립해야 민심이 쏠린다면서 민심을 잡는 것이 우선이기에 임시정부를 조직해야 한다고 주장했다(고정휴, 2000. 3, 101쪽; 이정식, 2008, 177~178쪽 참고).

4월 8일, 상하이 프랑스 조계에 '경성독립본부' 소속이라고 밝힌 강대현이 이동휘를 집정관으로 하는 임시정부 조직안을 가지고 나타났다. 이와 함께 경성에서 임시정부 조직이 선포됐다는 '특전 보도'가 들어오면서 독립운동가 사이에서는 이견이 잠시 대두하기도 했다. 이것이 현순과 여운형을 비롯한 상하이 독립운동가들에게 임시정부 조직을 더 이상 늦출 수 없게 한 것으로 분석된다. 마침내 4월 11일, 이틀간의 논의 끝에 대한민국 임시정부가 탄생하게 된다(고정휴, 2000. 3, 106쪽).

결국 상하이 대한민국 임시정부는 독립임시사무소 설립(3월 4일) → 독자적인 임시정부안 구상 및 최고조직체 논의(3월 말) → 강대현의 임시정부안 출현(4월 8일) → 상하이 임시정부 조직(4월 11일)이라는 4단계 과정을 거쳐 수립된 것으로 분석된다(고정휴, 2000. 3, 96쪽 참고).

차금봉과 철도 노동자 파업

3월 27일 아침, 경성 남대문역 광장. 차금봉은 동료였던 남대문 기관사 및 철도 노동자 800여 명과 함께 모였다. 이들은 '조선노동대회', '조선독립'이라고 적힌 플래카드를 내걸고 운집했다. 철도국 노동자 900여 명 가운데 85명을 제외한 대다수의 노동자가 파업을 선언했다. 만철경성관리국 노동자들의 동맹파업이었다. 파업은 3월 31일까지 5일간 이뤄졌다. 차금봉은 앞서 3월 22일 노동자 만세시위를 이끌기도 했다. 차금봉은 해고자 신분으로 주도면밀하게 파업을 기획했다(김인덕, 1995. 12, 163쪽 참고).

차금봉은 1919년 3월 경성의 만철 노동자 파업시위를 주도한 인물이었지만, 그의 활동은 잘 알려져 있지 않다. 그의 삶의 흔적을 살펴볼 수 있는 자료도 매우 적다. 김인덕은 "그의 사상적 기반이 좌익이었다는 이유로 그의 활동이 폄하돼서는 안 된다"고 말했다(김인덕, 1995. 12, 159~182쪽 참고).

차금봉의 조서에는 그가 1888년 경성 화천동에서 아버지 차용진과 어머니 이성녀 사이에서 출생한 것으로 돼 있다. 그는 미동공립보통학교를 졸업하고 남대문역 철도기관의 화부 견습공으로 취직한 뒤 기관수가 됐다.

이날 아침, 많은 전차가 전날 투석으로 피해를 입은 데다가 경성 만철

소속의 운전수 30명이 파업에 가세하면서 경성의 전철 63대 가운데 겨우 49대만이 운행했다. 일본 언론은 "불순 단체가 전차 승무원을 협박했다"고 보도했다(≪大阪朝日新聞≫, 1919. 3. 28c, 7면; 윤소영 편역, 2009a, 166쪽 참고).

이날 숭삼동과 종로 네거리, 광화문통, 서대문, 미창동 등지에서 크고 작은 만세 소리가 울려 퍼졌다. 우명철 등 약 50명은 숭삼동에서, 윤희용과 김윤식 등은 경성공업전문학교 앞 노상에서, 이봉하 등은 종로 네거리에서, 김종옥 등은 광화문통 경찰관연습소 앞에서 대한독립만세를 소리 높여 외쳤다(독립운동사편찬위원회, 1970a, 119쪽).

이날 경성 주변 지역 안감천 부근에서도 약 500명이 모여 만세를 외쳤다. 돈암리 부근 산 위에서도 약 50명이 만세를 불렀다(경성지방법원 판결문, 1919. 5. 26; 독립운동사편찬위원회, 1970a, 119쪽). 청량리 헌병주재소에도 시위대 수백 명이 몰려왔다. 시위대는 주재소를 에워쌌다. 일제 기병이 공포탄을 발사해 시위대를 해산시키고 시위 주동자 19명을 체포했다(≪大阪每日新聞≫, 1919. 3. 30b, 석간 6면; 윤소영 편역, 2009b, 222쪽 재인용).

밤부터 또다시 파출소를 습격하고 전차에 돌을 던지면서 시위가 고조됐다. 오후 9시 반, 박계갑과 이효선, 홍복룡 등 100여 명은 등불을 높이 치켜들고 태극기를 휘저으며 재동파출소로 몰려갔다. 이들은 독립만세를 외치며 돌을 던져 유리창을 깼다. 종로경찰서 경관과 충돌했다. 시위 참가자 7명이 체포됐다. 시위대는 해산했다(≪大阪朝日新聞≫, 1919. 3. 29a, 7면; 윤소영 편역, 2009a, 167쪽 참고).

유창덕 등은 서대문(현재 충정로) 1가와 종로통, 미창정에서 전차에 돌을 던져 유리창 6매, 덧문 2개를 깼다(독립운동사편찬위원회, 1970a, 119쪽). 삼각산 정상에서 화톳불을 밝히고 독립만세를 외치기도 했다. 일본은 군대를 보내 시위대를 진압했다(≪大阪朝日新聞≫, 1919. 3. 29a, 7면; 윤소영 편역, 2009a, 167쪽 참고).

경성의 독립만세시위는 3월 27일 최고조에 달했다. 이후 4월 1일까지 간헐적으로 계속되다가 일제 군경의 집중적인 탄압으로 비교적 잠잠해진 것으로 분석된다. 경성 시위의 절정기에 시위를 주도한 계층은 참여자의 절반 이상을 차지한 노동자들이었다(이창건, 2000. 2, 92쪽 참고).

오후 1시, 경상남도 양산군 양산읍 장터. 장꾼이 3000여 명으로 늘어난 가운데 엄주태와 전병건, 박삼도, 정주봉, 이귀수 등 청년 5명은 장터 한복판에서 독립선언서 등을 배부한 후 기치를 높이 들고 일제히 대한독립만세를 소리 높여 불렀다. 주민들도 여기에 호응했다. 장터는 삽시간에 감격과 흥분의 도가니로 변했다. 청년들은 앞장서서 시가를 돌면서 만세시위를 전개했다. 시위대의 만세 소리는 천지를 진동시켰다(독립운동사편찬위원회, 1970b, 212쪽).

일제 군경은 시위를 방해하고 주동 인물을 검거해 구인했다. 시위대는 양산 헌병분견소와 군청으로 몰려갔다. 일제 헌병은 건너편 우편소를 향해 실탄을 발사했다. 시위대는 웃옷을 벗어 들고 자신들을 구속하라고 외쳤다.

많은 주민이 헌병분견소로 농악을 울리면서 몰려들었다. 일촉즉발의 위기였다. 부산에서 일본군 하사 이하 12명이 양산읍으로 파견됐다. 일제 헌병분견소 대장 오카다(岡田)는 실탄 발사를 중지하게 하고 구속 인물을 석방했다.

"구속 인사는 석방됐으니 여러분은 해산해주시오."

시위대는 서서히 해산했다.

일제 군경은 이튿날인 3월 28일 아침, 시위를 주도한 엄주태, 전병건, 박삼도 등을 검거해 부산헌병대에 이관한 후 부산형무소에 수감했다. 양산 1차 의거였다(독립운동사편찬위원회, 1970b, 213쪽; ≪大阪朝日新聞≫, 1919. 3. 29b, 7면; 윤소영 편역, 2009a, 167쪽 참고).

양산 시민 수천여 명은 시위를 주도한 이들을 검거한 것에 분노해 4월 1일 오후 2시, 양산군 양산읍에서 다시 독립만세시위운동을 일으키고 헌병분견소로 몰려가 항의했다. 양산 2차 의거였다(독립운동사편찬위원회, 1970b, 213쪽).

3월 27일 오후 1시, 충청북도 옥천군 이원시장. 수묵동의 허상기와 육창주, 김용이 등은 장날을 이용해 시장의 동쪽과 서쪽에서 '독립만세'라고 크게 쓴 기를 들고 선언서를 낭독한 뒤 독립만세를 선창했다. 이에 주민 300여 명이 일제히 가세해 독립만세를 제창했다. 주민들은 시내를 누볐다.

출동한 헌병주재소 헌병과 보조원은 시위대의 해산을 종용했다. 헌병분대장 상등병 기시모토 리사쿠(岸本理作) 등은 육창주와 허상기, 김용이를 체포해 헌병주재소에 데려갔다.

허량, 이면호, 허상구 등은 시위대를 이끌고 주재소로 몰려갔다. 시위대는 주재소에서 연행자를 석방하라고 시위를 벌였다. 일제 헌병들이 발포했다. 이일만의 아우가 흉탄에 맞아 숨졌다. 시위대는 후퇴했지만, 이일만은 죽은 아우의 시체를 짊어지고 주재소로 가서 항의했다.

오후 3시, 시위대는 다시 주재소로 몰려갔다. 시위대는 헌병대에 항의했다. 공재익은 헌병들에게 크게 외쳤다.

"사람을 죽이고도 그대로 있을 줄 아느냐?"

조기시는 큰 돌로 유리창을 깨뜨리고 구금 중이던 김용이를 결사적으로 구출했다. 최덕용과 이금봉도 맨주먹으로 적에게 대항했다. 구속된 사람들을 구출했고, 시위대는 헌병의 말을 참나무 몽둥이로 후려갈겼다.

이때 옥천읍에서 헌병분대장 이하가 달려오고 대전에서도 수비대 20여 명이 출동했다. 헌병 10여 명이 부상을 당했다. 일제 헌병이 다시 발포했다. 시위대 2명이 그 자리에서 숨지고 많은 사람이 부상을 당했다. 허상기, 육창주, 허상준 등 많은 참가자가 옥고를 치렀다(독립운동사편찬위원회, 1970b, 88쪽).

'조선소요사건 일별조표'에 따르면, 3월 27일에 26곳에서 만세시위가 벌어졌고, 26곳에서 시위대와 일본 군경이 충돌했으며, 2곳에서 일본군의 발포가 이뤄졌다(윤병석, 2013, 438쪽 참고).

이날 북간도 옌지현 수신사(守信社) 구사평(九沙坪)에서도 학생 및 재류동포 약 4000명이 집합해 독립선언식을 거행했다. 훈춘 이남의 장족등(獐

足登), 금당촌(金塘村), 초소미(初沼尾) 등의 각 학교 교사와 학생 및 재류 동포 등이 주로 참가했다. 동포들은 두만강 건너편 조국의 조선인들이 볼 수 있도록 식장인 구사평 앞에 태극기를 교차해 세웠다. 선언식의 주최자인 천도교 주무장 이하영은 수일 전부터 금당촌에서 독립선언서를 인쇄해 배부했다. 이하영은 강조했다.

"우리나라가 10년 전에 일본에 병탄된 후 우리 이천만 동포는 오늘날까지 굴욕적인 압박을 받으면서 이역에서 신고간난을 맛보며 기회를 기다리고 있었다. 이번 프랑스에서 개최된 만국강화회의에서 제창된 민족자결주의에 의해 우리 조국도 독립할 수 있는 가능성을 얻었다."

시위대는 조국의 조선인들이 볼 수 있도록 태극기를 두만강 강변에 높이 세우고 독립만세를 우렁차게 연창하면서 강기슭을 행진하다가 오후 4시에 해산했다(독립운동사편찬위원회, 1970b, 705쪽). 서간도 안투현 성내에서도 재류 한국인 약 400여 명이 모여서 독립선언 축하식을 거행했다(독립운동사편찬위원회, 1970b, 729쪽).

경성 헌병대장 겸 경무부장 시오자와 요시오는 이날, 경성 내 시위가 악화함에도 단속 방법이 느슨하다는 비판에 대해 시위에 강경 대응할 것이라고 밝혔다. 시오자와 요시오는 "오늘까지는 망동을 벌인 군중의 단속에 대해 다소 은인자중하는 조치를 해왔다"며 "26일 밤부터 전차에 투석하고 교통기관에 해를 가하고 또 관청 건물을 파괴하는 등 이미 완전한 폭동 행위로 변하고 있어 이제 단호한 조치를 취할 수밖에 없고 금후 소요 폭행에 대해서는 한 치의 용서도 없이 최후의 수단을 취할 것"이라고 경고했다(≪大阪每日新聞≫, 1919. 3. 30a, 석간 6면; 윤소영 편역, 2009b, 221쪽 재인용). 시오자와 요시오는 일본 육사 3기생 출신으로 1910년 10월 조선총독부 경무부장에 취임했고 1913년 육군 헌병대좌로 승진했다.

노구치의 죽음과 김윤식의 청원

3월 28일 오전 6시 30분, 충청남도 천안군 입장면 양대의 직산금광회사 갱구. 노동자 박창신 등은 갱부 교체 시간에 갱부들에게 독립시위운동 전개를 권유했다. 박창신과 직산금광회사 광부 200여 명은 그 자리에서 대한독립만세를 크게 외치고 시위를 벌였다.

시위대는 입장시장으로 향했다. 시위대는 도중 양대리시장에서 일제 헌병에게 제지당했다. 시위대가 피체자 석방을 요구하다가 충돌이 벌어졌다. 시위대는 저지하는 헌병과 충돌하면서 돌을 던지고 함성을 올렸다. 일부는 양대리 헌병주재소 무기를 빼앗으려고 했고, 일부는 전화선도 절단하려 했다.

양대리 헌병주재소 헌병 3명과 천안철도원호대 특무조장 이하 16명이 출동했다. 일제 헌병은 시위대를 향해 발포했다. 칼을 뽑아 시위대를 베기도 했다. 5명이 현장에서 숨지고, 다수가 부상을 입었다. 19명이 체포됐다(독립운동사편찬위원회, 1970b, 118쪽; ≪매일신보≫, 1919. 4. 1, 1면; 김홍식, 2009, 81쪽; ≪大阪朝日新聞≫, 1919. 3. 29c, 7면; 윤소영 편역, 2009a, 168쪽 참고).

오전 9시, 경기도 광주군 오포면 추자리 오포면사무소 앞. 새벽에 산 위에서 봉화를 올렸던 주민 600여 명이 집결해 양벌리의 유면영 등의 주도로 독립만세를 외쳤다. 오전 11시쯤 시위대가 1500여 명으로 늘어나면서 경안면 주막리에 있는 광주군청으로 행진했다. 주막리 주민까지 가세하면서 시위대는 2000명 이상으로 불어났다. 시위대는 군수에게 만세시위 참여를 촉구했다. 일부 시위대는 군청 안으로 밀고 들어가려고 했다. 일본 헌병은 시위대를 향해 발포했다. 6명이 현장에서 즉사하고 15명이 부상을 당했다. 시위대는 해산했다(한국독립운동사편찬위원회, 2009a, 69~70쪽 참고).

강원도 화천군 파포리강 건너편 창두루에 있던 상서면사무소 앞에서 화전민 촌락인 상서면 구장 이창선, 밤나무골 박용구와 김광필 등의 주도로 주민들이 이날 오전 삼베 주머니에 도시락을 싸서 망태에 걸머메고 모여

들었다. 봉오리에서는 새벽, 뒷산에 올라가 봉화를 올리고 만세를 불러 인근 주민에게 용기를 북돋운 후 출발했다. 면사무소 앞으로 몰려든 주민은 1000여 명을 헤아렸다. 그들의 손에는 돌과 몽둥이가 들려 있었다.

시위대는 상서면사무소를 에워쌌다. 면사무소 유리창을 부수며 면장 정종하와 면서기를 끌어냈다. 독립만세를 소리 높여 외쳤다. 시위대는 면사무소 건물을 파괴했고, 면장을 끌고 갔다. 파포리 앞의 미륵고개에서 신작로 공사에 나와 있던 일본인 기사도 잡아서 읍으로 데려갔다.

상서면 산양리에 있던 헌병주재소에서 상등병과 보조원 박도진, 장 모씨가 출동해 시위대를 가로막았다. 시위대는 보조원 박도진을 붙잡아 대열 앞에 세워 끌고 갔다. 시위대는 파포리에서 20리가량 떨어진 화천 읍내로 가는 동안 독립만세를 불렀다. 구운리와 논미리, 신풍 신대리에서 주민들이 가세했다. 상서면장과 면서기 3명, 보조원과 도로를 공사하던 일본인 기사 1명씩을 앞장세우고 읍으로 가던 시위대는 점심때가 되자 신풍리 앞 주막거리에서 망태를 벗어 도시락을 먹었다. 시위대는 주막거리에 왔을 때 거의 2000명에 달했다.

화천분견소 헌병과 춘천에서 급파된 수비대가 도착해 주막에 있던 시위대를 급습했다. 그들은 도시락을 먹는 시위대를 향해 총격을 가했다. 현장에서 4명이 즉사했다. 부상자 수는 헤아리기 어려웠다. 부상당한 다목리 구레골의 김자연은 며칠 후에 사망했다(독립운동사편찬위원회, 1970a, 553~554쪽; 한국독립운동사편찬위원회, 2009a, 115쪽 참고).

오후 8시, 강원도 김화군 창도리 관디골서당. 구한말 의병 출신으로 술장사를 하던 김연태는 김현기 등과 함께 주민 100여 명을 모았다. 이들은 대한독립만세를 부르며 장터를 향해 행진했다. 이들이 장터에 들어섰을 때 규모는 500~700명으로 불어났다. 시위대는 평소 주민들에게 오만하게 비춰졌던 하라다 마사즈치(原田政鎚)와 이토 세이이치로(伊藤淸一郎) 등의 일본인 상점을 공격했다. 상점의 한국인 점원들에게도 주의를 줬다.

시위대는 면장 이준재의 집으로 몰려갔다. 문을 부수고 안으로 들어갔지만 면장은 이미 피신하고 없었다. 면장이 우편소에 숨었다는 정보가 들어왔다. 시위대는 우편소에 쇄도해 문을 깨며 외쳤다.

"면장 나오라."

또 다른 시위대는 면사무소에 들어기 만세를 외쳤다. 우편소 직원을 잡아 혼을 내주기도 했다. 시위대는 밤늦도록 시위하다가 새벽에야 해산했다.

인근 금성에서 헌병 지원군이 도착했다. 창도 헌병주재소 헌병들은 지원헌병이 도착하기 전에 시위대 앞에 감히 나타나지 못했다.

이튿날인 3월 29일 아침, 주민 100여 명이 모여 다시 만세시위를 시작했다. 일제 헌병들이 시위대를 가로막았다. 헌병주재소장이 시위대에게 해산할 것을 촉구했다. 헌병 보조원들은 주민들을 협박했다. 밤이 되자 주민 500여 명이 다시 모였다. 김화 군수 이계호도 도착했다. 주민들은 다시 면사무소 앞과 거리를 누비며 만세를 불렀다. 시위대는 다시 헌병주재소로 몰려가 돌을 던지며 공격했다. 헌병들이 시위대를 향해 발포했다. 1명이 현장에서 사망하고 8명이 부상을 입었다. 시위대는 해산했고, 다음 날인 3월 30일부터 많은 사람이 검거됐다(독립운동사편찬위원회, 1970a, 543~544쪽).

3월 28일, 경기도 파주군 광탄면 신산리 광탄면사무소 앞에서는 주민 2000여 명이 집결한 가운데 신산리의 심상각과 권중환 등이 주도해 독립만세를 외쳤다. 이들은 조리면 봉일천시장으로 행진해 시장에 있던 군민들과 합세했다. 시위대는 3000여 명에 이르렀다. 이들은 조리면사무소에 몰려가 집기 일부를 파손하고 면장 등을 붙잡아 만세시위에 앞장세웠다. 시위대는 봉일천 헌병주재소로 몰려갔다. 일본 헌병들이 발포하면서 박원선 등 시위대 6명이 현장에서 숨지고 수십 명이 부상을 입었다. 이틀 뒤인 3월 30일 광탄면 봉일천시장에서 시위대 3000여 명이 모여 일본 헌병의 만행을 규탄하는 시위를 벌였다(한국독립운동사편찬위원회, 2009a, 66쪽 참고).

'조선소요사건 일별조표'에 따르면, 3월 28일 19곳에서 만세시위가 벌어졌고, 7곳에서 시위대와 일본 군경이 충돌했으며, 6곳에서 일본군의 발포가 이뤄졌다(윤병석, 2013, 438쪽 참고).

조선 귀족이던 김윤식은 이날 역시 귀족인 이용직과 함께 하라 다카시 일본 총리와 일본 언론사 등에 독립청원서 '대일본장서(對日本長書)'를 작성해서 보냈다가 일경에 체포됐다. ≪오사카아사히신문≫ 등에 따르면, 김윤식은 3월 20일, 경성 봉익동 11번지 자택에서 조선독립의 호기가 도래했다고 판단해 독립청원서를 작성했다.

"한일병합 후 10년이 경과해 정치상 다소의 개량이 있다 해도 아직 인민을 태평하게 하기에는 부족하다. 이번의 조선독립운동에서 소요가 끊이지 않는 이유는 민중 모두 조선의 독립을 희망하기 때문이고 이에 대해 관대하거나 엄중한 방책을 취하더라도 도저히 진압할 수 없을 것이다. 이에 대처하는 방법은 오로지 조선을 독립시키는 외에 다른 방법이 없다. 따라서 부디 이 사정을 폐하에게 전해 내각의 여러 공이 논의해 우선 조선독립을 인정하고 널리 대공의 뜻을 천하에 알리기를 바란다."(≪大阪朝日新聞≫, 1919. 6. 28, 석간 2면; 윤소영 편역, 2009a, 293쪽 재인용)

조선 귀족 김윤식 등이 일본 총리에게 독립청원서를 보내며 독립운동을 거든 것은 거센 만세운동으로 조선 귀족그룹 내부에서도 이탈이 발생했음을 보여주는 상징적인 사건이라고 하겠다. 이완용은 김윤식과 이용직이 조선총독부에 독립을 요구하는 청원서를 보냈다는 소식을 듣고 "이는 조선 민족을 소멸시키는 것"이라면서 개탄하고 조선총독부로 찾아가 하세가와 요시미치 조선총독에게 '악영향'이 다른 곳으로 퍼지지 않게 해야 한다고 말했다(윤덕한, 1999, 332쪽 참고).

이날 중국 상하이에서 여운형을 비롯해 한국인 독립운동가들은 등사판 일간지 ≪독립신보≫를 창간했다. 김홍숙이 주필을 맡고, 조동호, 이광수 등이 참여했다. ≪독립신보≫는 국내에서 비밀리에 발행되는 ≪조선독립신문≫, ≪국민회보≫ 등을 번역해 싣거나 한국인들의 독립운동 소식을 전했다. 1호부터 최소 4월 11일 10호까지 발간됐다(강덕상, 2002/2007, 211쪽 참고).

총리 하라 다카시는 덴노 요시히토가 가나가와현 하야마(葉山)에 있는

별장에서 돌아오자 환영을 나간 뒤 덴노를 알현하고 파리강화회의와 중
국, 조선의 정황 등에 대한 대강을 보고했다(原奎一郞 편, 1950, 185쪽). 조선
의 정황에는 독립만세시위 등에 대한 것도 담겼을 것으로 관측된다.

이날 조선군사령관 우쓰노미야 디로는 경성의 경비병을 늘릴 것을 지시
했다. 경성에는 2개 중대를 추가해 전체 1개 대대로, 용산에는 1개 중대를
더해 2개 중대로 경계망을 강화함으로써 위압적인 분위기를 조성했다(宇
都宮太郞關係資料硏究會 편, 2007, 236쪽).

조선 상황 보고받은 다이쇼 덴노

3월 29일 오전 11시 30분, 경기도 수원시 자혜의원. 30여 명의 기생들이
정기검진을 받기 위해 관립 병원인 자혜의원으로 이동하고 있었다. 이들
가운데 한 명이 대열 앞에 나서 독립만세를 부르기 시작했다. 23살의 김향
화였다. 김향화는 기생들의 선두에 서서 대한독립만세를 외치며 기생들을
이끌고 병원 안으로 들어갔다. 이들은 검사를 거부하고 뜰 앞에서 단체로
만세를 계속 불렀다. 병원 측은 기생들을 내쫓았다.

김향화는 동료 기생들을 이끌고 경찰서 앞으로 가서 만세운동을 계속했
다. 그는 경찰에게 제지당한 뒤 바로 체포됐다(≪매일신보≫, 1919. 4. 1, 1면;
김홍식, 2009, 80쪽 참고).

일제가 추진한 건강검사에 대해 기생들은 일제 공창화의 상징처럼 여겨
거세게 반발했다. ≪매일신보≫ 1919년 1월 3일 자에는 건강검사를 폐지
해달라는 경상남도 김해 기생들의 청원 글이 실렸다.

"검사를 폐지해주오. 경상남도 김해 기생 일동은 김해 헌병출장소에 일
제히 출두해 청원하기를, 유래 조선은 옛적부터 전래하는 습관으로 남에
게 살을 내어 보이는 것은 비상한 치욕이라고 하는데, 근래 기생 일동이
검사를 맞는 것은 심히 치욕이고 본즉, 원컨대 소장의 관대한 처치로 검사

를 폐지해달라 함으로, 소장은 간절히 기생에게 알아듣도록 일러주고 검사의 필요는 어떠한 것을 설유한즉 반신반의의 기생 일동은 그 청원을 각하해주면 집에 돌아가서 친형제와 의논하겠다 하므로, 검사에 대한 말을 형제와 의논한다는 말을 괘씸히 여긴 소장의 대갈일성에 기생 일동은 아무 말도 못 하고 모두 갔다더라."(이동근, 2013. 3, 144쪽 재인용)

청원글을 읽어보면 기생들이 건강검사를 얼마나 치욕적으로 생각했는지를 잘 알 수 있다. 일제의 강압적이고 비인간적인 건강검사는 기생들이 3·1운동에 참여한 중요한 배경의 하나가 됐다.

처음에는 창기만 성병 검사를 받았지만 일제의 공창화 과정에서 기생들도 대상이 됐다. 창기와 관련해서는 1900년 10월 '창기취체규칙' 제1조에 18세 미만인 자는 창기로서 허가하지 않고 제2조에 창기명부에 등록하지 않은 자는 창기업을 할 수 없도록 규정했다. 제10조에는 경찰관서에서 지정한 의사 또는 병원에서 검진해 질병이 있거나 전염성 질환으로 진단받은 창기는 치료상 건강검사를 받지 않으면 창기업을 할 수 없도록 했다. 이때만 해도 기생은 검사를 받지 않았다.

하지만 1908년 반포된 '기생 및 창기 단속령'에서 일제는 기생들에 대한 정기적인 성병 검사를 실시하기 시작했다. 1908년 '기생조합규약표준' 제7조에 조합은 매월 1회 경시청이 지정한 의사로부터 건강검사를 받아야 하고 전염병에 걸린 자는 치료소에 수용하도록 규정했다. 기생과 창기의 개념만 구분했을 뿐 둘 다 건강검사를 받도록 한 것이다. 결국 기생과 창기 모두 식민지배체제하에서 건강검사라는 새로운 제도에 속박됐다. 기예를 자랑하던 기생들로서는 정기적으로 성병 검사를 받아야 한다는 것이 모욕적일 수밖에 없었다.

특히 수원 기생들이 만세를 외쳤던 자혜의원은 조선 제22대 임금 정조의 화성행궁 정전 건물이었던 봉수당 터에 자리했다. 화성행궁은 정조가 아버지 사도세자의 무덤을 현륭원으로 옮기고 신읍치를 팔달산 아래로 정하면서 시작됐다. 화성행궁은 평상시에는 화성유수가 머물며 정사를 돌봤지만 정조는 이곳을 열 번도 넘게 방문했다. 1795년 윤달 2월 13일 봉수당에서 어머니 혜경궁 홍씨의 회갑연이 열리기도 했다. 봉수당 연회에는 기생 33명이 참여해 잔치를 빛냈다. 궁중 관기뿐만 아니라 화성부 소속 지방관기 13명이 참여했다. 화성행궁은 수원 기생들의 고향집과도 같은 곳이었다. 일제는 그 봉수당을 허물고 그 위에 병원을 건립했다. 일제는 화성행궁의 가장 중요한 정궁 역할을 하는 봉수당을 허물어 자혜의원을 설치함으로써 조선 왕실의 권위를 무너뜨렸다(이동근, 2008, 145~148쪽 참고).

화성행궁에 병원이 지어지고, 치부를 드러내며 성병 검사를 받아야 하자 수원 기생들은 매우 큰 수치심을 느꼈다. 수원 기생들의 만세운동은 조선을 상징했던 화성행궁이 일제의 식민통치로 훼손되면서 그곳에서 치욕적인 건강검진을 받아야 하는 것에 대한 강렬한 저항이었다(이동근, 2008, 144쪽 참고).

수원 기생들은 앞서 1월 21일 고종이 서거하자 가무를 중단하고 근신했다. 1월 27일에는 수원 기생 20여 명이 깃당목의 소복을 입고 나무 비녀를 꽂고 짚신을 신은 채 오전 8시에 수원역에서 기차를 타고 경성으로 올라가 대한문 앞에서 망곡했다고, ≪매일신보≫는 1919년 1월 29일 자 3면에 실린 "수원 기생의 성복참례(成服參禮), 깃옷에 짚신으로"라는 기사에서 보도했다(이동근, 2013. 3, 145쪽 참고). 기생들이 정체성과 민족적 명분을 찾고자 한 행동이었다.

3·1운동이 확산되자 기생들은 거리로 뛰쳐나와 만세운동에 동참했다. 수원 기생운동을 이끌었던 김향화는 체포된 뒤 2개월의 감금과 고문 끝에 경성지방법원 수원지청 검사분국으로 넘겨져 재판을 받았다. 징역 6개월을 언도받았다.

오후 2시, 충청남도 천안군 천안읍 시장. 이문현과 허병은 장날 시장을 돌아다니며 대한독립만세를 높이 외쳤고, 최오득은 주민들 앞에서 연설을 했다. 주민들은 이에 호응해 일제히 만세를 불렀다. 모여든 주민이 3000여 명으로 불어났다. 이들은 태극기를 들고 대한독립만세를 큰 소리로 외치며 시위에 돌입했다.

천안헌병분대는 수비대와 합세해 시위대를 막아서고 해산을 촉구했다. 시위대가 불응하자 헌병은 발포했다. 시위대는 해산했다. 헌병들은 두루마기에 파란 잉크를 칠한 뒤 이를 근거로 이문현, 허병, 최오득 등 26명을 체포했다(독립운동사편찬위원회, 1970b, 119쪽).

'조선소요사건 일별조표'에 따르면, 3월 29일 22곳에서 만세시위가 벌어졌고, 17곳에서 시위대와 일본 군경이 충돌했으며, 1곳에서 일본군의 발포가 이뤄졌다(윤병석, 2013, 438쪽 참고).

3월 29일, 서간도 창바이현 팔도구(八道溝)에서 재류 동포 약 200명이 모여 독립만세시위를 하려 했다. 하지만 중국 관헌의 제지로 무산됐다(독립운동사편찬위원회, 1970b, 724쪽).

독립만세운동에 참가하지 않는 대신 실질적인 독립을 구상했던 김구는 이날 황해도 안악을 출발해 중국 상하이로 향했다. 김구는 안악에서 신의주로 가는 경의선 기차 속에서 온통 독립만세운동 이야기만 들었다고 기억했다.

"… 사리원에 도착해 김우범 군에게서 하룻밤을 자고 이튿날 아침 신의주행 기차에 올랐다. 기차 안에는 물 끓듯 하는 말소리가 만세 부르는 이야기뿐이다. 황해도에서 평산 금천은 어느 날 불렀고, 연백은 어느 날, 황주 봉산에서는 어떻게 불렀고 하는 이야기들이었다. 평양을 지나는데 역시 어디서 만세 부르다가 사람 몇 명이 상했다는 등의 이야기뿐이다. '우리가 죽지 않고 독립이 되오.' 어떤 사람은 이렇게 말하기도 하고, 또 어떤 사람은 '우리 독립은 벌써 됐지요. 아직 왜가 물러가지만 않은 것뿐이니 전국의 인민이 다 떠들고 일어나 만세를 부르면 왜놈이 자연히 쫓겨나고야 말지요'라고 말하기도 했다. 그런 이야기에 배고픈 것도 잊고 신의주역에서 하차했다. 그 전날에 신의주에서 만세를 부르고 21명이 구금됐다고 한다."(김구, 1947/2002, 284쪽)

김구는 경의선 열차로 압록강을 건넜고, 중국 안둥(지금의 단둥)에서 동행인 15명과 함께 영국 상인 조지 쇼(George L. Show)의 '이륭양행(怡隆洋行)' 소속 선박을 타고 상하이를 향하게 된다. 독립운동의 한길을 나아가려 한 김구의 당시 나이는 43세였다.

한편 영국인 조지 쇼는 만주에서 무역선박회사 이륭양행을 경영하며 한국의 독립운동을 도왔다. 쇼는 이륭양행의 점포와 창고 일부를 임시정부에 빌려주고 안동과 상하이를 운항하는 자신의 선박을 이용해 임시정부 특파원의 왕복과 무기·탄약·문서의 운반을 도왔다. 일본 관헌의 동태를 한국 독립운동가들에게 알려 체포를 피할 수 있도록 돕고, 국내에서 조달한 독립운동 자금을 송금하는 데 편의를 봐주기도 했다. 그는 1919년 5월 중국 안동의 건물 2층에 '임시정부 교통부 안동지부'를 설치했고, 그곳은 독립운동의 거점이 됐다.

오전 10시 30분, 일본 도쿄도 지요다구 지요다 1번지 고쿄. 덴노 요시히토는 아내 데이메이(貞明)와 함께 문안차 찾아온 야마가타 이사부로 정무총감을 맞았다. 전날 밤 도쿄에 도착한 야마가타 이사부로는 이날 덴노 요시히토에게 문안하는 형식을 취했지만 실제로는 조선에서의 독립만세시위 전말 및 국장 장의 종료, 그 외 중요 업무에 관해 상주했다. 일본 언론의 보도다.

"28일 밤 도쿄에 온 야마가타 이사부로 조선총독부 정무총감은 29일 오전 10시 30분 참내해 양 폐하께 문안을 드리고 조선에서의 폭동 전말 및 국장 장의 종료, 그 외 중요 업무에 관해 상주했다."(≪大阪每日新聞≫, 1919. 3. 30c, 1면; 윤소영 편역, 2009b, 222쪽 재인용)

오전 10시 50분, 야마가타 이사부로는 궁내성 사무실에서 하타노 요시나오(波多野敬直) 궁내대신을 방문했다. 야마가타 이사부로는 하타노 요시나오를 만나 조선독립시위 상황과 향후 대응 방향 등을 보고하고 관련 논의를 했을 것으로 관측된다(≪大阪每日新聞≫, 1919. 3. 30c, 1면; 윤소영 편역, 2009b, 222쪽 참고).

정무총감 야마가타 이사부로는 하라 다카시 총리에게도 식민지 조선의 독립만세시위 상황에 대해 보고했다. 야마가타 이사부로는 이날 독립만세시위가 확산한 원인으로 사건의 발발을 전혀 눈치채지 못한 하세가와 요시미치 조선총독의 실책 등을 거론했다(原奎一郎 편, 1950, 186쪽).

야마가타 이사부로는 자신의 조선총독 취임 공작을 시작했다. 그는 하라 총리와 만난 자리에서, 조선으로 돌아가는 길에 자신의 양부이자 일제 군벌의 핵심인 야마가타 아리토모를 만나 조선에서 무관 총독 제도가 더 이상 시대에 맞지 않는다는 점을 설명하겠다고 말했다(原奎一郎 편, 1950, 186쪽).

청주 미원 의거

3월 30일 오후 1시, 충청북도 청주군 미원면 미원리 미원장터. 담뱃대로 만든 태극기 깃발을 들고 간 신경구 등은 시장 네거리에서 주민 20여 명에게 독립만세를 부르도록 권유했다. 신경구는 태극기를 흔들면서 대한독립만세를 외쳤다. 사람들도 독립만세를 큰 소리로 외쳤다.

헌병군조 우에다 도시노스케(植田利之助) 등 헌병 8명이 출동했다. 헌병은 시위대를 해산시키려고 했다. 시위대는 독립만세를 불렀다. 시위대는 점차 늘어나 100여 명에 이르렀다. 헌병들은 주도자 신경구를 연행해 주재소에 유치했다.

이용실, 윤인보, 이성호 등은 시위대를 이끌고 헌병주재소로 몰려갔다. 시위대는 독립만세를 부르며 신경구의 석방을 요구했다. 시위대 규모는 1500여 명에 이르렀다. 시위대는 "신경구를 석방 인도하라"고 강력히 요구했다. 이수란은 대치 상황에서 앞으로 나서며 외쳤다.

"죽이려면 죽여라!"

이수란은 가지고 있던 담뱃대로 일제 관헌 우두머리를 때리려 했다. 성규원도 가세했다. 윤인보는 일제 헌병의 칼을 탈취하려고 달려들었고, 김진환은 자신을 체포하려는 주재소 소장을 곤봉으로 처치하려 했다. 이용실은 "만세를 부르는 것이 무엇이 잘못이냐", "왜 흉기를 난발해 사상자를 내게 하느냐"라고 호통을 쳤다. 최봉원, 이성호, 신성휴 등은 일제에 맞서서 고함을 쳤다.

"주재소를 전멸시켜라!"

시위대는 주재소를 향해 돌을 던졌고, 각종 시설을 부쉈다. 이들은 주재소장을 구타하고 헌병과 격투를 벌였다. 보조원에게도 항의했다.

일제 헌병들은 청주에서 응원대가 도착하기를 기다렸다. 청주에서 보병 7명이 출동하자 헌병들은 시위대를 향해 사격을 가했다. 1명이 현장에서 숨지고 3명이 부상을 입었다. 21명이 체포됐다. 미원 면민들은 3월 31일에도 만세시위를 벌였고 4월 1일에도 천도교도를 중심으로 300여 명이 산 위에서 만세시위를 전개했다(독립운동사편찬위원회, 1970b, 82~83쪽).

일제의 삼엄한 경계로 조직적인 만세시위가 이뤄지지 못하자, 홀로 독립만세를 외치는 시민들도 속속 생겨났다. 이날 경성 종로 3가 뒷골목인 장사동 어귀에서 박흥기가, 4월 1일 낙산 위 산길에서 박창룡이 각각 혼자 독립만세를 절규했다. 개별적인 행동이었지만, 홀로 일제의 강압에 맞선 용감한 저항 정신의 표출이었다(독립운동사편찬위원회, 1970a, 120쪽).

'조선소요사건 일별조표'에 따르면, 3월 30일 24곳에서 만세시위가 벌어졌고, 16곳에서 시위대와 일본 군경이 충돌했으며, 5곳에서 일본군의 발포가 이뤄졌다(윤병석, 2013, 438쪽 참고).

오전 11시, 서간도 창바이현에 위치한 한국인 교육기관인 제7정몽(正蒙)학교. 재류 동포 300여 명이 모여 태극기를 세우고 독립만세를 소리 높여 불렀다. 일제 관헌은 중국 팔도구 경찰에게 시위운동을 저지하라고 요구했다. 중국 관헌은 마지못해 나복원 등 10여 명이 모여 있는 현장에 와서 김관해, 조기수 등에게 자신들의 입장을 이해해달라고 사정하면서 시위대의 해산을 요구했다(독립운동사편찬위원회, 1970b, 724쪽).

이날 북간도 훈춘현 한덕자(漢德子)에서 황병길은 동포들을 모아놓고 독립운동에 관해 열변을 토했다. 황병길과 동포들은 대한독립만세를 소리 높여 외친 뒤 해산했다(독립운동사편찬위원회, 1970b, 711쪽). 함경북도 유원진의 대안(對岸)에 위치한 북간도 왕청현 굴도산(屈道山)에서도 재류 동포 300여 명이 모여 조국을 바라보며 만세시위를 벌였다(독립운동사편찬위원회, 1970b, 708쪽).

정주 학살

3월 31일 정오, 평안북도 정주군 정주읍 정주우편국 앞. 장날을 맞아 천도교도 최석일, 백중빈, 김경함 등의 주도로 장터에 독립선언서를 뿌리며 독립만세를 소리 높여 외쳤다. 신안면과 동주면, 고현면 등 각 면에서는 읍성 동문으로, 이언면과 덕달면, 아이포면 등 각 면에서는 남문으로, 임해면 일대에서는 서문으로 시위대가 밀려들었다. 모여든 시위대의 규모는 무려 2만 5000명이 넘었다.

『독립운동사 제2권』(독립운동사편찬위원회, 1970a, 450쪽)과 『국내 3·1운동 제1권』(한국독립운동사편찬위원회, 2009a, 258쪽 참고) 등에 따르면, 수비대장을 비롯해 일본 헌병이 시위대를 가로막았다. 선두에서 만세를 외치던 최석일의 태극기 든 오른팔을 헌병이 일본도로 내리쳤다. 최석일은 자기 팔과 함께 떨어지는 깃발을 왼손으로 주워 들며 만세를 불렀다. 헌병은 다시 그 왼팔마저 칼로 내리쳤다. 최석일은 양팔을 다 잃은 채로 계속해서 만세를 외쳤다. 헌병은 피투성이가 된 최석일의 목을 쳤다. 최석일은 현장에서 숨졌다. 정주 시위의 첫 희생자였다.

뒤를 따르던 김사걸은 최석일이 떨어뜨린 태극기를 주워 들고 앞으로 나아갔다. 헌병 보조원이 쇠갈고리를 들고 달려들어 김사걸의 배를 쳤다. 헌병은 김사걸에게 총격을 가했다. 김사걸도 현장에서 숨졌다.

경찰과 헌병들이 시위대를 향해 총격을 가했다. 희생자가 속출했다. 거리는 순식간에 붉은 피로 물들었다. 이날 희생된 최석일, 김사걸을 비롯해 계홍성, 김칠성, 박일경, 박창서, 승응칠, 승길용, 조약수, 현덕승, 홍응근 등 92명이 숨졌다. 희생자 중에는 백문경, 승처달, 모신영, 모원규, 모원봉 등 모씨 부자와 세 숙질(叔姪)이 포함돼 있었나. 100여 명이 부상을 입었다. 현장에서 검거된 사람들도 70여 명에 달했다. 무려 92명이 숨진 정주 시위는 3·1운동 가운데 가장 인명 피해가 많은 시위로 꼽힌다(독립운동사편찬위원회, 1970a, 451쪽; 신용하, 2006a, 92쪽; 윤병석, 2013, 432쪽; 이이화, 2015, 235쪽; 한국독립운동사편찬위원회, 2009a, 258쪽 참고).

일본 헌병들은 조선인 보조원을 시켜 피살된 사람들을 소방 갈고리로 끌어다가 군데군데 모아놓고 거적을 덮어뒀다. 피해자 가족들은 사나흘 걸려 일일이 확인한 뒤 매장했다고 한다(독립운동사편찬위원회, 1970a, 451쪽).

일제는 사실과 진실을 다 전하지 않았다. 즉, 일제는 이날 시위대가 3000명밖에 안 된다고 했고, 사상자도 30여 명뿐이라고 밝혔다. 시위대가 낫과 도끼 등 흉기로 난폭한 행동을 했기에 헌병 등이 부득이하게 총기를 사용했다고 사실과 다른 기록을 남겼다.

"31일 오후 1시 평안북도 정주에서 폭민 3000명이 습격해 깃발을 세우고 시내에 난입해 폭행을 자행했다. 우리 수비대 경무관은 극력 제지하고 진압했지만 위험이 급박해 할 수 없어 검을 빼어들고 총을 쏘아 해산시켰다. 폭민 중 사상자 30여 명이 발생했다."(≪大阪朝日新聞≫, 1919. 4. 3b, 석간 2면; 윤소영 편역, 2009a, 180쪽 재인용)

정주 사건은 로이터통신이 4월 4일 "정주에서 일어난 사건"이라는 제하의 베이징발 급전기사로 타전하면서 전 세계에 알려진다. 다만 사건 발생 시기를 3월 29일로 기술한 것이라든가 학살 상황 등은 실제와 다소 차이가 있다.

"한국에서 온 보도는 시위가 일어나는 동안 정주에서 3월 29일, 상당수의 사람들이 살해당했고 200명 이상이 부상당했다고 말한다. 40명의 사람들이 일본 병사와 소방수들에게 갈고리에 찍혀 질질 끌려갔으며 철도 정거장 앞에서 똑바로 선 채로 절반이 땅에 묻혔다. 그리고 확인하러 온 친척들도 살해당했고 부상자들도 두들겨 맞기 때문에 아무도 감히 그 시체들을 가져가려고 하지 않았다. 신이라는 이름의 한 지방 의사는 부상자를 치료하러 그들에게 갔는데 소총 개머리로 휘둘러 치고 얻어맞았으며 결국은 체포됐다. 오산학원은 파괴됐으며 천도교 신도들의 교회가 일본인들에 의해 소각됐다."(독립운동사편찬위원회, 1971a, 626쪽 재인용)

정주의 잔학 행위는 수원 제암리 학살과 사천 모락장 학살, 맹산 학살과 함께 3·1운동 과정에서 일제가 저지른 가장 야만적인 학살 사건으로 꼽힌다. 특히 일제 헌병은 이틀 후인 4월 2일 새벽 천도교 정주교구에 방화해 이를 전소시켰다. 그날 밤에는 용동지구 오산학교와 그 기숙사, 용동교회 등에 불을 질러 역시 전소시켰다. 4월 10일 아침 6시경에는 읍내 교회당에 방화해 전소시켰다. 정주 시위에 대한 일제식의 잔인한 보복극이었다(독립운동사편찬위원회, 1970a, 451쪽). 하지만 헌병대는 4월 16일 자 보고에서 모든 화재 사건이 독립운동에 반대하고 반감을 품은 조선 사람이 벌인 행위였다고 거짓말로 뒤집어씌웠다. 천도교와 기독교회 배척열이 점점 높아가고 있다며 조선 민중을 무고한 것이다(독립운동사편찬위원회, 1970a, 452쪽).

평안북도 구성군에서는 구성읍, 남시, 신시 3곳에서 동시다발적으로 독립만세운동이 벌어졌다. 낮 12시, 구성군 남시에서 주민 5000여 명이 모인 가운데 독립만세시위가 벌어졌다. 헌병의 발포로 7명이 숨지고 5명이 부상을 입었다. 구성읍에서는 오전과 정오 두 차례에 걸쳐 300여 명이 시위를 벌였고, 신시에서도 정오 무렵 1000여 명이 만세시위를 벌이다가 헌병주재소로 몰려가기도 했다(한국독립운동사편찬위원회, 2009a, 261쪽 참고).

오후, 경기도 안성에서도 안성조합 기생들이 만세시위를 벌였다. 안성읍 장대리에 사는 학생 주동섭과 당왕리에 사는 한삼석, 권업동 등은 동산에서 주민들과 함께 독립만세를 외쳤고, 초저녁 경기도 안성군 안성시장에서는 고성준, 한국초 등의 주도로 200여 명이 태극기를 들고 만세시위를 벌였다(독립운동사편찬위원회, 1970a, 173쪽).

'조선소요사건 일별조표'에 따르면, 3월 31일 39곳에서 만세시위가 벌어졌고, 24곳에서 시위대와 일본 군경이 충돌했으며, 5곳에서 일본군의 발포가 이뤄졌다(윤병석, 2013, 438쪽 참고).

서간도 지안현 납석차에서는 이날 오전 납석차 지사 이은엽, 김만석 등의 주도로 재류 동포 600여 명이 집결했다. 여성도 약 100명이 섞여 있었다. 기독교 교직자 고종호는 독립의 의의를 설명하고 애국가를 합창했다. 이들은 태극기를 흔들고 독립만세를 외치며 시위행진을 벌였다(독립운동사편찬위원회, 1970b, 719쪽 참고).

이날 지안현 충화보(沖和堡) 대양차(大陽岔) 보갑국(保甲局) 부근 소양차(小陽岔)에서도 천도교도 김여식 및 김병철을 비롯해 100여 명이 대한독립만세를 크게 외치면서 외차구(外岔區) 시가로 행진했다. 이들은 중국 순경의 제지로 해산했다(독립운동사편찬위원회, 1970b, 719쪽).

지안현 태평구(太平溝) 뇌석차(磊石岔) 교회당 앞에서도 이날 오후 태극기를 교차해 걸어놓은 뒤 목사 백시완 등 기독교도와 천도교도 약 400명이 모여서 독립만세를 외쳤다. 이들은 일대를 행진하다가 오후 5시에 해산했다(독립운동사편찬위원회, 1970b, 719쪽).

3월 1일 시작된 만세운동은 1개월이 지났지만 좀처럼 누그러질 기미를 보이지 않고 오히려 점점 확산할 조짐을 보였다. 친일파로 분류되는 윤치호조차 이날 자 일기에서 3·1운동은 일본의 식민통치가 실패했다는 것을 보여주는 것이라고 분석했다.

"경성에서 첫 시위가 일어난 지 한 달이 됐다. 시위가 누그러질 징후는 전혀 없다. 시위자들은 이번 시위를 통해 무엇을 의도하든, 아니면 의도하지 않았든 반일 감정이 깊고 넓다는 사실만은 확실하게 증명했다. 또한 일본은 조선인들의 호감을 얻는 데 실패했을 뿐 아니라 신뢰를 잃었기 때문에 조선인들은 일본이 어떤 약속을 해도 믿지 않는다는 사실도 명확하게 증명됐다."(박미경 역, 2015, 289쪽)

더구나 1개월간 독립만세시위가 다양하게 진행되고 확산하면서 점차 일제 식민통치에 대한 투쟁이자 문제 제기로 나아갔다. 수일간 시위운동을 하며 투쟁역량을 키운 뒤 일제의 관공서로 진격해 방화와 파괴를 하기도 했다. 한민족과 일제가 정면 대결을 벌이는 방향으로 나아갔다. 해외에서도 재류 동포들을 중심으로 만세시위와 함께 무장투쟁, 외교 노선 등이 다양하게 펼쳐지게 된다.

일제 군경의 가혹한 대응과 진압으로 피해도 속출했다. 박은식은 『한국독립운동지혈사』에서 일제가 피해 실상을 극력 은폐하고 발표하지 않아 제대로 파악하기 어렵지만 3월 한 달간 즉사한 사람만도 3750명에 달하고 중상을 입은 뒤 숨진 사람도 4600여 명이었다고 추정했다(박은식, 1920/1999b, 6쪽 참고).

1개월간 일제 군경에게 체포된 사람도 경성에서만 600명이 넘을 정도로 엄청났다. 3월 말 ≪매일신보≫에 따르면, 경성 헌병분대는 3월 1일 이래 시위자 674명을 체포했다. 그중 269명을 즉결처분하거나 재판소로 송치했다. 4월 1일 기준, 경성의 학생 구금자 수는 관립학교 79명, 사립학교 88명으로 총 167명이었다(독립운동사편찬위원회, 1970a, 120쪽).

일제는 체포 구금자에게 가혹한 고문이나 형벌을 가했다. 박은식(1920/1999b)은 경성 여학생 31명이 3월 하순 일제 경찰의 구치소 등에서 출감한 뒤 그동안 일제 군경에게 당한 일들을 증언한 바를 기록했다.

"처음 수감됐을 때 무수히 구타당하고 발가벗겨져 알몸으로 손발을 묶은 채 외양간에 수용됐다. 밤은 길고 날은 혹독하게 추웠는데, 지푸라기 하나도 몸에 걸치지 않았다. 왜놈들은 예쁜 여학생 몇 명을 몰래 데려와서 윤간하고는 새벽에 다시 끌고 왔는데, 그들은 눈이 퉁퉁 붓고 사지에 맥이 빠져 있었다. 신문할 때는 십자가를 늘어놓고 말하기를 '너희들은 예수교 신도이므로 십자가의 고난을 겪어봐야 한다'고 말했다. 여자고등보통학교 학생 노영렬을 나체로 십자가 위에 반듯이 눕히더니 이글이글 타는 화로를 옆에 놓고 쇠꼬챙이를 시뻘겋게 달궈 유방을 서너 번 찔렀다. 그리하여 결박을 풀고 칼을 휘둘러 사지를 끊으니, 전신이 호박처럼 돼 선혈이 낭자

했다. 또 다른 십자가로 옮기어 머리채까지 다섯 군데를 묶은 뒤 고약을 불에 녹여 머리와 음문, 좌우 겨드랑이에 붙인 뒤 식자 힘껏 잡아뗐다. 털과 살이 달라붙고 피가 쏟아지니 왜놈들은 손뼉을 치며 껄껄댔다. 그들의 우두머리가 묻기를 '너는 그래도 감히 만세를 부르겠는가'라고 물으니, 노영렬이 대답하기를 '독립이 되기 전에는 그만둘 수 없다'고 대답했다."(박은식, 1920/1999b, 24~25쪽)

일제는 이데올로기전에도 본격적으로 착수했다. 고가 렌조가 이끄는 내각 척식국은 식민지 조선을 비롯한 식민지 상황에 대해 일본인 교육을 시작했다. 우선 일본제국과 식민지 각지의 사정을 상술한 책자『제국 식민지 요람』을 출판하여 일본 각 현에 배포해 소학교 교과 참고용으로 제공하기로 했다. 『제국 식민지 요람』은 '식민지 영유의 연혁', '식민지의 지리', '식민지의 통치기관', '식민지의 법제', '식민지의 재정', '식민지의 산업', '식민지의 교육' 등 각 장으로 구성된다. 이와 함께 우익 문학자이자 배우인 누나미 게이온(沼波瓊音)에게 작사를 외뢰해 창가를 만들어 전국 소학교에서 부르도록 했다(≪大阪每日新聞≫, 1919. 3. 31, 석간 6면; 윤소영 편역, 2009b, 223쪽 참고).

'발안장 시위'와 '수원 의거' 사이

3월 31일, 수원군 발안장. 농민을 비롯한 주민 1000명이 태극기를 앞세우고 독립만세시위를 벌였다. 시위대는 노상에서 연설을 하는가 하면, 일본인 집으로 몰려가 돌을 던지기도 했다. 또한 일본인 소학교에 불을 지르기도 했다. 시위 직후 조선총독부 경기도 장관 마쓰나가 다케키치(松永武吉)와 수원 군수는 군대 지원을 요청했다(한국독립운동사편찬위원회, 2009a, 97쪽 참고).

앞서 3월 28일 오후, 경기도 수원군 동남쪽에 위치한 송산면 사강장터에서도 장날을 맞아 주민 1000여 명이 독립만세시위를 벌였다. 시위 과정에서 일본인 순사부장이 숨지기도 했다. 이날 시위를 진압하기 위해 파견된 수원경찰서 순사부장 노구치 고조(野口廣三)는 시위대에게 해산을 명령했다. 노구치 고조는 시위대가 해산하지 않자 주도자인 홍면 등을 비롯해 3명을 체포해 앉혀뒀다. 홍면이 오후 3시쯤 갑자기 일어나 만세를 불렀다. 노구치 고조는 홍면을 향해 권총을 발사했다. 탄환은 홍면의 등에 명중했다. 홍면은 노구치 고조에게 돌진하며 시위대를 향해 죽이라고 소리쳤다. 홍면의 동생 홍준옥과 문상익, 왕광연 등이 노구치 고조에게 달려들었다. 노구치 고조는 자전거를 타고 남양 방면으로 도망갔다. 송산면사무소 뒷산에서 시위를 벌이던 시위대는 노구치 고조를 추격했다. 동리 동쪽 끝에 있는 사강주재소 부근 도로에서 노구치 고조를 포위했다. 오후 3시 30분, 시위대는 노구치 고조에게 돌을 던져 땅바닥에 넘어뜨린 뒤 곤봉으로 가격했다. 노구치 고조는 현장에서 뇌진탕과 골절로 즉사했다(독립운동사편찬위원회, 1970a, 165~167쪽 참고). 일제는 노구치 고조 피살에 대한 보복으로 수원 만세시위 참가자에 대한 대대적인 검거에 나섰다. 홍대우의 집은 서신면 전곡리 400번지에 있었는데, 일경은 그의 집에 들이닥쳐 불을 지르고 집 부근에서 홍대우를 쏴 죽였다.

헌병대사령부는 노구치 고조가 피살된 데 이어 발안장에서도 맹렬한 시위가 전개되자 수원 안성 지방에 대해 대규모 검거단을 구성했다. 군경은 헌병장교와 경부 등을 지휘관으로 4개의 체포조를 꾸렸다.

4월 3일 오전 10시 30분, 수원군 장안면 조암장터. 우정면의 차희식과 장안면의 차병혁, 김영세 등의 주도로 2000여 명이 참여한 가운데 독립선언식이 열렸다. 차희식이 등단해 독립선언서를 낭독하고 만세를 삼창했다. 주민들은 만세를 소리 높여 외쳤다. 참가자들은 이제 조선은 독립됐다며 기뻐했다(독립운동사편찬위원회, 1970a, 161쪽).

시위대는 장안면사무소와 쌍봉산, 우정면사무소를 거쳐 화수리 주재소로 몰려갔다. 최장섭은 학각리 송지문, 박재남, 김백민 등과 함께 주재소로 시위대를 이끌었다. 시위대는 2500여 명으로 불어났다.

시위대는 오후 5시쯤 사면에서 함성을 지르며 주재소로 돌진했다. 일본인 경찰부장 가와바타 도요타로(川端豊太郎)는 처음 시위대를 향해 공포를 쐈다. 나중에는 실탄을 쐈다. 이경백이 쓰러지고, 두 사람이 중상을 입었다. 이때 최장섭이 소리쳤다.

"저놈을 죽여라."

시위대가 다시 집결해 경찰과 투석전을 벌였다. 최장섭이 던진 돌이 가와바타 도요타로의 머리에 명중했다. 가와바타 도요타로가 권총을 떨어뜨렸다. 여러 사람이 돌을 던져 가와바타 도요타로를 쓰러뜨렸다.

"경찰이 죽었다. 주재소를 불 지르자."

시위대는 주재소 안으로 뛰어 들어갔다. 시위대는 한국인 순사보 이용상을 붙잡아 매를 때리고 주재소에 방화했다(독립운동사편찬위원회, 1970a, 163쪽; 한국독립운동사편찬위원회, 2009a, 60~62쪽; ≪大阪每日新聞≫, 1919. 4. 7b, 2면; 윤소영 편역, 2009b, 231쪽 참고).

사강장(3월 28일)과 발안장(3월 31일), 조암장(4월 3일) 시위 등 잇단 수원의 독립만세시위는 '수원 의거'로 평가되고 선천, 수안, 창원 삼진 의거와 함께 3·1운동 4대 의거로 기록된다. 하지만 일제 측에서는 3월 28일 순사부장 노구치 고조에 이어 4월 3일 경찰부장 가와바타 도요타로까지 숨지자 '발안장 시위'를 주목하면서 강경 진압에 나서게 된다. 일제는 이날부터 4월 중순까지 64개 부락을 대상으로 대대적인 검거 작전을 벌였다. 이를 통해 약 800여 명을 검거하고 17개소에서 가옥 276호를 불태웠다. 이 과정에서 수원 제암리 학살 사건 등이 발생한다(한국독립운동사편찬위원회, 2009a, 89쪽 참고).

일본군 수원 수비대는 4월 4일 오전 수원군 발안장 시위를 주도한 지도부 검거와 함께 사건 진상 파악을 위해 수원군 장안면 화수리 주재소를 찾아서 현장을 조사했다. 일본인 사다(佐田)는 장안면 화수리주재소 현장에서 '대한독립만세 수원군 장안면 수촌리'라고 쓰인 깃발을 발견했다. 깃발은 이봉구가 만들어 화수리주재소를 습격할 때 주재소로 달려가다가 넘어지는 바람에 버리고 나왔던 것으로 알려져 있다. 사다는 이 깃발을 보고 수촌리 주민들이 만세시위를 선동했을 것이라고 단정했다. 수촌리는 이에 엄청난 피해를 겪게 된다.

천안 아우내장터의 외침

4월 1일 화요일 오후 1시, 충청남도 천안군 갈전면 아우내(並川)장터. 장날을 맞아 많은 사람들로 붐빈 가운데 김교선, 한동규, 이순구 등 20대 청년들이 시장 길목을 지키면서 사람들을 붙잡고 만세시위 참여를 권유하고 있었다. 이때 별안간 시장 안쪽에서 만세 소리가 울려 퍼졌다. 만세시위를 준비해온 또 다른 무리가 시위를 시작한 것이다. 조인원, 유관순 등 동면계 사람들이었다.

조인원은 '대한독립'이라고 쓴 큰 깃발을 세우고 독립선언서를 낭독했다. 그는 유중권, 유중무, 조병호 등과 함께 큰 소리로 대한독립만세를 불렀다. 사람들도 호응해 대한독립만세를 큰 소리로 외쳤다.

김상철 등 수신면과 성남면계 지도부도 주민들을 이끌고 시장으로 들어가 동면계 사람들과 합류했다. 시위대는 3000여 명으로 불어났다. 시장 안은 삽시간에 흥분의 도가니가 됐다. 주민 3000여 명이 참가한 가운데 조인원의 선도로 시위가 시작됐다. '아우내 장터 3·1운동'이 시작된 것이다(박충순, 2002. 12, 82~83쪽 참고).

재판 기록을 토대로 살펴보면 아우내장터 만세시위는 두 주체가 합류해 하나의 운동으로 크게 확대된 것을 알 수 있다. 수신면 및 성남면계와 동면계의 두 주체가 각각 나름의 운동을 준비하다가 하나의 운동으로 합쳐지면서 규모가 커진 것이다(민족운동총서편찬위원회, 1980, 104쪽; 박충순, 2002. 12, 81쪽 참고). 즉, 수신면과 성남면계는 홍일선의 제안으로 김교선, 한동규, 이순구, 이백하 등 20대 청년들이 운동을 펼치게 됐다. 반면, 동면계 운동은 용두리 지렁이골 유중권의 딸인 유관순이 경성 이화학당에 재학 중에 3월 5일 남대문 운동에 참가했던 경험을 고향에 내려와 마을 어른들에게 전하면서 시작됐다. 유관순이 독립선언서를 몰래 가지고 내려와 마을 어른인 조인원, 아버지 유중권, 숙부 유중무 등에게 보이고 경성 상황을 자세히 보고했다는 주장(독립운동사편찬위원회, 1970b, 120~121쪽 참고)도 있고, 고향 어른들이 먼저 유관순과 사촌언니인 유예도에게 "너희들이 경성에서 만세를 부른 식대로 우리도 부르자. 그렇지 않으면 독립 후에 무슨 면목이 서겠느냐"라고 하면서 운동을 제기했다는 자료(3·1여성동지회 문화부, 1980, 394쪽.; 박충순, 2002. 12. 84쪽 참고)도 있다.

운동을 누가 먼저 제의했든지 간에 동면계 시위는 유관순의 귀향을 계기로 이뤄졌음이 분명하다. 유관순은 1902년 12월 16일 충청남도 목천군 이동면(현재 천안시 병천면) 지령리에서 아버지 유중권과 어머니 이소제의 3남 2녀 중 둘째 딸로 태어났다. 유관순은 1916년 감리교 충청남도 공주교구의 미국인 여성 선교사 앨리스 샤프(Alice Sharp)의 추천으로 경성 이화학당 보통과 3학년에 교비생으로 편입학했다. 교비생은 학비를 면제받고 졸업 후에 교사로 일하는 학생이다. 유관순은 1919년 이화학당 고등부로 진학했다가 3·1운동을 겪었다.

3월 1일 당시 이화학당의 학생들은 두 가지 운동을 전개했다. 신특실, 노예달 등은 파고다공원의 3·1만세운동에 직접 참여했고, 유관순과 서명학, 김복순, 김희자, 국현숙 등 '5인 결사대'는 기숙사 뒷담을 넘어 소복을 하고 대한문 앞으로 가서 서거한 고종에 대해 망곡했다(이화100년사 편찬위원회 편, 1994, 162쪽; 박충순, 2002. 12, 62쪽 참고).

학교 측은 문을 잠그고 교정을 지켜 학생들의 3월 5일 연합시위 참여를 막으려 했지만, 유관순을 포함한 학생들은 시위에 참가했다. 신특실, 유점선, 노예달 등은 검거됐고 유관순도 경찰에 붙잡혔지만 곧 석방됐다.

경성 시위가 극심해지자 일제는 3월 10일 전국적으로 휴교령을 내렸다.

유관순은 3월 13일 고향인 천안으로 내려왔다. 유관순이 천안에 내려가던 상황에 대해 유관순과 이화학당 기숙사에서 5년간 한방을 사용한 보각 스님은 훗날 인터뷰에서 다음과 같이 증언했다.

"관순이가 우리가 지금 만세 부르고 나라를 찾으려는데 공부할 게 아니다, 우리도 각자 시골로 가서 일을 하자 만세운동을 부르자 그렇게 우리끼리 결의를 했어요. 그날 밤중에 전부 우리가 의논을 하고 나이 먹은 사람은 괜히 혓쪽을 찌고 이북 사람은 머리에 수건을 쓰고 남대문역에서 전부 차를 타고 갔어요, 교장도 모르게. 나중에야 교장이 알고 문을 다 닫아놓고, 하나도 없지 우리가 다 가고 선생님들도 다 가고. 그래서 남대문역에서 차를 타고 가는데 관순이가 그래요. '얘들아 이 차 소리가 어떻게 들리니?' 그러니까 어떤 아이가 '동전 한 푼 동전 두 푼이라고 하는 것 같다' 그랬더니 관순인가 '내 귀에는 대한독립 대한독립이라고 들린단다' 그러는 거예요. 그래서 우리가 손뼉을 치고 '대한독립! 대한독립!'을 불렀지요. 그랬더니 차장이 오더니 '학생들 나 좀 살려달라고, 이렇게 하면 차가 통과할 수가 없다, 마음으로 하고 입으로는 하지 마라, 나 잡혀가면 이 차가 통하지 못한다'고 하는 거예요. 그 아저씨 가고 또 우리가 대한독립 대한독립을 또 불렀지요. 관순이는 천안이라 대전 가기 전에 내리는데 우리가 '관순아 우리 언제 만나지?' 그랬더니 관순이가 '독립만세 부르고 독립되면 기안에서 만나자' 그래서 우리도 관순이를 따라 대한독립 대한독립을 외쳤어. 그땐 편지도 잘 통하지 못하고 신문이나 전화가 없어서 그래서 헤어지고 나서 지방에 가서 지방 학생들을 모아 약속을 해 만세를 부르고, 지방에서도 잡혀가고 야단이 났어."(김기창, 2003. 12, 337쪽)

경성 소식을 접한 동면계 사람들은 4월 1일 만세시위를 계획하고 조인원이 속회장을 맡고 유중무가 가르치던 감리교 예배당에서 태극기를 만들었다. 천안 길목은 조병호, 수신면 쪽은 조만형, 진천 쪽은 박봉래에게 연락을 맡겼다. 3월 31일 밤 자정에는 아우내시장을 중심으로 천안 길목과 수신면 산마루, 진천고개마루에 이튿날 거사를 알리는 횃불을 놓았다(도윤정, 2000. 2, 11쪽 참고).

4월 1일 아침, 시위를 계획한 이들은 아우내시장으로 몰려갔다. 장꾼들에게 태극기를 나눠주는 일은 여자들이 맡았다. 유관순의 모친 이소제는 청주 나들이 동남쪽, 관순의 진구 부덕은 연기 쪽 전의 나들이 아래 뚝 길목, 관순의 사촌언니 유예도는 천안 나들이 새고개목 서쪽, 그 외에 여자들은 치마에 태극기를 감추고 몰려드는 장꾼들에게 나눠줬다(3·1여성동지회 문화부, 1980, 428쪽.; 박충순, 2002. 12, 86쪽 참고).

병천 헌병주재소 소장 코야마(小山) 등 5명은 만세 소리에 아우내 장터로 즉각 출동했다. 코야마는 헌병 보조인 정수영과 맹성호에게 "장터로 출동하니 주재소 사무소를 지키되 발포할지도 모르니 발포 준비를 하고 있으라"고 명령했다.

코야마 소장은 시위대의 해산을 종용했다. 시위대는 불응했다. 시위가 끝나고 해산할 무렵, 주재소 헌병 5명이 발포했다. 진명학교 교사 김구응이 총탄에 맞아 숨졌다. 김구응의 모친 최 씨가 시신을 안고 통곡하자 헌병은 노모마저 칼로 찔러 숨지게 했다. 오후 4시쯤 유관순의 아버지 유중권도 헌병의 총검에 좌복부와 머리를 찔려 빈사 상태에 빠졌다.

유중무는 형 유중권을 업고 유관순, 김용이, 조인원, 조병호 등 40여 명과 함께 주재소로 몰려갔다. 헌병에게 치료를 해달라고 항의했다. 유중무는 두루마기 끈을 풀어 제치고 헌병에게 큰 소리로 항의했다.

"형을 치료해달라."

조인원도 저고리를 벗은 뒤 주재소장과 헌병 상등병의 총부리를 잡아제쳤다. 유관순은 주재소에 도착해 주재소장에게 항의했다.

"제 나라를 되찾으려고 정당한 일을 했는데 어째서 무기를 사용해 내 민족을 죽이느냐."

김용이는 헌병 보조원을 향해 "너희들은 조선 사람이면서 무엇 때문에 왜놈의 헌병 보조원을 하느냐, 몇십 년 보조원을 해먹을 생각이냐"고 호통쳤다. 그는 맹성호가 부상자에게 더운물을 주려고 주전자를 내어주자 주전자를 맹성호의 가슴에 집어 던졌다.

그 사이 성남 및 수신면의 김교선과 한동규, 이백하 등 150여 명이 주재소에 몰려왔다. 이들은 태극기를 흔들며 독립만세를 불렀다.

주재소의 헌병 5명은 주재소 입구 왼쪽 벽에 병렬하며 시위대를 막아섰다. 시위대는 사상자 발생에 항의하고 구금자 석방을 요구하면서 헌병들에게 항거했다. 일부는 돌을 던져 주재소의 유리창을 깼다. 일부는 헌병이 소지한 기총에 달려들어 탄약 상자를 잡아당겼다.

유관순은 소장의 옷에 혈흔이 있음을 가리키며 무엇인가를 외치고 소장의 멱살을 쥐고 끌어내리려 했다. 이때 헌병들이 권총을 발사했다. 조인원은 총탄에 왼쪽 가슴을 맞았고 왼팔은 총검에 찔렸다.

그즈음 천안 철도엄호대장 가부토(甲) 대위 등 6명이 자동차로 도착했다. 헌병들은 보병과 함께 시위대를 해산시켰다. 천안 헌병대도 헌병 5명과 보병 일부를 증파했다. 일제 군경이 시위대를 향해 발포했다. 유관순의 아버지 유중권을 비롯해 김상헌, 서병순, 박학영 등 19명이 숨졌다. 속장 조인원 등 43명이 부상을 입었다. 유관순 등 24명은 체포됐다. 시위대는 후퇴했다.

해가 진 후 상등병 이하 일제 군경 5명은 귀대하지 않고 주재소에 남아 헌병들과 경계했다.

유관순은 시위를 주도한 혐의로 천안의 유치장에서 10여 일 구금됐다가 공주지방법원으로 송치됐다. 그는 이곳에서 투옥된 오빠 유우석과 잠깐 마주치기도 했다. 유우석이 훗날 언론과의 인터뷰에서 동생과의 짧은 조우를 회상한 것을, ≪조선일보≫가 1961년 8월 26일 자에서 보도했다.

"공주의 재판소와 형무소의 사잇길에서 나는 재판이 끝나 형무소로 가는 길이고 관순이 재판을 받으러 형무소에서 나오는 길이었어. 서로 용수를 쓰고 수의를 입었지만 걸음걸이나 맵시로 대뜸 알아볼 수 있더군. 고함 소리로 '잘 있었느냐. 내 걱정 말아라'고 외치니 '그러세요. 편히 게서요' 역시 고함 소리로 대꾸했어."(윤춘병, 1988, 121쪽 재인용)

해주 기생 시위와 철시 해제 강압

4월 1일, 황해도 해주군 종로. 군민 3000여 명이 태극기를 흔들고 독립 만세시위를 벌였다. 읍내 기생들이 잠가해 손가락을 깨물어 피로 그린 태극기를 들고 만세를 불렀다. 기생조합장 문월선(본명 문응신)을 비롯해 김해 중월(본명 김용성), 김월희(본명 김성일), 문향희(본명 문재민), 화용(본명 김화 용), 금희(본명 송금희), 옥채주(본명 옥운경) 등 8명이 구금돼 옥고를 치렀다.

특히 문월선을 비롯한 해주 기생들의 만세 전후 사정, 해주감옥에서 치른 옥고와 고문 등은 고스란히 기록으로 남았다. 3·1운동에 참가했던 여기자 최은희는 해주감옥에서 옥고를 치르며 해주 기생들이 고문당하는 광경을 직접 목격했고 출소한 이후에도 이들을 취재했다.

최은희의 책 『여성을 넘어 아낙의 너울을 벗고』(2003, 305~319쪽)에 따르면, 3월 하순 어느 날 밤 김월희는 평소에 호형호제하며 가장 친하게 지내고 속뜻을 말할 수 있는 몇몇 동료를 자기 집으로 불렀다.

"얘들아, 우리가 아무리 기생 노릇을 할지언정 이 나라 백성되기야 매일 반 아니냐. 더구나 우리는 수양산의 정기를 타고난 여성들이다. 이 나라 우로지택(雨露之澤)을 받고 자랐으니 우리도 조국의 은혜를 보답할 때가 온 줄 안다. 힘을 합해 독립운동의 투사가 돼보자."

그녀들은 남자의 힘을 빌리지 않고 자기들끼리 모든 일을 준비할 것을 다짐하면서 "우리는 죽어도 같이 죽고 살아도 같이 살 합심동체 다섯 자매"라고 굳은 언약을 했다.

문월선, 김월희, 김해중월, 문향희, 옥채주는 청요리집 '복풍원' 뒤채의 온돌방 하나를 세 얻어 자리를 잡고 외부와 연락을 끊었다. 4월 1일 오전 10시로 거사일을 정했다.

독립선언서를 얻을 수 없어 김월희와 문월선은 국문으로 글을 지었다. 문장이 유치한 것 같았지만 자신들의 진심이 담겼으므로 마음이 흐뭇했다. 다 같이 일어나서 독립을 쟁취하자는 내용이었다.

"실물이 모여 대하를 이루고, 티끌 모아 태산도 이룩한다 하거늘, 우리 민족이 저마다 죽기를 작정하고 마음에 소원하는 독립을 외치면 세계의 이목은 우리나라로 집중될 것이요, 동방의 한 작은 나라 우리 대한은 세계 강대국의 동정을 얻어 민족자결 문제가 해결되고 말 것이다."

그녀들은 이 글을 일본인이 경영하는 활판소에 맡겨 5000장을 인쇄하게 하고, 옥양목 한 필을 사서 반듯반듯하게 베었다. 김월희와 문월선은 빨간 잉크와 묵즙을 사용해 태극과 사괘를 그려놓았고 문향희와 옥채주, 김해 중월은 짧게 자른 가느다란 대나무 가지에 붙여 수기를 만들었다. 광주리 3개에 가득 담아놓았다. 큰 태극기 5폭에는 깃대를 달지 않고 4면 가장자리를 재봉침으로 박았다.

4월 1일 오전 10시, 그녀들은 흰 옥양목 치마저고리를 차려 입고 흰 머리띠로 치마를 휩싸서 졸라맨 다음, 머리에는 태극 수건을 쓰고, 발에는 검정 발막을 신었다. 활판소에서 찾아온 선언서 대용의 유인물도 광주리에 담았다. 태극기 세 광주리와 함께 복풍원에서 거리로 날라 왔다. 누구든지 손쉽게 집어 갈 수 있도록 남문 안 원봉생이 경영하는 상점 등 몇 군데 큰 상점 앞에 좌우로 갈라놓았다. 원봉생은 포목전과 사기전을 하던 상인이었다.

그녀들은 김월희를 선두로 일렬로 서서 남문 쪽을 향해 나가며 태극기를 휘두르고 유인물을 뿌리며 독립만세를 낭랑하게 외쳤다. 잠깐 사이에 사람들이 몰려들기 시작했다. 남문 밖 배포장 거리에서는 키가 작은 문월선이 시위대에게 둘러싸여 즉흥적으로 호소문을 읽으면서 답보를 했다.

남문을 통과해 나오는 사람들 중에는 유인물과 태극기를 한 아름 안고 와서 행진에 참가하는 사람들에게 나눠 주는 이도 있었다. 이 소식은 순식간에 온 시내에 퍼졌다. 동료 기생들이 달려왔다. 권번에서 공부하던 동기들도 따라 나왔다. 사람들은 자꾸 모였다.

그녀들이 앞장선 행렬이 재판소 앞까지 나갔다가 동문 안으로 들어와 종로통에 들어설 무렵에는 사람사태를 이뤘다. 해주성 안팎 사람들이 몽땅 떨쳐 나온 듯 남녀노소가 들끓으며 행로를 메웠다. 거대한 인파가 종로 네거리를 향해 다가올 때 일제 기마병들이 말 머리를 들이댔다.

어른과 아이가 쓰러지고 짓밟히고 머리가 터지고 피가 흐르고 "사람 살려"라 울부짖고 아우성을 지는 틈에서 무장한 헌병들은 기생들의 멱살을 잡아 끌어냈다. 기생들은 "비겁하게 우리가 달아날 줄 알아! 멱살을 왜 잡아!"라고 호령했다. 젊은 부녀자들도 거리로 나왔다.

다섯 자매는 앞장을 서서 가다가 종로경찰서 문 앞에 이르자 길에서 잔돌을 주워 양손에 쥐고 들어가 유리창을 모조리 때려 부수었다. 경찰서에서는 그녀들을 무덕전 광장으로 끌고 들어갔다. 그녀들은 거기서 다시 만세를 불렀다. 기마병이 주위를 에워싸고 무장 헌병과 경찰이 총칼을 번득이는 그 삼엄한 경계 속에서도 그녀들은 계속 만세를 불러댔다.

경찰은 그날 대강 취조를 해보고 난 뒤 다른 기생들은 다 돌려보내고 주모자 5인 이외에 김화용, 이벽도, 송금희 등 3명을 더해 8명을 해주감옥에 유치했다.

그날 밤부터 종로경찰서 형사부장 나카무라(中村)가 출장을 나와 취조를 시작했고 날마다 악형이 심해져 갔다.

"네까짓 기생 년들이 무슨 독립운동이냐, 부자 서방이나 얻어 호강하면 상팔자지. 너희 기둥서방이 꼬드기더냐! 너희들을 선동한 놈이 누구란 말이냐. 이름만 대면 곧 집으로 돌려보낼 테다."

배후 관계가 있는 것으로 심증을 굳히고 취조의 초점을 배후 규명에 뒀다. 똑바로 사실을 밝혀도 그 말을 믿지 않았다.

"우리는 일본 기생들과 다르오. 내 나라를 사랑할 줄 아는 한 사람의 여성이란 말이오."

"건방진 년들 같으니. 너희들이 제2의 논개가 될 테냐, 제2의 계월향이가 될 테냐. 애국자 년들 매맛 좀 보아라."

가죽 채찍이 마구 날아왔다. 김화용, 이벽도, 송금희는 미성년에 주모자로 분류되지 않아 구류 기간에 석방됐다. 다섯 자매는 구류 갱신을 해가며

2개월 동안 지독한 고문을 당했다. 두 팔을 뒤로 젖히고 겨드랑 밑으로 밧줄을 넣어 천장에 매달고, 발이 바닥에 닿을락 말락 몸을 늘어뜨려 놓고, 가죽 채찍으로 윙 소리가 나게 마구 갈겼다. 거품을 물고 기절하면 끌어내려 얼굴에 찬물을 뿜었다. 정신이 들면 다시 꼬집고, 때리고, 주리를 틀고, 불꼬챙이로 찌르고, 대꼬챙이로 손톱 밑을 젖혔다. 참을 수 없는 고통에 내지르는 비명은 듣는 이의 모골을 송연하게 했다고 한다.

그녀들은 온몸에 멍이 들고, 화상을 입고, 시퍼런 매 자국은 부풀어 올랐다. '방울쇠'라는 별명을 듣는 여간수가 번을 드는 날은, 운동 시간이 되면 오래도록 햇볕에 앉아 몹쓸 매 자국을 들춰보며 눈시울을 적시기도 했다. 아리시마(有島)는 "해주 기생들의 만세운동에 자극을 받아 장연, 안악, 풍천, 은율 기생들이 들고일어나 만세 소동이 벌어졌다"고도 일러주었다. 5자매는 공판 결과 김월희와 문월선은 징역 6개월, 김해중월과 문향희, 옥채주는 징역 4개월을 언도받고 복역했다(최은희, 2003, 305~319쪽 참고).

오후 3시, 강원도 횡성군 장터. 장꾼을 비롯해 군민 1300여 명이 모여 독립만세를 외쳤다. 천도교 교구실에는 태극기가 높이 내걸렸고 상점들은 철시했다. 시위대는 태극기나 몽둥이가 아니면 장작을 들고 관공서 앞의 게시판, 군청 건물, 문을 닫지 않은 상점을 파괴했다.

일제 관헌은 오전부터 비상태세에 돌입했지만 대규모 시위대를 피해 군청과 면사무소 등의 중요 서류를 감추고 몸을 숨겼다. 이때 횡성 헌병분견소의 헌병 고지마(小島)가 말을 타고 거리에 나타났다. 시위대는 고지마 앞으로 몰려갔다. 최동수는 말 위에 뛰어올라 고지마를 끌어 내린 뒤 밟고 때렸다. 이때 총소리가 울리기 시작했다. 시위대는 일단 해산했다.

날이 저물자 시위대는 다시 몰려다니며 시위를 벌였다. 장터의 어느 구석에서 만세 소리가 울려 퍼졌다. 시위대는 다시 헌병분견소를 향해 움직였다. 일제는 이미 원주 보병의 지원을 받아 엄중한 경계를 펴고 있었다. 시위대가 분견소를 육박해오자, 일제 헌병은 시위대 선두에 총격을 가했다. 만세 소리와 총소리, 아우성이 뒤범벅됐다. 5명이 현장에서 숨졌고, 8

명이 부상을 입었다(경성지방법원 판결문, 1919. 5. 2, 천선재의 것, 판결문철 제13책, 586쪽; 한국독립운동사편찬위원회, 2009a, 113쪽 참고).

일제 관헌은 시체를 면사무소에 가져다 놨다. 둔둔리 사람들은 면사무소로 가서 하영현과 강사문의 시체를 찾아 걸머메고 동리로 돌아갔다. 둔둔리 주민들은 4월 5일에도 원주군 소초면 평장리로 몰려가 시위를 벌이기도 했다(독립운동사편찬위원회, 1970a, 577~578쪽).

밤 11시, 평안북도 벽동군 벽동읍. 이미 3월 30일과 31일에 평화적인 독립만세시위를 벌인 주민 1000여 명이 폭죽 신호에 따라 사방에서 읍내로 몰려왔다. 이들은 시위를 막아서는 헌병대와 충돌했다. 일본 수비대가 황급히 출동해 발포했다. 12명이 죽거나 다쳤다. 25명이 체포됐다(한국독립운동사편찬위원회, 2009a, 269쪽 참고).

이날 충청남도 대전군 대전면 혼마치 2가 대전시장에서도 장날을 맞아 산내면 삼괴리 김직원과 산내면 침산리 박종병 등의 주도로 주민 400여 명이 태극기를 흔들면서 독립만세를 외쳤다. 이들은 시장을 돌면서 독립만세시위를 벌였다. 시위대는 시위를 가로막아선 일제 경찰과 충돌했다. 일제 경찰은 혼마치 1가 소재 일본인 소학교 근처에 매복해 있다가 만세를 부르는 시위대에게 총격을 가했다. 박병권, 대전 읍내의 정대귀와 방춘실, 동면 신촌리의 김국보 등 16명이 숨졌다. 임동빈 외 수십 명이 부상을 입었다. 일본 경찰 3명도 부상을 당했다(독립운동사편찬위원회, 1970b, 99쪽; ≪大阪朝日新聞≫, 1919. 4. 3c, 석간 2면; 윤소영 편역, 2009a, 181쪽 재인용).

'조선소요사건 일별조표'에 따르면, 4월 1일 54곳에서 만세시위가 벌어졌고, 20곳에서 시위대와 일본 군경이 충돌했으며, 8곳에서 일본군의 발포가 이뤄졌다(윤병석, 2013, 438쪽 참고).

오전 10시, 경성 조선총독부 경기도청. 경기도 장관 마쓰나가 다케키치(松永武吉)와 경성 헌병대장 겸 경무부장 시오자와 요시오는 주요 조선인 상인 40명을 소환했다. 마쓰나가 다케키치는 단호한 어조로 조선인 상인들에게 개점을 촉구했다. 명령이었고 경고였다.

"경기 부윤 및 경찰서장이 불령선인의 협박을 받아 폐점 휴업했던 것을 신속히 개점하도록 설득했음에도 여전히 개점하지 않는 것은 선량한 상민의 행동으로 인정할 수 없다. 이와 같은 경우는 자타의 손실을 초래할 뿐 아니라 오히려 공안을 해치는 것이므로 신속히 개점해야 한다. 만약 응하지 않으면 법규에 비춰 엄중 처벌할 것이다. 불순한 무리의 협박에 대해서는 엄중한 단속을 할 것이다."(≪大阪朝日新聞≫, 1919. 4. 3a, 석간 2면; 윤소영 편역, 2009a, 180쪽 재인용)

일본 경관들은 이날 경성 조선인 거리에 일본 군대가 삼엄하게 경계하는 가운데 출동해 조선인 상점을 열라고 명령했다. 일본 경찰들은 조선인 점주가 요구에 응하지 않으면 체포했다(≪大阪朝日新聞≫, 1919. 4. 3a, 석간 2면; 윤소영 편역, 2009a, 180쪽 참고).

일제 관헌은 철시한 한국인 상점을 개점시키기 위해 한국인 상인들을 겁박하고 서약서를 강요하기도 했다. 미국기독교교회총연합회 동양관계위원회가 미국 의회에 제출한 자료 『한국의 정세(The Korean Situation)』에는 이런 내용을 담은 한국인 점원의 진술이 실려 있다. 즉, 한국인 점원에 따르면, 가게 문을 열지 않았던 그는 4월 1일 일제 관헌에 의해 경찰부에 연행돼 갔다. 이미 많은 한국인 상인들이 와 있었다. 경찰들은 한국인 상인들에게 상점을 한 달 동안이나 닫아둬 법률을 위반했지만 이번에는 관대하게 용서해주겠다며 앞으로 가게 문을 열지 않아 법을 어길 경우에는 가혹한 처벌을 받게 될 것이라고 경고했다. 경찰은 그러면서 "우리들을 도와 보호해준다면 당장 가게 문을 열겠다"는 서약서를 나눠 주고 서명을 강요했다. 서약서 서명을 거부하는 자는 석방되지 않을 것이라고 위협했다. 결국 모든 한국인 상인이 서명했다. 한국인 점원은 이후 마지못해 가게 문을 열었다. 경찰은 한국인 점원이 다음 날인 4월 2일 가게를 늦게 열자 다시 불러 뺨을 때리고 "나는 아침 8시경 가게 문을 열 것을 약속한다"는 서약서에 도장을 찍게 했다. 한국인 점원은 4월 4일부터 오전 8시에 가게를 열어야 했다고 말했다(독립운동사편찬위원회, 1971a, 399~400쪽).

4월 1일, 북간도 훈춘 북쪽에서 150리 거리에 위치한 훈춘현 탑도구(塔道溝)에서 황병길의 주도로 재류 동포 2000여 명이 모여 대한독립만세를 소리 높여 외치고 시위를 벌였다. 제2차 훈춘 시위였다. 근처 사타진구에서도 만세시위가 벌어졌다. 시위대에서 한 동포가 외쳤다.

"두만강을 건너서 국내까지 밀고 들어가자."

일제는 두만강 건너편에서 벌어지던 훈춘 독립만세시위를 신중하게 지켜보면서 신경을 곤두세우고 긴장했다(독립운동사편찬위원회, 1970b, 711쪽).

서간도 콴뎬현 소불태원(小不太遠)에서도 이날 재류 동포 100여 명이 모여 독립만세를 소리 높여 외쳤다. 이들은 반민족적 행위를 일삼아온 한인조합 지부로 몰려가 지부장인 친일파 이찬봉에게 조합 사무를 중지하라고 경고했다(독립운동사편찬위원회, 1970b, 720쪽).

일본에서는 요시노 사쿠조의 영향 아래 결성된 일본 학생운동단체 '신인회(新人會)'가 기관지 ≪데모크라시≫ 4월 1일 자 호에 3·1운동에 지지를 보내는 일본인의 목소리 "조선청년 제군에게 격한다"를 게재했다.

"우리는 여러분의 동포가 자유의 천지를 활보하며 곧바로 인류로서 올바른 생활을 획득하는 날이 하루빨리 오기를 열망한다. 인류에 눈뜬 우리는 지금 자국이 여러분에게 행한 것을 정당한 권리라고 하는 식의 폭학스러운 마음을 갖고 있지 않다. 우리는 우리의 정부가 여러분에게 가한 행위를 진심으로 치욕으로 여기고 그것을 증오한다. … 우리도 역시 전력을 기울여 조선의 자유의 날이 오도록 노력하고 싶다."(강덕상, 2002/2007, 443쪽 재인용)

총리 하라 다카시는 이날 총리 관저에서 각의를 열고 야마가타 이사부로 정무총감으로부터 조선 상황 등에 대한 보고를 청취했다(原奎一郎 편, 1950, 188쪽).

최대 시위와 13도 대표자회의

4월 2일 낮 12시, 경상남도 함양군 함양장. 장꾼 약 3000명이 모인 가운데 김한익이 시장 중앙에 쌓여 있는 소금 가마니 위에 올라섰다. 그는 몸속에 숨겨온 태극기를 꺼내 흔들면서 독립만세를 선창했다. 사람들이 일제히 호응했다(독립운동사편찬위원회, 1970b, 341쪽).

주민들은 이어 시장을 누비면서 만세시위를 전개했다. 일제 헌병이 김한익을 검거했다. 시위대는 헌병분견소로 몰려가서 만세를 소리 높여 외쳤다. 시위 대열에서 나온 하승현이 외쳤다.

"검거한 우리 애국 인사를 즉각 석방하라!"

윤영하가 분견소 정문을 박차고 돌진했다. 헌병들은 일제히 총격을 가했다. 윤영하가 그 자리에 쓰러졌고, 하승현도 현장에서 즉사했다.

하승현의 아버지 하재연과 숙부 하재익은 하승현의 사망 소식을 듣고 분견소로 육박해 갔다. 헌병은 다시 사격을 가했다. 하재익과 하재연도 총탄에 쓰러졌다. 시위대는 해산했다. 김한익 등 여러 명이 검거돼 유죄 판결을 받아 징역을 살았다(독립운동사편찬위원회, 1970b, 342쪽).

오후 3시, 경상남도 통영군 통영읍 통영시장. 장날을 맞아 장꾼 4000여 명이 모여들었다. 강윤조, 고채주, 김영중은 장터 한복판에서 대한독립만세를 큰 목소리로 외쳤다. 사람들은 여기에 호응해 독립만세를 외쳤다. 상인들은 재빨리 전(廛)을 거두고 만세시위에 호응했다.

기생들도 시위에 가담했다. 기생 정홍도와 이국희는 금비녀, 금반지를 팔아 광목을 구입해 소복 차림을 하고 나왔다. 수건으로 허리를 둘러맨 기생 33명은 태극기를 들고 만세시위를 전개했다. 이들은 예기조합에서 출발해 우편국 앞을 거쳐 중앙시장 복판을 뚫고 지나면서 목이 터지도록 만세를 외쳤다(독립운동사편찬위원회, 1970b, 259쪽).

시위대는 독립만세를 부르면서 경찰서로 몰려갔다. 미국 하와이로 이민 갔다가 귀국해 체류 중이던 고채주도 독립만세를 연호했다. 경찰은 시위대에게 소방용 호스로 물을 퍼부었다. 시위대의 만세 소리는 그치지 않았다. 일제는 총검으로 시위대를 막아섰다. 시위대는 해산했다. 주동 인물 9명이 검거됐다. 기생 3명도 포함돼 있었다(독립운동사편찬위원회, 1970b, 260쪽).

『독립운동사 제3권』(독립운동사편찬위원회, 1970b, 260쪽) 등에 따르면, 기생 이국희는 나중에 법정에서 독립을 당당하게 주장해 화제가 됐다. 이국희가 판사에게 물었다.

"여성으로서 본부(本夫)와 간부(姦夫)가 있는데 어느 남편을 받들어 섬겨야 여자 도리에 합당하겠습니까."

판사는 "물론 본부를 섬겨야 옳지"라고 대답했다. 이국희는 판사의 대답을 기다렸다는 듯이 다음과 같이 말했다.

"우리가 독립운동하는 것은 여자가 본부를 찾아 섬기는 일입니다."

이국희는 조선이 '본부'이고 일본제국이 '간부' 격인데 자신은 본부를 섬길 것이라면서, 독립운동을 하는 것이야말로 본부를 찾아 섬기는 것이라는 취지로 독립운동의 정당성을 강조한 셈이다(독립운동사편찬위원회, 1970b, 260쪽).

오후 3시, 경상남도 창원군 창원읍 장터. 장날이라 많은 장꾼이 모여들었다. 시위를 준비해온 청년 15명이 대한독립만세를 부르면서 시장으로 들어왔다. 주민들이 열광적으로 호응해 만세시위가 전개됐다. 주재 헌병 9명은 재빨리 마산 헌병분견소에 응원을 요청해 병사를 지원받았다. 헌병들은 주동자 1명을 검거하고 시위대를 위협했다. 시위는 일단 차단되는 듯했다. 시장 상인들은 노점과 상점 문을 닫고 장꾼들과 함께 만세를 외치기 시작했다. 다시 6000~7000명이 일시에 호응했다. 시위대는 열광적으로 독립만세를 외쳤다. 시위는 몇 시간 동안 전개됐다. 마산 헌병분견소로부터 많은 응원 병력이 급파됐다. 일제 군경은 총검을 앞세워 시위대를 막아섰다. 시위대는 해산했다. 주동 인물 20명이 검거됐다(독립운동사편찬위원회, 1970b, 242쪽).

황해도 평산군 평산읍. 채산덕과 조상옥 등의 주도로 주민 300여 명은 이날 만세시위를 전개했다. 세곡면 누천리에서도 만세시위가 벌어졌다. 시위대는 시가지를 돌아 헌병분견소 앞으로 향했다. 시위대가 헌병분견소 앞에 이르자 헌병은 무력을 휘두르며 강제 해산을 시도했다. 시위대는 굴하지 않고 분견소 유리창을 부수고 분견소장 등을 구타했다. 헌병이 무차별 사격을 가했다. 4명이 현장에서 숨졌고, 많은 이들이 부상을 입었다. 또 많은 이들이 검거됐다(독립운동사편찬위원회, 1970a, 246쪽; 한국독립운동사편찬위원회, 2009a, 189쪽 참고).

'조선소요사건 일별조표'에 따르면, 4월 2일 40곳에서 만세시위가 벌어졌고, 11곳에서 시위대와 일본 군경이 충돌했으며, 8곳에서 일본군의 발포가 이뤄졌다(윤병석, 2013, 438쪽 참고).

오후 3시, 경기도 인천 만국공원. 천도교의 안상덕, 기독교의 박용희, 장붕, 이규갑, 불교의 이종욱, 유교의 김규 및 13도 지방 대표 20여 명이 모였다. 그 외에도 조만식, 이용규, 강훈, 김류, 최현구, 이래수, 유식, 김명선, 기식, 김탁, 박한영, 유근, 주익, 전현준, 박장호, 송지헌, 강지형, 홍성욱, 정담교, 이용준, 이동욱, 장정, 장근, 박탁 등이 참석했다. 이규갑의 기억이다.

"4월 2일 아침 나는 권혁채, 홍면희, 안상덕과 넷이 남대문역에서 기차를 타고 인천으로 향했다. 인천 만국공원에서 13도 대표자회의를 열고 앞서 제정한 약법(일종의 헌법)과 임시정부 기구 및 각원 명부, 국민대회 취지서 등을 통과시켜 앞으로 있을 국민대회에서 이를 선포하기 위함이었다. … 오후 3시쯤 만국공원에 당도해 참회한 동지를 은밀히 점검해보니 30명 내외밖에 모이지 않았다. 경성에서 내려가기로 한 각 단체 대표는 천도교 대표 안상덕, 야소교 대표로 박용희와 장붕, 이규갑, 홍면희, 권혁채 그리고 유림 대표 김규 등이었는데, 지방 대표는 거의 나오지 않았으며 다만 수원, 강화, 인천 등 인근 지역에서 10여 명이 모였다."(강덕상, 2002/2007, 203쪽 재인용)

이들은 부근의 음식점으로 이동했다. 안상덕과 조만식 등은 가까운 시일 내에 경성에서 국민대회를 개최하고 임시정부 수립을 선포하기로 결정했다. '국민대회 취지서', '임시정부 선포문', '임시정부 약법' 등을 채택했다. 이들은 임시정부의 각원 13명과 평정관 18명 등 인사안을 합의했다. 인사안은 다음과 같다.

집정관 총재 이승만, 국무총리 이동휘, 외무부총장 박용만, 내무부총장 이동녕, 국무부총장 노백린, 재무부총장 이용영, 차장 한남수, 법무부장 신규식, 학무부총장 김규식, 교통부총장 문창범, 노동국총변 안창호, 참모총장 유동열, 차장 이세수, 평정관 조정구, 박은식, 현상건, 한남수, 손진형, 신채호, 정양필, 현순, 손정현, 정현식, 김진용, 조성환, 이규풍, 임경종, 박찬익, 이범윤, 윤해, 파리강화회의 대표 이승만, 민찬호, 안창호, 박용만, 이동휘, 김규식, 노백린.

이들은 4월 23일 경성 보신각에서 학생을 비롯해 50여 명이 참석한 가운데 국민대회를 열고 '한성 임시정부' 성립을 선포했다.

'유림의 비원' 파리장서 운동

4월 2일 오후 1시, 경상북도 성주군 성주읍 성주시장. 장날이어서 많은 장꾼이 운집해 있었다. 시위를 준비해온 유림 측 지도부가 막 독립만세를 외치려 할 때였다. 이때 성주면 경산동 관제묘(關帝廟) 뒷산에 모여든 기독교도들이 태극기를 높이 들고 성주읍 시장을 향해 먼저 독립만세를 소리 높여 외쳤다. 유림 측 송회근과 송규선, 송우선 등 60명도 이에 맞춰 성주시장에서 독립만세를 외쳤다.

시장을 경계하고 있던 경찰은 시위 주동자 몇 사람을 경찰서로 인치했다. 시위대는 점점 늘어났다. 경산동 관제묘 뒷산에는 3000명을 넘어섰다. 경찰서 앞으로부터 남방군청 앞 및 양쪽 소로에 700~800명이, 우편국 앞으로부터 시장통에도 1500명이 몰려들었다. 경찰은 해산을 촉구했지만 시위대는 아랑곳하지 않고 만세를 외쳤다(독립운동사편찬위원회, 1970b, 466쪽).

경관들은 경찰서의 명령을 받아 시위대를 향해 발포했다. 시위대는 일시 뒤로 물러났고, 해가 떨어지자 서북방 산상에서 모여 불을 피우고 독립만세를 연호했다. 밤 10시경에야 물러났다. 저녁 때 성주면 경산동 앞 도로에서는 선남면 문방동에 사는 석연극이 여지연, 박하빈 등과 더불어 만세시위를 전개하다가 경찰에 검거됐다.

일본 경찰은 일본인 가옥에 방화할 것이라는 소문이 돌자 경찰 가족을 경찰서 내로 수용했다. 소방대를 소집해 경계에 임하도록 했고, 경찰과 경찰보 3~4명에게 일대를 순찰하도록 했다. 대구로부터 수비병 15명이 급파됐다.

순찰대는 오후 11시쯤 시장에서 주민 100여 명이 모여 있는 것을 발견했다. 순찰대는 시위대의 해산을 종용했다. 시위대는 만세를 외쳤다. 경찰이 시위대를 막아서자, 시위대는 투석으로 맞섰다. 경찰이 발포했다. 이태희와 성명 미상의 2명이 현장에서 쓰러져 숨졌다. 7명이 부상을 입었다. 일제 군경은 이날 송회근, 송문근, 송수근, 송준필 등 30여 명을 검거해 재판에 회부했다(독립운동사편찬위원회, 1970b, 467쪽).

이날 성주 시위 과정에서 경찰에 붙잡힌 유림 송준필의 제자 송회근에 의해 유림 진영이 기획·준비해온 '파리장서(長書) 운동'의 진상이 드러나게 된다. 파리장서 운동은 3월 1일 '기미독립선언서'에 참여하지 못한 유림이 영남 지방 곽종석과 김창숙 등과 호서 지방 김복한과 김덕진, 안병찬 등의 주도로 유학자 137명의 서명을 받아 파리강화회의에 독립청원을 담은 긴 편지를 제출한 사건이다. 유림 최대의 독립운동이었다.

경상북도 성주의 유림 김창숙은 지난 3월 1일 경성 파고다공원에서 민족 대표 33인이 참여한 독립선언서가 발표되는 것을 목격하고 대성통곡했다. 민족 대표 가운데 유림이 한 명도 없어서였다고, 그는 『심산유고』에서 회고했다.

"지금 광복운동을 인도하는 데에 오직 세 교파가 주장하고 소위 유교는 한 사람도 참여하지 않았다. … 우리들이 이런 나쁜 명목을 뒤집어썼으니 무엇이 이보다 더 부끄럽겠는가."(국역심산유고간행위원회, 1979, 698쪽)

김창숙은 2월 어느 날 성태영에게서 '광무 황제의 인산일을 3월 2일 거행하는데 국내 인사가 모종의 사건(독립선언)을 그때 거행할 작정이다. 시기가 이미 성숙했으니 자네도 즉일로 경성에 와서 시기를 놓쳐 미치지 못하는 후회를 남기지 말라'는 편지를 받았지만 어머니가 병환 중이어서 참여를 확답하지 못했다. 2월 말쯤에야 상경할 수 있었다. 김창숙은 경성에서 성태영으로부터 "자네 걸음이 어찌 더딘가. 3월 1일 독립선언서를 발표할 참이고 자네는 연서할 기회를 벌써 잃었으니 한스럽네"라는 말을 들어야 했다(국역심산유고간행위원회, 1979, 697~698쪽).

김창숙은 3월 2일부터 경성에서 파리강화회의에 독립청원서, 이른바 '파리장서'를 제출하기 위한 동지를 규합하기 시작했다. 유림을 규합하려면 명망 높은 원로의 참여가 필요했다. 김창숙은 병석에 있는 곽종석을 대신해 상경한 곽윤과 김황 일행을 주목했다. 곽종석은 경상남도 거창 일대에서 유림의 종장으로 존경받는 유학자였다. 대한제국 의정부 참찬직을 임명받고 문하 유학자가 776명에 이를 정도로 많은 추종을 받았다(임경석, 2001. 6, 441쪽 참고).

곽종석의 측근 곽윤과 김황은 이때 고종의 장례식 참석과 함께 유림 윤충하 측과 독립청원운동 협상도 준비 중이었다. 곽윤 일행은 상경한 지 일주일째인 3월 4일 윤충하 측과 만났지만 소득이 없었다(서동일, 2015. 3, 505~546쪽; 심산김창숙선생기념사업회, 2014, 61쪽 참고).

곽윤 일행은 그 대신에 김창숙이 주도하는 독립청원운동에 동조할 뜻을 비쳤고, 김창숙은 이에 세 가지를 부탁했다. 즉, 곽종석에게 경성에서 곽종석을 구심점으로 하는 독립청원운동을 추진하게 하고, 지방에서 독립청원운동을 적극 지도해주며, 독립청원서를 집필해달라는 것이었다. 곽윤 일행은 3월 9일 경상남도 거창에 도착해 곽종석에게 이를 복명했고, 곽종석은 김창숙의 제안을 흔쾌히 받아들였다(서동일, 2015. 3, 505~546쪽; 심산김창숙선생기념사업회, 2014, 62쪽 참고).

파리장서 문안 작성을 위임받은 곽종석은 여러 사람과 논의해 경상북도 성주에 거주하는 유생 장석영과 당시 25세 청년 김황에게 초안 작성을 의뢰했다. 김황은 곽종석의 처소에서 3월 9일부터 5일간 머물며 초안을 작성했다.

김창숙은 3월 15일 경상남도 거창의 곽종석 거처에 도착했다. 김창숙과 곽종석은 파리장서 운동의 전반적인 상황을 논의한 뒤에 장석영과 김황이 작성한 두 개의 초안을 검토했다. 김창숙은 장석영의 초안에 대해 "문장은 극히 좋지만 사실이 소략한 곳이 많으니 외교문서로는 부적절하다"고 평가했고, 곽종석도 그 의견에 동의했다. 김창숙과 곽종석은 이에 김황의 글을 저본으로 교열에 착수했다. 이렇게 해서 파리장서 원본이 만들어졌다(임경석, 2000. 12, 126~130쪽 참고).

파리장서 원본에 영남 유림 100여 명이 서명을 했다. 서명 의사를 확인하고 서명의 징표(문서, 도장 등)를 수합하는 일은 생각처럼 쉽지 않았다. 일본 경찰의 감시를 피하기 위해 가급적 원거리 이동에 이은 장기 체류를 자제하고 그 대신에 현지의 신뢰할 만한 인사, 즉 문중 인사나 선후배, 지인 등을 활용해 업무를 대행하는 방식으로 진행했다(서동일, 2015. 3, 64쪽; 임경석, 2001. 6, 450쪽 참고).

호남 지역 유림들의 참여가 저조했던 것도 이 때문이었다. 김창숙은 영남의 곽종석과 함께 호남의 유림 전우를 구심점으로 하려고 했지만, 전우는 "이씨 종사를 복벽해 대통령 제도를 허용치 않을 것을 분명히 하고, 공자교를 세워 기독교를 배제할 것을 분명히 하며, 군부의 원한을 씻어낼 것을 분명히 하고, 원수 같은 이적의 무리를 몰아낼 것을 분명히 하며, 단발 제도를 엄금할 것을 분명히 해야 한다. 이렇게 된다면 서명 권유에 따랐다가 몸이 만 갈래로 찢겨 죽는다 하더라도 또한 웃음을 머금고서 땅에 묻힐 수 있을 것"이라며 파리장서 운동에 불참했다고, 전우는 『추담별집』에 기록했다(임경석, 2000. 12, 117~143쪽 참고).

전우 진영은 복국의 목표가 조선왕조를 회복하고 유교 문명의 복원을 지향하는 것인데 김창숙 계열은 대통령제를 숭상하고 서양 제도를 따르는 것이므로 지향이 달라 운동에 참여하지 않겠다는 것이었다. 전우의 불참은 호남 유림의 참여가 저조한 배경이 됐다.

곽종석은 파리로 향할 유림 대표자 김창숙에게 파리장서 문서와 서명자 명단을 건네주고 해외로 나가는 데 필요한 여러 편의를 봐줬다. 해외여행을 도와줄 인물을 알선하고, 여비를 지원하며, 경유지 중국에서 도움을 줄 만한 사람을 소개했다. 김창숙은 파리장서를 휴대하고 경성으로 떠났다.

김창숙은 경성 이득년의 집에서 유진태의 소개로 호서 지방에서 독립청원을 진행해온 임경호를 우연히 만나게 된다. 즉, 유진태는 김창숙에게 임경호를 소개하면서 "서로가 아무런 연락도 없이 같은 취지와 같은 목적으로 된 독립청원서를 휴대한 두 대표가 우연히 자리를 같이하게 된 것은 기연"이라고 말했다(김상기, 2014, 80~81쪽 참고).

홍주 의병장 지산 김복한을 중심으로 호서 지역 유림들도 독립선언서에 유학자들이 민족 대표로 서명하지 못한 것을 원통해하며 파리강화회의에 보낼 독자적인 장서 운동을 전개했다. 호서본에 서명한 이는 17명이었다. 김복한은 제자인 황일성, 이영규, 전용학 등을 경성으로 보내 임경호와 협의해 파리강화회의가 열리고 있는 프랑스 파리로 장서를 보내도록 했던 것이다.

김창숙과 임경호는 영남과 호서 유림의 계획과 목적이 같음을 알게 됐고 이에 따라 양 지역 유림의 장서 운동을 통합했다. 이들은 파리장서 문안은 영남유림의 장서로 하고 곽종석을 첫 번째로 하고 김복한을 다음으로 해서 서명 명단을 합치기로 했다(김창숙, 2001, 279~288쪽 참고).

통합 파리장서에 이렇게 유림 137명의 성명이 담겼다. 경상남도 39명, 경상북도 60명, 충청남도 19명, 충청북도 1명, 전라남도 5명, 전라북도 4명, 미상 9명 등이었다. 서명 명단은 다음과 같다.

곽종석(郭鍾錫), 김복한(金福漢), 고석진(高石鎭), 유필영(柳必永), 이만규

(李晩煃), 장석영(張錫英), 노상직(盧相稷), 유호근(柳浩根), 안병찬(安炳瓚),
김동진(金東鎭), 권상문(權相文), 김건영(金建永), 김창우(金昌宇), 신직선(申
稷善), 김상무(金商武), 김순영(金順永), 이종기(李鍾夔), 권상익(權相翊), 고
제만(高濟萬), 서건수(徐健洙), 곽수빈(郭守斌), 유연박(柳淵博), 하겸진(河謙
鎭), 최학길(崔鶴吉), 이경균(李璟均), 이석균(李鉐均), 조헌계(趙顯桂), 하봉
수(河鳳壽), 이수안(李壽安), 하재화(河載華), 하용제(河龍濟), 박규호(朴圭
浩), 우하교(禹河敎), 김재명(金在明), 변양석(卞穰錫), 고례진(高禮鎭), 이승
래(李承來), 윤인하(尹寅河), 김봉제(金鳳濟), 박종권(朴鍾權), 윤철수(尹哲
洙), 김택진(金譯鎭), 권상두(權相斗), 정태진(丁泰鎭), 정재기(鄭在夔), 임한
주(林翰周), 배종순(裵鍾淳), 유진옥(柳震玉), 허평(許坪), 박상윤(朴尙允), 김
지정(金智貞), 이인광(李寅光), 이학규(李學奎), 안종달(安鍾達), 손상현(孫上
鉉), 이이익(李以翊), 유준근(柳濬根), 송홍래(宋鴻來), 송준필(宋浚弼), 성대
식(成大湜), 이기향(李基馨), 이덕후(李德厚), 안효진(安孝珍), 강신혁(姜信
赫), 전양진(田穰鎭), 이정후(李定厚), 노도용(盧燾容), 김태린(金泰麟), 김정
기(金定基), 송철수(宋喆洙), 문용(文鑛), 송호완(宋鎬完), 송호곤(宋鎬坤), 권
명섭(權命燮), 이돈호(李敦浩), 박정선(朴正善), 황택성(黃宅性), 이상희(李相
羲), 최중식(崔仲軾), 김양모(金瀁模), 권병섭(權昺燮), 권상원(權相元), 고순
진(高舜鎭), 김택주(金澤柱), 정규영(鄭奎榮), 송호기(宋鎬基), 이길성(李吉
性), 송철수(宋哲秀), 박익희(朴翼熙), 송재낙(宋在洛), 권상도(權相道), 김병
식(金秉植), 이능학(李能學), 이현창(李鉉昌), 이수인(李洙仁), 박준(朴埈), 이
봉희(李鳳熙), 박은용(朴殷容), 정근(鄭根), 백관형(白觀亨), 전석구(全錫九),
송주헌(宋柱憲), 전석윤(全錫允), 김영식(金榮植), 김양수(金陽洙), 김상진(金
相震), 장영구(張永九), 이내수(李來修), 조재학(曺在學), 김영찬(金永贊), 정
재호(鄧在浩), 김덕진(金德鎭), 손진창(孫晉昌), 손병규(孫秉奎), 김병식(金炳
軾), 이태식(李泰植), 이만성(李萬成), 이계원(李啓源), 이계준(李季埈), 우성
동(禹成東), 김학진(金學鎭), 우찬기(禹纘基), 이병회(李柄回), 윤량식(尹亮
植), 김용호(金容鎬), 이복래(李福來), 곽걸(郭杰), 우삼하(禹三夏), 우경동(禹

涇東), 박순호(朴純鎬), 우승기(禹升基), 조석하(曹錫河), 김동수(金東壽), 박재근(朴在根), 이진춘(李鎭春), 이인규(李麟奎), 이기정(李基定).

김창숙은 파리장서를 들고 3월 23일 밤 10시 경성을 떠났다. 압록강을 건너 안둥, 펑톈, 톈진, 난징을 거치는 기나긴 기차 여행을 통해 중국 상하이에 도착한 것은 3월 27일이었다. 그는 펑톈에 이르렀을 때 오랫동안 벼르던 상투를 잘랐다. 김창숙이 상하이에 도착했을 때 김규식은 이미 파리에 도착해 각종 활동을 전개 중이었다.

김창숙은 상하이에서 이동녕, 이시영, 신채호, 조완구, 신규식 등을 만나 국내 소식을 전하고 파리에 가려는 뜻을 밝혔다. 주변 동지들은 "장님에게 길잡이가 없는 격이다. 장님에게 길잡이가 없으면 자기 동네서도 출입하기 어려운 터인데, 몇 만리 밖의 서양이야 어떠하겠는가"라며 그의 파리행을 만류했다(김창숙, 2001, 286쪽).

김창숙의 파리행은 처음부터 무리였다. 영어와 프랑스어를 전혀 모를 뿐만 아니라 통역을 대동하기에는 경비가 부족했다. 김창숙은 이에 파리장서 원문을 윤현진에게 영어로 번역시켜 파리의 김규식에게 우송해 강화회의에 제출하도록 했다.

이때 마지막으로 한 차례 파리장서의 자구 수정이 이뤄졌다. 중대한 내용상의 수정이 있었다. 원래는 일본의 한국 병합 이후 독립을 희구해온 주체는 '우리 임금과 우리나라'로 표현됐지만 수정본에서 '우리나라 우리 인민'으로 바뀌었다. 정치적·이념적 지향성에 대한 가치판단이 개입된 셈이다(임경석, 2000. 12, 139쪽 참고). 파리장서 최종본은 다음과 같다.

"한국 유림 대표 곽종석, 김복한 등 137명은 삼가 파리평화회의 제위께 글을 내노라. 위에 하늘이 있고 밑에 땅이 있으매 만물이 그 사이에서 같이 자라니, 명덕이 비치고 덕화가 행해지니 그 이치를 가히 알리로다. 그런데 쟁탈의 야로가 일어남으로써 강약의 세력이 나누어지며 병합의 강권이 행해지며 대소의 형국이 현격해져서 사람의 명을 해하며 그 위세를 마구 떨쳐 다른 나라를 침략하니 슬프다. … 제위는 살피시어 우리 한국도 천하 만상의 일국이니 국토가 삼천리요, 인구가 이천만이고, 사천여 년을 유지하고 보전해 반도 문명의 일컬음을 잃지 아니했으며, 또한 만방에서 제외치 못할 국가이니라. 불행히 하늘이 돌보지 않아 국위가 부진하고 적신은 안에서 다투고 강한 이웃나라는 밖에서 틈을 엿보아 무력으로 믿고 꾀가 간악한 자를 끼고, 임금을 협박하고, 백성에게는 쇠사슬로 옭아 맹약을 늘체했으며, 다음에는 국토를 빼앗고 왕위를 폐해, 우리 한국을 세계에서 없애려 했으니 슬프지 않은가. 일본이 한 짓을 들어보시오. …"

파리장서 운동은 김창숙이 중국으로 떠난 지 10일 후인 4월 2일에 경상북도 성주에서 송회근이 일경에게 체포되면서 알려졌다. 이를 계기로 서명자 장석영과 송준필 등이 피검되고 곽종석 등도 4월 18일에 연행돼 4월 21일에 대구감옥에 수감됐다. 5월 20일에 열린 공판에서 곽종석과 장석영은 징역 2년, 송준필은 징역 1년 6개월, 성대식은 징역 1년 형이 각각 선고됐다. 일제는 한국 유림을 반일 세력으로 만들지 않기 위한 회유책으로 곽종석에게만 실형을 선고하고 나머지 인사들에게는 집행유예를 선고했다. 옥고에 시달리던 곽종석은 7월 19일에 신병으로 석방됐지만 10월 17일에 74세 일기로 생을 마쳤다. 김복한도 8월 6일부터 12월 12일까지 100여 일간 공주감옥에 구금됐다가 석방됐다.

파리장서 운동은 한때 부패·타락했던 유교가 선비의 정맥을 보여준 사건이었다. 조동걸(2001, 74쪽 참고)은 파리장서 운동에 대해 "유림의 조직적인 참가가 없었다고 하면 한국 유교의 역사적 위치가 허무하게 전락할 것은 물론 3·1운동의 평가도 반감되고 말았을 것이다. 김창숙, 임경호 등의 파리장서 운동은 한국 유학사와 3·1운동사의 존재 가치를 크게 높인 운동이었다"고 평가했다.

하세가와 총독의 군대 증파 요청

4월 2일 이른 아침, 조선군사령관 우쓰노미야 다로는 일본 정부에 보낼 전보안을 휴대하고 조선총독 관저로 향했다. 그는 이미 전날 밤 군대 증파 필요성을 묻는 정부의 질문과 관련해 하세가와 요시미치로부터 전화 문의를 받았고, 다음 날 아침 일찍 총독 관저로 오라는 말을 들었다. 우쓰노미야 다로는 한반도 군대 증파 문제와 관련한 자신의 의견을 전보문안으로 정리했다. 그는 군대 증파를 통해 만세시위를 신속히 진압해야 한다고 밝혔다.

우쓰노미야 다로는 이날 전보안을 먼저 오노 도요시 조선군참모장에게 보여주고 한번 검토하게 했다. 그는 이후 전보안을 들고 하세가와 요시미치 조선총독에게 가서 보여줬다. 그것은 일본군 증파에 동의하고 헌병 200명도 임시로 파견할 것을 희망한다는 내용이었다. 전보안은 하세가와 요시미치의 동의를 얻어 하세가와 요시미치 조선총독의 이름으로 일본 육군성으로 발송됐다. 우쓰노미야 다로의 일기에 기록된 전보문안이다.

"현재의 병력만으로도 진정시킬 수 있다는 분석이지만, 이번에 충분한 병력을 이용해 신속히 평정을 이루고 당분간 위압적으로 배치할 필요도 있다고 믿는다. 이를 위해 보병 약 5~6개 대대를 증파할 수 있다면 좋겠다. 자세한 것은 오늘 도쿄로 출발하는 오노 도요시 조선군참모장에게 진술하게 했다."(宇都宮太郎關係資料研究會 편, 2007, 238쪽)

한반도에서 독립만세시위가 격화하자 조선총독 하세가와 요시미치는 일본 정부에 군대 증파를 공식적으로 요청하게 된다. 이 과정을 차분하게 들여다보면 군대 증파 요청은 공식적으로 조선총독인 하세가와 요시미치가 한 것으로 돼 있지만 육군상 다나카 기이치와 조선군사령관 우쓰노미야 다로 등이 중요한 역할을 한 것으로 분석된다.

우쓰노미야 다로는 먼저 사흘 전인 3월 30일 오전 하세가와 요시미치 조선총독을 방문해 독립만세시위를 비롯해 현재 시국에 대해 이야기를 나넀다. 두 사람은 이때 각 방면에서 단호한 조치를 취할 필요성에 대해 의견 일치를 봤다고, 우쓰노미야는 자신의 일기에 적었다(宇都宮太郞關係資料硏究會 편, 2007, 236쪽).

우쓰노미야 다로는 이어 4월 1일 오전에 다카시마 도모타케 제19사단장과 우치노 신지로 제40여단장을 관저로 불러 병기 사용 등에 관한 자신의 희망 사항을 밝히고 그 요지를 적은 것을 전달했다. 마음을 강경하게 먹으라는 취지였다(宇都宮太郞關係資料硏究會 편, 2007, 238쪽).

군대 증파 요청 하루 전인 4월 1일 밤 10시, 우쓰노미야 다로는 하세가와 요시미치 조선총독으로부터 전화를 받았다. 하세가와 요시미치는 '일본 내각으로부터 신속히 조선의 독립만세시위를 진압하기 위해 병력 증파의 필요 유무에 대해 답하라'는 야마가타 이사부로 정무총감의 전보가 왔음을 전했다. 우쓰노미야 다로는 이에 현재의 병력만으로도 진압은 가능하지만, 군대를 충분히 증병해 신속하게 진압하는 것이 필요하다고 답변했다. 군대를 증파해 신속히 시위를 진압하자는 것은 우쓰노미야 다로가 애초부터 내세운 지론이었다(宇都宮太郞關係資料硏究會 편, 2007, 238쪽).

4월 2일, 도쿄 나가타초 총리 관저. 육군상 다나카 기이치는 하라 다카시 총리를 찾아와 격화하는 조선의 독립만세시위에 대한 대응을 논의하고 군대 증파 문제를 협의했다. 다나카 기이치는 만주에서 귀환하는 병사를 일시 조선에 투입하는 방안을 거론했고, 특히 이를 위해서는 하세가와 요시미치 조선총독으로부터 제안이 있어야 한다고 설명했다. 조선 문제는 덴노와 조선총독에게 일임된 분야이기에 조선총독의 증파 요청이 없으면 절차상 곤란했다. 다나카 기이치는 이에 따라 도쿄에 머물고 있는 야마가타 이사부로 정무총감과 협의해 야마가타 이사부로가 조선총독의 의견을 묻는 방식으로 해서 하세가와 요시미치의 증파 요청을 받아내도록 했다. 하라 총리는 이에 내각에는 야마가타 이사부로가 설명하도록 하고, 모든 일은 하세가와 요시미치의 증파 요청을 기다렸다가 할 것을 지시했다고, 자신의 일기에 적었다(原奎一郞 편, 1950, 189쪽).

즉, 하라 내각은 도쿄에 머물고 있던 야마가타 이사부로를 종용해 하세가와 요시미치 조선총독에게 군대 증파 여부에 관해 묻게 하고 그 대답을 이용해 군대 증파 요청을 상신하도록 한 것이다. 하세가와 요시미치는 야마가타 이사부로의 보고를 받고 우쓰노미야 다로와 협의한 뒤 군대 증파를 요청하게 된다.

총리 하라 다카시는 이날 다나카 기이치 육군상과의 협의에서 독립만세 시위가 일단락된 후에는 대조선 정책을 일고하지 않을 수 없다며 지금까지 이뤄진 것으론 조선 지배가 매우 어렵다고 말했다. 그는 대조선 정책의 전환을 구상하고 있었다(原奎一郎 편, 1950, 189쪽).

하라 다카시의 일기와 우쓰노미야 다로의 일기를 토대로 종합적으로 판단하면, 잔혹한 진압과 학살로 이어진 일본군 증파는 육군상 다나카 기이치가 하라 다카시 총리와 우쓰노미야 다로 조선군사령관, 야마가타 이사부로 정무총감 등을 움직여 하세가와 요시미치의 증파 요청을 품신하도록 함으로써 이루어진 것으로 판단된다. 이와 관련해 독립운동가이자 항일언론가인 박은식은 책『한국독립운동지혈사』에서 우쓰노미야 다로는 군대 증파에 반대했고 하세가와 요시미치가 군대 증파를 요청하는 바람에 학살이 야기됐고 결국 그의 경질로 이어졌다고 기록했다. 박은식의 분석이다.

"전 국민의 운동이 날로 치열해지자, 조선총독 하세가와 요시미치는 군대를 동원해 무찌를 계획을 세웠지만 조선군사령관 우쓰노미야 다로가 항의했다. '한민족은 반만년 역사의 정신이 있어 결코 위압으로 굴복시킬 것 없으니, 나는 출병할 수 없습니다.' 하세가와 요시미치는 이리하여 본국 정부에 타전해 새 군대를 요청했고 새 병력이 파견돼 한국으로 건너오자 마구 학살을 자행했다. 그리하여 저들의 만행은 드디어 세계에 알려지고, 세계 여론은 공공연하게 일본에 대한 질책이 가중돼 날로 높아가 하세가와 요시미치는 마침내 굴복해 쫓겨났다."(박은식, 1920/1999a, 175쪽)

하지만 하라 다카시와 우쓰노미야 다로의 일기를 검토해보면, 조선총독 하세가와 요시미치가 군대 증파를 강하게 요구하고 조선군사령관 우쓰노미야 다로는 반대한 것이 아니라, 오히려 우쓰노미야 다로가 군대 증파를 소신으로 이를 강하게 요구하고 준비했던 것으로 분석된다.

창원 삼진 의거

4월 3일 오전 9시, 경상남도 창원군 진전면 양촌리 천변. 큰 태극기가 세워지자 진전면, 진북면, 진동면 3면 사람들이 운집하기 시작했다. 김영종은 100명과 함께 오고, 구수서도 수십 명과 함께 달려왔다. 오전 9시에 이미 수천 명이 넘었다. 변상태가 큰 태극기 아래서 외쳤다.

"오늘부터 우리는 자유 민족이며 자유국의 국민이다. 일본의 간여는 추호라도 받아서는 안 된다. 최후의 일인까지 최후의 일각까지 독립을 지키기 위해 우리는 싸워야 한다."

변상섭이 독립선언서를 낭독한 후 변상태의 선창에 따라 독립만세를 불렀다. 만세 소리가 계곡으로 메아리쳤다. 이들은 변상태, 권영대, 권태용 등의 주도로 헌병주재소가 있는 진동을 향해 행진하기 시작했다(독립운동사편찬위원회, 1970b, 246쪽).

진동 방면에서는 이날 소풍을 가장해 인근 주민들이 진동 성터 뒤로 모여들었다. 정오를 기해 백승학은 독립선언서를 낭독하고 독립만세를 선창했다. 백승학을 선두로 시위대는 태극기를 들고 행진을 시작했다. 시위대는 남문을 지나 지장터를 돌아서 사동리로 향했다.

진동의 일본인들은 겁을 먹고 상점을 닫은 채 몇몇은 마산으로 피신했다. 진동의 일제 군경과 일본 재향군인들은 진전의 시위대를 막기 위해 사동리 쪽으로 향했다. 시위대 선두에서 큰 태극기를 한번 휘두르면 만세의 함성이 지축을 흔들었다. 진전면과 진북면 면장을 비롯한 연도의 사람들이 호응해 시위대는 5000여 명으로 늘어났다(독립운동사편찬위원회, 1970b, 247쪽).

시위대 선두가 오후 2시쯤 진북면 사동리 사동리교에 이르자 진동 주재의 헌병 및 보조원 8명과 현지 일본 재향군인 30여 명이 포진하고 있었다.

김수동은 시위대 선두에서 큰 태극기를 흔들면서 시위대를 독려했다. 헌병들이 김수동을 가로막고 총검으로 제지하려 하자 김수동은 한 손으로 태극기를 잡고 한 손으로 헌병의 목덜미를 잡아 다리 아래로 던졌다. 다리 아래로 처박힌 헌병은 총을 발사했고, 김수동은 태극기를 잡은 채 그 자리에 쓰러졌다.

김수동과 나란히 전진하던 변갑섭은 김수동이 들었던 태극기를 다시 잡아 들고 헌병에게 돌진했다. 시위대는 투석으로 헌병에게 대항했다. 헌병은 군도로 큰 기를 잡은 변갑섭의 오른쪽 어깨를 내리쳤다. 변갑섭은 왼손으로 다시 기를 잡아들고 헌병에게 돌진했다. 헌병이 왼쪽 어깨를 내리치자 변갑섭은 그 자리에 쓰러졌다(독립운동사편찬위원회, 1970b, 247쪽).

헌병 보조원은 총탄을 퍼부었다. 김영환은 헌병 보조원 심의진의 총탄에 쓰러지면서 외쳤다.

"나를 죽인 놈은 심의진이다. 이 원수를 갚아달라."

헌병과 헌병 보조원의 총격에 김수동, 변갑섭, 변상복, 김영환, 고묘주, 이기봉, 김호현, 홍두익 등 8명이 쓰러졌다. 변현, 박종숙, 고재록, 고운석 등 22명 이상이 부상을 입었다. 헌병 및 보조원 3명도 부상을 입었다. 오후 3시, 시위대는 해산했다. 마산에서 많은 일본군 야포대대가 급파됐다. 헌병은 응원부대와 합세해 시위대를 검거했다(독립운동사편찬위원회, 1970b, 248쪽).

헌병대는 사망자 및 부상자 수습 장소로 마산의 일본인 병원을 지정했지만 부상자 가족은 이를 거절하고 한국인이 운영하는 마산 삼성병원 또는 미국인이 경영하는 진주 배돈병원에서 치료를 받았다. 진전면장 권오봉은 인접한 진북면장 및 진동면장과 협의한 후 부상자들은 나라의 독립을 위해 희생된 자들이라며 비용을 갹출했다(독립운동사편찬위원회, 1970b, 248쪽).

창원 삼진 의거는 수원 의거와 선천 의거, 수안 의거와 함께 3·1운동의 4대 의거로 꼽힌다. 특히 삼진 의거는 농민들의 강한 독립 열망과 의지를 표현했다는 점에서 높은 평가를 받는다.

아침, 강원도 홍천군 내천면 물걸리 시장터 부근 전영균한약방 앞. 김덕원과 수하리의 천도교인 이문순 등의 주도로 주민들이 모였다. 그 수는 1000여 명을 헤아렸다. 한약방과 글방을 하는 전영균의 집에는 큰 태극기가 높이 게양됐고, 사람들은 작은 태극기를 들고 모였다. 이문순이 독립만세를 선창하자 만세 소리는 산마을을 뒤흔들었다.

도관리 헌병주재소 헌병은 보조원 홍재호와 박연홍을 앞장세우고 들어왔다. 시위대는 헌병이 들어오는 것을 눈치채지 못했다. 일제 헌병은 보통학교가 있는 쪽 언덕에서 시위대를 향해 발포했다. 시위대는 혼비백산해 흩어졌다. 많은 사람이 쓰러졌다. 이순극, 전영균, 이기선, 연의진, 김자선, 전기홍, 양도준 등 8명이 현장에서 사망했다. 함춘선, 승만수 등 20여 명이 부상했다(독립운동사편찬위원회, 1970a, 572쪽; 한국독립운동사편찬위원회, 2009a, 125쪽 참고).

일제는 검거 선풍을 일으켜 많은 이들을 체포했다. 홍천 주민들은 밤중에 산 위에 올라가 봉화를 올리고 독립만세를 불렀다. 이들은 사망한 이들의 혼을 위로하기 위해 나중에 팔렬각(八烈閣)을 세웠다.

낮 12시, 충청북도 진천군 광혜원. 육군 참위 윤병한은 정관옥, 오은영 등과 함께 장꾼을 모아 태극기를 나눠 주고 독립만세시위를 벌였다. 주민 2000여 명이 참가했다. 전날인 4월 2일에도 광혜원 서(徐) 과부 주막에서 주민 300여 명은 만세시위를 벌이고 행진을 전개했다. 만승면사무소의 유리창과 장지장을 파괴했고 신축 중인 헌병주재소에 쇄도해 빗문(雨戶)을 부수기도 했다.

시위대 1000여 명은 태극기를 흔들면서 독립만세를 외쳤다. 이어 면사무소로 이동해 돌을 던지며 면사무소를 공격했다. 이들은 헌병주재소로 이동해 부근 돌무더기에 모였는데, 주재소를 공격할 기세였다.

광혜원의 일본 헌병분견소장 이리에(入江)는 지원을 요청해서 진천 헌병 분견대의 상등병 이하 5명을 지원받았다. 이들은 지원병이 도착하자 시위대에게 해산을 명령했다. 시위대가 불응하자 일제 군경은 시위대를 향해 발포했다. 유치선이 현장에서 총탄에 맞아 숨졌다. 그의 모친이 달려와 아들의 주검을 끌어안고 절규했다.

"이놈들 나도 죽여라."

일제 헌병은 유치선 어머니에게도 총을 쐈다. 모자가 한자리에서 희생됐다. 유치선 모자 외에도 이치원, 김경윤, 윤광옥, 김득손, 김예원, 구(具) 씨 등 10여 명이 현장에서 사망하고 수십 명이 부상을 입었다. 일제 군경은 4월 4일부터 진천 주둔 헌병 20여 명을 출동시켜 윤병한, 정인옥, 오은영 등 시위 연루자 수십 명을 검거해 재판에 회부했다(독립운동사편찬위원회, 1970b, 69쪽).

'조선소요사건 일별조표'에 따르면, 4월 3일 39곳에서 만세시위가 벌어졌고, 10곳에서 시위대와 일본 군경이 충돌했으며, 9곳에서 일본군의 발포가 이뤄졌다(윤병석, 2013, 438쪽 참고).

이날 서간도 지안현 서취보(西聚堡)의 기독교도 최석준과 이상근을 비롯한 8명은 치화보(致和堡) 쌍차하(雙岔河)로 가서 전준걸 등과 한족회를 조직하고 부근의 동포 20여 명을 권유해 가입시키고 독립만세를 외쳤다(독립운동사편찬위원회, 1970b, 719쪽). 4월 3~4일 양일간 서간도 콴뎬현 하루하(下漏河) 초황구(草荒溝)에서 재류 동포 200여 명이 교회당에 모여 대한독립만세를 외치고 해산했다(독립운동사편찬위원회, 1970b, 720쪽).

베이징에서 발행되는 영자 신문 《대륙보》의 특파원 가일스는 이날 로이터통신을 인용해 독립만세시위로 사망자가 1000명 이상 발생했다고 보도했다. 《오사카마이니치신문》은 현재 조선에 있는 가일스 특파원이 "병을 구실로 모 병원에 입원해 부상당해 입원한 사람으로부터 여러 이야기를 듣고 이를 과장되게 보도하고 있다"고 비판했다(《大阪每日新聞》, 1919. 4. 11c, 11면; 윤소영 편역, 2009b, 264쪽 참고).

방극용 부부와 문용기의 죽음

4월 4일 아침, 강원도 양양군 양양읍 장터. 양양읍으로 들어오는 중요한 통로 5개 가운데 서쪽, 즉 임천리로 통하는 방면에서 최인식과 김종태 등의 주도로 거마리와 임천리 주민들이 만세를 부르고 읍으로 들어가려다가 경찰과 대치하고 있었다. 동편 낙산사로 통하는 신작로로는 조산리와 사천리 방면 시위대가, 남쪽 국도를 따라서는 손양면 가정리의 시위대가, 서남쪽으로는 서면 용천리의 시위대가, 북쪽 길로는 감곡리 방면 시위대가 읍내로 속속 들어왔다(독립운동사편찬위원회, 1970a, 613쪽).

시위대는 독립만세를 외치며 읍내를 행진했다. 사람들이 계속 읍내로 들어오면서 점심때쯤에는 인파로 가득 찼다. 시위대 규모는 4000명이 넘었을 것으로 분석된다. 엄청난 시위대 규모에 경찰은 경찰서 안으로 들어갔고, 경찰서장 다카하시 분지로(高橋文次郎)는 자기 방으로 들어갔다(독립운동사편찬위원회, 1970a, 614쪽).

시위대는 시위 주도자들이 경찰서에 잡혀간 것을 알고서 경찰서로 몰려갔다. 일부는 경찰서에 들어가 경찰서장에게 항의했다. 손양면 가평리의 구장 함홍기는 경찰서장실에서 항의하다가 화로를 들고 서장에게 덤벼들었다. 옆에 섰던 사법주임이 칼을 빼어 함홍기의 팔을 치고 허리를 찔렀다. 함홍기가 숨졌다는 소식이 알려지자 시위대는 돌과 몽둥이를 가지고 경찰서와 군청을 공격했다(독립운동사편찬위원회, 1970a, 615쪽).

어둠이 깔리자 경찰은 총을 쏘기 시작했다. 손양면 간리에서 술장사를 하던 권병연과 서면 상평리에 살던 김학구 등이 숨졌다. 노병우, 박의병, 한원팔 등 서면 용천리 8명을 비롯해 많은 이들이 부상을 당했다(독립운동사편찬위원회, 1970a, 616쪽).

낮 12시, 전라북도 남원군 남원읍 광한루 앞 광장. 주민 1000여 명이 모인 가운데 푸른 대에 게양한 태극기를 보고 독립만세를 불렀다. 시위대는 방극용과 형갑수 등을 선두로 남문 쪽을 향해 행진을 개시했다. 시장 안

주민 수천여 명이 호응하며 만세를 부르고 환호성을 올렸다.

일제 관헌은 장날에 대비해 헌병과 수비대 병력을 늘려 경계하고 있었다. 방극용과 형갑수 등을 선두로 하는 대열이 헌병분대 앞에 당도했다. 헌병들은 대열을 향해 사격을 가했다. 피가 흘러 길바닥을 물들였다. 환호성은 비명으로, 현장은 아수라장으로 변했다. 주생면의 방진형, 남원면의 방명숙, 방극용, 김공록 등 8명이 현장에서 숨졌다. 기매면의 정한익 등 10여 명이 중상을 입었다. 황일환, 이성기, 이형기 등 20여 명이 체포됐다(독립운동사편찬위원회, 1970b, 541쪽).

『독립운동사 제3권』(독립운동사편찬위원회, 1970b, 542쪽)에 따르면, 26세의 청년 방극용은 이날 남원 시위에 앞장서다가 헌병이 쏜 총탄에 숨졌다. 소식을 들은 그의 아내는 빨래방망이를 가지고 달려가서 헌병들을 때리다가 헌병에게 살해됐다. 방극용의 어머니는 통곡했다.

"하느님 맙소사! 이것이 웬일이오리까. 우리 동포 제군은 충용을 다해 더욱 분발해 독립을 회복하고 우리 아들, 우리 며느리의 원혼을 위로해달라."

남원 서쪽 교룡산에서 오후 8시쯤 봉화가 올라간 것을 계기로 각 부락에서 봉화를 올리고 만세를 외쳤다. 만세운동으로 숨진 이들의 장례식이 이어지는 가운데, 군내에서 면장 6명과 면서기 7명이 사직서를 제출했다고 한다(독립운동사편찬위원회, 1970b, 542쪽).

역시 낮 12시, 전라북도 익산군 이리시장. 기독교인들을 중심으로 주민 300여 명이 시장에 모였다. 중동학교 학생 김종현과 김철환, 이시웅과 서울의전 학생 김병수 등도 포함돼 있었다. 이들은 만세를 부르며 대열을 지어 시가를 행진했다. 독립선언서가 배포됐고 태극기가 휘날렸다. 시장에 모였던 사람들은 만세를 부르며 따라 나섰다. 시위대는 시장 일대를 돌았고, 규모는 1000여 명에 이르렀다.

헌병대가 시위대를 제지하려 했다. 보병부대가 나왔고, 소방대와 일본인 농장원까지 동원돼 총과 검, 곤봉, 갈고리를 마구 휘두르기 시작했다. 일본 군경이 사격을 감행했다. 여기저기서 비명이 터져 나오고 사람들이 쓰러졌다. 문용기를 비롯해 5명이 현장에서 숨졌고, 10명이 부상을 입었다(독립운동사편찬위원회, 1970b, 521쪽; 윤병석, 2013, 492쪽; 이이화, 2015, 245쪽 참고).

『독립운동사 제3권』(독립운동사편찬위원회, 1970b, 522쪽) 등에 따르면, 문용기는 이날 일제 군경의 발포 속에도 오른손에 태극기를 들고 앞에 서서 연설을 했다. 일제 군경은 긴 칼을 휘둘러 태극기를 든 그의 오른팔을 내려쳤다. 그의 팔과 함께 태극기도 땅에 떨어졌다. 문용기는 다시 왼손으로 태극기를 주워 들고 만세를 부르며 나갔다. 군경은 다시 왼팔을 내려쳤다. 문용기는 두 팔 잃은 몸으로 뛰어나가며 만세를 불렀다. 군경은 다시 배를 찔렀다. 문용기는 쓰러지며 크게 외쳤다.

"여러분, 여러분! 나는 이 붉은 피로 우리 대한의 신정부를 음조(陰助)해 여러분으로 하여금 대한민국의 신국민이 되게 하겠소."

주민들은 이튿날인 4월 5일 군내 여러 산 위에서 다시 횃불만세시위를 벌였다(독립운동사편찬위원회, 1970b, 522쪽).

오후 2시, 충청북도 영동군 영동면 시장. 약 2000여 명이 모인 가운데 박성하와 한의교, 정성백 등의 주도로 독립만세를 큰 소리로 외치며 시위운동을 전개했다. 일제는 경찰과 수비대 등의 병력을 동원해 시위대를 해산시키려 했다. 시위대는 곤봉으로 저항했다. 일제 군경이 발포했다. 거리는 피로 물들었다. 6명이 숨지고, 8명이 부상을 입었다. 일제 경찰도 2명이 다쳤다. 12명이 체포됐다(독립운동사편찬위원회, 1970b, 91~92쪽).

오후 8시, 충청북도 옥천군 청산면. 주민 수천 명이 독립만세를 큰 소리로 외치며 시위를 전개했다. 옥천 주민 수천 명은 앞서 4월 2일 밤늦도록 옥천읍 장터에서 만세시위를 벌였다. 일제 헌병주재소에서는 독립만세시위에 대비해 일본인 가족을 주재소로 대피시켰다. 헌병은 이날 주재소 주위에 엎드려 발포했다. 김철수와 김인수 등 5명이 순국하고, 수십 명이 부상을 입었다. 시위대는 다음 날 새벽에야 해산했다. 많은 인사들이 체포됐다(독립운동사편찬위원회, 1970b, 90쪽).

'조선소요사건 일별조표'에 따르면, 4월 4일 24곳에서 만세시위가 벌어졌고, 5곳에서 시위대와 일본 군경이 충돌했으며, 11곳에서 일본군의 발포가 이뤄졌다(윤병석, 2013, 438쪽 참고).

이날 북간도 옌지현 화전자(樺田子)와 삼도구(三道溝) 등지에서도 동포 학생 200명을 포함해 재류 동포 1500명이 모여 독립선언 축하식을 거행했다. 비분강개한 연설에 이어 독립만세를 큰 소리로 외쳤다(독립운동사편찬위원회, 1970b, 706쪽).

경성지방법원은 이날 만세시위를 주도한 민족 대표 48인을 예심에 회부했다. 예심 판사는 나가시마 유조(永島雄藏)였다. 나가시마 유조는 민족 대표들을 내란 혐의의 국사범으로 몰아가고자 했다. 이때 작성된 조서만도 14만여 장에 이르렀다. 하지만 재판은 4개월여 만인 8월 1일 경성고등법원으로 이송됐다가 일제의 대조선 정책 변화 움직임에 맞춰 내란죄가 아닌 보안법과 출판법 위반 사건으로 규정되면서 1920년 3월 22일 다시 경성지방법원으로 되돌려진다. 결국 1920년 10월 30일에야 1심 선고가 내려지게 된다(임형진, 2009. 12, 180~181쪽 참고).

일본 사법 당국은 이와 함께 독립만세시위와 관련돼 있다는 혐의로 평양 주재 외국인 8명의 집을 일제히 압수수색했다. 일본 언론에 보도된 외국인 8명은 북장로파 선교사 미국인 엘리 모우리와 새뮤얼 모펫, 평양숭실학교 교사 북장로파 선교사 윌리엄 베어드 등이었다. 이들 외국인들은 압수수색 과정에서 "미국 총영사의 승인서를 제출하라"고 요구했지만, 검사는 "미일 총독법규에 기초해 행한다"고 알리며 수색을 집행했다. 모우리는 이인선 등 숭실중학교 학생들을 숨겨준 혐의로 평양감옥에 구류됐다(≪大阪每日新聞≫, 1919. 4. 11d, 11면; 윤소영 편역, 2009b, 265쪽 참고).

한국 이름이 '모의리(牟義理)'인 엘리 모우리는 1880년 미국 오하이오주에서 태어났고 1909년 북장로교 선교사로 한국에 왔다. 1919년 3월 1일 평안남도 평양에서 벌어진 만세시위에 참여한 학생 등을 자택에 은신시켜 줬다가 일제 관헌에게 체포돼 옥고를 치르게 된다. 그는 이 사건으로 숭덕학교 교장 인가도 취소당했다.

일제의 6개 대대 증파 결정

4월 4일 금요일 오후, 도쿄 나가타초 총리 관저. 총리 하라 다카시는 각의를 열고 3·1운동 진압을 위해 6개 대대 병력과 보조헌병 400여 명을 증파하기로 결정했다.

하라 다카시(原奎一郎 편, 1950, 191쪽)에 따르면, 육군상 다나카 기이치는 이날 각의에서 조선의 상황에 관해 설명했다. 그는 이어 야마가타 이사부로 정무총감을 통해 만주 교대 병력을 잠시 조선 각지에 주둔시키거나 또는 헌병 등을 증파해도 좋을지를 하세가와 요시미치 조선총독에게 전보로 물었더니 하세가와 요시미치 총독은 특별한 의견이 없이 단지 "증병 및 헌병 증파를 바란다"고 보고했다며, 단호한 처치가 필요하므로 만주 귀환병을 주둔시키는 등의 완만한 수단에 의하지 말고 일본에서 별도로 군대를 파견할 필요가 있다고 제안했다. 하라 다카시 총리가 물었다.

"조선의 현 상황을 감안하면 얼마의 병력이 필요한가."

다나카 기이치는 보병 6개 대대, 보조헌병 300인을 파견하면 되겠다고 답했다. 이때 해군상 가토 도모사부로(加藤友三郎)는 찬성한다며 가능하다면 신속히, 가급적 많이 보내야 한다고 말했다. 각료 모두가 동의했다. 다나카 기이치는 그러면 6개 대대라 불러도 인원은 통상의 편성보다 더 많이 하겠으며 또한 보조헌병도 300~400명을 보내겠다고 말했다.

하라 다카시는 "이 일은 대외적으로 중요한 것처럼 보여지면 곤란하므로, 되도록 비밀리에 하라"고 거듭 당부했다.

다나카 기이치는 하라 총리의 의견에 매우 동감한다며 증파 병력을 출발시킬 때 아오모리, 쓰루가 등과 같은 여러 곳에서 파견하고 조선 각지에 상륙시키겠다고 말했다. 예상 소요 비용 약 200만 원은 대장상과 협의해 지출하도록 했다.

하라 다카시는 일기에서 "이 같은 각의 결정의 취지는 응급조치로서, 평온해진 뒤에는 큰 폭의 행정상 쇄신을 할 작정이다. 곧 야마가타 정무총감을 출석시켜 본건의 협의를 하고, 조선 국경 이외의 조선인의 교통을 차단할 필요가 있음을 훈시했다"고 적었다(原奎一郎 편, 1950, 191쪽).

일본 내각의 결정에 따라 일본 정부는 보병 6개 대대와 보조헌병 400명을 한반도에 보내게 된다. 보통 육군 1개 대대 병력 규모가 적게는 300명에서 많게는 1000명이라는 점을 감안하면, 6개 대대는 통상적으로 최소 1800명에서 최대 6000명 사이의 규모였을 것으로 추정된다. 다만 일제 지도부는 통상 편제보다 그 규모를 크게 하도록 했으므로 증파 군대 규모는 조금 더 컸을 것으로 분석된다. 일제는 세계의 이목을 끌지 않기 위해 주로 사용하던 요코하마가 아닌 후쿠이현의 쓰루가나 아오모리, 히로시마의 우지나 등 여러 지역에서 분산 파병하는 방식을 취하게 된다.

일본 언론은 정례 각의 소식을 전하면서도 대규모 일본군 증파 계획은 즉각 보도하지 않았다. 그 대신에 일본 내각이 3·1운동에 대해 ① 응급책으로써 단호한 조치를 취하고, ② 장래의 방책은 시위 진정 후 결정한다는 등 두 가지를 정했다고 전했다. 아울러 일본 정부가 이날 하세가와 요시미치 조선총독에게 단호한 조치의 실행을 명령했다고 전했다.

"정부는 이번 조선 폭동 사건에 관해 지난번부터 선후책을 신중히 연구 중이었는데 드디어 4일 정례 각의에서 그 결정을 보기에 이르렀다. 즉, 이번 폭동은 실로 우리 조선 통치상 중대한 문제일 뿐 아니라 제국의 식민지 정책에 끼치는 영향은 실로 헤아릴 수 없을 정도다. 따라서 이러한 상황에 처해 근본적으로 이를 종식시키고 이어서 장래의 적당한 통치 방침을 결정하지 않으면 안 된다. 특히 이번 폭동은 단지 조선인의 자연적 쟁란이라고만 봐서는 안 되며 그 해부에 유력한 세력이 존재하는 것은 이제 의심할 수 없는 사실이므로 이러한 점에 관해서도 가장 신중하게 고려해 ① 응급책으로 단호한 조치를 취할 것, ② 장래의 방책은 모든 폭동 진정 후에 결정할 것으로 정해 제1항의 실행 방법을 즉일 조선총독에게 명령했다. 무엇보다 제2항의 장래 통치 방침은 폭동 진정 후 서서히 고려할 일이 되겠지만 정부 내 다수 의향은 현재 내외의 대세에 비추고 조선 민족 대다수의 의향을 존중해 될 수 있는 한 문치적 방법을 지키고 복리를 증진시키는 데 일치한 것 같다."(≪大阪毎日新聞≫, 1919. 4. 6b, 1면; 윤소영 편역, 2009b, 229쪽 재인용)

하라 다카시는 다음 날인 4월 5일 덴노 요시히토를 알현하고 조선에 6개 대대 병력을 증파하는 것을 보고했다. 덴노도 독립만세시위를 위해 대규모 일본군이 파견된다는 사실을 알고 승인한 셈이다(原奎一郎 편, 1950, 193쪽).

대규모 일본군 증파는 극비리에, 그것도 신속히 이뤄지면서 4월 10일까지 해당 병력이 한반도에 도착했다. 조선총독부도 종전 주둔 병력과 증파 병력을 합쳐 재배치를 4월 15일까지 완료했다. 재배치의 주안점은 만세운동 발발 시 종래보다 더 빠른 대처가 가능하도록 주재 지점을 확충하는 데 있었다(윤병석, 2013, 488쪽 참고).

수촌리 복수극과 이완용의 '망동'

먼동이 트기 전인 4월 5일 새벽 3시, 경기도 수원군 장안면 수촌리. 일제 수비대 30명이 마을에 들이닥쳤다. 마을 사람들은 아직 깊은 잠에 빠져 있었다. 그들은 이날 끔찍한 마을 방화와 일제 군인들의 잔혹한 보복을 당하리라고는 꿈에도 생각하지 못했다.

수촌리 학살 현장을 들러보고 피해자들의 증언을 청취해 기록한 프랭크 스코필드의 「수촌 만행 보고서(Report of the Su-chon Atrocities)」에 따르면, 일제 수비대는 이날 새벽 이집 저집 다니면서 초가지붕에 불을 질렀다. 불 붙은 초가집은 삽시간에 불타올랐다. 교회당과 마을 전체 가옥 42채 가운데 34채가 불탔다(김선진, 1983, 66~68쪽 참고).

마을 사람들이 집 밖으로 뛰쳐나왔을 때는 온 마을이 불꽃에 휩싸여 있었다. 몇몇 사람들은 불을 끄려 했지만 군인들은 불을 끄려 하는 사람들을 총으로 쏘고 총검으로 찌르고 총대로 두들겨 팼다고 한다. 프랭크 스코필드의 기록이다.

"다친 사람을 직접 만나볼 수 있느냐고 말했더니, 어느 집 안방에 안내됐다. 거기서 나는 끔찍한 부상을 입은 중년 남자 한 사람을 봤다. 그의 왼쪽 팔은 팔꿈치 아래쪽이 보통 사람의 두 배만큼이나 부어 있었으며 팔꿈치에는 총검으로 찌른 것 같은 자국이 있었고 거기에는 고름이 가득 차 있었다. 그 상처를 헝겊으로 칭칭 감고 있었다. 악취가 나서 구역질이 날 지경이었다. 그는 기독교인이었다. 그는 그렇게 다치게 된 것은 마을이 불에 에워싸였을 때 집 밖으로 뛰어나간 순간 어느 군인의 칼(아마 총검)에 찔렸기 때문이라고 말했다."(이장락, 2007, 76쪽 재인용)

일제 수비대가 총을 쏘고 칼을 휘두르면서 수촌리 주민 5명이 부상을 입었다. 결국 마을 사람들은 부들부들 떨면서 잿더미로 변하는 보금자리를 지켜보고 있는 수밖에 별도리가 없었다. 마을을 다 태운 군인들은 다른 곳으로 떠났다. 이른바 수촌리 1차 보복이었다(이장락, 2007, 75쪽 참고).

일제 수비대는 이날 오후 수촌리에 다시 돌아왔다. 이들은 불타지 않은 가옥 8채를 샅샅이 수색했다. 이때 오전에 산으로 피신했다가 내려온 주민을 검거해 발안리주재소로 끌고 가 고문했다. 2차 보복이었다. 일제의 보복은 이것으로 끝나지 않았다(김선진, 1983, 71~72쪽).

일제 수비대는 4월 7일 수촌리 가장말을 비롯해 꽃말, 용담굴을 집집마다 돌아다니며 주민 130여 명을 붙잡아 발안리주재소로 끌고 갔다. 이어 주민들을 밧줄에 묶어 몽둥이질했고 피투성이가 되면 길가에 버렸다. 3차 보복이었다(김선진, 1983, 72~76쪽).

일제 수비대는 다시 4월 8일에는 수원 시위를 주도했던 수촌리 구장 천도교 전교사 백낙렬을 백방으로 찾아 나섰지만 실패하자 1차 보복 때 미처 불타지 않은 가옥 8채 가운데 4채를 방화했다. 4차 보복이었다. 일제의 네 차례 보복으로 수촌리는 42채 가옥 중 38채가 방화로 소실됐고, 천도교 전교실과 강습소, 이봉구, 백낙렬의 가옥 등이 모두 소실됐다. 일제는 4월 9

일부터 16일까지 대대적인 검거 작전을 벌였다. 특히 일제는 검거한 차화식과 이영쇠에게 경찰을 죽인 혐의로 15년 형의 중형을 선고했다. 피도 눈물도 없는 잔혹한 보복이었다(독립운동사편찬위원회, 1970a, 164쪽).

4월 5일 새벽 5시, 강원도 이천군 낙양면 지하리. 전날 영양면 지상리 장날을 맞아 대규모 만세운동을 벌였던 주민 60여 명은 지하리에 있는 헌병파견소로 몰려갔다. 이들은 돌을 던지며 만세를 외쳤다. 시위대는 총을 들고 나온 헌병 3명과 육박전을 벌였다. 헌병들이 시위대를 향해 발포했다. 5명이 숨지고, 3명이 부상을 입었다. 이천의 시위는 4월 12일까지 산발적으로 계속됐다(독립운동사편찬위원회, 1970a, 526쪽; 한국독립운동사편찬위원회, 2009a, 135쪽 참고).

오전 11시, 평안북도 창성군 청산면 학송리에서 천도교인과 기독교인 300여 명이 만세시위를 벌이다가 헌병대와 충돌했다. 6명이 사망하고, 25명이 부상했다. 이날 속칭 '지경'이라는 광산지대 장터에서도 기독교인을 중심으로 만세시위가 발생해 헌병대와 충돌했다. 장로교 집사 김두운이 헌병이 쏜 총탄에 맞아 현장에서 숨졌고, 그의 아들 김택근도 중상을 입고 치료를 받았지만 수 시간 후에 숨졌다. 다음 날인 4월 6일 오후 2시, 청산면 청룡리에서도 천도교인 약 70명이 만세시위를 벌이다가 헌병대와 충돌해 7명이 숨지고 5명이 부상을 입었다(독립운동사편찬위원회, 1970a, 473쪽; 한국독립운동사편찬위원회, 2009a, 268쪽 참고).

오후 3시, 경상남도 울산군 하상면 병영리 일신학교(현재 병영초등학교) 부근. 주민들이 몰려들었다. 청년 이종필과 최현규, 김장수 등은 '대한독립만세'라고 쓴 현수막을 들고 전원이 만세를 불렀다. 운집한 주민들도 이에 호응하며 일제히 대한독립만세를 큰 소리로 외쳤다. 수천 명이 운집했다. 이들은 큰길과 성둑으로 행진하며 주재소로 쇄도해갔다(독립운동사편찬위원회, 1970b, 206쪽).

주재소는 이미 울산에서 경찰관 8명과 수비대 5명을 지원받아 시위대를 대비하고 있었다. 군경과 시위대 사이에 일진일퇴의 공방전이 벌어졌다.

이문조 등 9명이 군경에게 검거됐다. 시위대는 일본 경찰을 포위하고 검거자를 석방하라고 요구했다. 시위대 가운데 엄준은 위험을 무릅쓰고 일본 수비병의 총기와 경찰의 대도(帶刀)를 탈취하려고 육박전을 벌였다. 시위대는 투석으로 대항했다(독립운동사편찬위원회, 1970b, 206쪽).

일제 수비병은 시위대를 향해 사격을 가했다. 엄준, 문성초, 주사문, 김응룡이 현장에서 쓰러져 숨졌다. 송근찬, 김규식, 김두갑을 비롯한 많은 이들이 부상을 입었다. 농소 쪽으로 동지 규합에 나섰던 이종근이 달려왔다. 그는 군경이 내미는 총검 앞에 가슴을 헤치면서 달려들었다.

"쏠 테면 쏴봐라."

군경은 놀라 감히 쏠 수가 없었다. 하지만 시위대는 총검을 앞세운 군경에 더 이상 대항하지 못하고 해산했다. 희생자들은 황방산 기슭에 안장됐다(독립운동사편찬위원회, 1970b, 207쪽).

'조선소요사건 일별조표'에 따르면, 4월 5일 24곳에서 만세시위가 벌어졌고, 6곳에서 시위대와 일본 군경이 충돌했으며, 5곳에서 일본군의 발포가 이뤄졌다(윤병석, 2013, 438쪽 참고).

이날 북간도 옌지현 화전자(樺田子)와 삼도구(三道溝) 등지에서도 재류 동포 약 300명이 모여 독립선언 축하식을 거행했고, 북간도 녹둔도에서도 재류 동포 1000여 명이 두만강 쪽 식민지 조선을 바라보며 독립만세시위를 벌였다(독립운동사편찬위원회, 1970b, 705쪽).

프랑스 파리에 있던 김규식은 이날 '청년조선협회' 이름으로 서류 두 통을 파리강화회의에 제출했고, 한 통은 7쪽짜리 건의서였고, 다른 하나는 2쪽짜리 각서였다. ≪오사카아사히신문≫은 이 소식을 뒤늦게 전하면서 "특별한 주의를 끌지 못했다"고 보도했다(≪大阪朝日新聞≫, 1919. 4. 21a, 석간 1면; 윤소영 편역, 2009a, 225쪽 참고).

이완용은 조선총독부 기관지 ≪매일신보≫ 4월 5일 자에 독립만세운동을 경거망동이라고 강력히 비난하는 글 "황당한 유언에 미혹치 말라"를 게재했다. 이완용은 이날 경고문에서 "이번에 조선독립운동이라고 칭해 경성 기타에서 행한 운동이라는 것은 사리를 분별하지 못하고 국정을 알지 못하는 자의 경거망동으로 내선동화를 해치는 것이라 말하지 않을 수 없다. 현재 조선의 상태를 알지 못하는 도배가 우연히 파리강화회의에 제출된 민족자결주의를 내걸고 조선의 독립을 기도해 내지에 있는 조선인 유학생 일부와 모모 종교 관계자 및 사려 천박한 학생 등과 비밀 상통해 민심을 선동한 결과 이러한 불상사를 야기한 것"이라고 지적하고 "나는 차제에 이와 같은 허설에 선동돼 몸을 그르치고 세상을 버리는 일이 없도록 특히 우리 조선인 제군을 위해 바란다"고 경고했다(윤덕한, 1999, 333쪽 재인용).

대다수 친일 인사들이 3·1운동이 발발하자 숨죽이며 지켜보는 상황에서 이완용이 전면에 나서 반만세시위 여론을 조성하기 시작한다. 이완용은 이어서 4월 7일과 5월 30일에도 ≪매일신보≫에 또다시 경고문을 차례로 발표한다. 이완용의 행동을 시작으로 친일 인사 민원식, 홍준표 등이 잇따라 신문 기고를 통해 반독립운동 여론을 형성하려 하는 한편 만세시위 저지를 겨냥한 조직체 '자제단'을 결성해 구체적인 행동으로도 나서게 된다.

이완용을 비롯해 귀족원의 각파 유지들은 4월 5일과 6일 이틀간 협의를 했다. 귀족원은 한말 왕실의 외척이나 종친 및 부마(駙馬)에 관한 사무를 관장한 관청이었다. 일본 언론은 귀족원 인사들이 일본 정부에 신속한 사태 진정을 촉구했다고 전했다(≪大阪每日新聞≫, 1919. 4. 7a, 석간 1면; 윤소영 편역, 2009b, 230쪽 재인용).

이완용은 1858년 경기도 광주(현재 경기도 분당구 백현동)에서 태어나 1882년 증광별시 문과에 급제한 후 청나라 양무운동 모델의 근대화를 추구했고 주미공사를 역임하는 등 미국 전문가로 대미 협상을 전담했다. 1905년 러일전쟁에서 일본의 승리가 결정적으로 되자 친일파로 변신했고, 고종을 협박해 을사조약을 체결시켜 대한제국 외교권을 일제에 헌납했다. 1907년 헤이그특사 사건을 빌미로 고종에게 퇴위를 강요했고, 정미 7조약에 서명해 행정권도 일제에 넘겼다. 1909년 기유각서를 교환해 사법권마저 일제에 넘겼다. 1910년 대한제국 전권위원으로 조선통감 데라우치 마사타케와 한일병합조약을 체결했다. 일제 강점기에는 소위 '일선융화'를 주장했다. 일제에 적극 협력한 대가로 1910년 메이지 덴노 무쓰히토(睦仁)로부터 조선귀족 백작 작위를 받았다. 을사오적, 정미칠적, 경술국적이라고 비판받는다(반민족문제연구소, 2009a, 49~54쪽 참고).

일본 언론에서는 이즈음 3·1운동의 발생 배경을 총독 정치의 폭압성에서 찾으려는 논조가 대두한다. ≪오사카마이니치신문≫은 4월 5일 자 조간에서 하세가와 요시미치 총독, 야마가타 이사부로 정무총감, 고지마 소지로 경무총장 등 조선총독부 지휘부 인책론을 거론했다(≪大阪每日新聞≫, 1919. 4. 5, 2면; 윤소영 편역, 2009b, 226쪽 재인용). ≪도쿄아사히신문≫도 이날 자 사설 "식민지통치의 혁신"에서 3·1운동의 "유력한 원인은 우리 총독 정치의 결함에 있다"며 헌병경찰의 폐해를 지적했다(이규수, 2003. 2, 272쪽 재인용).

조선군사령관 우쓰노미야 다로는 이날 독립만세시위 진압을 위해 일본에서 보병 6개 대대와 보조헌병 300여 명이 들어올 것이라는 전보를 받았다. 지난 4월 2일 하세가와 요시미치 총독 명의로 보냈던 전보에 따른 것이었다. 우쓰노미야 다로는 육군상과 육군총장에게 감사의 전보를 보냈다. "신속한 증원의 조치에 감사합니다."(宇都宮太郎關係資料硏究會 편, 2007, 240쪽)

한편, 멀리 남아시아의 인도에서는 마하트마 간디가 이날 인도인들에게 영국 상품의 불매 및 납세 거부, 공직 사퇴 등 비폭력 저항 운동인 '사타야그라하 사브하(진리수호)' 운동을 선언하고 행동에 돌입했다. 인도가 제1차 세계대전 당시 막대한 희생을 치르면서 연합군을 지원했음에도, 영국은 인도인이 반영운동을 하면 체포영장 발부 등의 적법한 절차 없이 무조건 잡아갈 수 있는 '롤래트법(Rowlatt Act)'을 제정했기 때문이다. 간디는 "빵을 구하는 데 돌을 준다"며 비폭력 저항 운동에 나선 것이다. 3·1운동의 비폭력 투쟁이 간디의 비폭력 무저항 운동에 영향을 미쳤다는 분석도 적지 않다

(신용하, 2006b, 116~117쪽; 신용하, 2013, 317~318쪽 참고).

"시위를 저지하라" 친일파 '자제단' 결성

4월 6일 오후 2시, 경상남도 하동군 진교면 진교리시장. 장날을 맞아 주민 1000여 명이 운집해 독립만세를 소리 높여 외쳤다. 지난 3월 29일과 30일 시위에 이어 진교리시장에서 세 번째로 벌어진 독립만세시위였다. 시위대는 일본 군인과 경찰을 포위한 후 곤봉과 죽창으로 항거했다. 일본 군인의 총기를 탈취하고 이들에게 뭇매를 가해 보병 2명이 부상당했다. 경찰 2명과 보병 10명이 급파됐다. 일제 군경은 시위대에게 발포했다. 3명이 현장에서 쓰러져 숨지고, 7명이 부상을 입었다. 오후 4시 30분, 시위대는 흩어졌다. 9명이 경찰에 검거됐다(독립운동사편찬위원회, 1970b, 281쪽).

이미 3월 31일과 4월 1일 두 차례에 걸쳐 대규모 독립만세시위가 벌어졌던 평안북도 삭주군 삭주읍에서도 이날 삭주 주민 6000~7000여 명이 독립만세시위를 벌였다. 결사대 200여 명은 일본군의 제지에 대항했다. 일본군이 시위대를 향해 발포했다. 6명이 현장에서 숨지고, 40명이 검거됐다(한국독립운동사편찬위원회, 2009a, 266쪽 참고).

대규모 시위 5일 후인 4월 11일 새벽, 삭주 읍내 기독교 교회당에서 의문의 화재가 발생해 교회당이 전소됐다. 일본 측은 독립운동을 반대하는 일부 조선인의 소행이라고 주장했지만 일본인들이 불을 지르고 오히려 조선인들에게 뒤집어씌우는 적반하장이었다는 분석이 많다(독립운동사편찬위원회, 1970a, 468쪽).

'조선소요사건 일별조표'에 따르면, 4월 6일 17곳에서 만세시위가 벌어졌고, 5곳에서 시위대와 일본 군경이 충돌했으며, 2곳에서 일본군의 발포가 이뤄졌다(윤병석, 2013, 438쪽 참고).

이날 북간도 옌지현 상리사 삼도구(三道溝) 전심호 기독교학교에서도 동포 30여 명과 학교 직원 및 학생 등 40여 명이 모여 독립운동에 관해 협의했다. 이 자리에서 교사 정명수(鄭明洙)는 "모인 인원 중에 책임 있는 이는 양심적으로 독립운동에 헌신하라"며, △ 일본 영사관에서 애국자를 체포하려 할 때는 모든 힘을 다해 저항하고, △ 책임 있는 이는 ≪조선독립신문≫ 기사 내용을 촌민에게 고루 알리도록 하며, △ 각자는 독립운동에 관한 비밀을 엄수할 것 등을 주장했다(독립운동사편찬위원회, 1970b, 705쪽).

이날 대구에서는 친일파 박중양이 만세시위를 자제시키고 저지하기 위한 친일조직 '자제단'을 조직하고 단장에 올랐다. 박중양은 일제 식민통치 직전 대구 군수 겸 관찰사 서리로 재직하면서 일본 거류민단의 요구를 받아들여 대구성을 철거해, 일본인들이 대구 도심을 장악할 수 있게 길을 열어준 인물로 평가된다. 박중양은 이날 자제단을 결성한 취지에 대해 "경거망동으로 인해 국민 품위를 손상케 하는 일이 없도록 상호 자제하게 함을 목적으로 한다"며 '소요'를 진압하고 '불령한 무리'를 배제할 것을 천명했다. ≪매일신보≫ 1919년 4월 9일 자에 실린 대구부 자제단 규약은 다음과 같다.

제1조 본 단은 경거망동에 인하여 국민의 품위를 상하게 하는 일이 없도록 상호자제하게 하는 것을 목적함.

제2조 본 단원은 금회 소요를 진압하고 불령한 무리를 배재하기를 힘씀.

제3조 본 단원은 부민 각호에 대하여 긴히 그 경거망동에 뇌동치 아니할 것. 불온한 행위를 감히 하는 자를 발견할 시는 바로 이를 경무관헌에게 보고함을 맹서하게 함.

제4조 본 단 사무소는 이를 대구부청 내에 둠(이윤갑, 2006. 11, 249쪽 재인용).

박중양이 주도한 대구부 자제단 발기인에는 대구를 대표하는 지주나 자산가로 꼽히던 이병학, 이장우, 정해붕, 이일우, 이영면, 정재학, 한익동,

김홍조, 서경순, 장상철, 서철규, 서병원 등이 참여했다. 이들 가운데 이일우와 정재학은 한때 국채보상운동에 적극 관여했지만 한일병합 이후 일제의 식민통치에 협력하는 쪽으로 선회한 인물로 평가된다(오미일, 2002, 171쪽; 이윤갑, 2006. 11, 250쪽 참고).

대구 지역 김수길, 권성우, 이영식 등 계성학교 학생들과 기독교 전도사 최재화는 이에 4월 13일 박중양 등에게 경고장을 발송했다. 즉, 이들은 "시세에 맞지 않는 자제회를 설립하고 다수를 강제 권유해 입회시킨 것은 조선 민족으로서 용서할 수 없는 노배(奴輩)이므로 암살할 것"이라고 경고했다(이윤갑, 2006. 11, 249~251쪽 참고).

자제단은 4월 6일 대구를 시작으로 8월까지 전국에 적어도 138군 이상에서 조직됐고, 12월까지 계속 확장했다. 이들은 전국 각지에서 무력시위를 자제하고 만세시위대에게 집으로 돌아갈 것을 호소했다. 각 도는 자제단 본부를 도청이나 군청에 두고 각 면에 지부를 두어 도·군·면 체계를 갖췄고, 도장관이 내훈이나 지시로 면 단위의 한국인 자제단을 조직하고 해당 지역 경찰서장의 감독 및 지휘하에 됐다.

자제단은 만세시위가 농촌 지역까지 걷잡을 수 없이 확산하자 일제가 민심을 진정시키기 위해 조직한 것으로 분석된다. 전라북도 도장관이던 이진호가 하세가와 요시미치 조선총독에게 편지를 보내 조직을 주장했던 것으로 알려져 있다. 자제단은 독립만세시위를 자제시키고 진정시키는 것이 기본적인 목표였지만 지역 유지와 주민을 망라하면서 만세시위 조짐이 있으면 미리 일제 관헌에 신고하는 방식으로 만세시위 저지에 적극 나섰다(이준식, 2017. 6, 70~72쪽 참고).

독립만세시위 초기에 소극적으로 대응해오던 친일 인사들이 이완용의 발언과 자제단 결성을 계기로 적극적으로 만세시위를 반대하고 저지하는 데 앞장서게 된다. 자제단은 다른 한편으로 친일 인사들이 정치 활동을 할 수 있는 통로 역할을 했다는 분석도 있다(이준식, 2017. 6, 72~73쪽 참고).

≪오사카마이니치신문≫은 4월 6일 자 석간에서 사설 "조선과 언론"을

통해 하세가와 요시미치를 비롯한 조선총독부 지휘부의 문책은 물론 전반적인 식민지 조선 정책의 변경을 촉구했다. 사설에서는 △ 조선총독부 관제개정, △ 무단통치 교정, △ 평등정신 제고, △ 조선인 임용 확대, △ 무차별 및 동화 표방, △ 언론 자유 부여 등을 대안으로 제시했다(≪大阪每日新聞≫, 1919. 4. 6a, 석간 1면; 윤소영 편역, 2009b, 228쪽 참고).

한편 미국 ≪로스앤젤레스 타임스(Los Angeles Times)≫는 4월 6일 자 사설 "생명의 존엄성"에서 식민지 조선에서 일어난 3·1운동에 대해 '미국의 독립선언에 버금가는 것'이라고 호평했다.

"이들의 선언은 우리의 독립선언에 버금가는 것이다. … 이것은 광야에서 외치는 선지자의 목소리다. … 신의 가호로 미친 세상이 걸음을 멈추고 그들의 소리에 귀 기울이기를!"(Oliver, 1960/2002, 157쪽 재인용)

제8장

무력 진압과 제암리 학살

아아新天地가眼前에展開되도다威力의時代가去하고道義의時代가來하
도다過去全世紀에鍊磨長養된人道的精神이바야흐로新文明의曙光을人
類의歷史에投射하기始하도다新春이世界에來하야萬物의回蘇를催促하
는도다凍氷寒雪에呼吸을閉蟄한것이彼一時의勢ㅣ라하면和風暖陽에氣
脈을振舒함은此一時의勢ㅣ니天地의復運에際하고世界의變潮를乘한吾
人은아모躊躇할것업스며아모忌憚할것업도다我의固有한自由權을護全
하야生旺의樂을飽享할것이며我의自足한獨創力을發揮하야春滿한大界
에民族的精華를結紐할지로다

―――――

아아, 새로운 세계가 눈앞에 펼쳐졌다. 위력의 시대는 가고, 도의의 시대
가 왔다. 지난 한 세기 동안 갈고닦아 길러진 인도주의적 정신이 이제 막
밝아오는 빛을 인류의 역사에 쏘아 비추기 시작했다. 새봄이 세계에 돌아
와 만물이 되살아나기를 재촉하고 있다. 매서운 추위 속에 숨조차 제대로
못 쉬게 한 것이 저 지난날 한 형세였다면, 화창한 봄바람과 따뜻한 햇볕
에 기운을 마음껏 펼치는 것이 오늘의 형세이니. 세상의 회복된 시운을 맞
이하고, 세계의 사조가 바뀌어가는 기회를 탄 우리는 아무 망설일 것 없으
며, 거리낄 것도 없는 것이다. 우리의 본디부터 지녀온 자유권을 온전히
지켜 왕성한 번영에 삶을 즐겨 마음껏 누릴 것이며, 우리의 풍부한 독창력
을 발휘해 새봄이 가득 차 평화가 넘치는 온 세계에 우리 민족의 빛나는
문화를 맺게 할 것이다.

한반도로 향하는 일제 증원군

일본 육군은 본토에 주둔 중인 6개 사단, 즉 제2, 5, 8, 9, 10, 13사단에서 병사를 차출해 한반도로 출발시켰다. 헌병 400명도 차출돼 4월 7일부터 한반도를 향해 출발하거나 출발을 준비했다.

1919년 4월 7일 오전 9시 25분, 가가와현 다카마쓰역. 젠쓰지 제43연대에서 편성된 임시경비대 100명은 연락선을 타고 먼저 조선으로 향하기 시작했다. 제43연대는 각 중대에서 10명씩 소집해, 마쓰다(松田) 대위와 후쿠토미(福富), 기무라(木村) 두 중위, 하마다(浜田) 준위 이하 1개 중대 100명을 임시 경비대로 편성했다(≪大阪朝日新聞≫, 1919. 4. 9a, 석간 2면; 윤소영 편역, 2009a, 188쪽 참고).

오후 5시 45분, 효고현 히메지역. 제10사단 히메지 10연대에서 2대대를 중심으로 혼성부대 약 700명이 특별군용열차를 타고 히로시마 우지나역으로 향했다. 제10사단 사령부는 지난 4월 5일 밤 육군성의 전보를 받고 보병 1개 대대를 조선에 보내게 된 것이다. 이들은 4월 7일 밤이 깊어서야 히로시마 우지나역에 도착했다.

밤, 니가타현 시바타역. 다나카(田中) 소좌가 이끄는 제13사단 시바타 16연대의 1개 대대가 임시열차를 타고 효고현 쓰루가항을 향해 출발했다(≪大阪朝日新聞≫, 1919. 4. 9a, 석간 2면; 윤소영 편역, 2009a, 188쪽 참고).

보조헌병대도 조직돼 조선을 향해 출발했다. 오후 5시 55분, 오사카역. 오사카 제4사단에서 조직된 보조헌병대 1개 중대가 열차를 타고 후쿠이현 쓰루가로 향했다. 오사카에서 편성된 보조헌병은 보병, 기병, 포병, 공병 각 부대에서 선발한 113명으로 구성돼 보병대위 이케다 겐주로(池田賢十郎)를 지휘관으로 해서 조선으로 향했다. 이에 앞서 와카야마 61연대에서는 제11중대 후쿠이 준(福井準) 이하 20명이 7일 오전 11시 24분발 난카이 전차에 탑승해 오사카로 집결했다. 사사야마 70연대에서도 똑같이 오사카로 가서 오사카 각 부대의 선발병과 합류해 오후 3시부터 제37연대 군영

마당에 집합해 연대장 대리 이마에(今枝) 중좌의 무장검사를 받았다. 이어 도선에 관한 훈시를 받고 출발했다. 오사카 제4사단은 전날 육군성으로부터 보조헌병대 1개 중대를 조직해 파견하라는 명령을 받고 즉시 오사카 각 부대 및 사사야마, 와카야마의 각 연대에 통지해 7일 보병 제37연대로 집합해, 보조헌병대 1개 중대를 조직했다(≪大阪朝日新聞≫, 1919. 4. 9a, 석간 2면; 윤소영 편역, 2009a, 188쪽 참고).

한반도 독립만세시위의 격화에 따라 긴급히 파견된 일본 군인들은 기존 조선군과 함께 전국에 1개 소대 또는 분대 단위로 배치됐는데 그들의 배치부대 수는 500여 개에 달했다(蔡永國, 1992. 12, 191쪽 참고).

≪오사카아사히신문≫은 4월 7일 자 석간의 논평 "조선의 불온함"에서 한반도 전역에서 독립만세시위가 발생한 것에는 조선총독부의 잘못이 크고 규탄해야 하지만 우선 독립만세시위를 진압한 뒤에 이뤄져야 한다고 주장했다. 특히 외국인들의 비판을 두려워해 어설픈 진압책을 취하는 것은 매우 좋지 않고 급히 온건주의로 가장하는 것은 적절하지 못하다며 "어떠한 수단을 써서라도 이를 진압하는 것이 급선무"라고 강경 진압을 촉구했다(≪大阪朝日新聞≫, 1919. 4. 7a, 석간 2면; 윤소영 편역, 2009a, 184쪽 재인용). ≪오사카마이니치신문≫도 4월 7일 자 석간 1면의 칼럼 "대조선 처치"에서 '선단호·후봉합 조치'를 결정한 것에 대해 과감한 개선을 촉구했다(≪大阪每日新聞≫, 1919. 4. 7a, 석간 1면; 윤소영 편역, 2009b, 230쪽 재인용).

특히 이완용은 ≪매일신보≫ 4월 7일 자에 독립만세운동에 거듭 신중할 것을 촉구하는 2차 경고문 "돌이켜 자신을 구하고 다복을 구하라"를 발표했다. 이완용은 2차 경고문에서도 한민족이 자제할 것을 거듭 촉구했다. 그는 앞서 경고문을 발표해 많은 한국인으로부터 매국노라는 비판을 받았다(≪大阪每日新聞≫, 1919. 4. 10c, 석간 1면; 윤소영 편역, 2009b, 244쪽 재인용).

'조선소요사건 일별조표'에 따르면, 4월 7일 한반도 20곳에서 만세시위가 벌어졌고, 5곳에서 시위대와 일본 군경이 충돌했으며, 1곳에서 일본군의 발포가 이뤄졌다(윤병석, 2013, 438쪽 참고).

이날 오후 두만강을 사이로 함경북도 경흥이 바라다보이는 러시아령 연해주 녹도(鹿島)에서 이곳 재류 동포들이 태극기를 들고 대한독립만세를 큰 소리로 외쳤다. 블라디보스토크로부터 동포 수 명이 녹도 지역에 와서 유세한 결과였다. 특히 오후부터 시베리아와 만주 등 각 지방에서 수많은 학생들이 모여들었다. 방천동 서당의 한 교사는 직접 생도 30명을 대동하고 와서 나팔을 불고 독립만세를 외쳤다. 오후 3시경 녹도 부근 고지에 약 1000명이 모여 큰 소리로 대한독립만세를 외치고 서로 격려하다가 해산했다(독립운동사편찬위원회, 1970b, 783쪽).

이승만은 이날 러시아령 임시정부 국무총리 겸 외무총장 자격으로 외국 통신사와 기자회견을 가졌다. 그는 앞서 블라디보스토크의 대한국민의회('노령 임시정부')에서 국무총리 겸 외무총장에 선출됐고 4월 11일 상하이 대한민국 임시정부에서도 국무총리로 뽑히게 된다.

"조선을 위압하라" 무력 진압 겨냥한 군대 증파

4월 8일 오전, 도쿄 나가타초 총리 관저. 총리 하라 다카시는 내각 각의를 열었다. 육군상 다나카 기이치는 조선 증병과 관련해 공포 방법 등을 제안했다. 하라 다카시 총리는 발표 문안이 단순히 토벌의 의미로 해석되면 곤란해질 수 있다며 일부 '불령의 무리'가 폭행해 양민들이 편하게 지낼수 없어 '양민 보호'를 위해 6개 대대와 보조헌병 400명을 증파한다는 취지로 문안을 바꿨다. 다른 각료들의 이의가 없어 그런 취지대로 개정해 발표하도록 했다(原奎一郎 편, 1950, 193쪽). 즉, '토벌'이 아니라 '양민 보호' 차원에서 병력을 증파한다는 식으로 공포하라는 이야기다(신주백, 2001. 3, 44쪽; 이규수, 2003. 2, 271쪽; 이이화, 2015, 232쪽 참고).

도쿄 육군성. 육군성은 보병 6개 대대와 헌병 400명을 조선에 증파하는 방안과 구체적인 일정을 발표했다. 3·1운동을 조기에 진압하기 위한 군대 증파였다. 육군 보병 증파의 구체적인 내용은 다음과 같았다.

△ 제8사단 보병 제5연대(히로사키), 제2사단 보병 제32연대(야마가타)에서 각 1대대는 아오모리에서 승선해 원산에 상륙. △ 제13사단 보병 제16연대(시바타), 제9사단 보병 제36연대(사바에)에서 각 1대대는 후쿠이현 쓰루가에서 승선해 부산으로 상륙. △ 제10사단 보병 제10연대(히메지), 제5사단 보병 제71연대(히로시마)에서 각 1대대는 히로시마 우지나에서 승선해 부산에 상륙.(≪大阪朝日新聞≫, 1919. 4. 9a, 석간 1면; 윤소영 편역, 2009a, 188쪽; ≪大阪每日新聞≫, 1919. 4. 8a, 석간 1면; 윤소영 편역, 2009b, 234쪽 참고).

육군성 당국자는 이날 일본군 증파 방안을 발표하면서, 하라 총리의 지시대로, 독립만세운동이 "최근 점차 흉포, 위험성을 띠고 그 발생 장소도 매우 증가했다"며 "조속하게 소요를 진압해 양민을 생업에 편안히 종사하도록 하는 것이 극히 긴요하다고 판단"됐다고 증파 이유를 설명했다(≪大阪每日新聞≫, 1919. 4. 8b, 석간 1면; 윤소영 편역, 2009b, 235쪽 재인용). 육군성차관 야마나시 한조(山梨半造)는 이날, 이번에 증파하는 6개 대대는 "기존 헌병 및 경찰관을 보조하기 위해서" 가는 것으로 "직접 화기를 폭동 진압에 사용하지는 않는다"고 말했다(≪大阪每日新聞≫, 1919. 4. 9a, 석간 6면; 윤소영 편역, 2009b, 236쪽 재인용).

육군성 공식 발표에 앞서 이날 새벽 1시 30분, 후쿠이현 쓰루가역에 시바타 16연대의 1개 대대가 도착했다. 오후 3시에는 가와쿠보(川久保) 소좌가 이끄는 제9사단 사바에 36연대의 1개 대대도 도착했다. 새벽에 도착한 시바타 16연대는 난보쿠료 심상소학교에 숙영했고, 사바에 36연대 소속 부대는 대대본부를 다이고쿠야 여관에 두고 쓰루가의 중앙부 및 강의 서부 민가에 유숙했다. 군인 가족들이 몰려와 쓰루가 전체가 활기를 띠었다(≪大阪朝日新聞≫, 1919. 4. 9a, 석간 2면; 윤소영 편역, 2009a, 188쪽 참고).

조선에 파견되는 부대의 대장인 모 소좌는 언론 인터뷰에서 "조선에 가는 것은 처음인데 전쟁을 하는 것이라면 걱정이 없는데 이번은 병사를 지휘하는 데 매우 머리를 써야 하는 경우가 많을 것"이라며 "시베리아 파병

때보다 훨씬 주의가 필요하다"고 밝혔다(≪大阪每日新聞≫, 1919. 4. 9e, 11면; 윤소영 편역, 2009b, 239쪽 참고).

오후 3시 반, 히로시마현 우지나역. 제5사단 히로시마 71연대에서 구성된 제2대대장 나카무라 벤사쿠(中村勉作) 소좌가 이끄는 700여 명과 제10사단 히메지 10연대, 헌병 보조 200명은 수송선 '미야지마마루(宮島丸)', '다마마루(玉丸)' 등을 타고 한반도를 향해 출발했다. 제71연대 병력은 기관총 7문을 보유했다. 제5사단 제71연대는 5일 밤 파견 명령을 하달받아 참모본부에서 대위 무라카미 요시마사(村上佳正)가 히로시마에 도착해 사단 및 동 연대와 여러 차례 협의한 뒤 700명을 편성했다(≪大阪朝日新聞≫, 1919. 4. 9a, 석간 2면; 윤소영 편역, 2009a, 188쪽; ≪大阪每日新聞≫, 1919. 4. 10b, 석간 1면; 윤소영 편역, 2009b, 243쪽 참고).

오후 8시, 야마가타현 야마가타역. 제2사단 야마가타 32연대에서 편성한 조선 파견 대대는 임시열차로 아오모리로 향했다. 주로 2년병 또는 하사 이상으로 지난해 조선 수비를 위해 부임했던 자들 중에서 선발했다. 정거장에는 많은 이들이 배웅 나와 만세를 불렀다(≪大阪每日新聞≫, 1919. 4. 9e, 11면; 윤소영 편역, 2009b, 240쪽 참고).

헌병들도 속속 한반도로 떠났다. 이날 새벽 후쿠이현 쓰루가역에 오사카 제4사단에서 차출된 보조헌병대 일행 113명도 도착했다. 새벽 12시 28분에는 보충 헌병대 130명도 도착했다. 이들은 가와사키초 민간에서 유숙했다. 4월 8일 히로시마에서도 보조헌병 200명이 조선 방면으로 향했다(≪大阪朝日新聞≫, 1919. 4. 9a, 석간 2면; 윤소영 편역, 2009a, 188쪽 참고).

일본군 헌병사령관 이시미쓰 마오미(石光眞臣)는 보조헌병대 400여 명의 파견 방침에 대해 어머니가 자식 대하듯 하면 안 되고 "헌병으로 위압해야 한다"고 강조했다. 참으로 야만적인 발언이 아닐 수 없다.

"조선의 금일의 상태는 실로 우려할 만한 것으로 도저히 고식적인 수단으로는 진압할 수 없다. 이면에 어떠한 선동자가 있는지도 일부러 고려할 필요는 없다. 차제에 단호한 처치를 취하고자 헌병을 증파하는 것은 적절한 조치이다. 이번의 일뿐 아니다. 폭동이 일어난 경우 경찰관은 소위 인자한 어머니가 사랑하는 자식을 대하듯이 머리를 쓰다듬으며 설득하지 못할 때는 헌병으로 위압해 □□□출동을 기다리는 것이 옳다. 프랑스 등에서는 이미 이 방법을 실시하고 있다."(≪大阪每日新聞≫, 1919. 4. 9f, 11면; 윤소영 편역, 2009b, 240쪽 재인용)

일본 ≪중외상업신보≫는 이날 자 사설 "조선소요의 성격"에서 "이 요란은 세계 질서를 파괴하려는 과격주의 사상을 포함하고 있다"며 "소요 진압을 위해 더욱 강고한 수단이 필요하다"고 군대 파견에 의한 무력 진압을 지지했다(이규수, 2003. 2, 270쪽 재인용).

오전 11시, 평안북도 강계군 강계읍 남문과 가까운 '자래바우둔덕' 근방, 이준겸의 집 앞 광장. 남장대 예배당의 종각에서 종소리가 울려 퍼지자 이 골목 저 골목에서 학생들이 뛰어나왔다. 학생들은 태극기와 독립선언서를 집집마다 돌리며 내달리기 시작했다. 장날이어서 장꾼들도 합세하면서 길거리는 태극기 물결로 뒤덮였다. 장봉준은 커다란 태극기 2개를 양팔로 세워 짚고 기다리고 있었다. 태극기를 중심으로 순식간에 수천 명이 모였다.

영실중학교 교사 김경하와 이준겸 등의 주도 아래 시위대는 대형 태극기 2개와 '대한독립만세'라 쓴 플래카드를 앞세우고 악대를 따라 행진을 개시했다. 악대는 북 하나와 나팔 하나가 전부였다. 나팔을 탁재석이 불고 북은 김창선이 두들겼다. 영실중학교 재학생들이었다. 시위대는 행진하면서 큰 소리로 독립만세를 외쳤다. 시위대는 이준겸 집 앞에서 출발해 인풍루 삼거리와 북문 삼거리를 거쳐 북문까지 행진할 예정이었다(독립운동사편찬위원회, 1970a, 484쪽).

시위대는 독립만세를 부르며 북문을 향해 전진했다. 헌병분견소 앞을 지날 때도 헌병들은 아무 행동을 취하지 않고 잠잠했다. 시위대가 거의 북문에 도달했을 즈음 돌연 기마헌병들이 총에 칼을 꽂고 발포하기 시작했다. 시위대가 하나둘 쓰러졌다. 일제는 북문 성루 위에 미리 수비대를 매복시켜뒀다. 헌병의 발포로 정준, 천도교인 김병찬, 상인 손주송, 전도사

인국원의 부인인 임신 8개월의 한(韓) 씨 등이 숨졌다. 김용애, 지용애, 이경서 등 많은 이들이 부상을 입었다. 한봉민, 김경하, 주하룡 등 많은 이들이 검거됐다(독립운동사편찬위원회, 1970a, 485쪽).

'조선소요사건 일별조표'에 따르면, 4월 8일 35곳에서 만세시위가 벌어졌고, 9곳에서 시위대와 일본 군경이 충돌했으며, 4곳에서 일본군의 발포가 이뤄졌다(윤병석, 2013, 438쪽 참고).

이날 서간도 지안현 마선구(麻線溝)에서도 천도교도 약 200명이 일제의 앞잡이 기관인 조선인조합지부를 습격할 목적으로 퉁거우로 향했다. 시위대는 행진하며 독립만세를 큰 소리로 외쳤다. 중국 관헌은 일제의 압박에 한국인 시위대를 저지하는 것처럼 했다. 일제는 중국 관헌을 믿을 수 없다고 하여 이날 평안북도 위원에 있는 일제 헌병대를 바로 압록강 국경 지척에 배치했다(독립운동사편찬위원회, 1970b, 720쪽). 서간도 창바이현 정봉학교 학생 25명은 오후 5시쯤 대한독립만세를 소리 높여 외치며 시가행진을 했다. 일제 헌병은 중국 순경국장에게 위협적으로 한국 동포들의 시위행진을 제지해달라고 요청했다. 중국 관헌은 자신들의 입장을 고려해 시위대에게 해산해달라고 간청했고, 시위대는 평화적으로 해산했다(독립운동사편찬위원회, 1970b, 724쪽).

이완용에 이어서 민원식도 조선에서 반독립 여론 형성을 거들고 나섰다. 《오사카아사히신문》은 4월 8일 자 조간부터 4월 14일까지, 《오사카마이니치신문》은 4월 9일 자 조간부터 4월 15일까지 각각 7회에 걸쳐서 조선인의 자치권과 참정권을 주장해온 민원식의 기고를 게재했다. 민원식은 기고에서 독립만세시위를 독립을 목적으로 한 것인지 아니면 소요 자체를 목적으로 한 것인지 구별할 수 없다며 "망동적 목적을 가진 소요"라고 규정하고 비판했다(《大阪每日新聞》, 1919. 4. 9d, 2면; 윤소영 편역, 2009b, 246~259쪽 재인용; 《大阪每日新聞》, 1919. 4. 10e, 2면; 윤소영 편역, 2009b, 248쪽 재인용; 《大阪每日新聞》, 1919. 4. 11b, 2면; 윤소영 편역, 2009b, 251쪽 재인용; 《大阪每日新聞》, 1919. 4. 12b, 2면; 윤소영 편역, 2009b, 253쪽 재인용;

≪大阪每日新聞≫, 1919. 4. 13a, 2면; 윤소영 편역, 2009b, 255쪽 재인용; ≪大阪每日新聞≫, 1919. 4. 14, 2면; 윤소영 편역, 2009b, 256쪽 재인용; ≪大阪每日新聞≫, 1919. 4. 15a, 2면; 윤소영 편역, 2009b, 258쪽 재인용; ≪大阪朝日新聞≫, 1919. 4. 8b, 3면; 윤소영 편역, 2009a, 240쪽 재인용; ≪大阪朝日新聞≫, 1919. 4. 9c, 3면; 윤소영 편역, 2009a, 241쪽 재인용; ≪大阪朝日新聞≫, 1919. 4. 10b, 3면; 윤소영 편역, 2009a, 243쪽 재인용; ≪大阪朝日新聞≫, 1919. 4. 11a, 3면; 윤소영 편역, 2009a, 245쪽 재인용; ≪大阪朝日新聞≫, 1919. 4. 12c, 3면; 윤소영 편역, 2009a, 247쪽 재인용; ≪大阪朝日新聞≫, 1919. 4. 13d, 3면; 윤소영 편역, 2009a, 248쪽 재인용; ≪大阪朝日新聞≫, 1919. 4. 14b, 3면; 윤소영 편역, 2009a, 250쪽 재인용).

대조선 정책 비판 본격화

만세시위를 진압하기 위한 일제의 병력 증파가 착착 진행됐다. 4월 9일 오전 11시, 후쿠이현 쓰루가항. 시바타 16연대와 사바에 36연대는 오사카 4사단에서 차출된 보조헌병대 113명과 함께 '에리모마루(えりも丸)'에 탑승했다. 오전 11시 30분 전체 병사와 군용품 탑재가 완료되자 쓰루가 18여단장을 비롯해 군부대 지휘부는 에리모마루의 살롱에서 맥주로 건배했다. 수송지휘관인 시바타함대 대대장의 감사의 말이 있었고 쓰루가 18여단장이 이에 화답했다. 낮 12시 정각, 에리모마루가 한 발의 포성을 신호로 조선을 향해 출발했다(≪大阪朝日新聞≫, 1919. 4. 10a, 석간 2면; 윤소영 편역, 2009a, 192쪽 재인용). 다음 날인 4월 10일 오후 3시, 아오모리현 아오모리항에서도 전날 오후에 도착한 제2사단 야마가타 32연대의 혼성 1개 대대와 제8사단 아오모리 5연대의 혼성 1개 대대가 어용선 니다카마루(新高丸)에 승선해, 원산을 향해 출발했다. 이들은 4월 14일 오전 8시 원산에 상륙했다(≪大阪每日新聞≫, 1919. 4. 10b, 석간 1면; 윤소영 편역, 2009b, 243쪽; ≪大阪每日新聞≫, 1919. 4. 11a, 석간 6면; 윤소영 편역, 2009b, 260쪽 참고).

총리 하라 다카시는 이날 조선으로 귀임하는 야마가타 이사부로 정무총 감을 만났다. 야마가타 이사부로는 이날 하라 다카시에게 조선의 독립만 세를 단속하기 위해 '제령(제7호)'을 발포해야 한다는 취지로 말했다. 독립 만세시위 등에 대한 단속과 처벌을 강화하기 위한 법률적인 대응에 나서 겠다는 것이다. 하라 다카시는 이에 동의하면서 일단 조선이 평정을 되찾 은 후에 문관 본위로 제도를 바꾸고, 교육은 일본인과 조선인에게 동일하 게 취하며, 헌병제도를 고쳐 경찰제도로 할 것이라고 말했다(原奎一郎 편, 1950, 193쪽).

일본 내부, 특히 지식인 사회에서는 기존 식민통치 정책이나 인식이 잘 못됐다는 지적이 본격적으로 터져 나오기 시작했다. ≪오사카마이니치신 문≫은 4월 9일 자 조간 1면에 일제의 식민지 조선 통치의 오류를 통렬히 비판하는 야당인 헌정회의 에기 다스쿠(江木翼)의 주장을 실었다. 에기 다 스쿠는 헌정회, 입헌민정당 계열의 관료 정치가였다. 에기 다스쿠는 일제 통치 방침의 세 가지 오류로 ① 일본의 동화주의, ② 조선에 대한 잘못된 인식, ③ 조선인에 대한 차별을 제시했다.

"이번 조선의 폭동 사건은 그 직접 원인이 무엇인지 신중한 조사가 필요 하겠지만 그 간접 원인은 필경 통치 방침의 오류로 돌리지 않으면 안 된 다. 지금 그 주요한 것을 두세 가지 들어보면 첫 번째로 동화주의다. 이는 정치가 및 학자 등이 자주 주장하는 바이지만 그 근본에서 오류에 빠지고 있다. 3000년의 역사를 갖는 국민이 도저히 동화될 수 없는 것은 스페인, 프랑스, 영국 등의 식민사를 보면 알 수 있다. 적어도 식민사를 연구하는 사람은 한 점의 의심을 품을 여지가 없다. 그러나 동화주의 정책은 내지(일 본) 교육을 거의 그대로 조선 및 대만에서 행하고자 한다. 국어의 보급에 힘을 기울여 관리는 순사, 우편국장의 말단에 이르기까지 반드시 그 지방 의 말을 습득할 필요는 없다고 해 마치 내지에서 정치를 하는 것처럼 각 식민지를 통치하고 식민지를 완전히 내지화하고자 하는 것이다. 그런데 영국 식민정책의 근본 방침을 엿보면 정복 또는 할양에 의한 식민지에서는 원주민의 언어, 풍속, 습관 등을 존중해 결코 본국의 언어, 풍속, 습관 등으로 원주민을 구속하지 않는다는 것을 원칙으로 삼고 있다. 다년간 식민지 통치 경험을 갖는 영국에서 이미 그러하다. 일본의 정치가가 동화정책으로 식민지 통치의 정수를 획득한 것처럼 생각하는 것은 매우 큰 잘못이라고 해야 한다. 두 번째로 식민지를 본국의 부속물로 여기는 것이다. 이는 많은 말을 할 필요도 없이 독자적인 문화를 갖고 독립한 경제단위를 갖는 식민지를 본국의 부속물로 여기고 통치하고자 한다면 실패하지 않으려고 해도 어찌 그럴 수 있겠는가. 세 번째로 식민지의 주민을 하급 인민으로 취급하는 것이다. 즉, 내지인은 통치계급이고 식민지인은 피통치계급인 것처럼 확연히 구별하는 것이다. 이는 단순히 관리뿐 아니라 우리 국민 일반에도 통하는 잘못된 생각으로, 쉽게 교정하기 어려운 오해라고 하더라도 이러한 사상은 근본적으로 타파하지 않으면 안 된다. 요컨대 우리나라 식민정책은 통치의 근본의가 어디에 있는지를 이해하지 않고 식민지를 통치하고 과거 20년간을 꿈속에서 보낸 감이 있다. 식민정책의 근본의는 식민지 주민에게 문명 전도를 하는 것 외에는 없다. 즉, 극히 공정한 문명 보급이 그 주의가 되지 않으면 안 된다. 이러한 명백한 근본의가 존중되지 않은 결과, 혹은 제한 및 위압이 가해지고 혹은 무단 정치가 되고 혹은 식민지 민심을 일시적으로 진정시키는 '진무(振武)주의'가 된다. 이러한 상태에서 제국이 식민지 통치의 성과를 거두겠다는 것은 백년하청을 기다리는 것과 같다."(≪大阪每日新聞≫, 1919. 4. 9c, 1면; 윤소영 편역, 2009b, 237쪽 재인용)

일본의 민본주의자 요시노 사쿠조도 ≪중앙공론(中央公論)≫ 4월호에 글 "대외적 양심의 발휘"를 게재하고 일본의 조선 통치 정책에 대한 자기반성의 필요성을 강조했다. 요시노 사쿠조는 3·1운동의 원인을 조선인이나 외국인 선교사에게 떠넘기는 것을 '양심의 마비'라고 비판하고 최소한의 개혁을 실시해야 한다고 강조했다.

"조선에서의 폭동은 말할 필요도 없이 커다란 불상사이다. 그 원인과 근본적 해결의 방책에 대해서는 다소간의 의견 차이가 있다. 하지만 이를 명확히 밝히는 전제로서 내가 절규할 수밖에 없는 점은 국민의 대외적 양심이 현저히 마비돼 있다는 것이다. 이번 폭동이 일어나고 소위 식자계급의 평론이 여러 신문, 잡지에 게재됐다. 하지만 그 대부분은 다른 사람을 질책하는 데 급급하고 자신을 반성하는 태도는 찾아보기 어렵다. 그렇게 엄청난 폭동이 있었는데도 조금도 각성의 빛을 보이지 않는 것은 일본 양심의 마비가 얼마나 깊은지를 말해준다."(이규수, 2003. 2, 278쪽 재인용)

오전, 강원도 양양군 현북면 하광정리 면사무소 앞. 각 마을 구장들이 인솔한 주민 1000여 명은 양양읍에 있는 양양장터로 가기 위해 운집하고 만세시위를 벌였다. 기독교도와 유학자, 각 마을 구장들이 준비하고 전개한 만세시위였다. 시위대가 면사무소에 들어가자 면장은 물론 면서기도 숨어버렸다. 서류도 모두 감췄다. 시위대는 독립만세를 소리 높여 외쳤다. 지방 원로 김익제가 양양읍으로 가는 것을 만류했다.

시위대는 이에 하광정리에서 1킬로미터 정도 떨어진 기사문리의 관할 주재소로 몰려갔다. 길가 가로수 받침대를 뽑기도 했다. 주재소에서는 미리 정보를 입수해 만반의 준비를 하고 있었다. 그들은 이미 4월 8일 강릉에서 병사들을 지원받았다. 일제 군인과 경찰은 주재소 옆 개울 언덕에서 총을 겨누고 엎드려 있었다. 순사 이홍근만이 시위대 선두가 있는 다리목에 나와 있었다. 시위대는 이홍근의 만류를 뿌리치고 독립만세를 일제히 불렀다. 시위대가 주재소를 향해 움직이기 시작한 순간에 총소리가 터져 나왔다(독립운동사편찬위원회, 1970a, 625쪽).

일제 군경의 발포로 전원거와 임병익, 홍필삼, 고대선, 황응상, 김석희, 문종상, 진원팔, 이름 모를 장사꾼 등 9명이 현장에서 사망했다. 이종남, 김응옥, 오세관 등 20여 명이 부상을 입었다. 시위대 선두는 순식간에 피바다가 됐다. 시위대는 흩어졌다. 옛 기사문 주재소 뒷고개는 38선에서 북쪽 700미터쯤의 바닷가로, 지금도 주민들은 '만세고개'라 부른다고 한다(독립운동사편찬위원회, 1970a, 626쪽; 한국독립운동사편찬위원회, 2009a, 144쪽 참고).

'조선소요사건 일별조표'에 따르면, 4월 9일에 15곳에서 만세시위가 벌어졌고, 3곳에서 일본군의 발포가 이뤄졌다(윤병석, 2013, 438쪽 참고).

밤, 경성 시내에서 '대한민국 假(임시)정부'라는 제하의 유인물이 살포됐다. 유인물은 정통령에 손병희, 부통령에 현재 미국에 있는 이승만을 선임하고 이하 각 대신의 이름을 열거한 뒤 여러 장의 선언서를 첨부한 것이었다. 4월 10일 대한문 앞에 집결하라는 내용도 담겨 있었다. 바야흐로 임시정부 수립이 가시화하고 있었다(≪大阪朝日新聞≫, 1919. 4. 11c, 7면; 윤소영 편역, 2009a, 193쪽 재인용).

밤 10시 30분, 만주 하얼빈 일본군 병영. 러시아 측 조선인 용병 60여 명이 일본군 기병, 포병중대 병영 안 병원을 습격했다. 일본 기병 및 포병 중대장들은 포 3문을 각각 배치하고 한국인들을 향해 맹렬하게 사격했다. 조선인은 신시가 총영사관 방면으로 도주했다. 일본 기병 1개 분대가 한국인들을 추격해 소총 등을 노획했다고, 일본 언론은 전했다(≪大阪每日新聞≫, 1919. 4. 12d, 11면; 윤소영 편역, 2009b, 269쪽 재인용).

서간도 랴오닝성 타이안(台安)현 구사평(九沙坪)에서는 한국인 유지 이갑장의 환갑잔치를 맞아 인근 마을로부터 재류 동포 약 200명이 모였다. 이들은 미리 계획이나 한 듯 독립만세를 소리 높여 외쳤다. 개인의 환갑잔치가 아니라 독립을 축하하는 제전처럼 됐다고 한다(독립운동사편찬위원회, 1970b, 783쪽).

하세가와의 세 번째 유고 "또 단호 대처"

4월 10일, 조선총독 하세가와 요시미치는 제3차 유고를 발표했다. 하세가와 요시미치는 제3차 유고에서 "반도의 소요가 여전히 진정되지 않을 뿐 아니라 최근에는 점점 흉포하게 돼 혹은 관헌을 습격하고 혹은 관공서를 파괴하니 그 죄상은 진정 용서할 수 없다"며 "양민의 안위를 우려하고 지방의 안녕질서를 유지해 하루라도 빨리 각각 편안히 생업에 종사할 수 있도록 하기 위해 중앙정부에 군대 파견을 요청하고 지방 방위에 임하도록 할 것"이라고 일본군 증파의 불가피성을 설명했다(≪大阪每日新聞≫, 1919. 4. 12a, 석간 6면; 윤소영 편역, 2009b, 267쪽 재인용; ≪大阪朝日新聞≫, 1919. 4. 12a, 석간 2면; 윤소영 편역, 2009a, 194쪽 재인용).

하세가와 요시미치는 그러면서 연일 조선총독부 각 부 장관 등과 회의를 열고 한국인의 독립만세시위 대책을 논의했다. 조선총독부는 4월 10일부터 15일까지 지역별로 역할을 분담해 민심 시찰에 나섰다(≪大阪每日新聞≫, 1919. 4. 13b, 11면; 윤소영 편역, 2009b, 273쪽 재인용).

대규모 독립만세시위가 벌어진 평안북도 정주군과 삭주군 기독교회당에 대한 방화도 잇따랐다. 지난 4월 2일 정주의 천도교회당 방화에 이어 4월 10일에는 정주의 기독교회당에 방화가 일어났고, 4월 11일 새벽 삭주의 기독교회당도 방화가 발생했다. 한국 연구진은 독립만세시위에 대한 일제의 보복으로 분석하지만, 일본 언론은 만세시위에 적극 참여한 기독교나 천도교에 대한 반감이었을 것으로 추정해 보도했다.

"지난 2일 천도교회당을 불태운 평안북도 정주 인민은 10일 오전 6시 이곳에 소재한 야소교회당에 불을 질러 전소시켰다. 손해액은 약 1만 원으로 보인다. 아마도 소요에 반감을 품은 조선인이 격앙해 이런 일을 벌인 것이 아니겠는가."(≪大阪朝日新聞≫, 1919. 4. 13e, 7면; 윤소영 편역, 2009a, 205쪽 재인용)

4월 10일, 조선에 진출해 있던 일본조합기독교회 목사와 전도사들이 한반도 서쪽 지역에서 과격한 독립사상을 배제하고 협력일치의 미풍을 조성해야 한다고 강조하면서 민중의 반성과 복종을 촉구했다. '조합교회', '회중교회'로 불리기도 하는 일본조합기독교회는 1910년 한일병합 이후 조선을 전도 지역으로 선정하고 서울, 평양 등지에 조합교회를 설립했다. 조선의 복음화라는 명분 아래 일제의 황국신민화 정책의 앞잡이 역할을 했다는 비판을 받는다. 일본조합기독교회 주요 지도자로는 경성학당장 와타세 쓰네요시(渡瀬常吉), 전 평양항소법원 서기장 무라카미 다다요시(村上唯吉) 등이 꼽혔다. 와타세 쓰네요시는 한국 기독교는 예수 그리스도의 참된 정신을 이해하지 못하고 편협한 애국심을 양성해왔다며 한국 기독교와 미국인 선교사 등에게 책임을 묻기도 했다. 일본조합기독교회에는 당시 조선인 신도 2만여 명이 가입한 것으로 알려진다(강덕상, 2002/2007, 306쪽 참고).

일본조합기독교회는 조선총독부와 조선군 등의 지원을 받아 만세시위를 비판하고 반대하는 유인물을 제작·배포했다. 4월 18일 조선의 동부 지역과 호남 지역 등에서 순회 활동을 벌이는 등 각종 순회강연을 펼쳤다. 포교 운동도 활발하게 전개했다. 8월 말까지 함경북도를 제외한 11개 도에서 강연회와 환등회 등의 행사를 개최했다(양현혜, 2009, 59~60쪽 참고).

일본조합기독교회 지도자인 목사 와타세 쓰네요시는 1867년 구마모토현 야쓰시로시에서 무사의 아들로 태어났다. 와타세 쓰네요시는 일제의 군국주의 언론인 도쿠토미 소호(德富蘇峰)의 오에기주쿠(大江義塾)에서 정치사상 등을 배웠고, 18세 때 야쓰시로 조합기독교회에서 세례를 받았다. 와타세 쓰네요시는 초등학교 교사를 거쳐 에비나 단조(海老名弾正)가 교장으로 있던 구마모토영어학교에서 일본어를 가르쳤다. 이후 에비나 단조의 충실한 제자가 됐다. 에비나 단조는 일본 최초 기독교인이자 조합기독교회 목사로, 도시샤대의 총장을 역임했다. 기독교를 통한 아시아 동화를 주장했고 일본 신도와 기묘하게 결합된 국가주의적 사상을 벗어나지 못했다는 비판을 받는다. 와타세 쓰네요시는 일본기독조합기독교회 목사를 거쳐 1899년 '일본해외교육회'가 경영하는 조선의 '경성학당' 당장에 취임했다. 와타세 쓰네요시는 이 학교에서 약 10년간 한국의 동화를 강조하는 교육을 했다. 그는 1910년 한일병합 이후 조선총독부로부터 막대한 자금을 지원받아 조선 전도 활동을 펼쳤고, 1911년 경성과 평양에 교회를 설립했다. 와타세 쓰네요시는 1913년 『조선 교화의 급무(朝鮮教化の急務)』를 출간해 "조선 병합은 일본이 세계의 대세에 순응한 결과이다. 동양의 평화를 영원히 보장하기 위해 일본제국 존재의 필요와 동시에 조선 1500만 민중의 행복을 염원한 결과"라고 제국주의적 시각을 적나라하게 드러냈다.

'조선소요사건 일별조표'에 따르면, 4월 10일 13곳에서 만세시위가 벌어졌고, 4곳에서 시위대와 일본 군경이 충돌했으며, 2곳에서 일본군의 발포가 이뤄졌다(윤병석, 2013, 438쪽 참고).

이날 서간도 환런현 상루하(上漏下) 이도양차(二道陽岔) 환동학교(桓東學校) 부근에서 재류 동포 곽종석은 동지 100여 명과 함께 독립만세를 소리 높여 불렀다. 이들은 일제의 앞잡이 역할을 해온 조선인조합 이차구(裡岔溝) 지부장 공청송과 서기 이승갑을 응징했다. 응징의 구체적인 내용은 알려지지 않는다. 서간도 콴뎬현 대·소불태원 및 하루하에서도 재류 동포 약 30명이 모여 독립만세를 부르고 저녁 때 평온하게 해산했다(독립운동사편찬위원회, 1970b, 721쪽).

상하이 임시정부 수립

4월 10일 목요일 새벽, 중국 상하이 프랑스 조계. 이광수는 독립만세운동을 기획한 민족 대표들의 의견을 확인하기 위해 국내로 들여보낸 이봉수를 만났다. 이봉수는 임시정부를 비롯한 조직 건설 등 독립운동의 진로에 대한 민족 대표들의 의견을 듣기 위해 현순과 이광수가 경성으로 보낸 인사로 알려져 있다(윤대원, 2009. 8, 266쪽 참고). 이광수는 이봉수로부터 '민족 대표 33인은 아무 말도 남긴 것이 없으니 독자적으로 임시정부 조직에 착수하라는 말만 들었다'고 전해 들었다(고정휴, 2016, 68쪽 참고). 이광수는 당시 상황을 다음과 같이 전했다.

"이날 새벽 (경성에 갔던) 이봉수가 돌아왔다. 가서 천도교의 정광조도 만나고 김성수도 만났다고 하며, 송진우, 현상윤, 최남선 등은 다 잡혀갔다고 했다. 우리(독립임시사무소)가 알고 싶어 하는 정부 조직에 대해서는 (민족 대표) 33인은 아무 말도 뒤에 남긴 것이 없으니 상하이에 모인 여러분이

좋도록 하라는 것이었다."(이광수, 2014, 391~393쪽)

오전, 이광수는 독립운동가들에게 임시정부 조직에 대한 민족 대표의 의사를 듣지 못했고 미국의 대한인국민회와 간도·러시아의 독립운동단체에서도 아직 사람이 오지 않았다고 전했다. 이광수는 독립임시사무소의 역할은 끝났다고 말했다. 상하이에 모인 독립운동가들은 3·1운동 이후 독립운동 조직과 노선 등을 스스로 결정해야 했다.

밤 10시, 중국 상하이 프랑스 조계 진선푸루의 허름한 셋집. 조선에서 3·1운동을 준비한 이들이 파견한 현순과 손정도, 최창식, 만주와 러시아령에서 독립운동을 하던 이동녕, 이회영, 이시영, 조완구, 김동삼, 신채호, 조성환, 조소앙, 일본에서 활동했던 이광수, 최근우, 신익희, 미주에서 활동해온 여운홍, 상하이에서 독립운동을 폈던 여운형, 선우혁, 서병호 등이 속속 모여들었다. 독립운동가 29명이 참석한 가운데 제1회 임시의정원 회의가 개최됐다. 참가자 전체 명단은 다음과 같다.

김대지, 김동삼, 김철, 남형우, 백남칠, 선우혁, 손정도, 신석우, 신익희, 신채호, 신철, 여운형, 여운홍, 이광, 이광수, 이동녕, 이시영, 이한근, 이회영, 조동진, 조동호, 조성환, 조소앙, 조완구, 진희창, 최근우, 한진교, 현순, 현창운.

참가자들은 개회를 하면서 명칭을 '임시의정원'으로 하자는 의견을 조소앙의 동의와 신석우의 재청으로 가결했다. 이어 무기명 단기식 투표를 통해 의장에 이동녕, 부의장에 손정도를 선출하고 그들의 사회로 중요 논의를 시작했다.

임시의정원 의원들은 다음 날인 4월 11일 오전 10시까지 회의를 거듭하면서 △ '대한민국'이라는 국호를 정하고, △ 국무총리를 수반으로 하는 국무원에 6부를 두기로 한 뒤 국무총리에 이승만 등을 선출했으며, △ "제1조 대한민국은 민주공화제로 함"으로 한 임시헌장을 제정했다(이기형, 2004, 95쪽 참고).

임시의정원 제1차 회의에서 참석자들은 임시정부 인사를 놓고 격론을 벌였다. 여운홍(1967, 39쪽; 강덕상, 2002/2007, 216쪽 참고)의 기억에 따르면, 누군가가 임시정부 수반으로 이승만이 적임자라고 말했다. 그러자 신채호가 자리에서 벌떡 일어나 소리쳤다.

"천만부당하다. 이승만은 이완용보다 더 큰 역적이다. 이완용이는 있는 나라를 팔아먹었지만, 이승만은 아직 우리나라를 찾기도 전에 팔아먹은 놈이다!"

옆에서 누군가가 "그런 사실을 잘 알아보기도 전에 그렇게 단정 지을 수 없지 않은가"라고 말했다. 신채호는 더욱 성난 목소리로 "너희 같은 더러운 놈들과는 자리를 같이하지 않겠다"며 자리를 박차고 일어섰다.

임시정부는 국내에서 보내온 한성정부 관제안을 기초로 관제를 제정했다. 대통령을 두지 않고 국무총리를 수반으로 국무원에 6부를 두고 비밀투표로 국무총리 이하 각부 총장, 차장을 선출했다. 이승만과 이동녕, 안창호가 주로 추천된 가운데 최종적으로 국무총리에 이승만을 선임했다. 대한민국 임시정부의 초대 수반으로 선출된 이승만의 당시 나이는 56세였다. 내무총장에 안창호, 외무총장에 김규식, 교통총장에 문창범, 재무총장에 최재형, 군무총장에 이동휘, 법무총장에 이시영이 각각 선임됐다. 차장과 국무원들은 주로 상하이 현지에 거주하는 독립운동가들이 맡았다.

국내에서 활동하지 않았고 3·1운동에도 관여하지 않은 이승만이 왜 임시정부 초대 국무총리에 선출된 것일까. 상하이 임시정부에서 국무총리에 피선된 이승만은 나중에 4월 23일 경성에서 구성된 한성 임시정부에서도 집정관 총재로 추대된다. 이승만이 당시 독립운동 진영에서 각광받았던 이유는 △ 우선 독립만세시위를 주도한 손병희 등이 일제에 구금된 상태였고, △ 만민공동회 및 언론 활동과 5년 7개월의 옥고 등 과거 활동 경력이 있었으며, △ 대미 외교 경험과 민족자결주의를 제창한 우드로 윌슨 미대통령과의 친분에 따른 기대감 등이었을 것으로 분석된다(오인환, 2013, 85쪽 참고).

1875년 황해도 평산군에서 태어난 이승만은 1895년 배재학당에 입학해

1897년까지 다녔고, 1898년 협성회 기관지 《협성회회보》와 최초의 일간지 《매일신문》, 한글 신문 《제국신문》 등을 창간해 운영하는 등 1904년까지 애국계몽운동을 펼쳤다. 1899년 1월 발생한 고종 폐위 음모에 가담했다는 혐의로 체포돼 1904년 8월까지 한성감옥에 투옥됐다. 1904년 8월에 특사로 출옥한 이승만은 미국 대통령 시어도어 루스벨트를 만나기 위해 11월 도미했지만, 루스벨트 대통령을 아주 짧게 만날 수 있을 뿐이었다. 이승만은 이후 공부에 전념해 1910년 프린스턴대에서 「미국 영향하의 영세중립론」이라는 논문으로 박사학위를 받았다. 이승만은 1910년 귀국해 기독교 선교 활동을 하다가 1912년 다시 미국으로 돌아갔다. 이승만은 1913년 하와이에 정착했고 1918년 박용만이 하와이를 떠나자 국민회를 주도했다.

임시의정원은 4월 11일 대한민국 임시헌장도 제정했다. 임시헌장은 "신인일치로 중외 협응하여 한성에서 기의한 지 30유여 일(有餘日)에 평화적 독립을 300여 주에 광복하고, 국민의 신임으로 완전히 다시 조직한 임시정부는 항구 완전한 자주독립의 복리로 아 자손 여민(黎民)에게 세전(世傳)키 위하여 임시의정원의 결의로 임시헌장을 선포하노라"는 내용의 전문과 함께 10개조가 담긴 요약된 헌법이었다. 임시헌장은 지금으로 본다면 헌법에 해당한다고 할 수 있다. 참석자들은 임시헌장을 제정하는 과정에서 국호와 황실 우대 등을 두고 격론을 벌였다.

먼저 국호와 관련해서 여운형은 '대한'이라는 이름은 조선 말에 잠깐 쓰다가 망한 이름이니 부활시킬 필요가 없다고 주장한 반면, 신석우를 비롯한 다수는 "대한으로 망했으니 대한으로 흥하자"고 주장했다. 다수 의견을 따라 국호를 '대한'으로 정하고 국호와 연호 모두 '대한민국'이라고 정했다. 민주정체를 표현하기 위해 '민국'이 채택된 것은 군주제를 지양하고 민주공화정을 선언한 것이었다. 공화국이라는 표현을 사용하지 않고 민국을 사용한 것에 대해서는 앞서 신해혁명에서 중화민국으로 명명한 것에 영향을 받은 것이라는 분석이 많다. 이와 관련해, 국호와 연호를 대한민국으로 하면서 3·1운동과 대한민국 임시정부가 수립된 1919년을 대한민국의 원년으로 봐야 한다는 의견이 진보 진영을 중심으로 많이 나온다. 반면 보수 진영에서는 대한민국 정부가 수립된 1948년을 대한민국 건국 기준으로 삼아야 한다고 맞선다(윤병석, 2013, 528쪽 참고). 대한민국 임시정부와 대한민국 정부 수립 모두 건국의 과정으로 인식해야 한다는 제3의 주장도 있다.

다수 참석자들은 황실 우대와 관련해 고종이 죽은 뒤 곡소리가 넘치는 것으로 보아 아직 민심이 황실에 뭉쳐 있으니 민심 수습상 황실을 우대할 필요가 있다고 주장했지만, 여운형은 황실 우대에 반대했다. 여운형은 "망국의 울음을 아무 때나 울면 잡혀갈 처지였기 때문에 참고 있다가 핑곗김에 기회를 얻어 운 것이요, 황실 그 자체를 생각한 울음이 아니었"다고 주장했다(이기형, 2004, 106쪽). 다수의 의견에 따라 황실 우대론은 가결됐고, 임시헌장에는 "제8조 대한민국은 구황실을 우대함"이라는 조문이 포함됐다. 다음은 대한민국 임시헌장이다.

제1조   대한민국은 민주공화제로 한다.

제2조   대한민국은 임시정부가 임시의정원의 결의에 의하여 이를 통치한다.

제3조   대한민국의 인민은 남녀 귀천 및 빈부의 계급이 없고 일체 평등하다.

제4조   대한민국의 인민은 종교, 언론, 저작, 출판, 결사, 집회, 통신, 주소 이전, 신체 및 소유의 자유를 향유한다.

제5조   대한민국의 인민으로 공민 자격이 있는 자는 선거권 및 피선거권이 있다.

제6조   대한민국의 인민은 교육, 납세 및 병역의 의무가 있다.

제7조   대한민국은 신(神)의 의사에 의하여 건국한 정신을 세계에 발휘하며 나아가 인류의 문화 및 평화에 공헌하기 위하여 국제연맹에 가입한다.

제8조   대한민국은 구 황실을 우대한다.

제9조   생명형, 신체형 및 공창제를 전폐한다.

제10조   임시정부는 국토 회복 후 만 1개년 내에 국회를 소집한다.

상하이 임시정부 수립 과정 등에서 주목해야 할 점 가운데 하나는 공화주의 사상, 공화국 정신이 분명하게 드러나고 정치사상의 중심으로 자리잡았다는 사실이다. 공화주의 사상이나 공화국 정신은 기존 독립협회 운동이나 ≪독립신문≫을 통해 소개됐지만 3·1운동과 상하이 임시정부 수립을 거치면서 분명한 한민족의 정치사상으로 전면에 자리하게 된다. 먼저 손병희를 비롯한 민족 대표들의 주요한 견해에 담겼고, 상하이 대한민국 임시정부의 국호와 임시헌장 등에 분명하게 담기게 된다. 또 4월 14일 미국 필라델피아 한인대회에서 "민주주의"나 "신앙과 언론, 출판의 자유를 기본권으로 보장하는 정부" 등으로 다시 표출됐으며, 각종 독립만세 격문 등에서도 관련 표현이나 사상이 발견된다. 즉, 3·1운동을 거치면서 공화주의 사상과 공화국 정신이 한민족의 주요한 정치사상으로 자리 잡게 된다고 볼 수 있는 셈이다(김용직, 2005. 3, 57~60쪽 참고).

참석자들은 제1회 임시의정원 회의가 끝나자 대한민국 임시정부 수립을 공식 선포했다. 의정원과 행정부를 뒀고, 헌법과 임시헌장 등을 제정했다. 이들은 임시정부 명의의 선서문을 채택하고 "전 국민의 위임을 수해 조직됐나니 전 국민으로 더불어 전심코 육력해 임시헌법과 국제도덕의 명하는 바를 준수해 국토 광복과 방기확고의 대사명을 과하기를 이에 선언하노라"라고 한 뒤 "동포여 기하야 최후의 일인까지 투쟁할지어다"라고 촉구했다.

참석자들은 이날 ① 민족 평등, 국가 평등 및 인류 평등의 대의를 선전함, ② 외국인의 생명재산을 보호함, ③ 일절 정치범인을 특사함, ④ 외국에 대한 권리의무는 민국정부와 체결하는 조약에 일의함, ⑤ 절대독립을 서도함, ⑥ 임시정부의 법령을 위월하는 자는 적으로 인함 등 대한민국 임시정부 6개 정강도 발표했다.

수원 화수리 잔혹 학살극

4월 11일 새벽, 경기도 수원군 우정면 화수리. 잠에 빠져 있던 마을 사람들은 불타는 소리와 짙은 연기에 단잠을 깨고 하나둘 집밖으로 뛰쳐나왔다. 마당으로 나오자 일제 경찰과 군인들이 불을 지르는 모습이 보였다. 하지만 이들은 곧 일제 군경의 총격을 받고 매질을 당했다. 사람들은 목숨을 보전하기 위해 산을 향해 마구 뛰어야 했다. 부녀자들은 어린아이를 품에 안고 뛰고 남자들은 큰 아이들을 끌고 산으로 내달렸다. 화수리 마을 주민 수십 명이 총격을 받거나 부상을 입었고 일부는 체포됐다. 사건 이후 화수리는 40가구가 불타고 18가구만 남았다고, 정한경은 『한국의 사정』에 기록했다(독립운동사편찬위원회, 1971c, 304쪽 참고).

일제가 화수리에 대해 그처럼 잔학한 행위를 저지른 것은 지난 4월 3일 수원 시위에서 일본군 순사 가와바타 도요타로가 숨진 것에 대한 보복이었던 것으로 분석된다.

일제의 보복이 저질러진 직후 화수리 마을은 황폐해졌다. 잿더미 속에 절구통과 장독만이 휑뎅그렁하게 남았다. 산산이 파괴된 마을에 주민들은 이웃 마을로 피난해 생활해야 했다고, 정한경은 『한국의 사정』에서 현지를 답사한 이들의 증언을 전했다.

"항상 그렇듯이 이 마을에도 남은 것이라곤 한국인들이 집집마다 사용하는 절구통과 장독뿐이었다. 그런 것들만이 잿더미와 나무 조각과 함께 이 행복했던 마을의 처참한 오늘을 말해주고 있었다. 불길에서는 아무것도 살아남지 못했고 일본 군인들은 또 그것을 허용하지 않았다. 완전무결하게 황폐한 모습이었다. 단 한 장의 이불, 한 가마니의 쌀, 그리고 단 한 개의 그릇, 숟가락도 성한 것이 없었으므로 생존자들은 기아의 위기에 빠져 있었다. 집 잃은 불쌍한 마을 사람들은 이웃 마을로 피난해 문간에서 잠자리를 구하고 음식과 땔감을 얻어 겨우 생명을 부지했다."(독립운동사편찬위원회, 1971c, 304쪽 재인용)

일본 나가사키 등지에서 활동한 미국 목사 앨버터스 피터스(Albertus Pieters)는 논문 「한국에서의 일본정책의 실패: 일본 정부와 국민의 책임」에서 화수리에서 일어난 보복극에 대해 "아무리 변명해도 용서받을 수 없는 고의적이고 냉혈적인 살인"이라고 비난했다. 피터스는 "이것은 전쟁이 아니다. 한국에는 전쟁 상태가 존재하고 있지 않으며 국민들은 완전히 무장을 하지 않고 있다"며 "그러한 행위는 일부의 거칠고 몰지각한 군인들에 의해 저질러진 행위가 아니고 정규군 상부층의 명령에 의해 자행된 것"이라고 지적했다. 피터스는 총독이나 그 밑에 있는 관리들이 이 범죄행위에 대한 책임을 회피할 수 없을 것이라고 못 박으면서 다음과 같이 지적했다고, 정한경은 『한국의 사정』에서 전한다.

"총독에게 책임을 묻는 것으로 끝날 수 있겠는가. 일본의 전 국민들은 도덕적인 책임을 지지 않아도 될 것인가. 나는 일본의 여론이 이러한 모욕적인 행위에 대해 비판을 할 만큼 일본인들에게는 도덕적 용기와 양심이 있다고 믿었기 때문에 지난 몇 달 동안 사태를 예의 주시했다. 그러나 모두 헛일이었다. 한국에 살고 있는 일본인들의 숫자는 다른 외국인들보다 훨씬 많으며 그들 중에는 고등교육을 받고 유수한 지위를 갖고 있는 사람들도 많다. 그들은 다른 외국인들과 마찬가지로 이번 사건에 대한 소식을 모두 들었을 텐데도 이 범죄행위에 대해 총독에게 항의하는 일은 순전히 다른 외국인들에게 맡긴 채 침묵을 지키고 있었다. 그런 일을 하는데 왜 일본인의 대표는 참여하지 말아야 했나. 도쿄는 제국의 정보가 모이는 본고장이며 각종 회합과 시위가 열리는 곳이다. 나는 거기서 일본인들이 이번 사건을 비난하는 태도를 표명해줄 것을 기대했다. 그러나 아무것도 일어나지 않았다. 시위는 고사하고 신문은 침묵을 지켰으며 어떠한 정당도 이것을 문제 삼지 않았다. 그들은 한국인들의 복지와 안녕에 대해서는 관심이 없고 다만 일본제국의 정당함과 명예를 주장하는 일에만 급급했다. 나는 '음모 사건'이 있었을 때 내 친구가 나에게 한 말을 상기했다. 즉, '일본인들의 최대의 결점은 남에게 나쁜 일을 저지르고도 도덕적 수치감을 갖지 않는 점이다.' 실제로 그런 것 같다. 일본인들이 '그 도덕적 수치감을 느끼지 않기 때문에' 무장하지 않은 한국인들에게 총을 쏘고 제국의 군복을 입은 군인들이 버젓하게 그들을 칼로 찌르고 집에 불을 지르는 모양이다. 일본인들은 그러한 행동이 세계의 심판을 받을 것이라고 생각하지 않는가? 일본 병사들의 그러한 무자비한 행위가 처벌을 받는다면 뒤늦게나마 용서받을 수 있을 것이다. 그들을 처벌하고 다시는 그런 일이 일어나지 않도록 할 수 있는지 없는지의 문제는 곧 국민성을 측정하는 척도가 될 것이며 후진국의 운명을 맡을 수 있는 문명국가로서의 자격을 갖고 있는지의 여부를 결정하는 요소가 될 것이다."(독립운동사편찬위원회, 1971c, 305~306쪽 재인용)

'조선소요사건 일별조표'에 따르면, 4월 11일 10곳에서 만세시위가 벌어졌고, 1곳에서 시위대와 일본 군경이 충돌했으며, 1곳에서 일본군의 발포가 이뤄졌다(윤병석, 2013, 438쪽 참고).

야마가타 이사부로 "시위 진압 협의 마쳐"

4월 12일 오전 8시 30분, 일본 도쿄역. 조선총독부 정무총감 야마가타 이사부로는 기차를 타고 도쿄를 출발해 경성 귀임 길에 올랐다. 그는 4월 13일 밤 시모노세키에서 출발하는 연락선에 승선해 4월 14일 저녁 경성에 도착할 예정이었다. 야마가타 이사부로는 이날 기차에서 비만한 몸을 침대차에 뉘고 시가담배 연기를 내뿜으며 기자들에게 "소요 원인 중 하나를 제도의 잘못이라고 하는 것은 옳지 않다. 헌병제도의 경우는 자주 비난의 초점이 되는 감이 있다"며 "소요 발발의 주요 원인은 과격 사상에 감염된 부문에 돌리지 않으면 안 된다"고 말했다. 그는 "우리 조선에 있는 관리가 무엇보다 비난을 받는 점은 이번과 같은 폭동 계획을 왜 예지하지 못했는가라는 데 있는 것 같다. 너무나 주의가 부족했다고 하면 정말 변명의 여지가 없다"면서도 "총감부의 태만만을 질책하는 것은 잘못이다. 헌병 보조, 순사 보조는 모두 조선인이어서 이러한 운동에 대해 조선인끼리의 일이기 때문에 판정력이 충분하지 못한 사정이 있었던 점도 면할 수 없다. 조선인이 이러한 상황에서 비밀을 엄수한 점은 놀랄 만한 일"이라고 변명한다. 야마가타 이사부로는 그러면서 "앞으로의 통치 방침도 폭동이 일단락되면 근본 치료에 전력을 기울여야 한다"며 "만일 병합 이래 10년이 통치의 제1기라고 한다면 앞으로 제2기에 들어가려는 것이고 자연히 개선해야 할 것은 각 방면에 많을 것"이라고 독립만세시위 진압 후 강도 높은 개혁을 시사했다(≪大阪朝日新聞≫, 1919. 4. 13a, 석간 1면; 윤소영 편역, 2009a, 201쪽 재인용).

≪오사카아사히신문≫은 이날 조간에서 지난 4월 3일 경기도 수원에서 숨진 가와바타 도요타로 순사의 전신에 낫과 손도끼 등에 의한 300여 군데의 상처가 있었다며 한국인 시위대의 폭력성과 잔인성을 부각하려 했다.

"지난 3일 오후 경기도 수원군 화수에서 폭민 때문에 참살당한 가와바타 순사의 비장한 최후를 들어보니 이 순사는 낫, 손도끼 등의 흉기로 약 300군데의 상처를 입고 눈은 도려내어지고 코는 찢어지고 이는 모두 빠져서 그 참담한 시신은 차마 쳐다볼 수 없다고 한다. 이는 조선인의 잔인성을 유감없이 발휘한 것이라고 할 수 있을 것이다."(≪大阪朝日新聞≫, 1919. 4. 12d, 7면; 윤소영 편역, 2009a, 200쪽 재인용)

오후 1시, 후쿠시마현 후쿠시마시 공회당. 야당인 헌정회 총재 가토 다카아키(加藤高明)를 비롯해 1000여 명이 출석한 가운데 헌정회 동북 지역대회가 열렸다. 가토 다카아키는 이날 "병력 그 외 모든 방법으로 진정시키는 것이 필요하지만 영구히 진정시키는 방법 여하를 크게 고려하지 않으면 안 된다. 병력 이외에 기쁜 마음으로 복종하게 하는 것이 필요하다"며 "이를 위해서는 자치를 허락해야 한다. 즉, 본국에 종속적 관계로 취급하는 것을 그만둬야 한다"고 주장했다. 군사력 이외의 방법으로 한국인들을 복종시켜야 하며 이를 위해 자치를 허용하자는 것이었다(≪大阪朝日新聞≫, 1919. 4. 13c, 2면; 윤소영 편역, 2009a, 204쪽 재인용).

외교관 출신의 가토 다카아키는 외무상을 역임했고 나중에 1924년 6월 부터 1926년 1월까지 제24대 일본 총리를 역임한다. 그는 총리 시절 남자 보통선거법 제정, 군대의 규모 및 영향력 축소, 치안유지법 제정, 군대의 현대화 등을 추진했고 제2차 세계대전 이전 일본에서 민주적으로 정치한 인물 가운데 한 명으로 꼽힌다.

정오, 경상남도 김해군 장유면 무계리시장. 내덕상리와 내덕하리 주민 50여 명은 독립만세를 외치며 무계리시장으로 운집했다. 무계리시장에 주민 3000여 명이 모였다. 주민들은 시위 지도부의 선창에 따라 독립만세를 큰 목소리로 외쳤다. 이들은 북을 치고 나팔을 불면서 거리를 행진하기 시작했다. 시위대는 나팔을 불면서 무계리 헌병주재소로 몰려갔다. 일제 군경은 시위대에게 해산하라고 촉구했다. 시위대 가운데 손명조, 김선오, 김용이 등은 헌병주재소 안으로 돌진해 들어가려고 했다. 일제 헌병들이 사격을 가했다. 손명조 등이 흉탄에 맞아 현장에서 쓰러졌다. 시위대는 헌병주재소를 포위해 곤봉과 투석으로 파괴했다. 시위대는 헌병 상등병과 헌병 보조원 각 1명을 때려 부상을 입혔다. 이때 김해읍으로부터 많은 군경이 도착해 시위대를 향해 발포했다. 시위대는 흩어졌다(독립운동사편찬위원회, 1970b, 219쪽).

'조선소요사건 일별조표'에 따르면, 4월 12일 5곳에서 만세시위가 벌어졌고, 1곳에서 일본군의 발포가 이뤄졌다(윤병석, 2013, 438쪽 참고).

북간도 지린성 용정촌시장에서도 명동예수교학교 직원과 학생으로 조직된 '충렬대(忠烈隊)' 30여 명이 동포들에게 독립만세시위에 참가하도록 권유했다. 다른 이들은 시장에서 2리 거리에 있는 토성포에 있다가 시장으로 밀고 들어갈 준비를 하고 있었다. 장날을 맞아 제2차 용정 시위를 계획한 것이다. 하지만 시장을 경계하는 일제 관헌과 중국 순경이 이들을 제지해 뜻을 이루지 못했다. 학생 6명이 일제 관헌에게 체포됐고 시위는 무산됐다(독립운동사편찬위원회, 1970b, 706쪽). 서간도 환런현 피조구(皮條溝)에서도 7구장 김낙구는 동포 200명과 함께 독립만세를 부르고 해산했다(독립운동사편찬위원회, 1970b, 723쪽).

수원에 나타난 아리타 도시오

4월 13일, 경기도 수원군 발안리(현재 화성시 향남읍 제암길). 일본군 제20사단 제79연대 소속 아리타 도시오(有田俊夫) 중위가 보병 11명과 함께 나타났다. 발안 곳곳에서는 예배를 올리고 찬송가를 부르는 소리가 들려왔다. 아리타 도시오는 발안 서쪽에 있는 수원군 제암리 방향으로 시선을 향했다.

제암리는 '두렁에 큰 바위가 있는 마을'이라는 한자 표현이다. 약 33가구가 모여 있는 마을은 안(安)씨 집성촌으로 독실한 신앙자가 많았다. 동학농민운동 이전에 이미 동학이 널리 포교된 것으로 알려진다. 이후 천도교 포교가 늘었고, 기독교인도 크게 늘어났다. 제암리는 동족 부락이라는 특성 때문에 유난히 강한 단결력을 지녔던 것으로 분석된다.

아리타 도시오는 다음 날인 4월 14일에도 제암리에서 자신에게 주어진 임무를 어떻게 이행할지를 골똘히 고민했다. 모든 수단과 방법이 열려 있었다. 아리타 도시오는 이미 양대 수비대에 배속돼 근무하며 조선에서 확산하고 심화하는 독립만세시위를 보면서 시위 주도자를 "박멸하고 그 소굴을 뒤엎음으로써 그 잘못된 희망을 근절"해야 한다는 극단적인 생각을 했던 것으로 보인다. 군법회의 판결서의 일부다.

"개인적으로 이르기를 '이번 폭동은 일조일석에 발생한 것이 아니라 저들 조선인 가운데 제국의 치하에 있는 것을 기꺼워하지 않고, 다년 우리 관헌에 대해 반감을 품고 있는 불령의 무리가 우연히 민족자결론과 이에 관한 사례에 자극과 격려를 받아 반항의 뜻을 결심한 것이기 때문에 이 결의는 본래 보통 수단으로는 제거할 수 있는 것이 아니다. 요컨대 이들 주모자를 찾아 박멸하고 그 소굴을 뒤엎음으로써 그 잘못된 희망을 근절시

412

키지 않고서는 도저히 진정의 공을 이룰 수 없다'고 했다."(김승태, 2008. 6, 428~430쪽 재인용)

그렇다면 일제는 왜 기존 경무부 경찰이나 헌병대가 아닌 군대를 보낸 것일까. 당시 경기도 경무부 헌병대와 경찰이 대규모 검거 작전을 벌였지만 수원 발안 지역은 여전히 안정되지 않았다고 판단해 군대를 보냈다. 게다가 지난 4월 3일 수원 만세시위 과정에서 면사무소와 주재소, 일본인 소학교와 상점 등이 시위대에 의해 파괴되고 일제 순사마저 숨지는 일이 발생하면서 일본인 거주자들의 민원이 급증했고, 일부 일본인 거주자는 다른 지역으로 피난을 갔다. 일제는 이 일대 철야 경계를 강화하면서 군대 증원을 요청한 것이다.

조선군사령관 우쓰노미야 다로가 8월 21일 다나카 기이치 육군상에게 보낸 '아리타 중위에 관한 재판 선고의 건 보고'(김승태, 2008. 6, 427쪽 참고)에 따르면, 아리타 도시오는 1891년 12월 1일에 태어났다. 그의 일본 주소는 히로시마현 도요타군 요시나무라 325번지. 아리타 도시오는 3·1운동이 발발하면서 3월 31일부터 4월 12일까지 충청남도 천안군 양대 지방의 수비를 맡고 있었다. 조선군사령부는 수원 시위가 격화하자 아리타 도시오 중위에게 발안 지역의 치안을 유지하고 수비하라고 지시했다. 3·1운동의 주동자와 일본인에게 해를 가한 자를 체포하고 지역 질서를 회복하라는 것이었다. 아리타 도시오는 전날인 "4월 12일 경기도 수원군 발안리 부근에서 일어난 폭동 진압의 명을 받"았다고 나중에 일본 육군 군법회의에서 밝혔다. 아리타 도시오는 '폭동 진압'으로 생각한 것이었다(김승태, 2008. 6, 428~430쪽 참고).

'조선소요사건 일별조표'에 따르면, 4월 13일 한반도 6곳에서 독립만세 시위가 벌어졌고, 3곳에서 시위대와 일본 군경이 충돌했다(윤병석, 2013, 438쪽 참고).

프랑스 파리에 있던 김규식은 이날 상하이 임시정부로부터 외무총장 임명장과 함께 파리강화회의 전권대사 신임장을 전보로 받았다. 그는 앞서 4

월 10일 상하이 임시의정원 의원으로 선출됐고 4월 11일에는 임시정부 외무총장과 파리 주재위원으로 임명됐다. 김규식은 이에 파리위원부에서 임시정부 차원의 공식적 외교 활동을 전개했다. 그는 능숙하게 영어를 구사하며 연합국 대표들과 접촉을 시도했다. 김규식이 상하이 대한민국 임시정부의 외무총장 임명장을 받았지만, 프랑스 외교부 측은 끝내 강화회의 참석을 허락하지 않았다.

일제는 이때 파리의 김규식 일행에 대한 견제를 점점 강화했다. 특히 일제 경찰은 4월 2일 '파리장서 사건'이 발각되자 감시와 탐문 수위를 높였다. 일제의 부탁을 받은 프랑스 경찰들이 이들의 일거수일투족을 감시했다.

베이징 공사관에서 근무하다가 최근 귀국한 외무성 참사관 요시자와 겐키치(芳澤謙吉)는 이날 일본 정부로부터 조선으로 향하라는 명령을 받았다. 독립운동 사건과 관련해 현장 조사를 하라는 지시였다. 요시자와 겐키치는 한국인 독립만세시위를 조사하기 위해 4월 15일 오후 4시 도쿄역에서 경성으로 출장을 떠났다(≪大阪每日新聞≫, 1919. 4. 16a, 석간 1면; 윤소영 편역, 2009b, 279쪽 참고). 외무성 참사관 요시자와 겐키치는 4월 16일 오전 6시 오사카역을 통과해 경성으로 향하면서 기차 안에서 기자들에게 "가능하면 두만강 부근까지 가보려고 생각하고 있는데 이번 달 중에 귀경하라는 명령을 받고 와서 우선 경성을 중심으로 선교사 집단 및 이미 검거된 외국인 등에 관해 조사하려고 한다"고 시찰 계획을 말했다. 그러면서 "소요의 직접 원인에 대해 혹은 선교사의 선동이 있다고 말하는데 과연 그것이 어느 정도로 큰 원인인지는 역시 조사 연구할 여지가 있다"며 "과격 사상의 침투도 어느 정도 사실인 것 같다"고 밝혀 선교사의 배후 여부나 사회주의 사상 영향 여부 등도 살펴볼 것임을 시사했다(≪大阪每日新聞≫, 1919. 4. 17a, 석간 1면; 윤소영 편역, 2009b, 281쪽 재인용). 요시자와 겐키치는 조선에서 각국 영사관 인사들과 총독부 고위 관료들, 조선인들, 선교사들을 만난 뒤 수원, 대전을 지나 시찰했다.

필라델피아 미주 한인대회

4월 14일 월요일, 미국 펜실베이니아주 필라델피아 시내에 있는 리틀극장(Little Theater) 인디펜던트홀(Independent Hall). 미국 각 지역에서 모여든 한인 대표와 학생 등 150명과 필라델피아 시장과 한국에 다녀온 선교사 등이 참석한 가운데 '제1차 한인연합회의(The First Korean Congress)'가 열렸다. 이날 참석한 한인 대표로는 이승만과 정한경, 민창호, 윤병구 등 이미 알려진 독립운동 지사들도 있었고 임병직이나 김현철, 장기영, 조병옥, 유일한 등 젊은 학생들도 끼어 있었다. 참가자 수는 많지 않았지만, 이 행사는 한국인뿐만 아니라 미국인도 포함돼 있어 한인우호단체가 만들어지고 미국인들의 지지와 협력을 이끌어낼 기반이 된 것으로 평가된다. 회의 목적은 일제가 비인도적으로 한민족을 억압·착취하고 있는 실정과 함께 한민족이 일제의 쇠사슬을 벗어나기 위해 독립만세운동을 일으켰다는 사실을 널리 알리는 데 있었다. 특히 필라델피아가 미국 독립운동의 진원지인데다가 독립전쟁 후 미국의 첫 수도였다는 점을 인식해, 미국 사람들에게 한국 독립의 필요성을 호소하고자 했다(독립운동사편찬위원회, 1970b, 808쪽).

현재 필라델피아 리틀극장의 원형은 잘 보존돼 있으며, 건물 이름은 '연극 및 배우극장(Play & Players Theater)'으로 바뀌었다. 건물 벽면에 제1차 한인회의 개최지임을 알리는 동판이 새겨져 있다.

대회는 필라델피아에 거주 중인 서재필이 주도했다. 서재필은 4월 16일까지 사흘간 열린 한인연합대회에서 임시 의장을 거쳐 의장직을 맡아 회의에서 발언도 가장 많이 한 것으로 나타났다(독립운동사편찬위원회, 1970b, 807쪽). 재미 동포 대표들은 3일간 회의를 통해 상하이 임시정부에 보내는 결의문과 미국 정부와 민중에 대한 호소문, 일본인들에게 보내는 메시지 등을 채택하고 '한민족의 목표와 포부'라는 10개 항의 문서도 채택했다. 다음은 상하이 임시정부에 보내는 결의문이다.

① 재미 한인은 중국 상하이에 건설한 대한민국 임시정부를 지지하며

후원하기를 결의함. ② 구미 각국에 대한민국 외교사무소를 설치하기로 함. ③ 구미 각국 민중으로 하여금 우리 독립선언의 주장과 국내의 사정을 이해하게 하는 데 노력하기로 함. ④ 일본 정부와 국제연맹에 대한민국 임시정부 승인을 요구하기로 함(윤병석, 2016, 100쪽 재인용).

이들은 호소문 '한민족의 목표와 포부'에서 미국인의 정의감과 우드로 윌슨 미국 대통령 성명 등에 의거해 한국의 독립운동 지원 필요성, 1882년에 체결된 '조미수호통상조약'에서 미국이 약속한 책임 조항 이행을 촉구했다. 아울러 상하이 임시정부에 대한 지원도 호소했다. 이 회의에서 채택된 문헌들은 이후 오랫동안 미국에서 이어진 독립운동의 기본적인 지표가 됐다.

서재필은 회의에서 한민족의 항일 독립투쟁정신을 널리 선전하는 공보기관의 필요성을 역설했다. 서재필은 샌프란시스코에 있는 대한인국민회 총회와 연락해 스스로 '한국홍보국(Korean Information Bureau)'을 8년간 맡아 보게 됐다. 이승만은 대회에서 한국이 일제로부터 독립하면 기독교 국가 건설과 미국식 민주제를 시행하겠다고 밝혔다(독립운동사편찬위원회, 1970b, 808쪽).

재미 동포들은 대회 이후 시가행진을 벌였다. 군악대를 선두로 오른손에는 태극기를, 왼손에는 성조기를 들고 시위를 벌여 독립관에 도착했다. 임시정부 국무총리에 선임된 이승만이 조지 워싱턴(George Washington)이 앉았던 의자에 착석한 후 서재필의 개회 선언으로 독립선언식을 가졌다. 이승만은 독립선언서를 낭독했다. 미국 독립을 상징하는 자유종을 울려 퍼지게 하고 만세 삼창을 끝으로 폐회했다(윤병석, 2013, 475쪽 참고).

필라델피아 대회 이후 미국 내 한국인의 독립운동은 방법에서 몇 갈래로 나뉘게 된다. △ 신문과 잡지, 책자 발행을 통한 계몽선전 활동, △ 미국 행정부와 의회에 대한 선전 활동, △ 조직 활동, △ 독립의연금을 모집해 독립운동 기관을 경제적으로 지원하는 사업(주로 상하이 임시정부에 자금을 보내는 일) 등이었다(독립운동사편찬위원회, 1970b, 809쪽).

많은 재미 동포들이 조국의 독립을 위해 '독립의연금'을 모으는 데 동참했다. 대한인국민회 중앙총회에 들어온 기금은 3월부터 12월까지 8만 8013달러였다. 그중 상하이 임시정부에 3만 달러를, 김규식 파리 대사에 4000달러를, 이승만과 정한경 등의 활동비에 1만 1000달러를, 서재필의 외교통신부에 4000달러를 각각 지출했다(이이화, 2015, 264쪽 참고).

일본 언론은 필라델피아에서 한인대회가 열렸다고 비교적 짧게 다뤘다. 임시정부 승인을 요구했다는 내용과 일본의 조선 통치를 공격하는 결의안을 가결했다고 전했다(≪大阪朝日新聞≫, 1919. 4. 23, 2면; 윤소영 편역, 2009a, 227쪽; ≪大阪每日新聞≫, 1919. 4. 25, 석간 1면; 윤소영 편역, 2009b, 300쪽; ≪大阪朝日新聞≫, 1919. 4. 25b, 2면; 윤소영 편역, 2009a, 229쪽 참고).

'조선소요사건 일별조표'에 따르면, 4월 14일 한반도 1곳에서 독립만세 시위가 벌어졌다(윤병석, 2013, 438쪽 참고).

낮 12시, 경성 종로경찰서. 경성지방재판소검사국 검사정 고쓰 도모야는 검사 8명과 함께 긴장된 표정으로 들어섰다. 혼마치 및 종로경찰서, 경성 헌병분대 등에서 차출된 헌병경찰 360여 명이 대기하고 있었다. 12명의 판사와 서기, 통역관 등도 함께였다. 밖에는 봄비가 후드득 떨어지고 있었다. 일본 검사와 경찰, 관계자들은 이날 종로경찰서를 출발해 세 방면으로 흩어져 봄비를 맞으며 세 학교로 향했다. 대상은 연희전문학교를 경영하는 세브란스병원 원장 캐나다인 올리버 에이비슨과 정동 이화학당을 운영하는 미국인 여선교사 룰루 프라이(Lulu E. Frey), 정동 배재학당의 미국인 운영자 등이었다. 이화학당과 배재학당은 두 번째 수색이었다. 사학을 운영하는 미국인을 비롯한 외국인 자택을 수색해 만세시위에 외국인이 관여했다는 물증을 찾으라는 지시가 내려진 것이다. 이들은 미국인이 운영하는 사학 외에도 중앙예배당, 정신여자학교도 수사했다. 천도교와 기독교, 불교의 각 대표의 가택도 수사 대상에 포함됐다. 모두 29곳이었다.

정오부터 오후 6시 반까지 29곳 전부를 압수수색했다. 중요한 서류와 증거 서류, 그리고 물건을 얼마나 압수했는지는 알려지지 않는다. 이들은 장시간에 걸쳐 수색을 하고 독립만세시위와 관련한 증거를 압수한 뒤 철수했다. 조선총독부는 "엄중한 경계 감시하에 가택수색을 해 소요에 관한 유력한 증거물을 압수하고 철수했다"고 밝혔다(≪大阪每日新聞≫, 1919. 4. 15c, 3면; 윤소영 편역, 2009b, 277쪽; ≪大阪每日新聞≫, 1919. 4. 17c, 11면; 윤소영 편역, 2009b, 285쪽; ≪大阪朝日新聞≫, 1919. 4. 15b, 7면; 윤소영 편역, 2009a, 211쪽; ≪大阪朝日新聞≫, 1919. 4. 17b, 석간 2면; 윤소영 편역, 2009a, 215쪽 참고).

조선총독부 경무국 경무과장 구니토모 나오노리(國友尙謙)는 이날 한국의 독립만세운동 상황을 일본 정부에 보고하기 위해 관부연락선 '고마마루(高麗丸)'를 타고 시모노세키를 경유해 도쿄로 향했다. 구니토모 나오노리는 기자를 만나 "이번의 폭도는 무기를 갖고 있지 않지만 조선인은 고래로 돌 던지기에 능해 이번에도 왕성하게 이를 시도해 두세 관이나 되는 큰 돌이 30~40칸 거리의 하늘을 날아오는 식으로 순사의 미간에 명중해 즉사한 자도 있다"고 한국의 상황을 설명했다. 그는 그러면서 "이번 증파병은 매우 시의적절한 것으로 마침 한 고비가 지나고 있을 때 병사가 각지에 배치됐기 때문에 완전히 진압된 모습을 보여 아마도 이대로 종식될 것"이라고 관측했다(≪大阪朝日新聞≫, 1919. 4. 15c, 7면; 윤소영 편역, 2009a, 211쪽 재인용).

'조선의 십자가' 수원 제암리 학살

4월 15일 화요일 오후 2시, 경기도 수원군 제암리. 일본군 육군 보병 제79연대 소속 중위 아리타 도시오가 부하 11명을 인솔하고 일본인 순사 1명과 순사보 조희창, 정미소를 운영하는 사사카 리키치(佐板利吉: 발안 일본인 거류민단장)의 안내를 받으며 마을에 들어섰다.

"만세운동을 진압하는 데 너무 심한 매질을 한 것을 사과하러 왔다."

"열다섯 살 위로 남자는 다 교회로 모이시오."

'좌판'으로 불리는 일본인 사사카 등이 제암리 마을을 돌아다니면서 15

세 이상 성인 남자들을 제암리교회로 모이라고 했다. 오지 않은 사람은 찾아가 불러왔다. 그날 제암리교회에서 도망쳐 유일하게 살아남은 노경태는 "일본군 중위가 병력을 이끌고 마을에 들어와 훈계를 하겠다는 명분으로 마을 사람을 교회당에 모이라고 명령했다"고 증언했다. 이는 영국 정부 외무성에 보고된 주경성 영국 영사 윌리엄 로이즈(William M. Royds)의 비망록 형식의 보고서에 담긴 내용이다(전동례 구술·김원석 편집, 1981, 42쪽 참고).

제암리교회는 1905년 제암리 이장이던 안종후의 주도로 설립된 종교시설이었다. 초창기에는 개인 집에서 예배를 드리는 형태였지만 1911년에 이르러 여덟 칸짜리 초가 예배당을 마련한다. 1911년 전도사 김교철이 제암리교회와 수촌리교회를 함께 돌보았다. 미국 북감리교 목사 윌리엄 노블이 1년에 한두 번씩 이 교회를 다녀갔다. 제암리교회가 속한 북감리교는 초기에 경성과 황해도, 충청도 지역에서 선교 터전을 굳혔다. 1918년 12월 말에 전국 집회소 565곳 가운데 경기 지역에 209곳이 있을 만큼 중부 지방 전도에 주력했다.

마을 주민들은 일본군의 갑작스러운 소집령에 '무슨 훈계를 하려나 보다', '일제가 무고한 조선인을 해쳤으니 화해를 요청하나 보다' 등의 반응을 보였다. 찜찜해서 마지못해 교회로 향하는 사람들도 있었다고 한다. 제암리 학살 사건으로 남편을 잃은 전동례는 "가는 사람 생각하기는, '즈들이 괜한 사람 팼으니께 용서해달라구 화해할라구 연설해나 부다' 그래구 들어가는 사람도 있구, 어떤 사람은 주저하구 들어가는 사람두 있구"라고 증언했다(전동례 구술·김원석 편집, 1981, 148쪽 참고). 주민들이 제암리교회로 삼삼오오 모여들었다. 노경태는 "그(일본군) 명령을 받고 주민 29명이 모였는데 그 가운데 11명은 기독교도이고 나머지는 모두가 천도교도였다"고 전했다.

노경태에 따르면, 아리타 도시오는 교회당에 모인 주민에게 훈계를 하는 척하더니 갑자기 주민들에게 기독교의 교리를 물었다. 한 주민이 일어서서 "성서는 사람끼리 친밀하게 지낼 것과 신을 경건하게 섬기고 받들 것과 신의 최후의 심판을 가르치고 있다"고 대답했다. 아리타 도시오는 기독교도들의 행위는 그 교리에 어긋난다고 큰 소리로 말하더니 교회당 밖으로 걸어 나갔다. 그가 나간 후 세 차례 날카로운 구호 소리가 들려왔고, 교회 출입문이 닫혔다.

입구에 있던 병사들이 교회당 안으로 들어와 총을 쏘기 시작했다. 갓난아기를 안고 예배당 안에 있던 한 부인은 아이를 창밖으로 내밀고 병사들에게 "나는 죽여도 좋지만 이 아이만은 살려주십시오"라고 애원했지만 병사들은 그 아이의 머리를 총검으로 찔러 죽였다. 교회 안에서 모두 죽거나 다쳐 쓰러진 듯했다.

생존자 노경태는 이때 설마 실탄으로 사격할 리가 없으며 아마도 공포를 쏘게 해 협박하는 수단이려니 생각하면서 교회 의자 아래로 기어 설교단 뒤에 숨었다고 한다. 홍순진도 노경태와 함께 설교단 뒤에 숨었다.

병사들은 사격이 끝나자 짚더미와 석유를 끼얹고 교회에 불을 질렀다. 바람이 세게 불어 교회의 불은 교회 아래쪽 초가집 등으로 옮겨붙었다. 교회 위쪽 집들은 군인들이 다니며 방화했다. 강 아무개의 아내는 불길이 타오르는 것을 보고 이불로 몸을 싸고 담 아래 숨어 있었다가 병사들에게 발견돼 죽임을 당했다.

교회에 불이 붙자 설교단 뒤에 숨어 있던 노경태와 홍순진은 옆에 있던 창문을 열고 기어 나왔다. 교회당을 빠져나온 홍순진은 마을 길로 빠져나갔고, 노경태는 불길에 싸인 마을 뒷산으로 숨어들었다. 마을 길로 빠져나간 홍순진은 자기 집 쪽으로 달려가다가 마을 근처에서 일본군에게 들켜 피살됐다. 반면 불길에 싸인 마을 뒷산으로 숨어든 노경태는 자신을 발견한 일본군 병사의 각반이 풀어지는 바람에 총격을 피해 뒷산 능선을 넘어 목숨을 구할 수 있었다고 증언했다. 전동례는 "노경태는 어떻게 해설랑은 뛰어나와서 저리 가는 거를 그 사람들이 각반이 끌러져서 그걸 고치는 동안에 그냥 싸구돌아 산을 넘었드래유. 그래서 살구"라고 증언했다(전동례 구술·김원석 편집, 1981, 43쪽 참고).

마을에 불이 난 것을 보고 달려온 강태성의 아내(19세)는 군인에게 살해됐고, 홍원식 권사의 부인도 군인들의 총을 맞고 숨졌다. 교회당 안팎에서 숨진 사람은 안정옥, 안정린, 안종락, 안종엽, 안종환, 안종후, 안유순, 안무순, 안진순, 안봉순, 안경순, 안필순, 안명순, 안관순, 안상용, 조경칠, 강태성과 그의 부인 김 씨, 홍원식과 그의 부인 김 씨, 홍순진, 김정헌, 김덕용 등 남자 21명과 여자 2명이다. 이른바 '제암리 학살 사건', '제암리교회 사건'이다(독립운동사편찬위원회, 1970a, 168쪽).

일본군은 이어 제암리 마을에서 얼마 떨어지지 않은 인근 고주리로 가서 시위 주모자인 천도교도 김흥렬을 비롯해 김성렬, 김세열, 김주업, 김주남, 김흥복 등 일가 6명을 묶은 뒤 칼로 난도질해 학살했다. 시체를 곡식과 함께 불태웠다. 이를 별도로 '고주리 사건'이라고 부르기도 한다(독립운동사편찬위원회, 1970a, 168쪽; 이이화, 2015, 239~240쪽 참고).

제암리 학살은 잔인한 보복극이자 야만적인 범죄였다. 일본군은 앞서 일본인 순사 노구치 고조에 이어 경관 가와바타 도요타로가 숨진 4월 3일 이후 독립만세시위 주동자 체포를 내세우며 헌병경찰과 함께 특별 검거반을 편성해 4월 17일까지 수원군과 안성군 전역의 64개 부락을 수색하고 2000여 명을 체포했다. 일본군은 이 과정에서 항거하는 많은 조선인들을 구타하거나 살인, 방화를 저질렀다. 일본군의 이러한 행위는 비단 수원, 안성만이 아니라 곽산, 의주, 안동 등지에서도 벌어졌다(윤병석, 2013, 497쪽 참고).

'조선판 토비 토벌령' 제령 공포… 여행도 통제

일제는 4월 15일 자로 '제령 제7호'를 공포했다. 조선총독부도 긴급 제령 제7호를 관보 호외를 통해 신속히 공포했다. 이는 국내외에서 벌어지는 각종 독립만세운동이나 앞으로 일어날 독립운동을 단속하기 위한 법률적 정비의 하나로, 구체적인 내용은 다음과 같다.

제1조 정치의 변혁을 목적으로 다수가 공모하여 안녕, 질서를 방해하거나 방해하게 한 자는 10년 이하의 징역 또는 금고에 처한다. 단, 형법 제2편 제2장의 규정에 해당할 때는 본령을 적용하지 않는다. 전항의 행위를 하게 할 목적으로 선동을 한 자의 벌 역시 전항과 같다.

제2조 전조의 죄를 범한 자가 발각 전 자수했을 때는 그 형을 감경 또는 는 면제한다.

제3조 본령은 제국 밖에서 제1조의 죄를 범한 제국신민에게 역시 이를 적용한다.

이미 진행된 독립만세운동뿐만 아니라 앞으로 벌이기 위해 준비하거나 예비 모의하는 운동도 처벌할 수 있는 근거로 만듦으로써 광범위한 독립운동 탄압의 법적 근거가 된 것으로 판단된다. 특히 제3조에서 '제국 밖'에 있는 '제국신민'도 대상으로 규정함으로써 상하이나 간도, 러시아 연해주 등에서 활동하는 독립운동가들을 단속하고 검거할 수 있는 법적 근거가 됐다고 분석된다. 즉, 3·1운동 참여자들을 단속하기 위한 법률적 정비를 하면서 간도와 중국, 러시아 연해주 등 한반도 밖에서 벌어지는 독립운동도 단속할 수 있도록 법제를 정비한 셈이다(강덕상, 2002/2007, 224쪽; ≪大阪每日新聞≫, 1919. 4. 16c, 11면; 윤소영 편역, 2009b, 280쪽; ≪大阪朝日新聞≫, 1919. 4. 16, 7면; 윤소영 편역, 2009a, 213쪽 참고).

일제 강점기 조선은 '외지(外地)'로 분류돼 일제의 법률과 칙령이 거의 적용되지 않았다. 따라서 조선에 법률이 필요할 경우 조선총독의 명령으로 규정해야 했고, 이를 '제령(制令)' 또는 '조선총독부제령(朝鮮總督府制令)'이라고 불렀다. 이는 조선총독이 행정권뿐만 아니라 입법권까지 행사할 수 있었다는 것을 의미한다. 다만 제령은 조선총독이 발하는 명령이지만 덴노의 재가를 받아야 했다. 역시 조선의 입법과 정책 등의 최종적인 승인권이 덴노에게 있었다는 의미이기도 하다. 제령은 조선총독의 고유 권한으로 발하는 '조선총독부령(朝鮮總督府令)'과는 다르다.

일제가 독립만세시위를 제령으로써 대응하겠다고 나선 것은 그동안 주로 보안법으로 독립만세시위를 단속하고 처벌해왔지만 시위가 전면적으로 확산함에 따라 법의 불비를 느끼게 됐기 때문으로 분석된다. 일각에서는 일본의 제령 제7호 제정 공포가 1898년 대만에서 발령된 '토비 토벌령'의 경험을 조선에 적용한 것이라는 해석도 나왔다. 즉, ≪오사카아사히신문≫(4월 15일 자 조간)과 ≪오사카마이니치신문≫(4월 16일 자 석간)은 각각 조선총독부가 시위를 효율적으로 진압하기 위해 보안법에 의한 그동안의 단속과 처벌에서 대만의 토비 토벌령과 같은 긴급법령으로 단속·처벌하는 방안을 검토 중이라고 보도했다(≪大阪朝日新聞≫, 1919. 4. 15a, 7면; 윤소영 편역, 2009a, 211쪽; ≪大阪每日新聞≫, 1919. 4. 16b, 석간 6면; 윤소영 편역, 2009b, 279쪽 재인용).

조선총독부는 이와 함께 이날부터 한국인들에 대한 여행도 단속·통제했다. 즉, 한반도 밖으로 여행 가거나 한반도 안에서 밖으로 나갈 때는 거주지 관할 경찰서나 헌병대 등 일본 당국에 신고해 여행증명서를 교부받아 최종 출발지의 경찰이나 헌병에게 이를 제시하도록 한 것이다. 반대로 조선으로 들어오고자 할 때는 같은 증명서 또는 제국공사관의 증명서를 최초 도착지 경찰서 등에 제시하도록 했다. 한반도에서 벌어지는 독립만세시위가 해외로 확산하거나 해외의 독립운동 흐름이 국내로 들어오는 것을 차단하기 위한 조치였다. 사실상 반민주주의적인 여행 단속 또는 통제를 통해 독립만세운동을 억제하려고 한 것이다(≪大阪朝日新聞≫, 1919. 4. 17c, 7면; 윤소영 편역, 2009a, 217쪽; ≪大阪朝日新聞≫, 1919. 4. 26a, 석간 1면; 윤소영 편역, 2009a, 231쪽 참고).

이날도 한반도에서는 독립만세시위가 멈추지 않았다. '조선소요사건 일별조표'에 따르면, 4월 15일 7곳에서 만세시위가 벌어졌고, 1곳에서 일본군의 발포가 이뤄졌다(윤병석, 2013, 438쪽 참고).

커티스, 제암리 학살 확인

4월 16일 오전 9시 30분, 경성 주재 미국 영사 레이먼드 커티스(Raymond S. Curtice)와 미국인 선교사 호러스 언더우드, AP통신 경성 특파원 앨버트 테일러, 테일러의 중국인 운전수 임(Yim) 씨 등 4명은 언더우드의 자동차를 타고 경성에서 보복 학살 소문이 돌고 있는 수원 수촌리로 향했다. 언더우드는 직접 자동차를 운전했고 한국어 통역 역할도 했다. 그들은 제암리 학살 현장을 목도하게 된다.

레이먼드 커티스가 레오 버그홀츠(Leo Allen Bergholz)에게 보낸 보고 (Raymond S. Curtice, 1919. 4. 21, '주경성 미국 총영사 레오 버그홀츠 귀하')에 따르면, 커티스와 언더우드 일행은 수원 수촌리를 가기 위해 철도를 따라 오산까지 갔다가 정서 쪽으로 방향을 틀어 수원 발안장에 3~4마일 못 미치는 곳에서 점심을 먹었다. 이들은 계곡 너머로 발안장을 바라보다가 발안장에서 1마일 못 미치는 지점의 낮은 구릉 뒤에서 큰 연기가 피어오르는 것을 봤다. 호러스 언더우드는 점심을 먹는 사이 근처 민가로 다가가 연기에 관해 물었고 4월 15일 오후부터 제암리에서 나는 연기라는 말을 들었다.

레이먼드 커티스 일행은 점심 후 발안장으로 향했지만 마을 앞의 큰 내에 다리가 없어 차를 임 씨에게 맡기고 인력거를 구하기 위해 읍내를 걸었다. 경관이 일행을 불러 경찰서 안으로 들어갔다가 서장의 지시로 인력거를 마련했다. 일행은 인력거로 반 마일을 간 후에 약 4분의 1마일 정도 들판을 걸어 제암리에 도착했다. 커티스 일행은 처음에는 학살의 규모나 진상을 알지 못했지만 곧 이해하게 됐다.

"… 우리는 조사를 시작하거나 사진을 찍기 전에 마을 한쪽 끝에서 다른 끝까지 걸어가 보기로 했다. 마을의 낮은 부분을 지나갈 때 한 걸음 옮길 때마다 이 마을의 참화가 얼마나 엄청난 것인가 하는 것을 깨닫게 됐다. 나중에 감리교 교회로 판명된 파괴된 건물 앞을 지날 때 본인은 갑자기 건물 마당을 둘러싼 포플러나무 너머로 볏짚으로 반쯤 가린 불에 탄 시체를 발견했다. 우리는 이 마을 한쪽 끝에 도달했을 때 사태의 전모를 한눈에 볼 수 있었다."(Raymond S. Curtice, 1919. 4. 21, '주경성 미국 총영사 레오 버그홀 츠 귀하')

눈앞에 펼쳐진 광경은 참혹했다. 언덕진 지대에 40~50채의 한옥 가운데 6채가량만 손상을 입지 않았고 나머지는 완전히 소실됐다. 초가지붕을 이은 큰 볏단에서는 아직도 연기가 일고 있었고, 교회 지붕에도 아직 불이 붙어 있었다. 마을 밖에는 건져낸 가재도구가 널려 있었다. 소실된 가옥 위쪽 언덕 위에는 볏짚단이나 가마니로 만든, 집을 잃은 사람들의 임시 처소가 산재해 있었다.

호러스 언더우드는 주민 몇 사람에게 화재의 원인과 사건 전모에 관해 물어본 결과 사람마다 증언이 놀라울 정도로 비슷했다고 진상을 전했다.

"… 사건 전날 일본군이 갑자기 나타나 남자 기독교인은 모두 교회에 집합하라고 명령한 것 같다. 남자 기독교인들이 모두 교회에 모이자 일본군은 그들에게 일제히 사격을 가하기 시작했다. 일본군은 사격을 가한 후에 총검과 군도로 살아남은 자를 죽였다. 질문을 받은 마을 사람은 희생자가 약 30명에 이를 것이라고 말한바, 이 수는 마을 주민 수를 감안할 때 설득력이 있는 숫자라고 믿어진다. 학살이 끝난 후 교회에 방화했으며 불길은 마을의 낮은 곳으로 번져나갔다. 불길이 마을 높은 곳으로 번지지 않을 것 같자 고지대의 집에도 불을 질렀다."(Raymond S. Curtice, 1919. 4. 21, '주경성 미국 총영사 레오 버그홀츠 귀하')

레이먼드 커티스 일행은 제암리를 둘러본 뒤 경찰서장을 다시 방문해 경성으로 돌아간다고 통고했다. 오후 5시 30분, 커티스 일행은 경성으로 돌아왔다.

레이먼드 커티스 일행이 제암리 학살 현장을 둘러본 사실은 경찰서장 등을 통해 곧바로 일제 조선군사령부 등에 보고됐다. 조선군사령관 우쓰노미야 다로는 이날 밤 10시 사건 개요와 함께 커티스 일행이 현장을 시찰했음을 다나카 기이치 육군상에게 전보로 타전했다. 이 전보는 4월 17일 오전 7시 25분 다나카 기이치 육군상에게 착신된 것으로 일본 기록(密 제 102호 其201 제2호, 朝督 제107호)은 전한다.

"경기도 수원군 발안장에서 4월 15일 오후 2시 내지 3시 사이에 약 400명이 군집해 소동해 일단 해산시켰지만, 다시 예수교도가 폭행하려는 차에 군경 협동으로 진압해 폭민 사망자 32명, 부상자 약간, 그때 불이나 가옥 28동이 불탔다(천도교회당과 예수교회당을 포함). 미국 영사 레이먼드 에스 커티스 외 2명이 16일 오후 2시경 자동차로 발안장 지점의 현장을 시찰했다."

일제는 레이먼드 커티스 영사가 제암리 학살을 얼마나 알고 어떻게 이해했는가를 조심스럽게 확인하기도 했다. 레오 버그홀츠가 미국 국무장관에게 보낸 보고(Leo Allen Bergholz, 1919. 5. 12, '제암리에서의 일본군에 의한 한국인 37명 학살과 촌락 파괴') 등에 따르면, 일제는 4월 17, 18일쯤 경찰의 보고로 커티스 영사의 제암리 출장 사실을 알고 외사담당관 히사미즈(久水)를 미국 총영사관에 보냈다. 히사미즈는 커티스 영사에게 수원 현지에서 견문한 바를 솔직히 모두 이야기해줄 것을 요청했다. 커티스 영사는 자신이 보고한 내용을 간추려 말했다. 히사미즈는 제암리 사건의 일본 경찰 보고는 커티스 영사의 말과는 다르다면서 불행히도 경찰 보고를 전적으론 믿을 수 없다고 말했다. 히사미즈는 부하의 행위가 조사 대상이 됐을 때는 육군 장교의 보고도 믿을 수 없는 것이라고 덧붙였다.

4월 16일, 평안북도 강계군 어뢰면 풍용리에서 주민 수천여 명이 모여 독립 연설을 듣고 독립만세를 외쳤다. 이들은 독립만세를 외치며 행진했다. 일경 헌병대는 만포 수비대 소속 군인 50명을 대동하고 시위대를 향해 발포했다. 10여 명이 현장에서 숨지고, 20여 명이 검거됐다. 강계군은 이후 준전시 상태의 계엄령 지구가 됐다(한국독립운동사편찬위원회, 2009a, 272쪽 참고).

'조선소요사건 일별조표'에 따르면, 4월 16일 4곳에서 만세시위가 벌어졌고, 1곳에서 시위대와 일본 군경이 충돌했다(윤병석, 2013, 438쪽 참고).

조선총독 하세가와 요시미치는 이날 경성 조선총독부에서 취재기자를 맞이해 한국 독립만세운동 등에 대해 이야기했다. 하세가와 요시미치는 3·1운동 이후 일본 신문기자의 개별 취재에 거의 응하지 않아왔다. 하세가와 요시미치는 언론 인터뷰에서 "작년 2월 이래 국경 방면의 경비를 엄중히 하고 러시아 왕복 선박에 대해서도 경계하고 조선인의 왕래를 엄중히 단속하고 있었다"면서도 "민족자결의 신표어에 의해 이를 오해한 이들이 선동했기 때문에 결국 소요가 발발"했다고 한국인들의 독립 의지를 끝까지 인정하지 않았다(≪大阪每日新聞≫, 1919. 4. 17b, 2면; 윤소영 편역, 2009b, 283쪽 재인용). 그는 그러면서 "어제(4월 15일)의 경우는 한 건의 소요 보고도 없었다"며 군대의 증파 등의 영향으로 "머지않아 소요는 진정될 것"이라고 자신했다(≪大阪每日新聞≫, 1919. 4. 17b, 2면; 윤소영 편역, 2009b, 283쪽 재인용).

하세가와 요시미치는 군대 증파로 시위가 진정되는 상황에서 "치안 유지는 군대에 일임하고 경찰 관헌은 물론 지방청에서도 민간 유력자를 촉탁하고 협력해 민심의 귀향을 선도하는 데 전력을 다할 것"이라고 일부 조선인과 함께 민심 회복에 주력할 것임을 시사했다(≪大阪每日新聞≫, 1919. 4. 17b, 2면; 윤소영 편역, 2009b, 283쪽 재인용). 그는 "무관 총독하에 이번 소요가 일어났기 때문에 문관 총독도 좋을 것"이라고 '무관 총독 문제'를 인정하면서도 "그들이 희망하는 것이 즉시 받아들여질 수 있다는 관념을 쉽게 부여하는 것은 진지하게 고려해야 하는 문제"라며 문관 총독의 즉시 도입에 대해서는 반대를 표하기도 했다(≪大阪每日新聞≫, 1919. 4. 17b, 2면; 윤소영 편역, 2009b, 283쪽 재인용).

제천의 눈물

4월 17일 오후 6시, 충청북도 제천군 제천면 제천시장. 장용근, 권종필, 이범우, 이기하, 전필현 등은 장터 네거리에서 독립선언서를 낭독하고 독립만세를 선창했다. 장거리에 모였던 장꾼과 주민들이 모두 따라 만세를 외쳤다. 만세 소리는 삽시간에 제천장터를 메웠다. 시위 지도부는 읍내를 돌면서 만세를 부르자고 외치고 제천경찰서 쪽으로 행진했다. 경찰서에는 평소에 근무하던 경찰 헌병과 함께 만일의 사태에 대비해 배치된 일본 수비대와 군인 등 40여 명이 와 있었다. 일제 군경은 모두 칼을 빼어 들고 시위대를 보고 있다가 돌연 총을 쏘기 시작했다. 이익삼, 이화춘, 이윤용, 박성일 등 4명이 총에 맞아 쓰러졌고, 3명이 중상을 입었다. 시위대는 큰 소리로 독립만세를 불렀다. 30여 명이 체포됐다. 시위대는 한 시간 넘게 읍내를 돌아다니면서 만세를 부르다가 해산했다(독립운동사편찬위원회, 1970b, 74쪽).

'조선소요사건 일별조표'에 따르면, 4월 17일 1곳에서 만세시위가 벌어졌고, 1곳에서 일본군의 발포가 이뤄졌다(윤병석, 2013, 438쪽 참고).

이날 서간도 환런현 홍석뢰자(紅石磊子)에서는 제9구장 최석 및 제8구장 이창덕 등이 발기해 재류 동포 400여 명이 모여 대한독립만세를 큰 소리로 외친 뒤 해산했다(독립운동사편찬위원회, 1970b, 723쪽).

조선헌병대사령관 겸 조선총독부 경무총장 고지마 소지로는 4월 17일 전보(騷密 제343호, '독립운동에 관한 건')로 다나카 기이치 육군상에게 제암리 사건에 대해 보고했다. 고지마 소지로는 "교회당에 교도 30여 명이 집합해 불온한 상황이 있음으로써 척후병사가 해산시키려고 했지만 이에 불응하고 폭거로 나옴으로써 부득이 발포했다"는 식으로 거짓을 보고했다.

"15일 오후 2시 수원군 향남면 발안장에서 군중 약 400명이 불온한 상황이 있음으로써 동지 주재 순사가 아리타 보병 중위와 협력해 해산시켰다. 동군 동면 15일 오후 3시 동면 제암리(발안장 서남 약 15町에 있음) 야소교회당에 교도 30여 명이 집합해 불온한 상황이 있음으로써 척후병사가 해산시키려고 했으나 이에 불응하고 폭거로 나옴으로써 부득이 발포했다는 취지의 급보에 접하고 수비병 및 주재순사 1명, 순사보 2명이 현장에 출장해 해산시켰다. 그때에 발포 및 방화에 의해 사상자와 소실된 가옥은 다음과 같다. △ 사망자 약 20명, △ 부상자 1~2명으로 예측됨, △ 소실 가옥

18동 가운데 천도교회당 1동, 야소교회당 1동이 있음."(대한민국국회도서관 편, 1979, 277쪽)

스코필드의 확인과 일본군 지도부의 은폐 모의

4월 18일 오전, 경기도 수원역. 경성 남대문역에서 오전 9시에 출발한 프랭크 스코필드는 자전거 한 대를 끌고 수원역에서 나왔다. 그는 제암리 학살 현장이 수원역에서 서남쪽으로 20킬로미터나 떨어진 것을 알고 자전 거를 준비한 것이다. 일본 경찰과 헌병은 날카로운 목소리로 그에게 어디 가느냐고 물었다.

수원역을 빠져나온 프랭크 스코필드는 기지를 발휘해 제암리와 반대 방 향인 수원 시내 쪽으로 천천히 자전거를 몰았다. 일제 경찰과 헌병의 통제 를 뚫기 위해서였다. 그는 경찰의 추격을 따돌린 뒤 논두렁과 비탈길을 더 듬으며 발안장을 거쳐 제암리로 들어설 수 있었다.

"경찰과 헌병이 심문하는 것을 보고, 사태를 눈치챈 스코필드는 사건 현 장과 반대 방향인 수원시내 쪽으로 천천히 자전거를 몰았다. 혹시나 싶어 뒤를 돌아보니, 역시 조금 뒤떨어져서 뒤를 쫓는 일본 헌병이 보였다. 스 코필드는 방향을 바꾸지 않고 동쪽으로 있는 힘을 다해 달렸다. 한참 후에 뒤를 슬쩍 돌아보니 뒤쫓던 헌병이 보이지 않았다. 헌병은 사건이 난 방향 과 완전히 다른 방향으로 그렇게 빨리 달리니 뒤를 밟을 필요를 느끼지 않 았고 스코필드는 원천고개를 넘어설 때까지 그쪽에 정말 무슨 급한 볼일 이나 있는 것처럼 계속해서 빨리 달렸다. 고개를 넘어서야 마음을 놓은 그 는 수원역 남쪽으로 떨어진 정남면 문학리 부근의 논두렁과 비탈길 등을 더듬으면서 발안장을 거쳐 제암리 어귀에 들어섰다."(이장락, 2007, 64쪽)

프랭크 스코필드가 목도한 제암리의 모습은 참혹 그 자체였다. 여덟 가 구만 남고 교회와 많은 집들이 파괴되고 전소됐다. 절구통과 식용물 등이 폐허 속에 질서 없이 나동그라져 있었고, 사람들은 폐허로 바뀌어버린 자신의 집을 멍하니 내려다보고 있을 뿐이었다고, 『한국의 사정』은 전했다 (독립운동사편찬위원회, 1971c, 300쪽 참고).

프랭크 스코필드는 제암리에서 마을 주민들을 만났지만 처음에는 사건의 진상을 제대로 들을 수 없었다. 경찰과 헌병, 군인의 보복 등을 두려워하고 있어서였다. 그는 한 소년을 만났지만 소년도 역시 입을 굳게 다물었다며, "테러리즘은 소기의 성과를 거두어 국민들은 거의 모두가 공포로 떨고 있었다"고 기억했다. 일제 조사단이 마을을 떠나 모습이 사라지자 사람들이 입을 열기 시작했다(독립운동사편찬위원회, 1971c, 300쪽 재인용).

프랭크 스코필드는 마을 주민들에게 사건의 진실을 듣기 시작했다. 그것은 의심의 여지가 없는 학살이었다.

"그들은 나에게 다음과 같은 이야기를 해줬다. 목요일인 4월 15일 낮 몇 명의 군인들이 마을에 들어와 강연이 있을 테니 모든 남자 기독교 신도와 천도교 교인들은 모두 교회에 집합하라고 알렸다. 29명의 남자들이 교회에 가서 안에 들어앉아 무슨 일이 있을 것인가 하고 웅성거리고 있었다. 그들은 종이 창문 틈으로 군인들이 교회를 완전히 포위하고 불을 지르고 있다는 사실을 알아냈다. 대부분의 한국인들이 죽거나 심하게 다쳤을 때에도 일본 군인들은 이미 불길에 싸인 교회 건물에 계속 불을 붙였다. 그 속에 있던 사람들은 탈출을 기도했지만 칼에 찔리거나 총에 맞아 죽었다. 교회 밖에는 이같이 탈출하려다 목숨을 잃은 6구의 시체가 흩어져 있었다."(독립운동사편찬위원회, 1971c, 301쪽 재인용)

오후 4시, 스코필드는 제암리 인근의 수촌리도 방문했다. 수촌리도 일본군의 잔학 행위로 큰 피해를 입은 마을이었다. 수촌리 거리도 역시 잿더미로 변해 있었다.

"마을에는 약 마흔두 채의 집이 있었다는데 여덟 채만을 남기고는 모두 잿더미가 돼 있었다. 그 잿더미 사이로 좁은 길이 뻗쳐 있었고 잿더미는 치워지지 않은 채로 아직 남아 있었다."(이장락, 2007, 74쪽 재인용)

산산조각이 난 마을 집들을 사람들은 청소하려 들지도 않았다. 몇 사람은 폐허가 된 집에서 남은 물건 몇 가지를 모아놓고 앉아 슬픔에 겨운 무표정한 얼굴로 먼 산만 바라보고 있었다(독립운동사편찬위원회, 1971c, 302쪽 참고).

프랭크 스코필드는 이날 마을 쪽으로 가는 길에 무덤 앞에서 우는 두 어린이의 모습을 보았고, 타다 남은 교회당의 기둥과 벽을 볼 수 있었다. 스코필드는 학살 현장에서 어렵게 사진을 찍을 수 있었다(이장락, 2007, 66~67쪽 참고). 스코필드는 수촌리에서 일본군에게 부상당한 사람들에게서 일본군의 학살 이야기를 들었다. 그는 나중에 「수촌 만행 보고서」를 작성해 일본군의 수촌리 학살을 증언한다. 스코필드는 다시 논두렁길을 따라 멀리 돌아서 수원역에 도착해 경성행 열차에 몸을 실었다(이장락, 2007, 66~68쪽 참고).

프랭크 스코필드는 다음 날인 4월 19일에 다시 수원으로 내려갔다. 그는 수촌리를 다시 찾은 뒤 근처 화수리를 둘러보고 다시 수촌리를 찾아서 부상자를 데려다 수원병원에 입원시키고 경성으로 돌아왔다(이장락, 2007, 70쪽 참고).

프랭크 스코필드는 자신이 직접 목도한 제암리와 수촌리의 모습과 확보한 증언을 바탕으로 세계를 향해 제암리의 진실을 적극적으로 알려나간다. 스코필드는 보고서 「제암리의 대학살(The Massacre of Chai-Amm-Ni)」을 작성했고, 상하이에서 발행되던 영자 신문 ≪상하이 가제트≫ 5월 27일 자에 경성 주재 익명의 특별통신원(special correspondent) 이름으로 사건의 진상을 밝히기도 했다. 그가 비슷한 시기에 작성한 「수촌 만행 보고서」는 비밀리에 해외로 보내져 미국에서 발행되던 장로교 기관지 ≪프레스비테리언 위트니스(Presbyterian Witness)≫ 7월 26일 자에 실렸다. 스코필드는 4월 제암리 학살에 주목한 기자 출신 프레더릭 매켄지에게 자신이 확인한 제암리의 진실을 증언하기도 한다.

자신이 직접 확인한 제암리와 수촌리의 진실을 적극적으로 외부에 알리며 공론화한 프랭크 스코필드의 모습은 경성 주재 미국 영사 레이먼드 커티스나 미국 정부와는 크게 대비된다. 커티스 등은 스코필드보다 제암리와 수촌리 학살 현장을 하루 먼저 확인했지만 미국 국무부의 불합리한 처사로 제대로 공론화하지 못한 한계를 드러냈기 때문이다. 이와 관련해, 스코필드가 더 적극적일 수 있었던 배경에는 그가 영국 출신이라는 점이 작용했다는 분석도 있다. 즉, 일제가 영국과 동맹을 맺고 있는 상황에서 영국 워릭셔에서 태어나 영국 시민권을 갖고 있는 스코필드를 쉽게 체포하거나 기소할 수 없었고, 스코필드는 이런 점을 적극적으로 활용했다는 것이다(이만열, 2001, 65쪽 참고).

오전 10시, 경상남도 진주 부산지방법원 진주지청. 진주 지역 독립만세 시위를 주도한 24명에 대한 1심 구형을 앞두고 지역 주민 1000여 명이 법원으로 몰려왔다. '피고' 24명을 감옥에서 재판소로 호송하자 주민들이 소리를 치면서 몰려왔다. 일제 사법 관헌들은 시위대의 방청을 금지하고 경관들이 엄중히 단속했다. 오후 4시, 검사가 시위 지도부에게 징역 3년 등을 구형하고 법원 직원들이 피고를 감옥으로 호송하려 했다. 이때 법원으로 몰려온 시위대가 '피고' 앞으로 몰려들었다. 시위대 가운데 일부는 가로막는 법원 수비병의 총을 빼앗으려 하기도 했다. 일제 관헌이 시위대를 향해 발포했다. 시위대 1명이 현장에서 숨지고, 많은 이가 부상을 입었다. 시위대는 일제 관헌에 의해 곧 해산됐다(≪大阪每日新聞≫, 1919. 4. 20b, 석간 1면; 윤소영 편역, 2009b, 291쪽 참고).

'조선소요사건 일별조표'에 따르면, 4월 18일 2곳에서 만세시위가 벌어졌고, 1곳에서 일본군의 발포가 이뤄졌다(윤병석, 2013, 438쪽 참고).

경성과 평양 등에 있는 미국인 선교사들은 이즈음 선교사 엘리 모우리를 구속하고 학교와 예배당을 대규모 가택수색한 일본 당국의 조치가 부당하다고 비판하면서 수시로 모여 본국의 여론을 환기하기로 하는 등 대응 방안을 논의하고 있다고 ≪오사카마이니치신문≫이 4월 18일 조간에 보도했다(≪大阪每日新聞≫, 1919. 4. 18, 11면; 윤소영 편역, 2009b, 287쪽 참고).

이날 서간도 지안현 상화보(祥和保) 추파구(秋波溝)에서 재류 한국인 약 300명이 모여 대한독립만세를 소리 높여 외치면서 압록강 기슭을 행진하다가 중국 관헌의 제지로 해산했다(독립운동사편찬위원회, 1970b, 720쪽).

변호사 출신 헌정회원 모리야 고노스케(守屋此助)는 한반도를 둘러보고 조선인과 일본인에 대한 차별적인 대우, 극단적인 언론 압박 등으로 독립만세시위가 발생했다며 하라 다카시 내각의 식민정책 실패를 질타한다. ≪오사카아사히신문≫은 4월 18일 조간에 한반도를 시찰하면서 한국의 독립만세운동의 원인을 탐색하고 온 모리야 고노스케 헌정회원의 이야기를 전했다. 모리야 고노스케는 조선을 둘러본 결과 조선인에 대한 차별적 대우, 번잡한 세제, 극단적 언론 압박, 동화주의 강제, 민족자결사상 전파, 천도교와 기독교 등의 동정적 선동 등으로 독립만세시위가 발생했다고 진단했다. 사실상 그동안 일본의 대조선 정책이 실패했다는 것이다(≪大阪朝日新聞≫, 1919. 4. 18, 3면; 윤소영 편역, 2009a, 218쪽 참고).

조선헌병대사령관 겸 조선총독부 경무총장 고지마 소지로는 이날 수원 제암리 학살 사건의 원인을 더욱 왜곡해 시위대 "300여 명이 투석 폭행으로 나와서 발포"했다고 보고(騷密 제421호, "독립운동에 관한 건", 제51보)했다.

"수원군 향남면 기보(제50보) 15일 동면 제암리에서의 소요 속보는 다음과 같다. ① 출동 인원은 보병 11명, 순사 1명, 순사보 1명으로서 지휘관은 아리타 보병 중위이다. ② 척후병은 야소교회당에 폭민이 집합한 것을 발견하자 곧 해산을 명령했는데 그들이 투석 폭행으로 나옴으로써 발포한바 그 총성에 의해 미리 출동 준비 중이던 수비대가 곧 현장으로 급행해 발포로 해산시켰다. ③ 죽은 자는 20명이 확실한 것으로 인정되나 부상자 1명은 도주해 행방불명이다. ④ 소실 가옥은 28호(4월 17일 보고에서는 18동으로 돼 있지만 강풍으로 밤에 연소해 28호가 됐다)."(대한민국국회도서관 편, 1979, 287~288쪽)

밤, 경성 조선총독 관저. 조선군사령관 우쓰노미야 다로는 하세가와 요시미치 조선총독을 방문했다가 그곳에서 오시마(大島) 부관의 복명에 의해

4월 15일 수원군 발안장 부근 제암리에서 발생한 제79연대 소속 아리타 도시오 중위의 학살 사건을 들었다(宇都宮太郎關係資料研究會 편, 2007, 245쪽).

우쓰노미야 다로는 조선군사령부로 돌아와 야마모토 쓰루이치(山本鶴一) 참모로부터 자세한 내용을 접했다. 즉, 아리타 도시오가 제암리의 기독교도와 천도교도 30여 명을 기독교회당에 모아 2~3개 문답 끝에 32명을 죽이고 교회당과 민가 20여 호를 방화했다는 것이었다. 우쓰노미야 다로는 즉각 조선군 지도부 회의를 소집했다. 우쓰노미야 다로는 조선헌병대사령관인 고지마 소지로 경무총장과 조호지 고로(淨法寺五郎) 제20사단장, 오노 도요시 조선군참모장, 야마모토 쓰루이치 조선군참모 등과 회의를 열고 한국인들이 저항했기 때문에 죽였다며 학살 및 방화를 시인하지 않기로 결론지었다. 일제 조선군 지도부는 첫 대책회의에서 진실을 은폐하기로 결정한 것이다. 우쓰노미야 다로는 '맑음'이라고 날씨를 적은 그날 일기에서 당시 상황을 다음과 같이 기록한다.

"고지마 소지로 경무총장도 회의에 나오고 조호지 고로 제20사단장, 오노 도요시 조선군참모장, 야마모토 쓰루이치 조선군참모 등과 회의, 사실을 사실로서 처분하면 간단하지만, 독설을 쏟아내는 외국인 등에 학살 방화를 자인하는 것이 돼 제국의 입장은 매우 불리해지게 되고, 조선 내의 만세시위를 증폭시키며, 게다가 진압에 종사하는 일본 군인들에게 의혹을 생기게 하는 등 불리하기 때문에 (한국인들이) 저항했기 때문에 살육한 것으로, 학살과 방화는 시인하지 않기로 결론 내리고, 밤 12시 산회했다."(宇都宮太郎關係資料研究會 편, 2007, 245쪽)

우쓰노미야 다로의 일기를 보면 제암리 학살 사건의 은폐를 주도하고 결정한 인사들은 우쓰노미야 다로 조선군사령관, 고지마 소지로 조선헌병대사령관, 조호지 고로 제20사단장, 오노 도요시 조선군참모장, 야마모토 쓰루이치 조선군참모 등 조선군 지도부였다. 이들은 해외 언론에 보도돼 일제가 불리해지고, 한국인들의 독립만세시위를 촉발시키며, 일본군의 사기를 저하시킬 수 있다는 세 가지 이유를 들어 실제로 '학살 방화'이지만 그것을 인정하지 않기로 한 것이다. 제암리 학살 사건은 발생 초기부터 일본 조선군과 조선총독부 지휘부가 은폐를 조직적으로 협의하고 사실과 다른 허위 보고, 솜방망이 처벌, 군법회의 선고 등을 통해 그 처리와 해결이 왜곡된다.

제암리 학살 은폐를 주도한 조호지 고로 조선군 제20사단장은 1865년 도치기현에서 태어나 1887년 육군사관학교를 졸업하고 보병 소위로 임관했다. 1897년 육군대학을 11기 우등으로 졸업하고 독일과 오스트리아 공사관 무관 등을 경험했다. 칭다오 수비군참모장 등을 거쳐 1919년 4월 제20사단장이 돼 3·1운동을 맞았다. 오노 도요시는 1871년 사가현 출신으로 육군대학을 졸업했다.

제암리를 찾은 로이즈

4월 19일 오전, 주경성 영국 대리 총영사 윌리엄 로이즈는 캐나다장로교 선교사 로버트 하디(Robert Hardie)와 제임스 게일, AP통신 경성 특파원 앨버트 테일러, 예비 운전수 등과 함께 경성을 출발해 수원 제암리를 향해 출발했다. 이들 외에도 오토바이 2대를 타고 캐나다 감리교 목사 윌리엄 노블과 헤런 스미스(Herron Smith), 케이블(E. M. Cable), 빌링스(B. W. Billings), 베커(A. C. Becker) 등이 동승했다. 윌리엄 노블은 수원 지역 감독이고, 헤런 스미스는 한국 내 감리교회 일본인 선교 담당이었다.

정오, 윌리엄 로이즈 일행은 수원 발안읍에 도착해 주재소 앞에 주차했다. 앨버트 테일러(독립운동사편찬위원회, 1971a, 415~416쪽) 등에 따르면, 로이즈 일행은 이날 읍내를 거쳐 곧바로 제암리로 향했다. 제암리에 도착해 보니 많은 인부들이 폐허를 정리하고 있었다. 불탄 시체를 모두 옮기는 등 서둘러 현장을 청소하고 있었다. 일행은 제지받는 일 없이 마음대로 사진을 찍었지만, 이들이 마을 사람들에게 말을 걸려 하면 경찰관이 주위를 배회하면서 한국인은 얼어버렸다.

윌리엄 로이즈 일행은 일본 경찰의 통제를 피하기 위해 여러 팀으로 분산해 마을 주민들과 이야기를 했고, 이를 통해 사건의 진실을 들을 수 있게 됐다. 로이즈 일행은 제암리에 이어 10리쯤 떨어진 수촌리에 도착해 걷기 시작했다. 수촌리에서도 역시 방화 등의 흔적을 확인했다. 이들이 돌아가려고 하자 갑자기 한국인 한 사람이 나타나 5리 떨어진 계룡골 마을로 가자고 제안하기도 했다. 그는 19채의 집 중 17채가 타버렸다고 전했다. 하지만 시간 관계상 가지 못했다. 로이즈는 확인 조사를 바탕으로 주일 영국 대사관에 보고하고 대사 그린 경(Sir C. Greene)도 5월 5일 자로 영국 영사와 선교사들의 보고서를 첨부해 영국 외무성에 보고했다.

일본 언론은 레이먼드 커티스 일행과 프랭크 스코필드 등이 수원 제암리를 방문해 학살이 이뤄졌음을 확인한 뒤인 4월 19일에 처음으로 제암리 사건을 보도했다. 1단 기사였다. ≪오사카아사히신문≫과 ≪오사카마이니치신문≫은 4월 19일 자 조간 각 7면과 11면에 제암리 사건을 처음 보도했다. 그런데 보도 내용은 제암리 주민의 난폭한 행동 때문에 일제 군인들이 어쩔 수 없이 발포했다는 식이었다.

"지난번에 경관 2명을 참살한 경기도 수원군 향남리에서 15일 야소교회당에 다수의 교도가 집합해 소요를 일으켜 우리 보병 및 오사카에서 파견된 보조헌병 및 경관이 출동해 해산을 명령했으나 점점 난폭한 행동을 벌여 결국 발포했다. 폭민 측에 사망자 20명, 부상자 다수를 낳았다. 또한 부근 민가 10여 채가 불탔다."(≪大阪朝日新聞≫, 1919. 4. 19, 7면; 윤소영 편역, 2009a, 221쪽 재인용)

"15일 경기도 수원군 향남면 제암리 야소교회당 교도 다수가 소요해 보병 경관이 출동했는데 반항과 폭행을 가하고자 해 발포 해산시켰다. 폭민의 사상자 22명, 가옥 10여 채가 소실됐다."(≪大阪每日新聞≫, 1919. 4. 19, 11면; 윤소영 편역, 2009b, 290쪽 재인용)

'조선소요사건 일별조표'에 따르면, 4월 19일 한반도 1곳에서 독립만세시위가 벌어졌다(윤병석, 2013, 438쪽 참고).

이날 서간도 환런현 납자구(拉子溝)에서 6구장 김길보는 재류 동포 250여 명과 함께 독립만세를 소리 높여 외치고 해산했다. 고마령(古馬嶺) 대양차(大陽岔)에서도 10구장 김정준이 동포 약 300명과 함께 대한독립만세를 외치고 해산했다(독립운동사편찬위원회, 1970b, 723쪽).

미국기독교교회총연합회 동양관계위원회는 이날 미국 뉴욕의 일본 총영사관에서 시드니 굴릭(Sidney Gulick) 박사의 소개로 오자키 유키오(尾崎行雄) 중의원과 모치즈키 고타로(望月小太郎) 중의원, 야다 시치타로(矢田七太郎) 재런던 총영사, 미쓰이 및 미쓰비시 대표 등을 만나 일본 정부에 대조선 정책 변화를 강하게 촉구했다. 하지만 일본 정부는 받아들이지 않았다. ≪오사카마이니치신문≫(1919. 4. 30a, 2면; 윤소영 편역, 2009b, 309쪽 참고; ≪大阪每日新聞≫, 1919. 6. 3, 2면; 윤소영 편역, 2009b, 345쪽 참고) 등에 따르면, 미국기독교교회총연합회 동양관계위원회 측은 특파원 보도와 재조선 미국인 선교사 보고 등을 바탕으로 일본의 대조선 통치책을 강하게 비판하고 일본 정부에 식민지 무단통치 정책을 폐기할 것을 촉구했다.

"만약 일본 정부가 그 태도를 개선하지 않으면 우리는 종교가로서 정의와 인도의 입장에서 묵과할 수 없다. 세계의 여론을 환기해 조선 민족의 구제에 노력해야 한다."

재런던 총영사 야다 시치타로는 이에 대해 일본군이 한국인의 독립만세 시위에 대해 잔혹하게 대처하고 있다는 주장은 사실과 다르다고 맞섰다.

"아직 상세한 정보를 접하지 않아 그 진위에 관해 확언할 수 없지만 대체로 사실무근의 허보라고 단언할 수 있다. 일본 정부의 보도에 의하면 두 명의 미국인 선교사가 이번 폭동에 관계한 것은 의심할 수 없는 사실이고 죄상도 분명하다. 통신을 논거로 일본의 조선 통치를 비난하고 마치 일본이 학정을 해 조선인을 압박하는 것처럼 매도하는 것은 단지 일본에만 불리한 것이 아니라 종교가인 당신들의 권위에도 관계되는 일이다."

야다 시치타로는 그러면서 일본의 조선 병합 이래 조선 민족의 복지가 크게 향상됐다며 미국기독교교회총연합회 동양관계위원회 측의 자제와 함께 조선 현지조사를 해볼 것을 권했다.

"제군이 일본의 조선 통치에 대해 의심이 있다면 모름지기 위원을 선정해 실제에 관해 조사해보길 바란다. 그러면 우리는 본국 정부와 교섭해 적나라하게 조선 민족의 생활을 시찰하는 데 편의를 도모해줄 것이다."

미국 언론도 일제의 식민지배와 독립만세운동의 탄압을 우려했다. 잡지 ≪네이션(Nation)≫은 4월 19일 자에 "미국에 대한 한국의 호소"라는 필라델피아 한인대회 호소문을 실었다. 이 외에도 정한경은 잡지 ≪뉴리퍼블릭(New Republic)≫ 5월 17일 자에 일제의 식민지배와 독립만세시위를 탄압하는 실상을 담은 글 『한국의 사정』을 게재했다. 서재필도 ≪세계무역보(World Trade Review)≫ 10월호에 "한국에서의 일본"이라는 제목의 글을 게재하고 한국의 독립을 주장했다(독립운동사편찬위원회, 1970b, 813쪽).

이날 평양지방법원에서는 미국 부영사를 비롯해 미국인 17명이 지켜보는 가운데 미국인 선교사 엘리 모우리가 범인을 은닉하고 한민족 독립운동에 참가한 혐의로 징역 6개월을 선고받았다. 1심에서 변호인이 없었던 모우리는 두 일본인 변호사를 통해 항소하는 한편, 300원을 공탁하고 보석을 허락받았다(≪大阪每日新聞≫, 1919. 4. 20c, 11면; 윤소영 편역, 2009b, 295쪽; ≪大阪朝日新聞≫, 1919. 4. 21b, 7면; 윤소영 편역, 2009a, 226쪽 참고).

아침, 조선군사령관 우쓰노미야 다로는 서둘러 조선총독부 지휘부와도 제암리 학살 은폐를 협의했다. 우쓰노미야 다로는 아침 일찍 하세가와 요시미치 조선총독을 방문했다. 야마가타 이사부로 정무총감을 배석시킨 뒤 수원 제암리 사건에 관한 군 지도부의 의견과 그 이유 등을 말하고 하세가와 요시미치 총독의 동의를 구했다. 아울러 총독부 각부 제 기관에서도 비판에 관한 답변을 통일해줄 것을 요청했다. 하세가와 요시미치 총독과 야마가타 이사부로 정무총감은 이를 승낙했다.

우쓰노미야 다로는 오후 하세가와 요시미치 총독으로부터 이미 상당히 알려진 상황에서 전부 부인하는 것은 오히려 불리할 가능성이 있어 어느 정도 과실을 인정해 행정처분을 해두는 것이 좋을 수 있다는 취지의 이야기를 듣는다. 우쓰노미야 다로는 이에 이날 밤 다시 조선총독부 경무부장인 고지마 소지로 조선헌병대사령관, 조호지 고로 제20사단장, 오노 도요시 조선군참모장, 야마모토 쓰루이치 조선군참모 등이 참여한 지도부 회의를 열었다. 조선군 지도부는 다음 날 새벽 1시까지 회의한 뒤 학살과 방화는 부인하되, 진압 방법이 적절치 않았다며 아리타 도시오 중위에 대해 30일 중근신의 행정처분을 하기로 의견을 모으게 된다. 우쓰노미야 다로의 4월 19일 자 일기다.

"아침 일찍 (하세가와 요시미치) 총독을 방문해 (야마가타 이사부로) 정무총감의 배석을 요구했고, 제암리 사건에 관한 결심, 그 이유 등을 말하고 총독의 동의를 구하는 한편, 총독부 각부 제기관에서도 비판에 관한 답변들은 모두 동일하게 취하도록 할 것을 요청했다. 총독과 총감의 승낙을 얻고 돌아왔다. 오후에 총독이 다시 만나자고 해 갔더니 '지금 두루 알려진 일을 전부 부인하는 것은 도리어 불리한 점이 없지 않은가. 어느 정도 과실을 인정해 행정처분을 해두는 것이 득책이 아니겠는가'라고 말했다. 이날 저녁 오노 도요시에게 이전 결론을 수행하려는 속마음으로 내일 방문할 뜻이 있다는 것을 은밀히 이야기하게 했지만, 총독은 역시 행정처분만을 해두는 것이 가하다는 뜻을 알려왔기 때문에 고지마 소지로 중장, 오노 도요시, 야마모토 쓰루이치 등과 서로 의견을 나누던 중 조호지 고로 제20사단장, 우치노 신지로 연대장도 합류해 학살 방화는 부인했지만 그 진압 방법과 수단에 대해서는 적당하지 않은 바가 있었다고 해 30일간 중근신을 명하기로 대략 결심하고 산회하니 오전 1시 가까이 됐다."(宇都宮太郎關係資料硏究會 편, 2007, 245쪽)

입 맞추는 일본군 지도부

한반도의 독립만세시위는 계속됐다. '조선소요사건 일별조표'에 따르면, 4월 20일 한반도 2곳에서 만세시위가 벌어졌고, 2곳에서 발포가 이뤄졌다(윤병석, 2013, 438쪽 참고). 이날 서간도 환런현 횡부자구(橫浮子溝)에서 11구장 김하구는 동포 300여 명과 함께 대한독립만세를 큰 소리로 외치고 해산했다(독립운동사편찬위원회, 1970b, 723쪽).

오전 10시, 용산 조선군사령관저. 조선군사령관 우쓰노미야 다로는 조호지 고로 제20사단장, 고지마 소지로 조선헌병대사령관, 우치노 신지로 제41여단장, 오노 도요시 참모장 등과 만나 제암리 사건의 선후책을 다시 논의했다. 각자 의견을 말하고 이 이상의 결론은 유보하고 하세가와 요시미치 총독과 이야기해 결정하는 것으로 의견을 모은 뒤 산회했다. 우쓰노미야 다로는 오후에 하세가와 요시미치 총독을 방문해 "학살과 방화는 마지막까지 부인하되, 다만 진압의 수단 방법은 부적절한 것으로서 중근신(대대장에게는 20일, 연대장에게는 가별 10일, 모두 30일)에 처하도록 한다"는 취지로 최종 의견을 모았다. 우쓰노미야 다로는 다시 조호지 고로 제20사단장, 고지마 소지로 조선헌병대사령관, 우치노 신지로 제41여단장, 오노 도요시 참모장 등과 재회해 도쿄로 보낼 전보문안 등을 연구하고 저녁 무렵에 산회했다(宇都宮太郎關係資料硏究會 편, 2007, 246쪽).

다음 날인 4월 21일, 주경성 미국 영사 레이먼드 커티스는 레오 버그홀츠 주경성 미국 총영사에게 '주경성 미국 총영사 레오 버그홀츠 각하' 제하의 6쪽짜리 보고서를 올려 제암리 학살 사건의 진상을 보고했다. 그는 동행했던 선교사 호러스 언더우드의 보고서도 첨부했다. 커티스는 언더우드가 현지 마을 주민들과 이야기를 하면서 화재의 원인과 사건 전모를 알게 됐다며 증언을 바탕으로 사건의 진상을 정리한다. 즉, 마을 주민들의 증언을 종합하면 사건 당일 일본군이 마을에 나타나 남자 기독교인은 모두 교회에 집합하라고 명령했고, 남자 기독교인들이 교회에 모두 모이자 일제히 사격을 가했고 총검과 군도로 살아남은 자를 죽였으며 학살이 끝난 후 교회와 마을을 방화했다는 것이다. 커티스는 그러면서 "인력거꾼들은 제 암리 외에도 약 15개 마을에서 비슷한 사건이 일어났다고 말한바, 이는 우리가 다른 정보원으로부터 들은 정보와 일치하는 것"이라며 제암리와 수촌리 외에도 많은 곳에서 학살이 자행됐다고 분석했다. 그는 "우리 일행은 우리가 입수한 보고의 진실성을 입증할 만한 것을 충분히 보았고 밤이 되기 전에 경성에 돌아오기를 원했기 때문에 원래 계획에 들어 있던 수촌에는 가지 않았다"고 덧붙였다.

주경성 미국 총영사 레오 버그홀츠는 이에 4월 23일 레이먼드 커티스 영사의 보고서를 첨부해 「일본군이 교회 안에서 한국인 37명 학살」이라는 제목으로 로버트 랜싱 국무장관에게 제암리 학살 사건의 진상을 보고했다.

레오 버그홀츠는 5월 12일 로버트 랜싱에게 '국무장관 귀하'로 시작하는 보고서 「제암리에서의 일본군에 의한 한국인 37명 학살과 촌락 파괴」를 통해 사건을 재차 보고한다. 레오 버그홀츠는 먼저 이전 보고처럼 보고를 하게 된 경위를 간단히 설명한 뒤, 지난 보고 이후 상황 전개에 대해 설명한다. 그는 그러면서 윌리엄 노블 목사를 비롯해 선교사 대표 2명이 하세가와 요시미치 조선총독을 만나 제암리 학살의 진상을 구체적으로 밝히자 잠시 침묵이 흐른 뒤 하세가와 요시미치가 "노블 박사의 말 한마디 한마디가 진실"이라고 사실임을 확인한 후 제암리 사태에 깊은 유감의 뜻을 나타냈다고 보고했다. 그는 그러면서 하세가와 요시미치가 "앞으로는 그와 같은 잔학 행위는 없을 것이라고 엄숙히 선언"하면서 재발 방지를 약속했다고 전했다.

"잠시 동안 침묵이 흐른 후 하세가와 총독은 노블 박사의 말 한 마디 한마디가 진실이라고 말한 후 제암리 사태에 깊은 유감의 뜻을 나타내며, 관련 부대의 장교와 사병들은 처벌됐다고 말했습니다. 총독은 앞으로는 그와 같은 잔학 행위는 없을 것이라고 엄숙히 선언했습니다. 그는 거듭 마을 사람의 학살이나 마을의 파괴를 명령한 적이 없다고 말했습니다. 그러나 만약에 제암리 외에 18개 마을에서도 제암리에서와 같은 잔학 행위가 없었더라면 총독의 이 마지막 말은 더 큰 무게를 지닐 수 있었을 것입니다. 커티스 영사가 제암리를 직접 찾아가 일본군의 잔학한 행위를 널리 알린 후에야 총독은 뉘우침을 보인 것입니다. 총독부는 공식 사과의 표시로 매우 소규모의 구제 대책을 세우고 있으며, 노블 박사에게 35명의 마을 사람들이 계획적으로 살해된 감리교회 재건에 쓰라고 1500엔(750달러)을 줬습니다."

레오 버그홀츠는 국무성 보고를 통해 일본군이 교회당으로 마을 주민들을 일부러 불러 총격을 가하고 총검과 군도로 생존자들을 죽였다고 레이먼드 커티스 영사가 확인한 제암리 학살 사건의 진상을 다시 확인했다.

'조선소요사건 일별조표'에 따르면, 4월 21일 10곳에서 만세시위가 벌어졌고, 1곳에서 시위대와 일본 군경이 충돌했으며, 1곳에서 일본군의 발포가 이뤄졌다(윤병석, 2013, 438쪽 참고).

조선총독 하세가와 요시미치는 이날 제령 제7호 '정치에 관한 범죄처벌의 건'을 공포했다. 이는 덴노 요시히토의 재가를 거친 것으로, 한반도에서 벌어지는 독립만세를 처벌하기 위한 법적·제도적 근거로 분석된다(≪大阪每日新聞≫, 1919. 4. 22. 석간 1면; 윤소영 편역, 2009b, 296쪽 재인용; (≪大阪朝日新聞≫, 1919. 4. 22. 석간 1면; 윤소영 편역, 2009a, 226쪽 재인용).

오전, 조선군사령관 우쓰노미야 다로는 어용적 성격이 강했던 일본조합기독교회 조선전도부 소속 무라카미 다다요시를 조선군사령부에 초대해 오노 도요시 참모장과 합세시켜 기밀비 500엔을 교부하도록 했다. 일본조합기독교회의 대조선 기독교 공작을 지지하기 위해서였다. 우쓰노미야 다로는 전날인 4월 20일 저녁 무라카미 다다요시 등과 시사 문제 등에 대해 밤 12시까지 대화를 나눴다(宇都宮太郞關係資料硏究會 편, 2007, 246쪽).

기만적인 제암리 진상 보고

4월 22일, 조선총독 하세가와 요시미치는 수원 제암리 학살 사건의 파문이 국제적으로 확산할 조짐을 보이자 하라 다카시 총리에게 제암리 사건과 관련한 진상을 보고했다. 학살의 주요한 진상에 대해 일부 인정한 부문도 있지만 상당수 부문을 은폐하거나 왜곡했고 결정적인 부문에 대해서는 교묘한 거짓말로 진실을 외면했다.

하세가와 요시미치는 먼저 사건의 발생 경위를 설명했다. 즉, 3월 하순 이후 경기도 수원과 안성에서 독립만세시위가 관공서를 불태우거나 일본 순사를 죽이는 등 폭민화·폭동화했고 이에 4월 초부터 대규모 검거반을 편성해 범인 검거에 나섰다고 설명했다. 이 과정에서 10명이 죽고 19명이 부상당했으며, 17개 마을에서 화재가 발생해 가옥 276호가 소실됐다고 말했다. 이는 제암리 학살 사건도 대대적인 검거 과정에서 우발적으로 발생한 사건의 하나처럼 설명하기 위한 것으로, 일본군의 잔혹한 대응과 총기 발포 문제라는 본질을 외면한 설명이었다. 그는 제암리 학살 사건과 관련해 천도교도를 교회당에서 모아 훈계하려 했지만 천도교도들이 먼저 반항해 사살했다고 설명했다.

"수원군 발안장에 파견됐던 보병 중위 이하 12명은 4월 15일 그곳의 순사를 동반해 제암리 기독교회당에 기독교도와 천도교도 25명을 모아놓고 심문 훈계를 하려던 찰나에 교도들이 반항을 했기에 그 모두를 사살하고 방화를 했습니다. 그때 마침 강풍을 타고 집 28채에 옮겨붙어 불탄 사실이 있었습니다."(강덕상 해설, 1967, 317쪽)

이는 의도적이고 계획적으로 학살을 하지 않았다는 설명으로, 마을 남성들을 모이라고 해 문을 잠그고 총을 난사했다는 피해자들의 일관된 증언과는 완전히 배치된다. 방화와 관련해서도 교회당 방화는 인정하면서도 나머지 불탄 가옥은 강풍에 불이 옮겨붙은 것이라고 설명해 많은 가옥이 일본군의 방화로 불이 났다는 사실을 숨긴 거짓말이었다.

그는 그러면서 "(아리타 도시오의) 검거반원 및 군대의 행동은 유감스럽게도 폭거임을 면할 수 없으며 특히 방화 행위는 분명히 형사처벌을 구성하는 요소가 되지만, 오늘 같은 사태에서 사실대로 인정하는 것은 군대와 경찰의 위신과 관련돼 진압에 불리할 뿐 아니라 더욱이 외국인에 대한 난처한 문제가 되기도 하므로, 방화는 모두가 검거의 혼잡 틈에 생긴 실화로 인정하고 거기에 관련된 사람은 그 수단 방법을 잘 택하지 못했다는 이유로 행정 처분에 부치기로 했다"고 말했다. 학살 행위에 대해 전혀 인정하지 않고 제한적인 '방화'만 인정하면서도 그마저도 진압과 세계 이목 때문에 '실화'로 하겠다는, 어처구니없는 설명이었다. 제암리 사건이 세계에 알려지면서 국제 여론이 악화하자 국내외 비난만 피해 가자는 식의 부조리하고 야만적인 대응이었다.

오후, 조선군사령관 우쓰노미야 다로는 제암리 사건이 일단 일단락을 고할 수 있게 되자 하세가와 요시미치 총독과 야마가타 이사부로 정무총감, 고지마 소지로 경무총장 등을 순방하면서 감사 인사를 했다(宇都宮太郎關係資料硏究會 편, 2007, 246쪽).

오후 2시, 경성 종로대로에서 조선인 100여 명이 태극기를 꽂고 대한독립만세를 큰 소리로 외쳤다. 종로경찰서 경관들이 현장으로 급히 출동했지만 모두 도주해 아무도 체포하지 못했다(≪大阪每日新聞≫, 1919. 4. 24b, 11면; 윤소영 편역, 2009b, 299쪽 참고).

'조선소요사건 일별조표'에 따르면, 4월 22일 1곳에서 만세시위가 벌어졌고, 1곳에서 시위대와 일본 군경이 충돌했다(윤병석, 2013, 438쪽 참고).

이날 서간도 환런현 노황지(老荒地)에서 재류 동포 몇 명이 6구장 김형진을 찾아가 3·1운동에 무관심했음을 비판한 뒤 동포 약 100명과 함께 대양차(大陽岔)로 향했다. 이들은 가는 도중 일부 중국인들과 충돌했지만, 중국 관헌을 잘 설득해 무사히 해산했다(독립운동사편찬위원회, 1970b, 723쪽).

한성 임시정부 수립

4월 23일 수요일, 경성 서린동 중국음식점 '봉춘관'. 국내 13도 대표 25인이 모여 국민대회를 열고 '국민대표대회취지서', '선포문', '임시정부 약법' 등을 채택했다. 임시정부 각료와 평정관을 선출했다. 집정관 총재에는 이승만, 국무총리에는 이동휘가 각각 선출됐다. 이른바 '한성 임시정부'를 조직한 것이다. 이들은 임시정부령 1, 2호를 발표했다. 임시정부령 제1호는 "납세를 거부하라"이며 제2호는 "적의 재판과 행정상의 모든 명령을 거부하라"였다.

이들은 이날 정오를 기해 학생과 시민 대표들을 종로 보신각 앞, 서대문, 동대문, 남대문 등 네 곳에 보내 독립만세를 부르고 전단을 뿌리며 한성 임시정부 수립을 알리도록 했다. 일제 군경이 곧 출동해 진압하면서 큰 시위로 발전하지 못했다. 국제합동통신(United Press International: UPI)의 전신인 합동통신(United Press)이 이를 세계에 타전하면서 많은 이들이 한성 임시정부 수립과 국민대회를 알게 됐다.

≪오사카마이니치신문≫은 4월 24일 자 11면 기사에서 "(4월 23일) 오후 2시 경성 종로대로에서 45명의 조선인이 구한국기를 꽂고 만세를 높이 외치자 종로경찰서에서 경관이 현장에 출동했지만 모두 도주해 체포하지 못했다"고 보도했는데, 이 만세시위가 한성 임시정부 수립을 알리는 시위였는지는 확인되지 않는다.

러시아 연해주 블라디보스토크를 근거지로 하는 대한국민의회의 '노령 임시정부'(2월 25일)와 중국 상하이를 근거지로 하는 '상하이 임시정부'(4월 11일)에 이어 경성을 기반으로 한 '한성 임시정부'(4월 23일)까지 수립되면서 3개의 임시정부가 병립하게 됐다. 잇따라 설립된 임시정부 간 통합 문제가 자연스럽게 새 과제로 부상했다. 이들 여러 임시정부는 지난한 통합 과정을 거쳐 9월, 유일하고 합법적인 '대한민국 임시정부' 설립으로 모아진다.

주샌프란시스코 일본 총영사 오타 다메기치(太田爲吉)는 이날 긴급 성명을 발표하고 대한민국 임시정부 설치와 조선독립선언서 배포 등을 부인했다. 오타 다메기치는 "조선독립선언서가 재경성 조선국 '가(假)정부'의 손에 의해 공공연히 배포된 내용도 부정했다"고 일본 언론은 전했다(≪大阪朝日新聞≫, 1919. 4. 27a, 1면; 윤소영 편역, 2009a, 233쪽 재인용).

한성 임시정부에서 이승만을 집정관 총재로 추대하고 박용만을 외무총장으로 선임했다는 소식이 미국에 도달한 것은 한참 뒤인 6월이었다. 새로 집정관 총재 직함까지 가진 이승만은 '4월 23일 경성에서 국민의회가 모여 정부를 조직했다'는 것을 미국에 알리고 한미 양국이 계속해서 우호관계를 이어갈 것을 희망한다는 내용의 서한을 6월 14일 우드로 윌슨 미대통령에게 발송했다. 같은 내용의 서한이 영국과 프랑스, 중국 등 각국정부 정상에게도 동시에 발송됐다(독립운동사편찬위원회, 1970b, 818쪽).

오후, 도쿄 헌정회본부. 야당인 헌정회 정무조사회 내에 설치된 '조선소요사건 특별위원회'가 처음 열렸다. 가와사키 가쓰(川崎克), 가토 사다기치(加藤定吉), 나가야마 오토스케(長山乙介), 모리야 고노스케(守屋此助), 시바 시로(柴四朗), 오쓰 준이치로(大津淳一郎), 야마지 조이치(山道襄一) 등 특별위원과 에기 다스쿠 헌정회 총무가 출석한 가운데 오쓰 준이치로를 위원장으로, 야마지 조이치를 주사로 선출하고 조사 내용과 방법에 관해 협의했다. 이들은 조사 내용과 방법으로 조선 폭동의 원인, 통치의 근본 정책 및 당국자 태도 등을 연구하기로 결정했다.

특위 주사로 선출된 야마지 조이치는 3·1운동의 총괄 원인으로 독립사상이 만연한 것을 꼽고 조선인에 대한 차별과 학대, 잘못된 총독정치 등을 부문적인 원인으로 꼽았다. 그는 그러면서 통치의 근본 대책으로 통치 정책의 가부와 자치권 부여 문제를 해결해야 하고, 당장의 독립만세시위에 대해서는 당근과 채찍을 병행하되 '악성 폭동자'를 엄벌하라고 주장했다. 일본 정부의 인식이나 정책보다는 진일보한 측면이 있지만, 여전히 한국인의 독립 의지와 열정, 3·1운동의 본질을 제대로 보지 못한 것으로 지적된다(≪大阪每日新聞≫, 1919. 4. 24a, 2면; 윤소영 편역, 2009b, 297쪽 재인용; ≪大

阪朝日新聞≫, 1919. 4. 24, 2면; 윤소영 편역, 2009a, 227쪽 재인용-).

오쓰 준이치로의 설명이 끝나자 가토 사다기치가 통치 방침 및 조사 재료 등에 대해 의견을 냈다. 나가야마 오토스케는 과거 조선의 실상을 설명했고, 에기 다스쿠는 일본인의 조선 이주에 관한 의견을 개진했다. 이들은 협의 결과 현 내각의 책임을 규탄하는 한편 조선인의 괘씸함을 책망하는 결의문을 발표하기로 했다. 오후 4시, 산회했다(≪大阪每日新聞≫, 1919. 4. 24a, 2면; 윤소영 편역, 2009b, 297쪽 재인용; ≪大阪朝日新聞≫, 1919. 4. 24, 2면; 윤소영 편역, 2009a, 227쪽 재인용). 헌정회는 앞서 4월 18일 오후 2시부터 제1회 정무조사회의를 열어 '조선 폭동' 사건에 대한 모리야 고노스케의 조선 시찰 등을 바탕으로 원인과 대책 등을 철저히 조사하기 위해 특위를 구성하기로 했다. 특위 위원 등을 선임한 데 이어 매주 수요일에 모여 회의를 열기로 했다.

분투하는 김규식, 외면하는 열강

4월 24일 밤, 프랑스 파리 교외 북서쪽의 고급주택가 뇌이 쉬르 센 부르동 거리(Villa de Neuilly sur Seine Boulevard Bourdon) 72번지 2호. 김규식 일행이 머물고 있는 리유잉의 집에 아시아인 한 명이 찾아왔다. ≪아사히신문≫ 유럽 특파원 스즈키 분시로(鈴木文史朗)였다. 스즈키 분시로는 지바현 출신으로 도쿄외국어학교를 졸업한 뒤 1919년 도쿄아사히신문에 입사한 젊은 기자였다.

스즈키 분시로(≪大阪朝日新聞≫, 1919. 4. 29c, 7면; 윤소영 편역, 2009a, 237쪽 재인용)에 따르면, 그는 이날 밤 혼자서 김규식이 일하고 있는 집에 찾아갔다. 스즈키 분시로가 집으로 들어가자, 어두컴컴한 복도에서 한 한국인이 응시하고 있었다. 스즈키 분시로는 조선인 옆을 지나가며 영어로 말을 걸었다.

"당신이 김규식 씨가 아닌가요."

한국인은 스즈키 분시로의 말에 매우 놀란 표정을 짓고 몇 초 동안 주춤 거리다가 냉정한 태도를 회복하고 말했다.

"아니요, 나는 김 씨의 비서역인 심입니다."

스즈키 분시로는 한국인을 향해 질문을 던졌고, 한국인은 1개월 전쯤 상 하이에서 파리로 왔다고 말했다. 현재 집에는 5명의 중국 청년이 머물고 있다고도 했다. 한국인은 의심이 많은 눈으로 스즈키 분시로를 바라보고 이야기를 피하려고 했지만, 얼마 되지 않아 다소 긴장을 풀고 일본의 조선 통치 방법에 대해 여러 불만을 열거한 다음 조선 문제 해결의 유일한 수단 은 적어도 완전한 자치를 허락하든지 또는 일본인과 평등한 대우를 하는 것이라고 기염을 토했다. 스즈키 분시로는 다음 날 다시 방문하겠다고 말 하고 집을 빠져나왔다.

스즈키 분시로는 다음 날인 4월 25일 김규식 일행이 머물고 있던 프랑 스 파리 교외의 센 부르동 거리를 다시 찾았다. 아침 약속 시간에 갔지만 김규식은 바람처럼 사라지고 없었다. 그 대신에 그는 중국인을 만났다. 중 국인은 싱글싱글 기분 나쁘게 웃으면서 스즈키가 지난 밤 복도에서 말을 건 '심 비서'라는 남자가 실은 김규식이었다고 알려줬다.

일제가 이처럼 프랑스 파리의 김규식을 주목한 것은 세계 여론이 두려 워서이기도 했고, 파리의 김규식이 3월 중순부터 한국인의 독립만세시위 와 한국인의 독립 의지를 파리강화회의 위원들에게 알리기 위해 백방으로 노력하고 있었기 때문이다.

실제 김규식이 한국의 독립 의지를 세계에 알리기 위해 분투하고 있었 음은 중국인의 진술을 통해서도 알 수 있다. 중국인은 스즈키 분시로에게 "김 군은 최근 2주일 정도 밤낮으로 거의 침식을 잊고 여러 가지로 애를 썼"다고 전했다(≪大阪朝日新聞≫, 1919. 4. 29c, 7면; 윤소영 편역, 2009a, 237쪽 재인용).

다만 김규식의 외교적 노력에도, 한반도를 뒤흔든 3·1운동에도, 한국인들이 피로 보여준 독립 의지와 열정에도, 미국과 영국 등 당시 세계의 주요 열강은 한국인에게 결코 지지나 지원의 시선을 보내지 않았다. 그들은 아시아의 제국 일본의 심기를 굳이 거스르려 하지 않았다. 일제에 의해 자신들의 본질적인 이익이 침해받지 않는다고 판단한 구미 열강은 아직 식민지 한국인들에게 정의의 사도가 아니었다. 그들은 부조리했고, 한국인들은 힘이 없었다.

거족적인 3·1운동에도 미국의 주류 여론은 조선의 완전한 독립이 아닌 더 많은 자치 부여로 방향을 찾고 있었던 것으로 보인다. ≪뉴욕 타임스≫는 이날 자 사설에서 조선독립만세시위를 다룬다. ≪뉴욕 타임스≫는 조선 문제를, 일본의 식민지배로 조선의 사정이 좋아졌다는 '움직일 수 없는 사실'과 한국인들이 자유와 독립에 대한 강한 열정을 가지고 있다는 '반항하기 어려운 주의' 간 충돌로 진단했다. 신문은 그러면서 일본이 조선에 대해 좀 더 온정을 가지고 더 많은 자치를 부여해야 한다고 주장했다(≪大阪每日新聞≫, 1919. 5. 3, 석간 1면; 윤소영 편역, 2009b, 312쪽 참고).

영국 정부도 이날 처음으로 3·1운동에 관한 포괄적인 보고서를 도쿄 주재 대사관으로부터 받았다. 영국 외무성은 경성과 도쿄의 영국 대표에게 영국 및 그 식민지 출신의 시민들을 보호할 조치를 즉각 취할 것을 지시했을 뿐 한국의 독립 문제에 대해서는 지지나 지원 등을 표시하지 않았다. 특히 해외 거주 한국 독립운동가들이 4월 초 경성에 임시정부가 수립됐다고 주장하고 영국 정부가 이를 승인해줄 것을 요구하자, 영국 외무성 '극동국(Department of the Far East)'은 한국은 1910년 일본에 병합됐다며 냉소적인 반응을 보였다. 영국 정부의 입장은 영일동맹의 이해관계나 영국 시민이 다치지 않는 한 영국 정부는 한국 사태에 개입해선 안 된다는 것으로 충분히 해석될 수 있는 모습이었다.

미국과 영국 등 세계 주요 열강들은 3·1운동 등에서 분명하고 확실하게 드러난 한국인들의 독립 열망과 의지를 외면하고 있었다. 이에 많은 한국인 독립운동가들에게서 무장투쟁 노선으로 선회할 움직임이 나타나기 시작했다. 이날 중국 훈춘현 모처에서 이동휘와 이범윤, 진학신 등이 참석한 가운데 대한국민의회 간부회의가 4월 26일까지 3일간 열렸다. 대한국민의회는 여러 논의 끝에 다음 사항을 결의했다. ① 국내 진입 운동은 파리 파견 대표자의 전보를 기다리면서 동 회의에서 한국 독립운동이 인정되지 않는 경우 즉시 결행하기로 한다. ② 위 행동은 이동휘의 명령에 의해 각 방면 동시에 결행한다. ③ 국내 동지와 연락해 일본 측 밀정 등을 처단한다. ④ 운동비 및 대원의 모집에 노력한다.

세계 주요 열강들이 파리강화회의에서 한국의 독립을 인정하지 않을 경우 본격 실력투쟁에 돌입하겠다는 내용의 결의다. 즉, 세계가 한국인들의 평화적인 시위에도 독립 의지를 외면하고 독립 회복을 위해 노력하지 않는다면 한국인들은 이제 평화노선을 버리고 본격적인 무장투쟁으로 선회할 것임을 시사한 것으로 해석된다(독립운동사편찬위원회, 1972, 184~194쪽).

'조선소요사건 일별조표'에 따르면, 4월 24일 한반도 1곳에서 독립만세 시위가 벌어졌다(유병석, 2013, 438쪽 참고).

조선헌병대사령관이자 조선총독부 경무총감 고지마 소지로는 이날 야마가타 이사부로 정무총감에게 제암리 사건에 대해 보고한다. 고지마 소지로는 "제암리 소요 사건을 조사하니 그 전말이 별지와 같사옵기에 보고한다. 일부 외국인 사이에서는 이 사건이 중대시돼 여러 번 조사를 거듭하고 있다는 사실을 덧붙여 말씀드린다"며 '별지' 형식으로 사건을 보고한다. 고지마 소지로의 보고 내용은 지난번 하세가와 요시미치 조선총독이 하라 다카시 일본 총리에게 보고한 내용과 대동소이한 것으로 분석된다. 즉, 아리타 도시오 등이 천도교도를 교회당에서 모아 훈계하려 했지만 천도교도들이 먼저 반항해 사살했으며, 교회당 방화는 인정하면서도 나머지 가옥의 경우 강풍에 옮겨붙었다는 것이다. 사건을 축소·왜곡하고 본질적인 진실을 회피한 거짓 보고였다.

일제 "만세시위 평정" 선언

4월 25일, 일본 육군성은 조선의 독립만세시위가 평정됐다고 선언했다. 육군 당국자는 이날 조선의 시위가 평정돼 질서를 되찾게 됐다며 일본 사법 당국이 "조선군의 원조를 얻어 폭민 검거에 착수하게 됐다"고 말했다. 독립만세시위의 평정 선언과 함께 본격적인 주동자 검거에 나설 것임을 시사한 것이다. 그는 제암리 학살 사건에 대해서 "지난 4월 15일 이번 소요에 관해 그 성질이 가장 험악했던 경기도 수원군 폭동 주모자 검거 당시 수비 임무를 띤 모 중위는 관헌과 협의해 지방 폭민 중 혐의가 있는 자를 모아놓고 훈계하던 중 그들이 반항하자 할 수 없이 다소 가혹한 처치를 했다"며 독립만세시위대의 폭력성을 부각하려 했다(≪大阪朝日新聞≫, 1919. 4. 26b, 2면; 윤소영 편역, 2009a, 231쪽 재인용).

조선군사령관 우쓰노미야 다로는 이날 일본 육사를 나온 조선인 어담〔魚潭, 일본 이름은 니시카와 단이치(西川潭一)〕을 초대해 반독립운동 작전은 온건한 수단을 이용하고 과격한 수단을 쓰면 안 된다고 주의를 줬다. 일본조합기독교회의 주요 인사 무라카미 다다요시가 내방하자 오노 도요시 참모장에게 다시 1500엔을 지출하도록 했다(宇都宮太郎關係資料硏究會 편, 2007, 247쪽).

평안북도 박천의 교회당에서 이날 새벽 또다시 방화가 발생했다. 일본 언론은 독립만세시위에 불만을 품은 조선인의 소행으로 추정했지만, 3·1 운동 이후 주로 만세시위가 격렬하게 일어난 지역을 중심으로 방화가 이뤄졌다는 점에서 이는 일제의 방화였을 가능성이 큰 것으로 분석된다(≪大阪朝日新聞≫, 1919. 4. 27b, 1면; 윤소영 편역, 2009a, 233쪽 재인용; ≪大阪每日新聞≫, 1919. 4. 27b, 2면; 윤소영 편역, 2009b, 304쪽 재인용).

4월 26일, 김규식은 프랑스 파리에서 파리강화회의 대표 접견 등이 어려워지자 파리위원부에서 소식지 ≪통신국회람(Circulaire)≫을 발간했다. 김규식은 소식지를 11월 29일까지 모두 8회 발행했다. 김규식은 창간호에서 현순이 보낸 3·1운동에 대한 소식을 상세히 게재했다. 문서 '독립공고서(Petition Presentee a la Conference de Paix a Versailles)', '일본으로부터 해방 및 독립국가로서 한국의 재편성을 위한 한국 국민과 민족의 주장'을 작성해 배포하기도 했다(이정식, 2008, 60~61쪽 참고).

상하이 임시정부에서 주도적으로 활동 중이던 현순은 이날 이승만에게 전보를 보내 빨리 상하이로 부임해 국무총리직을 수행하라고 전하는 한편, 국제연맹에 조선의 위임통치를 청원했다는 소문에 대해 사실 여부를 물었다.

"당신의 편지를 받았소. 당신은 임시의정원에서 국무총리로 선출됐소. 그 직을 맡든지 아니면 대행인을 지명하시오. 지급전보로 당신이 위임통치와 독립 가운데 어느 것을 목표로 하는지 명확히 밝히시오. 당신이 위임통치를 청원했다는 소문 때문에 우리 일에 많은 방해가 되고 있소. 만약 사실이라면 우리는 당신을 신임할 수 없소."(고정휴, 2016, 71쪽 재인용)

이승만은 즉시 현순에게 답장을 보내 만약 상하이에서 즉시 총리직을 수행하라고 하면 만사를 제치고 상하이로 가겠다고 대답했고, 국제연맹에 조선의 위임통치를 청원한 것은 3·1운동이 발발하기 전의 일이라고 해명했다. 이승만은 상하이로 곧바로 오지는 않았다.

상하이에 대한민국 임시정부가 수립된 사실이 러시아 연해주 조선인들 사이에서도 알려지기 시작한 것으로 보인다. ≪오사카아사히신문≫은 4월 28일 자 조간에서 연해주 니콜리스크에서 대한민국 임시정부가 수립됐다고 조선인의 전언을 보도했다(≪大阪每日新聞≫, 1919. 4. 28b, 11면; 윤소영 편역, 2009b, 306쪽 재인용).

4월 26일 오전 10시, 도쿄 헌정회본부. 헌정회 '조선소요사건 특별위원회'가 재개됐다. 가와사키 가쓰, 가토 사다기치, 나가야마 오토스케, 모리야 고노스케, 시바 시로, 오쓰 준이치로, 야마지 조이치 등 특별위원이 출석한 가운데 지난 위원회 결정에 따라 야마지 조이치가 기초한 결의문을 의제로 제출했다. 조선소요사건특위는 결의문 안에 조선 관제개정과 통치

상의 근본 방침 등을 담아야 한다는 의견이 나와 논의했지만 최종 의견을 정하지는 못했다. 결국 야마지 조이치와 가와사키 가쓰, 2명이 협의해 기초하고 4월 28일 오후 1시부터 다시 특위를 재개해 결의문안을 심의하기로 했다. 오후 5시 산회했다(≪大阪每日新聞≫, 1919. 4. 27a, 2면; 윤소영 편역, 2009b, 304쪽 참고).

조선총독 하세가와 요시미치는 이날 조선의 3·1운동이 어느 정도 진정될 기미를 보이고 관제개정 논의도 진전되는 분위기에 따라 일본 정부에 사표를 제출했다(강덕상, 2002/2007, 288쪽 참고). 하세가와 요시미치의 사표는 4월 29일 하라 다카시 총리에게 도착한다.

"방심 금지" 훈시와 친일파의 준동

4월 27일, 조선군사령관 우쓰노미야 다로는 5월 1일부터 경기도 용산과 함경북도 나남에 조선군사법회의를 설치하겠다고 발표했다. 강원도와 함경도 사건은 나남군법회의에서, 그 외 사건은 용산군법회의에서 관할한다는 것이었다. 거족적인 3·1운동으로 수많은 이가 체포·검거되면서 사법적 절차에 대한 수요가 크게 증가했기 때문으로 풀이된다(≪大阪朝日新聞≫, 1919. 4. 28a, 석간 1면; 윤소영 편역, 2009a, 234쪽 참고).

4월 28일 오전 9시 50분, 시모노세키. 10여 일간 한반도 각지를 시찰한 어문학자 가나자와 쇼사부로(金沢庄三郎)는 도쿄행 기차에서 기자간담회를 가졌다. 가나자와 쇼사부로는 "총독부의 방식이 너무나 조선인을 일본화하려고 초조하게 생각한 결과 그들의 풍속도 습관도 무시하고 돌보지 않아서 일종의 배일적 감정을 품게 한 것도 그 하나의 원인"이라고 지적했다. 그는 "원래 언어나 풍습 습관이라는 것을 무시한 정책이 식민통치에서 성공한 역사가 없는 것은 영국, 프랑스 그 외 식민지가 증명하는 바임에도 총독부에서는 조선어를 일본어로 대체하고자 하는 방침을 세우고 조선어

연구 같은 것은 전혀 폐기하고 돌보지 않는 풍조가 있다"며 "언어라는 것은 그렇게 쉽게 소멸되는 것이 아니라 오히려 이를 연구해 피아의 의사소통을 잘하게 할 방침을 취할 필요가 있는데도 완전히 반대 방침을 취한 것은 확실히 치졸한 방법이었다"고 비판했다. 일방통행식 식민지배를 언어적 측면에서 비판한 것이었다(≪大阪朝日新聞≫, 1919. 4. 29a, 2면; 윤소영 편역, 2009a, 235쪽 재인용).

일본 내에서 일제의 조선 식민지배를 비판하는 목소리는 이어졌다. 세계를 깜짝 놀라게 한 거족적인 3·1운동은 서서히 하라 다카시 정권을 향한 비판의 칼이 되기 시작한다. ≪오사카마이니치신문≫은 4월 28일 자 석간에서 야당인 헌정회가 하라 다카시 내각의 직무 소홀을 규탄하겠다고 한 방침을 소개하면서 비판했다(≪大阪每日新聞≫, 1919. 4. 28a, 석간 1면; 윤소영 편역, 2009b, 305쪽 재인용).

그럼에도 친일 인사들은 독립만세운동의 자제를 촉구하거나 한일병합을 두둔하며 여론을 호도하려 했다. ≪오사카아사히신문≫은 이날 조간에 홍준표가 조선인 학생들에게 독립만세시위의 자제를 촉구하는 '경고문'을 신문사에 가져왔다며 그 내용을 게재했다. 홍준표는 경고문에서 "제국에 고국이 병합당한 것은 슬퍼할 일이 아니라 오히려 크게 기뻐해야 한다"며 "허명을 동경하는 것은 현대에 맞지 않다. 실력의 존재를 진정으로 귀하게 여겨야 한다"고 궤변을 늘어놓았다. 그러면서 "제군은 각자의 학업에 노력하고 용왕매진해 자신의 수양을 쌓고 학문을 성취해 성과를 거두고 후진을 유도해 교육 보급에 진력해 널리 우리 동포의 지식을 증진시킨 후 서서히 자치를 꾀하고 참정권을 요구하고 징병에 응해 그 의무를 다함과 동시에 권리를 얻어 재래의 내지 동포와 구별되지 않게 되면 무슨 불만이 있고 무슨 부족이 있겠는가"라며 "이는 가장 지당한 일이며 가장 용이한 일이 아니겠는가"라고 말했다(≪大阪朝日新聞≫, 1919. 4. 28b, 2면; 윤소영 편역, 2009a, 234쪽 재인용).

친일파 민원식의 글은 ≪오사카아사히신문≫ 4월 28일 자 조간부터 5

월 1일까지 4회에 걸쳐 게재된다. 민원식은 글에서 자신의 기고문에 대해 많은 조선인의 반론이 제기됐다며 이에 대한 해명을 시도했다(≪大阪朝日新聞≫, 1919. 4. 28c, 3면; 윤소영 편역, 2009a, 252쪽 재인용; ≪大阪朝日新聞≫, 1919. 4. 29b, 3면; 윤소영 편역, 2009a, 254쪽 재인용; ≪大阪朝日新聞≫, 1919. 4. 30b, 3면; 윤소영 편역, 2009a, 255쪽 재인용; ≪大阪朝日新聞≫, 1919. 5. 1, 3면; 윤소영 편역, 2009a, 257쪽 재인용).

오전 10시, 도쿄 나가타초 총리 관저. 홋카이도 장관과 도쿄도 지사 등 각 현지사, 오카 기시치로 경시총감, 이시미쓰 마오미 헌병사령관 등이 착석해 있었다. 총리 하라 다카시는 요코타 센노스케(横田千之助) 법제국 장관, 다카하시 미쓰타케(高橋光威) 내각 서기관장, 각 성 차관 등과 함께 입장했다. 지방관 회의였다. 하라 다카시는 이날 훈시에서 "민족자결 등을 오해해 일부 폭민이 선동한 것인데 이 때문에 양민이 생업을 편안히 할 수 없어서 아무래도 방치해두기 어려운 상태이기 때문에 다소의 군대를 급파해 양민을 보호하게 됐다"며 "그 결과 다행히 다소 평온해지는 중이며 완전히 진정되는 날도 머지않을 것"이라고 이례적으로 3·1운동을 거론했다. 그는 그러면서도 "병합 이래 그들 인민의 복리 증진에 노력하고 또한 장래에도 시설하는 것이 있음은 중외가 인정하는 바인데 이와 같은 폭거는 그들 인민을 통해 통탄해 마지않는 바"라고 한국인들을 비판했다(≪大阪每日新聞≫, 1919. 4. 29, 석간 1면; 윤소영 편역, 2009b, 306쪽 재인용).

하라 다카시의 이날 훈시는 3·1운동을 한국인들의 독립 의지 표출로서 제대로 이해하지 못하고 민족자결주의 오해, 폭민의 선동 등으로 오해하거나 의도적으로 왜곡한 것으로 해석된다. 그러면서 군대 증파로 만세운동을 '진정'시켰다며 군대 증파를 긍정적으로 평가하면서도 제암리 학살을 비롯해 한국인들이 흘린 피의 진실을 외면한 것이라고 지적된다. 하라 다카시의 훈시에 이어 노다 우타로 체신상 등의 훈시가 이어졌고, 기후현 지사가 각 지방장관을 대표해 감사를 표시했다. 오후 1시 30분 산회했다.

오후, 경성 조선총독부. 조선군사령관 우쓰노미야 다로는 하세가와 요시미치 조선총독을 만나 일본 조선군에 내릴 훈령을 협의했다. 우쓰노미야 다로가 하세가와 요시미치 총독에게 보여준 조선군 훈시에는 "방심하지 마라, 행동에 신중하라, 위생에 주의하라"는 내용이 담겨 있었다. 만세시위가 현저히 줄어들고 지난 4월 25일 육군성이 조선의 독립만세시위 평정을 선언했지만, 독립만세시위가 재발하지 않도록 군이 철저히 대비하라는 취지였다. 우쓰노미야 다로는 5월 1일 이 훈시를 발령할 것을 결심했다고 자신의 일기에 적었다(宇都宮太郞關係資料硏究會 편, 2007, 248쪽).

≪재팬애드버타이저≫의 제암리 보도

일본 정부의 독립만세시위 평정 선언에도 4월 29일 독립만세시위가 벌어졌다. '조선소요사건 일별조표'에 따르면, 4월 29일 한반도 1곳에서 만세시위가 벌어졌다(윤병석, 2013, 438쪽 참고).

북간도 일대에서 독립만세운동을 주도했던 황병길이 이날 일제의 농간에 말려든 중국 관헌에 의해 체포됐다. 일제는 황병길을 비롯해 젊은 독립운동가들을 체포하기 위해 갖가지 음모와 외교적 수단을 동원했다. 일본 영사관은 중국 관헌에 황병길의 신병을 일본 측에 넘길 것을 요구했다. 중국 관헌은 일제의 요구를 거부하고 황병길을 곧 석방했다고 한다(독립운동사편찬위원회, 1970b, 711쪽).

일본에서 발행되는 영자지 ≪재팬애드버타이저≫가 4월 29일 자에서 수원 제암리 학살 사건을 다뤘다. 경성 특파원 앨버트 테일러가 주경성 미국 총영사 레이먼드 커티스, 영국 총영사 윌리엄 로이즈 등과 함께 수원 제암리 학살 현장을 답사하고 증언을 청취한 내용을 보도한 것이었다. 테일러는 기사에서 먼저 제암리를 가게 된 경위와 과정을 기술한 뒤 제암리 마을의 모습을 다음과 같이 묘사했다.

"우리가 낮은 산그늘에 자리 잡은, 40여 채의 집이 있었을 법한 한 마을에 도착했을 때 4~5채의 집만이 서 있는 것을 보았다. 나머지 집들은 모두가 연기 나는 폐허였다. 우리는 마을 앞으로 끝까지 쭉 뻗은 오솔길을 따라 걷다가 중간쯤에서 타버린 미루나무들로 둘러싸인 한 울안에 다가갔다. 타버린 미루나무들은 벌건 재로 남아 있었는데, 이 울안에서 남자인지 여자인지 분간할 수 없는, 몹시 타서 뒤틀린 시체 1구를 발견했다. 후에 알았지만 이곳이 바로 교회가 섰던 자리였다. 우리가 다른 방향에서 돌아오면서 이곳에 왔을 때, 나는 또 하나의 시체를 교회 울안 바로 밖에서 발견했다. 이 시체도 몹시 탔지만 남자임이 분명했다. 교회 주변에는 고기 탄 냄새 때문에 구역질이 날 것 같았다. 우리는 마을 끝까지 가서 산에 올라 군데군데 사람들이 모여 있는 곳으로 갔다. 대부분이 부녀자이며 노파도 몇 명 낀 이 사람들은 짚으로 만든 덧채 아래서 보잘것없는 물건을 몇 가지씩 옆에 놓고 있었다. 이 중 어떤 젊은 여인들은 아기에게 젖을 물리고 있었는데, 누구나 할 것 없이, 적나라한 비참과 절망 속에서 멍하니 무감각 상태에 있었다."(미국기독교교회총연합회 동양관계위원회, 1919; 독립운동사편찬위원회, 1971a, 412쪽)

앨버트 테일러는 이어 일행이 마을 사람들로부터 확보한 증언을 바탕으로 일제에 의한 제암리 학살과 방화의 진실을 구체적으로 기록했다. 보도 내용은 이전에 레이먼드 커티스 등이 미국 정부에 보고한 내용과 거의 같았다. 그는 이어 영국 총영사 윌리엄 로이즈 일행과 함께 다시 제암리를 찾은 내용과 취재한 내용도 전했다. 테일러는 현장답사와 증언 등을 보도한 뒤 일제의 조치를 적고 제암리 학살 폭로를 계기로 한국에서 잔학 행위가 종료되기를 희망한다고 적었다.

"많은 관리들이 그 지역, 특히 제암리를 방문했으며 구제를 벌이기 위한 활발한 조처가 취해지고 있는 것으로 믿고 있다. 나는 제암리 사건의 폭로를 계기로 해 이러한 억압에 종지부가 찍히게 될 것으로 생각한다."(미국기독교교회총연합회 동양관계위원회, 1919; 독립운동사편찬위원회, 1971a, 416쪽)

≪재팬애드버타이저≫는 제암리 학살 사건을 4월 29일 자에 크게 다뤘

지만 앞서 4월 24일 자와 4월 27일 자에도 각각 기사를 다뤘고 5월 3일 자에도 보도를 이어갔다. ≪재팬애드버타이저≫는 일제의 통제를 받고 있었지만 세계 각국의 민족자결주의 흐름이나 해외 한민족의 독립운동 동향을 보도해 지식층과 유학생 등에게 영향을 주는 한편, 3·1운동 관련 기사를 비교적 객관적으로 보도해 영어권 국제 여론 형성에 중요한 역할을 했다. 미국 장로교 선교사 엘리 모우리의 구속과 기소 소식 등도 잇따라 전했고, 프랭크 스코필드의 기고문을 적극적으로 실어 일제에 적지 않은 부담을 안기기도 했다. ≪재팬애드버타이저≫는 미국인 로버트 마이클존(Robert Meiklejohn)이 1890년 일본 요코하마에서 창간한 뒤 한 차례 소유권이 바뀌고 1908년부터 벤저민 플라이셔(Benjamin W. Fleisher)가 운영해왔다. 벤저민 플라이셔는 1913년 신문사를 요코하마에서 도쿄로 이전했다(김승태, 2016. 5, 162~167쪽 참고).

오전 11시 30분, 도쿄 헌정회본부. 야당인 헌정회는 에기 다스쿠 등이 참석한 가운데 정무조사총회를 열었다. 조선소요사건특위 주사 야마지 조이치는 특위 경과를 보고한 뒤 특위가 마련한 조선독립만세시위 사건과 관련한 결의안을 수정·가결했다. 헌정회는 결의안에서 "조선의 이번 음모는 세계 대세 및 주변 정세에 비춰 이를 예지할 수 있었음에도 아무런 방지책을 강구하지 못하고 전 반도를 소요 상태에 빠지게 해 결국 군대를 파병하고 긴급제령을 발표하지 않을 수 없는 상황에 이르렀다"며 "실로 성대의 가장 유감스럽게 생각하는 일"이라고 하라 다카시 내각을 비판했다. 그러면서 "현 내각은 마땅히 사태의 진상을 밝히고 신속히 선정 방책을 확립해 세계의 민심을 안심시켜야 할 것"이라고 촉구했다(≪大阪朝日新聞≫, 1919. 4. 30a, 2면; 윤소영 편역, 2009a, 238쪽 재인용; ≪大阪每日新聞≫, 1919. 4. 30a, 2면; 윤소영 편역, 2009b, 309쪽 재인용). 헌정회 정무조사회는 조선 통치의 근본 방침에 관해서는 계속 조사하기로 했고, 병으로 특위를 사임한 시바 시로 대신에 후쿠다 마타이치(福田又一)를 지명했다. 결의안은 이날 가토 다카아키(加藤高明) 헌정회 총재의 결재를 거쳐 발표됐다.

만세시위 1500여 회 "세계여, 들어라"

4월 30일, 전 세계를 깜짝 놀라게 한 한국인들의 뜨거운 독립만세운동이 3월 1일 발발한 이래 2개월을 맞았다. 이 기간 독립만세시위 횟수는 최소 1000회가 넘을 것으로 분석된다. 임종국은 『실록 친일파』에서 3월 1일부터 4월 30일까지 60일 동안 모두 1214회의 독립만세운동이 벌어졌다고 분석했다(임종국, 1991, 125~126쪽 참고). 5월 말까지 확대해보면 독립만세시위는 1500회가 넘는다는 분석도 있다. 즉, 박은식은 3월 1일부터 5월 말까지 독립만세 집회 수는 1542회에 이른 것으로 분석했다(박은식, 1920/1999a, 254쪽 참고).

독립만세 집회나 시위는 한반도 내 거의 모든 지역에서 일어났다. 박은식의 통계에 따르면 당시 12부 220개 군 가운데 12부 211개 군에서 독립만세운동이 벌어진 것으로 조사됐다. 한반도의 90% 이상의 지역에서 독립만세 집회나 시위가 벌어졌다는 이야기다(박은식, 1920/1999a, 254쪽 참고).

시간과 공간 축을 종합해 분석하면 한반도 거의 모든 지역에서 최소 4회 이상 크고 작은 독립만세 집회나 시위, 관련 행사가 있었다는 이야기다. 자주독립에 대한 한국인들의 분명한 의사를 세계에, 특히 일제에 밝힌 것으로 해석된다. 여기에 간도 지역과 러시아 연해주, 일본 본토, 미주 등까지 합칠 경우 독립만세시위는 세계 곳곳에서 펼쳐졌다고 해도 과언이 아닐 것이다.

집회나 시위 등 3·1운동에 참여한 한국인은 최소 100만 명 이상일 것으로 추정된다. 박은식은 이와 관련해, 3월 1일부터 5월 말까지 독립만세 집회나 시위에 202만 3098명이 참여했다고 분석했다(박은식, 1920/1999a, 254쪽 참고). 1919년 3월 기준 조선의 전체 인구가 1678만 8400명 정도인 것을 감안하면 국민 10% 이상이 직접 독립만세시위에 참여했다는 이야기다. 일제 조선총독부는 106만 명이 참가했다고 추정했다.

일제의 조직적인 축소, 은폐 또는 제대로 공개하지 않음에 따라 3·1운동과 관련한 피해 규모는 아직껏 정확히 알 수 없는 상태다. 박은식은 3월 1일부터 5월 말까지 일제 군경에 의한 조선인 사망자는 7509명, 부상자는 1만 5961명, 체포자는 4만 6948명으로 추정된다고 분석했다(박은식, 1920/ 1999a, 254쪽 참고). 반면, 일본 측 자료도 제각각 다르지만, 일부 일본 자료는 1919년 3월 이후 1년간 피살된 사람은 350명 또는 630명, 부상자는 800명 또는 1900명으로 집계했고 투옥된 사람은 8000~9000명으로 집계했다(박찬승, 2018, 105쪽 참고).

다만 일제 측의 통계는 대단히 축소됐을 것이라는 분석이 적지 않다. 국가기록원이 1953년 이승만 정부에서 작성한 「3·1운동시 피살자 명부」 등을 분석해 2013년 공개한 결과를 보면 이름뿐만 아니라 나이와 주소, 희생 일시와 장소, 피해 상황 등이 구체적으로 특정된 한국인 희생자만도 630명에 달했다(최승진, 2013. 11. 19).

참여층을 살펴보면 농민이 가장 많은 가운데 학생과 지식인, 종교인, 노동자들도 적극 참여한 거족적인 항쟁이었던 것으로 분석된다. 경찰서 유치장이나 구치소 등에 갇힌 조선인 입감자를 분석한 결과 농민층이 59.3%로 가장 많고 지식인층(21.0%), 시민층(상인 및 광공업 자본가, 12.6%), 노동자(3.7%), 기타 무직(3.4%) 등 순으로 조사됐다(신용하, 2006a, 96쪽 참고). 실제 경성 서대문감옥에 수감된 3·1운동 관련자 1013명의 수형기록을 분석한 결과 3·1운동 참여자의 직업은 농업이 59.98%로 가장 많은 가운데, 학생(14.09%), 종교인(6.23%), 상인과 교사(나란히 5.42%), 고용인(2.85%), 직공(2.03%), 공공기관 종사(2.03%) 등의 순이었다(박경목, 2017. 6, 46~47쪽). 일본의 ≪오사카아사히신문≫도 4월 25일 자 조간에 조선에서 독립만세시위와 관련해 총 4000여 명이 수감됐다고 추계하면서 수감자 가운데 농민이 가장 많고 학생과 교사, 종교인 등이 그 뒤를 잇는다고 분석했다(≪大阪朝日新聞≫, 1919. 4. 25c, 7면; 윤소영 편역, 2009a, 230쪽 재인용).

특히 연령별로는 20대 젊은 층의 참여가 두드러졌던 것으로 분석된다. 경성 서대문감옥에 수감된 3·1운동 관련자 1013명의 수형기록을 분석한 결과 3·1운동 참여자의 연령은 20대가 42.33%로 가장 많은 가운데 30대 (21.96%), 10대(14.81%), 40대(12.3%), 50대(6.48%), 60대(2.12%) 등 순인 것으로 집계됐다(박경목, 2017. 6, 45쪽). 일본 언론도 "연령별로 보면 20세 이상 25세 미만이 가장 많다"고 분석했다(≪大阪朝日新聞≫, 1919. 4. 25c, 7면; 윤소영 편역, 2009a, 230쪽 재인용).

일제는 주로 보안법을 적용해 독립만세시위 참여자들을 처벌했다. 3·1운동과 관련해 일제 군경에게 체포돼 수형된 사람들은 보안법 위반이 1만 2924명, 소요죄 4481명, 내란죄 296명, 기타 범죄 594명 등 총 1만 8295명이었고, 이들 가운데 재판에 기소된 사람은 보안법 위반이 6472명, 소요죄 2289명, 내란죄 296명, 기타 범죄 232명 등 모두 9289명이었다(윤병석, 2013, 500쪽 참고). 구체적으로 서대문감옥에 수감된 3·1운동 관련자 1013명의 수형기록을 분석한 결과 3·1운동 수감자들의 죄명은 보안법 위반이 92.79%로 압도적으로 높은 가운데, 소요(3.95%), 출판법 위반(2.86%) 등 순이었다(박경목, 2017. 6, 50쪽).

더욱 중요한 사실은 3월 1일 타오른 독립만세운동은 4월 말에 끝난 것이 아니었다는 점이다. 한민족의 독립만세운동은 5월에도 일부 지역을 중심으로 계속됐고 이후에도 단속적이고 제한적으로 이어졌다. 5월 31일 오전 11시, 경성 종로통 보신각 앞. 이동휘의 아버지 이발과 안중근의 숙부 안태순, 윤여옥 등 5명은 돌연 대형 태극기를 꺼내 흔들면서 지나가는 사람들을 향해 대한독립만세를 큰 소리로 외쳤다. 이발과 안태순 등은 러시아에서 생활하다가 독립운동 소식을 듣고 한반도에 잠입한 이들이었다. 일본 순사 수십 명이 이들을 체포하려고 하자 그중에 한 명이 목을 칼로 긋고 이후에도 독립만세를 외쳤다(≪大阪朝日新聞≫, 1919. 6. 1b, 7면; 윤소영 편역, 2009a, 278쪽; ≪大阪每日新聞≫, 1919. 6. 2, 11면; 윤소영 편역, 2009b, 344쪽 참고). 10월 30일부터 평양 장활현예배당과 고등보통학교 운동장에서 임시정부 교통부원 및 평양청년단원의 주도로 사립보통학교 생도와 숭덕고등보통학교 학생, 숭실여자고등보통학교 생도, 숭의여학교 학생, 평양 주민 등 3000여 명이 독립만세운동을 전개했다. 이들은 포고문 4000매 등을 배포하며 독립을 요구했다. 시위는 11월 3일까지 이어졌다. 일제 관헌은 남학생 50여 명, 여학생 30여 명 등 80여 명을 검거했다(독립운동사편찬위원회, 1971d, 140쪽). 해가 바뀌어 1920년 1월 23일 전라남도 담양에서는 조보근과 한익수 등의 주도로 주민 9명이 태극기 33개를 흔들며 독립만세를 외치기도 했다. 이들은 담양군 창평면 창평리 도로를 행진하면서 「독립창가」를 부르고 만세시위를 전개하다가 붙잡혀 옥고를 치렀다.

일제는 군대와 경찰 등을 앞세운 무자비한 무력과 탄압으로 한국인들의 독립만세운동을 일시적이고 제한적으로 잠재울 수 있었지만, 한국인들의 마음과 가슴에 이미 불붙은 독립 의지와 희망만은 꺾을 수 없었다. 3·1운동은 결코 꺼질 수 없는 불꽃이었다. 한국인들은 3월 1일 독립선언을 시작으로 전개된 거족적인 만세운동을 통해 민족의식을 지닌 주체로 재탄생했다. 많은 한국인은 독립만세운동에 참여하거나 그것을 경험하면서 민족과 국가의 의미를 실제적이고 경험적으로 깨닫게 된 것이다. 학생으로 3·1운동에 참여했던 혁명가 김산의 기억이다.

"이것이 나로서는 처음으로 정치의식에 눈을 뜨게 된 계기였다. 대중운동의 힘이 내 존재를 뿌리로부터 뒤흔들어놨다. 나는 하루 종일 거리를 뛰어다녔고 아무 시위에나 가담해 목이 터져라 외쳐댔다. 이날 밤에는 교지 편집을 도와줬다. 나는 교지에, 모든 사람의 입에 올랐으며 나 자신의 영혼에 불을 지른 저 장려한 대목을 열광적으로 쓰고 또 썼다. 내가 거대한 세계운동의 중요한 한 부분이며 천년왕국이 이미 도래했다는 것을 나는 믿어 의심치 않았다."(Kim & Wales, 1941/1992, 63쪽)

제9장

여진과 파문

吾等이玆에奮起하도다良心이我와同存하며眞理가我와幷進하는도다男女老少업시陰鬱한古巢로서活潑히起來하야萬彙羣象으로더부러欣快한復活을成遂하게되도다千百世祖靈이吾等을陰佑하며全世界氣運이吾等을外護하나니着手가곳成功이라다만前頭의光明으로驀進할따름인뎌

———

우리가 이에 힘차게 떨치고 일어나도다. 양심이 우리와 함께 있으며, 진리가 우리와 함께 나아간다. 남녀노소 없이 어둡고 답답한 일본의 억압 상태에서 활발히 일어나 나와서, 삼라만상과 함께 즐겁고 유쾌한 부활을 이루게 됐다. 먼 조상들의 혼령이 우리를 가만히 도우며, 온 세계의 형세가 우리를 보호하고 있으니, 시작이 곧 성공이다. 다만, 앞길의 밝은 빛을 향해 힘차게 나아갈 따름이다.

국제 여론에 흉내만 낸 책임자 문책

1919년 5월 1일, 도쿄 주재 AP통신 특파원 칼턴 켄들(Carlton W. Kendall)은 "제암리 학살"이라는 제목의 도쿄발 급전기사를 전 세계로 타전한다. 켄들은 기사에서 AP통신 임시특파원으로 임명한 앨버트 테일러가 취재한 내용을 자세히 전달했다.

"그(노경태로 추정)는 계속해 이같이 말하고 있다. '우리는 교회의 울안에 누워 있는, 무섭게 타서 비꼬인 시체 한 구를 발견했다. 또 하나는 젊은 남자인지 또는 여자인지 분간할 수 없으나 교회 바로 울 밖에 있었다. 몇 집군의 사람들이 언덕바지의 작은 초막 은신처에 빽빽이 들어차 앉아 있는데 아주 적은 보잘것없는 생활 부품이 딸려 있었다. 그들은 대부분이 여자들이었으며 얼마간은 늙은이들이고 그 밖에는 아이가 딸린 젊은 여자들이었다. 그러나 모두 비참을 극한 참담과 절망의 둔통(鈍痛)한 무관심에 빠져 있었다. 미국인 선교사인 언더우드 씨가 그들 나라의 말로 그들에게 말해, 일어났던 일에 대한 이야기를 유도해냈다.' '우리가 도착하기 전날 마을의 모든 남자 기독교 신도들은 교회로 모이라는 명령을 받았다. 약 30명이 교회 안으로 들어섰을 때 병사들이 소총으로 그들에게 사격을 개시했다. 그런 다음 교회 안으로 들어와 군도와 대검(帶劍)으로 그들을 해치우는 일을 끝냈다. 이렇게 한 다음 그들은 교회와 집들에 불을 질렀다. 그렇지 않고는 그것들이 불태워지지 않았을 것이었다.' 한 한국인은 그 특파원(앨버트 테일러)에게 그가 기독교인이 아니었으며 교회에 있지 않았기 때문에 살아 있노라고 말했다."(독립운동사편찬위원회, 1971a, 625~626쪽 재인용)

세계적인 영향력을 갖는 AP통신의 첫 보도는 칼턴 켄들의 이름으로 나갔지만, 앨버트 테일러가 AP통신 경성 특파원 자격으로 취재한 것에서 시작됐다. 앨버트 테일러는 제암리 학살 사건을 취재하고 프랭크 스코필드, 호러스 언더우드 등과 함께 하세가와 요시미치 조선총독을 항의 방문하는 등 한국의 독립운동에 적극 협력했다.

앨버트 테일러는 광산 사업가인 아버지 조지 테일러(George Alexander Taylor)를 따라 1896년 조선에 왔다. 그는 평안북도의 운산금광 감독관을 지내고, 충청남도 직산금광을 직접 운영했다. 1917년 영국 연극배우 출신 메리 테일러(Mary Linley Taylor)와 결혼했고, 1919년 경성에서 외아들 브루스 테일러(Bruce Tickell Taylor)를 낳았다. 앨버트 테일러는 2월 28일 경성의 세브란스병원에서 외아들인 브루스 테일러가 태어날 때 병원 간호사가 브루스의 침대 밑에 숨긴 '3·1독립선언서'를 발견했고, 이를 일본 경찰의 눈을 피해 동생 편에 도쿄로 보내 도쿄 주재 AP통신사 망을 통해 타전되도록 했다. 그는 이 일을 계기로 AP통신의 임시특파원(special correspondent)으로 임명됐다.

이미 4월 말에도 제암리 학살 사건을 보도했던 영자지 ≪재팬애드버타이저≫는 6월 4일 자 1면과 5면에 제암리 학살 사건을 다시 크게 보도했다. ≪재팬애드버타이저≫는 여러 개별 소식들을 취합한 내용이라며 제암리 학살 이야기를 전했다.

5월 1일, 일제는 제암리 학살에 대한 국제 여론이 악화하자 관련 지휘자와 책임자 등에 대한 조치에 나선다. 하지만 지휘 책임자인 경기도 경무부장 시오자와 요시오에게는 견책, 경성 헌병대 부관으로 검거반을 이끈 경기도 경무부 경시 하세베 이와오(長谷部巖)에게는 중근신 15일, 제암리 학살을 저지른 중위 아리타 도시오에게는 중근신 20일 등의 가벼운 처벌이 내려졌다. 그 외에 수원 경찰서장 경부 후루야 기요타케(古屋清威)에게는 문관 징계령에 의해 2개월 월봉 10분의 1 감봉, 경기도 경무부 경부 히라야마 도시하루(平山利治)에게도 1개월간 월봉 10분의 1을 감봉 조치했다 (≪大阪每日新聞≫, 1919. 5. 2, 11면; 윤소영 편역, 2009b, 312쪽 재인용). 사실상 흉내만 낸 문책이었다. 세계적으로 보는 눈이 있으니 처벌은 하되, 사실상 처벌이 아닌 조치를 취한 셈이다.

미국과 영국 "잔혹 탄압 NO, 식민통치 OK"

들끓는 국제 여론에 미국과 영국 정부도 일본과의 동맹이나 협력이 약화되지 않는 선에서 비공식적으로 외교 루트를 통해 일본 정부에 개선을 주문하기 시작한다.

5월 3일, 일본 주재 영국 대리대사 베일비 앨스턴(Beilby Alston)은 일본 외무차관 시데하라 기주로(幣原喜重郎)를 만나 한반도에서 일본군과 경찰의 잔학 행위를 중지시킬 조치를 취하라고 요구했다. 그가 4월 말 제암리 학살 사건에 관한 정보를 현장을 방문한 윌리엄 로이즈로부터 보고받은 뒤였다. 다만 앨스턴은 한국의 독립 문제나 일본군의 잔학 행위를 비난하겠다는 것이 아니라 장래 잔학 행위의 발생을 방지해 한반도 사태의 원만한 수습을 겨냥한 것이었다. 일본 측이 일본군의 잔학성은 과장된 것이라며 부인했다고, 앨스턴은 5월 5일 조지 커즌(George N. Curzon) 외무상 서리에게 보고했다[Alston to Curzon, 1919. 5. 5, FO/371/3817(71169, 90423/ 7293)].

베일비 앨스턴은 5월 말까지 영국 외무성이 런던 주재 일본 대사관과 파리회담 일본 대표단에 대해 "문명 세계가 일본의 야만성에 대해 느끼고 있는 강렬한 공포감"을 알릴 수 있는 적극적인 행동을 취해줄 것을 수차례 요청하기도 한다.

영국 외무상 서리 조지 커즌도 7월 18일과 22일 주영 일본 대사 진다 스테미(珍田捨巳)에게 한반도 사태를 "매우 솔직하고 명백한 표현(very frank and unequivocal terms)"으로 거론한 것으로 알려진다. 그는 "가장 잔인하며 불쾌한 잔학성(the most barbarous and revolting atrocities)"과 영국인 목사에 대한 공격, 한반도 내에서 벌어진 반기독교적 경향 등을 지적했다. 그는 이어 한국에서 자치 시행과 동화정책의 중지를 제안하면서 인도주의와 절제, 상식 등으로 접근하면 쉽게 해결될 수 있을 것이라고 덧붙인다.

영국 정부는 그런 경과 베일비 앨스턴의 보고에도 식민지를 경영하는 제국주의 국가였기에 일본과의 외교적인 배려 차원에서 적극적인 조치를 취하기를 꺼렸다.

6월 20일, 미국 국무차관도 워싱턴 주재 일본 대리대사 데부치 가쓰지(出淵勝次)를 불러 조선에 대해 좀 더 공정한 정책을 마련하라고 미국 입장을 전했다. 일본의 조선 식민지배를 둘러싸고 여론이 시끄럽다며 "세인으로 하여금 지금 좀 더 명료히 조선의 현상 내지 일본 현 정부의 공정한 방침을 알 수 있도록 적당한 조치를 내는 것이 득책일 것이며, 그 방법으로서는 책임 있는 정부 당국의 공표를 발해 AP통신을 이용해 널리 미국인에게 알리는 것이 가장 유효할 것"이라고 조언했다. 즉, 가시적인 조치를 취하고 이를 미국 언론에 적극 알리라는 것이었다(윤병석, 2013, 521쪽 재인용).

미 국무차관은 그러면서 "미국 의회에서 영국에 대해 취한 아일랜드 독립 승인 결의와 같은 일도 있으므로, 일본에 대해서도 나의 말을 듣지 않으면 앞으로 어떤 형태든 간에 일본의 한국 탄압과 한국 독립 문제가 의회에서 문제화할지 모른다"고 일본의 변화를 거듭 압박했다.

미국 정부는 3·1운동에 대한 일본의 잔인한 진압에 대해서는 규탄하고 개선을 촉구하면서도 한국의 독립 문제를 거론하거나 연관시키지는 않았다. 미국 국무성은 6월 20일 이런 정책이 변경되지 않을 것이라고 조지 커즌 영국 외무상 서리에게 천명했다(Linsay to Curzon, 1919. 6. 20, FO/371/3818 (102952/7293)).

일본 대리대사 데부치 가쓰지는 미국 국무차관의 설명을 바탕으로 꼭 해결해야 하는 4개 항을 정부에 요청했다. 데부치 가쓰지는 우선 "종래의 통치 방법으로 그 성적을 자랑할 수 있는 것은 충분히 이를 자랑하되 그 결점으로 인정되는 것은 솔직히 고백하고 그 개선 방침을 언명하며 또한 금번 소요에 관해 도저히 부인할 수 없는 현저한 학살 사건에 대해서는 담백히 이를 인정하고 더욱이 그 책임자에게 가한 재판 상황을 공표해야 한다"고 주장했다. 그는 이 외에도 △ 제국정부는 기독교에 대해 추호도 편파심을 가진 바 없고 포교상 할 수 있는 한 편의를 줄 각오이고, △ 교육에 중점을 두고 조선에 적합한 교육기관을 정비하며, △ 자치적 훈련을 하기 위해 먼저 지방행정을 될 수 있는 한 문명화해야 한다고 주장했다(윤병석, 2013, 552쪽 재인용).

데부치 가쓰지는 미국을 비롯한 국제 여론을 바탕으로 조선 정책을 좀 더 개선하고 특히 교육을 개혁할 것을 주문하는 한편 제암리 학살에 대해서는 진솔하게 인정할 것 등의 의견을 전달한 것으로 해석된다.

일본 정부와 언론은 미국 의회 내에서 한국인의 독립만세운동에 관한 결의안 상정이 거론되자 어떻게 대응할지를 놓고 촉각을 곤두세우기도 했다. ≪오사카마이니치신문≫은 만약 미국 의회가 조선독립에 대해 결의안을 낸다면 "영국이 아일랜드 독립에 관한 미국 상원의 결의를 무시하는 것과 마찬가지로 일본이 조선 문제에 대한 결의에 대해 아무런 개의도 하지 말아야" 한다고 주장했다(≪大阪每日新聞≫, 1919. 6. 13, 1면; 윤소영 편역, 2009b, 365쪽 재인용). ≪오사카아사히신문≫도 6월 14일 자 석간에서 "아무리 돌출하는 특징이 있는 미국 외교라고 해도 그런 내정간섭을 하지는 않을 것"이라며 만약 결의안을 통과시키면 세계평화를 교란시키는 죄명을 뒤집어쓸 것이라고 압박한다.

"… 조선 소요에 미국 선교사가 관계있다는 말이 있고 중국의 배일운동도 미국제라고 말해지는 상황에서 미국은 러시아 과격파 정부와 함께 세계 평화를 교란시킨다는 죄명을 뒤집어써도 어쩔 수 없을 것이다. 그래도 좋다면 결의는 미국 마음대로이다."(≪大阪朝日新聞≫, 1919. 6. 14, 석간 1면; 윤소영 편역, 2009a, 283쪽 재인용)

중국 5·4운동에 미친 영향

5월 4일 일요일 오후 1시, 중국 베이징의 톈안먼. 베이징대 대학생들을 중심으로 학생들이 모여들었다. 약 3000명 정도였다. 학생들은 산둥반도 반환과 일제 규탄 등을 중심으로 갖가지 슬로건을 적은 백기를 흔들었다.

이들은 구호를 외쳤다.

"21개조를 취소하라, 칭다오를 반환하라, 목이 잘리더라도 칭다오를 내줄 수는 없다. 몸을 아끼지 않고 국민이 국적의 운명을 판결하지 않으면 안 된다."

이날 파리강화회의에서 주요 열강은 독일령 산둥반도와 적도 이북의 독일령 남양제도의 위임통치권을 일본에 넘기기로 결정했다. 산둥반도 반환을 강력하게 요구해온 중국 민중의 요구가 열강에 의해 받아들여지지 않은 것이다. 중국 민중은 크게 분노했다. 미국과 영국, 프랑스, 일본 대표들이 "산둥 문제는 일본의 제안에 따라 해결하기로 합의했다"는 뉴스가 앞서 5월 1일 중국 베이징에 전해졌다.

학생들은 톈안먼광장을 중심으로 큰 깃발을 두르고 시위를 벌였다. 일부 시위대는 친일 관료 차오루린(曹汝霖)과 장쭝샹(章宗祥) 등을 비판하며 그들의 집으로 몰려가기도 했다. 학생들은 산둥반도 반환이 좌절된 것을 비판하면서 일제를 저주하고 무능한 중국 정부를 비판했다.

이날 베이징 학생들의 시위를 계기로 산둥 반환 촉구와 민족자결 시위가 상하이를 비롯해 대도시를 중심으로 중국 전역으로 퍼져나갔다. 중국 정부는 시위 진압을 위해 학생 1000명을 체포했다. 6월 5일 상하이 등에서는 노동자들이 파업을 하면서 정부를 비판했다.

중국의 5·4운동에 조선의 3·1운동이 적지 않은 영향을 미쳤다는 분석도 있다. 먼저 중국 언론이 한국의 3·1운동과 진전 상황을 크게 보도하면서 많은 중국인들은 3·1운동과 그 방식을 알고 있었다. 국민당계의 ≪민국일보(民國日報)≫는 5·4운동 직전까지 3·1운동에 대한 보도와 논평을 모두 20회 이상 실었다. 천두슈(陳獨秀)와 리다자오(李大釗)가 주도하는 사회주의 계열의 시사주간지 ≪매주평론(每周評論)≫도 3·1운동을 잇따라 격찬했다. 천두슈는 3월 23일 자 ≪매주평론≫ 제14호에 논문 「조선독립운동지감상」을 게재하며 3·1운동이 세계 혁명사에 신기원을 열었다며 중국 민족의 궐기를 호소했다.

"이번의 조선독립운동은 위대하고 성실하며 비장하고 명료하고 정확한 생각을 갖추고 있다. 민의를 사용하고 무력을 사용치 않음으로써 참으로 세계 혁명사의 신기원을 열었다. 우리는 이에 대해 찬미, 애상, 흥분, 희망, 참괴 등의 여러 감상을 갖는다. 우리는 조선 민족이 독립자치의 광영을 머지않아 성취하고 발현할 것을 굳게 믿는다. … 조선 민족 활동의 광영스러움에 비춰 우리 중국 민족의 위미하고 부진함의 치욕이 더욱 두드러진다. … 보라! 이번의 조선인의 활동을! 무기가 없으니까라고 해서 반항도 감행하지 않는가 어떤가. 주인공의 자격을 방기해 제3자로 되는가 어떤가. 조선인에 비해 우리는 참으로 참괴함을 금할 수 없다."(신용하, 2013, 306쪽 재인용)

쑨원의 중화혁명당과 연계된 베이징대 '학생구국회'가 발간하는 월간지 ≪국민(國民)≫도 4월호(1권 4호)에서 3·1운동을 특집으로 대서특필했다. ≪국민≫에 게재된 글 "조선독립운동기"에는 평안도 정주의 독립운동 사례가 소개됐다(신용하, 2013, 311쪽 참고).

3·1운동에 적지 않은 영감을 받았던 베이징대 학생구국회 대학생들은 5월 2일 대규모 시위운동을 결의하고 5월 3일 각 학교에 연락을 했다. 이들은 5월 4일 베이징 톈안먼광장에 모여 5·4운동의 횃불을 들어올렸다. 5월 4일 베이징 톈안먼에서 이뤄진 전체 베이징 학생들의 선언문에서도 3·1운동이 인용됐다(신용하, 2013, 311쪽 참고).

"조선은 독립을 도모함에 독립이 아니면 차라리 죽음을 달라고 했다. 무릇 국가의 존망, 국토의 할열(割裂) 문제의 긴절한 때에 이르러서도 국민이 오히려 일대 결심을 해서 최후의 분구(憤救)를 하지 못하면, 이것이 곧 20세기의 천종인 것이니, 사람의 무리라고 말할 수 없는 것이다. 우리 동포로서 노예와 우마의 고통을 참지 못하고 급히 구하기를 바라는 이들은 곧 국민대회를 열어 노천에서 강연을 하고 전통을 견지하는 것이 금일의 중요한 일이다."(신용하, 2013, 312쪽 재인용)

혁명가 김산은 베이징에서 일어난 5·4운동은 한반도에서 벌어진 독립만세시위에 큰 영향을 받은 것이었다며 "조선인의 운동은 일본제국주의의 위험을 중국인에게 일깨워주는 데 도움이 됐으며 또한 조선과 중국을 똑같이 배반한 강화회의에 비슷한 요구와 항의를 하도록 힘을 북돋워줬다"고 분석했다.

"베이징의 중국인 학생과 교사는 조선의 시위운동 소식에 아주 깊은 감명을 받았다. 그래서 3·1운동이 채 끝나기도 전에 그들은 베이징에서 5·4운동을 조직했다. 이 운동은 이런 종류의 운동으로서는 중국에서 최초의 것이었다. 베이징의 조선인들은 열광적으로 참여했다. 베이징의 조선인 학생과 망명자들은 그곳에서 아주 많은 선전 활동을 했다. 그들은 연극회와 강연회를 개최했으며 소규모 시위운동도 했고 중국인들이 공동 행동을 일으키게 하기 위해 노력했다. 또한 조선독립선언문을 인쇄해 특히 같은 대목에는 밑줄을 그어 중국인에게 배부하기도 했다."(Kim & Wales, 1941/1992, 71쪽)

김산은 그러면서 한민족 3·1운동과 중국 5·4운동의 공통점과 차이점을 대비하기도 했다. 그는 3·1운동과 5·4운동은 "둘 다 민족주의를 신봉한다는 맹세를 했다. 둘 다 일본제국주의에 대항했다. 둘 다 약소민족에 대한 윌슨의 공약에 희망을 걸었다. 둘 다 열강에 영향을 끼쳐서 그들의 도움을 구할 목적으로 조직된 시위운동이었다"고 공통점을 제시했다. 그는 그러면서도 "(3·1운동은) 한반도 전역에 걸쳐서 일어난 대중운동이었던 반면에 중국에서는 뒤로 갈수록 영향력이 광범위해졌다고는 하나, 일반 민중으로부터 단지 간접 지원밖에 받지 못한 학생만의 폭동과 문화운동에 지나지 않았던 것"이라며 3·1운동은 한반도 전역에 일어난 거족적인 대중운동인 반면 5·4운동은 중국 학생을 중심으로 한 소수 문화운동에 그쳤다고 대비했다(Kim & Wales, 1941/1992, 71쪽).

계속되는 일제의 탄압

독립만세운동이 잦아지기 시작하자 일제는 관헌을 총동원해 3·1운동 참가자들을 적발해 체포하는 데 열을 올렸다. 일제는 특히 거족적인 3·1운동을 조직적으로 주도한 천도교를 노골적으로 탄압했다. 일제 경찰은 5월 3일부터 사흘간 경성에서 종로경찰서 경찰들을 동원해 천도교 간부들에 대한 대대적인 검거 활동을 벌여 천도교 간부 20여 명을 검거했다. 일본 당국은 "현재 천도교는 거의 숨을 죽이고 있는 상태로, 실체는 거의 전멸된 모습"이라고 진단했다(≪大阪每日新聞≫, 1919. 5. 8a, 석간 6면; 윤소영 편역, 2009b, 317쪽 참고). 1개월 뒤인 6월 28일 밤 12시, 경성 수송동에 있는 천도교 소유의 인쇄소 '보성사'에 화재가 발생해 전소했다. 종로경찰서는 보성사 화재를 '실화'라고 주장했다. 하지만 이종일은 "독립선언서를 인쇄했다고 해 일본인들이 방화한 것"이라고 추정했다(≪大阪朝日新聞≫, 1919. 6. 30b, 석간 2면; 윤소영 편역, 2009a, 296쪽 재인용; 박성수, 2013, 161쪽 참고).

일제는 독립만세시위를 완전히 잠재우기 위해 관헌을 동원해 의심 가는 사람들도 대거 체포하고 검거했다. 5월 5일, 일본 경찰은 각처에서 독립군 자금 모금을 거론하는 권총강도단이 횡행한다며 일제 검거에 나서 20여 명을 체포했다. 5월에 들어 종로서 관내의 3곳, 혼마치서 관내의 1곳에서 피해가 있었다는 것이다(≪大阪每日新聞≫, 1919. 5. 8a, 석간 6면; 윤소영 편역, 2009b, 317쪽 재인용). 일본 경찰은 이들 권총강도단을 조사한 결과 강도단이 간도와 지린 방면에서 하세가와 요시미치 조선총독과 이완용과 송병준 등 친일파를 처단하려고 온 결사대 50명 가운데 일부인 것으로 드러났다고 밝혔다(≪大阪朝日新聞≫, 1919. 5. 24a, 7면; 윤소영 편역, 2009a, 272쪽 참고).

5월 22일 밤, 일본 헌병대는 종로경찰서의 응원대와 함께 종로 5가 조선인 가택을 일제히 수색했다. 이들은 미국 대통령에게 보내는 진정서, 일본인에 대한 선언서 등 다수의 선전물을 압수하고 조선인 20여 명을 검거했다(≪大阪朝日新聞≫, 1919. 5. 24b, 7면; 윤소영 편역, 2009a, 273쪽 참고).

5월 15일 밤, 경성 헌병분대 유치장. 종로경찰서 형사순사였던 신철(신 승희)은 헌병분대에서 조사를 받은 뒤 유치장 격자에 머리를 부딪쳐 스스로 목숨을 끊었다. 종로경찰서 경부 시모무라(下村)와 함께 만주 평톈으로 출장 갔던 신철은 5월 14일 밤 귀경했다가 정거장에서 경성 헌병분대에 의해 체포됐다. 신철은 당시 부동산 재산만도 1000원이 넘을 정도로 막대한 돈을 모은 부패 경찰로 알려져 있었다. 그는 왜 극단적인 선택을 했을까. 일본 언론은 신철이 거액의 뇌물을 받고 천도교의 독립만세운동을 묵인하거나 이후 여러 편의를 봐준 혐의를 받았기 때문으로 해석했다.

"이 사람(신철)은 약 10년간 형사로 종로서에 근무하며 꽤 민완한 자이다. 이번 소요에도 여러 번 큰 공을 세웠는데 최근에 여러 수상한 행동을 했다. 천도교에서 5000원의 뇌물을 받고 이 종교를 위해 여러 편의를 봐준 것이 발각된 것이라고 한다."(≪大阪每日新聞≫, 1919. 5. 22, 6면; 윤소영 편역, 2009b, 334쪽 재인용)

조사 과정에서 신철은 박노학을 통해 손병희의 양자이자 천도교 대종사인 정광조에게서 300원을 받고 그 대가로 구금된 천도교 인사들의 편의를 봐주는 한편 검거 계획을 미리 흘려 도피를 도운 것이 드러난 것으로 알려진다.

일제는 3·1운동에 참여했거나 주도적으로 준비한 인사들에 대한 수사와 재판 과정에서도 가혹하게 고문하거나 비인도적 조치를 하기도 했다.

5월 21일, 프랭크 스코필드는 경성 서대문감옥 여자감방 8호실을 방문했다. 이곳에는 세브란스병원 간호사인 노순경과 수인번호 '1933번'인 유관순, 어윤희, 엄영애, 목덜미를 다친 이애주 등이 수감돼 있었다. 스코필드가 서대문감옥을 방문하게 된 것은 일본인이 운영하는 영자 신문 ≪서울프레스(Seoul Press)≫가 5월 11일 자에 "서대문감옥 방문기"를 싣고 서대문감옥이 이상적으로 운영되고 있다고 선전하자 그가 이를 반박한 것이 계기였다. 수감자들은 이날 스코필드에게 고문 실태를 제대로 말하지 못했다. 서대문감옥 측의 삼엄한 경계 때문이었다(이장락, 2007, 83~84쪽 참고).

며칠 뒤 경성 세브란스병원. 실험실에 있던 프랭크 스코필드는 입원실에서 누가 좀 만났으면 한다는 말을 전해 들었다. 스코필드가 입원실에 가보니 이애주가 목덜미 상처 수술을 마치고 누워 있었다. 스코필드는 첫 방문 때 고문과 학대 사실을 말하지 못했던 이애주에게서 서대문감옥에서 있었던 고문과 학대의 실상을 들었다. 특히 입감된 노순경은 불에 구운 젓가락으로 다리를 마구 찔려 일어서지도 못하게 됐다는 이야기를 들었다.

프랭크 스코필드는 곧바로 조선총독부로 달려가 야마가타 이사부로 정무총감에게 고문과 비인도적 행위를 중단하라고 요구했다. 스코필드는 서대문감옥으로도 달려가 고문과 학대 행위를 항의했다. 그는 "여자감방 8호실의 노순경을 좀 만나면 좋겠다"고 말했다. 간수 두 사람의 부축을 받고 나타난 노순경은 말도 제대로 못 할 정도로 기진맥진한 상태였다. 형무소 측은 "경찰에서 한 것"이라고 둘러댔다(이장락, 2007, 85~86쪽 참고).

프랭크 스코필드는 이후 일제의 비인도적 만행을 조사해 영국의 성서공회 총무 릿슨(Ritson)을 거쳐 토론토의 캐나다장로교 해외선교부 총무 A. 암스트롱(A. E. Armstrong) 목사에게 보냈다. 이것은 다시 미국기독교교회 총연합회 동양관계위원회에 보내져 1919년 7월 발행된 『한국의 정세』에 증거 자료로 실렸다.

일부는 수사와 재판 과정에서 목숨을 잃기도 했다. 5월 26일 경성 서대문감옥. 민족 대표 33인의 한 사람으로 참가한 천도교 도사 양한묵이 재판 중 옥사했다. 그의 나이 56세였다. 그는 33인 가운데 유일한 옥사자였다. 양한묵의 시체는 이날 오후 4시쯤 그의 유족에게 인도됐다. 세브란스병원 원장 올리버 에이비슨과 외국인 2명은 이에 자동차로 양한묵의 집을 방문해 시체를 검사한 뒤 고문 또는 독살 등의 의심은 없고 감옥 의사의 진찰대로 뇌일혈증과 다르지 않다고 알렸다. 이들은 조상객들에게 양한묵의 육체는 죽었어도 그 영혼은 살아 있어 한국을 위해 진력할 것이니 양한묵의 뜻을 받아 결심할 각오가 있어야 한다고 말하고 돌아갔다고, 경기도 경무부는 5월 29일 보고했다(독립운동사편찬위원회, 1971c, 1022쪽). 양한묵은 순국 후 경성 수철리 공동묘지에 안장됐고, 8월 30일 그의 추도식이 각 지방에서 열렸다. 1922년 5월 천도교단이 주선해 묘소를 전라남도 화순으로 반장했다.

일제는 민족 대표들뿐만 아니라 독립만세시위에 참여한 많은 한국인들에게 중형을 구형하고, 언도했다. 다시는 독립운동을 못 하게 하겠다는 심산이었다. 5월 9일, 공주지방법원. 충청남도 천안 아우내장터 만세시위에 적극 참여했던 유관순은 7년 형을 선고받았다. 유관순은 6월 30일 경성 복심법원에서 3년 형을 언도받았다. 유관순과 함께 재판받은 사람들은 모두 고등법원에 상고했지만 유관순은 상고하지 않았다. 그는 특히 일제의 부당한 재판을 받을 수 없다며 재판정에서 걸상을 집어던지기도 했다. 유관순은 이 때문에 법정 모독죄가 추가돼 7년 형을 선고받고 서대문감옥으로 이송됐다.

특히 일제는 군경에 정면으로 맞섰던 사람들에게는 더욱 가혹한 형벌을 부과했다. 평안남도 사천 시위에서 일본 헌병분견소장 사토 지쓰고로 타살에 가담한 혐의를 받던 조진탁 등에 대해서는 궐석재판을 통해 살인과 방화, 소요 및 보안법 위반 혐의로 사형을 선고하고 전국에 지명 수배하기도 했다.

수원 발안장 시위에서 일본인 순사 가와바타 도요타로를 살해한 혐의를 받은 차희식은 1920년 경성복심법원에서 소요와 살인, 방화, 보안법 위반 등의 혐의로 징역 15년 형을 언도받았다. 차희식은 서대문감옥에서 9년 2개월을 복역한 뒤 출옥했다.

멈추지 않는 독립운동

5월 12일, 프랑스 파리. 김규식은 파리강화회의가 열리자 독립청원서 등을 우드로 윌슨 미국 대통령과 로이드 조지(Lloyd George) 영국 총리, 조르주 클레망소(Georges Clemenceau) 파리강화회의 의장 등 각국 대표에게 보냈다. 청원서는 조선을 독립국으로 승인하고 1910년 8월 한일병합조약을 폐지하라는 내용을 담고 있었다. 임박한 협정 타결을 앞두고 한국의 독립만세시위 상황을 전하고 독립을 얻기 위한 몸부림이었다. 일본과 일본 언론은 김규식의 행보와 파리강화회의 기류를 예의 주시했다(≪大阪毎日新聞≫, 1919. 5. 18, 석간 1면; 윤소영 편역, 2009b, 330쪽 참고).

김규식은 이를 위해 전등도 없는 집에서 "촛불을 켜고 밤을 새워" 문서를 작성하거나 각처에서 오는 정보 및 서류 등을 검토하고 전보나 편지 발송 등을 준비하는 등 눈코 뜰 새 없이 바쁘게 일했다(여운홍, 1932. 1, 31~32쪽; 2008, 169쪽 참고).

김규식은 5월 24일에도 조르주 클레망소에게 대한민국 임시정부 대통령 이승만의 서한을 발송해 임시정부를 승인해줄 것과 자신의 외교 활동을 받아들여줄 것을 요청했다. 클레망소는 이에 반응을 보이지 않았다. 김규식은 이어 6월 14일과 16일 로이드 조지와 우드로 윌슨에게 역시 같은 내용의 편지를 보냈다(홍선표, 2006. 12, 426쪽 참고).

김규식은 이와 함께 수작업으로 '한국의 독립과 환호(L'INDEPENDANCE de LA COREE et LA PAIX)' 등 문건과 홍보 팸플릿을 만들고 모임을 열어 조선의 현실을 알렸다. 하지만 김규식의 분투에도 열강은 힘없는 조선을 외면했다.

6월 20일경, 파리의 김규식이 한국의 독립만세시위 상황을 파리강화회의에 제출할 계획이 있음을 안창호에게 긴급 전보로 보냈다고, 우쓰노미야 다로는 자신의 일기에 기록했다(宇都宮太郎關係資料研究會 편, 2007, 270쪽).

3·1운동의 영향으로 해외의 많은 독립운동가들은 활발히 독립운동을 전개했다. 서재필과 이승만 등은 5월 15일 미국 필라델피아에서 '한국친우회(The League of the Friends of Korea)'를 결성하고 한국 독립을 지지하는 성명서를 발표했다. 이들의 조직 결성 모습과 성명서 전문은 지역 신문 ≪리딩 텔레그램(Reading Telegram)≫ 5월 16일 자에 보도됐다(독립운동사편찬위

원회, 1970b, 815쪽).

　서재필은 한국친우회를 필라델피아 홍보국에 병설하고 모임의 회장을 비롯한 간부에 필라델피아 기독교 목사 플로이드 톰킨스(Dr. Floyd W. Tomkins), 허버트 밀러(Herbert A. Miller) 등을 참여시키고 이사회도 미국인 유지들로 조직했다(독립운동사편찬위원회, 1970b, 815쪽). 서재필 등은 이를 통해 각종 문서 활동과 순회강연도 열심히 조직했다.

　서재필은 이와 함께 필라델피아 한인대회 결정에 따라 필라델피아에 '한국홍보국'을 설치해 각종 선전문을 만들어 배포했다. 홍보국은 6월부터 월간지 ≪한국평론(Korea Review)≫을 발간해 한국에서 들어오는 소식, 중국과 파리 등지의 독립운동 소식, 그 밖의 중요 문서 등을 게재했다. 홍보국에서는 자료집 『필라델피아 대회 의사록』, 『한국의 독립(Independence for Korea)』, 『한국의 어린 만세 순교자들(Mansei Little Martyrs of Korea)』, 『한국에서의 일본의 흉포(Japanese Atrocities in Korea)』, 『한국의 독립운동(The Korean Independence Movement)』 등을 계속해서 발간했다. 이 책자들은 나중에 순회강연 등에서 배포됐던 것으로 보인다(독립운동사편찬위원회, 1970b, 809쪽).

　미국 동부에서도 출판 활동이 활발했다. 대한인국민회는 ≪신한민보≫를 격일간으로 발간해 한인들 간의 독립정신을 고무했다. 칼턴 켄들에게 부탁해 『한국에 대한 진실(The Truth about Korea)』이라는 책자를 출간했다. 켄들의 책자에는 '독립선언서', '임시정부헌장', '파리강화회의에서의 청원서' 등이 포함돼 있다(독립운동사편찬위원회, 1970b, 810쪽).

　각종 임시정부에 의해 국무총리나 집정관 등에 피선된 이승만도 5월 12일 '대한민국 임시정부 비서' 직함으로 우드로 윌슨 미국 대통령과 파리강화회의 의장 조르주 클레망소 프랑스 총리에게 서한을 보내 평화회의가 한국의 독립 요청을 승인할 것을 촉구하는 한편, 파리에 가 있는 대한민국 임시정부 대표를 접견할 것을 촉구했다(김학은, 2017, 479쪽 참고).

　이승만은 이어 6월 14일부터 6월 27일까지 '대한공화국 대통령' 이름으로 미국과 영국, 프랑스, 이탈리아, 일본의 정상들과 파리강화회의 의장 조르주 클레망소에게 한국의 독립선포를 알리는 공문을 발송했다. 이승만은 6월 16일 우드로 윌슨 미국 대통령에게 편지를 보내 자기가 파리에 있는 김규식을 전권대표로, 이관용을 부대표로 임명했다는 것을 통고하는 동시에 1882년 조미수호통상조약 제1조 등을 거론하면서 미국이 한국의 독립을 중재해줄 것을 요청했다. 그는 거의 같은 내용을 6월 27일 자로 미국 국무장관 서리에게도 보냈다(독립운동사편찬위원회, 1970b, 818쪽).

우드로 윌슨 미국 대통령의 비서관은 6월 19일 자로 국무장관 서리에게 보내는 글에서 "귀하의 6월 16일 자의 추천에 따라 이승만이 보내온 서신을 여기에 동봉하오니 선처하시기 바랍니다"라고 말했다. 미국이 한국 독립을 위해 적극적인 행동을 했음을 시사하는 것은 아니지만, 대통령 비서실과 국무장관 서리 간에 논의가 있었던 것만은 분명해 보인다(독립운동사편찬위원회, 1970b, 820쪽).

이승만은 6월 27일 다시 우드로 윌슨 대통령에게 서신을 보내 '한국 정부와 한국 국민은 파리강화회의에서 일본 정부 대표가 한국에 관해 여하한 입장을 취하든지 이를 승인하지 않을 것이며 오직 김규식만이 한국 대표로서 행사할 수 있다'고 전했다. 파리 김규식을 한국의 대표로 인정하고 그의 의견을 들어달라는 취지였다(독립운동사편찬위원회, 1970b, 819쪽). 그는 같은 날 국무장관 서리에게도 서한을 보내 지난 9년간 일본의 학정을 지적한 뒤 한국 민족이 모든 평화적인 수단을 써서 일본 정부의 개심을 촉구했지만 일본은 오직 한국 민족의 역사를 말살하고 무력으로 탄압하고 있다고 강조하기도 했다(독립운동사편찬위원회, 1970b, 819쪽).

이승만은 이 과정에서 '대통령(President)'이라는 명칭을 사용했는데, 나중에 이 사실이 상하이 임시정부에 알려지면서 논란이 일기도 했다. 임시정부 내무부 총장 안창호는 나중에 8월 25일 이승만에게 전보를 보내 대통령 명칭을 사용하지 말라고 전했다. 이승만은 국서를 보내 독립 승인을 얻고자 활동하고 있는데 새삼스럽게 명칭 문제를 두고 왈가왈부하면 독립운동에 방해가 된다고 반발했다.

이승만은 7월 4일 국내외 동포에게 독립을 위한 헌신을 촉구하는 '대통령 선언서'을 발표했고, 7월 17일 워싱턴 D.C.에 '대한공화국' 임시공사관도 설치했다. 8월에 한성 임시정부 집정관 총재 사무소를 한국위원회로 개칭했다.

독립운동 체제 정비

일제가 평화적인 독립만세운동조차 군대와 경찰을 앞세워 총칼로 잔혹하게 진압하면서 국내에서는 정상적인 형태의 독립운동을 벌이기가 어려워졌다. 국내 독립운동의 흐름은 지하화하거나 비공개 소규모 조직 방식으로 다시 변하기 시작했다.

6월 상순, 경성 모처. 이병철과 송세호, 연병호, 조용주, 안재홍 등은 '대한민국 청년외교단'을 결성했다. 청년외교단은 8월 상순 안재홍, 이병철 명의로 일본 정부에 특파원을 보내 한국 독립을 강하게 주장하고 세계 각국의 독립 지원 외교 활동을 추진할 것을 상하이 임시정부에 건의했다. 상하이 임시정부는 이를 수용해, 9월 조소앙을 임시정부 외교특파원 자격으로 파리에 파견했다. 이들은 11월 각지의 단체를 규합해 확대하려다가 일경에게 발각돼 체포됐다. 이병철, 안재홍 등은 3년 형을 선고받았다.

여성 독립운동가 최숙자와 백성현, 김원경, 경하순 등도 6월 경성에서 '혈성단애국부인회'와 '대조선독립애국부인회'를 통합해 오현관을 총재로 하는 '대한민국 애국부인회'를 결성했다. 애국부인회는 11월까지 독립운동 자금 모금에 나서 임시정부에 6000원을 전달했다. 11월 청년외교단과 함께 일경에 적발됐다.

파리강화회의를 겨냥한 외교 활동도 좌절한 데다가 국내 독립만세시위도 일제의 무자비한 탄압으로 크게 위축하면서 바야흐로 간도 지역과 중국 상하이, 러시아령 연해주 등이 독립운동의 주요 무대로 부상하기 시작했다. 이들 지역에 각종 독립운동 단체와 조직이 만들어지기 시작했다.

6월 24일, 러시아 연해주 블라디보스토크. 독립운동단체 '대한국민노인동맹단'의 박은식과 김치보, 박희평은 3인 명의로 독립요구서 '대한국민노인동맹단이 일본 정부에 보낸 독립요구서'를 작성해 일본 정부에 발송했다. 다음은 내용의 일부다.

"우리나라 인민들이 피 흘려 독립을 쟁취하기 위해 참극을 연출하고 있는 이때, 다른 나라 민족들도 모두 놀라운 마음으로 시선을 모아 지켜보고 있다. 하물며 비인 등 그들의 부로가 되고 친속이 되는 자이겠는가. 그대들은 우리로 하여금 청년 자제들을 홀로 사지에 나가게 하고 두려운 마음으로 보고만 있으란 말인가. 그런 때문에 우리 동맹은 선서하고 구구한 분수와 시의를 표시하려는 것이다. … 비나니 일찍 이를 정책으로 결정하고 실시해 우리의 대한을 다행하게 하고 우리의 동족을 복되게 하라. 천만번 빌고 바라는 바이다."(김삼웅, 2017a, 130~133쪽 재인용)

이들은 앞서 3월 26일 블라디보스토크 신한촌 김치보의 집에서 조국의 독립을 위해 중장년층이 신명을 바치자며 조직을 결성했다. 이때 박은식의 나이 61세. 나중에 9월 2일 경성에서 사이토 마코토 신임 조선총독을 저격한 강우규도 서간도 류허현의 노인단 지부 책임자였다(독립운동사편찬위원회, 1972, 184~194쪽).

러시아 연해주에서는 '노인동맹단'과 함께 청년연합회, 부인회, 소년애국단 등 각계각층의 단체들이 조직돼 독립운동을 활발하게 전개했다. 러시아 연해주를 기반으로 한 대한국민의회는 훈춘현 등지에 국민의회 지부를 설치하고 정치적·군사적 활동을 전개했다. 기독교인 등을 많이 포섭하고 이명순을 회장, 박관일을 부회장으로 한 간도지부에서 많은 금전을 모아 국내 진입 작전의 자금으로 제공하기도 했다(독립운동사편찬위원회, 1972, 184~194쪽).

특히 국내 만세시위에 호응하면서 빈번하게 독립만세시위를 펼쳤던 간도 지역은 대표적인 독립운동 무대로 떠오르기 시작했다.

서간도 지린성 류하현에 위치한 '신흥강습소'는 독립운동을 꿈꾸는 사람들이 몰리면서 '신흥무관학교'로 확대 개편했다. 3·1운동 이전에는 입교생이 1년에 40명에 그쳤지만, 3·1운동 발발 이후에는 청년들이 밀려들면서 1년에 약 600명의 졸업생을 배출하게 됐다. 독립운동 인력이 꾸준히 배출되면서 간도와 러시아령 등지의 독립운동가들이 본격적으로 무장투쟁을 벌일 기반을 형성할 수 있었다. 1920년 초 신흥무관학교에 입교한 김산의 기억이다.

"학교는 산속에 있었으며 18개의 교실로 나뉘어 있었는데, 눈에 잘 띄지 않게 산허리를 따라 나란히 줄지어 있었다. 18세에서 30세까지의 학생들이 100명 가까이 입학했다. 학생들 말로는 이제까지 이 학교에 들어온 학생들 중에 내가 제일 어리다고 했다. 학과는 새벽 4시에 시작해 취침은 저녁 9시에 했다. 우리들은 군대 전술을 공부했고 총기를 가지고 훈련을 받았다. 그렇지만 가장 엄격하게 요구했던 것은 산을 재빨리 올라갈 수 있는 능력이었다 ― 게릴라 전술. 다른 학생들은 강철 같은 근육을 가지고 있었고 등산에는 오래전부터 단련돼 있었다. 나는 도움을 받아야만 간신히 그들을 뒤따라갈 수 있었다. 그래서 아무것도 지지 않았을 때는 아주 경쾌하게 달릴 수 있었다. '그날'을 위해 조선의 지세, 특히 북한의 지리에 관해서는 주의 깊게 연구했다. 방과 후에 나는 국사를 열심히 파고들었다."(Kim & Wales, 1941/1992, 88쪽)

무장 독립군 양성을 위해 신흥무관학교를 세운 이는 이회영과 5형제들이었다. 우당 이회영은 1867년 한성 저동에서 이조판서 출신 이유승과 동래 정씨 사이의 넷째 아들로 태어났다. 대한제국이 일제에 강점되자 이회영과 이시영 등 6형제는 1910년 12월 30일 독립운동을 전개하기 위해 많은 가산을 팔고 가족 등 60여 명이 신의주에서 압록강을 건너 서간도로 떠났다. 장남 이건영은 현재 서울 YMCA 부근 대지 371평의 가옥을, 막내 이호영은 그 인근 259평짜리 가옥을, 5남 이시영은 을지로 2가 부근 591평짜리 가옥 등을 판 것으로 알려진다. 이들 형제의 노력으로 1912년 6월 통화현 합니하에서 신흥무관학교 교사가 완공됐고, 1920년 폐교될 때까지 독립군 3500여 명을 양성했다. 신흥무관학교 졸업생 상당수가 나중에 서로군정서 의용대나 조선혁명군, 대한독립군, 임시정부 광복군 등에 참여해 무장독립운동의 한 축을 이뤘다. 1920년 6월 봉오동전투, 10월 청산리 전투 등에 기여한 것으로 분석된다.

고민하는 일제 '군법회의 카드' 부상

수원 제암리 학살 사건이 국제사회에서 계속 이슈가 되고 미국 등에서 외교 루트를 통해 압박이 들어오자 일본 정부와 조선군사령부도 고심이 깊어갔다.

6월 22일, 용산 조선군사령부. 일본에서 건너온 육군성 고다마 도모오(兒玉友雄) 소좌가 우쓰노미야 다로 조선군사령관을 내방했다. 우쓰노미야 다로와 고다마 도모오는 이날 병비 문제와 발안장 사건에 관해 논의했다.

우쓰노미야 다로(宇都宮太郎關係資料研究會 편, 2007, 271쪽) 등에 따르면, 그는 이날 고다마 도모오에게 수원 제암리 학살 사건과 관련해 아리타 도시오 등 관계자에게 행정처분을 한 이유를 설명했다. 우쓰노미야 다로는 "당시에는 진압상 최선 최상의 처치였다는 것을 믿는다"는 취지로 말했다. 그는 이어 "본래 국가를 위해 최선을 다하고 있으므로 금일에 이르러 국가를 위한 필요가 있다면 나는 어떠한 처분을 받더라도 감수할 것을 각오하고 있다"면서도 "조선총독의 의견을 존중하는 것은 첫 번째 전제"라고 부언했다.

우쓰노미야 다로는 오후에 고지마 소지로 중장을 방문해 무라타 시노 무관도 함께 모였다. 우쓰노미야 다로는 제암리 학살 사건에 대한 의중을 말했다. 그는 그러면서 고지마 소지로와 후일을 위해 사건을 조사해둘 것을 담합했다. 그는 하세가와 요시미치 총독과 야마가타 이사부로 정무총감을 방문하고 집에 돌아왔다.

우쓰노미야 다로는 이날 밤 고지마 소지로 중장, 오노 도요시 참모장과 함께 제암리 학살 사건을 다시 논의했다. 이날만 두 차례 회의를 하고 제암리 학살 사건을 조율했다. 우쓰노미야 다로는 이 자리에서 자신의 의견은 변경이 없다고 밝혔다. 즉, 아리타 도시오가 채택한 조치는 당시 국가를 위한 최선이라고 믿고, 국가를 위해 필요하다면 어떠한 식으로도 처분해야 하며, 다만 최고 지휘관인 자신과 아리타 도시오만으로 한정해야 한다는 것이었다. 우쓰노미야 다로는 일기에 "고지마 소지로와 사실을 이제 한층 상세히 조사해 후일에 사용될 준비로서 연구해둘 것을 합의했다"고 적었다(宇都宮太郞關係資料硏會 편, 2007, 271쪽).

우쓰노미야 다로는 6월 29일 밤에도 조선군사령관 관저에서 고지마 소지로 중장, 오노 도요시 참모장, 조호지 고로 제20사단장과 모여 제암리 학살 사건의 선후 대책에 대해 협의했다고 밝혔다. 이들은 아리타 도시오 중장의 진상 보고서와 최근 이뤄진 경무총감부 보고서도 일독한다.

"오늘 밤 고지마 소지로 중장의 신청에 의해 오노 도요시 참모장, 조호지 고로 제20사단장과 관저에서 회합해 발안장 사건의 선후에 대해 협의했다. 이 자리에서 아리타 도시오 중위의 적나라한 진상 보고서(6월 28일자) 및 최근 조사한 경무총감부 보고서를 일독했다."(宇都宮太郞關係資料硏究會 편, 2007, 274쪽)

6월 30일, 도쿄 나가타초 총리 관저. 하라 다카시 총리가 주재하는 각의에서 우치다 고사이(內田康哉) 외상이 보고를 했다. 우치다 고사이는 미국에서 조선에 대한 일본의 태도를 몹시 걱정하고 있다고 전했고, 육군상 다나카 기이치는 수원 제암리 문제에 관해 군법회의를 열 의사가 있고 이를 명료히 해야 한다고 말했다. 일본 육군에서 아리타 도시오 중위에 대한 군법회의 회부 가능성을 시사한 셈이다(原奎一郞 편, 1950, 262쪽). 외무상 우치다 고사이가 하라 다카시 총리를 만나 아리타 도시오를 군법회의에 회부해 사법적 절차에 따라 해결할 것을 건의하면서 군법회의 회부안이 급부상하게 된다.

7월 2일, 조선군사령관 우쓰노미야 다로는 수원 제암리 사건과 관련해 오노 도요시 조선군참모장과 이시다(石田) 법관부장이 내방하자 경무총감부로 가서 협의했다(宇都宮太郞關係資料研究會 편, 2007, 275쪽).

우쓰노미야 다로는 하세가와 요시미치 조선총독이 일본을 향해 경성을 떠나던 7월 4일, 제암리 학살 사건과 관련해 진퇴사(과실 등의 책임을 지고 자신의 진퇴에 대해 상사 처분을 기다리는 청원서)를 다나카 기이치 육군상에게 전보와 우편으로 발송했다.

"이번 소요 진압과 관련해 제암리 사건 등이 발생하기에 이르러 필경 부하 장졸 통솔 감독 지도를 마땅히 하지 못했으므로 지극히 송구해 삼가 진퇴를 명해주시기를 기다립니다. 이를 상주해주십시오. 이와 동시에 (육군) 대신에게 제암리 사건과 관련해 진퇴사를 올리는 것에 대해 잘 의논해주시기를 바라며, 본문은 우송하고 또 이 사건 관계 서류는 무라타(村田) 소장이 가지고 갑니다."(宇都宮太郞關係資料研究會 편, 2007, 276쪽)

우쓰노미야 다로는 이와 관련해, '맑음'이라고 날씨를 적은 이날 일기에 진퇴사를 제출한 상황을 다음과 같이 기록했다.

"… 진퇴사의 본지와 함께 '말씀드려야 할지 모르겠습니다만, 이번에 저를 엄하게 처분하는 것이 여러 면에서 마땅하지 않을까 하는 뜻'을 다나카 (기이치 육군상)에게 보내는 친전서 중의 친전으로 밀봉해 보냈다. 이것의 발송을 명한 후 총독을 방문해 진퇴사 사본을 보이고 전말을 보고했다."
(宇都宮太郞關係資料研究會 편, 2007, 276쪽)

7월 14일, 우쓰노미야 다로는 수원 제암리 학살 사건과 관련해 학살을 주도한 아리타 도시오 중위를 군법회의에 부칠 것을 결정했다. 그는 '맑음'이라고 날씨를 적은 이날 일기에 다음과 같이 적었다.

"이날 밤, 제암리 사건에 대해 상경 중이던 이시타 법관부장이 귀임해 (오노 도요시) 참모장 등과 함께 그 보고를 듣고 마침내 아리타 (도시오) 중위를 군법회의에 부칠 것을 결정했다. 육군성 의견도 같아서 아무튼 일단 심문해 사실을 명료히 하기로 했다."(宇都宮太郎關係資料硏究會 편, 2007, 281쪽)

우쓰노미야 다로의 일기를 보면 우쓰노미야 자신은 아리타 중위를 군법회의에 회부하는 것에 동의하기 어렵지만 정부 육군성에서 군법회의에 상정하는 것을 원하기 때문에 '사실을 명료히 하'는 차원에서 결정했다고 설명한다. 군법회의를 통해 아리타 도시오의 유무죄 또는 불가피성을 확인받으려 했던 것으로 보인다.

7월 17일, 조선군참모장 오노 도요시는 육군성 군무국장에게 전보(朝特 제201호)를 보내 조선군사령부에서 아리타 도시오 중위를 군법회의에 회부할 것을 결정했다며 관련 서류를 상신했다.

"아리타 (도시오) 중위 사건은 오늘 사단부관에서 검찰 처분을 하도록 구신(具申)함으로써 곧 군법회의의 심판에 회부할 것임."

육군상 다나카 기이치는 이를 바탕으로 7월 19일 하라 다카시 총리에게 "4월 15일 조선 수원군 제암리에서 소요 진압에 종사하던 육군 보병 중위 아리타 도시오의 행위는 상관의 훈시의 범위를 넘은 바로써 불가불 행정처분에 부쳤는바, 그 후 사건의 조사에 따라 심리의 필요가 인정돼 동 사건을 7월 17일 군법회의 심리에 부치기로 했기에 보고합니다"라고 보고(육밀 제224호)했다(김승태, 2008. 6, 426쪽 참고).

일제는 국제 여론이 계속 들끓자 수원 제암리 학살을 주도한 아리타 도시오를 군법회의에 회부하게 된 것이다. 일제는 군법회의라는 사법 절차를 활용해 제암리 학살 사건의 책임을 면탈하게 된다.

베르사유조약 "약자를 위한 정의는 없다"

6월 28일 토요일 오전 11시 11분, 프랑스 파리 외곽 베르사유궁전 거울의 방. 연합국과 독일 제국 사이에 평화협정, 이른바 '베르사유조약(Treaty of Versailles)'이 체결됐다. 1920년 1월 공포됐다. 협정의 주요 내용은 국제 연맹의 탄생과 독일의 배상금 지급, 해외 세력권 상실 등 독일 제재를 담고 있었다. 독일의 무력화와 공산주의 방파제 역할을 위해 동유럽 8개국에 대해서는 독립시켜주기로 했다. 반면 중국의 산둥반도 권익은 중국에 반환되지 않고 일본에 넘기기로 했다. 중국 정부는 베르사유조약을 인정하지 않았다.

한국의 독립은 고사하고 한국의 독립만세시위 등은 의제조차 오르지 못했다. 승리한 연합국 일본의 식민지라는 이유에서다. 미국과 영국, 프랑스 주요 열강은 거족적인 독립만세운동의 독립 의지를, 힘없는 조선의 독립을 결코 인정해주지 않았다. 연합국 일원인 일본의 반발과 반대를 무릅쓰고서 한국의 독립을 추진하려는 정의가 그들에게는 없었다.

일제는 크게 기뻐했다. 일본 정부는 베르사유조약 조인을 축하하기 위해 7월 1일 도쿄 데이코쿠(帝国)호텔에서 도쿄시장의 초대로 국내외 인사들을 초청해 오찬을 가졌다. 하라 다카시 총리도 참석했다(原奎一郎 편, 1950, 263쪽).

조선군사령관 우쓰노미야 다로도 베르사유조약 체결을 축하하고 기념하기 위해 7월 1일 한반도에 진주 중인 일본군 전군에 관병식을 거행하고 축포를 발사하라고 명령했다. 이에 따라 용산에서는 조호지 고로 제20사단장이 지휘관으로서 오전 9시부터 열병, 분열식을 받았다(宇都宮太郎關係 資料研究會 편, 2007, 275쪽).

김규식은 전개된 현실에 낙담했지만 7월 4일 주요 열강의 정상들이 참석하는 프랑스 대혁명 기념일 행사에 한국 대표로 참석할 수 있도록 프랑스 외교부에 초청장을 보내달라고 서신을 보냈다. 한국의 독립 의지를 전달하고 거듭 한국의 독립을 청원하기 위해서였다. 하지만 프랑스의 응답은 행사가 모두 끝난 뒤에야 왔다. 열강 그 어느 나라도 김규식 일행의 한국 독립청원에 호응해주지 않았다. 김규식은 크게 실망했다. 스트레스와 심한 두통으로 눈이 안 보일 정도였다고 한다.

8월 6일, 파리 외신기자클럽. 김규식은 세계 각국 유력 인사와 기자 등 80여 명을 초청해 연회를 베풀었다. 김규식은 프랑스 하원 부의장인 샤를 르 르부크(Charles Leboucq)의 사회로 진행된 연회에서 한국의 지리와 역사, 일본의 식민지배 등을 설명하고 한국의 독립을 주장했다. 참석자들에게는 프랑스어로 번역된 기미독립선언서와 조르주 뒤크로크(George Ducrocq)의 책자 『가난하나 아름다운 한국(Pauvre et Douce Coree)』을 증정했다(윤경로, 2010. 8, 75쪽; 이현희, 2002. 12, 110쪽 참고).

김규식은 파리 외신기자클럽 연회를 끝으로 8월 9일 배를 타고 김탕, 여운홍, 장택상 등과 함께 뉴욕으로 향했다. 주요 열강이 김규식 일행의 한국 독립청원에 호응해주지 않아 실망한 뒤였다. 김규식을 비롯한 한국 대표는 파리강화회의 공식회의에서 배제됐다. 여운홍의 한탄이다.

"우리의 실망과 울분은 헤아릴 수 없었고, 마음은 천근같이 무거웠다. 이제는 본국에서의 독립운동도 오래 지속되기 어려울 것이고, 상하이에 모인 인사들도 하나둘 흩어질 염려가 있었다. 재정난과 의견 불일치로 고민하고 있는 상하이 임시정부의 장래도 암담하게 느껴졌다. 한 민족이 이 민족의 지배에서 해방돼 독립을 한다는 것은 참으로 어려운가 보다."(이기형, 2004, 109쪽)

우드로 윌슨 미국 대통령의 민족자결주의에 주목해 김규식을 파리강화회의에 파견하고 거족적인 독립만세운동을 기획한 여운형도 다음과 같이 한탄했다.

"모 신문기자를 통해 미국 대표단에게 강화회의에 청원서 제출을 애원하며 온갖 방법을 다 동원했지만, 미국 대표단의 일원인 육군대좌 하우스(Edward House, 윌슨 미 대통령의 측근 인사)가 청원서를 확실히 수취했다는 통신을 했을 뿐, 조선의 독립 문제는 회의에 상정되지 않았고 그것에 배석도 허가되지 않아, 허무하게 눈물을 삼키며 1920년 1월경 상하이로 돌아왔다. … 얻은 바가 아무것도 없었다."(강덕상, 2002/2007, 191쪽 재인용)

김규식은 파리에서 뉴욕으로 향하는 선실에서 활동 보고서를 작성하기 위해 쉬지 않고 타이프를 쳤다(이정식, 2008, 160~168쪽 참고).

　세계 주요 열강들의 모습과 이들이 주도하는 당시 국제사회의 모습은 많은 한국인에게 좌절과 절망감을 안겨줬다. 이로써 많은 한국인에게 새로운 방식의 독립운동을 생각하게 한 것으로 평가된다. 독립만세시위에 참여한 김산은 이때 연합국에 의해 한국의 독립 요구가 무시되는 국제정치의 현실을 보면서 정치의식에 눈을 뜨게 됐다고 고백했다.

　"베르사유의 배반 소식을 듣고 받은 충격이 어찌나 컸던지 심장이 갈가리 찢어지는 것만 같았다. 한낱 언어 나부랭이를 믿다니, 그 당시 우리 조선인들이 얼마나 소박하고 불쌍한 사람이었던가! 이 며칠 동안 나는 여러 가지로 충격을 많이 받았다. 마치 지진 속에서 살아가고 있는 것만 같았다. 나는 힘의 의미와 무저항의 공허함을 깨달았다."(Kim & Wales, 1941/ 1992, 63쪽)

노리스의 물음 "죽은 조선인, 무슨 죄인가"

　거족적인 3·1운동의 영향으로 6월 말부터 미국 워싱턴 D.C. 미 의회에서 한국 문제가 논의되기 시작했다.

　6월 30일, 미주리주 출신 상원의원 셀든 스펜서(Selden P. Spencer)는 한국의 독립운동을 언급하면서, '1882년의 조미수호통상조약에 의거해 미국이 어떠한 조치를 취할 필요가 있는지 없는지 국무장관이 상원에 보고해 줄 것을 요청'하는 결의안을 미국 의회에 상정했다(독립운동사편찬위원회, 1970b, 820쪽).

　셀든 스펜서는 호머 헐버트 등 '친한(親韓) 인사'로부터 일본의 잔학한 탄압을 알리고 한국의 독립에 대한 지원을 요청하는 편지를 받았다고 밝혔다. 스펜서의 결의안은 상원 외교위원회에 회부됐지만 일본 정부의 우려 표명과 강한 반발 등으로 결국 별다른 결실을 맺지 못한다.

7월 15일, 워싱턴 D.C. 미 의회. 각종 개혁 문제에서 두각을 나타낸 네브래스카주 출신 상원의원 조지 노리스(George W. Norris)가 한국 문제 전반에 대해 길게 논의했다. 노리스 의원은 한국민에게 실망을 안긴 국제연맹의 실패와 횡포를 신랄하게 공격한 마일스 포인덱스터(Miles Poindexter) 상원의원의 뒤를 이어 일본의 포학을 공박했다.

"의장! 내 손에 든 한 장의 사진을 보시오. 죽음을 당한 한 한국인의 사진을! 이것은 미국성서공회의 선교사로 한국에서 20년 동안 있었던 벡(S. A. Beck) 씨가 나에게 준 것입니다. 그는 바로 지난달 한국으로부터 귀국했습니다. 그는 사진을 찍은 사람 곁에 서 있었다 합니다. 이 불쌍한 한국인은 한쪽 귀를 잘리고 그의 얼굴은 묵(jelly)이 됐습니다. 그는 28군데나 되는 상처를 입었습니다. 그 모든 상처가 관헌에 의해 생긴 것입니다. 그에게 무슨 죄가 있나요? 무엇이 죄목으로 됐을까요? 그는 무기도 지니지 않고 죄도 없고 불법행위라고는 하지 않은 사람이며, 다만 애국심에 불타서 대한독립만세를 큰 소리로 부른 것밖에 죄는 없었던 것입니다. 그는 그 까닭으로 몸을 잘리었고 처벌되고 마침내는 죽음을 당했습니다. 이는 한국에서 극히 흔한 하나의 예입니다."(독립운동사편찬위원회, 1970b, 821~822쪽)

조지 노리스는 그러면서 ≪뉴욕 타임스≫ 7월 13일 자에 소개된 미국기독교교회총연합회 동양관계위원회가 발간한 보고서 『한국의 정세』를 공개적으로 거론했다. 노리스는 "일본인들은 손가락을 매어서 사람을 매달아 손의 관절이 분리돼야 그치고, 빨갛게 단 쇠로 살을 지지는 등 갖은 고문을 한다"며 "벡 씨에게 직접 들은 바로는 이같이 고문을 하면 무엇이고 일본인이 원하는 말을 하게 할 수 있다는 것"이라고 강조했다.

조지 노리스가 미국 의회에서 언급한 책은 미국기독교교회총연합회 동양관계위원회가 그해 여름 출간한 『한국의 정세』를 가리킨다. 책자는 한국에서 일본의 식민정책부터 각 지방의 시위, 일본의 탄압상, 고문 사례, 특히 수원 제암리 방문기, 잔학상에 대한 선교사들의 입장을 천명한 3·1운동에 관한 각종 증언과 자료 등을 모은 최초의 포괄적인 보고서였다. 책자에 따르면, 한국에 선교사를 파견한 여러 교파들은 한국에서 일어난 독립운동과 특히 일본의 잔인한 탄압에 대해 보고와 서신을 수없이 받았다. 10개월간 동북아 각국을 시찰하고 일본 요코하마에서 귀로에 올랐던 캐나다장로교 해외선교부 서기 A. 암스트롱 목사는 한국에서 온 전보를 받고 다시 한국에 돌아가 직접 시찰한 결과 일본의 탄압이 지극히 포악한 것을 목격했다. 그는 뉴욕에 돌아와 미국 내 각 교파 선교연합체인 미국기독교교회총연합회 동양관계위원회에 보고서를 제작하도록 지시한 것으로 알려진다(독립운동사편찬위원회, 1970b, 810쪽).

이날 일리노이주 출신 상원의원 조지프 매코믹(Joseph M. McCormick)은 미국기독교교회총연합회 동양관계위원회의 보고서 『한국의 정세』를 의사록에 싣도록 제의했고, 조지 노리스도 동의하면서 전문이 미국 의회 속기록 『의사록(Congressional Record)』에 수록됐다(Congressional Record—Senate, Vol. 58-3, 1919. 7. 17, 2698~2717쪽; https://www.govinfo.gov 참고).

상원의원 마이클 스미스(Michael Hoke Smith)는 3·1운동에 잔혹한 진압으로 일관한 일제를 규탄하는 결의안을 제출했고, 상원 외교위원회에서 강력한 영향력을 행사하는 헨리 로지(Henry C. Lodge)의 지원 아래 결의안은 상원 외교위원회를 통과했다(Congressional Record—Senate, 1919. 6. 30, Vol. 58-2, 2050쪽; Congressional Record—Senate, 1919. 7. 15, Vol. 58-3, 2594쪽; Congressional Record—Senate, 1919. 7. 18, Vol. 58-3, 2816쪽; https://www.govinfo. gov 참고). 하지만 결의안은 미국 상원 본회의에서 통과되지 못했다.

10월 1일에는 캘리포니아주 출신 상원의원 제임스 펠런(James D. Phelan)이, 10월 24일에는 일리노이주 하원의원 윌리엄 메이슨(William E. Mason)이 한국인의 독립에 대한 소망을 동정한다는 취지의 결의안을 각각 상하원에 발의했다(독립운동사편찬위원회, 1970b, 823쪽). 이 역시 본회의를 통과하지 못했다.

일제의 부당한 강점이나 식민지배를 비판하는 주장과 자료들이 미국 의회 기록에 잇따라 기록·등재됐다. 9월 19일 대한민국 임시정부의 변호사

프레드 돌프(Fred A. Dolph)가 작성한 한국 독립 탄원서 '한국 문제'가 미국 연방의회 의사록에 게재됐다. 프레드 돌프는 한국독립의 법률적 타당성을 역설하면서 한국의 독립을 촉구했다(독립운동사편찬위원회, 1970b, 822쪽).

1920년 3월 17일, 미 의회. 상원의원 조지 노리스는 동료 의원과 함께 "일본은 조선의 독립을, 영국은 아일랜드의 독립을 승인하도록 하고 조선과 아일랜드를 국제연맹에 회원으로 가입시키기를 희망한다"는 결의안을 상정했다. 미 의회는 아일랜드 독립안에 대해서는 38 대 36으로 가결 처리했지만, 한국 독립안에 대해서는 34 대 46으로 부결 처리했다. 4월, 상원의원 찰스 토머스(Charles Spalding Thomas)는 파리강화조약 비준안에 "일본이 조선의 독립을 승인하게 하고 조선을 국제연맹에 가입하게 한다"는 수정안을 냈다(오인환, 2013, 93쪽 참고).

하지만 여기까지였다. 미국 의회는 1920년 초까지 간헐적으로 한국 문제를 제기해 일본의 잔인한 만세운동 진압에 대해서는 규탄하면서도 결코 한국의 독립과 연관시키지는 않았다.

틀 갖춰지는 상하이 임시정부

해외 외교사절이 집결한 중국 상하이에 자리한 대한민국 임시정부도 독립운동가들이 속속 몰려들면서 체제를 갖추기 시작했다.

6월 28일, 안창호가 내무총장 겸 국무총리 대리에 정식으로 취임했다. 안창호는 취임 연설에서 주권 되찾기와 함께 공화국 건설을 강조했다.

"우리가 주권을 잃고 사는 것은 죽은 것만 못하기 때문에 최후의 핏방울까지 흘려 찾아야 하며, 우리 운동은 주권만 찾는 것이 아니라 한반도 위에 모범적인 공화국을 세워 이천만이 천연의 복락을 누리게 하는 것이다."(안창호, 2000, 80~81쪽)

안창호는 앞서 5월 25일 미국 선박을 타고 상하이에 도착했다. 당시 상하이 임시정부는 매우 어려운 상황이었다. 러시아령 연해주에 위치한 국민의회와의 통합은 지지부진했고, 국무총리에 선임된 이승만은 상하이로 오지 않고 미국 현지에서 위임통치만 이어간 데다 임시정부를 유지할 재정과 인력 등도 턱없이 미흡했다.

안창호가 6월 28일 내무총장에 공식 취임한 뒤 상하이 임시정부는 체제를 정비했다. 안창호는 미주에서 가져온 2만 5000달러로 프랑스 조계 샤페이루 321호의 2층 양옥집에 임시정부 청사를 마련했고 정부 직원들에게 매일 9시까지 샤페이루 임시정부 청사에 출근하도록 했다. 상하이 임시정부를 한성정부에 맞춰 개조하고 이승만과 이동휘를 상하이로 불러들여 정부 운영 정상화를 시도했다. 안창호는 이를 위해 8월 11일 이승만에게 전보를 보내 상하이로 오라고 했고, 러시아 연해주에서 영향력이 막강했던 이동휘를 상하이로 불러오기 위해 현순 등을 블라디보스토크에 보냈다. 안창호는 각지에 선출된 임시정부를 통합하는 일을 추진했다. 상하이 임시의정원은 앞서 5월 13일, 각지에 산재한 각 의회 통일을 결의하고 상하이 임시의정원과 국민의회가 통합해 상하이에 임시정부와 의정원을 두기로 했다. 이어 한성정부와의 통합을 추진해, 법통성은 한성정부를 인정하되 상하이에 임시정부를 두기로 했다. 안창호는 국무총리 이승만과 군무총장 이동휘가 부재중이던 임시정부를 지도했다(고정휴, 2016, 74쪽; 이태복, 2006, 255쪽 참고).

안창호는 1878년 평안남도 강서군에서 농부인 안흥국과 황몽은의 셋째 아들로 태어났다. 그는 1894년 장로교 선교사 호러스 언더우드가 운영하는 '구세학당'에 입학했고, 1897년 독립협회 활동에 가담했다. 안창호는 1902년 10월 아내 이혜련과 함께 배편으로 미국으로 건너간다. 미국으로 가는 뱃길에서 일몰 중 우뚝 솟은 하와이섬을 보고 호를 도산(島山)이라고 지었다. 안창호는 1907년 귀국해 비밀결사 '신민회'를 조직했다. 안창호는 1910년 중국과 러시아 연해주를 전전하며 독립운동을 하다가 1911년 미국으로 다시 건너갔다. 1912년 미국 캘리포니아주 샌프란시스코에서 결성된 '대한인국민회'에 참여했고, 1913년 유길준의 '흥사단'을 재건했다.

8월 21일, 중국 상하이 프랑스 조계 러루(勒路) 퉁이리(同益里). 대한민국 임시정부 기관지 ≪독립≫이 창간됐다. 제호는 10월 말 ≪독립신문≫으로 바뀐다. 주 3회 발행을 원칙으로 매호 4면의 타블로이드판이었다. ≪독립신문≫은 임시정부를 중심으로 독립운동 소식을 알리고 일제의 지배 논리에 맞서는 중요한 역할을 수행했다. 창간 초기에는 사장 겸 주필을 이광수가, 편집국장을 주요한이 맡았고 안창호 그룹이 주로 참여한 것으로 분석된다(김삼웅, 2017a, 143~145쪽; 이한울, 2010. 6, 328~337쪽 참고).

8월 28일, 중국 상하이. 제6회 임시의정원 회의가 열렸다. 임시의정원과 국무원, 법원 등 삼권 분립에 입각한 임시헌법 개정안과 총리제를 대통령제로 해 이승만을 추대하자는 임시정부 개조안이 상정됐다. 신채호는 이승만 추대 문제가 정식으로 거론되자 임시정부와 결별했다.

임시정부와 결별한 신채호는 10월 28일 ≪신대한≫을 창간해 무장투쟁론을 꾸준히 제기하면서 임시정부를 비판했다. 신채호는 그동안 김창숙, 박은식 등과 함께 임시정부를 해체하고 새 정부를 구성해 외교론과 실력양성론이 아닌 무장독립투쟁을 전개하자고 주장해왔다(김삼웅, 2005, 235쪽 참고).

8월 25일 미국. 이승만은 한국위원회에 '한국통신부'와 '파리위원부'를 흡수해 '구미위원부(The Korean Commission to America and Europe)'로 개편했다. 파리위원부는 구미위원부의 산하 기관이 된다.

이승만은 파리에서 강화회의를 겨냥한 외교 활동을 벌이다가 8월 초 미국으로 돌아온 김규식을 구미위원부 위원장으로 삼고 하와이, 멕시코 등지의 한국인 교포들로부터 공채금과 의연금을 징수하도록 했다. 이승만이 김규식을 구미위원부 위원장에 임명한 것은 당시 미주 한인 사회에 이승만계와 안창호계 간 분열이 심각한 상황에서 그가 양쪽을 중재할 적임자라는 판단이 작용했다는 분석도 있다(윤경로, 2010. 8, 77쪽 참고).

구미위원부는 미국 곳곳에 한국친우회를 조직했고, 미국 의회에서 한국

독립 문제가 다뤄지도록 로비를 했으며, 상하이 임시정부 활동을 위한 재정 확보 활동을 벌였다(오인환, 2013, 93~94쪽 참고).

하세가와의 퇴장과 증원군 철수

조선총독 하세가와 요시미치는 7월 1일 일본 언론 등을 통해 조선총독으로서 마지막 유고를 발표했다. 하세가와 요시미치는 "지금은 관헌의 진압과 민중의 자성에 의해 완전히 진정됐고 주모자는 이미 검거"됐다며 독립운동 시위가 진정됐다고 선언했다. 그러면서 "소요가 진정된 것을 기회로 융화일치의 중요함을 알리고자 한다"며 "기쁨과 근심을 서로 나누고 이해를 서로 도모해 성심 협력해 시운의 진보에 기여해주기 바란다"고 강조했다(≪大阪朝日新聞≫, 1919. 7. 1, 2면; 윤소영 편역, 2009a, 313쪽 재인용).

하세가와 요시미치는 7월 4일 오전 10시에 부인과 함께 경성을 출발해 도쿄로 향했다. 그는 텐노 요시히토에게 헌상하기 위해 조선의 인삼과 담배 등을 휴대했다(≪大阪每日新聞≫, 1919. 7. 5, 11면; 윤소영 편역, 2012, 39쪽 재인용).

하세가와 요시미치는 7월 5일 오전 관부연락선 '시라기마루(新羅丸)'를 타고 시모노세키에 도착했다. 그는 이날 기자들과 만나 3·1독립운동에 대해 "어쨌든 이러한 사건을 야기한 것은 정말 매우 송구하다"면서도 "조선의 정치를 악정이라고 하는데 전 총독 시대부터 편 것을 나는 그대로 계승해 한 것이다. 어디가 악정인지 나는 그 점을 제군에게 묻고 싶다"고 되물었다(≪大阪每日新聞≫, 1919. 7. 6, 6면; 윤소영 편역, 2012, 42쪽 재인용).

7월 10일 오후 6시, 도쿄 나가타초 총리 관저. 조선총독 하세가와 요시미치는 하라 다카시 총리를 내방했다. 하세가와 요시미치는 공식적으로 사표를 제출했다. 그는 이 자리에서 독립만세 사건에 대해 여러 이야기를 나눴다. 하세가와 요시미치는 오후 7시 도쿄 자택으로 돌아갔다(≪大阪每

日新聞≫, 1919. 7. 11, 석간 1면; 윤소영 편역, 2012, 51쪽 재인용).

하세가와 요시미치는 이미 지난 4월 26일 하라 다카시 총리에게 3·1운동과 관련해 사표를 제출했다. 하라 다카시는 5월 2일 각의를 열고 하세가와 요시미치가 사표를 제출했다는 사실은 덴노에게 상주해두되, 하세가와 요시미치에게는 독립만세시위가 평정되면 상경하라고 말하고 그때까지 사표를 처리하지 않기로 의견을 모았다. 아울러 조선 관제개정은 하세가와 요시미치의 진퇴와 상관없이 처리하는 것으로 했다(原奎一郎 편, 1950, 205쪽). 하라 다카시는 이에 5월 3일 덴노 요시히토를 알현하고 하세가와 요시미치 조선총독이 사표를 제출했다는 일을 상주했고(原奎一郎 편, 1950, 206쪽), 5월 6일 하세가와 요시미치에게 현 직위에서 독립만세시위의 진무에 노력하라고 지시했다(原奎一郎 편, 1950, 208쪽).

독립만세시위가 잦아들면서 한반도에 증파된 일본군도 철수하기 시작했다. 8월 2일 낮 12시 30분, 일본 오사카역. 한반도에 파견됐던 보조헌병 가운데 제4사단 제37연대 대위 이케다 겐주로 이하 17명이 귀환했다. 오사카역에는 각 부대의 대표 장교, 하사, 병졸을 비롯해 친구와 지인 등 많은 이들이 마중 나왔다. 이케다 겐주로 등은 역 앞에서 잠시 휴식한 뒤 오후 2시에 연대로 들어가 해산식을 하고 각 소속 부대로 귀영했다(≪大阪每日新聞≫, 1919. 8. 3, 3면; 윤소영 편역, 2012, 69쪽 참고).

8월 21일 오후 6시 48분, 히로시마 히메지역. 독립만세시위 진압을 위해 파견 갔던 히메지보병 제10연대 2대대 소속 기관총부대의 도미타(富田) 총대장을 비롯해 장교와 하사, 병졸 등 47명이 고베를 경유해 히메지역에 도착했다. 제4여단장과 요시하라(吉原) 연대장 이하 장교들이 정류장에 마중 나왔다. 도미타 중위의 경과보고에 이어 제4여단장, 연대장으로부터 위로사가 있었다. 귀환 병사들은 오후 7시 이후 조난연병장에서 휴식 시간을 갖고 가족과 면회했다(≪大阪每日新聞≫, 1919. 8. 22, 효고 1면; 윤소영 편역, 2012, 135쪽 재인용).

조선총독 교체, 일본군 철수와 함께 대조선 식민정책 변화를 위한 관제개정안 논의도 본격화했다. 미리 6월 10일에 육군 군벌의 원로 야마가타 아리토모를 만나 관제개정안의 골자를 협의했던 하라 다카시는 6월 13일 내각 각의에서 조선과 대만의 관제를 개정해 총독을 기존 무관에서 문무 관제로 개정하고 조선 헌병제도는 변경 또는 불온한 지역에만 한정해 나머지는 보통경찰로 전환하는 것을 골자로 한 관제개정안에 대해 육군상 다나카 기이치의 제안으로 의견을 모았다. 하라 다카시는 회의를 주재하면서 "현 제도는 구미제국의 식민지를 모방한 것으로서 근본에서 잘못이 있다"며 "결국 내지와 같도록 하는 방침을 취해 상당한 개혁을 해야 할 것"이라고 말했다. 이른바 '내지(일본)연장주의'였다. 그는 3·1운동으로 무단정치의 실패가 자명해지자 내지연장주의를 내걸고 나선 것이다(原奎一郎 편, 1950, 243~244쪽).

하라 다카시는 대조선 식민지 정책과 구체적인 관제개정안을 마련하기 위해 한반도에서 독립만세시위가 잦아든 5월 초부터 군부를 비롯해 의견을 은밀하게 모아왔다. 이에 조선총독 하세가와 요시미치는 5월 초 3·1운동 총괄과 반성에 입각해 ① 동화의 방침을 고집하고 점차 이를 달성하고자 노력할 것, ② 제반 관제를 개정할 것, ③ 교육제도를 확장할 것, ④ 내선인 사이에 불평등 대우를 개선할 것, ⑤ 종교에 관한 건, ⑥ 재외 배일선인의 선도 및 단속에 노력할 것, ⑦ 언론집회의 억압을 완화할 것 등 7개 개혁안을 담은 '소요선후사건'을 마련했다(강덕상, 2002/2007, 287쪽 재인용). 조선군사령관 우쓰노미야 다로도 5월 17일 '조선시국관견'이라는 회신을 다나카 기이치 육군상에게 보냈다. 그는 사건이라면서 독립 분리는 절대로 허락해서는 안 된다며 조선 통치의 귀착점으로 조선에서도 부현제, 자치제를 시행하고 제국헌법을 실시하자고 주장했다. 그는 경찰헌병제도 개혁, 군대 증대 등을 통해 점진적 일본화, 동화정책을 추진해야 한다고 강조했다(강덕상, 2002/2007, 289쪽; 신주백, 2001. 3, 53쪽 참고).

조선총독부 사법부장관 고쿠부 산가이도 5월 '총독 시정방침에 관한 의견서'를 작성하고 조선에 대해 제국의 일부로 하는 경우와 영원한 제국의

'특별지역'으로 하는 경우 두 가지가 있는데, '특별지역'으로 해 자치를 부여할 경우 결국 독립으로 끝나는 것을 각오해야 할 것이라고 전망했다. 따라서 조선의 독립은 절대 허락해서는 안 되며 당장 무단적 억압을 주로 하고, 장차 문화적 방식을 택해 일시동인(一視同仁)에 따라 조선을 통치해야 한다고 주장했다(신주백, 2001. 3, 52~53쪽 참고).

육군상 다나카 기이치는 5월 20일쯤 하세가와 요시미치 조선총독과 우쓰노미야 다로 조선군사령관 등의 의견을 반영하고 종합해 건의서 '소요 원인 및 조선 통치에 주의할 건, 그리고 군비에 대해'를 정부에 제출했다. 다나카 기이치 등 군부는 사건 재발 방지를 위해 무단통치의 모순과 개편을 언급했다(강덕상, 2002/2007, 289쪽 참고).

하지만 하라 다카시 내각이 마련한 관제개정안은 육군 군부의 강력한 반발에 부딪혀 왜곡·변형되고 만다.

"도시오를 무죄로 한다" 사라진 정의

8월 21일, 경기도 용산 일본 조선군 육군군법회의. 군법회의에 회부된 지 1개월 만에 열린 제암리 학살 사건의 장본인 아리타 도시오에 대한 재판 선고가 있었다.

조선군사령관 우쓰노미야 다로는 이와 관련해, 8월 21일 다나카 기이치 육군상에게 보낸 '아리타 중위에 관한 재판 선고의 건 보고'에서 "다음에 기록된 자에 관계된 두서의 피고 사건을 미리 용산군법회의에서 심리 중인바 오늘 별지와 같은 무죄 재판 언도가 됐으므로 보고한다"며 별지 형식으로 판결서 내용을 적시했다(김승태, 2008. 6, 427쪽 참고).

판결서(김승태, 2008. 6, 427~430쪽 참고)에 따르면, 일제 군법회의는 이날 살인 및 방화 피고 아리타 도시오에 대해 "피고 도시오를 무죄로 한다"고 주문했다. 그러면서 무죄 선고에 대해 길고 구구한 이유를 제시한다.

일본 육군 군법회의는 판결서에서 아리타가 수원 제암리에 갈 당시 "…
거의 경찰이 없는 상태에 빠져 폭도가 횡행하고 교통이 극히 위험해 어느
때 일대폭동이 발발할지도 알지 못해 인심의 불안이 극에 도달했다"고 설
명한다.

군법회의는 이어 "때마침 신문은 각 지역 폭동의 상황이 더욱 악화되고
있고, 머지않아 토벌을 명령해야 한다는 취지를 보도하고, 이어서 폭동 진
압에 관한 (우쓰노미야 다로) 조선군사령관의 훈시 및 보병 제41여단장의 명
령이 있었다. 이 훈시 및 명령은 본래 피고가 이해하고 있던 것과 같은 취
지는 아니지만, 피고는 자기 소신에 기초해 이를 토벌과 같은 종류라고 하
는 취지로 오해했다"고 아리타 도시오를 변호했다.

군법회의는 "피고가 발안리에 와서 현재 내지인의 밤낮 경계 때문에 피
로하고 안색이 초췌한 상황에 있음을 목격하자 더욱 사태의 중대함을 살
피고, 이러한 추이가 극에 달하면 화근이 점점 더 깊어지고, 점차 폭발하
기에 이르러서 이를 진압하려 하더라도 헛되이 그들의 술수 가운데 빠질
것이고, 차라리 나아가서 주모자인 예수교도 및 천도교도를 소멸하고 근
거 소굴로 인정되는 곳을 뒤엎어 화근을 끊는 것이 자기의 임무 수행상 당
연한 최선의 처치로서 받은 훈시 명령의 본뜻에 맞는 것이라고 확신했다.
그는 이를 같은 곳 경찰관에게 고함으로써 그 의견을 구하고 이 역시 같은
의견이라는 뜻으로 대답함으로 피고는 점차 그 소신을 굳게 했다"고 덧붙
인다.

군법회의는 그러면서 "피고의 행위는 훈시 명령의 오해에서 나온 정당
한 폭동 진압의 임무에 복무한 것이라고 말할 수 없기 때문에 유죄라는 것
을 면할 수 없을 것 같지만, 피고는 임무 수행상 필요한 수단으로서 당연
히 해야 한다고 확신함으로써 이에 이르렀기 때문에 피고의 행위는 요컨
대 이를 범의가 없는 것이라고 하지 않을 수 없다"며 "과실로 인한 범죄를
구성하는 것으로 인정할 수 없을 뿐만 아니라 달리 이러한 행위를 처벌한
특별 규정이 없으므로 결국 피고에 대하여는 무죄를 언도하지 않을 수 없

는 것"이라고 무죄 선고 이유를 설명한다.

군법회의 판결서를 요약하면 군법회의는 아리타 도시오의 수원 제암리 학살 행위가 학살과 방화였지만, 범의가 없고 처벌 규정이 없어 무죄라고 판단했다. 아리타 도시오와 일본군에 면죄부를 주는 판결이었다. 더욱 심각한 것은 아리타 도시오가 군법회의에서 무죄를 선고받음으로써 수원 제암리 학살과 방화의 존재 자체를 부인하는 일제의 핵심 근거로 적극 활용됐다는 사실이다. 진실과 정의에 대한 또 다른 만행이었다.

8월 30일, 육군상 다나카 기이치는 우쓰노미야 다로 조선군사령관에게 전보를 보내 "별지 귀관의 진퇴사는 상주하지 않는다. 장래 주의하도록"이라고 통지했다. 사표를 반려한다는 의미다. 우쓰노미야 다로는 9월 3일 전보를 받았다고 자신의 일기에 적었다(宇都宮太郎關係資料硏究會 편, 2007, 300쪽).

우쓰노미야 다로는 이에 9월 3일 제암리 학살 사건과 관련해 사단장 이하 지휘관들이 낸 사표를 모두 반려했다. 일본군 군법회의에서 아리타 도시오 중위에 대해 무죄를 선고한 마당에 지휘관들에게 책임을 물을 이유가 없어졌기 때문이다. '비 내림'이라고 날씨를 적은 우쓰노미야의 이날 자 일기다.

"전에 수원군 제암리 사건에 관해 군법회의에서 심리 중이던 아리타 중위도 수일 전 무죄가 됐으므로 오늘 사단장 이하 제관의 진퇴사를 돌려주고 그 뜻을 (육군) 대신에게 전보했다."(宇都宮太郎關係資料硏究會 편, 2007, 300쪽)

세계를 향한 '기억투쟁'

수원 제암리 학살 현장을 찾아가 확인하고 증언을 기록한 프랭크 스코필드는 일제가 독립운동 참여자들에게 가한 비인도적 만행을 조사해 영국의 성서공회 총무 릿슨을 거쳐 토론토의 캐나다장로교 해외선교부 총무 A. 암스트롱 목사에게 보냈다. 이는 다시 미국기독교교회총연합회 동양관계위원회에 보내져 1919년 7월 발행된『한국의 정세』에 증거 자료로 실렸다. 스코필드가 찍은 태형 피해자 사진을 비롯한 일제의 만행 사진은 경성 주재 미국 총영사 레오 버그홀츠에게도 전해져 7월 17일 자 미 국무장관에게 보낸 보고서에 첨부됐다.

프랭크 스코필드는 ≪재팬애드버타이저≫ 8월 2일 자에 글 "한국 민심의 발견"을 기고해 게재했다. 스코필드는 글에서 "정복자의 문장은 지배자의 옷소매나 이 나라의 화폐, 자기 집에 들어가는 입구에서 발견할 수 있을지 모르지만 한국인들의 마음은 아직도 정복자의 굴레에 들어 있지 않다"며 "정복과 동화라는 말은 환상에 그칠 뿐 실현되지 못하고 있다는 사실을 상기시켜주는 것 같다"고 진단했다. 그는 그러면서 "한국에서 일본이 실패한 것은 한국인들의 마음을 발견해 동조를 얻지 못한 데서 연유한다. 마음을 얻기에 앞서 그 마음을 파악해야 했는데, 일본인들은 이 두 가지 일을 다 하지 못한 것"이라며 "요즈음 일어나고 있는 사태를 볼 때 일본이 한국의 민심을 파악해야 할 필요가 더욱 절박해지는 느낌"이라고 말했는데, 3·1운동은 일제가 한국인들의 마음을 읽지 못하고 얻지도 못했기 때문에 발생했다고 분석했다(이장락, 2007, 331~332쪽 재인용).

프랭크 스코필드는 그러면서 한국인 독립만세운동을 대하는 일제의 대응 방식을 비판한다.

"… 소요가 일어나고 있는 동안 한 가지 사실이 자꾸 반복돼 필자를 놀라게 했다. 즉, (한국) 국민들은 자기 자신들의 의사를 집요하게 나타내려 하고, (일본 및 식민지 조선) 정부 당국은 끝내 그것을 외면하려는 점이었다. 예를 들면 정부 관리는 현재 소요를 전 국민적 움직임이 아니라고 부정하고 있다는 것이다. 전국 방방곡곡에서 국민들은 아우성치고 있지만, 정부는 이것이 전 국민적 동요라고 인정하려 들지 않고, 그것이 일부 선교사와 선동자, 현실에 불만을 가진 학생들에 의한 난동이라고 일축하고 있다."(이

장락, 2007, 337쪽 재인용)

프랭크 스코필드는 일제가 "국민들의 마음을 연구하는 기초를 세운다면 개혁은 성공할 수 있을 것"이라며 "최선의 방법이며 모든 문명국이 채택한 방법은 신문의 자유에 의한 길뿐"이라고 우선 신문의 자유를 허용하라고 조언한다(이장락, 2007, 338~339쪽 재인용).

8월 하순, 일본 나가노현 가루이자와(輕井澤)와 고템바(御殿場). 한국과 일본, 중국, 필리핀 등 동아시아에 파견된 기독교 선교사 800여 명이 전체 회의를 열었다. 프랭크 스코필드는 이날 회의에 참석해 일제 만행의 실상을 알리는 보고를 했다.

8월 29일, 프랭크 스코필드는 하라 다카시 일본 총리를 면담했다. 하라 총리는 8월 29일 자 일기에 스코필드를 만나 일본의 새 조선 정책을 설명했다고 기록하고 있다.

"조선 선교사 캐나다인 스코필드 내방. 조선 사건에 대해 여러 이야기를 하므로 나는 금후의 방침을 상세히 설명했다. 다만, 그는 아무리 해도 조선은 자치를 허락하는 수밖에 없다고 했지만, 나는 그의 주장에 반대해 그를 설파하고 우선 장래를 보자고 설시(說示)해 그가 이해하고 갔다."(原奎一郎 편, 1950, 310쪽)

프랭크 스코필드는 이날 하라 다카시 총리에게 일제의 근본적인 동화정책과 민족 차별을 철폐하고 한국인에 대한 강압과 만행을 중단할 것을 촉구했다. 그는 "한국에서 벌어지는 문제의 핵심은 민족 차별이 아니라 일본의 동화정책이다. 일본이 이 정책을 고집하는 한, 개혁이나 칙서는 한국의 문제를 해결하는 데 무용지물이 될 뿐"이라고 강력히 경고했다고, ≪재팬 애드버타이저≫ 8월 26일 자 기사 "한국의 개혁(The korean reforms: Japan's challenge to korea: An Impossible Policy)"에서 보도했다(Schofield, 2012, 87~96쪽 재인용).

프랭크 스코필드는 일제 관헌의 감시를 받게 됐다. 일본 고등계 형사가 스코필드를 따라붙었다. 이와 함께 스코필드가 몸담고 있는 세브란스의학전문학교에 대한 압박도 가해졌다(이장락, 2007, 86~87쪽 참고).

고종의 고문이자 프랑스 파리에서 김규식과 함께 활동했던 호머 헐버트는 7월에 미국으로 돌아와 필라델피아에서 서재필 주도로 결성한 한국친우회와 워싱턴에서 이승만이 이끄는 '구미위원부'의 중심적인 연사로 활동했다. 8월 3일, 미국 오하이오주 포스토리아에서 시민 1200여 명이 모인 가운데 자신이 경험한 일본의 폭정과 선교사들이 전해온 3·1운동 당시 일제의 잔학상을 폭로하며 한국의 자주독립을 호소하는 것으로 시작해 헐버트는 미국 전역을 순회하면서 강연했다. 그는 이웃 모든 나라가 평화롭지 못하면 어느 나라도 영원히 평화로울 수 없다고 강조했다(김동진, 2010, 314쪽; 홍선표, 2016. 8, 68~74쪽 참고).

8월 18일, 호머 헐버트가 쓴 진술서「한국을 어찌할 것입니까(What about Korea?)」가 미국 연방의회 의사록에 실렸다(독립운동사편찬위원회, 1970b, 822쪽). 헐버트는 이를 위해 8월 15일 진술을 공중까지 받아 상원의원 셀든 스펜서를 통해 미국 상원 외교위원회에 제출했다. ≪뉴욕 타임스≫는 8월 17일 자 기사 "헐버트, 일본의 한국에서의 광란을 고발"에서 헐버트의 진술서 제출 소식과 함께 그 내용을 보도했다. 헐버트의 진술서는 다음과 같이 시작된다.

"일본이 폭정으로부터 해방돼야 한다는 한국 국민들의 요구를 미국 국민들에게 간곡히 호소할 시점에 이르렀다. 3·1운동에서 한국 국민들은 평화적으로 독립을 요구했지만 수천 명의 한국인이 일본 군국주의에 의해 고문당하고 살해됐으며, 부녀자들은 성적 만행을 당하기도 했다."(김동진, 2010, 316~317쪽 재인용)

호머 헐버트는 일본이 식민지 조선에서 자행한 열 가지 악정을 담았고, 진술서 말미에 일본이 한국의 발전을 가져온다는 궤변을 믿어서는 안 되며, 한국이 완전히 주권을 회복하는 것만이 한국 문제의 해결책이라고 주장했다. 헐버트의 미국 연방의회 진술서는 나중에 미국 상하 양원에서 한국 문제에 대한 결의안이 채택되는 데 크게 기여한 것으로 평가된다(김동진, 2010, 315쪽 참고).

1908년 『한국의 비극(The Tragedy of Korea)』을 발간해 조선의 의병항쟁을 세계에 알린 기자 프레더릭 매켄지도 잡지 ≪극동 순보(Far Eastern Fornight)≫ 12월 8일 자에 "한국의 일본화"라는 글을 투고했다. 상하이 임시정부의 부탁으로 3·1운동 당시 한국에 들어갔다가 '한국의 진실(The Truth about Korea)'이라는 팸플릿을 발간한 기자 너새니얼 페퍼(Nathaniel Peffer)도 ≪뉴리퍼블릭≫(1920년 3월호) 등에 한국 동정을 모았다. 페퍼 기자는 그 후 컬럼비아대 교수로 오랫동안 일한 것으로 알려진다(독립운동사편찬위원회, 1970b, 813쪽). 17년간 평양에서 의료선교 활동을 한 해리 화이팅(Harry C. Whiting)은 ≪문학 다이제스트(The Literary Digest)≫ 1919년 5월 31일 자에 "한국에서 나온 더 많은 빛(More Light from Korea)"을 게재했다.

일본 내 진보적인 지식인들은 3·1운동을 보며 한민족의 독립 의지에 주목하고 한국인에게 독립이나 자치를 부여하거나 일본의 철저한 반성 속에 완전히 바뀌어야 한다고 주장했다. 민본주의자 요시노 사쿠조는 5월 15일 자 ≪동양경제신보(東洋經濟新報)≫에 칼럼 "조선 폭동에 관한 이해"를 게재했다. 요시노 사쿠조는 "그들은 독립자치를 얻을 때까지 결코 반항을 그치지 않을 것"이라며 3·1운동의 근저에는 한민족의 독립 의지가 있다고 지적한다(이규수, 2003. 2, 277쪽 참고).

요시노 사쿠조는 중학 시절 기독교로 개종한 일본 기독교 사회주의 운동의 지도적 인물이다. 1910년부터 1913년까지 해외에서 공부한 뒤 귀국해 도쿄제국대 교수가 됐다. 그는 국민이 필요로 하는 바가 정부의 기본 목표라며 민본주의를 주장했다. 그는 보통선거, 민간에 의한 군대 통솔, 사회주의 국가의 점진적 설립 등을 주창했다. 요시노는 식민지에 보다 광범위한 자치를 줄 것을 주문했다.

일본의 민예연구가 야나기 무네요시(柳宗悅)도 5월 20일부터 5월 24일까지 ≪요미우리신문≫에 "조선인을 생각한다"를 연재했다. 야나기 무네요시는 3·1운동 당시 체포당한 사람을 법정에서 변호해주는 자가 없는 상황이 안타까워 이 글을 연재하게 됐다며 "우리는 일본이 올바른 인도를 걷고 있지 않다는 데 대해 명확한 반성을 하고 있다는 사실을 알아주기 바란다"고 말했다(이규수, 2003. 2, 279쪽 재인용).

야나기 무네요시는 "조선인을 생각한다" 발표에 앞서 3·1운동 발생 직전과 직후 "그(야나기 무네요시)에게 편안하지 않은 날이 오래 계속됐다. 그가 사랑하고 또 친밀감을 느끼는 이웃나라 사람들이 괴로운 날을 보내는 것이 항상 그의 귀에 들렸다"며 "학대당하는 소리를 들을 때마다 그의 가슴은 가라앉곤 했다"고 심정을 적기도 했다(加藤利枝, 2001. 4, 190쪽 재인용).

기만적인 관제개정과 조선 정책 변경

입추인 8월 8일 금요일 오전, 도쿄 지요다구 추밀원 사무국. 추밀원은 본회의를 열고 조선총독부 관제개정안을 만장일치로 확정했다. 추밀원은 7월 14일부터 8월 4일까지 8회에 걸쳐 특별위원회를 열고 정부의 조선총독부 관제개정안을 심의한 끝에 총리에게 조선총독에 대한 상주경유권을 보장하는 대신 감독권은 인정하지 않았고, 문무관 군대 통솔권의 차이를 인정하지도 않았다. 추밀원은 텐노의 자문기관으로, 1888년 창설됐다(原奎一郎 편, 1950, 292쪽).

이는 당초 6월 하라 다카시 내각이 마련한 정부 관제개정안과 적지 않은 차이를 보이는 것이다. 하라 다카시가 6월 24일 결정한 정부 측 관제개정안은 총리의 감독을 받아 조선총독이 식민지 조선의 정무를 통괄하도록 하고 총독이 문관일 경우에는 조선의 육해군 사령관에게 병력 사용을 청구할 수 있도록 했고, 총독이 무관일 경우에는 조선군을 통솔할 수 있도록 했다(原奎一郎 편, 1950, 258쪽).

관제개정안의 내용이 추밀원에서 바뀐 것은 야마가타 아리토모와 데라우치 마사타케 등 육군 군벌세력의 반발 때문인 것으로 해석된다. 육군은 조선총독을 정점으로 식민지 조선에 대한 지배권을 총리에게 내주지 않고자 했다. 결국 육군의 반발에 부딪쳐 40여 일 후에야 육군과 하라 다카시 총리 간의 절충과 타협을 통해 새 관제개정안을 마련한 셈이다.

일본 일각에서는 관제개정안에 대해 권력 투쟁의 관점에서 군부 주도의 무관 전제통치가 일부 붕괴하고 식민지 조선에서 발생한 독립만세시위를 이용해 하라 다카시가 권력을 탈취한 것으로 해석하기도 한다. 강덕상의 분석이다.

"군부가 창설한 무관전제 무단통치는 붕괴하게 됐다. 하라는 정적 제거에 식민지에서 일어난 '반란'을 교묘히 이용한 것이다. 이것은 또한 정당파와 산업부르주아가 식민지 이권을 군벌과 기생지주로부터 탈취했다는 것을 의미했다."(강덕상, 2002/2007, 298쪽)

이날 오후, 도쿄 나가타초 총리 관저. 총리 하라 다카시는 내각 각의를 열고 후임 조선총독과 정무총감의 이름을 공개했다. 이와 함께 조선개혁에 대한 다이쇼 덴노의 조칙과 하라 총리의 담화, 하라 총리의 '조선 통치 사견'을 논의하고 결정했다.

오후 4시, 하라 다카시는 신임 조선총독 사이토 마코토와 신임 정무총감 미즈노 렌타로(水野錬太郎)를 불러 상담하고 각료회의에 두 사람을 소개했다. 사이토 마코토와 미즈노 렌타로는 이날 각료들과 인사를 나눴다(原奎一郎 편, 1950, 292쪽; ≪大阪每日新聞≫, 1919. 8. 9, 1면; 윤소영 편역, 2012, 86쪽 재인용).

일본 정부 내에서는 후임 조선총독을 둘러싸고 물밑에서 여러 움직임이 있었다. 즉, 하라 다카시 총리 그룹, 야마가타 아리토모 그룹, 데라우치 마사타케 그룹 등이 조선총독부 관제개정 논의와 맞물려 활발한 물밑 움직임을 보였다. 큰 흐름으로 하라 다카시 총리는 문무병용제를 주요하게 겨냥한 반면, 야마가타 아리토모와 데라우치 마사타케 그룹은 육군의 영향력 유지를 위해 무관 총독제 유지에 방점을 두면서도 후임 조선총독에 자파 그룹 인물을 앉히려 한 것으로 분석된다. 하라 다카시 그룹과 야마가타 아리토모 그룹 간 논의 속에서 문무병용제로 가되 사이토 마코토 전 해군대장을 현역으로 복귀시켜 조선총독으로 임명하는 방안이 합의된 것으로 분석된다.

사이토 마코토는 문관 총독에 대한 우려를 갖는 육군 원로 야마가타 아리토모의 의구심을 고려해 현역에 복귀한 뒤 조선총독으로 취임했다. 사이토 마코토는 조선에 연고가 거의 없었고, 기존에 조선 지배를 주도했던 육군이나 야마가타 아리토모 측과 특별한 인연이 없었다. 그는 군대 통솔권을 갖지 않았고 막료나 부관 등 독자 조직이 없어 매우 위축된 처지였다. 사이토 마코토는 하라 다카시와 같은 내무성 출신 미즈노 렌타로에게 사실상 인사를 위임할 수밖에 없었다는 분석도 있다(김종식, 2007. 4, 296쪽 참고).

사이토 마코토는 1858년 이와테현 오쓰시에서 태어났고 해군병학교를 졸업한 후 1884년 미국에서 유학한 자수성가형 인물이다. 1904년 러일전쟁에 참전했고, 해군대신과 해군대장 등을 지냈다. 1914년 해군 독직 사건으로 사임한 바 있다.

정무총감에 임명된 미즈노 렌타로는 조선총독부의 실질적인 행정 책임자였다. 하라 다카시와 미즈노 렌타로는 내무성에서 오랫동안 호흡을 맞춰왔다. 즉, 하라 다카시가 제1차 사이온지 긴모치 내각 시기(1906년 1월~1908년 7월)에 내무대신으로 입각했고, 미즈노 렌타로는 내무성 신사국장 겸 대신비서관으로 일했다. 하라가 제2차 사이온지 내각(1911년 8월~1912년 12월)에서 내무상을 할 때 미즈노는 내무성 토목국장과 지방국장을 맡았다. 하라가 제1차 야마모토 아리토모 내각(1913년 2월~1914년 4월)에서 내무상을 할 때는 미즈노가 내무차관을 맡았다. 나중에 하라의 권유로 입헌정우회에 입당하는 등 하라 다카시 총리와 긴밀한 관계를 맺어왔다(김종식, 2007. 4, 294쪽 참고).

미즈노 렌타로(水野錬太郎)는 1868년 아키타번의 번사 집안에서 태어나 제일고등중학교를 거쳐 도쿄제국대 법학부를 졸업하고 내무성에 들어갔다. 1895년 명성황후 시해 사건에 가담한 것으로 알려져 있다. 그는 1899

년 저작권 보호에 관한 '베른협약' 회의에서 저작권법 초안을 작성해 저작권 보호에 기여했다는 평을 듣는다. 나중에 1923년 일본 간토대지진 당시 내무상으로서 재일 조선인에 대한 악감정을 조장해 학살 사건을 일으킨 장본인으로 꼽히기도 한다.

하라 다카시는 이 자리에서 자신의 '조선 통치 사건'을 공표했다. 하라 총리는 서구 제국의 식민정책은 식민지 민족과 인종, 종교, 역사, 언어, 풍속이 근본적으로 다르다는 데에서 출발한 "특수한 영토를 다스리는" 제도인 반면, 일본과 조선은 언어와 풍속이 다소 다르더라도 그 근본은 거의 동일한 계통에 속하고 인종도 다르지 않으며, 역사도 거의 동일한 동문동종이기에 달라야 한다고 밝혔다. 이에 조선과 일본에서 같은 제도를 실시하는 '내지연장주의'를 추구하지만, 현재의 조선의 생활이나 문명 수준에 차이가 있어 점진적으로 나아가야 한다는 '점진적 동화주의'를 주장했다(신주백, 2001. 3, 46~48쪽 참고).

8월 19일, 다이쇼 덴노 요시히토는 조칙 '조선총독부 관제개정에 관한 칙어'를 발표했다. 요시히토는 칙어에서 "짐은 일찍이 조선의 강녕으로써 위념하고, 그 민중을 애무하기를 일시동인(一視同仁), 짐의 신민으로서 추호도 차이가 있는 바 없"다며 "이제 제국의 진전에 따라 총독부 관제개정에 힘입어 치화의 보급을 도모할 것"이라고 강조했다(강덕상, 2002/2007, 298쪽; 윤병석, 2013, 518쪽; ≪大阪每日新聞≫, 1919. 8. 21, 1면; 윤소영 편역, 2012, 125쪽 재인용).

하라 다카시도 이날 담화 '조선총독부 관제개정에 따른 하라 총리대신의 담'을 발표하고 "조선은 다 같이 제국 영토 내로 하등 차이가 있을 근본적인 이유가 없으며, 점차 내지와 동양으로 이르게 하는 것을 조선에 대한 종국의 목적"(윤병석, 2013, 519쪽 재인용)으로 한다고 강조했다.

하라 다카시 내각은 이날 칙령 386호를 통해 식민지 관제개정안을 공식 발표한다(김종식, 2007. 4, 289~291쪽 참고). 주요 내용은 다음과 같다. ① 문무관 총독 병용주의를 채용한다. ② 조선 및 타이완에는 군사령관을 둬 군무를 총괄하게 한다. ③ 총독은 문무관을 불문하고 육해군 통솔권을 갖지 않는다. ④ 조선 방비는 군사령관이 이를 관장하게 하고 총독은 비상 급변 시 안녕 질서를 유지하는 데 필요한 경우 군사령관에게 출병을 요청할 수 있다. ⑤ 조선의 헌병제도와 경찰제도를 분리해 헌병은 군사령관에 속해 주로 군사경찰의 임무를 맡도록 하고 보통 경찰은 도장관이 관장하게 한다. ⑥ 조선총독부의 '부'를 '국'으로 고치고 '장관'의 명칭을 '국장'으로 고친다. ⑦ 조선총독부에 다음과 같은 각 국을 설치한다. 내무국, 재무국, 경무국, 법무국, 식산국, 학무국, 즉 경무총감부를 경무국, 탁지부를 재무국으로 고치고 종래 내무부에 속한 학무국을 독립된 국으로 삼는다. 그 밖의 각 부를 모두 국으로 고친다(≪大阪毎日新聞≫, 1919. 8. 7, 1면; 윤소영 편역, 2012, 82쪽 재인용).

일제는 새 관제개정안에서 문무관 모두 조선총독으로 임명할 수 있다고 했지만, 실제로 조선총독에 문관이 임명된 경우는 없었다. 단 한 차례도 문관의 조선총독 임용은 이뤄지지 않았다. 아울러 헌병경찰제도를 폐지하고 11월 보통경찰제도를 도입했지만, 헌병을 경찰복으로 갈아입혀 경찰에 전임하게 하는 경우가 많아 실질적인 변화는 크지 않았다고 분석된다. 관리 등용과 대우에서도 한국인을 차별하지 않겠다고 했지만, 식민통치 기간 조선총독부 내에서 한국인 출신 국장은 학무국장에 국한해 단 2명에 불과했고, 급료 격차는 여전했다(岡本眞希子, 2010, 156~157쪽 참고). 한국인 교육 개선 문제와 관련해 교육은 양적으로 증가했지만 질적으로 큰 개선이 이뤄지지 않았다는 평가가 주를 이룬다. 사실상 이름만 요란했지, 실속이 없었다는 이야기다.

일제는 이와 함께 조선에 대한 기본 정책을 변경했다. 즉, 1904년 대한제국에 대한 식민통치에 착수하던 시기에 마련해 1919년 3·1운동 발발 때까지 기본 정책으로 써오던 '대한 방침'을 변경해, '조선 통치의 방침'을 마련했다. 일제는 새 조선 통치의 방침에서 조선의 독립도 허락하지 않을 뿐만 아니라 조선인에 의한 조선 자치도 허락하지 않겠다고 했다. 다만 제한적인 지방자치를 인정하고 무단통치에서 '문명적 행정'으로 전환하기로 했을 뿐이다. '조선 통치의 방침'은 △ 조선의 독립을 허락하지 않을 것, △ 조선인의 조선 자치를 허락하지 않을 것, △ 조선에 지방자치를 인정할 것, △ 재외 조선인에 대한 보호취체(取締) 방침을 수립할 것, △ 문명적 행정을 행할 것 등 5개 항을 주요 내용으로 한다(윤병석, 2013, 510~512쪽 재인용).

하라 다카시 내각의 관제개정과 조선 정책 변경은 그동안 '시세'와 '민도' 등을 이유로 무단통치로 일관해온 일제 조선 지배 세력이 거족적인 3·1운동을 거치면서 '내지연장주의'로 선회하는 것을 의미한다. 다만 상황과 조건 등을 감안해 점진적으로 추진하는 '점진적 내지연장주의'였다. 점진적 내지연장주의는 결국 본질적으로 한국의 독립운동이나 자치운동 등은 일절 용인하지 않겠다는 것이었고, 제한적인 도·군·면 지방자치제를 시행하되 상하이와 간도, 러시아 연해주 등 해외 독립운동을 철저히 차단하며 이른바 '문화정치'를 실시한다는 것 등으로 요약할 수 있을 것이다(이규수, 2003. 2, 278쪽 참고).

이승만은 일제의 조선 정책 변경이 알려지자 조소했다. 이승만은 "이 성명은 일본이 외교상 국가의 체면을 유지하려는 술수에 지나지 않는다"며 "조선 국민은 완전한 독립을 얻기 전에는 결코 만족하지 않을 것"이라고 혹평했다(≪大阪每日新聞≫, 1919. 8. 27a, 2면; 윤소영 편역, 2012, 143쪽 재인용).

구체화하는 정책 변화

조선총독부 관제개정 및 정책 변경으로 경무총감부가 폐지되고 헌병은 군사경찰을 맡게 되고 사법경찰은 경관이 맡아야 했다. 하라 다카시 내각은 예비 헌병 등을 경관으로 전직시키는 한편, 경찰을 새로 충원하는 동시에 일본에서 경관을 파견하기로 하고 각 지방장관 등을 통해 지원자 모집에 착수했다. 하지만 4000명 증원이라는 당초 계획에 못 미쳐 당분간 헌병이 원조하는 방안을 검토했다(≪大阪每日新聞≫, 1919. 8. 14a, 2면; 윤소영 편역, 2012, 106쪽 재인용).

경찰관 증원에 필요한 예산 확보에도 나섰다. 하라 다카시 내각은 8월 중순부터 1920년 1월까지 5개월간의 경비를 국고잉여금으로 지출하기로 했다(≪大阪每日新聞≫, 1919. 8. 14b, 2면; 윤소영 편역, 2012, 107쪽 재인용).

일본 내각 대장성은 8월 21일 조선총독부가 신관제 실시에 따라 요구한 경비예산 약 480만 엔(1919년 8월~1920년 1월)을 승인했다. 경비예산 약 480만 엔 가운데 380만 엔은 경무국 신설 및 경찰력 확장에 필요한 경비였다. 조선의 헌병 2500여 명을 전부 복원시켜 순사로 삼는 것 외에도 새롭게 순사 2300여 명을 증원하기로 했다. 경비예산 100만 엔은 주로 종래 헌병에 대한 위로금 및 조선인 관리의 봉급액 개정에 따른 금액이었다(≪大阪每日新聞≫, 1919. 8. 26a, 2면; 윤소영 편역, 2012, 141쪽 재인용).

독립만세운동이 일어나기 전 조선총독부 경무총감부 소속 경찰은 헌병 2525명, 순사 2117명, 보조헌병 4749명 등 모두 1만 2730명이었다. 만세운동 이후 순사가 500명 증원되면서 1만 3230명이 됐다. 아울러 관제개정에 따라 헌병 및 보조헌병을 전부 순사로 전환하기로 하면서 2300명을 추가 증원하기로 결정했고, 두만강 방면 국경 수비를 강화하기 위해 헌병 800명을 배치하기로 하면서 조선 경찰력은 1만 6330명이 될 것으로 관측됐다(≪大阪每日新聞≫, 1919. 8. 26b, 2면; 윤소영 편역, 2012, 141쪽 참고).

9월 4일 오전, 일본 오사카부 에노코지마(江之子島) 순사교습소. 초임 53엔 80센에 최고 105엔을 내세운 조선총독부 순사 시험이 열리고 있었다. 이날 오전까지 접수한 응시 인원은 202명. 책상도 없는 복도까지 늘어서 있었다. 넥타이를 맨 양복 차림의 청년이 있는가 하면 옅은 무늬가 있는 흰색의 일본식 재킷 '하오리'를 입고 신사처럼 꾸민 사람도 있었다. 이날 응시 원서를 접수하고 곧바로 시험까지 치렀다고 한다(≪大阪每日新聞≫, 1919. 9. 5, 석간 6면; 윤소영 편역, 2012, 201쪽 재인용).

일제는 9월 5일 조선총독부령 제137호를 개정하고 기존 경찰서에 새로

경찰서 170곳을 늘린다고 공포했다(≪大阪每日新聞≫, 1919. 9. 6, 2면; 윤소영 편역, 2012, 201쪽 참고).

9월 6일 오전 11시, 경성. 조선총독부 경찰국장 아카이케 아쓰시(赤池濃)는 경찰 인력 확충 계획을 발표했다. 아카이케 아쓰시는 "신임 총독의 시정 방침도 먼저 인심의 안정을 얻지 못한다면 충분히 목적을 철저하게 할 수 없으므로 이번에 경찰력을 충실하게 하기 위해 종래 1만 2000명의 경관헌병을 2300명 더 증가해 1만 5000명으로 만들 계획"이라고 밝혔다. 그러면서 "내지(일본)에서는 한 마을에 하나의 주재소를 두는 데 반해 조선에서는 한 주재소에서 서너 개 면을 관할한다. 경찰력이 미약하기 때문에 인심의 불안은 따질 필요도 없다"며 "한 면에 반드시 하나의 주재소를 두게 하려면 5000명을 더 증원할 필요가 있다"고 강조했다(≪大阪每日新聞≫, 1919. 9. 8, 1면; 윤소영 편역, 2012, 208쪽 재인용).

아카이케 아쓰시는 1879년 나가노현 하니시나군에서 아카이케 시치에몬(赤池七右衛門)의 장남으로 태어났다. 도쿄부립 제일고등학교를 거쳐서 1902년 도쿄제국대 법학과를 졸업했다. 아카이케 아쓰시는 그해 내무성에 들어갔고 11월 문관고등시험 행정과 시험에 합격했다. 1918년 5월 시즈오카현 지사에 취임했고 1919년 8월 조선총독부 내무국장과 경무국장 등을 역임했다.

일본 육군은 이에 앞서 6월 29일 당초 1921년까지 한반도에 제19, 20사단의 배치를 완료하기로 했던 계획을 1년 앞당겨 1920년 완료하기로 했다. 육군은 이를 위해 1920~1921년도에 투입할 예산 전부를 1920년에 앞당겨 지출하기로 결정했다. 당시 미설치 부대는 제19사단의 보병 제28여단, 제20사단의 특과대(기병 1개 중대, 야포병 2개 중대, 공병 1개 중대)였다(≪大阪每日新聞≫, 1919. 6. 30, 석간 1면; 윤소영 편역, 2009b, 386쪽 참고; ≪大阪朝日新聞≫, 1919. 6. 30a, 석간 1면; 윤소영 편역, 2009a, 295쪽 참고).

일제는 '내지연장주의'에 기초해 무관통치에서 문화통치로 바꾼다고 그럴듯하게 밝혔지만, 이는 경찰력과 군사력 강화에 기초한 철저한 일본화와 다르지 않다는 점에서 폭력성을 숨긴 채 기만한 것으로 지적된다.

사이토의 부임과 강우규의 폭탄 세례

8월 25일까지 82명이 발병, 41명이 사망할 정도로 한반도에서 콜레라가 크게 창궐했다. 콜레라는 만주에서 발원해 한반도 국경 방면으로 퍼져 들어와 점차 남쪽으로 퍼져 나간 것으로 분석된다(≪大阪每日新聞≫, 1919. 8. 27b, 2면; 윤소영 편역, 2012, 144쪽 재인용).

8월 28일 오전 10시 30분, 일본 도쿄역. 하라 다카시 총리와 도고 헤이하치로(東郷平八郎) 대훈위, 이노우에 요시카(井上良馨) 원수, 야마모토 다쓰오 농상무상, 노다 우타로 체신상 등 수백 명이 환송 나온 가운데 조끼에 감색 양복을 입을 신임 사이토 마코토 조선총독과 미즈노 렌타로 정무총감이 부임 여정에 올랐다(≪大阪每日新聞≫, 1919. 8. 28, 석간 1면; 윤소영 편역, 2012, 147쪽 참고).

사이토 마코토는 이날 열차 특별차량에 자리 잡았다. 그는 누마즈역에서 ≪오사카마이니치신문≫ 등과 인터뷰했다. 그는 "조선 통치를 말하는 많은 사람들은 내지인과 선인을 조속히 동화시키고자 서두르지만 그 때문에 커다란 반감이 생기는 것"이라며 "필요한 것은 한일합병의 성스러운 취지를 일반 선민에게 철저하게 알리기 위한 최선의 노력을 다해 100년 혹은 200년 후를 바라보는 내선인 동화의 길을 지금보다 견고하게 하는 것이 근본적인 통치"라고 견해를 피력했다(≪大阪每日新聞≫, 1919. 8. 28, 석간 1면; 윤소영 편역, 2012, 147쪽 재인용). 사이토 마코토는 시즈오카역에서는 "내 심중은 일선인을 구별하지 않고 일시동인하는 것이다. 폐하의 칙어가 가진 취지도 이와 같다고 삼가 생각하며 만일 내가 일시동인주의 때문에 일부 재류 일본인들에게 혹평을 듣는다 해도 나는 개의치 않는다"고 강조했다(≪大阪每日新聞≫, 1919. 8. 29, 1면; 윤소영 편역, 2012, 150쪽 재인용).

사이토 마코토 일행은 8월 29일 오전 9시 30분 이세신궁에서 연미복 차림으로 부부별로 참배했고(≪大阪每日新聞≫, 1919. 8. 30, 6면; 윤소영 편역, 2012, 153쪽 참고), 8월 31일 밤늦게 시모노세키역에 도착한 뒤 관부연락선 '고마마루'에 탑승했다(≪大阪每日新聞≫, 1919. 9. 2, 2면; 윤소영 편역, 2012, 162쪽 참고). 이들은 9월 1일 부산에 도착한 뒤 오이케(大池)여관에 투숙했다(≪大阪每日新聞≫, 1919. 9. 2, 2면; 윤소영 편역, 2012, 162쪽 참고).

사이토 마코토의 조선 입성에 대비해 경비를 해야 할 노구치 준키치(野口淳吉) 신임 경무국장이 8월 28일 밤 오사카에 도착한 뒤 장티푸스에 걸려 니시노미야 회생병원에 입원했다. 그는 경성에서 폭탄 테러가 발생한 9월 2일에도 퇴원하지 못하고 끝내 숨지고 만다(≪大阪每日新聞≫, 1919. 9. 3d, 석간 6면; 윤소영 편역, 2012, 176쪽 참고).

하늘이 흐리더니 간간이 이슬비가 내렸던 9월 2일 화요일 오후 5시, 경성 남대문역. 역을 중심으로 조선총독 관저에 이르는 도로에 엄중한 경계가 펼쳐졌고 요소요소에서 병사들이 착검을 하고 경비를 펴고 있었다. 사이토 마코토와 미즈노 렌타로 일행을 실은 특별열차가 멈췄다. 남대문역 플랫폼에는 이미 우쓰노미야 다로 조선군사령관을 비롯해 총독부 관리, 외국 영사단, 일본인 등 많은 인파가 마중 나와 있었다. 사이토 마코토 부부와 미즈노 렌타로 부부 일행은 구보 요조 만철 경성관리국장의 안내를 받으며 열차에서 내려 남대문역 귀빈실로 향했다. 그사이 마중 나온 사람들에게 거수경례를 하며 지나갔다. 사이토 마코토 일행은 역 귀빈실에 잠깐 들렀다(≪大阪每日新聞≫, 1919. 9. 3a~t; 윤소영 편역, 2012, 162~177쪽 참고).

오후 5시 20분, 사이토 마코토와 부인, 비서관은 역 귀빈실을 나와 대기하고 있던 총독부 마차에 다가가 탑승하고 막 출발을 시작했다. 이때 갑자기 마차에서 4미터 떨어진 뒤쪽에 뭔가가 떨어지는 듯했다. 폭탄이었다.

"콰광."

폭음과 함께 불길이 솟아올랐다. 사이토 마코토를 태운 마차는 그대로 출발했다. 파편 일부가 마차 쪽으로 날아들었지만 마차 안에는 전혀 피해가 없었다.

폭탄 투척으로 미즈노 렌타로 정무총감이 탄 마차의 마부가 부상을 입었고, 부근에 있던 무라타 시노 육군소장과 구보 요조 만철 경성관리국장, 다치바나 가키쓰(橘香橘) 오사카아사히신문 특파원과 야마구치 이사오(山口諫男) 오사카마이니치신문 특파원 등 20여 명이 중상을 입었다. 사이토 마코토는 의장병의 호위를 받으며 조선총독 관저로 서둘러 들어갔다(≪大阪每日新聞≫, 1919. 9. 3a~t; 윤소영 편역, 2012, 162~177쪽 참고).

환영 나온 우쓰노미야 다로는 자동차에서 내려 잠시 귀빈실에 대기하는 것이 필요하다는 생각으로 2~3보 정도 걷고 있다가 폭발 소리를 들었다. 우쓰노미야 다로는 총독 관저로 찾아가 사이토 마코토를 면회했다(宇都宮太郎關係資料硏究會 편, 2007, 299쪽).

오후 6시 4분, 조선총독부는 사이토 마코토 조선총독에 대한 폭탄 투척 사건에 대해 발표했다. 조선총독부 신임 내무국장 아카이케 아쓰시는 이날 경무국장실에서 니시무라 야스키치(西村保吉) 신임 식산국장, 고지마 소지로 경무총장, 시오자와 요시오 경성 헌병대장 등과 함께 대책을 논의한 뒤 분노한 기색으로 말했다. 아케이케 아쓰시는 "총독도 이번 임명에 대해서는 성심을 피력해 선인과 조선을 위해 할 수 있는 최선의 노력을 다하겠다고 기꺼이 부임했는데, 이런 참변은 실로 조선인을 위해 큰 행복을 가져온 날의 불상사"라며 "아무리 생각해도 선인들의 진의를 알 수가 없다"고 비판했다(≪大阪每日新聞≫, 1919. 9. 3c, 석간 6면; 윤소영 편역, 2012, 176쪽 재인용).

덴노 요시히토는 일본 닛코 행재소에서 사이토 마코토와 미즈노 렌타로 일행에 대한 폭탄 테러 소식을 접하고 근심했다. ≪오사카마이니치신문≫은 덴노 요시히토가 "몹시 근심하시며 깊고 은혜로운 위로의 말씀을 내리셨다"고 보도했다(≪大阪每日新聞≫, 1919. 9. 3쪽, 석간 6면; 윤소영 편역, 2012, 174쪽 참고). 오후 11시, 도쿄 총리 관저의 하라 다카시 총리도 마키야마 고조 중의원으로부터 사건 전보를 받았다(≪大阪每日新聞≫, 1919. 9. 3b, 11면;

윤소영 편역, 2012, 167쪽 참고).

　사이토 마코토에게 폭탄을 던진 이는 강우규였다. 그는 서간도 류허현 신흥동에서 만세시위를 주도했고 블라디보스토크에 본부를 둔 '대한민국 노인동맹단' 단원이었다. 그는 한 러시아인에게 폭탄 한 개를 구입해 증기선을 타고 청진과 성진 두 항을 거쳐 원산에 도착했고 원산에서 다시 철도를 이용해 경성으로 들어온 것으로 알려진다. 상인으로 변장해 여관을 전전하면서 사이토 마코토 일행이 경성에 도착할 날만을 기다리고 있었다. 강우규는 9월 2일 당일 사이토 마코토 일행이 도착하기 전에 도로가 혼잡한 틈을 타 구경꾼들 사이로 잠입해 미리 준비한 폭탄을 들고 귀빈실 출입구 가까이에 있는 사람들 사이에 있었다. 사이토 마코토가 귀빈실에서 나와 마차에 오르려고 하는 것을 확인하고 폭탄을 던졌다고, 그는 나중에 경찰에 진술했다. 강우규는 총독이 무사한 것을 보고 실망했지만 경호원들과 사람들이 당혹해하는 틈을 타 현장을 벗어나 피신했다. 그는 수염을 깎고 변장해 숙소를 전전하며 몸을 숨기고 있다가 9월 17일 친일파로 알려진 조선총독부 고등계 형사 김태석(金泰錫)에게 붙잡혔다(≪大阪每日新聞≫, 1919. 10. 7, 11면; 윤소영 편역, 2012, 242쪽 재인용). 일본 당국은 강우규의 체포를 한동안 발표하지 않았다. 강우규는 9월 29일 심문이 끝난 뒤 구치소에 구금됐다(≪大阪每日新聞≫, 1919. 10. 7, 11면; 윤소영 편역, 2012, 242쪽 재인용).

통합 임시정부의 출범

　1919년 9월 11일 목요일, 중국 상하이 프랑스 조계 샤페이루 321호 대한민국 임시정부 청사. 대한민국 임시의정원은 기존의 대한민국 임시헌장을 대폭 개정해 대한민국 임시헌법을 공포했다. 대한민국 임시의정원은 이에 앞서 9월 6일 한성정부와 상하이 임시정부, 노령 대한국민의회를 하나로 통합하기로 의결하고 8장 57개조로 된 헌법을 제정했다.

정부 형태를 국무총리제에서 대통령제로, 행정조직을 6부에서 7부 1국으로 확장해 한성정부의 각원 선정을 그대로 수용하는 신내각 성립을 선포했다. '통합 대한민국 임시정부'가 수립된 것이다.

기존 국무총리였던 이승만은 9월 11일부로 대한민국 임시정부의 초대 대통령에 선출됐다. 이승만은 1925년까지 대한민국 임시정부 대통령직을 역임했다. 대통령 이승만과 함께 국무총리 이동휘, 노동국총판 안창호 3두 체제가 형성됐다.

물론 100퍼센트 완벽한 통합정부라고 부르기에는 아쉬운 점이 없지 않다. 노령 국민의회 측은 상하이 의정원이 해산되지 않자 다시 국민의회를 구성하고 독자적인 활동에 돌입했고, 임시정부 대통령에 이승만이 추대되자 신채호 등이 격렬하게 반발하면서 임시정부에 대한 불신이 커졌기 때문이다(이태복, 2006, 256쪽 참고).

그럼에도 3·1운동의 결실로 탄생한 통합 대한민국 임시정부는 1945년 임시정부 요인들이 환국할 때까지 수많은 우여곡절과 어려움 속에서도 27년 동안 한민족의 주권을 행사하고 국내외 제반 민족운동을 통합하고 주도해 독립운동의 최고 중추 조직이 된 것으로 평가된다. 임시정부의 역사는 활동 무대에 따라 1919년부터 1932년까지 상하이에서 주로 활동하는 '상하이 시대', 1932년부터 1940년까지 중국 곳곳을 이동하면서 어려움을 겪는 '이동 시대', 1940년부터 중국 충칭(重慶)에 안착하며 광복을 준비하던 '충칭 시대'로 대별할 수 있다(윤병석, 2013, 531쪽; 한지헌, 2004. 9, 73쪽 참고).

대한민국 임시정부 기관지 ≪독립신문≫은 통합 임시정부가 수립되자 11월 15일 자에 "다시 독립대한의 국민이 됐다"고 환호했다.

"금번 시위 운동할 때에 반포된 것이라. 10년의 노예 생활을 벗어나 금일에 다시 독립대한의 국민이 됐도다. 지금 이승만 박사 대통령으로 선출되고 국무총리 이동휘 씨 이하 평소 국민이 숭앙하던 지도자로 통일내각이 성립되도다. 우리 국민은 다시 이민족의 노예가 아니요, 또한 다시 부패한 전제정부의 노예도 아니요, 독립한 민주주의 자유민이라. 우리 환희를 무엇으로 표하랴. 삼천리 대한강산에 태극기를 날리고 이천만 민중의 함성을 합해 만세를 부르리라. 오직 신성한 국토 ─ 아직 적의 점령하에 있나니 이천만 자유민아 일어나 자유의 전쟁을 벌일지어다."(≪독립신문≫, 1919. 11. 15, 1면; 김홍식, 2009, 84~85쪽 재인용)

≪독립신문≫은 "대한민국 임시정부 만세 불러라"로 시작하는 노래 「임시정부 축하가」를 수록하기도 했다.

"1. 자유민아 소리쳐서 만세 불러라 대한민국 임시정부 만세 불러라 대통령 국무총리 각부 총장과 국제연맹 여러 특사 만세 불러라 (후렴) 대한민국 임시정부 만세 우리 이미 이민족의 노예 아니요. 2. 또한 전제정치하의 백성 아니라 독립국 민주정치 자유민이니 동포여 소리쳐서 만세 불러라 자유민아 일어나라 마지막까지. 3. 삼천리 신성국토 광복하도록 개선식 독립연의 날이 가깝다 동포여 용감하게 일어나거라."(≪독립신문≫, 1919. 11. 15, 1면; 김홍식, 2009, 87쪽 재인용)

상하이 임시정부가 수립된 직후인 4월 중순 상하이 푸동 선창에 도착한 김구는 자연스럽게 독립운동에 가세했다. 김구가 처음 상하이에 도착했을 때 이미 많은 독립운동가들이 집결해 있었다고, 그는 회고했다.

"상하이에 도착한 그날, 일행들과 같이 공승서리 15호에 있는 우리 동포의 집에서 담요만 깔고 방바닥 잠을 잤다. 다음 날 상하이에 집합한 동포 중에 친구를 조사해보니 이동녕 선생을 위시해 이광수, 서병호, 김홍서, 김보연 등이 있었다."(김구, 1947/2002, 299쪽)

대한민국의 대표적인 독립운동가 김구는 4월 대한민국 임시의정원 의원으로 참여했다. 다만 상하이 임시정부 초기에는 크게 두드러지지 않았던 것으로 보인다.

9월, 김구는 통합 임시정부가 수립된 이후 경무국장을 맡으면서 임시정부의 중심으로 서서히 자리 잡아간다. 김구(김구, 1947/2002, 285쪽)에 따르면, 김구는 임시정부 내무총장 안창호를 찾아가 임시정부의 문지기가 되기를 청원했다. 그는 임시정부 문지기를 자청한 이유에 대해 "본국에 있을 때 내 자격을 시험하기 위해 순사 시험과목을 혼자 시험 쳐본 결과 합격하기 어려움을 알았던 스스로의 경험과 허영을 탐해 실무에 소홀할 우려가 있었기 때문이었다"고 설명했다.

안창호는 김구의 요청을 듣고 "미국에서 본바 특히 백악관만 수호하는 관리를 뒀으니 우리도 백범 같은 이가 정부청사를 수호하게 되는 것이 좋으니 국무회의에 제출해 결정하겠다"며 흔쾌히 대답했다.

다음 날, 안창호는 김구에게 임시정부의 문지기가 아닌 경무국장 임명장을 주며 취임해 성실히 근무할 것을 권했다. 당시 임시정부는 각 부 총장들이 다 취임하지 않아 각 부 차장들이 총장을 대리해 국무회의를 진행하던 때였다. 그때 각 부 차장들은 윤현진과 이춘숙 등 젊은 청년들이 많았다. 젊은 차장들은 "노인에게 문을 여닫게 하고 통과하기가 미안하다"며 "김구 선생은 여러 해 감옥 생활로 왜놈의 실정을 잘 알 터이니 경무국장이 적합하다"고 말했다고, 안창호는 전했다. 김구는 놀라 말했다.

"나는 순사의 자격도 되지 못하는데, 경무국장을 어찌 당할 수 있겠소?"

안창호는 난색을 표하는 김구에게 경무국장을 강권했다고 한다.

"백범이 만일 거절해 피한다면 청년 차장들의 부하 되기가 싫다는 것으로 여러 사람이 생각할 터이니 거절하지 말고 공무를 집행하시오."

김구는 이렇게 해 대한민국 임시정부 경무국장을 승낙하고 취임해 본격적으로 업무를 보기 시작했다.

김구는 9월 통합 대한민국 임시정부 경무국장이 된 이래 정보 및 감찰, 경찰 업무를 담당했고 일제 밀정에 대한 검거 활동을 했다. 경호부장으로 여순근을 임명하고 한인 청년들을 고용해 경찰, 정보감찰 업무, 밀정 색출 업무를 수행했다. 재판소가 없는 임시정부에서 재판장으로서 재판을 하기도 했다.

9월 18일, 러시아 블라디보스토크에서 독립운동을 주도해온 이동휘가 현순과 함께 상하이에 도착했다. 현순은 앞서 8월 말 블라디보스토크 신한촌으로 가 연해주 독립운동 지도자 이동휘와 만나 서로 눈물을 흘렸다.

현순은 이동휘에게 상하이행 필요성을 전달했고, 이동휘는 상하이로 가겠다고 답했다. 현순과 이동휘는 러시아 배를 타고 상하이에 도착했다(고정휴, 2016, 76쪽 참고).

러시아 연해주 독립운동을 대표하는 이동휘가 상하이에 오면서 대한민국 임시정부는 통합력이 강화됐다. 이동휘는 1920년 12월 상하이로 건너온 이승만과 본격적으로 대립하게 된다.

민족 대표 33인 중 유일하게 체포되지 않고 상하이로 망명을 온 김병조 목사도 대한민국 임시정부에 합류했다. 김병조는 상하이 임시정부 임시의정원의 평안도 지역구 대표와 선전위원회 이사(1920년) 등을 지냈다.

통합 임시정부가 수립된 뒤 약 2개월 뒤인 11월 3일 월요일, 중국 상하이 프랑스 조계 대한민국 임시정부 청사. 통합 대한민국 임시정부 출범식이 거행됐다. 국무총리 이동휘와 내무총장 이동녕, 법무총장 신규식, 재무총장 이시영, 노동국총판 안창호가 정식 취임했다. 안창호와 현순 등의 노력으로 3월 1일 독립선언 후 8개월이 지나서야 비로소 진정한 독립운동 최고 지도부가 될 통합 임시정부가 출범하게 된 것이다.

이승만은 미국에서 취임 축하 전문을 보내 "원동의 일은 총리가 주장해 하고 중대한 일만 나와 문의해 하시오. 구미의 일은 나에게 임시로 위임하시오"라고 역할 분담을 제의했다. 상하이에 오지 않고 미국에서 일하겠다는 뜻이었다. 각종 공문과 보고, 지시 사항 등이 전문으로 오가기 시작했다(오인환, 2013, 91쪽 참고).

제10장

꺼지지 않는 불꽃

公約三章

一、今日吾人의此擧는正義、人道、生存、尊榮을爲하는民族的要求ㅣ니오
즉自由的精神을發揮할것이오決코排他的感情으로逸走하지말라
一、最後의一人까지最後의一刻까지民族의正當한意思를快히發表하라
一、一切의行動은가장秩序를尊重하야吾人의主張과態度로하야금어대까
지던지光明正大하게하라

———

공약 3장

1. 오늘 우리의 이 거사는 정의, 인도, 생존, 번영을 위한 민족 전체의 요구
이니, 오직 자유의 정신을 나타낼 것이며, 남을 배척하는 감정으로 그릇되
게 달려 나가지 말라.

1. 마지막 한 사람까지, 마지막 한 순간까지, 민족의 정당한 뜻을 시원스럽
게 발표하라.

1. 모든 행동은 질서를 존중해 우리의 주장과 태도를 어디까지든지 밝고
정당하게 하라.

앞에서는 문명적 통치, 뒤로는 군사력 강화

1919년 9월 3일 오전 10시, 경성 남산 왜성대에 위치한 조선총독부. 신임 조선총독 사이토 마코토는 총독부 내 고등관에게 시정방침에 관한 훈시를 발표했다. 이는 하세가와 요시미치 전임 총독의 조언을 바탕으로 한 것이었다. 사이토 마코토는 훈시에서 "요컨대 문화적 제도의 혁신에 의해 조선인을 유도, 진작해 그 행복과 이익의 증진을 꾀한다"며 "문화의 발달과 민력의 충실에 응해 정치상, 사회상의 대우에 있어서도 내지인과 완전히 동일하게 취급한다는 궁극의 목적을 달성할 것을 바랄 뿐"이라고 강조했다. 그는 그러면서 "조선의 실정을 잘 알지 못하고 시정의 구체적 방침에 이르러서는 더욱 조사를 가해 제군의 부익(扶翼)을 기다려 서서히 결정해야 할 것"이라며 "제군에게 시정의 근본 방침을 보이고 먼저 제군이 유의하기를 청하는바"라고 덧붙였다(≪大阪每日新聞≫, 1919. 9. 4, 1면; 윤소영 편역, 2012, 181~183쪽 재인용).

사이토 마코토는 9월 9일 한국인들에게 유고를 발표했다. 사이토 마코토는 유고에서 "앞으로 부하를 독려해 더욱 공명정대한 정치를 시행하고 형식에 구애받지 않고 편익과 민의의 창달을 꾀해 조선인의 임용, 특별 대우 등에 관해 더욱 고려해 각기 마땅한 자리를 얻게 하려 한다"며 "조선의 문화 및 구관에서 모름지기 취할 바가 있다면 이를 채용해 통치에 활용하고 나아가 제반 행정을 쇄신하고 장래 기회를 보아 지방자치제도를 실시함으로써 국민 생활을 안정하고 일반 복리를 증진할 것을 기한다"고 밝혔다. 그는 그러면서 "관민이 서로 흉금을 털어놓고 노력 일치, 조선의 문화를 향상시켜 문명적 정치의 기초를 확립함으로써 성명에 봉답할 것을 바란다"고 강조했다(≪大阪每日新聞≫, 1919. 9. 10, 1면; 윤소영 편역, 2012, 210쪽 재인용).

사이토 마코토는 훈시와 유고 등을 통해 외견상 '내선동인'이라는 원칙에 따라 문화정치를 추진할 것이며 이 과정에서 공정하고 불편부당하게 추진할 것임을 밝혔다. 하지만 그것은 표면적인 주장일 뿐이었다.

9월 10일, 조선총독 사이토 마코토는 보고서 「최근에 있어서의 한국 사정」을 일본 정부에 은밀하게 보고했다. 그는 조선의 민심은 일제의 의도와 달리 관제개정이나 문화통치 수준을 원하는 것이 아니라 이미 전면적인 독립을 강렬히 열망하고 있다고 진단했다.

"친히 조선의 땅을 밟고 사방의 정세를 살피건대, 일반 선민의 인심은 의외로 험악해 우리 관제개정에 의해서도 하등 완화의 징조를 볼 수 없다. 귀천, 빈부, 노소, 남녀의 구별이 없이 모두 독립을 몽상하고, 불령의 무리는 이 기회를 타서 음모를 기획하고 혹은 폭탄으로써 총독 이하 현관을 쓰러뜨리려 하고, 혹은 총독부를 불사르려 하고, 혹은 외인과 기맥을 통해 조선 살상 능욕(凌辱)의 사실을 과장하고 언론 사진으로써 구미에 선전하고 그들의 배일 감정을 환기시키고자 하고, 혹은 소요죄에 의해 형벽(刑辟)에 걸린 사람을 지사라고 존영하고, 그 옥중에서 사망한 자의 장의에 항열(巷列)하는 자 만으로 헤아릴 수 있는데, 천장절(일본 덴노의 생일) 등 축제일에는 거의 국기(일본 국기)를 게양하는 자 없는 등 더욱더 험악의 도를 가하고 있는 실황이다."(윤병석, 2013, 520쪽 재인용)

사이토 마코토 조선총독과 미즈노 렌타로 정무총감, 우쓰노미야 다로 조선군사령관 등 일제의 식민지 조선 지도부는 문화통치를 하겠다고 선언했지만 한국인들이 자주독립을 뜨겁게 열망한다는 사실을 파악하고 교묘하게 식민지배체제 강화 작업에 나선다.

일제 지도부는 한국인 독립운동가의 회유와 상하이 대한민국 임시정부 와해 등을 추진하는 한편, 최우선적으로 경찰력 강화와 함께 군대 등 무장력 강화에 적극 나서게 된다.

9월 15일 오후 1시, 도쿄 육군성. 조선군사령관 우쓰노미야 다로는 다나카 기이치 육군상을 방문해 회담하면서, 독립만세시위의 진상을 이야기하고 선정과 함께 위압도 필요하다고 강조했다. 그러면서 권위의 최후의 배경이 되는 군사력이 충분하지 않다고 말했다고 자신의 일기에 적었다. 사실상 한반도에 일제 군대를 추가 배치해야 한다며 증병을 건의한 셈이다(宇都宮太郞關係資料硏究會 편, 2007, 305쪽).

우쓰노미야 다로는 9월 17일 오후 3시 총리 관저에서 하라 다카시 총리를 회견하고 조선의 근황과 대책, 사이토 마코토 조선총독의 전언 등을 말했다(宇都宮太郞關係資料硏究會 편, 2007, 306쪽). 우쓰노미야 다로는 이 자리에서 일본군 증파의 필요성을 역설했다. 『하라 다카시의 일기』(原奎一郞 편, 1950, 332쪽; 강덕상, 2002/2007, 329쪽 재인용) 등에 따르면, 우쓰노미야 다로는 이 자리에서 조선인의 독립사상은 근본이 깊어 경시할 수 없으며, 일제 조선군은 다소 적어 일본의 비율을 타산해 증병할 필요가 있다고 주장했다. 증파된 병사는 각지에 분산 주둔해 치안을 유지해야 한다는 것이다.

하라 다카시와 우쓰노미야 다로는 이날 독립운동가의 회유 방안에 대해서도 논의한다. 우쓰노미야 다로는 조선인을 회유하는 일은 20년 전과 다르다며 조선의 깊은 분노를 배양하는 것의 실례를 말했다. 하라 다카시는 물었다.

"기밀비가 부족한 듯하지만 내외에서 회유책을 펴기 위해서도 필요할 것이다. 국외에 거주하는 자에게는 지금 조금씩이라도 나눠주면 방지 효과가 있지 않겠는가?"

우쓰노미야 다로는 동감을 표시하면서 그 필요성을 설명했다.

"다만 불령한 무리(독립운동가)를 완전히 없앨 수는 없겠지만, 그 수를 줄이고 결국 없앨 필요가 있습니다."

하라 다카시는 우쓰노미야 다로가 마련한 군대 증파 계획과 함께 한국인 독립운동가에 대한 회유책을 논의하고 사실상 이를 승낙한 것으로 해석된다.

하라 다카시를 내방한 우쓰노미야 다로는 11월 19일 도쿄 조선총독부출장소에서 미즈노 렌타로 정무총감을 만나 조선 증병에 관한 문제와 함께 기밀비 확보 등에 대해 논의했다(宇都宮太郞關係資料硏究會 편, 2007, 333쪽).

11월 20일, 도쿄 육군성. 조선군사령관 우쓰노미야 다로는 다나카 기이치 육군상을 만나 조선의 병비 확장 문제와 총독의 자유자금 문제 등에 대해 협의했다. 총독의 자유자금은 독립운동가의 회유 등에 사용할 경비로 200만 엔을 군사비에서 청구하도록 하고, 우선 금년도에 긴급자금으로 3000만 엔을 지출하기로 했다(宇都宮太郎關係資料研究會 편, 2007, 334쪽).

우쓰노미야 다로는 우에하라 유사쿠(上原勇作) 육군참모총장을 만나 일본군 병력의 증원을 요청하고 협의하기도 했다. 육군참모총장 우에하라 유사쿠는 1856년 사쓰마번에서 태어났고 1879년 육군사관학교를 거쳐 1881년 프랑스로 유학을 떠나 프랑스 육군에서 수학했다. 공병의 근대화에 공헌해 '일본 공병의 아버지'로 불린다. 청일전쟁과 러일전쟁에 모두 종군했다. 1912년 제2차 사이온지 내각의 육군대신으로 취임했고, 육군이 제출한 2개 사단 증설안이 내각에서 긴축재정을 이유로 거부되자 천황에게 후임자를 추천하지 않고 단독으로 사직서를 제출해 내각 총사퇴를 이끌어내기도 했다.

우쓰노미야 다로는 조선으로 돌아와 사이토 마코토 조선총독과 미즈노 렌타로 정무총감 등과 논의해 대한민국 임시정부 와해와 해외 독립운동가 회유에 본격적으로 나선다.

12월 5일, 조선총독 사이토 마코토는 우쓰노미야 다로의 자문을 받아 조선증병청구서「조선에 육군 병력의 증가를 요하는 건」을 일본 정부에 제출했다. 조선 증병 청구안의 요지는 조선 통치상 병력 부족에 대해 일본 사단 일부를 한반도에 배치해달라는 것이었다(宇都宮太郎關係資料研究會 편, 2007, 341쪽). 사이토 마코토는 광대한 면적에 인구 1800만 명이 살고 있어 2개 사단이 주둔해 지배하기에는 무리가 있는 데다 독립을 바라는 한국인들의 민심이 고조돼 있기 때문이라고 증병 청구 이유를 설명했다.

"조선에서 현재의 육군 병력은 통치상에 감(鑑)해 제국 위력의 유지상 더욱 그 증가의 필요를 인(認)함으로써 상당의 군대를 내지에서 이전 배치하고자 이에 이유를 구(具)해 의견을 제출함."(윤병석, 2013, 515쪽 재인용)

외견상 문화정책을 표방했으면서도 은밀하게 군대 증파를 건의한 사이토 마코토의 기만성이 드러나는 대목으로 꼽히기도 한다(蔡永國, 1992. 12, 196쪽 참고).

하라 다카시 총리는 12월 9일 사이토 마코토 조선총독이 제출한 조선 증병 청구안을 다나카 기이치 육군상에게 보여주고 논의했다(原奎一郎 편, 1950, 425쪽).

12월 12일, 도쿄 나가타초 총리 관저. 하라 다카시 내각은 각의에서 조선총독부의 예산을 결정했다. 조선총독부에서 요구한 2400만 엔 안팎의 예산 가운데 1000만 엔은 보조금으로, 나머지 1500만 엔은 공채 및 차관 발행을 통해 각각 조달하기로 했다. 평원선 철도 기공이나 담배 관영 사업 등은 사업 시기를 미루고 군대 증파와 독립운동가 회유 등에 예산이 우선 배정된 것이다. 예산안은 다카하시 고레키요 대장상과 미즈노 렌타로 정무총감이 수차례 회동해 합의한 뒤 마련됐다(≪大阪每日新聞≫, 1919. 12. 13, 2면; 윤소영 편역, 2012, 309쪽 참고).

육군 예산에는 조선사단의 보병대를 1920년도와 1921년도에 각각 2400명씩 증원하는 조치도 반영됐다. ≪오사카마이니치신문≫은 증병 이유에 대해 "올 봄의 소요 사건 발발 이래 조선의 평온을 유지하기 위해서는 종래처럼 조선의 군대를 연대 이상으로 합쳐 몇 군데에 배치하는 것만으로는 도저히 그 목적을 달성할 수 없기 때문"이고, "불령한 무리가 두려워서 감히 일을 일으키지 못하도록, 또한 변경의 조선인이 본국의 성의를 잘 알고 천박한 선동에 동요하는 일이 없도록 하기 위해 더 많은 곳에 군대를 분산 주둔시키는 것이 무엇보다 필요하다고 인정된 것에 따른 것"이라고 설명했다(≪大阪每日新聞≫, 1919. 12. 22, 석간 1면; 윤소영 편역, 2012, 312쪽 재인용).

독립운동가 회유와 친일파 육성

하라 다카시 총리와 다나카 기이치 육군상, 우쓰노미야 다로 조선군사령관, 사이토 마코토 조선총독, 미즈노 렌타로 정무총감 등 일제와 식민지 조선 지도부는 군사력 증대와 함께 상하이 대한민국 임시정부 와해, 독립운동가들의 친일파 육성 방안 등도 본격적으로 검토하고 실행한다.

9월 3일, 도쿄 나가타초 총리 관저. 하라 다카시 총리는 야마가타 이사부로 전 정무총감을 만나 조선의 사정 등을 이야기했다. 야마가타 이사부로는 조선인 가운데 파리에 간 자도 있고, 미국으로 간 자도 있으며, 상하이에서 다양한 획책을 하는 자들이 있다며 다소 기밀금을 사용하면 방지할 수 있다고 주장했다. 그는 펑톈 총영사 등으로부터 요청이 있었지만 하세가와 요시미치가 자금을 허용하지 않아 회유할 수 없었다고 분석했다. 야마가타 이사부로는 조선인은 관료가 되는 것을 좋아해 관료로 해주면 평온해진다고도 조언했다. 야마가타 이사부로의 이러한 발언은 하라 다카시에게 조선을 효과적으로 지배하기 위해서는 회유와 기만 정책을 사용하라는 취지로 해석된다(原奎一郎 편, 1950, 313쪽).

특히 조선군사령관 우쓰노미야 다로는 종교조직 '일본조합기독교회'를 통하거나 신흥종교를 활용해 독립운동가의 회유 공작을 시도하기도 했다. 9월 4일 저녁, 용산 조선군사령관저. 우쓰노미야 다로는 내방한 일본조합기독교회 주요 인물 무라카미 다다요시, 선우균과 만찬을 함께했다. 선우균은 일본과 조선의 동화를 위한 강연회 개최 계획을 설명했다. 우쓰노미야 다로는 9월 6일 오노 도요시 참모장에게 강연회를 추진 중인 선우균에게 200엔을 주도록 지시했다(宇都宮太郞關係資料研究會 편, 2007, 300~301쪽).

우쓰노미야 다로는 9월 5일 저녁 조선군사령관저에서 일본조합기독교회의 주요 인물 무라카미 다다요시와 주사 후지타 규코(藤田九皐)를 불러 만찬을 제공했다. 후지타 규코는 중국 상하이 조선인들의 붕괴책을 마련하기 위해 다나카 기이치 육군상이 있는 도쿄로 초치되어 돌아가는 길이었다(宇都宮太郎關係資料研究會 편, 2007, 300쪽). 우쓰노미야 다로는 7월 26일 마쓰모토 나리히로(松本成寬), 마쓰모토 마사타로(松本雅太郎)와 함께 온 일본조합기독교회 조선순회교사 유일선을 만났다(宇都宮太郎關係資料研究會 편, 2007, 285쪽).

조선총독부와 조선군의 재정적 지원 등을 바탕으로 일본조합기독교회는 3·1운동 이후 한민족의 독립운동이 간도와 중국 본토, 러시아 연해주 등으로 확산하자 이들 지역으로 활동을 확대했다. 독립운동 동향에 관한 정보를 일제에 제공하거나 독립운동가의 회유 공작 등도 은밀하게 전개했다(양현혜, 2009, 59~60쪽 참고).

11월 2일, 조선군사령관 우쓰노미야 다로는 최제우를 모시는 '제우교(濟愚敎)'를 표방하는 이인수와 이해수, 박우양, 김탁현 등을 만났다(宇都宮太郎關係資料研究會 편, 2007, 328쪽). 김탁현 등과 함께 독립운동가 회유 공작 등을 논의해온 우쓰노미야 다로는 그해 12월 1일 관저에서 김탁현, 이해수 등을 만났다. 김탁현 등은 천도교 등을 제우교 등에 합치고 천도교도들을 초청할 계획 등을 밝히면서 도움을 부탁했다. 우쓰노미야 다로는 천도교도를 포섭해 친일파로 돌려세우기 위해 제우교를 확대 개편하는 것을 돕고 지원하기로 했다고 자신의 일기에 기록했다(宇都宮太郎關係資料研究會 편, 2007, 339쪽). 김탁현 등은 나중에 1920년 2월 '제우교 취지서'를 발표하고 제우교를 설립해 조선의 독립과 분리를 반대하는 목소리를 대변했다. 제우교는 교세 확장을 명목으로 만주 지역에서 포교를 시작해 만주 지역의 반일 세력을 탄압하는 데 앞장섰다. 또한 관동군 밀정 단체인 '만주보민회' 결성에도 적극 가담해 항일 독립 세력의 동태를 파악하거나 무장자위단을 조직해 항일 독립군 부대를 공격하기도 했다. 나중에 만주에서 세력을 잃은 뒤 국내에서 용화교(龍華敎), 대화교(大華敎)로 이름을 바꿔 명맥을 유지했다.

일제는 또 일본과 식민지배체제를 위해 희생된 조선인들에게 훈장이나 작위 등을 주면서 친일파를 지지·육성하려 했다. 9월 11일, 일본 정부는 평안도 사천 시위에 대응하는 과정에서 피살된 조선인 헌병 보조원 김성규, 강병일, 박요섭 세 사람에게 시위 진압의 공적을 인정해 욱일장 훈8등 백색동엽장의 서훈을 추서했다. 사망한 조선인 헌병 보조원 가운데 가장 연장자였던 김성규는 1912년에 한국병합기념장을 받은 기록도 있다.

이와 함께 귀족과 양반, 유생, 부호, 실업가, 교육가, 종교가 등 각 계급 및 사정에 따라 다양한 친일단체를 조직하거나 운용하고 이들에게 다양한 편의와 원조를 제공하는 방안도 검토한다(강덕상, 2002/2007, 300쪽 참고). 9월 24일 밤, 경성 조선총독 관저. 조선총독 사이토 마코토는 일제에 의해 조직된 52명의 조선인 대표자들을 불러 만찬회를 열었다. 사이토 마코토는 이 자리에서 "이번에 특히 지방 선각자인 각위를 불러 병합의 취지 및 조선 통치의 방침에 관해 당국 및 명사의 후원을 구함과 동시에 각위의 의견도 청취해 서로 의지의 소통을 꾀하고 나아가 각위를 통해 민중에 대해 시정의 방침을 철저하게 하려고 한다"면서, "바라건대 각위는 이러한 취지를 잘 양해해 주변 도움과 향당을 진작하고 나아가 널리 지방에 선전해 오해와 의혹을 일소함으로써 통치에 기여할 것을 간절히 바란다"고 당부했다(≪大阪每日新聞≫, 1919. 9. 26, 석간 1면; 윤소영 편역, 2012, 227쪽 재인용).

조선중앙기독교청년회 총무 윤치호는 이날 조선인 대표자 52명을 대표해 "총독이 첫 번째로 일시동인, 두 번째로 민복증진, 세 번째로 민의창달을 기한다고 말씀하신 것은 우리가 동의하는 바"라며 "우리들도 총독정치에 원조의 뜻을 표할 것"이라고 화답했다(≪大阪每日新聞≫, 1919. 9. 26, 석간 1면; 윤소영 편역, 2012, 228쪽 재인용).

조선총독 시정방침 강습회에 모인 13도 대표자들은 9월 25일 오쓰카 쓰네사부로(大塚常三郎) 중추원 서기관장이 참석한 가운데 △ 지방자치정을 실시하기 위해 면회·부회·도회 설치, △ 각 도 인민의 대표자를 모아 민의상달 기관을 설치, △ 교육 정도는 일본인과 동일하게 하고 초등학교에 관해서는 의무교육 실시, △ 언론·집회·출판·결사의 자유 허락 등 19개조의 희망 사항을 제출했다(≪大阪每日新聞≫, 1919. 9. 27, 2면; 윤소영 편역, 2012,

229쪽 참고).

　11월 22일, 하라 다카시 총리는 미즈노 렌타로 정무총감을 만났다. 미즈노 렌타로는 이날 회동에서 조선의 인심 등을 전달했고, 하라 다카시 총리는 조선의 치안상 기밀금 증액의 필요성과 함께 조선에서 신문 발행 문제를 협의하는 한편, 특히 조선에서 사실상 '친일당'의 수립이 필요하다고 말했다(原奎一郎 편, 1950, 396쪽).

"임시정부 와해시켜라" 막 오른 '상하이 사업'

　일제 지도부는 상하이 임시정부가 각종 독립운동의 중심축이 되고 있다고 판단하면서 식민지 지배체제 강화를 위해 상하이 임시정부 붕괴나 약체화를 추진했다.

　정무총감 미즈노 렌타로는 9월 3일 하니하라 마사나오(埴原正直) 외무차관에게 외교적 압력과 물리력을 통해 해외 독립운동가에 대한 단속을 요구했다. 상하이 임시정부 회유와 약체화가 필요하다고 지적했다. 미즈노 렌타로는 "요컨대 불령선인들은 상하이를 근거지로 불온한 행동을 기획하는 것이 분명하다"며 "만일 이들을 방치한다면 조선 내에 위험 사상을 선전하고 민심을 악화시키며 통치에 지대한 영향을 미칠 것"이라고 진단했다. 그러면서 "본 총독부에서도 이 지역 조선인에 대한 조치를 구체적으로 강구할 터이니, 귀 성에서도 이번 기회에 이 지역에 살고 있는 조선인 단속에 관해 충분히 고려해주시길 바라면서 이를 조회한다"고 임시정부 와해 공작에 착수했음을 밝혔다. 이와 함께 그것이 조선총독부뿐만 아니라 외무성 등 일본 정부 차원에서 추진되고 있음을 시사하기도 했다(강덕상, 2002/2007, 328쪽 재인용).

　9월 8일 오후, 조선총독 관저. 사이토 마코토 조선총독과 미즈노 렌타로 정무총감, 우쓰노미야 다로 조선군사령관, 오노 도요시 조선군참모장, 고지마 소지로 중장, 아카이케 아쓰시 경무국장 등이 모였다. 식민지 조선의 지도부가 거의 모두 모인 셈이다. 우쓰노미야 다로는 이 자리에서 오노 도요시 조선군참모장과 고지마 소지로 경무총장을 통해 상하이 대한민국 임시정부 와해 공작인 '상하이 사업'을 제안했다. 사이토 마코토 조선총독은 자금이 없더라도 어떻게든 이를 수행하라고 지시했다. 예비금 지출을 위해 하라 다카시 총리에게 이 내용을 이야기하는 것으로 정리했다. 한때 독립운동을 했지만 친일로 돌아선 선우균을 위해 월 500엔을 지출하도록 했고, 이진호를 중용하고 유일선을 활용한 사업 등에 대해서도 승인을 받았다(宇都宮太郎關係資料硏究會 편, 2007, 302쪽). 이로써 일제의 식민지 조선 지도부가 상하이의 대한민국 임시정부 와해와 해외 독립운동가의 회유 공작을 본격적으로 논의하고 행동에 나선 것으로 해석된다.

조선총독 사이토 마코토는 9월 16일 대장 대신 출신의 귀족원 의원 사카타니 요시로(阪谷芳郎)에게 보내는 서한에서 독립운동가 단속과 회유 계획을 추진 중이라고 밝혔다. 사이토 마코토는 이 서한에서 "국외에 있는 조선인은 그 언사가 교묘해 무지한 선민은 이를 맹신하고 이에 공명해 변이 일어나기를 바란다"며 "따라서 재외 선인을 단속하는 것은 소요와 불안의 근원을 없애는 것이고 조선 통치상 매우 긴요한 일"이라고 강조했다. 그는 그러면서 "특히 중국 상하이에 있는 자들은 임시정부를 조직하는 등 상황이 위험하므로 우선 그 근거지를 소탕할 필요성을 인정해 현재 각종 계획을 추진하고 있다"고 대한민국 임시정부의 붕괴 공작을 추진하고 있음을 시사했다(강덕상, 2002/2007, 329쪽 재인용).

10월 4일, 조선총독 관저. 사이토 마코토는 내방한 조선군사령관 우쓰노미야 다로를 만났다. 사이토 마코토는 친일매족 인사 이희간을 만나고 있었다. 우쓰노미야 다로는 이때 사이토 마코토와 만나 상하이 임시정부의 해산과 재외 독립운동가의 회유를 당면 제1과제로 하고, 그 단서를 얻고 있다는 감을 받았다고 자신의 일기에 적었다(宇都宮太郎關係資料硏究會 편, 2007, 313쪽). 우쓰노미야 다로는 다음 날인 10월 5일 이희간을 조선군사령관저에 초청해 만찬을 함께하고 임시정부 와해 및 독립운동가 회유 공작 등을 논의했다. 두 사람은 밤 10시까지 논의를 이어갔다(宇都宮太郎 關係資料硏究會 편, 2007, 314쪽).

우쓰노미야 다로는 10월 6일 사이토 마코토 조선총독을 찾아가 다시 한 번 이희간을 만나볼 것을 권하고 상하이 임시정부를 해산시키기 위해 이희간 등에게 보여줄 10개 조건을 사이토 마코토 조선총독 등에게 보여줬다. 그는 △ 조선의 독립과 분리는 절대 불가하며, △ 융합화락하고 장래에는 한 가정처럼 한 민족으로 기하고, △ 상하이 임시정부는 해산하며, △ 해외 망명자들은 귀순하는 것 등을 제시했다. 우쓰노미야 다로 자신도 오후 2시 이희간을 만나 논의를 이어갔다. 우쓰노미야가 일기에 남긴 기록에 따르면, 이때 이희간은 '상하이 사업'에 협력하고 싶다는 희망을 전달한 뒤 헤어졌다(宇都宮太郎關係資料硏究會 편, 2007, 315쪽). 우쓰노미야 다로는 10월 18일 이희간을 다시 만나 상하이 임시정부 와해와 해외 독립운동가의 회유 등에 대해 논의했다(宇都宮太郎關係資料硏究會 편, 2007, 332쪽).

일본 이름이 우메다 지로(梅田二郎)인 이희간은 1875년 평안남도 순천군 출신으로, 1897년 독립협회 회원으로 활동하고 1905년 11월 상동교회에서 열린 을사조약 반대 모임에 참여했으며 1907년 헤이그밀사 사건에도 관여했다. 러시아 연해주에 살다가 1910년대에 귀국해 일제 관헌의 밀정으로 활동하고 광업과 개간업, 고리대금업 등에 종사했다. 이희간은 사이토 마코토 조선총독과 우쓰노미야 다로 조선군사령관을 수시로 만났고, 상하이 임시정부의 와해와 유동열, 김희선 등 해외 독립운동가에 대한 회유 및 귀순 공작을 수행했다.

미즈노 렌타로 정무총감과 고가 렌조 척식국 장관 등의 건의를 받은 일본 외무성은 10월 18일 관계 당국과의 협의를 한 뒤 상하이 임시정부 와해 또는 약체화를 위해 외무상 명의로 재프랑스 마쓰이 대신에게 극비 훈령을 내렸다. 요지는 다음과 같다.

"제1안으로는 프랑스 관헌의 호의를 얻어 거류지 내에서 불령선인을 전부 체포할 수 있다면 안성맞춤이다. 프랑스 측이 그 대가로 일본에 요청한 망명 중인 베트남 혁명당원의 인도 요구를 들어줄 수 없는 사정이 있기 때문에 제1안은 실행이 곤란하다. 제2안은 각종 수단을 동원해 불령선인을 일본인 거류지 내로 유인해 한 번에 체포하는 것인데, 이것도 내외의 이목을 집중시키는 등 온당치 않다. 제3안은 일본에 체재 중인 베트남 혁명당원에 대해 종래에도 엄중하게 감시해왔지만, 더욱 단속을 강화해 프랑스 정부가 충분히 안심할 수 있도록 하고, 그 대신에 프랑스 정부도 톈진, 상하이 등 거류지에서 발생하는 독립운동을 철저히 억압하도록 시급히 당지 프랑스 관헌에게 적당한 훈령을 보내는 것 등에 관해 교섭하라."(강덕상, 2002/2007, 330쪽 재인용)

일제는 처음 프랑스 관헌의 묵인하에 상하이 프랑스 조계지 안의 임시정부 인사들을 체포하는 방안을 검토했지만, 프랑스 측이 그 대가로 일본에 망명 중인 베트남 혁명당원의 인도를 요구하면서 실행되지 못했고, 두 번째로 독립운동가를 일본인 거류지로 대거 유인해 일제히 체포하는 방안도 이뤄지지 못했다는 것이다. 이에 세 번째 방안으로 교섭 등을 통해 일본에 있는 베트남 독립단원의 감시와 단속을 하는 반대급부로 대한민국 임시정부를 탄압하는 방안을 교섭하게 된다는 것이다.

일본과 프랑스는 이에 대해 실제 교섭을 벌여 어느 정도 합의에 이른 것으로 추정된다. 그 근거로 10월 17일 프랑스 정부가 상하이 임시정부 사무소에 대해 폐쇄령을 발령한 것을 들 수 있다. 이에 임시정부는 사무실을 여러 곳에 분산해야 했다. 아울러 임시정부 기관지 ≪독립≫도 10월 16일자를 마지막으로 종간되는 등 탄압을 받기도 했다. 임시정부는 10월 25일 ≪독립신문≫으로 이름을 바꿔 속간했다(강덕상, 2002/2007, 331쪽 참고).

특히 일제 지도부가 상하이 임시정부 붕괴와 독립운동가 회유 공작의 하나로 추진한 것이 여운형의 방일이었다. 여운형을 초대해 자주독립이 아닌 자치운동으로 전환할 것을 요구하고 이를 통해 임시정부의 와해나 약체화를 시도했다.

11월 14일 오전 8시, 중국 상하이 프랑스 조계. 여운형은 후지타 규코 중일공리회 이사, 최근우와 안창호의 심복 신상완과 함께 우편선 '가스가 마루(春日丸)'를 타고 일본으로 향했다.

왜 하필 여운형이었을까? 그 이유는 일제 당국이 장덕수의 진술 등을 통해 여운형이 비교적 온건파이고 3·1운동에서 주요한 역할을 했지만 임시정부 수립 과정에서 임시정부와 거리를 두어 회유하기 쉬울 것이라고 판단했기 때문으로 분석된다. 야마지 조이치가 1920년 2월 일본제국의회 예산위원회에서 밝힌 이야기다.

"작년에 장덕수를 폭동 관계자로 취조했을 때 상하이, 도쿄, 경성 사이의 연락을 누가 맡았는지 피의자에게 탐정을 붙여 조사를 해 자백시켰다. 그 뒤 5월에서 6월로 넘어가면서 상하이에 소위 임시정부 내각이 교체됐는데 당시 외무총장이었던 여운형이 외무차장으로 떨어졌다. 여운형이 임시정부에 반감을 갖고 독립운동에 염증을 낼지 모른다는 장덕수의 말에 따라 여운형을 끌어들이기로 했다."(강덕상, 2002/2007, 302쪽 재인용)

실제 여운형의 방일을 주도적으로 추진했던 후지타 규코도 고가 렌조 척식국 대신에게 보낸 서한에서 자치를 허용하겠다는 논리로 여운형을 설득해 임시정부를 움직이자고 주장했다. 후지타 규코는 서한에서 "독립운동에 종사하는 여운형과 기타 인사를 일본에 유인해 애무감화하되, 흉악하기 이를 데 없는 자에 대해서는 엄벌을 가하는 방식으로 하면 임시정부는 용이하게 부서질 것"이라면서, "우선 여운형을 유인해 상하이를 떠나도록 한 뒤 그를 회유해 상하이에 돌려보내면 이후 순차적으로 적당한 자를 유치할 수 있다"고 판단했다(강덕상, 2002/2007, 407쪽 재인용).

일제 고가 렌조 척식국 장관과 우쓰노미야 다로 조선군사령관 등은 일본조합기독교회 지도자인 무라카미 다다요시와 와타세 쓰네요시, 목사 기무라(木村), 프랑스 영사 등을 움직여 여운형의 방일이 이뤄졌다.

여운형의 일본행 사실이 알려지자 상하이 독립운동 그룹 내에서는 여운형의 일본행을 두고 찬반양론으로 갈렸다. 국무총리 이동휘를 중심으로 한 임시정부 원로는 반대를, 안창호와 이광수 등 소장파는 찬성했다. 원로 그룹은 일본의 분열과 선전 책동에 악용될 가능성을 우려한 반면, 안창호 등은 조국의 독립 의지를 일본 중심에서 알리고 환기할 좋은 기회가 될 수 있다고 판단했다. 안창호는 여비 300원까지 마련해줬다(이기형, 2004, 115쪽 참고). 임시정부 국무총리 이동휘는 11월 15일 '국무총리 포고 1호'를 발표해 여운형의 도쿄행은 "순전히 단독 행동으로서 임시정부와 하등의 관계가 없다"면서 개인행동이라고 천명하며 반대했다. 이동휘는 여운형의 방일을 '민족의 수치', '독립의 독균'이라며 격렬히 비판했다(강덕상, 2002/2007, 342쪽 참고).

여운형의 방일과 도쿄 뒤흔든 대한독립

11월 18일 오후 8시 25분, 일본 도쿄역. 여운형을 비롯한 일행 5명이 도착했다. 11월 16일 기타큐슈시에서 10개월 만에 장덕수와 재회한 뒤였다(강덕상, 2002/2007, 355쪽). 도쿄역 홈에는 고가 렌조 척식국 장관, 와타세 쓰네요시, 백남훈, 학우회 관계자 30여 명이 마중을 나와 있었다. 와타세 쓰네요시는 미리 준비한 자동차로 일행을 데이코쿠호텔로 안내했다. 여운형 등 4명은 데이코쿠호텔 52, 53호실에, 후지타 규코는 45호실에 투숙했다.

여운형은 11월 19일 고가 렌조 장관을 방문한 뒤 오후에 자동차 2대를 나눠 타고 도쿄의 우에노공원과 아사쿠사 등을 관람했다. 그는 11월 20일 오전 9시 30분 자동차 2대에 분승해 도쿄 우시고메에 위치한 고가 렌조의 저택을 방문했다. 이날 오전 10시부터 오후 1시까지 약 세 시간에 걸쳐 이야기를 나눴다(강덕상, 2002/2007, 363~364쪽; 이기형, 2004, 118쪽 참고).

여운형을 수행했던 최근우의 보고를 채록한 『여운형 선생 투쟁사』와 박은식의 『한국독립운동지혈사』 등을 분석한 강덕상에 따르면, 고가 렌조는 11월 20일 회담의 모두 발언에서 "조선은 자치가 적절하다. 귀하가 자치운동을 일으킨다면 현재 조선에 투옥돼 있는 사람을 전부 석방하겠다. 내가 보기에 자치도 바로 하기에 곤란하니 사이토 총독과 상담해가면서 각 기관을 자치화한 후에 점차 실시해야 한다"며 독립운동이 아닌 자치론을 펴라고 요구했다(강덕상, 2002/2007, 365쪽).

여운형은 고가 렌조의 견해에 절대 찬성할 수 없다면서 조선의 부강, 일본의 신의, 동양 평화, 세계 평화와 세계문명 공헌을 위해 조선의 독립이 필요하다고 맞섰다. 여운형은 "합방은 강제에 의해 이뤄진 정치적 불공정 그 자체다. 환언하면 합방이 아니고 병합"이라며, "일본인은 한일 합방은 조선인의 행복을 위해, 동양 평화를 위해서라고 말하지만, 실은 조선인의 재난이요 치욕이며, 동양의 화근과 불신은 이 때문에 일어났다고 해도 과언이 아니다"라고 주장하면서 자주독립이 꼭 필요하다고 맞섰다(강덕상, 2002/2007, 368쪽 재인용).

11월 22일 낮 12시 30분, 도쿄 육군상 관저. 여운형 일행은 예복을 입고 오찬 초대에 따라 다나카 기이치 육군상을 방문했다. 최근우 등에 따르면, 다나카 기이치만이 아니라 고가 렌조 척식국 장관, 미즈노 렌타로 정무총감, 유히 미쓰에(由比光衛) 칭다오 수비군사령관, 스가노 히사이치(菅野尚一) 육군성 군무국장, 시바 고로(柴五郎) 대만군사령관, 다치바나 고이치로(立花小一郎) 관동군사령관 등이 배석했다.

육군상 다나카 기이치는 이날 여운형에게 위협적인 언사를 사용하면서 자치운동을 하라고 거듭 주장했다. 다나카 기이치는 "우리 일본은 천하무적인 막강한 300만 병력이 있다. 해군 함대는 사해를 휩쓸고 있다. 조선은 일전의 용기가 있는가"라며 "만일 조선인들이 끝까지 반항한다면 2000만 정도의 조선인쯤이야 일시에 없애버릴 수도 있다"고 위협했다. 그는 그러면서 "조선은 자치를 해 일본과 제휴하는 것이 제일 현명한 일"이라며 "조선이 일본과 제휴하면 부귀를 누릴 것이요, 그리하지 아니하면 무자비한 탄압이 있을 뿐"이라고 강조했다(이기형, 2004, 218~219쪽).

여운형은 자신이 죽을 수는 있어도 독립정신까지 벨 수는 없다며 타이타닉호의 침몰을 예로 들며 일본이야말로 만용하지 말라고 맞섰다. 그는 "호화롭기를 세계에 자랑하던 타이타닉호가 대서양에서 물 위로 100분의 9밖에 보이지 않는 빙산덩이를 작다고 업수이 보고서는 물속에 잠긴 10배 이상의 큰 덩이를 생각지 않고 돌진하다가 빙산에 부딪쳐서 배 전체가 침몰되고 말았다"면서 "그대들은 이와 같은 만용의 우를 타산지석으로 삼아야 할 것"이라고 타일렀다. 그러면서 "조선인이 부르짖는 독립만세운동은 물 위에 나온 작은 부분의 빙산이지만 얕봐서는 안 될 것"이며 "그것을 무시하면 세계 인류의 정의에 부딪혀 일본은 멸망의 구렁텅이에 빠지고 말 것"이라고 일제의 만용을 경고했다(이기형, 2004, 129~130쪽).

최근우는 당시 여운형과 다나카 기이치의 오찬 회동에 대해 "몽양은 그 좌석을 압도적으로 휘어잡고 압력을 가하며 정의로 싸우는데, 나는 처음으로 통쾌함을 느꼈다"면서 "정의가 무섭다는 것을 그때 목도했고 새삼 깨달았다"고 회상했다(강덕상, 2002/2007, 389쪽 참고).

조선군사령관 우쓰노미야 다로는 이날 낮 다나카 기이치의 오찬에 참석해 여운형을 비롯해 미즈노 렌타로, 유히 미스에 칭다오 수비군사령관 등을 함께 봤다고 자신의 일기에 적었다(宇都宮太郞關係資料硏究會 편, 2007, 335쪽).

11월 24일 오전, 도쿄 쓰키지의 한 클럽. 여운형 일행은 아카사카 이궁을 둘러본 뒤 미즈노 렌타로 정무총감을 만났다. 강덕상(2002/2007, 404쪽 참고) 등에 따르면, 미즈노 렌타로는 이날 도전적인 어투로 여운형에게 말했다. "귀하는 조선을 독립시킬 자신이 있는가?" 이에 여운형은 "귀하는 조선을 통치할 자신이 있는가"라고 되물은 뒤, 일본은 조선을 오래 통치할 수 없다며 독립의 포부를 밝혔다. 미즈노는 다시 반론했다.

여운형은 이날 시바공원에서 하라 다카시 총리를 만난 것으로 알려진다. 그 자리에서 하라 다카시는 여운형에게 "조선에 자치를 허용하므로 공연히 불가능한 생각을 그만두고 이대로 곧장 경성에 가서 33인과 만나 자치운동에 관한 상담을 하라. 상하이에 있는 독립운동가도 모두 이와 같이 자치운동에 합류하도록 노력해달라"고 부탁했다는 것이다. 하라 다카시는 나중에 일본 의회에서 여운형 방문이 문제시되자 회견 사실을 부인했다(강덕상, 2002/2007, 410쪽 참고).

11월 26일 오전, 도쿄 쓰키치의 노다 우타로 체신상 관저. 여운형 일행이 노다 우타로 체신상을 방문했다. 노다 우타로 체신상은 동양척식회사 부총재를 역임해 조선의 사정을 잘 알았다. 강덕상(2002/2007, 412쪽 참고) 등에 따르면, 노다 우타로는 이날 여운형에게 일본은 독립을 허락할 용의가 없다며 "귀하의 연설이 얼마나 웅변이고 귀하의 이론이 얼마나 뛰어나든 일본은 용인할 수 없다. 조선이 독립하려 한다면 실력으로 싸우고 생명을 희생해 찾으라"고 직설적으로 말했다. 여운형은 "오늘 이 자리에서 인물을 한 명 만났다. 각하는 과연 인물"이라며 "일본인 중에 오직 각하 한 사람이 인간적이고 양심적으로 거짓 없는 진실한 이야기를 해줬다"고 노다 우타로를 치켜세우며 조롱했다.

여운형은 일제의 압박과 회유에 굴하지 않고 일제의 수도 한복판에서 대한의 자주독립을 주장함으로써 오히려 역풍을 안긴다.

11월 27일 오후 3시, 도쿄 데이코쿠호텔. 세계 각국 특파원과 일본 기자, 교수, 각계각층의 저명인사들이 모인 가운데 여운형이 연단에 올랐다. 큰 키에 완강한 체구, 카이저수염, 넓은 이마가 인상적이었다. 여운형은 우리말로 연설했고, 장덕수가 일본어로 통역했다.

"제군, 아시다시피 구주의 전란이 일어나 세계에 하나의 큰 사조가 밀려왔다. 그 당시 나는 세계적 큰 사조에 대해 우리 조선이 동양에 웅크리고 공수방관할 수밖에 없는 가련한 입장임을 생각하고 조선독립의 희망을 품고 조선을 떠났다. 나는 각지를 방랑하고 있는 힘을 다해 동지를 규합해 독립운동을 꾀했지만 아직 시기상조였다. 그리하여 세계 평화의 종이 은은히 울려 퍼진 □월 □일이야말로 내가 영원히 잊을 수 없는 날이다. 나는 이 기회가 독립운동의 절호의 기회라고 믿고, 파리평화회의에 동지 김규식을 보내고 나는 상하이에서 함께 호응해 독립운동을 관철하고자 분주했다."

독립만세운동 준비 과정을 설명한 여운형은 "3월 1일 천도교 손병희 등이 독립운동을 일으켜 조선 각처에서 조선독립만세를 절규했다"면서 이 독립운동의 주지를 크게 보면 ① 국민적 자각, ② 세계적 조류, ③ 신의 명령이라고 지적했다. 그는 "제군, 이 외침은 무엇이겠나. 그것은 인간 본성에서 출발한 진실의 외침이자 자연의 순리였다"면서, "현재의 조선인은 한 민족으로서 자유를 요구하고 독립을 희망한다"고 덧붙였다.

여운형은 그러면서 "나의 논의는 오직 조선을 위할 뿐이 아니다. 일본을 세계적 정의의 나라로서 인도국으로 만들고 싶은 희망 때문"이라며, "조선의 독립은 형태로서는 개별적이나 조선과 일본 양 민족 간에는 혼연융합해 동양의 평화를 만드는 기초가 되는 것이 아닌가"라고 조선의 독립과 번영이 일본에도 희망이라고 강조했다(강덕상, 2002/2007, 427~428쪽 참고).

여운형은 연설에 이어서 청중과 질의응답을 나눴다. ≪재팬애드버타이저≫ 11월 28일 자(강덕상, 2002/2007, 432쪽 재인용)에 따르면, 어느 일본 신사가 먼저 물었다.

일본인 일본이 독립을 승인하면 조선은 어떠한 정치체제를 취할 것인가, 또 이씨 왕족을 왕위에 앉힐 것인가?

여운형 조선인은 가장 널리 받아들여진 제 원리에 기초해 만들어지는 민주주의 국가, 즉 인민의, 인민을 위한, 인민에 의한 정치체제를 취할 것이다. 조선인은 이씨 왕족을 왕위에 앉힐 의도는 조금도 없지만 그들이 신생 조선에 돌아오면 환영받을 것이다. 다만 일반 시민의 자격일 것이다.

일본인 조선은 자립할 수 없기 때문에 일본의 속주로 머무르는 편이 양책이 아닌가?

여운형 조선에는 싸울 적이 없다. 중국은 조선에 극히 우호적이고 조선인은 일본인과 양국을 보호하고 상호 이익이 되게 맺어야 한다.

여운형은 도쿄 한복판에서 조선의 독립을 선전하는 이색적인 광경을 연출했다. 여운형의 이날 연설은 일본 당국의 승낙으로 일본 언론 등에 번역 보도됐다. 나중에 일본제국의 수도인 도쿄 한가운데에서 조선의 독립을 주장한 것으로 분석되면서 일본 정치권에서 큰 파문을 일으키고 하라 다카시 내각은 거센 비판을 받게 된다.

하라 다카시는 12월 1일 오후 3시에 여운형을 면회할 예정이었지만 물의를 일으킬 수 있다는 판단에 따라 급한 용무가 있다고 여운형의 면회를 사절했다(原奎一郎 편, 1950, 410쪽).

12월 1일 오후 4시 40분, 여운형 일행은 도쿄 데이코쿠호텔에서 나와 오후 5시 20분 도쿄역에서 시모노세키행 급행열차에 탑승해 귀국길에 올랐다. 여운형은 12월 10일 중국 상하이에 도착했다.

12월 26일부터 시작된 제42회 일본제국 의회에서 야당 의원들은 여운형을 도쿄에 초대해 대한독립을 외치게 했다며 하라 다카시 내각을 거세게 비판했다. 여운형을 회유해 임시정부를 흔들려던 하라 다카시 내각은 오히려 여운형 때문에 거센 역풍을 맞았다. ≪독립신문≫은 1920년 1월 17일 자 논설에서 여운형의 활약을 "독립운동사에 있어, 유래 없는 성과"라고 대서특필했다. 여운형의 일본행을 반대했던 국무총리 이동휘조차 '국무총리 포고 2호'를 발표해 여운형의 항일 활동을 공식 인정했다.

"조국을 되찾으리라" 조선을 떠나는 이들

일제는 군사력 증대와 경찰력 확충, 독립운동가 회유, 친일파 육성 등 다양한 방법으로 식민지배체제를 강화하려 했다. 국내 독립운동은 자연스럽게 크게 위축된다.

조선총독부는 11월 1일 상하이 임시정부에 군자금을 조달하고자 위폐를 제조하려던 천도교 신도 하일청과 '대한국민회' 관련 문서를 인쇄해 배포하려던 김상옥 등 다수의 독립운동을 적발해 발표했다(≪大阪每日新聞≫, 1919. 11. 3, 1면; 윤소영 편역, 2012, 265쪽 참고).

당시 독립을 희망하거나 독립운동에 대한 의지가 있던 많은 이들이 살던 곳이나 고향을 떠나야 했고 심지어 외국으로 몸을 피해야 했다고 이미륵은 증언한다.

"(일제의) 화해 행위로 보이는 이 정책(이른바 '문화통치')과는 반대로, 3·1 운동에 참여했던 사람들에게는 중형이 가해졌다. 재판소는 이 운동의 주모자를 구형하기에 바빴고, 경찰은 운동의 모든 참가자를 적발하고 체포하는 데 밤낮을 가리지 않았다. 쫓기는 사람들은 외국으로 도망쳤다. 나 역시 학생복을 벗어버리고 고향으로 내려갔다."(이미륵, 1946/2010, 185쪽)

11월 11일 오전 11시, 만주의 안둥현 안둥역. 고종의 다섯째 아들이자 순종의 동생인 의친왕 이강 공 일행이 요네야마(米山) 평안북도 경부 등에게 체포됐다. 이른바 '의친왕 상하이 망명 시도' 사건이었다.

전협 등은 앞서 4월에 김가진을 총재로 '조선민족대동단'을 결성해 독립운동을 전개했다. 하지만 일제의 감시망이 좁혀와 국내 활동에 제약을 받자 중국 상하이로 본부를 이전할 것을 결정했다. 먼저 제1단계로 10월 상순 총재 김가진을 상하이로 망명시켰다. 이어 제2단계로 의친왕 이강의 상하이 망명을 추진했다. 전협 등이 이강의 상하이 망명을 추진한 이유는 이강을 상하이 임시정부의 수령으로 옹립해 독립운동의 구심점을 형성하기 위해서였다. 임시정부 측도 이를 적극 지지했다.

전협은 이에 앞서 11월 9일 늦은 밤, 평소 이강과 친분이 있는 정운복을 통해 경성 관훈동 196번지에 거주하고 있던 이강을 경성 공평동 3번지 가옥으로 불러냈다. 전협은 이강에게 상하이로 가 임시정부에 참여해줄 것을 제안했고, 이강은 이에 흔쾌히 찬성했다. 11월 10일 오전 3시, 전협은 이강을 미리 준비해놓은 경기도 고양군 은평면 구기리 73번지 삼각산 산중 외딴집에 은신시켰다. 오후 5시, 이강 등은 구기리 은신처를 떠나 경의선 수색 정거장에 도착해 외투를 벗고 허름한 상복으로 갈아입은 뒤 오후

11시경 만주 펑톈행 열차를 탔다. 이강은 압록강 철교 위에서 임검하는 경찰관에게 여권을 보이고 이름을 속였지만 안둥역에서 요네야마 경부에게 발각된 것이다.

요네야먀 경부와 신의주 경찰서장은 이강의 탈주 정보를 받고 즉시 자동차로 신의주역으로 달려갔고 막 출발하려는 열차에 간발의 차로 올라탔다. 요네야마 등은 열차 안을 수색했지만 처음에는 이강 일행을 찾지 못했다. 열차가 국경을 지나 안둥역에 도착했을 때야 겨우 이강 일행을 체포할 수 있었다(≪大阪每日新聞≫, 1919. 11. 28b, 8면; 윤소영 편역, 2012, 286쪽 참고).

이 사건은 11월 27일 보도 금지 조치가 풀리면서 조선과 일본에서 대대적으로 보도됐다. 일본 내각은 깜짝 놀라 11월 29일 고쿠부 쇼타로(國分象太郞) 조선총독부 이왕직차관을 본국으로 소환했다(≪大阪每日新聞≫, 1919. 11. 28a~b, 8면; 윤소영 편역, 2012, 280~286쪽 참고).

전협은 1920년 12월 경성지방법원에서 징역 8년을, 최익환은 6년, 정남용은 5년, 이재호는 4년을 각각 선고받았다.

11월 28일, 경성 안국동 네거리. '조선민족대동단'이 독립을 선포했다. 의친왕을 비롯해 각계 인사 33인이 선언에 서명했다. 서명자 일부가 직접 거리에 나가 선언서를 나눠줬지만 출동한 일경에게 전원 체포됐다.

일제는 11월 28일 '대한민국애국부인회' 사건을 이유로 김마리아, 이혜경 등을 체포했다. 이들은 모두 대구감옥에 수감됐다. 프랭크 스코필드는 소식을 접하고 대구감옥을 방문했다. 그는 만신창이가 된 김마리아를 보고 눈물을 쏟았다. 스코필드는 다시 1개월 뒤 대구감옥을 방문하는 등 수차례 김마리아 일행을 면회했다(김형목, 2014. 여름, 42쪽; 이장락, 2007, 99~103쪽 참고).

일제의 극심한 탄압으로 3·1운동 이후 독립운동의 중심은 중국 본토와 간도, 러시아 연해주, 미국 등 국외로 넘어가게 된다.

1919년 가을, 김산은 경성에서 독립만세운동 등에 참가한 뒤 조국을 원망하며 떠났다. 그는 독립만세운동이 국제사회에 애원하는 식의 어리석은 행동이었다며 비판하고, 무력항쟁을 통한 조국의 광복, 독립을 해야 한다고 생각했다.

"1919년 어느 가을날, 조국을 빠져나오면서 나는 조국을 원망했다. 울음소리가 투쟁의 함성으로 바뀔 때까지는 절대로 돌아가지 않겠다고 굳게 맹세했다. 조선은 평화를 원했으며, 그래서 평화를 얻었다. 저 '평화적 시위'가 피를 뿌리며 산산이 부서져버리고 난 이후에…. 조선은 멍청하게도 세계열강을 향해 '국제정의'의 실현과 '민족자결주의'의 약속 이행을 애원하고 있는 어리석은 늙은 할망구였다. 결국 우리는 그 어리석음에 배반당하고 말았다. … 나는 분개했다. 러시아와 시베리아에서는 남자건 여자건 모두가 싸우고 있었고, 또한 이기고 있었다. 그 사람들은 자유를 구걸하지 않았다. 그들은 치열한 투쟁이라는 권리를 행사해 자유를 쟁취했다. 나는 그곳에 가서 인간 해방의 비책을 배우고 싶었다. 그런 후에 돌아와서 만주와 시베리아에 있는 200만의 조선 유민들을 지도해 조국을 탈환하겠다고 생각했다."(Kim & Wales, 1941/1992, 41~42쪽)

독립만세운동 이후 상당수 한국인들이 난폭한 개인행동이나 테러리즘으로 나아가게 됐다고 김산은 분석했다.

"어느 정도 평등의 기초를 이루려던 평화적인 호소에 대해 일본이 비타협적인 반응을 보이게 되자 조선 청년들은 난폭한 개인행동과 테러리즘으로 나아가게 됐다. 수백 명의 청년들이 상하이로 가 왜놈들을 괴롭힐 목적으로 테러단체들을 만들었다. 민족주의자와 '아메리카 민주주의자'는 깨어진 꿈의 조각을 안고 상하이에서 독립된 해외 망명 대한민국 임시정부를 만들었다."(Kim & Wales, 1941/1992, 72쪽)

김산은 조국이 해방되기 전에는 다시 조국으로 돌아오지 않겠다고 다짐했다. 김산은 그렇게 일본으로 떠났다. 조국을 해방시키고 돌아오리라고 다짐했던 김산의 그때 나이는 겨우 14세였다. 그는 다시 얼마 후 간도로 가서 본격적인 독립운동을 펼치게 된다. 즉, 1920년 3월, 김산은 일본에서 유학을 그만두고 중국 만주로 건너가 퉁화현 합니하(哈泥河)에 설치한 신홍무관학교 하사반에서 3개월간 배웠다.

애국지사들은 나라를 빼앗긴 후 한반도와 접해 있는 간도와 연해주 지역에서 집단 거주지를 개척하고 항일 독립전쟁을 준비했다. 이들 지역 독립운동가들은 독립만세시위가 좌절된 이후 무장투쟁 조직을 속속 결성하고 본격적으로 무장투쟁을 준비해나갔다.

북간도 지역에서는 김좌진이 지휘하는 '북로군정서'를 비롯해 홍범도의 '대한독립군', 안무의 '국민회', 최명록의 '군무도독부' 등이 독립군을 편성해 항전을 개시했다. 서간도 지역에서는 한족회가 편성한 '서로군정서'를 비롯해 백삼규의 '대한독립단', 오동진의 '광복군총영', 최시흥의 '천마대', 현익철의 '광복단', 편강열의 '의성단' 등이 독립군을 편성해 일제에 맞섰다. 시베리아 지역에서는 니콜리스크의 문창범과 안정근, 최경천의 '의군부', 강국모의 '혈성단' 등이 무장투쟁을 준비했다.

11월 9일, 북간도 지린 파호문 밖 중국인 반 모 씨의 집에서 김원봉, 윤세주, 이종암 등 13명이 모여 김원봉을 의백으로 해 비밀결사 조직 '의열단'을 결성했다. "천하의 정의의 사(事)를 맹렬히 실행하기로 함" 등 의열단 공약 10개조를 결의했다. 의열단은 비폭력투쟁인 3·1운동이 일제의 야만적인 폭력 앞에 실패한 것을 목도하고 무력으로 독립을 되찾자며 일제 주요 인물에 대한 암살 및 파괴 계획을 수립하고 훈련을 거듭한 뒤 12월부터 거사에 나섰다.

문화통치의 실상

일제는 3·1운동 이후 이른바 '문화통치'를 본격 추진했다. 헌병제도를 폐지하고 경무총감부제도를 없앴다. 헌병은 병영으로 돌아갔지만, 상당수 헌병들은 부족한 경찰로 전환됐다. 그 대신에 총독 직속으로 경무국이 신설됐다. 총독부 자문기관으로 도·군·면 각 행정단위마다 평의회제도를 둬 약간의 조선인이 임용되도록 했다. 학교 교육은 보통학교와 고등보통학교의 4·4제 8년 교육이 도입됐다. 교원이 제복을 입고 칼을 차는 것도 금지했다. 언론의 자유가 조건부로 허용되면서 ≪조선일보≫와 ≪동아일보≫ 등이 차례로 창간됐다. 집회결사의 자유도 부분적으로 인정됐다. 이미륵의 기억이다.

"그(사이토 마코토)는 우선 세무원, 교사, 통역관, 의사를 막론하고 일본 제복을 입고 일본 칼을 차고 다니던 모든 관리를 무장해제시켰다. 민중에게는 '공포의 상징'이었던 헌병이 해체됐고, 경찰의 고문도 금지됐다. 한국인의 봉급은 일본인과 동일하게 됐고, 언론의 자유가 선포됐다. 한국인 학교는 일본인 학교와 평등하게 됐고, 경성에 제국대학을 창설했다."(이미륵, 1946/2010, 185쪽)

일제는 그러면서 경찰력을 크게 늘리고 보통경찰제를 실시했다. 보통경찰제가 시행되기 전 헌병과 경찰관의 수는 1만 4518명, 경찰서는 100개였던 것이 제도 시행 이후인 1920년 6월 경찰관의 수는 2만 134명, 경찰서의 수는 251개로 늘었다(長田彰文, 2013/2017, 140쪽). 독립을 주장하거나 운동을 벌이는 독립운동가에게는 체포와 구금, 테러, 살인 등 가차 없는 철퇴가 가해졌다. 1920년 4월 7일 러시아 연해주 니콜리스크에서 임시정부 재무총장을 역임했던 독립운동가 최재형이 대대적인 단속에 나선 일본군에게 피살되기도 했다. 일본군의 보고 내용이다.

"(러시아 연해주) 니콜리스크에서 (1920년) 4월 5일 아군과 혁명군 사이에 전투가 발발 … 우리 헌병은 현지를 수비하는 보병대와 협력해 5일부터 6일에 걸쳐 배일 조선인의 가택을 수사하고, 최재형 이하 76명을 체포해 취조했다. 김이직, 황경섭, 엄주필, 최재형 등 4명은 원래 배일 조선인의 유력한 수령이었다. 특히 최재형은 상하이 임시정부의 재무총장이자 니콜리스크 부시장으로서, 이하 3명과 모의해 혁명군의 수령이 돼 배일 조선인을 선동했다. … 4월 7일 흑룡 헌병대 본부 및 니콜리스크 헌병 분대 청사를 이전할 때였다. 같은 날 오후 6시 최재형, 김리직, 황경섭, 엄주필 등 4명을 신청사로 압송하던 도중 이들이 도주하자, 이를 추적해 니콜리스크의 서남방에 있는 야포 병사의 남쪽, 일본인 화장터 부근까지 쫓아갔다. 그들이 지형을 숙지하고 있는 데다 헌병을 따돌리려 해 어쩔 수 없이 사살했다."(강덕상, 2002/2007, 231쪽 재인용)

일본군은 "최재형이 도주해 어쩔 수 없이 사살했다"고 보고했지만, 항일 언론인 박은식은 이것은 사실이 아니라고 ≪독립신문≫ 1920년 5월 15일 자를 통해 반박했다.

"최재형은 당시 60여 세의 노인이었다. 일본병이 쌍성에 들어왔을 때 사람들은 그에게 피난하기를 권했다. 그는 '내가 무슨 죄가 있어 도망을 가야 하는가' 하고 거부했다. 그런데도 그가 도망쳤다는 말은 대체 무슨 말인가. 일본 헌병대의 이전 장소는 거리상으로 매우 가까웠다. 그럼에도 그들을 자동차에 태워 바람같이 사라진 것이다. 어찌 도주할 틈이 있었을 것이며, 쇠사슬로 수족이 묶였는데 어찌 저항할 수 있었겠는가. 일본은 처음부터 아무것도 묻지 않고 바로 폭행하고 칼로 찌르고 사살한 것이다. 어찌 도주했다고 터무니없는 소리를 하는가."(강덕상, 2002/2007, 231쪽 재인용)

일제는 이와 함께 민족 대표 가운데 최남선, 최린 등을 친일파로 포섭해 한국인의 민심을 잠재우기 위해 회유와 공작 활동을 집요하게 펼쳤다. 이완용, 송병준 등 기존에 매국노로 널리 알려진 인사만으로는 한국인의 민심을 붙잡기 힘들다는 판단에서였다. '제국의 브로커'로 불린, 사이토 마코토 조선총독의 정치참모 아베 미쓰이에(阿部充家)가 많은 역할을 했다. 아베 미쓰이에는 1920년 5월부터 조선인들과 접촉을 개시한다.

아베 미쓰이에는 우선 최남선과 최린의 가출옥을 주선한 것으로 알려진다. 즉, 아베 미쓰이에는 사이토 마코토 조선총독에게 이들의 가출옥을 요청했고 사이토가 이를 감옥과장에게 지시한 것이다. 최남선과 최린은 이에 1921년 10월 21일과 12월 21일 차례로 가출옥하게 된다(이형식, 2017, 450쪽 참고). 최남선은 최린의 가출옥 직후인 12월 25일 아베 미쓰이에에게 보낸 편지에서 "이번에 최린 군을 비롯해 제군의 출감을 보면서 백열의 정을 금할 길 없었습니다. 특히 당사자들도 선생에 대해 깊이 감사드리고 있습니다"라며 최린 등의 가출옥에 아베의 도움이 있었음을 감사해한다(정운현, 2016, 274쪽 재인용).

나흘 뒤인 12월 29일, 아베 미쓰이에는 사이토 마코토에게 보내는 편지에서 최린을 이용해 한국인을 움직일 것임을 알린다.

"오늘날의 형세로 보아 민원식, 선우순 따위의 운동으로는 도저히 일대 세력을 이룩하기는 어렵고, 간접 사격으로 … 일을 꾸미자면 … 이번에 가출옥한 위인들 중에서 최린이 안성맞춤의 친구입니다."(정운현, 2016, 274쪽 재인용)

아베 미쓰이에는 이후 이광수, 최남선, 최린 등 친일 지식인들의 후원자가 돼 독립운동가의 훼절과 변절 공작을 주도했다. 아베 미쓰이에는 잡지나 신문 등 언론에 이들을 참여시키며 활동 무대를 제공했고 자연스럽게 이들이 자치론을 설파하도록 유도했다(이형식, 2017, 452~461쪽 참고).

아베 미쓰이에는 '조선 자치'를 미끼로 삼아 최린 등을 회유해 민족운동의 분열을 꾀했고 많은 독립운동가를 친일파로 돌아서게 한 것으로 분석된다. 그는 소위 '친일파의 흑막'이 된다. 최린도 이와 관련해, 1949년 3월 20일 반민특위 재판장이 "기미독립선언을 주도한 피고가 왜 일제에 협력하게 됐는가"라고 묻자 "그들은 그 후 나를 주목하고 위협하고 또 유혹"했다고 설명했다. 아베 미쓰이에 등 일제의 적극적인 회유 공작이 있었음을 시사한 셈이다(정운현, 2016, 271~277쪽 재인용).

아베 미쓰이에는 1862년 구마모토현에서 태어났고 군국주의 언론인 도쿠토미 소호의 오에기주쿠에서 선생을 하며 정치사상 등을 배웠다. 구마모토현 번사인 이케베 기치주로(池辺吉十郎)의 문하생이 되기도 했다. 아베 미쓰이에는 1914년부터 1918년까지 ≪경성일보≫와 ≪매일신보≫ 사장을 역임했다. 조선총독 사이토 마코토는 ≪고쿠민신문≫ 사장이던 도쿠토미 소호로부터 측근 아베 미쓰이에를 소개받았다. 아베 미쓰이에는 사이토 마코토의 개인적인 정치고문이 돼 조선의 독립운동가와 유력 지식인에 대한 회유 공작에 앞장섰다(이형식, 2017, 433~438쪽 참고).

친일파 상당수는 스스로 친일파가 되기도 했지만, 거물급 친일파의 상당수는 일제가 치밀하게 회유하고 공작한 결과로 탄생하기도 했다. 참으로 야만스러운 일이 아닐 수 없다.

봉오동전투와 청산리대첩

1920년 6월 7일 오전 7시, 북간도 왕칭현 봉오동 초입. 홍범도가 이끄는 '대한독립군' 700여 명과 최명록이 이끄는 '군무도독부' 군인들이 두만강을 건너 북간도를 침략한 일본군 300여 명을 기습 공격했다. 홍범도 군대는 일본군과 격전을 벌여 승리했다. 일본군은 기습 공격에 120여 명의 사상자를 내고 패주했다. 봉오동전투를 다룬 ≪독립신문≫ 6월 22일 자 1면 기사 내용이다.

"(1920년) 6월 7일 북대류 우리 독립군과 적의 접전에 관한 적의 보도는 별항과 같거니와 6월 20일 아군의 토인이 국무원에 도착됐으므로 임시정부 공보 호외로 다음과 같이 발표되다. 이로써 보건대 적의 보도가 어떠한지 신용치 못할 것임을 알리라. 6월 7일 상오 7시 북간도에 주둔한 아군 700명이 북로사령부 소재지인 왕칭현 봉오동을 향해 행군할 때 불의의 동지점을 향하던 적군 300명을 발견한지라 동 군을 지휘하는 홍범도, 최명록 두 장군은 즉시 적을 공격해 급사격으로 적에게 120여 명의 사상자를 내게 하고, 적의 궤주함을 따라 즉시 추격전에 옮겨가 목하 전투 중에 있다."(≪독립신문≫, 1920. 6. 22, 1면; 김홍식, 2009, 95쪽 재인용)

홍범도는 1868년 평안북도 자성에서 머슴의 아들로 태어났다. 군대와 종이공장 등을 전전하다가 1895년경부터 의병에 뛰어들어 함경북도 갑산, 무산 등지에서 활동했다. 1907년 대한제국 군대 해산을 계기로 '정미의병'이 발발하자 함경북도 갑산에서 산포수를 중심으로 의병을 일으키기도 했다. 1908년 간도 지역으로 망명해 독립군 양성에 힘썼고, 1919년 3·1운동 이후 간도 국민회의의 '대한독립군' 사령관이 돼 항일무장투쟁을 벌였다.

4개월 후인 10월 21일, 북간도 허룽현 삼도구 청산리 백운평에서 일본 군 야마다 연대 300여 명을 사살한 것을 시작으로 김좌진이 지휘하는 '대 한군정서' 부대는 10월 26일까지 천수평전투, 어랑촌전투, 맹개골전투, 만 기구전투, 쉬구전투, 천보산전투 등 10여 차례 전투에서 일본군을 잇따라 격파하며 승리했다. 어랑촌전투와 천보산전투는 홍범도 부대와 연합해 전 투를 벌였다. 이른바 '청산리대첩'이었다(이성우, 2011, 110쪽 참고). 다만 청 산리대첩을 10월 18일부터 25일까지 벌어진 일련의 전투로 보는 경우도 있다(강덕상, 2005/2017, 268쪽 참고).

1889년 충청남도 홍성군에서 태어난 김좌진은 1905년 집안의 노비를 모아 잔치를 벌인 뒤 노비문서를 태우고 토지를 나눠줬다. 그는 안동 김씨 문중 사람들과 사립 호명학교를 세워 교육운동을 펼쳤다. 1911년 북간도 에 독립군 사관학교를 설립하기 위한 자금을 조달하려고 하다가 일제에 검거돼 2년 6개월간 서대문감옥에서 옥고를 치렀다. 그는 1917년 '대한광 복회'에 참여해 활동하다가 1918년 만주로 망명했다. 김좌진은 3·1운동에 영향을 준 '무오독립선언'에 참여했고, 1919년 '북로군정서' 사령부 사령관 이 돼 항일 무장투쟁을 벌이기 시작했다. 그는 1920년 9월 사관연성소 졸 업생을 중심으로 '대한군정서'군을 조직해 허룽현 청산리로 이동했다.

일본군은 이에 10월 2일 훈춘에서 독립군을 소탕한다는 명목으로 간도 로 출병시켜 수많은 한국인을 학살했다. 11월 하순까지 최소 2258명이 숨 지고, 가옥 2507호가 소실됐다(長田彰文, 2013/2017, 143쪽). 일본군의 만행 을 취재하기 위해 현지에 파견됐던 ≪동아일보≫ 기자 장덕준도 일본군에 게 피살됐다. 이른바 '간도참변', '경신참변'이다. 이는 봉오동전투와 청산 리전투에서 패한 것에 대해 일제가 보복하고자 벌인 측면이 강했던 것으 로 분석된다.

선교사 스탠리 마틴은 10월 30일 북간도 용정 주둔 일본군 제4사단 28

여단의 스즈키 대위가 보병 70여 명으로 이뤄진 토벌대를 이끌고 장암리 동명촌, 일명 노루바윗골에서 청장년 33명을 포박해 교회당에 가둬놓고 불을 질러 숨지게 하는 등의 경신참변을 증언했다. 마틴은 부상자들을 치료하는 한편 일제 만행 현장을 사진으로 찍어 세계에 알렸다. 마틴은 선교사 아치볼드 바커, 푸트(W. R. Foote) 등과 함께 일본군의 학살 장면을 목격하고 "피에 젖은 만주 땅이 바로 저주받은 인간사의 한 페이지"라며 개탄했다. 마틴은 캐나다 토론토시 장로교 전도본부에 보낸 간도 및 용정발 보고서에 다음과 같이 적었다.

"갑작스럽게 입원한 40명의 중상 환자로 어려움이 있습니다. 대부분이 뇌를 비롯한 중요 기관에 관통상을 입고 병원에 왔습니다. 입원 당시 이미 치명상을 입어 손을 쓸 수 없는 상태도 있었습니다."

마틴이 작성한 경신참변 만행 보고서는 캐나다 토론토시 장로교 전도본부에 전달됐고, 다시 토론토 지역의 유력지 《토론토 글로브》에 보도되면서 일본군의 잔학 행위가 세계에 알려지게 됐다.

간도참변 이후 독립군 부대들은 연해주와 '자유시'로 옮겨갔지만, 1921년 러시아 적색군에 의해 무장해제를 당했다. 이른바 '자유시참변'이었다. 독립군은 다시 간도와 만주로 이동해 각 단체의 통합 운동을 추진했다. 참의부, 정의부, 신민부 등 3부를 조직했다. 일제는 1925년 조선총독부 경무국장 미쓰야 미야마쓰(三矢宮松)와 펑톈 군벌 장쭤린 간 비공개 '미쓰야협정'을 맺고 한국인 독립군을 탄압했다. 장쭤린 측 만주 군벌이 한국인 독립운동가를 체포하면 일본 영사관에 인계하되, 일제 측은 인계 대가로 장쭤린 측과 독립운동가를 검거한 관리에게 포상금을 지급하기로 한 것이다.

한반도에서는 민족 대표를 비롯해 많은 한국인들이 다양한 방식으로 일제에 항거했다. 특히 독립운동가들은 서대문감옥 등에 갇혀서도 대한독립만세를 외치는 등 일제에 저항했다.

1920년 3월 1일, 경성 서대문감옥. 천안 아우내장터 독립만세시위에 적극 가담했던 유관순은 이신애, 박인덕, 어윤희 등과 함께 3·1운동 1주년을 기념해 독립만세를 불렀다. 수감자 3000여 명이 호응해 만세 소리가 밖으로까지 전파됐다고 한다. 유관순은 이 만세시위를 한 것 때문에 3월 28일 영친왕 이은과 일본 왕족의 후손 나시모토노미야 마사코 간 결혼을 기념해 모든 수형자의 형을 반으로 감해주고 출옥시키는 특사 대상에서 제외됐다.

"몸을 가둬도 독립 의지는 가둘 수 없다"

많은 애국지사들은 일제의 가혹한 수사와 불공정한 재판에도 굴하지 않고 '한민족은 일제로부터 독립을 희망한다'는 분명하고도 명확한 독립 의지를 보여줬다. 특히 한용운을 비롯한 민족 대표들의 재판 및 옥중 투쟁은 많은 한국인들에게 입에서 입으로 전해졌다.

민족 대표 33인 가운데 한 사람인 한용운은 7월 10일 경성 서대문감옥에서 경성지방법원 검사장의 요구로 논설 "조선독립의 서"를 써서 독립 열망을 표출했다. 원고 매수 53매였다. 한용운은 글에서 조선독립선언의 이유를 ① 민족 자존성, ② 조국사상, ③ 자유주의, ④ 세계에 대한 의무 등 네 가지로 제시한다. 그는 글에서 "18세기 이후의 국가주의는 전 세계를 휩쓸고 있다. 이 소용돌이 속에서 제국주의가 대두되고 그 수단인 군국주의를 낳음에 이르러서는 이른바 우승열패 및 약육강식의 이론이 만고불변의 진리로 인식되기에 이르렀다"면서, "대표적인 군국주의 국가가 서양의 독일이요, 동양의 일본"이라고 지적했다. 그는 그러면서 일본의 제국주의적 기만을 폭로한다.

"이른바 강대국, 즉 침략국은 군함과 총포만 많으면 스스로의 야심과 욕망을 충족시키기 위해 도의를 무시하고 정의를 짓밟는 쟁탈을 행한다. 그러면서도 그 이유를 설명할 때는 세계 또는 어떤 지역의 평화를 위한다거나 쟁탈의 목적물, 즉 침략을 받는 자의 행복을 위한다거나 하는 기만적인 헛소리로써 정의의 천사국으로 자처한다. 예를 들면, 일본이 폭력으로 조선을 합병하고 이천만 민중을 노예로 취급하면서도 겉으로는 조선을 병합함이 동양 평화를 위함이요, 조선 민족의 안녕과 행복을 위한다고 하는 것이 그것이다.”

한용운은 “군국주의, 즉 침략주의는 인류의 행복을 희생시키는 가장 흉악한 마술에 지나지 않는다”면서 “어찌 이 같은 군국주의가 무궁한 생명을 유지할 수 있겠는가”라고 일제의 군국주의적 행보를 질타한다.

이틀 뒤인 7월 12일 오전 8시, 경성 중구 덕수궁길(현재 서소문동) 경성지방법원 특별법정. 3·1운동을 기획하고 실행한 핵심 인사 48명, 이른바 '민족 대표 48인'에 대한 재판이 다시 열리기 시작했다. 48인은 민족 대표 33인 중 중국 상하이로 망명한 김병조와 옥사한 양한묵을 제외한 민족 대표 31인과 박인호, 김홍규, 노헌용, 이경섭(이상 천도교), 김도태, 안세환, 함태영, 김원벽, 김세환(이상 기독교), 임규, 송진우, 현상윤, 최남선, 강기덕, 정노식, 김지환, 한병익 등 17인을 합친 것이다.

일제 경찰은 날이 흐리고 비도 오락가락하던 이날 아침 6시부터 용산경찰서에서 경부 이하 경관 20여 명, 종로경찰서 및 혼마치경찰서에서 각각 20여 명, 서대문경찰서에서는 경관 전부가 출동하는 등 4개 경찰서에서 경관 100여 명이 출동해 삼엄한 경비를 펼쳤다. 특히 대한문에서 정동으로 들어가는 골목과 서대문통에서 정동으로 들어가는 골목에는 기마 경관이 늘어서서 경계했다. 정동 골목마다 경관들이 붉은 모자와 칼자루를 번쩍이며 늘어섰고, 법정 안팎에서도 경관 수십 명이 경계를 펼쳤다(≪동아일보≫, 1920. 7. 12, 1면; 김홍식, 2009, 82쪽 재인용).

많은 조선인이 민족 대표의 재판을 보기 위해 이날 오전 7시부터 경성지방법원 앞에서 방청권을 얻어 공판정에 들어왔다. 오전 7시 30분쯤 150명이 정원인 방청석은 이미 가득 찼다. 함태영의 부인도 자리했다. 민족 대표들이 밀짚 용수를 하고 재판정에 들어설 때마다 방청석에 자리한 사람들은 고개를 길게 빼고 얼굴을 확인하기에 여념이 없었다(≪동아일보≫,

1920. 7. 13, 3면; 김흥식, 2009, 84쪽 재인용).

한용운은 이날 오전 심리에서 '조선독립에 대한 감상은 어떠한가'라는 물음에 3·1운동은 단순히 일제의 총독정치의 압박에서가 아니라 민족적 자존심에서 비롯됐다며 민족 자존심과 기개를 그대로 드러냈다.

"고금동서를 물론하고 국가의 흥망은 일조일석에 되는 것이 아니오. 어떤 나라든지 제가 스스로 망하는 것이지 남의 나라가 남의 나라를 망(하게)할 수 없는 것이오. 우리나라가 수백 년 동안 부패한 정치와 조선 민중이 현대 문명에 뒤떨어진 것이 합해 망국의 원인이 된 것이오. 원래 이 세상의 개인과 국가를 물론하고 개인은 개인의 자존심이 있고 국가는 국가의 자존심이 있나니 자존심이 있는 민족은 남의 나라의 간섭을 절대로 받지 아니하오. 금번의 독립운동이 총독정치의 압박으로 생긴 것인 줄 알지 마라! 자존심이 있는 민족은 남의 압박만 받지 아니하고자 할 뿐 아니라 행복의 증진도 받지 아니하고자 하니 이는 역사가 증명하는 바이라. 사천 년이나 장구한 역사를 가진 민족이 언제까지든지 남의 노예가 될 것은 아니라 그 말을 다 하자면 심히 장황함으로 이곳에서 다 말할 수 없으나 그것을 자세히 알려면 내가 지방법원 사정의 부탁으로 '조선독립의 감상'이라는 것을 감옥에서 지은 것이 있으니 그것을 가져다 보면 알 듯하오."(≪동아일보≫, 1920. 9. 25, 3면; 김흥식, 2009, 84~85쪽 재인용)

≪동아일보≫는 7월 13일 자 3면에 '독립당 수령 48인'이라고 부르며 민족 대표 48인의 얼굴이 나이순으로 담긴 사진 기사를 실었다(≪동아일보≫, 1920. 7. 13, 3면).

3개월 뒤인 10월 30일 오전 10시, 경성 정동에 위치한 경성복심법원 특별법정. 민족 대표 등 48인에 대한 1심 선고가 내려졌다. 1919년 4월 4일 예심에 회부된 지 1년 6개월여 만이었다. 48명이 내란죄로 형을 받은 가운데 손병희와 이승훈, 한용운, 최린, 오세창, 권동진, 함태영, 이종일은 징역 3년을 언도받았다. 최남선과 이갑성, 김창준, 오화영은 징역 2년 6개월을, 강기덕과 김원벽, 임예환, 홍기조, 김완규, 나인협, 이종훈, 홍병기, 박준승, 권병덕, 유여대, 신석구, 박동완, 양전백, 이명용, 최성모, 박희도, 신홍식, 이필주는 징역 2년을, 정춘수와 백용성, 이경섭은 징역 1년 6개월을 언도받았다. 길선주와 박인호, 송진우, 현상윤, 노헌용, 김세환, 김지환, 안세환, 임규, 김도태, 정노식, 김홍규 등에게는 무죄가 언도됐다(박성수, 2013, 162쪽; 임형진, 2009. 12, 181쪽 참고).

많은 이들은 일제 감옥에서 의연하게 생활하며 버텨냈다. 기독교계 독립만세운동을 조직했던 이승훈 등은 징역형을 선고받은 뒤에는 서대문감옥에서 마포형무소로 옮겨졌다. 이승훈은 감옥에서 아침 7시에 일어나 오전 8시, 낮 12시, 오후 5시 세 번 식사를 한 뒤 밤 9시에 취침했다. 목욕은 일주일에 1회(5분 정도), 운동은 하루 1회(15분) 할 수 있는 시간이 주어졌다. 이승훈은 감옥에서 구약성경을 10회, 신약성경을 40회, 기독교에 관한 책도 거의 7만 쪽가량을 읽었다고 한다(한규무, 2008, 138쪽 참고).

특히 한용운은 평소 정좌를 하고 참선을 하다가도 점검 때면 편하게 자세를 하고선 간수부장을 빤히 쳐올려다 보는 방식으로 일제에 항거한 것으로 유명하다. 한용운의 당시 수감 생활을 기록한 글의 일부다.

"아침저녁 점검 때는 무릎을 꿇고 인사를 하는 것이 감방 규칙인데 어느 누구 한 사람 인사는커녕 무릎조차 꿇지 않았다. 불교 대표로 승려학교장이었던 한용운은 평소 정좌를 하고 참선을 하다가도 점검 때면 평좌로 간수부장을 빤히 쳐올려다 보곤 했다. 물론 이들에게는 일본인 간수들만 배치됐는데 함태영은 자기 담당 간수를 볼 때마다 '너희들 잘못이 아니다. 우리는 조선 사람이기 때문에 잃어버린 나라를 찾으려는 것뿐이었다'고 타이르곤 했다."(김삼웅, 2006, 186쪽 재인용)

전쟁으로 내달린 일본제국

1921년 11월 12일 미국 워싱턴 D.C.에서 미국과 일본, 영국 등 주요 9개국이 참여해 군축 문제를 논의하는 '태평양군축회의', 이른바 '워싱턴회의(Washington Conference)'가 열렸다. 해군 군축 문제, 영일동맹 폐기 문제, 독일이 갖고 있던 중국 산둥반도 권익 문제 등이 다뤄졌다. 워싱턴회의는 1922년 2월까지 이어졌다. 회의 결과 산둥반도의 이권은 중국에 반환됐고, 일본의 군비는 축소됐으며, 일본군의 시베리아 철수도 결정됐다.

새벽 강한 호우가 쏟아졌다가 갠 뒤 찌는 듯한 더위가 시작된 1923년 9월 1일 오전 11시 58분 44초. 진도(매그니튜드) 7.9의 대지진이 일본 간토 지역을 뒤흔들었다. 이른바 '간토대지진'이 발생한 것이다. 초기 미동 이후 10분 정도 격동이 지나간 뒤 도쿄 곳곳에서 연기가 피어올랐다. 점심을 위해 불을 피우던 가정이나 음식점 아궁이 등에서 불이 번져 나왔다. 초속 10~15미터의 강풍이 불면서 불은 거대한 '불기둥'을 만들어냈다(강덕상, 2003/2005, 27~30쪽 참고).

도쿄를 비롯해 일본 수도권에서 10만 명 이상의 사망자가 발생했다. 일제는 9월 2일 긴급칙령으로 계엄령을 선포했고 이후 가나가와현과 사이타마현, 지바현 등으로 확대했다. 계엄령하에서 군대와 경찰, 자경단에 의해 수많은 재일 조선인과 일본인 사회주의자들이 희생됐다. 특히 도쿄와 가나가와현에서 군대와 경찰에 의해, 지바와 사이타마현 등에서는 자경단에 의해 무차별 학살이 이뤄졌다. 조선총독부 정무총감을 역임한 뒤 당시 내무상이었던 미즈노 렌타로는 9월 2일 도쿄와 가나가와현의 각 경찰서 및 경비대에 '조선인이 폭동을 일으켰다'는 소문을 퍼뜨리게 하는 동시에 그 소문을 경찰서가 보고하게 하는 등 당시 조선인 학살 과정에 깊이 간여한 인물로 지목된다. 내무성 관할하의 경시청 관방주사 쇼리키 마쓰타로(正力松太郎)는 "불령선인들에 의한 방화와 폭탄 투하, 또는 하천이나 우물에 독약 투하" 등의 소문을 유포했다. 이에 군과 경찰, 자경단은 재일 '조선인 사냥'에 나서 차림새가 일본인과 다르다거나 '15엔 55전'과 그 외 몇 개의 단어를 일본인처럼 발음하지 못한다는 이유 등을 들어 무참히 살해 또는 구속했다(長田彰文, 2013/2017, 153쪽).

김산은 간토대지진과 이어진 조선인 대학살 사건으로 한국인과 아시아인들이 더 이상 일본인을 믿지 못하게 됐고 그들이 주장하는 '우호', '공영'을 믿을 수 없는 것으로 간주하게 됐다고 회고했다.

"1923년 이후 조선인들은 일본인들을 믿지 못했으며 일본인도 역시 조선인을 믿지 않았다. 몇몇 조선인은 자기의 정복자와 함께 일하지 않으면 안 됐는데, 그것은 생활비를 벌지 않으면 살 수 없기 때문이었다. 또한 어떤 자는 경제적 궁핍 때문에 타락해 왜놈의 앞잡이로 떨어지게 됐다. 그러나 마음속으로는 모든 조선인이 '그날'만을 기다리고 있었으며 왜놈들도 그것을 알고 있었던 것이다. … 민족주의운동이 급진화됐고 소극적인 대일 우호 감정까지도 깨끗이 씻겨버렸다. 조선 어디를 가든지 1923년의 대학살로 일본에서 자기 친척이 살해당한 가족을 볼 수가 있다. 민족주의자들의 분노는 너무나 격렬해서 공산주의자들이 일본 프롤레타리아와 협동하자고 할라치면 그들은 언제나 1923년의 일을 끄집어낸다. 그들에게 믿어도 괜찮은 일본인도 있다는 것을 납득시키는 것은 아주 어려웠다."(Kim & Wales, 1941/1992, 79~80쪽)

1920년대 들어 일제는 더 많은 쌀을 일본으로 가져가기 위해 '산미증식계획'을 본격화했다. 수리 시설 확대와 품종 교체, 화학비료 사용 등이 가속화했다. 늘어난 쌀 생산량보다 더 많은 양의 쌀이 일본으로 실려 나갔다. 1920년 회사 설립을 허가제에서 신고제로 바꾼 이후 면방직이나 식료품 공업, 광업 분야에서 일본 자본 침투가 급증했다. 노동자 수도 크게 늘었다. 일제는 자본의 높은 이윤을 보장하기 위해 한국인 노동자를 탄압하기도 했다.

1929년 대공황이 발발하면서 미국은 '뉴딜정책'으로 위기 극복을 시도했고, 영국과 프랑스 등은 식민지와 긴밀하게 연결하는 '블록경제'를 통해 불황 탈출을 시도했다. 자연스럽게 보호무역이 주요 흐름이 됐다. 블록경제로 세계무역이 위축됐고, 일본 경제는 더욱 어려워졌다.

위기의 순간, 일제는 전쟁을 택했다. 1931년 9월 18일, 일제 관동군이 펑톈 북쪽에 위치한 류탸오후(柳條湖)를 달리던 남만주 철도 차량을 폭파시켜 그것을 중국 소행이라고 주장한 '류탸오후 사건'을 일으킨 뒤 만주를 침략했다. 이른바 '만주사변'이었다. 일제는 만주를 침략해 이듬해 허수아비 정권인 '만주국'을 세우고 중국 침략의 발판을 마련했다. 일본은 국제연맹이 만주국을 인정하지 않고 만주 철수 권고안을 내자 1933년 국제연맹을 탈퇴했다. 군부 강경파가 정권을 장악하고 군국주의화를 가속화했다.

위기의 길이 분명했음에도 일제는 다시 전쟁의 길을 선택했다. 1937년 7월 7일, 중국 베이징 서남쪽 외곽 '루거우차오(盧溝橋)'. 야간 훈련 중이던 일본군 중대에서 총소리가 들린 뒤 일본군 병사 1명이 행방불명됐다. 행방불명된 일본군 병사는 20분 뒤에 부대로 복귀했지만, 일본군은 중국 주둔 지역으로 일본군을 보내 수색하겠다고 요청했다. 중국군은 이를 거절했다. 일본군은 7월 8일 새벽 중국군 진지를 포격하고 공격해 루거우차오를 점령했다. 일본군은 '루거우차오 사건'을 빌미로 전면적인 중일전쟁을 일으켰다. 일본군은 8월 29일 베이징을, 8월 30일 톈진을 함락하는 등 물밀듯이 중국을 침략해 들어갔다. 국민당은 공산군과 내전을 중단하고 제2차 국공합작을 이뤄 대일본 항전에 돌입했다.

일제는 1930년대에 본토는 발전된 공업 지역으로 유지하는 한편, 새로 확보한 만주는 농업과 원료 생산지대로, 식민지배 중인 조선은 기초적인 중화학 공업지대로 만들기 위해 이른바 '조선 공업화 정책'을 폈다. 주로 한반도 북부 지역을 중심으로 발전소와 화학금속공장을 세웠다. 이는 대륙 침략을 위한 전쟁물자 생산과 밀접한 관련이 있었다. 일제는 전력자원을 개발하고 토지와 노동력을 값싸게 공급했으며 광산자원을 약탈했다. 이른바 '대륙 병참기지화 정책'이었다.

일제는 1937년 중일전쟁을 기점으로 산미증식계획 재개와 미곡공출제를 시행했다. 조선인에게는 식량을 배급받도록 했다. 일제는 특히 1938년 '국가총동원법'을 만들어 인력과 물자의 수탈을 더욱 강화했다. 1939년 국민징용령을 실시함으로써 노동력과 자본을 차출해 1941년까지 한국인 100만 명 이상이 일본 내 공장이나 건설 현장, 탄광, 농장 등에서 일하도록 했다. 식민지 조선에서 일제는 1937년부터 신사참배를, 1938년에는 제3차 교육령 공포를 통해 일본어 사용을, 1939년부터 창씨개명을 차례로 강제했다.

괴멸적 파국이 분명해 보였지만, 일제는 또다시 전쟁을 택했다. 1941년 12월 8일, 일본군은 미국 하와이 진주만을 기습 공격했다. 일본군은 같은 날 괌, 북서태평양의 웨이크(Wake) 섬, 영국 식민지인 홍콩과 필리핀, 타이, 말레이 연방도 동시에 공격했다. '태평양전쟁'이 발발했다.

일제는 전쟁 말기 군수물자 생산에 집중하기 위해 조선의 경제활동 통제를 크게 강화하는 등 '전시 총동원 체제'를 실시했다. 1943년 학도지원병제를, 1944년 징병제를 차례로 실시해 한국인을 전쟁에 동원했다. 일제가 패망하는 1945년까지 한국 청년 20여만 명이 전쟁에 내몰린 것으로 추정된다. 전선에 투입된 일부 한국인은 나중에 연합국 포로를 학대했다는 등의 이유로 극동국제군사재판에서 B·C급 전범으로 처벌받기도 한다. 홍사익 등 한국인 23명이 전범으로 처형된 것으로 알려져 있다(長田彰文, 2013/2017, 175쪽). 여성들을 '정신대'로 동원하거나 군수공장 등에 보냈다. 일제는 조선과 필리핀, 대만 등의 여성들을 속이거나 동원해 '일본군 위안부'의 삶을 강요하기도 했다. 일제는 1941년 재판 없이 구금할 수 있는 '조선사상법 예방구금령'을 만들어 독립운동가들을 탄압했다.

1945년 이탈리아에 이어 독일마저 항복하면서 제2차 세계대전의 전세는 연합국 쪽으로 완전히 기울었다. 하지만 일제는 7월 26일 독일 포츠담에서 미국과 영국, 중국, 소련이 제안한 무조건 항복 요구에 응하지 않고 끝까지 저항을 이어갔다.

한민족의 저항과 독립운동

1920년 이후 한국인의 독립운동은 그 방법과 독립 이후 국가체제 등을 놓고 민족주의 운동과 사회주의 운동, 아나키스트 운동, 외교독립 노선 등 다양한 노선과 방법으로 갈라진다.

1921년 9월 12일 오전 10시 20분, 경성 조선총독부 2층. 의열단원 김익상이 건물수리공으로 변장하고 들어간 뒤 비서과에 폭탄을 투척했지만, 불발했다. 그는 이어 회계과에 폭탄을 투척했지만, 회계과장 등 간부는 없었다. 김익상은 혼란한 틈을 타 조선총독부를 빠져나와 다시 베이징으로 망명했다. 김익상은 1922년 3월 중국 상하이 황푸탄(黃浦灘) 부두에서 일본 육군상 다나카 기이치를 암살하고자 오성륜, 이종암 등과 함께 행동에 나섰지만 실패하고 체포됐다. 의혈 투쟁은 이후에도 이어졌다. 1923년 1월 김상옥은 종로경찰서에 폭탄을 투척했고, 1926년 12월 나석주는 동양척식주식회사와 조선식산은행을 습격했다.

민족주의 진영에서는 경제발전과 교육진흥을 통해 실력을 양성하자는 '실력 양성 운동'을 전개했다. '내 살림 내 것으로'라는 구호를 내걸고 '물산장려 운동'이 벌어졌고 '민립대학 설립 운동'도 일어났다.

1926년 4월 25일, 조선의 마지막 왕 순종의 장례식을 기화로 6·10만세운동이 벌어졌다. 학생과 지식인들은 일제의 감시와 탄압 속에서도 6·10만세운동을 전개했다. 사회주의 운동도 활발해지면서 1927년 민족주의 세력과 사회주의 세력이 연합한 '신간회'가 조직돼 조선인에 대한 착취 기관 철폐, 기회주의 배격, 조선인 본위의 교육 실시 등을 주장했다. 1929년 10월 30일, 전라남도 나주역. 광주발 통학열차에서 내린 일본인 중학생들이 광주여자고등보통학교 학생 박기옥과 이광춘 등의 댕기머리를 잡아당기며 희롱했다. 박기옥의 사촌동생 박준채는 일본 학생들에게 항의했지만 희롱을 멈추지 않자 싸움이 벌어졌다. 싸움은 일본인 학생 50명과 한국인 학생 30명의 집단 패싸움으로 번졌다. 사건이 알려지면서 광주 학생들이 일제에 항의하기 시작했고, 이는 전국적으로 시험 거부, 교내 시위, 동맹 휴업 등 다양한 형태의 운동으로 번져 3·1운동 이후 최대의 민족운동으로 발전했다.

1930년대 일제의 강도 높은 탄압과 대륙 병참기지화가 진행되면서 국내 독립운동은 더욱 위축됐다. 자연히 독립운동은 간도나 중국 본토, 러시아 연해주, 미주 등 해외로 쏠리게 된다. 간도와 만주 지역에서 활동하던 다수의 독립군이 '한국독립군'과 '조선혁명군'으로 재편됐다. 이들 부대는 일제의 만주 침략 이후 중국군과 연합해 많은 전투에 참여했다. 일부 조선인은 중국 동북 지역에서 항일유격대를 결성하고 1936년 중국 공산당군과 함께 '동북항일연군'을 구성해 일제에 저항했다. 김일성도 1937년 6월 4일 항일유격대 부대를 이끌고 국경을 넘어 함경남도 보천보를 습격해 일본 관헌과 교전을 벌이기도 했다(長田彰文, 2013/2017, 178쪽). 김원봉을 중심으로 한 의열단 계통 인사들은 중국 국민당 정부의 협조를 얻어 '조선의용대'를 조직해 활동했다.

대한민국 임시정부도 일제의 가혹한 탄압과 감시, 내부 분열, 조직 및 자금 부족으로 크게 위축됐다. 1931년 7월 지린성 창춘현 완바오(萬寶)산 지역에서 일제의 술책으로 한중 농민 간 유혈 충돌, 이른바 '완바오산 사건'이 발생해 한국인에 대한 중국인의 감정도 악화했다. 김구는 1931년 11월 자신을 단장으로 하는 비밀조직 '한인애국단'을 조직해 이봉창 의거나 윤봉일 의거 등 의혈 투쟁을 전개했다(김삼웅, 2004, 262쪽 참고).

1932년 1월 8일, 도쿄 지요다구 유락초 경시청 사쿠라다몬 앞. 도쿄 교외에서 관병식을 마치고 돌아가던 쇼와 덴노 히로히토가 탄 마차 뒤에서 갑자기 수류탄 1개가 터졌다. 말이 다치고 일본 고관 2명이 부상을 입었지만 히로히토는 다치지 않았다. 한인애국단 소속 이봉창이 던진 폭탄이었다. 현장에서 체포된 이봉창은 10월 10일 도쿄 이치가야형무소에서 처형됐다. 그의 나이 31세였다.

이봉창 의거 3개월 후인 4월 29일 오전 11시 40분, 중국 상하이 홍커우

(虹口) 공원. 텐노 히로히토의 생일연과 상하이 점령 전승 기념행사가 끝나고 외교관과 내빈이 돌아간 뒤 일본인들만 남아 상하이교민회가 준비한 축하연을 열고 있었다. 일본 국가 '기미가요'가 막 울려 퍼지는 순간 물통 하나가 단상으로 날아들었다. 한인애국단 윤봉길이 던진 폭탄이었다. 일본군 상하이파견군 총사령관 시라카와 요시노리(白川義則), 상하이 일본거류민단장 가와바타 사다쓰구(河端貞次) 등이 죽고 주중국 일본 공사 시게미쓰 마모루(重光葵) 등 많은 이들이 부상당했다. 축대 위에 폭탄이 명중한 것을 확인한 윤봉길은 자결을 위해 도시락폭탄을 떨어뜨렸지만 불발하면서 일본 헌병들에게 체포됐다. 윤봉길은 12월 19일 새벽 일본 이시카와현 가나자와시 미쓰코지야마(三小牛山) 서북 골짜기에서 총살된 뒤 암매장됐다. 윤봉길의 나이 25세였다. 중국 국민당 총통 장제스(蔣介石)는 윤봉길 의거에 대해 "중국의 100만 대군도 해내지 못한 일을 한국의 용사 1명이 해냈다"고 극찬했고, 이를 계기로 대한민국 임시정부를 전폭 지원하게 된다.

1932년 5월, 대한민국 임시정부는 중국 상하이에서 항저우(杭州)로 옮겼다. 임시정부는 이후 중국 정세에 따라 1940년 9월 충칭으로 옮길 때까지 자주 사무실을 옮겼다. 1935년 7월 진장(晋江), 1937년 8월 창사(長沙), 1938년 7월 광저우(廣州), 10월 유주(柳州), 1939년 5월 치장(綦江), 1940년 9월 충칭으로 다시 옮겼다.

1940년 5월 중국에서 활동하던 항일독립단체들은 임시정부를 중심으로 한국국민당, 한국독립당, 조선혁명당 3당이 합당해 새로운 '한국독립당'을 결성했고, 그해 9월 김구를 주석으로 단일 지도 체제를 마련했다. 이와 함께 각처에 흩어져 있던 무장투쟁 세력을 모아 충칭에서 '한국광복군'을 창설했다.

대한민국 임시정부는 일제가 진주만을 침공하면서 태평양전쟁을 일으키자 1941년 12월 10일 주석 김구와 외무부장 조소앙의 이름으로 '대일 선전 성명서'를 발표하고 "한국 전 인민은 현재 이미 반침략 전선에 참가했으니, 한 개의 전투 단위로서 추축국(일본과 독일, 이탈리아 3국과 이들 3국 동맹을 지지하는 나라)에 선전한다"고 일본에 선전포고를 했다. '대일 선전 성명서'는 일본 측에 전달되지 못했고, 전쟁 후를 우려한 미국에 의해 인정받지 못했다(長田彰文, 2013/2017, 190쪽). 한국광복군은 1943년 연합군과 공동으로 인도와 미얀마 전선에 공작대를 파견해 참전했다. 대한민국 임시정부는 전쟁 막바지에 미국과 협조해 국내 진공 작전을 펼치기 위해 한국광복군 제2, 3지대를 대상으로 미국 '전략정보국(OSS)'과 합작해 국내 투입 유격요원 훈련을 시켰다. 1945년 8월 5일 군사훈련을 마친 광복군은 국내 진공 작전을 기다리던 중, 일제의 패망 소식을 듣게 된다. 이로써 이들은 전면적인 대일 전쟁을 벌이지 못했다.

1945년 8월 6일과 9일, 일본 히로시마와 나가사키에 원자폭탄 '리틀보이'와 '팻맨'이 미군에 의해 차례로 투하됐다. 도시는 폐허가 됐고 가공할 만한 인명 피해가 발생했다. 특히 강제 연행 등으로 히로시마에 머물고 있던 한국인 2만 명도 원폭으로 사망했다(長田彰文, 2013/2017, 210쪽). 소련은 대일 선전포고와 함께 8월 9일 만주와 한반도로 밀려들었다.

1945년 8월 15일 수요일 낮 12시, 일본 전역과 한반도 등의 라디오에서 쇼와 덴노 히로히토의 목소리가 흘러나오기 시작했다.

"짐은 제국 정부로 하여금 미영지소(미국, 영국, 중국, 소련) 4국에 대해 그 공동선언(일제의 무조건 항복을 요구한 포츠담선언)을 수락한다는 뜻을 통고하게 했다. … 그대들 신민의 충정도 짐이 잘 알고 있다. 그러나 짐은 시운이 향하는바, 견디기 힘든 어려움을 견디고 참기 힘든 어려움을 참음으로써 만세를 위하여 태평을 열고자 한다."

일제가 무조건 항복을 선언했다. 2주일 후인 9월 2일, 일본 요코하마에 정박 중이던 미국의 전함 '미주리호' 함상에서 일본제국의 대표 시게미쓰 마모루 외무대신은 일본이 무조건 항복을 선언한다는 내용을 담은 문서에 서명했다.

책임도, 진실도 없었다

일제는 3·1운동의 발발과 전개, 진압 등에서 나타난 반인권적 행위나 대처에 대해 직간접적으로 연루돼 있거나 책임 또는 지휘 계통에 있는 인사 누구에게도 사법적 책임을 묻지 않았다. 일본 측 주요 지도자나 인사 누구도 3·1운동이 제기한 한민족의 독립 요구를 인정하지도, 한국의 독립을 위해 움직이지도 않았다. 특히 수원 제암리 학살 사건을 비롯한 평화적인 독립만세시위를 잔인하게 진압하고 탄압한 반인륜적 행위에 대해서도 마찬가지였다. 한민족은 일본이 역사와 세계 앞에서 진실을 밝히고 사과나 사죄를 했다는 말을 들어보지 못했다.

1921년 11월 4일 오후 7시 25분, 도쿄역. 한민족의 거족적인 독립만세시위에 기만적인 대응을 지휘한 일제 총리 하라 다카시가 18세의 역무원 나카오카 곤이치(中岡艮一)에게 칼에 찔려 피살됐다. 입헌정우회 교토지부 대회에 참가하고자 역사에 들어가려던 순간이었다. 일본의 현직 총리가 암살된 것은 처음이었다. 향년 66세. 황실 문제와 황태자 외유 문제, 일련의 정치적 스캔들 등에 대한 불만에서 비롯된 사건으로 분석된다. 하라 다카시는 『하라 다카시의 일기』를 남겼다(宇治敏彦 외, 2001/2002, 114쪽 참고).

1922년 2월 15일, 조선군사령관으로 만세시위를 탄압하고 수원 제암리 학살 은폐를 주도한 우쓰노미야 다로가 일본군 군사참의관 재직 도중 사망했다. 그의 나이 60세였다. 우쓰노미야 다로는 3·1운동 직후인 1919년 11월 대장으로 승진하고 1920년 8월부터 군사참의관이 됐다. 우쓰노미야 다로 이후 조선군사령관 경험자 다수가 육군참모총장이 됐다는 점에서 우쓰노미야도 좀 더 살았다면 일본 육군참모총장까지 무난히 진급했을 것으로 관측됐다. 그의 아들은 1970~1980년대 평화군축운동으로 유명한 기업인 출신 우쓰노미야 도쿠마(宇都宮德馬) 의원이다.

10월 18일, 조선헌병대사령관이자 조선총독부 경무총장을 겸임하며 독립만세시위 탄압에 앞장서고 제암리 학살 사건 은폐에 가담했던 고지마 소지로가 숨졌다. 그의 나이 52세였다. 고지마 소지로는 3·1운동 이후 사할린 파견군사령관과 교육총감부 본부장 등을 역임한 뒤 1922년 5월 육군 성차관이 됐지만 그해 사망하고 만다.

1924년 1월 27일, 조선총독으로 가혹한 무단통치와 만세시위 탄압에 앞장섰던 하세가와 요시미치가 숨졌다. 향년 73세. 무단통치를 이어오다가 3·1운동이 발발하면서 사실상 경질된 그는 귀국 후 요직에 등용되지 못하고 여생을 보냈다. 도쿄 아오야마영원에 묻혔다.

1926년 12월 25일 새벽 1시 25분, 가나가와현 미우라반도 서부에 위치한 하야마 황실별장. 일제의 3·1운동 대응 최종 승인권자였던 다이쇼 덴노 요시히토가 친어머니의 손을 잡은 채 심장마비로 사망했다. 그의 나이 47세였다. 그의 유해는 전례를 깨고 영구차로 도쿄 서쪽 근교의 하치오지 시에 있는 타마릉에 안치됐다. 요시히토는 이미 1921년 11월 병 때문에 정사를 제대로 볼 수 없다며 나중에 쇼와 덴노가 되는 황태자 히로히토(裕仁)에게 대리청정을 맡겼다.

1927년 9월 24일, 조선총독부 정무총감으로서 만세시위를 탄압하고 한민족 독립운동의 와해를 위한 조언을 아끼지 않았던 야마가타 이사부로가 세상을 떠났다. 향년 69세. 그는 1922년 추밀원 고문관을 거쳐 1925년 답례사로 프랑스령 인도차이나에 파견됐다. 야마가타 이사부로가 체신상에 재임하던 중 히사쓰선이 건설된 것이 인연이 돼 1996년부터 규슈 여객철도 히사쓰선에서 운행하는 관광열차의 이름이 '이사부로·신페이호'로 명명됐다. 신페이는 개업 당시 철도원 총재였던 고토 신페이(後藤新平)의 이름에서 따온 것이다.

1929년 9월 29일 오전, 육군상으로서 만세시위 진압을 지휘한 다나카 기이치가 급성 협심증으로 사망했다. 총리직에서 물러난 지 3개월도 되지 않은 때였다. 향년 65세. 다나카 기이치는 1922년 중국 상하이 황푸탄 부두에서 김익상 등 의열단에게 암살될 위기를 맞기도 했다. 그는 이후 정계에 뛰어들어 1925년 다카하시 고레키요의 뒤를 이어 입헌정우회 총재가 됐다. 1927년 쇼와 금융공황으로 제1차 와카쓰키 레이지로(若槻禮次郎) 내각이 물러나자 입헌정우회 총재로서 제26대 일본 총리에 취임했다. 그는 다카하시 고레키요를 재무상으로 임명하고 모라토리엄 선언으로 금융공황을 가라앉혔다. 보통선거법을 실시했지만 '안보법' 등의 악법으로 공산주의자와 사회주의자, 기타 반정부운동가들을 대거 검거했다. 외교에서는 협조외교 노선에서 적극적인 팽창 노선으로 전환하고 자신이 스스로 외무상을 겸직했다. 다나카 기이치는 1928년 국민당의 2차 북벌로 일본 조계지가 있는 산둥성에 국민혁명군이 진주하자 2차 산둥파병을 단행했다. 장제스의 국민당군을 공격해 '제남 사건'을 일으키기도 했다. 1928년 6월 4일, 펑톈 군벌 장쭤린이 관동군 장교들의 음모로 암살된 황구툰(皇姑屯) 사건, 이른바 '장쭤린 폭살 사건'이 발생했다. 다나카 기이치는 국제적 신용을 유지하기 위해 용의자를 군법회의를 통해 엄벌에 처해야 한다고 주장했지만, 육군의 강한 반대로 실현되지 못했다. 덴노 히로히토는 책임자 처벌이 없다는 점을 들어 "다나카를 더 이상 보지 않겠다. 다나카는 아주 싫다"고 발언했고, 다나카 기이치는 1929년 총리직을 그만둬야 했다.

1936년 1월, 사이토 마코토의 정치고문으로 한민족 독립운동가 회유와 변절 공작을 주도했던 '제국의 브로커' 아베 미쓰이에가 '수양아들'로 불린 이광수가 지켜보는 가운데 눈을 감았다. 그의 나이 73세. 아베 미쓰이에는 1926년부터 1934년까지 중앙조선협회 전무이사를 역임했고 조선 자치를 미끼로 삼아 《동아일보》 관계자와 최린 등을 매수·회유한 것으로 알려져 있다. 조선 지식인 사이에 광범위한 네트워크가 있었고 인기도 높았다고 한다.

2월 26일 새벽, 도쿄 요쓰야에 위치한 사이토 마코토의 자택. 신임 조선 총독으로 무단통치에서 문화통치로 바꿨다면서도 한민족 독립운동 와해에 앞장섰던 사이토 마코토가 '황도파' 청년 장교들에게 피살됐다. 소장파 장교들과 병사 150여 명이 그의 저택을 둘러싼 뒤 집으로 들어갔다. 병사들은 침대 위에 앉아 있던 사이토에게 총격을 가했고 쓰러진 사이토에게 다시 총격 등을 가했다. 사이토의 시신에는 탄흔과 자상 등 상처 47군데가 있었다고 한다. 그의 나이 79세였다.

사이토 마코토는 3·1운동 이후 1927년 제네바 군축협상에 전권대표로 참석하기 위해 조선총독직에서 물러났다가 1929년 다시 조선총독으로 돌아왔다. 그는 1932년 거국일치 내각을 조직해 총리에 취임했고, 외무상을 겸임하면서 만주국 승인과 국제연맹 탈퇴 등을 추진했다. 그는 1934년 내각의 비리로 총리직을 사임하고 덴노의 보좌관 내대신이 됐다. 사이토 마코토는 군국화를 주장하는 황도파에 맞서 현상 유지를 고수했다가 황도파의 젊은 장교들의 주적이 됐고, 2·26 사건의 격류 속에서 목숨을 잃었다.

1937년 7월 19일, 조선군참모장으로서 우쓰노미야 다로 등과 함께 제암리 학살 사건 은폐를 주도한 오노 도요시가 숨졌다. 그의 나이 67세였다. 오노 도요시는 3·1운동 이후 1921년 제17사단장이 됐고 육군 중장까지 올랐다.

1938년 1월 20일, 조선군 제20사단장으로 제암리 학살 사건 은폐에 적극 가담했던 조호지 고로가 숨졌다. 조호지 고로는 1922년 5월 육군을 전역했다.

1942년 10월 11일, 척식국 장관으로서 한민족 독립운동가 변절과 회유 작업을 주도했던 고가 렌조가 숨졌다. 그의 나이 85세였다. 고가 렌조는 3·1운동 이후 1919년 아편 사건을 일으켜 대신에서 실각했다. 고가 렌조는 1922년 수뢰죄로 징역 6개월과 집행유예 3년을 선고받았고 1923년 아편 밀매 혐의가 추가되면서 징역 1년 6개월과 집행유예 3년 형이 확정됐다. 유죄 확정에 따라 귀족원 의원에서도 제명됐다.

1944년 10월 14일, 친일파 양성과 한민족 독립운동가들의 회유 공작에 중요한 역할을 한 일본조합기독교회 지도자 와타세 쓰네요시가 사망했다. 그는 1934년『일본 신학의 제창(日本神学の提唱)』이라는 책을 출간해 일본의 고사기(古事記)와 성경의 내용이 동일하다고 주장하기도 했다.

1945년 9월 10일, 3·1운동 직후 조선총독부 내무국장으로 활동한 아카이케 아쓰시가 숨졌다. 향년 66세였다. 아카이케 아쓰시는 아베 미쓰이에 등과 함께 조선 독립운동가의 회유 및 변절 공작에 앞장섰다. 1922년 척무국 장관에 취임했고, 1923년 9월 1일 간토대지진을 맞아 9월 5일 사임했다. 1923년 8월 귀족원 의원으로 임명돼 사망할 때까지 재임했다. 반유대주의 사상을 가진 아케이케 아쓰시는 반유대주의를 연구하는 단체 '요슈텐(要出典)'의 주요 멤버였다.

1949년 11월 25일, 신임 조선총독부 정무총감으로 부임한 뒤 문화통치를 표방하면서 다른 한편으로는 독립운동가 회유 공작을 주도했던 미즈노 렌타로가 저세상으로 떠났다. 그의 나이 81세였다. 미즈노 렌타로는 내무상이던 1923년 8월 26일 가토 도모사부로가 사망하고 9월 1일 간토대지진이 발생하자 후임 내무상 고토 신페이가 부임하기 전까지 대지진 대응을 주도하면서 재일 한국인 학살을 자극한 것으로 분석된다. 그는 1924년 기요우라 게이고(淸浦奎吾) 내각이 성립되자 다시 내무상이 되고 제도부흥원 총재에 오르기도 했다. 1927년 다나카 기이치 내각에서는 다카하시 고레키요 재무상이 사임한 후 문부상에 올랐다가 1928년 사임했다. 텐노 히로히토의 유임 지시를 이유로 사표를 철회하면서 논란이 되기도 했다. 그는 이후 대일본음악저작권협회장과 대일본고아동맹 부총재 등을 역임했다. 패전 후인 1945년 12월에 A급 전범 용의자로 분류돼 체포됐지만, 2년 후인 1947년 9월 80세의 나이로 석방됐다.

경성 헌병대장 겸 조선총독부 경무국 경무부장으로 만세시위 진압에 앞장선 시오자와 요시오는 1919년 12월 경성 헌병대장이 됐고 1920년 육군 소장으로 승진한 뒤 그해 12월 전역했지만 이후의 행로는 잘 알려져 있지 않다. 제79연대 중위로 수원 제암리 학살을 주도한 아리타 도시오도 이후 행적이나 행로는 잘 알려져 있지 않다.

친일과 매족에 빠진 자들

1920년 12월 29일, 다이쇼 덴노 요시히토는 3·1운동 당시 일제에 적극 협력한 공로로 이완용의 귀족 작위를 후작으로 올려줬다. 당시 후작은 일본 안에서도 몇 명 되지 않을 정도로 권위가 높은 작위였다. 앞서 이완용은 한일병합 등에서 일제에 협력한 대가로 1910년 메이지 덴노 무쓰히토(睦仁)로부터 백작 작위를 받은 바 있다. 1924년 1월 24일, 이완용의 아들 이항구도 쇼와 덴노 히로히토로부터 남작 작위를 받았다. 식민지 조선 사람으로서는 유일하게 부자 귀족이 탄생했다(윤덕한, 1999, 336쪽 참고).

이완용은 3·1운동 이후에도 내선일체와 일본어 보급을 독려했고, 농사장려회 회장과 농림주식회사 고문, 선만노몽연구협회 고문 등 각종 친일 단체에 깊숙이 간여했다. 1923년 1월 조선사편찬위원회 고문으로 '친일사관'을 정립하는 데 힘을 보태기도 했다. 1926년 2월 11일, 이완용은 경성 옥인동 자택에서 일본인 의사와 조선인 주치의, 차남 이항구 등이 지켜보는 가운데 눈을 감았다. 그의 나이 69세였다. 대규모 장례식이 거행됐고, 일제 황실로부터 대훈위 국화대수장도 수여됐다. 하지만 ≪동아일보≫는 1926년 2월 13일 자 사설 "무슨 낯으로 이 길을 떠나가나"를 써서 그의 삶 전체를 조롱했다.

"그도 갔다. 그도 필경 붙들려 갔다. 보호순사의 겹겹 파수와 견고한 엄호도 저승차사의 달려듦 하나는 어찌하지 못하였다. 너를 위해 준비했던 것이 이때였다. 아무리 몸부림하고 앙탈하여도 꿀꺽 들이마시지 아니치 못할 것이 이날의 이 독배이다. … 어허, 부둥켰던 그 재물은 그만하면 내놓았지. 앙탈하던 이 책벌을 이제부터는 영원히 받아야지!"

이완용은 전라북도 익산에 묻혔지만 지속적으로 훼묘 사건이 벌어졌고, 1979년 직계 후손들은 파묘해 그 유골을 화장해야 했다. 지금은 묘지의 흔적조차 사라졌다고 한다(반민족문제연구소, 2009a, 49~54쪽 참고).

1921년 2월 16일, 도쿄 데이코쿠호텔 14호실. 일본 옷차림을 한 젊은이가 자신을 이기령이라고 소개하면서, 3·1운동을 비난하고 참정권 청원 운동을 펼쳤던 민원식을 찾아왔다. 민족주의자 양근환이었다. 민원식이 "상하이에서 운동하는 자는 모두 폭도다. 그 무리가 어찌 족히 독립을 이루겠는가"라며 상하이 독립투사를 비판하자, 양근환은 "상하이 동포를 폭도라 하는데 말이 되는가"라며 격노했다. 양근환은 소지한 칼로 민원식을 찔렀다. 민원식은 곧바로 도쿄제국대 병원으로 후송됐지만, 이튿날인 2월 17일 과다출혈로 사망했다. 그의 나이 35세였다. 민원식은 3·1운동 이후인 11월 경기도 고양 군수에서 퇴직한 뒤 일본 조야와 각계 지식인들을 찾아다니며 조선인에게 참정권을 허용해달라고 주장했다. 그는 이를 위해 1920년 '국민협회'를 조직했고, 그해 4월 ≪시사신문≫을 복간해 참정권 청원 운동을 펼쳤다. 일제는 민원식의 주장을 들어주지 않았다. 친일파 세력은 3·1운동 직후에는 심천풍과 이기찬 등 자치론을 주장하는 그룹과 '협성회구락부'를 중심으로 참정권 청원론을 주장하는 두 그룹으로 나뉘었다. 일제와 조선총독부가 자치론 그룹을 비판하자 판세가 참정권 청원론 그룹으로 기울었다. 하지만 일제가 참정권에 대해서도 수용하지 않으면서 참정권 청원론도 힘을 잃게 된다(반민족문제연구소, 2009b, 17~25쪽; 임경석, 2008. 9, 66~71쪽 참고).

만세운동을 비판하고 경고문을 발표했던 홍준표는 1921년 11월 내선융화를 주장하는 격문 50만 장을 인쇄해 한반도와 간도 지역에 뿌렸다. 그는 재미 교포에게도 격문을 발송하고 총독 통치를 통해 한국인의 복지가 향상돼왔다면서, 독립을 주장하는 일부 재미 교포를 비판했다. 그는 민원식이 죽은 뒤에는 '친일파의 거두'로 불렸다. 1926년 8월 1일 일본 나가사키에서 열린 아세아민족대회에서는 한민족 대표로 참석해 일제의 팽창주의를 옹호했다. 일제가 전쟁으로 내달리자 1934년 '일본정신 선양'과 대일본주의를 주창하는 단체 '동아신흥연맹'을 결성해 위원장이 되었고, 1935년에는 '제국주의 선양'과 일본을 맹주로 한 동아시아 대국화를 주장하는 '동아연맹'을 결성했다. 정확한 사망 연대 등은 알려지지 않는다.

윤치호는 1920년대 전반기 조선총독부의 지원 아래 '문화정치'라는 주제로 전국 각지에 강연을 다녔다. 그는 1931년 재만주한인동포 위문사절단 단원으로 만주에 다녀온 뒤 흥업구락부 회장을 역임했다. 1928년부터 1937년까지 조선체육회 제9대 회장을 역임했다. 그는 1941년 12월 진주만 기습 직후 강연회에서 "이 결전은 제국의 1억 국민뿐만 아니라 동양 전 민족의 명예가 여기에 달려 있다. 이 성스러운 목적 관철에 우리 반도 민중도 한몫을 맡아 협력치 않으면 안 될 것"이라고 하면서 전쟁을 부추기고 민족의 희생을 몰고 가려 하는 등 친일 행위를 더욱더 노골적으로 수행했다. 그는 해방 직후인 1945년 12월 개성 자택에서 숨졌다(반민족문제연구소, 2009a, 158~166쪽 참고).

1922년, 대한민국 임시정부의 와해와 독립운동가 회유 공작에 앞장선 이희간은 일본 우익 조직 '흑룡회' 계열의 '동광회(東光會)' 조선총지부 총간사로 선임됐다. 그는 1920년 6월 사이토 마코토 조선총독에게서 임시정부 와해 및 조선인 회유 공작 자금으로 2000엔을 수령한 것으로 알려진다. 이희간은 1924년 3월 친일단체인 '각파유지연맹' 발기인으로 참여했는데, 그 뒤의 행적에 관해서는 잘 알려져 있지 않다.

1923년 6월, 법주사로 이어지는 충청북도 보은군 속리산 말티고개. 독립만세운동에 찬물을 끼얹기 위해 '자제단'을 결성했던 박중양이 황해도지사에 이어 충청북도지사가 된 뒤 법주사로 휴양을 가는 길이었다. 그는 비가 와서 자동차가 산을 오르지 못하자 "어찌 차에서 내려서 진흙을 밟느냐"며 군수 김재호를 불렀다. 인근 농촌에서 소를 동원해 차를 끌게 했지만 차가 움직이지 않자 도로 공사를 명했다. 군수 김재호는 농민을 동원해 공사를 했다가 반발을 초래하는 등 물의를 빚기도 했다. 박중양은 속리산 성폭행 사건으로 1925년 3월 도지사직에서 경질됐다가 1928년 황해도지사로 복직했지만 그해 다시 도지사직에서 물러났다. 창씨개명에 앞장서고 일제가 전쟁을 향해 내달리던 1941년 10월에는 조선임전보국단 고문을 맡는 등 일제의 전시체제에 적극 협력한 것으로 지적된다(반민족문제연구소,

2009a, 239~246쪽 참고).

　3·1만세운동에 참여했음에도 나중에 일제의 치밀한 회유 공작 등으로 훼절하거나 심지어 민족을 배신하는 사람도 적지 않게 나타났다. 최린과 이광수, 최남선, 정춘수 등이 대표적인 인물로 꼽힌다. 한때 목숨까지 걸고 독립만세시위를 준비하고 참여했던 그들이었기에 더욱더 씁쓸함을 안긴다.

　1921년 12월 22일, 독립만세시위를 주도적으로 준비한 최린이 가출옥했다. 그의 가출옥에는 '제국의 브로커' 아베 미쓰이에의 개입이 있었던 것으로 알려져 있다. 그는 출옥한 후 천도교 중앙교단에서 활동을 시작했고, 손병희가 사망하자 일본 승인을 통한 자치론을 내세우는 천도교 신파를 주도했다. 최린은 1929년 10월 조선어사전편찬회에 발기인으로 참여했고 1930년 7월 전조선수재구제회 위원에 임명됐다. 1943년 8월 내선일체와 '대동방주의'를 내세운 한일 연합 친일조직인 '시중회'를 조직했다. 1937년 총독부 기관지 ≪매일신보≫ 사장에 취임해 내선일체를 설파했다. 중일전쟁과 태평양전쟁이 차례로 발발하자 국민총력조선연맹 이사와 조선임전보국단 단장, 조선언론보국회 회장 등 각종 친일단체 간부를 맡으며 학병 권유 유세, 내선일체 지지 등 많은 친일 행적을 남겼다(반민족문제연구소, 2009b, 153~160쪽 참고).

　도쿄 2·8독립선언서를 쓴 이광수도 1923년 ≪동아일보≫에 "민족적 경륜"이라는 글을 발표해 조선이 망하게 된 것은 일본 탓이라기보다 조선 민족이 갖고 있던 결점 때문이었다며 이를 극복하기 위해 민족의 실력을 양성해야 한다고 주장했다. 이광수는 이처럼 개량주의적 '실력 양성론'을 주장하면서 친일매족으로 돌아선 것으로 평가된다(長田彰文, 2013/2017, 157쪽). 중국 상하이에서 귀국한 이광수는 1921년부터 1922년까지 ≪개벽≫에 논문 「소년에게」를 연재해 출판법 위반 혐의로 종로경찰서에 입건됐다가 풀려났다. 이광수는 1937년 '수양동우회' 사건으로 투옥됐다가 반년 만에 병보석으로 풀려난 뒤부터 공개적으로 친일로 기울었다. 1939년 친일

572

어용단체 '조선문인협회' 회장이 돼 병사 위문문 보내기 행사를 주도했다. 창씨개명 첫날인 1940년 2월 15일, 이광수는 제1호로 '가야마 미쓰로(香山 光郎)'로 개명하고 한국인의 동참을 호소했다. 이광수는 ≪경성일보≫ 1940년 9월 4일 자에 "나는 지금에 와서 이런 신념을 가진다. 즉, 조선인은 전연 조선인인 것을 잊어야 한다고. 아주 피와 살과 뼈가 일본인이 돼버려 야 한다고. 이 속에 진정으로 조선인의 영생의 길이 있다"고 강조한다(정운 현, 2016, 300쪽 재인용).

　기미독립선언서를 기초한 최남선은 1928년 조선총독부 산하 '조선사편 수회'에 촉탁으로 참여하면서 친일로 본격 전향한 것으로 평가된다. 최남 선이 친일과 매족으로 돌아선 배경에는 아베 미쓰이에의 공작이 자리한 것으로 분석된다. 한용운과 홍명희 등은 조선사편수회에 가담한 일로 최 남선과 절교했고, 특히 한용운은 그의 나무 위패를 새기고 장례식을 거행 해 조롱했다(반민족문제연구소, 2009b, 248~256쪽 참고). 최남선은 태평양전쟁 시기 "아시아의 해방", "특공대의 정신으로 성은에 보답합시다", "승리엔 젊은이의 힘" 등의 글과 강연으로 전시 협력을 강조했다. ≪매일신보≫ 1943년 11월 20일 자 3면 보도에 따르면, 최남선은 1943년 11월 도쿄 메 이지대에서 이광수와 함께 재일 조선인 유학생들에게 학병을 독려하는 강 연을 하기도 했다. "제군! 대동아의 성전은 이름은 비록 동아이지만 실로 신시대 신문화의 창조 운동이며 세계 역사의 개조이다. … 청년 학도 제 군! 역사 있은 이래의 성전인 금번의 대동아전쟁은 지금 바야흐로 결전 단 계에 들어가서 마침내 우리 청년 학도들의 출진을 요망하게 된 것이다. … 바라건대 일본 국민으로서의 충성과 조선 남아의 의기를 바로 해 부여된 광영의 기회에 분발 용약해 한 사람도 빠짐없이 출진하기를 바라는 바이 다."(류시현, 2011, 200~204쪽 재인용)

　일제가 1931년 만주사변을 통해 만주를 침략하고 1937년 중일전쟁을 일으키는 등 전쟁으로 치닫고 식민지 조선에는 이른바 '대륙 병참기지화 정책'을 펼치자 많은 인사들이 대거 친일과 매족으로 돌아섰다.

최연소 민족 대표로 독립선언서에 서명한 박희도 역시 개량주의 노선을 걷다가 1934년 친일단체 '시중회'에 발기인과 회원으로 참가하면서 친일로 공개 전환했다. 1937년 중일전쟁 이후인 1939년 1월 ≪동양지광≫을 창간해 "징병제 실시에 대한 공개 감사장", "진심을 헌납하라", "결전 비상의 때: 궐기하라 반도 청년" 등 각종 친일 논설을 게재했다. 박희도는 지원병으로 참전할 것을 독려하는 연설을 했고, 국민총력조선연맹 참사, 조선임전보국단 평의원 등 각종 친일단체의 임원을 맡았다(반민족문제연구소, 2009b, 161~168쪽 참고).

1936년, 독립만세운동 당시 지하신문 발행을 주도했다가 옥고를 치른 윤익선도 경성부교화회 교화위원, 원서정위생조합장 등을 맡아 친일 활동을 벌였다.『대경성공직자명감』에 수록되는 등 경성 지역 유지로 활동하고 친일 글을 다수 발표했다.

민족 대표 48인으로 피검됐다가 무죄 판결을 받고 출옥한 현상윤은 1937년 중일전쟁 이후 조선총독부 주최의 제2차 시국순회강연회 연사, 국민정신총동원조선연맹의 비상시국민생활개선위원회 제2부 위원에 선임되면서 공개적인 친일로 돌아섰다. 그는 1939년 4월 국민정신총동원조선연맹 참사, 조선유도연합회 평의원, 국민총력조선연맹 참사, 임전보국단 발기인으로 활동하는 등 친일단체 활동과 강연을 벌이는 한편 각종 친일 글을 기고하기도 했다.

여운형과 함께 신한청년당 활동을 벌였던 장덕수는 중일전쟁이 발발하기 전까지는 합법적인 공간에서 사회운동을 펼쳤지만, 1938년 5월 홍업구락부 사건을 계기로 친일로 변절해 조선총독부의 각종 사업에 기여했다. 그는 강연과 논설을 통해 일제가 벌이는 전쟁을 찬양하고 폐하의 군인이될 것을 강조하는 등 황국신민화의 유능한 선전가였다. 1947년 12월 테러로 숨졌다(반민족문제연구소, 2009b, 215~222쪽 참고).

민족 대표 33인으로 독립선언서에 서명했던 정춘수도 1938년 홍업구락부 사건에 연루돼 구속됐다가 같은 해 9월 '전향성명서'를 발표하고 풀려난 뒤부터 친일 활동에 나섰다. 1939년 조선감리교회의 수장인 감독으로 피선됐고, 내선일체 정책에 순응을 요구하며 중일전쟁과 태평양전쟁에 적극 협력했다. 정춘수는 1940년 7월 국민정신총동원 '기독교조선감리회연맹'을 조직해 이사장을 맡았고, 개신교 내 신사참배를 독려한 '총진회' 회장과 전시 총동원 체제를 위한 친일단체 '국민총력조선연맹'의 문화위원, 개신교 교인들의 지원병 참전을 부추긴 '조선전시종교보국회' 이사 등을 지냈다. 그는 신사참배를 독려했고, 1944년에는 감리교 소속 일부 교회를 팔아 비행기 3대를 사서 일제에 헌납하기도 했다(반민족문제연구소, 2009b, 169~176쪽 참고).

친일매족 행위가 개인 차원에서만 이루어진 것은 아니었다. 예컨대 독립만세시위를 주도적으로 준비했던 천도교는 1930년대 들어 시대 변화를 이유로 '대동방주의'와 '신앙보국주의'를 내세우며 친일로 전환하는 등 많은 단체와 조직이 친일매족으로 기울어졌다(김정인, 2001. 9, 192~199쪽 참고).

푸른 눈의 독립운동 조력자

1920년 3월 하순, 경성 세브란스의학전문학교. 프랭크 스코필드는 자신의 숙소에서 강도를 가장한 암살 미수 사건을 겪었다. 그는 학교와 4년간의 근무계약을 마치고 4월 초순 캐나다로 돌아갔다. 사실상 추방이었다. 조선총독부는 3·1운동을 비롯한 한국인의 독립운동을 세계에 알리려는 그를 눈엣가시처럼 여겼다. 프랭크 스코필드는 4월 출국 당시 3·1운동을 다룬 책『끌 수 없는 불꽃(Unquenchable Fire)』의 원고 집필을 거의 마무리한 상태였다. 원고 매수 298매 분량으로, 일제의 제암리·수촌리 학살 사건을 담았다. 사본 한 부는 세브란스병원 지하실 바닥에 묻었고, 원본은 자기 짐 속에 끼워 넣었다(김형목, 2014. 여름, 42쪽; 이장락, 2007, 111~124쪽 참고).

스코필드는 조국 캐나다로 돌아갔지만, 캐나다에서도 한국인의 독립을 열심히 도왔다. 그는 《재팬애드버타이저》 1920년 3월 12일 자부터 14일 자까지 3일간 "한국에서의 개혁"을 연재해 일본의 한국 식민지배의 문제를 지적하고, 《동아일보》 1920년 4월 1일 자 창간호에는 "조선 발전의 요결"을 기고해 한국의 독립 능력을 강조하는 등 각종 언론 활동을 이어갔다(이장락, 2007, 340쪽 재인용). 그는 1926년에 조선을 잠시 방문하기도 했다.

1920년 4월, 프레더릭 매켄지는 3·1운동과 수원 제암리 사건 경험을 바탕으로 쓴 책 『한국의 독립운동(Korea's Fight for Freedom)』을 펴냈다. 그는 이 책을 통해 일제의 야만과 조선의 독립 의지를 세계에 알렸다. 매켄지의 책은 미국과 영국에서 호평을 받았고, 한국이 국제무대에서 동정을 얻는 데 큰 도움이 된 것으로 평가된다(독립운동사편찬위원회, 1970b, 814쪽). 3·1운동에 대해 책은 다음과 같이 묘사한다.

"1919년 봄에 일어난 한국 국민의 평화적인 항일봉기는 세계적인 경이였다. 지금까지 세계 정치인에 의해 무기력하고 비겁하다는 별명과 딱지가 붙여져 왔던 한 나라의 국민이 이제 아주 높은 수준의 영웅심을 발휘했던 것이다. … 그들이 감옥에 끌려가면 다른 이들이 대신 그들 자리에 들어섰고 이들이 끌려가면 또 다른 이들이 그들의 일을 맡을 준비가 돼 있었다. 문명세계의 항의가 일본의 행동을 중지시키지 못한다면 더 많은 사람이 이 무서운 행렬에 가담할 태세를 지금도 갖추고 있다."(McKenzie, 1920/1999, 11쪽)

프레더릭 매켄지는 미국을 비롯한 열강이 3·1운동으로 드러난 일제의 폭압적인 한국 지배를 묵인한다면, 30년 안에 미일전쟁이 일어날 것이라고 미래를 걱정하기도 했다.

"한국 문제로 전쟁을 각오해야겠느냐고 여러분이 나에게 물으신다면, 나는 이렇게 대답하겠습니다. 오늘날 꿋꿋하게 행동하면 마찰이 생기기는 하겠지만, 위험은 아주 적습니다. 그러나 오늘날 나약하게 행동하면, 여러분은 거의 틀림없이 30년 내에 극동 지방에서 큰 전쟁을 하게 될 것입니다. 서양 여러 나라 중에서도 그 전쟁에서 가장 큰 부담을 질 나라는 미국일 것입니다."(최기영, 2004. 2, 115쪽 재인용)

프레더릭 매켄지는 1920년 런던에 한국친우회를 창립해 한국의 독립운동에 지지를 표하기도 했다. 그는 1921년 미국 일간지 ≪데일리뉴스≫로 이직했고 1926년까지 근무하면서 유럽 각국에서 강연했다. 매켄지는 대한의 독립을 보지 못한 채 1931년 캐나다 자택에서 눈을 감았다.

수원 제암리 학살 사건을 세계에 알리는 데 큰 역할을 한 언론인 앨버트 테일러는 1920년 7월 민족 대표 48인의 재판 과정을 직접 취재해 전 세계에 타전했다. 그는 당시 조선에 거주하면서 이러한 사태를 직접 목격하고 취재해 알린 유일한 서양 언론인이었다. 일제가 전쟁으로 내달리면서 테일러 일가족은 가택 연금 상태가 됐다. 그는 결국 1942년 5월 조선총독부의 외국인 추방령에 따라 미국으로 추방됐다. 테일러 부부는 미국 캘리포니아에 정착했다. 아내 메리 테일러는 남편과 함께 노년을 보내며 회고록을 썼다. 훗날 그의 아들 브루스 테일러는 이것을 『호박 목걸이(Chain of Amber)』라는 제목의 책으로 출판했다.

만세시위에 참여한 한국인 학생들을 지원한 조지 매큔은 1920년 미국 의원단이 평안북도 선천을 통과할 때 '대한독립승인 청원서'를 전달하려다가 일제 관헌에게 적발돼 본국으로 추방됐다. 그는 1928년 다시 한반도로 돌아와 숭실학교 교장으로 취임했고, 1936년 신사참배에 반대하다가 숭실학교가 폐교되면서 교장직에서 파면됐다.

독립만세시위에 참가한 학생들을 숨겨줬다가 옥고를 치른 엘리 모우리는 평양 숭실전문학교 교장으로 재직하면서 많은 독립운동 지도자를 배출했다. 특히 숭실전문학교에 재직 중이던 1938년에는 일제의 신사참배를 거부하다가 학교가 폐교당했다. 그는 메리 토머스(Mary L. Thomas)와 결혼해 자녀 4명을 뒀다. 1971년 미국 오하이오주에서 눈을 감았다.

여운형에게 찰스 크레인을 소개해준 조지 피치는 1919년 상하이에 설립된 한인학교 '인성학교'가 1921년 재정적인 어려움에 처하자 모금 활동을 벌이는 등 상하이 독립운동가들을 음양으로 도왔다. 특히 그는 1932년 윤봉길 의거 직후 피신해온 김구와 엄항섭, 안공근, 김철을 1개월간 자택에 숨겨줬다. 김구는 집 밖으로 외출하지 않았고, 나머지 인사들은 한국인들과 접촉하기 위해 가끔 택시를 타고 외출했다. 얼마 지나지 않아 일제의 포위망이 좁혀오자 그는 아내 제럴딘 피치(Geraldine Fitch)와 김구를 부부로 위장시켜 상하이에서 탈출시켰다. 안창호가 일제 영사관 경찰의 불심검문에 체포됐다는 소식을 듣고는 프랑스 언론사와 경찰서장에게 프랑스 조계지에서 일제 경찰이 한국인을 체포하는 것을 방조하는 것은 프랑스혁명 정신을 포기하는 것이라고 질타하는 서한을 보내기도 했다(김주성, 2017. 2, 169~170쪽 참고).

그는 1940년대 중국 국민당 정부에 대한민국 임시정부의 승인을 호소했고, 1944년 미국에 한국광복군을 활용하면 도움이 될 것이라는 보고서를 제출해 한국광복군과 미국 전략정보국 간 합동작전이 이뤄지도록 돕기도 했다. 조지 피치의 아내 제럴딘 피치는 한미협회를 지원하기도 했다.

17년간 평양에서 의료선교 활동을 했던 해리 화이팅은 3·1운동을 경험한 이후 1920년 미국으로 귀국한 뒤 미국 전역에서 한국인의 독립투쟁과 일제의 야만을 알리는 대중 강연을 260여 차례 했다. 그는 1920년 호소문을 작성하고 한국의 독립투쟁과 일본의 잔학 행위가 미국에 제대로 알려지지 않은 점에 대해 안타까움을 호소했다. 그는 호소문에서 3·1운동에 대해 "일본이 교활하게 그들의 만행을 숨겨왔다"고 고발하면서 3·1운동에 대한 일본의 주장을 하나하나 반박했다.

파리강화회의에 참석하려는 김규식을 도왔던 호머 헐버트는 1921년 3월 2일 뉴욕 타운홀에서 거행된 3·1운동 2주년 기념식에서 강연한 것을 비롯해 대중 순회강연 등을 통해 한국 독립운동에 지속적으로 지지를 보냈다. 그는 1930년 구미위원부를 통해 소책자 『한국은 독립돼야 한다』를 펴내고 한국의 독립을 거듭 주장했다. 1941년 대한민국 임시정부 승인과 독립에 대한 지지를 목표로 결성된 '한미협회'에 참여했고, 1942년 미국 워싱턴 D.C.에서 열린 '한국자유대회(Korean Liberty Conference)'에서 한국 독립을 호소하는 강연을 했다. 호머 헐버트는 한국이 해방된 뒤 1949년 7월 29일 정부 초청으로 한국을 찾았다가 8월 5일 한국에서 눈을 감았다. 그의 영결식은 8월 11일 서울 부민관에서 사회장으로 치러졌고, 유해는 서울 양화진에 위치한 외국인 묘지에 안장됐다(김권정, 2015, 177~194쪽; 홍선표, 2016. 8, 80~85쪽 참고).

"우리는 멈추지 않았다"

3·1운동 이후 일제의 회유나 스스로의 잘못된 판단으로 겨레와 민족을 배신하는 경우도 있었지만, 독립의 큰길을 지속적으로 줄기차게 걸어간 이들이 더 많았다. 그들에게 자주독립은 존재 이유이자 희망의 근거였다.

많은 한국인이 민족주의적 사상을 가지고 독립운동을 벌여나갔다. 일제에 격정적으로 맞서 싸우기도 했고, 때로는 타협을 피해 은거하며 저항했다. 3·1운동에 직접 참여하지는 않았지만 3·1운동으로 탄생한 대한민국 임시정부를 중심으로 독립운동을 열정적으로 전개한 김구는 나중에 대한민국 임시정부의 내무총장과 국무총리 대리, 내무총장 겸 노동국 총판 등을 차례로 역임했다. 1921년 임시정부 내 노선 갈등으로 일부가 이탈했지만 그는 임시정부를 끝까지 지키면서 1926년 12월부터 1927년까지, 1930년부터 1933년까지 임시정부 국무령을 역임했다. 만주사변 이후 임시정부가 중국 여러 지역을 전전할 때도 임시정부를 굳건히 지켰다. 그는 한인애국단을 조직해 이봉창 의거나 윤봉길 의거 등을 지휘했다. 임시정부 국무령, 국무위원, 내무장, 재무장 등을 거쳐 1940년 3월부터 임시정부 국무위원회 주석을 지냈다. 김구는 그야말로 대한민국 임시정부의 혼과 같은 존재였다.

민족 대표들의 위임을 받아 중국 상하이로 건너온 현순은 상하이 임시정부 수립 이후 외무부 차장과 외무위원, 내무차장 등을 역임하며 활발하게 독립운동을 벌였다. 이승만이 미국에서 구미위원부를 설치한 뒤 임시정부와 불화를 빚어 사임하자 미국 워싱턴으로 건너가 구미위원회 위원장 대리직을 맡았다. 현순은 임시정부 내 갈등이 고조되자 상하이로 다시 돌아와 여러 파벌의 의견 수렴과 좌우 통합을 위해 노력했다. 현순은 1921년 4월 구미위원부 위원장 대리직을 사퇴했고, 1926년 하와이 카우아이섬의 한인감리교회 목사로 파송돼 목회를 했다. 또한 임시정부를 위해 하와이 지역에서 모금 활동을 전개하기도 했다. 현순은 1940년까지 15년간 하와이 카우아이섬에서 목회 활동을 하다가 은퇴했고, 1968년 로스앤젤레스에서 별세했다.

이승만은 1920년 12월 중국 상하이로 넘어가 대한민국 임시정부 대통령직을 수행했지만 무장투쟁론자들로부터 강한 비판을 받았다. 그는 1921년 10월부터 미국 워싱턴 D.C.에서 '워싱턴회의'가 열리자 임시정부 전권대사 자격으로 현지에 가서 독립청원서를 제출했고, 외교독립론이 결실을 얻지 못하자 워싱턴 구미위원부를 임병직에게 맡기고 하와이로 돌아갔다. 그는 1922년 6월 임시의정원에서 불신임을 당한 뒤 1925년 3월 임시정부에서 탄핵을 당했다. 미국을 주 무대로 외교독립론을 전개한 그는 1933년 스위스 제네바에서 일제의 만주 침략을 규탄하는 국제연맹 총회가 열리자 현지에 가서 한국의 독립을 호소했고, 소련에 도움을 요청하기 위해 1933년 7월 기차를 타고 소련에 갔다가 즉시 추방되기도 했다. 이승만은 일제가 1941년 12월 태평양전쟁을 일으키자 임시정부 승인 운동을 펼쳤다(이주영, 2014, 45~61쪽 참고).

민족 대표로 기미독립선언서에 서명했다가 검거된 감리교 목사 오화영은 징역 2년 6개월을 복역하고 1921년 출옥한 뒤 신간회에 참가했고, 광주학생항일운동과 흥업구락부 사건에도 연루돼 세 차례나 옥고를 치렀다.

3·1운동에 참여한 이후 사회주의 사상을 흡수해 사회주의 노선을 바탕으로 독립운동을 펼친 경우도 적지 않았다. 3·1운동 당시 만세운동에 참

여했다가 일제 경찰에게 체포됐던 박헌영은 퇴학당할 위기를 모면한 뒤 공산주의 사상을 접하고 독립운동에 투신했다. 그는 1920년 상하이에 도착한 뒤 1921년 고려공산청년회 상하이지회 비서가 됐고, 5월에는 이르쿠츠크파 고려공산당에 입당했다. 박헌영은 1922년 4월 코민테른의 지시에 따라 조선공산당 조직을 위해 김단야, 임원근 등과 함께 조선에 입국하려다가 서간도 안둥현에서 일경에게 체포돼 1년 6개월을 복역하고 1924년 1월 출소했다. 박헌영은 1925년 4월 국내에서 '조선공산당'을 창설했다가 그해 11월 아내 주세죽과 '제1차 조선공산당 사건'으로 검거됐다. 그는 미친 사람으로 연기해 1927년 11월 병보석으로 출감하고 다음 해인 1928년 11월에 국내를 탈출했다. 그는 1932년 김단야와 함께 ≪코뮤니티≫라는 기관지를 발간해 국내에 배부하다가 1933년 7월 상하이에서 붙잡혀 국내로 압송된 뒤 6년을 복역했다. 박헌영은 1939년 만기 출소해 세칭 '경성콤그룹'을 조직했지만 1942년 12월 일제 경찰이 검거망을 좁혀오자 노동자로 취직해 몸을 숨겼다가 해방을 맞았다.

민족 대표 48인으로 꼽혔던 정노식은 미결수로 2년 가까이 복역한 뒤무죄 판결을 받고 풀려났다. 그는 1920년 경성에서 사회혁명당에 참여했고, 1921년 5월 중국 상하이에서 열린 고려공산당 창립대회에서 간부로 선임됐다. 1923년 조선물산장려회 경리부원, 민립대학기성회 집행위원으로 활동했다.

특정한 사상에 연연하지 않고 독립을 위해 민족주의와 사회주의 또는 좌우 통합 노선을 펼친 경우도 있었다. 파리강화회의에 한민족 대표로 파견돼 외교 활동을 전개한 김규식은 한동안 임시정부 구미위원부에서 활동한 뒤 1920년 중국 상하이로 돌아와 임시정부 학무총장직을 수행했다. 그는 1921년 임시정부가 창조파와 개조파로 나뉘어 갈등할 때 창조파의 입장에 섰고, 한때 임시정부를 떠나기도 했다. 일제가 만주사변을 일으켜 대륙 침략을 노골화하자 1932년 '대일전선통일동맹', 1935년 '민족혁명당'을 차례로 조직하는 등 좌우연합운동을 펼쳤고 1942년 임시정부에 복귀해 부

주석을 맡는 등 항일독립운동을 이끌었다(김삼웅, 2015, 23~24쪽 참고).

파리강화회의에 대표를 파견하고 3·1운동의 큰 틀을 기획한 여운형은 1920년 사회주의 계열의 상하이파 고려공산당과 이르쿠츠크파 고려공산당에 가입했고, 1922년 모스크바에서 열린 극동피압박민족대회에 참석했다. 1925년에는 쑨원의 권유로 중국국민당에 가입해 중국혁명운동에 참여하기도 했다. 여운형은 중국혁명 과정에 가담하면서 중국의 혁명과 성공을 위해 국민당과 공산당의 국공합작이 필요하다고 판단하고 이를 적극 지지했다. 1929년 상하이에서 일제 경찰에게 체포돼 징역 3년을 선고받고 1932년 출옥했다. 1933년 조선중앙일보사 사장직에 취임했다가 1936년 일장기 말소 사건으로 신문이 폐간돼 사장직에서 물러났다. 1942년 치안유지법 위반 등의 혐의로 구속돼 징역 1년에 집행유예 3년을 선고받았다. 1944년 8월 조선건국동맹을 조직하고 위원장으로 활동했다.

독립 여정에 뿌려진 꽃

2·8독립선언을 주도했다가 붙잡힌 송계백은 1920년 초 일본 도쿄 형무소에서 옥고를 치르다가 순국했다. 그의 나이 24세였다. 소위 출판법 위반으로 기소돼 금고 7개월 15일을 언도받았던 그는 1심에 불복해 항소했지만 3월 21일 2심에서도 1심 형량을 그대로 언도받았고, 이에 다시 상고했지만 6월 26일 기각되면서 1심 형량이 확정됐다.

6월 1일, 북간도 훈춘. 북간도 지역 독립만세시위를 주도했던 황병길이 숨졌다. 그의 나이 36세였다. 그의 죽음에 대해서는 청산리전투 이후 일제 군대에 체포돼 피살됐다는 분석도 있고, 일제 군경에 쫓기다가 병을 얻어 숨졌다는 분석도 있다(독립운동사편찬위원회, 1973, 185쪽). 황병길은 3·1운동 이후 무장독립투쟁을 위해 훈춘현 춘화향(春化鄕) 사도구(四道溝)를 거점으로 청년 200명으로 독립군 부대를 편성한 후 군사훈련을 실시했다. 1920

년 '북로군정서'에서 모연대장(募捐隊長)을 맡아 군자금을 모금하고 러시아 연해주 등지에서 무기를 조달했다.

9월 28일 오전 8시 20분, 경성 서대문감옥. 잇단 옥중 만세투쟁을 벌이며 일제와 맞섰던 유관순이 고문과 영양실조를 겪다가 끝내 숨을 거뒀다. 그의 나이 19세였다. 형기 만료 3개월을 남긴 시점이었다. 국가기록원이 2013년 11월 주일 대사관 청사에서 발견해 공개한 「3·1운동시 피살자 명부」의 순국 상황란에는 유관순과 관련해 "3·1독립운동만세로 인해 왜병에 피검돼 옥중에서 타살(打殺: 때려서 죽임)당함"이라고 기재돼 있다(3·1여성동지회 문화부, 1980, 581쪽 참고). 유관순의 이화학당 동창인 보각 스님은 이와 관련해 인터뷰에서 일제의 구타 의혹을 다음과 같이 전했다.

"… 어느 날 저녁을 먹고 산보를 하면서 걷고 있는데 대문을 박차고 문을 열라는 소리가 들려. 일하는 사람 이 서방이 문을 여니까 썩은 내가 진동하며 들것을 두 사람이 가지고 들어오는 거예요. 보니까 죄인의 뻘건 옷을 입힌 채 관순이 징역표를 보이면서 온 사람을 보고 우리가 통곡을 했어요. 우리가 옷이며 머리핀이며 다 준비하고 얼마 있으면 나올 줄 알았는데 썩은 시체로 오니까. 우리가 일하는 사랑방에 시체를 안치하고 세브란스병원 교의를 불러와서 옷을 칼로 벗기고 소독을 했지요. 막 썩은 내가 진동을 했어요. 얼마나 발길로 찼는지 방광이 부서졌어. 그래서 밤새도록 우리가 운동장에서 울고 잠도 못 잤어요."(김기창, 2003. 12, 339쪽)

유관순이 사망한 이틀 뒤 소식을 들은 이화학당 교장 룰루 프라이와 저넷 월터(Jeanette Walter) 선생은 형무소 당국에 유관순의 시신을 인도할 것을 요구했지만 거부당했다. 이화학당의 외국인 교직원들이 유관순의 옥중 사망을 국제 여론에 호소하겠다고 강력하게 항의하자 서대문감옥은 10월 12일 마지못해 시신을 인도했다. 월터와 김현경, 오빠 유우석 등이 서대문감옥으로 가서 유관순의 시신을 이화학당으로 수습해왔다(김기창, 2003. 12, 328~329쪽; 박충순, 2002. 12, 51~95쪽 참고).

이화학당은 10월 14일 정동 감리교회에서 김종우 목사의 집도로 유관순의 장례식을 거행하고 이태원 공동묘지에 안장했다. 유관순은 해방 전에는 대중적으로 거의 알려져 있지 않았지만, 해방 이후 박인덕과 신봉조 등 이화학당 관련 인사들을 중심으로 기념사업회가 조직돼 그의 삶과 죽음을 알리고 헌창하면서 이후 3·1운동과 관련해 가장 유명한 인사 가운데 한 명이 되었다(정상우, 2009. 12, 245~260쪽 참고).

11월 29일, 경성 서대문감옥. 문화통치를 표방한 조선총독 사이토 마코토에게 폭탄 세례를 가했던 강우규가 교수형으로 순국했다. 그는 체포돼 재판받고 교수형을 당하기까지 자신의 입장을 굽히지 않은 채 당당했다고 한다. 앞서 4월에 열린 최종 판결에서 그는 총독 암살 미수 혐의와 민간인 사상 혐의로 사형을 선고받았다(長田彰文, 2013/2017, 139쪽).

1921년 5월 19일 새벽 3시, 경성 동대문 밖 손병희의 사저 상춘원. 3·1운동을 지도한 천도교 교주 의암 손병희가 가족과 천도교 간부 등이 지켜보는 가운데 눈을 감았다. 그의 나이 62세였다. 3·1운동으로 3년 형을 선고받았던 손병희는 몸이 약해 일본 재판부에 병보석을 신청했지만, 재판부는 이를 허용하지 않았다. 그는 1919년 11월 뇌일혈로 쓰러지고 반신불수 상태에서도 수감 생활을 계속해야 했고, 1920년 7월 뇌일혈이 재발하고 병세가 극도로 악화한 10월에야 병보석으로 겨우 출옥할 수 있었다. 일제도 손병희의 병세가 너무 악화해 마지못해 허용한 것이었다. 그는 병보석 이후 시름시름 앓다가 결국 유명을 달리했다. 손병희의 장례식은 일제의 방해 끝에 6월 5일 경성 외곽 우이동에 소재한 천도교 성지 '봉황각' 구내에서 열렸다(김삼웅, 2017b, 302~323쪽 참고).

1922년 10월 17일, 평안남도 강서군 모락장 시위에서 일제 헌병을 죽인 혐의를 받고 체포된 조진탁이 평양형무소 교수대에서 순국했다. 그의 나이 55세. 그는 평안남도 모락장 시위 이후 총상을 입었음에도 여러 곳을 전전하며 숨어 지내다가 1921년 2월 원산역에서 일본 경찰에게 체포됐다.

1925년 8월 31일, 경성 죽첨정 31번지(현재 강북삼성병원 위치) 초가. 집안 형편이 어려워 삼순구식으로 끼니를 해결하던 이종일이 영양실조로 사망했다(≪동아일보≫, 1925. 9. 1, 2면; ≪신한민보≫, 1925. 10. 1, 3면). 그의 나이 68세였다. 이종일은 1920년 경성복심법원에서 보안법과 출판법 위반 등의 혐의로 징역 3년 형을 선고받고 서대문형무소에서 옥고를 치렀다. 그는 출옥하자마자 3·1운동 3주년이 되는 1922년 3월 1일에 제2의 3·1운동을 일으킬 계획을 준비하다가 인쇄물 등을 압수당하고 실패했다. 그가 쓴 『한국독립비사』도 압수됐다. 그는 『옥파 비망록』을 남겼다. 장례식은 경성 미근동 공립보통학교에서 사회장으로 거행됐고, 시신은 이태원 공동묘지에 안장됐다.

11월 1일 오후 8시, 중국 상하이의 한 병원. 언론인이자 독립활동가 박은식이 인후염으로 눈을 감았다. 향년 67세였다. 박은식은 유언에서 "첫째, 독립운동을 하려면 전족적(全族的)으로 통일이 돼야 하고, 둘째, 독립운동을 최고 운동으로 해 독립운동을 위하여는 어떠한 수단 방략이라도 쓸 수 있는 것이고, 셋째, 독립운동은 우리 민족 전체에 관한 공공사업이니 운동 동지 간에는 애증친소(愛憎親疏)의 구별이 없어야 된다"고 강조했다(김삼웅, 2017a, 241~242쪽 재인용). 1859년 황해도 황주군에서 농민의 아들로 태어난 박은식은 1898년 ≪황성신문≫ 주필을 시작으로 언론을 통해 애국계몽운동을 펼쳤다. 1911년 간도를 거처 중국 상하이로 옮겨 언론 및 저술 활동을 했고, 1915년 『한국통사』를 펴냈다. 1920년 6월 이광수 등이 상하이를 떠나자 차리석과 함께 임시정부 기관지 ≪독립신문≫의 발간 책임을 맡아 언론 활동을 주도했고, 1920년 말 『한국독립운동지혈사』를 출간했다. 그는 1924년 임시정부 국무총리에 취임했고, 1925년 이승만 대통령이 탄핵 면직되자 제2대 대통령에 선임돼 임시정부를 지켰다. 임시정부를 결속시키기 위해 대통령 책임 지도체제에서 국무령 중심체제로 헌법을 고쳤다. 임시정부는 국장으로 장례를 치르고, 중국 상하이 징안쓰루(靜安寺路) 공동묘지에 그를 안장했다(김삼웅, 2017a, 243~244쪽 참고).

1928년 4월 9일, 강기덕과 함께 3·1운동 당시 학생들의 독립운동을 주도했다가 체포된 김원벽이 황해도 사리원에서 요절했다. 그의 나이 35세였다. 김원벽은 징역 2년 형을 선고받아 옥고를 치른 뒤 박희도가 설립한 좌파 성향의 ≪신생활≫, 최남선의 ≪시대일보≫ 등에서 근무하며 언론인으로 활동했다.

1929년 3월 10일 오전 9시 10분, 경성 서대문형무소(1923년부터 이름 변경). 노동운동가 차금봉이 고문 등으로 생긴 상처로 장티푸스를 앓고 난 뒤 심장성 각기증으로 숨을 거뒀다. 그의 나이 31세였다. 차금봉에게는 24살의 부인 김 씨, 4살 아들과 2살 딸이 있었다. 차금봉은 3·1운동 이후 노동의 중요성을 인식해 1920년 조선노동문제연구회 발기인으로 참가했고 1924년 조선노농총동맹을 창립해 중앙위원으로 활동했다. 1926년 조선공산당에 입당해 4차당에서는 책임비서가 됐다. 조선공산당에서 노동자 출신이 책임비서가 된 것은 처음 있는 일이었다. 1928년 신간회 경서(京西) 지회 설립을 주도해 간사를 맡기도 했다. 1928년 7월 '제4차 조선공산당'이 발각되자 일본으로 피신했지만 도쿄에서 체포돼 국내로 압송된 뒤 종로서 등에서 가혹한 고문을 당했다. 차금봉은 감옥에서 4차 조선공산당의 구체적인 조직과 활동상을 허위로 진술하면서 투쟁을 계속하다가 독한 고문을 받아 숨진 것으로 분석된다(김도형, 1991. 1. 11, 7면; 김인덕, 1995. 12, 159~182쪽 참고). 3월 14일, 차금봉의 장례식이 열렸다. 동료 등 400여 명이 그의 마지막 가는 길을 지켜보기 위해 모였다. 차금봉과 함께 신문 배달을 했던 배달부들이 상여를 멨다. 일제는 경찰을 배치해 장례식을 진행하지 못하게 했다. 현재 차금봉의 시신은 어디에 묻혔는지조차 알려져 있지 않다(김도형, 1991. 1. 11, 7면; 최규진, 1997. 4, 69~70쪽 참고).

1930년 1월 24일 오후 2시, 간도 헤이룽장성 하이린(海林)시 산스(山市) 진의 '금성정미소'. 청산리전투를 지휘한 독립운동가 김좌진은 정미 기계를 수리하다가 정미소 직원으로 위장해 일하던 공산주의 계열의 청년 박상실에게 피살됐다. 김좌진의 나이 만 40세였다. 김좌진은 동포들이 싼 값에 도정할 수 있도록 정미소를 운영하고 있었다(이성우, 2011, 181~183쪽 참고). 그는 죽기 직전 "할 일이 너무도 많은 이때에 죽어야 하다니, 그게 한스러워서…"라는 말을 남긴 것으로 알려져 있다. 김좌진은 청산리전투 이후 1921년 홍범도 등과 함께 '대한독립군'을 결성했으며, 다행히 자유시참변을 당하지 않고 1925년 '신민부'를 창건해 사령관직을 맡아 독립군 양성에 전념했다. 1928년 한국유일독립당을 조직하는 등 독립운동에 일로매진했던 그였다.

5월 9일 오전 4시, 경성제국대 부속병원. 기독교계 3·1운동을 주도했던 남강 이승훈이 세상을 떠났다. 그의 나이 67세였다. 이승훈은 경성제국대에 시신 기증을 약속했지만 일제의 방해로 실행되지 못한 채 장례식이 거행됐다. 3·1운동을 주도해 징역 3년 형을 언도받은 이승훈은 1922년 7월 가출옥했다. 그는 출옥 직후 평안북도 정주에 소재한 오산학교를 정비했고 1923년 ≪동아일보≫ 사장에 취임했다가 1년 만에 사임했다. 고향으로 내려간 이승훈은 오산학교의 경영에 힘쓰다가 '자면회(自勉會)'를 조직하고 자신의 사유지 1000평을 제공해 공동 경작하게 하는 등 농촌 부흥에 진력했다. 그는 조만식을 영입해 교사로 삼기도 했다. 오산학교에서는 류영모, 함석헌 등 많은 인재가 배출됐다.

"명예도, 이름도 남김없이"

1932년 11월 17일, 중국 뤼순감옥. 일가 6형제와 함께 유산을 처분하고 간도로 망명해 신흥무관학교를 설립하며 독립운동을 펼쳤던 이회영이 일제의 고문 끝에 숨졌다. 그의 나이 65세였다. 이회영은 1932년 11월 초 만주에서 침체된 무장독립투쟁을 다시 일으키고 새 독립운동 거점을 확보하기 위해 중국 상하이에서 다롄으로 갔다가 다롄항에서 일경에게 체포됐다. 그는 일본 영사관 감옥인 뤼순감옥으로 옮겨진 뒤 모진 고문을 받은 것으로 알려진다. 이회영의 6형제 가운데 5명은 조국 광복을 보지 못하고 독립운동 과정에서 숨졌다. 이회영에 앞서 1925년 셋째 이철영이 병사했고, 여섯째 이호영은 1933년 베이징에서 일가족과 함께 행방불명됐다. 둘째 이석영은 1934년 상하이에서 굶어 죽었고, 첫째 이건영은 1940년에 사망했다. 다섯째 이시영만 광복 후 귀국할 수 있었다.

사회주의 노선의 독립운동을 벌였던 김단야는 1938년 2월 13일 소련 모처에서 "일제 첩보기관의 밀정이며 반혁명폭동과 반혁명테러활동을 목적으로 한 조직의 지도자로서 1급 범죄자"로 내몰린 뒤 처형됐다. '김춘성'이라는 가명을 쓴 조선인이 김단야, 박헌영, 조봉암 등 주요 공산주의 지도자들을 일제 간첩이라고 매도했고, 김단야는 스탈린에 의한 대규모 처형이 이뤄지던 1937년 11월 간첩 혐의로 소련 내무인민부에 체포됐다(임경석, 2000. 11, 142~145쪽 참고).

1938년 3월 10일, 경성제국대 부속병원. 대한민국 임시정부의 틀을 갖추는 데 큰 역할을 했던 도산 안창호가 여러 가지 합병증으로 숨을 거뒀다. 그의 나이 61세였다. 흥사단 친구 선우훈이 전하는 안창호의 최후 목소리다.

"나는 죽음의 공포가 없소. … 일본은 자기 힘에 지나치는 전쟁을 시작했으니 필경 이 전쟁으로 인해 패망하오. 아무런 곤란이 있더라도 인내하시오."(안창호, 『도산 안창호 전집』, 제12권, 927~929쪽; 이태복, 2006, 433쪽 재인용)

임시정부의 기틀을 다진 안창호는 1932년 4월 윤봉길의 홍커우 공원 폭탄 투척 이후 일제 영사관경찰의 불심검문으로 체포돼 4년 형을 선고받았다. 그는 1935년 2월 출옥한 뒤 1937년 6월 '동우회 사건'으로 다시 일경에게 체포됐다. 그는 복역 중 건강 악화에 따라 12월 24일 병보석으로 풀려나 경성제국대 부속병원에 입원했다가 숨을 거뒀다. 3월 12일 망우리 공동묘지에 묻혔다.

1938년 10월, 학생으로 3·1운동에 참여했다가 이후 사회주의 노선의 독립운동을 펼쳤던 혁명가 김산이 중국공산당 내 백색테러와 나중에 문화대혁명을 주도한 캉성(康生)의 지시로 '트로츠키주의자이자 일본의 간첩'이라는 누명을 쓰고 중국 당국에 체포된 뒤 비공개로 처형됐다. 그는 좌경

모험주의의 희생양이었다(최용수, 2005. 12, 348쪽 참고).

김산은 일본 유학 이후 간도 신흥무관학교에서 잠시 공부한 뒤 상하이로 건너가 ≪독립신문≫ 교정과 식자 작업을 했고, 1922년 김약산, 오성륜 등과 어울리면서 의열단에 가입해 아나키스트가 됐다. 그는 사회주의 사상을 접한 뒤 1925년 중국 혁명에 참가했고, 1928년부터 1930년까지 홍콩과 상하이, 베이징 등지에서 활동했다. 1931년 베이징 경찰에게 체포돼 조선에서 심문을 받다가 1932년 4월 풀려났고, 1933년 4월 다시 중국 경찰에게 붙잡혔다가 1934년 1월 탈출했다. 1936년 7월 상하이에서 '조선민족해방동맹'을 창설했고, 1937년 항일군정대학에서 물리학과 화학, 일본어, 한국어 등을 가르쳤다.

김산은 미국의 여류 작가 님 웨일스(Nym Wales)를 만나 자신의 삶과 독립운동 역정을 들려줌으로써 사회주의 노선의 독립운동가 면모를 보여주는 책을 남겼다. 비가 억수처럼 내리던 1937년 6월 18일, 중국 옌안 시내. 님 웨일스가 한 사람과 마주 앉았다. 옌안의 루쉰도서관에서 여름 내내 많은 책과 잡지를 빌려가는 그에게 호기심이 생겨 만나고 싶다고 서신을 두 번이나 보낸 뒤였다. 김산이었다. 웨일스는 김산과의 첫 만남을 다음과 같이 기록한다.

"임시 문으로 사용하고 있던, 솜이 든 푸른색 커튼을 학자의 손처럼 야윈 손이 옆으로 밀어젖혔다. 그러자 실내의 조명을 받으며 크고 인상적인 사내의 모습이 조용히 나타났다. 그는 당당하고 품위 있는 태도로 인사를 했으며, 우리가 악수할 때 주의 깊게 나를 응시했다. 밖에는 비가 억수로 쏟아지고 있었고 창문이 종이로 돼 있어서 충분한 조명을 받지는 못했지만, 그의 얼굴은 윤곽이 뚜렷한 것이 묘하게도 중국인 같지도 않았고, 반 스페인풍의 사람처럼 아주 멋이 있었다. 순간적으로 나는 그 사람이 유럽인이 아닌가 생각했다."(Kim & Wales, 1941/1992, 24쪽)

웨일스는 김산에 관한 책을 쓰고 싶다고 제안했고, 김산은 고민 끝에 2년간 출판을 유예하는 조건으로 작업을 함께하기로 의견을 모았다. 두 사람은 이후 2개월간 17차례 만나 작업했다(최용수, 2005. 12, 347쪽 참고). 김산은 영어로 구술했고, 웨일스는 손이 아파 더 쓸 수 없을 때까지 김산의 이야기를 쓰고 또 썼다.

그로부터 5년 후, 김산이 처형된 지 3년 후인 1941년, 뉴욕에서 김산의 독립운동과 삶을 담은 책 『아리랑(The Song of Ariran)』이 출판됐다. 웨일스는 책에서 김산을 "현대의 지성을 소유한 실천적 지성"으로 격찬했다. 김산은 책에서 자신의 삶과 우리나라의 역사는 실패의 연속이었지만 그 실패를 통해 강해졌다며 낙관주의를 피력했다.

"내 전 생애는 실패의 연속이었다. 또한 우리나라의 역사도 실패의 역사였다. 나는 단 하나에 대해서만 – 나 자신에 대해 – 승리했을 뿐이다. 그렇지만 계속 전진할 수 있다는 자신을 얻는 데는 이 하나의 작은 승리만으로도 충분하다. 다행스럽게도 내가 경험했던 비극과 실패는 나를 파멸시킨 것이 아니라 강하게 만들어줬다. 나에게는 환상이라는 것이 남아 있지 않다. 그렇지만 나는 사람에 대한 신뢰와 역사를 창조하는 인간의 능력에 대한 신뢰를 잃지 않고 있다."(Kim & Wales, 1941/1992, 295쪽)

웨일스의 『아리랑』을 통해 김산으로 대표되는 사회주의 노선 독립운동이 제대로 인식되고 인정받을 수 있었다. 특히 프랭클린 루스벨트 미국 대통령은 『아리랑』을 통해 식민지 조선을 알게 됐다며 웨일스에게 친서로 사의를 표했다(윤무한, 2007. 9, 178쪽 참고).

1943년 10월 25일, 이역만리 떨어진 카자흐스탄 남부의 크질오르다 산체프나야 거리 2번지. 봉오동전투를 이끌었던 홍범도가 조국을 그리워하다가 가족들이 지켜보는 가운데 눈을 감았다. 향년 76세였다. 그의 유해는 마을 인근 공동묘지에 안장됐다. 홍범도는 봉오동전투와 청산리전투 이후 독립군 통합 운동을 벌여 '대한독립군'을 조직해 김좌진과 함께 부총재가 됐다. 간도참변 이후 1921년 1월 러시아 아무르주로 넘어갔다가 그해 6월 '자유시참변'을 겪으며 그와 그의 부대는 러시아 적군 소속으로 편입돼 이르쿠츠크로 이동했다. 1922년 1월 소련 모스크바에서 열린 극동민족대회에 참가해 레닌을 접견한 홍범도는 1927년 소련공산당에 입당했지만 1937년 스탈린의 강제이주정책으로 중앙아시아 카자흐스탄 크질오르다로 가서 집단농장을 운영했다(김삼웅, 2013, 191~276쪽 참고).

1944년 6월 29일 목요일 저녁, 경성 성북동 221번지 '심우장'. 3·1운동 당시 불교계 민족 대표로 참여한 한용운이 하루 전 혼수상태에 빠졌다가 열반에 들었다. 41세로 3·1운동에 참여했던 그의 열반 당시 세수는 66세 였으며 승랍은 49세였다. 광복을 1년여 앞둔 시기였고, 3·1운동을 전개한 지도 25년이 흐른 뒤였다. 한용운은 만세운동에 민족 대표로 참여했다가 보안법과 출판법 위반 혐의로 징역 3년 형을 언도받아 옥고를 치렀고, 이후 불교 개혁 운동을 펼쳤다. 특히 1926년에는 위대한 시집 『님의 침묵』을 발간해 문학을 통해서 일제의 폭압에 맞서기도 했다. 그의 대표 시 「님의 침묵」은 떠나간 님을 "다시 만날 것을 믿"던, 조국 광복을 간절히 염원한 한민족의 열망을 소담스럽고도 수준 높게 담아냄으로써 가슴에서 가슴으로 메아리치게 했다. 「님의 침묵」의 일부다.

사랑도 사람의 일이라 만날 때에 미리 떠날 것을 염려하고 경계하지 아니한 것은 아니지만, 이별은 뜻밖의 일이 되고 놀란 가슴은 새로운 슬픔에 터집니다.

그러나 이별을 쓸데없는 눈물의 원천을 만들고 마는 것은 스스로 사랑을 깨치는 것인 줄 아는 까닭에, 걷잡을 수 없는 슬픔의 힘을 옮겨서 새 희망의 정수박이에 들어부었습니다.

우리는 만날 때에 떠날 것을 염려하는 것과 같이 떠날 때에 다시 만날 것을 믿습니다.

아아, 님은 갔지마는 나는 님을 보내지 아니하였습니다.

제 곡조를 못 이기는 사랑의 노래는 님의 침묵을 휩싸고 돕니다.

에필로그

1.

먼저 본문에서 미처 다루지 못한 이야기를, 아주 간략하게라도, 해야겠다. 즉, 해방 이후 한반도를 중심으로 펼쳐진 한국과 일본 두 나라의 역사와 관계, 사람들에 대해서 말이다.

일제와 전면적인 전쟁을 통해 얻은 광복이 아니었기에, 한민족의 지난한 독립운동과 각계각층의 건국운동도 곧바로 독립국가 건설로 연결되지는 못했다. 미군과 소련군이 38도선 이남과 이북에 진주해 군정을 실시하면서 한반도는 곧 분열했다. 미국과 소련은 서울과 평양을 몇 차례 오가며 미소공동위원회를 열었지만 결렬됐고, 한반도 문제는 유엔에 이관됐다. 유엔은 1947년 11월 14일에 열린 총회에서 유엔 감시 아래 인구 비례를 고려한 남북한 총선거를 가결했지만, 소련이 반대하면서 남한 지역에서만 선거를 치르게 됐다.

1948년 5월 10일, 남한 단독으로 총선이 치러져 제헌국회가 구성된 뒤, 8월 15일에는 대한민국 대통령으로 이승만이 선출됐다. 북한에서도 소련의 지원 아래 9월 9일 김일성을 수반으로 한 조선민주주의인민공화국이 수립됐다. 1950년 한국전쟁이 발발해 피비린내 나는 전쟁 끝에 남북한의 분단은 더욱 고착되면서 지금껏 70년 넘게 이어지고 있다.

일본은 제2차 세계대전 패전 이후 미 군정의 지배를 받아 각종 개혁을 추진하다가 중공의 등장과 한국전쟁 등에 따른 사회주의 세력의 득세를 우려한 미국에 의해 1951년 9월 샌프란시스코에서 강화조약을 타결하고 독립을 획득했다. 특히 일본은 한국전쟁에서 미국군과 유엔군의 전쟁 수행을 지원하면서 급격하게 경제력을 회복한 뒤 1950년 후반부터 고도성장을 이어가며 경제 대국으로 부상했다.

한국과 일본은 고통스러운 과거사 때문에 일정한 세월이 흐른 뒤에야 겨우 양국 관계를 모색하기 시작했다. 1965년 6월 22일, 야당과 국민들의 반발 속에 박정희 정부는 경제발전 등을 명분으로 일본 정부와 '대한민국과 일본국 간의 기본 관계에 관한 조약', 이른바 '한일협정'에 조인했다. 양국은 한일협정 외에도 '일본에 거주하는 대한민국 국민의 법적 지위 및 대우에 관한 협정', '어업에 관한 협정', '재산과 청구권에 관한 문제의 해결 및 경제협력에 관한 협정' 등도 체결했다. 양국 정부는 12월 18일 서울 중앙청에서 기본조약 및 협정 비준서를 교환하면서 국교를 정상화했다. 하지만 당시 두 나라 정부가 일본군 위안부 문제 등 거대한 비극의 과거사를 제대로 정리·청산하지 못하면서 두고두고 한일 간 갈등의 불씨를 남겼다는 지적이 있다.

노태우 정부 시절인 1989년 해외여행 완전 자유화가 이뤄지면서 한일 간 인적 교류가 급증했고, 김대중 정부 시절인 1998년 10월 지상파 TV에서 일본 드라마와 영화, 노래 방영을 허용한 것을 시작으로 일본 대중문화가 순차적으로 개방됐다. 2002년에는 한국과 일본이 월드컵을 공동으로 개최했다. 문화, 체육과 경제 등 비정치적 분야부터 교류와 대화, 경쟁을 강화하는 방식으로 관계 개선을 이어오고 있다.

독립운동가들은 해방 직후 단일한 대오를 구축하지 못했고, 그들의 행로 또한 이념과 처한 입장 등에 따라 제각각이었다. 이념에 따라 좌우로 쪼개지거나 입장에 따라 보수와 진보 등으로 갈라졌다.

예컨대 민족 대표 33인으로 참여했던 오화영은 광복 후 우익 정치인으로서 반탁운동에 뛰어들었고 1950년 서울 종로구에서 제2대 민의원 의원으로 당선됐다. 반면에 사회주의 계열의 독립운동을 펼친 정노식은 1946년 11월 남조선노동당(남로당) 결성 때 의장단으로 참석한 뒤 1948년 월북해 북한 최고인민회의 대의원 등을 역임했다.

일부 독립운동가는 시대 변화에 기민하게 대응하면서 현대사의 중심에서기도 했지만, 일부 인사는 비정한 권력투쟁 속에서 비극을 맞기도 했다. 거대한 현대사의 소용돌이 속에서 자신과 민족의 운명을 제대로 개척하지 못했다.

외교 노선을 바탕으로 미국에서 독립운동을 펼치던 이승만은 대한민국의 대통령이 돼 한국 현대사의 한 주역으로 자리 잡았다. 반면에 파리강화회의에 김규식을 파견했던 여운형은 건국준비위원회를 이끌며 좌우합작 운동을 전개하다가 1947년 7월 종로구 혜화동 로터리에서 총격을 받아 숨졌고, 대한민국 임시정부를 이끌던 김구도 남북협상에 참여하는 등 남북통일 운동을 벌였지만 실패한 뒤 1949년 6월 26일 서대문구 자택 경교장에서 안두희에게 암살됐다. 파리강화회의에 특사로 헌신한 김규식도 김구 및 여운형 등과 함께 좌우합작 운동에 앞장섰다가 실패하고 1950년 한국전쟁 와중에 납북돼 그해 12월 만포 별오동병원에서 숨을 거뒀다. 사회주의 계열 독립운동을 펼쳤던 박헌영은 광복 이후 월북했으나 북한 내 권력투쟁에서 밀려나 1955년 12월 '미제의 스파이', '반당 종파분자' 등의 죄목으로 처형됐다.

독립운동가에 대한 정부와 우리 사회의 평가도 일관성 있게 이뤄지지는 못했다. 특히 독립운동가의 사상 성향과 노선에 따라, 해당 정권 성향에 따라 평가와 헌창 사업도 미묘하게 엇갈렸다고 분석된다.

외교 노선의 독립운동을 꾸준히 펼쳐온 이승만 대통령은 1949년 건국훈장 대한민국장을 받았다. 손병희(대한민국장), 이승훈(대한민국장), 한용운(대한민국장), 이종일(대통령장) 등 3·1운동을 주도한 인사들은 1962년 3월 정부로부터 훈장을 받았다. 1968년에는 프랭크 스코필드와 스탠리 마틴 등 한민족의 독립을 도운 외국인들도 훈장을 받았다.

사회주의 계열 독립운동가에 대한 평가는 상대적으로 더디고 늦었다. 사회주의 노선이 아니냐는 의심을 받기도 했던 여운형에게는 2005년에야 건국훈장 대통령장이 추서됐고, 역시 사회주의 계열의 독립운동을 펼친 김산과 김단야 등에게도 2005년에야 건국훈장 독립장이 추서됐다. 특히 김산은 먼저 중국공산당으로부터 복권이 이뤄진 뒤에야 재평가될 수 있었다. 앞서 중국공산당은 1983년 1월 후야오방(胡耀邦)의 지시에 따라 많은 조사를 한 뒤 김산을 복권했다.

"장명(김산의 다른 이름)은 결코 당 조직과 당의 기밀을 팔아먹지 않았다. 트로츠키파에 가담한 문제와 일본 간첩이라는 혐의는 증거가 없으므로 부정돼야 한다. 장명 동지의 죽음은 특정한 역사 시기에 일어난 하나의 억울한 안건이므로 반드시 복원돼야 한다. 장명 동지는 당에 충성했고 우리나라(중국) 인민과 혁명 사업에 기여했다. 그는 오랫동안 억울한 누명을 쓰고 있었는바, 이제는 마땅히 그의 누명을 벗겨줘 명예를 회복하고 당적도 복원되도록 해야 한다."(백선기·홍정선, 1998. 11, 1529쪽)

친일매족 인사들에 대한 합법적인 단죄는 광복 초기 한 차례 시도됐지만, 우여곡절 끝에 좌절되고 말았다. 이는 이후 우리 사회에 여러 가지 사회적·역사적 갈등을 초래하게 된다. 1948년 9월, 대한민국 제헌국회는 일제 치하에서 일제의 식민지배에 적극적으로 협력했거나 독립운동가 또는 그 가족을 악의로 살상한 자 등을 처벌할 목적으로 '반민족행위처벌법'을 통과시키고 '반민족행위특별조사위원회', 이른바 '반민특위'를 설립했다. 1949년 1월 8일, 반민특위는 특별경찰대를 활용해 일제 시절 기업가 박흥식을 체포한 것을 시작으로 최남선과 이광수, 최린, 정춘수 등 친일매족 인사들을 검거해 재판에 회부했다. 이광수와 최남선은 항변과 참회의 뜻을 담은 '자열서(自列書)'를 제출했고, 최린은 재판 과정에서 자신의 친일 행각을 시인하고 참회하면서 다음과 같은 말을 남겼다.

"민족 대표의 한 사람으로 잠시 민족 독립에 몸담았던 내가 이곳에 와서 반민족행위를 재판을 받는 그 자체가 부끄러운 일이다. 광화문 네거리에 사지를 소에 묶고 형을 집행해달라. 그래서 민족에 본보기로 보여야 한다."

하지만 합법적인 사법적 단죄는 끝내 이뤄지지 못했다. 예컨대 자제단을 결성해 독립만세운동에 찬물을 끼얹었던 박중양은 반민특위에 의해 기소됐지만 병보석으로 출감했고, 일제에 비행기까지 기부했던 정춘수도 반민특위에 체포돼 60일간 구금됐다가 기소유예로 풀려나는 등 많은 친일매족 인사들이 단죄에서 벗어났다. 특히 이승만 대통령이 반민특위 활동을 노골적으로 방해하고 1949년 6월 특별경찰대가 해산되면서 반민특위는 그 동력을 잃어버렸다.

합법적인 단죄는 이뤄지지 못했지만 이들에 대한 체계적인 조사와 역사적 평가는 뒤늦게 이뤄지기 시작했다. 정부 차원의 친일반민족행위자에 대한 조사와 정리는 2000년대 이후에야 부문적으로 이뤄질 수 있었다.

2004년 '일제강점하 반민족행위 진상규명에 관한 특별법'이 통과하면서 2005년 대통령 직속의 '친일반민족행위진상규명위원회'(이하 반민규명위)가 발족했고, 반민규명위는 2006년 12월 초기 친일반민족행위자 106명을 조사해 보고하는 것을 시작으로 2007년과 2009년 등 모두 세 차례에 걸쳐 친일매족 인사들과 그들의 행위를 정리해 보고했다.

이 과정에서 평안도 사천 모락장 시위에서 한국인에게 발포했다가 피살된 뒤 1919년 9월 일제로부터 욱일장 8등, 훈8등 백색동엽장을 받았던 헌병 보조원 김성규와 강병일, 박요섭은 친일반민족 인사에 포함됐다. 역사의 거대한 수레바퀴에 깔려버린, 기구한 운명이었다. 3·1운동에 주도적으로 참여했다가 나중에 친일로 돌아선 최남선, 이광수, 최린, 박희도 등도 친일반민족행위자로 규정됐다.

2.

이제 다시 근본으로, 처음으로 돌아가야 할 시간이다. 3·1운동은 과연 성공한 운동이었을까, 아니면 실패한 운동이었을까. 3·1운동은 한국 역사와 세계사에서 어떤 의미가 있었던 것일까.

많은 이들은 3·1운동을 실패한 운동으로 평가하곤 했다. 실패라고 평가한 배경에는 아마 3·1운동이 즉각적인 조국 독립이나 민족 해방을 가져오지 못했다는 사실이 자리할 것이다. 실제로 그렇기도 하다.

하지만, 하지만 말이다. 3·1운동은 그것이 전부만은 아니었다. 한국인의 독립 의지와 일제 식민지배에 대한 명백한 반대 의사를 세계인들에게 분명하게 보여줬다는 점에서, 이것이 나중에 독립을 인정받는 한 근거가 됐다는 점에서 3·1운동은 결코 실패한 운동이 아니다.

한일병합 100년이 되던 2010년 8월 10일, 일본의 총리 간 나오토(菅直人)는 '한일병합 100년에 즈음한 총리 담화(日韓併合100年に当たっての首相談話)', 이른바 '간 나오토 담화'에서 3·1운동의 의미를 재확인시켜준다. 간 나오토는 "식민지 지배가 가져온 다대한 손해와 고통에 대해 다시금 통절한 반성과 진심 어린 사죄의 마음을 표명한다"며 3·1운동을 한국인들이 당시 독립을 원했다는 증거의 대표 사례로 나열한다.

"백 년 전 바로 8월 일한병합조약이 체결되고, 그 후 36년에 이르는 식민지 지배가 시작되었습니다. 3·1독립운동 등의 격렬한 저항에서도 드러났듯이, 정치적·군사적 배경하에 당시 한국인들은 그 뜻에 반한 식민지 지배로 인하여 나라와 문화를 빼앗기고 민족의 자긍심에 큰 상처를 입었습니다."

간 나오토 담화에서는 일제의 식민지배가 한국인의 뜻에 반하는 것이었다고 밝히면서 그러한 판단의 핵심적인 근거로 3·1운동을 제시한다. 즉, 3·1운동은 곧바로 한민족의 독립으로 연결되지 못했지만, 일제의 식민통치가 한국민의 의지에 반하는 것임을, 한민족은 독립을 열렬히 원했음을 세계에 거족적으로 외친 절규로 정당하게 평가받은 셈이다.

중국의 5·4운동에 영향을 미치는 등 3·1운동의 세계사적 의미도 적지 않다. 심지어 인도의 독립운동 지도자 자와할랄 네루(Jawaharlal Nehru)도 1932년 12월 감옥에서 자신의 어린 딸에게 다음과 같은 편지를 보내 3·1운동의 의미를 상기시키지 않았던가.

"한민족, 특히 청년 남녀는 우세한 적에 맞서 용감히 투쟁했다. 자유를 되찾기 위해 싸우는 한민족의 조직체가 정식으로 독립을 선언하고 일본인에게 반항하면 이내 경찰에 밀고되고 모든 행동은 일일이 보고되고 말았다! 그들은 이와 같이 자신들의 이상을 위해 희생하고 순국했다. 일본인이

한민족을 억압한 것은 역사상 보기 드문 쓰라린 암흑의 일막이다. 코리아에서는 대학을 갓 졸업한 젊은 여성과 소녀가 투쟁에서 중요한 역할을 하고 있다는 사실을 안다면 너도 틀림없이 깊은 감동을 받을 것이다."(Nehru, 1964/2004, 224쪽)

한민족은 일제의 강제 병합 이후 10년간 숨죽였지만, 3·1운동을 통해 드디어 독립이라는 명확하고도 분명한 목표로 움직이게 됐다. 3·1운동은 바로 한국 근현대사에서 물이 갈리는 분수령, 길이 갈리는 분기점이었다. 적지 않은 한계도 있지만, 3·1운동을 기점으로 한민족이 본격적으로 독립운동에 나섰다는 점에서 '한민족 독립운동의 어머니' 같은 존재였다. 아울러 민중이 시대의 주체로 당당하게 등장하고 자리 잡은 사건이자, 공화주의 사상과 공화국 정신을 새기고 대한민국 임시정부 수립을 통해 그것을 구체화하고 다진 근대화의 주요 과정이기도 했다는 평가도 있다(金喜坤, 2009. 3, 22~25쪽 참고).

3.

논픽션그룹 실록은 단속적이고 형해화한 3·1운동, 우리만 이해하는 3·1운동, 학문적인 논의 속에 생명의 숨결을 잃어버린 3·1운동의 모습이 아니라, 전체적인 역사 속에서 우리는 물론 세계인이 함께 이해할 수 있고 그러면서도 수많은 이들의 거친 숨결이 그대로 드러나는 실제로서의 3·1운동을 되살아보려 했다.

이를 위해 먼저 어느 특정한 순간이 아닌, 3·1운동의 전체상을 담아내고자 했다. 즉, 1919년 3월 1일만이 아닌, 그 이전인 2월 21일부터 5월 말까지, 더 나아가 대한민국 임시정부가 통합하는 9월까지 큰 흐름을 추적했다. 이는 자연스럽게 사상이나 정권 성향에 따라 특정 독립운동가나 지역, 조직과 단체 등이 과도하게 부풀려지거나 결과적으로 더 많은 이들과 지역, 조직과 단체 등이 저평가받는 것을 넘어서는 일이기도 했다.

이와 함께 한민족만의 독립운동이 아닌, 일제의 기만적이고 부조리한 대응도 최대한 추적해 드러냄으로써 총체적인 3·1운동의 모습을 보여주고자 했다. 여기에는 3·1운동에 대한 한국의 담론과 일본의 담론 간 양적·질적 괴리를 넘어서야 하는 어려움이 있었다. 활발한 연구와 분석이 이뤄진 한국과 달리 일본에서는 관련 논의와 연구가 상대적으로 거의 없었다.

무엇보다 위대하고 감동적인 소설로 내달리지도, 고루한 학문 속에 갇히지도 않는, 엄연한 역사적 사실과 진실에 기반한, 그러면서도 풍성한 실제를 구현하려고 시도했다. 다양한 사람들이 살아 뛰며 거친 숨결을 토해내는 3·1운동의 실제를 거대한 파노라마처럼 보여주고 싶었다. 신화가 아닌 역사의 실제로서 3·1운동에 접근할 길을 열고 싶었다. 우리가 논픽션으로 나아간 이유다.

물론 아쉬움도 적지 않다. 일본은 물론 미국이나 영국, 중국과 소련 등의 관련 자료도 더 많이 다루고 반영해야 했지만 그러지 못했다. 그동안 국내 학계가 축적해온 연구에 대한 검토조차 제대로 이루어지지 못한 한계나 오류도 있을 것이다. 모든 과제와 한계, 오류는 오롯이 필자들의 몫이다. 독자들의 애정 어린 질정을 기다린다.

4.

마지막으로 이 책이 나오는 데 도움을 준 이들에게 감사를 표시하고 싶다. 이 책은 많은 이들에게 빚을 졌기 때문이다. 먼저 일본 현지에서 자료를 찾아준 하승희 북한대학원대학교 박사, 필자들의 부족한 일본어를 보완해주고 번역에 적지 않은 도움을 준 강소영 한국외국어대학교 교수에게 심심한 고마움의 말을 전하고 싶다. 부족한 원고를 다듬고 고쳐주며 멋진 책으로 만들어준 한울엠플러스의 김종수 대표와 김다정·최규선 편집자 등 임직원들에게도 따뜻한 감사의 말을 전한다. 아울러 1년 반 이상 주말과 공휴일을 반납하고 도서관과 자료실에서 자료를 찾고 함께 원고를 쓰고 다듬은 실록 회원들에게 수고했다는 작은 위로의 말을 스스로 전하고 싶다. 실록 회원들을 이해해준 그 가족들에게도 역시 미안함을 전한다. 마지막으로 여기에 구체적으로 언급되지 않은 모든 관계자에게 고마움과 감사함, 미안함을 보낸다.

"대한독립만세"를 외치며 그날 경성 광화문통을, 읍내 장터를, 면으로 향하는 신작로를, 또 다른 마을로 연결된 황톳길을, 읍내가 내려다보이는 산허리를 내달렸을 수백만 한국인들에게 이 책을 온전히 바친다.

2019년 2월 1일
김용출, 이천종, 박영준, 이현미, 장윤희, 조병욱 함께 씀

참고문헌

3·1문화재단. (2015). 『3·1운동 새로 읽기』. 고양: 예지.

3·1여성동지회 문화부. (1980). 『한국여성독립운동사: 3·1운동 60주년 기념』. 서울: 3·1여성동지회.

강덕상. (2002). 『여운형 평전 1』. 新幹社; 김광열 역. (2007). 『여운형 평전 1』. 서울: 역사비평사.

강덕상. (2003). 『關東大震災』. 中央公論社; 김동수·박수철 역. (2005). 『학살의 기억, 관동대지진』. 서울: 역사비평사.

강덕상. (2005). 『여운형 평전 2: 상해임시정부』. 新幹社; 김광열 역. (2017). 『여운형과 상해임시정부』. 서울: 선인.

강덕상 해설. (1967). 『現代史資料26－朝鮮2』. 東京: みすず書房.

강영심. (2012. 12). 「김순애(1889~1976)의 생애와 독립운동」. ≪한국근현대사연구≫, 63집, 7~41쪽.

경성복심법원. (1920. 2. 27). 「윤익선 외 71인」. 관리번호 CJA0000150M, 문서번호 771444.

경성지방법원. (1919. 5. 26). 「우명철 외 9인」. 관리번호 CJA0000418, 문서번호 772227.

고등법원. (1919. 9. 18). 판결문.

고등법원. (1920. 3. 22). 「손병희 외 47인 판결문」. 『독립운동관련판결문』. 국가기록원. http://theme.archives.go.kr/next/indy/viewMain.do

고정휴. (2000. 3). 「대한민국임시정부의 성립과정에 대한 검토」. ≪한국근현대사연구≫, 12집, 88~127쪽.

고정휴. (2016). 『3·1운동과 임시정부 수립의 주역 현순』. 서울: 역사공간.

국사편찬위원회. (1990). 「백상규 심문 조서」. 『한민족독립운동사자료집』, 12권, 91쪽

국사편찬위원회. (1990a). 『한민족독립운동사자료집 11권: 삼일운동1』. 과천: 국사편찬위원회.

국사편찬위원회. (1990b). 『한민족독립운동사자료집 12권: 삼일운동2』. 과천: 국사편찬위원회.

국사편찬위원회. (1990c). 『한민족독립운동사자료집 13권: 삼일운동3』. 과천: 국사편찬위원회.

권동진. (1946. 3). 「삼일운동의 회고」. ≪신천지≫, 1권 2호, 6~12쪽.

김경민. (2017). 『건축왕, 경성을 만들다』. 고양: 이마.

김광식. (2002. 12). 「백용성의 사상과 민족운동 방략」. ≪한국독립운동사연구≫, 19호, 67~95쪽.

김구. (1947). 도진순 주해. (2002). 『백범일지』. 서울: 돌베개.

김권정. (2015). 『한국인보다 한국을 더 사랑한 미국인 헐버트』. 서울: 역사공간.

김기석. (1964). 이호승 역. (2017). 『위대한 영혼, 남강 이승훈』. 서울: 남강문화재단.

김기창. (2003. 12). 「유관순 전기문(집)의 분석과 새로운 전기문 구상」. ≪새국어교육≫, 통권 66호, 295~347쪽.

김길원. (2018. 3. 1). "3·1운동 독립선언문은 누가 낭독? … '경성의전 학생 유력'". ≪연합뉴스≫. http://www.yonhapnews.co.kr/bulletin/2018/02/28/0200000000AKR20180228158400017. HTML

김도형. (1991. 1. 11, 7면). "발굴 한국현대사 인물 54: 차금봉 – 철도노동자 출신 조선공산당 당수". ≪한겨레신문≫.

김도형. (2009. 9). 「3·1운동기 미주 한인사회의 동향과 대응」. ≪한국근현대사연구≫, 50집, 73~101쪽.

김동진. (2010). 『파란눈의 한국혼 헐버트』. 서울: 참좋은친구.

김법린. (1979. 8). 「삼일운동과 만해」. ≪法輪≫, 126호, 64~66쪽.

김삼웅. (2004). 『백범 김구 평전』. 서울: 시대의창.

김삼웅. (2005). 『단재 신채호 평전』. 서울: 시대의창.

김삼웅. (2006). 『만해 한용운 평전』. 서울: 시대의창.

김삼웅. (2013). 『빨치산 대장 홍범도 평전』. 서울: 현암사.

김삼웅. (2014). 「심산 김창숙 선생과 파리장서」. 『파리장서 운동의 재조명: 파리장서 95주년 기념 학술회의』(41~51쪽). 심산김창숙선생기념사업회.

김삼웅. (2015). 『우사 김규식 평전』. 서울: 채륜.

김삼웅. (2017a). 『백암 박은식 평전』. 서울: 채륜.

김삼웅. (2017b). 『의암 손병희 평전』. 서울: 채륜.

김상기. (2014). 「김상기 호서 지역에서의 파리장서 운동」. 『파리장서 운동의 재조명: 파리장서 95주년 기념 학술회의』(77~99쪽). 심산김창숙선생기념사업회.

김선진. (1983). 『일제의 학살만행을 고발한다』. 서울: 미래문화사.

김승태. (2008. 6). 「일제의 제암리교회 학살·방화 사건 처리에 관한 소고」. ≪한국독립운동사연구≫, 30호, 417~448쪽.

김승태. (2016. 5). 「『재팬 애드버타이저(The Japan Advertiser)』의 3·1운동 관련 보도」. ≪한국독립운동사연구≫, 54호, 161~204쪽.

김승태. (2018. 5). 「평양에서의 3·1운동과 김선두 목사」. ≪기독교사상≫, 713호, 91~100쪽.

김용직. (1994. 11). 「사회운동으로 본 3·1 운동」. ≪한국정치학회보≫, 28권 1호, 51~79쪽.

김용직. (2005. 3). 「3·1운동의 정치사상」. ≪한국동양정치사상사연구≫, 4권 1호, 47~66쪽.

김윤희. (2011). 『이완용 평전』. 서울: 한겨레출판.

김인덕. (1995. 12). 「식민지시대 서울지역 민족해방운동가 연구: 차금봉의 활동을 중심으로」. ≪鄕土서울≫, 55호, 159~182쪽.

김인덕. (1999. 12). 「일본지역 유학생의 2·8운동과 3·1운동」. ≪한국독립운동사연구≫, 13호, 1~27쪽.

김정인. (2001. 9). 「일제강점 후반기(1931~1945) 천도교 세력의 친일문제」. ≪동학연구≫, 9·10호, 189~218쪽.

김정인. (2002. 12). 「손병희의 문명개화노선과 3·1운동」. ≪한국독립운동사연구≫, 19호, 141~168쪽.

김종식. (2007. 4). 「1919년 일본의 조선문제에 대한 정치과정: 인사와 관제개혁을 중심으로」.

≪한일관계사연구≫, 26호, 273~302쪽.

김주성. (2017. 2).「미국 선교사 Fitch 일가의 한국독립운동 지원활동」. ≪한국독립운동사연구≫, 7호, 153~180쪽.

김진호. (2014). 중부지역의 3·1운동과 지역별 전개 상황. 『(독립운동 관련) 판결문 자료집』 (11~104쪽). 대전: 국가기록원.

김창숙. (2001).「자서전 상」. 『김창숙 문존』(237~275쪽). 심산사상연구회 편. 서울: 성균관대학교 출판부.

김학은. (2017). 『이승만과 데 벌레라』. 서울: 연세대 대학출판문화원.

김형목. (2014. 여름).「스코필드, 3·1운동의 실상을 만천하에 알리다」. ≪기록인≫, 27호, 36~43쪽.

김흥식. (2009). 『1면으로 보는 근현대사』. 파주: 서해문집.

김희곤. (2009. 3).「3·1운동과 민주공화제 수립의 세계사적 의의」. ≪한국근현대사연구≫, 48집, 7~26쪽.

김희곤. (2010. 2).「신규식의 대한민국 임시정부 외교활동」. ≪중원문화연구≫, 13호, 67~94쪽.

대한민국국회도서관 편. (1979). 『한국민족운동사료: 삼일운동편 其三』. 대한민국국회도서관.

도윤정. (2000. 2).「천안지역의 3·1운동」(석사학위논문). 충남대학교 교육대학원.

독립기념관 한국독립운동사연구소. (2014a). 『중국신문 한국독립운동기사집(Ⅱ): 3·1운동편』. 독립기념관 한국독립운동사연구소.

독립기념관 한국독립운동사연구소. (2014b). 『중국신문 한국독립운동기사집(Ⅲ): 3·1운동편』. 독립기념관 한국독립운동사연구소.

독립기념관 한국독립운동사연구소. (2015). 『재팬 애드버타이저 3·1운동 기사집』. 류시현 역. 한국독립운동사자료총서 제37집. 독립기념관 한국독립운동사연구소.

독립운동사편찬위원회. (1970a). 『독립운동사 제2권: 3·1운동사(상)』. 서울: 독립유공자 사업기금 운영위원회.

독립운동사편찬위원회. (1970b). 『독립운동사 제3권: 3·1운동사(하)』. 서울: 독립유공자 사업기금 운영위원회.

독립운동사편찬위원회. (1971a). 『독립운동사자료집 제4권: 3·1운동사자료집』. 서울: 독립유공자사업기금운용위원회.

독립운동사편찬위원회. (1971b). 『독립운동사자료집 제5권: 3·1운동재판기록』. 서울: 독립유공자사업기금운용위원회.

독립운동사편찬위원회. (1971c). 『독립운동사자료집 제6권: 3·1운동사자료집』. 서울: 독립유공자사업기금운용위원회.

독립운동사편찬위원회. (1971d). 『독립운동사자료집 13: 학생독립운동사자료집』. 서울: 독립유공자사업기금운용위원회.

독립운동사편찬위원회. (1972). 『독립운동사 제4권: 임시정부사』. 서울: 독립유공자 사업기금 운영위원회.

독립운동사편찬위원회. (1973). 『독립운동사 제5권: 독립군전투사(상)』. 서울: 독립유공자 사업기금 운영위원회.

류승렬. (2010 여름).「일제하 조선통치 세력의 지배 이데올로기 조작과 강제」. ≪한국사연구휘보≫, 149호. 119~149쪽.

류시현. (2011). 『최남선 평전』. 서울: 한겨레출판.

모진주. (1972. 3). 「아버지가 겪은 3·1 운동: 선교사 스탠리 마틴」. ≪새가정≫, 158호, 68~70쪽.

민경배. (1966. 3). 「3·1운동 비사(3)」. ≪기독교 사상≫, 10권 1호, 86~87쪽.

민족운동총서편찬위원회. (1980). 『3·1운동』. 서울: 민족문화협회.

박경목. (2017. 6). 「서대문형무소 수형기록카드로 본 3·1운동 수감자 현황과 특징」. 『근현대사 기념관 개관 1주년 기념 심포지엄: 기록으로 보는 3·1혁명』(34~57쪽). 근현대사기념관.

박미경 역. (2015). 『국역 윤치호 영문일기』, 6권. 과천: 국사편찬위원회.

박성수. (2013). 「제1편 일제 침략과 항일독립운동」. 박성수·신용하·김호일·윤병석 지음. 『3·1 독립운동과 김덕원 의사』(19~166쪽). 서울: 모시는사람들.

박은식. (1920). 『한국독립운동지혈사(상)』. 남만성 역. (1999a). 서울: 서문당.

박은식. (1920). 『한국독립운동지혈사(하)』. 남만성 역. (1999b). 서울: 서문당.

박은식. (2002). 『백암 박은식 전집』, 1권. 서울: 동방미디어.

박찬승. (2014). 『한국독립운동사』. 서울: 역사비평사.

박충순. (2002. 12). 「유관순과 3·1운동」. ≪유관순연구≫, 1집, 51~95쪽.

반민족문제연구소. (2009a). 『친일파 99인(1)』. 파주: 돌베개.

반민족문제연구소. (2009b). 『친일파 99인(2)』. 파주: 돌베개.

반민족문제연구소. (2009c). 『친일파 99인(3)』. 파주: 돌베개.

서동일. (2015. 3). 「파리장서 운동의 전개와 영남 지역의 숨은 협력자들」. ≪대동문화연구≫, 89 권, 505~546쪽.

송길섭. (1979. 3). 「선교사들이 본 3·1운동」. ≪기독교사상≫, 23권 3호, 49~59쪽.

신다혜. (2016. 2). 「2.8독립선언의 주도자 최팔용」(석사학위논문). 수원대학교 대학원.

신용하. (2006). 『한국 항일독립운동사연구』. 서울: 경인문화사.

신용하. (2013). 「3·1 독립운동의 배경과 역사적 의의」. 『3·1독립운동과 김덕원 의사』(167~323 쪽). 서울: 모시는사람들.

신주백. (2001. 3). 「일제의 새로운 식민지 지배방식과 재조일본인 및 '자치'세력의 대응(1919-22)」. ≪역사와 현실≫, 39호, 35~68쪽.

심산김창숙선생기념사업회. (2014). 『파리장서 운동의 재조명: 파리장서 95주년 기념 학술회의』. 심산김창숙선생기념사업회. 1~132쪽.

안영배. (2018. 7. 14, 10면). "3·1운동 100년 역사의 현장 11화: 총칼에 끝까지 맨손으로 맞서… '일제 철옹성'에 균열 일으켜". ≪동아일보≫.

안창호. (2000). 「내무총장에 취임하며」. 『도산 안창호 전집』, 6권(80~81쪽). 도산안창호선생전 집편찬위원회 편. 도산안창호선생기념사업회.

양현혜. (2009). 『근대 한·일 관계사 속의 기독교』. 서울: 이화여대출판부.

여운홍. (1932. 1). 나의 파리시절. 『삼천리』, 1932년 1월호, 31~32쪽.

여운홍. (1967). 『몽양 여운형』. 서울: 청하각.

염상섭. (2005). 『만세전: 염상섭 중편선』. 서울: 문학과지성사.

오미일. (2002). 『한국근대자본가연구』, 파주: 한울.

오용섭. (2017. 9). 「3·1독립선언서'의 서지적 연구」. ≪서지학연구≫, 71호, 197~216쪽.

오인환. (2013). 『이승만의 삶과 국가』. 파주: 나남.

유영렬. (2005. 12). 「기독교민족사회주의자 김창준에 대한 고찰: 김창준 회고록을 중심으로」. ≪한국독립운동사연구≫, 25호, 177~224쪽.

윤경로. (2010. 8). 「김규식: 이념을 초월한 통일전선 지도자·외교가」. ≪한국사 시민강좌≫, 47호, 69~87쪽.

윤대원. (2009. 8). 「玄楯에게 '秘傳'된 임시정부의 실체와 대한공화국임시정부」. ≪한국독립운동사연구≫, 33호, 265~304쪽.

윤덕한. (1999). 『이완용 평전』. 서울: 도서출판중심

윤무한. (2007. 9). 「역사 속으로 생환된 『아리랑』의 김산, 그 불꽃의 삶」. ≪내일을 여는 역사≫, 29호, 174~183쪽.

윤병석. (2013). 「3·1운동의 전말」. 『3·1독립운동과 김덕원 의사』(397~534쪽). 서울: 모시는사람들.

윤병석. (2016). 『3·1운동사와 대한민국 임시정부 광복선언』. 서울: 국학자료원 새미.

윤상원. (2015. 11). 「1920~30년대 러시아 연해주 한인들의 민족해방운동 인식: 3·1운동을 중심으로」. ≪한국사학보≫, 61호, 555~583쪽.

윤소영 편역. (2009a). 『일본신문 한국독립운동기사집 제1권: 3·1운동편(1) 大阪朝日新聞』. 한국독립운동사자료총서 제25집. 천안: 독립기념관.

윤소영 편역. (2009b). 『일본신문 한국독립운동기사집 제2권: 3·1운동편(2) 大阪每日新聞』. 한국독립운동사자료총서 제25집. 천안: 독립기념관.

윤소영 편역. (2012). 『일본신문 한국독립운동기사집 제3권: 3·1운동 영향편 大阪每日新聞』. 한국독립운동사자료총서 제31집. 천안: 독립기념관.

윤춘병. (1988). 『한국감리교 수난 백년사』. 기독교대한감리회 본부교육국.

이광수. (2014). 『나의 일생: 춘원자서전』. 최종고 편. 서울: 푸른사상.

이규수. (2003. 2). 「3·1운동에 대한 일본 언론의 인식」. ≪역사비평≫, 62호, 263~286쪽.

이규수. (2005. 3). 「조선총독부 치안관계자의 한국인식: 미공개 녹음기록의 분석」. ≪동학연구≫, 18집, 167~193쪽.

이기형. (2004). 『여운형 평전』. 서울: 실천문학.

이난향. (1977). 「명월관」. 『남기고 싶은 이야기』. 서울: 중앙일보사.

이동근. (2008). 「의기 수원기생들의 3·1운동」. 『수원지역 여성과 3·1운동』(111~165쪽). 경기도 향토사연구협의회.

이동근. (2013. 3). 「1910년대 '기생'의 존재양상과 3·1운동」. ≪한국민족운동사연구≫, 74집, 127~165쪽.

이만열. (2003). 『한국기독의료사』. 서울: 아카넷.

이만열. (2011). 「스코필드의 의료(교육) 사회선교와 3·1 독립운동」. ≪한국근현대사연구≫, 57호, 60~92쪽.

이미륵. (1946). Der Yalu Fließt. München: Piper; 정규화 역. (2010). 『압록강은 흐른다』. 서울: 다림.

이성우. (2011). 『만주 항일무장투쟁의 신화 김좌진』. 서울: 역사공간.

이윤갑. (2006. 11). 「대구지역의 한말 일제초기 사회변동과 3·1운동」. ≪啓明史學≫, 17집, 217~258쪽.

이이화. (2015). 『한국사 이야기』, 20권. 파주: 한길사.

이장락. (2007). 『민족대표 34인 석호필 프랭크 윌리엄 스코필드』. 성남: 바람.

이정식. (2008). 『여운형』. 서울: 서울대학교출판부.

이정은. (2009). 『3·1독립운동의 지방시위에 관한 연구』. 서울: 국학자료원.

이종일. (1922). 옥파문화재단·옥파기념사업회 역. (1984). 「옥파비망록」. 『옥파이종일선생논설집』, 3권(291~526쪽). 서울: 교학사.

이주영. (2014). 『이승만평전』. 파주: 살림.

이준식. (2011. 9). 「김규식의 길, 이승만의 길」. ≪내일을 여는 역사≫, 44호, 16~40쪽.

이준식. (2017. 6). 「3·1혁명과 친일파의 대응 양태」. 『근현대사기념관 개관 1주년 기념 심포지엄: 기록으로 보는 3·1혁명』(58~78쪽). 근현대사기념관.

이창건. (2000. 2). 「3·1운동 주도세력의 운동성향에 대한 연구: 노동자계층의 활동을 중심으로」. 『永進專門大學論文集』, 22호, 87~98쪽.

이철순. (2011. 9). 「우사 김규식의 삶과 정치활동」. ≪한국인물사연구≫, 16호, 221~259쪽.

이태복. (2006). 『도산 안창호 평전』. 파주: 동녘.

이한울. (2010. 6). 「상해판 ≪독립신문≫과 안창호」. ≪역사와 현실≫, 76호, 325~357쪽.

이현희. (2002. 12). 「우사 김규식연구」. ≪사학연구≫, 68호, 99~136쪽.

이형식. (2017). 「'제국의 브로커' 아베 미쓰이에(阿部充家)와 문화통치」. ≪역사문제연구≫, 37호, 433~480쪽.

이화100년사 편찬위원회 편. (1994). 『이화100년사』. 서울: 이화여자대학교 출판부.

이희승. (1969). 「내가 겪은 3·1운동」. 『3·1운동 50주년 기념논문집』. 서울: 동아일보.

임경석. (2000. 11). 「박헌영과 김단야」. ≪역사비평≫, 53호, 118~148쪽.

임경석. (2000. 12). 「유교 지식인의 독립운동: 1919년 파리장서의 작성 경위와 문안 변동」. ≪大東文化硏究≫, 37호, 117~143쪽.

임경석. (2001. 6). 「파리장서 서명자 연구」. ≪大東文化硏究≫, 38집, 419~459쪽.

임경석. (2008. 9). 「3·1운동기 친일의 논리와 심리: ≪매일신보≫를 중심으로」. ≪역사와 현실≫, 69호, 47~74쪽.

임종국. (1991). 『실록 친일파』. 반민족문제연구소 엮음. 서울: 돌베개.

임형진. (2009. 12). 「묵암 이종일과 3·1운동」. ≪민족학연구≫, 8호, 173~191쪽.

전동례 구술·김원석 편집. (1981). 『두렁바위에 흐르는 눈물: 제암리 학살사건의 증인 전동례의 한평생』. 서울: 뿌리깊은나무.

전영택. (1946. 3). 「동경 유학생의 독립운동」. ≪신천지≫, 1권 2호, 97~99쪽.

정기호. (2005. 3). 「권동진 님의 '삼일운동의 회고'를 읽고: 정렬모의 '신편고등국문독복'에서」. ≪나라사랑≫, 109호, 51~66쪽.

정병준. (2017. 11). 「1919년, 파리로 가는 김규식」. ≪한국독립운동사연구≫, 60호, 79~131쪽.

정상우. (2009. 12). 「3·1운동의 표상 '유관순'의 발굴」. ≪역사와 현실≫, 74호, 235~263쪽.

정석해. (1969. 3). 「남대문역두의 독립만세」. ≪신동아≫, 통권 55호, 212~218쪽.

정요섭. (1971. 12). 「한국여성의 민족운동에 관한 연구: 3·1운동을 중심으로」. ≪아시아여성연구≫, 10호, 297~330쪽.

정운현. (2016). 『친일파의 한국 현대사』. 서울: 인문서원.

정한경. (1921). 『한국의 사정(The Case of Korea)』. 『독립운동사자료집 제6권: 3·1운동사자료집』(257~371쪽). 서울: 독립유공자사업기금운용위원회.

조동걸. (2001). 「심산 김창숙의 독립운동과 유지」. 『한국 근현대사의 이상과 형상』. 서울: 푸른역사.

조선총독부. (1919. 1. 23). 『조선총독부관보』, 호외, 3쪽.

조정래. (2007). 『한용운』. 파주: 문학동네.

조철행. (2001. 5). 「육탄혈전으로 독립을 완성할지어다: 조소앙의 '대한독립선언서'(일명 무오독립선언서)」. ≪내일을 여는 역사≫, 5호, 115~120쪽.

조철행. (2015). 『의열투쟁에 헌신한 독립운동가 나창헌』. 역사공간.

채영국. (1992. 12). 「3·1운동 전후 일제 '조선군'(주한일본군)의 동향」. ≪한국독립운동사연구≫, 6호, 169~207쪽.

최규진. (1997. 4). 「차금봉, 빈민 출신 노동자」. ≪현장에서 미래를≫, 20호, 67~76쪽.

최기영. (2004. 2). 「매켄지: 한국인의 독립의지를 세계에 알린 서양인」. ≪한국사 시민강좌≫, 34호, 106~115쪽.

최린. (1962. 8). 「자서전」. ≪한국사상≫, 4호, 146~188쪽.

최승진. (2013. 11. 19). "3·1운동 희생자 630명 명단 최초 공개". ≪CBS노컷뉴스≫. http://www.nocutnews.co.kr/news/1134717#csidx65f070aad281102864e306cdddec9f4

최용수. (2005. 12). 「김산(장지락) 연보: 2005년 증보판」. ≪황해문화≫, 49호, 338~351쪽.

최우석. (2014. 4). 「재일유학생의 국내 3·1운동 참여: '양주흡 일기'를 중심으로」. ≪역사문제연구≫, 31호, 273~315쪽.

최은희. (1973). 『조국을 찾기까지』, 서울: 탐구당.

최은희. (1991). 『한국 근대 여성사(상)』. 서울: 조선일보사.

최은희. (2003). 『여성을 넘어 아낙의 너울을 벗고』. 서울: 문이재.

최효식. (2003. 9). 「의암 손병희와 3·1독립운동」. ≪동학연구≫, 14·15호, 1~23쪽.

친일반민족행위진상규명위원회. (2006. 12). 「강병일(姜炳一)」. 『2006년도 조사보고서 II: 친일반민족행위결정이유서』(548~551쪽).

친일반민족행위진상규명위원회. (2006. 12). 「김성규(金聖奎)」. 『2006년도 조사보고서 II: 친일반민족행위결정이유서』(552~555쪽).

친일반민족행위진상규명위원회. (2006. 12). 「박요섭(朴堯燮)」. 『2006년도 조사보고서 II: 친일반민족행위결정이유서』(556~559쪽).

편집부. (1968. 3). 「김순애 선생: 화보해설」. ≪새가정≫, 통권 158호, 96쪽.

학회자료. (1994). 「한용운의 3·1 독립운동 법정관계 자료」. ≪한용운사상연구≫, 3권, 107~127쪽.

한국독립운동사편찬위원회. (2009a). 『국내 3·1운동 1: 중부 북부』. 한국독립운동역사 19권. 천안: 독립기념관 한국독립운동사연구소.

한국독립운동사편찬위원회. (2009b). 『국내 3·1운동 2: 남부』. 한국독립운동역사 20권. 천안: 독립기념관 한국독립운동사연구소.

한국독립운동사편찬위원회. (2009c). 『국외 3·1운동』. 한국독립운동역사 21권. 천안: 독립기념관 한국독립운동사연구소.

한국학중앙연구원. (2019. 1). "제창병원". 『한국민족문화대백과사전』. http://encykorea.aks.ac.kr/Contents/Item/E0076673

한규무. (2008). 『기독교 민족운동의 영원한 지도자 이승훈』. 서울: 역사공간.

한지헌. (2004. 9). 「1920년대 초반 조선총독부의 대한민국임시정부에 대한 인식과 정책」. ≪한국근현대사연구≫, 30집, 71~101쪽.

함태영. (1946. 3). 「기미년의 기독교도」. ≪신천지≫, 제1권, 55~58쪽.

현상윤. (1946. 3). 「3·1운동의 회상」. (2008). 『현상윤 전집』, 제4권(272~278쪽). 파주: 나남.

현상윤. (1950. 3. 5). 「3·1운동 발발의 개략」. (2008). 『현상윤 전집』, 제4권(279~291쪽). 파주: 나남.

현상윤 등. (1949. 3. 1). 「왕년의 투사들 회고록: 사모친 독립의 비원, 죽엄으로 정의의 항거」. (2008). 『현상윤 전집』, 제4권(211~222쪽). 파주: 나남.

홍선표. (2006. 12). 「1920년대 유럽에서의 한국독립운동」. ≪한국독립운동사연구≫, 27호, 421~474쪽.

홍선표. (2016. 8). 「헐버트(Homer B. Hulbert)의 在美 한국독립운동」. ≪한국독립운동사연구≫, 55호, 54~91쪽.

홍선표. (2017. 12). 「뉴욕 소약국민동맹회의와 재미 한인의 독립운동」. ≪동북아역사논총≫, 제58호, 282~333쪽.

황민호. (2006. 6). 「≪매일신보≫에 나타난 3·1운동의 전개와 조선총독부의 대응」. ≪한국독립운동사연구≫, 26호, 169~203쪽.

≪독립신문≫. (1919. 11. 15, 1면). "대한민국임시정부 성립 축하문".

≪독립신문≫. (1920. 2. 17, 1면). "故 洪成益 先生의 畧歷".

≪독립신문≫. (1920. 6. 22, 1면). "독립군승첩".

≪동아일보≫. (1920. 7. 12, 1면). "금일의 대공판".

≪동아일보≫. (1920. 7. 13, 3면). "조선독립운동의 일대 사극".

≪동아일보≫. (1920. 9. 25, 1, 3면). "독립선언 사건의 공소 공판 한용운의 맹렬한 독립론".

≪동아일보≫. (1925. 9. 1, 2면). "기미독립운동의 거구 이종일씨 장서".

≪동아일보≫. (1926. 2. 13, 사설). "무슨 낯으로 이 길을 떠나가나".

≪동아일보≫. (1930. 1. 29, 2면). "風雨廿年 天道敎重鎭 權東鎭氏(3)".

≪동아일보≫. (1950. 1. 22, 2면). "生物進化論을 修正케한 世界的植物學者".

≪동아일보≫. (1969. 2. 28, 1면). "하나로 뭉친 "독립만세"(상): 3·1절 50돌 스코필드 박사 특별 기고".

≪매일신보≫. (1919. 1. 23, 1면). "이태왕 전하 훙거".

≪매일신보≫. (1919. 3. 7, 1면). "각지 소요사건".

≪매일신보≫. (1919. 3. 16, 1면). "무념의 허설".

≪매일신보≫. (1919. 4. 1, 1면). "소요사건의 후보".

≪신한민보≫. (1919. 1. 30, 1면). "전 광무황제는 1월 20일에 붕어".

≪신한민보≫. (1925. 10. 1, 3면). "三十三人 중 一인인 이종일 선생 별세".

加藤利枝(가토 리에). (2001. 4). 「야나기 무네요시와 3·1독립운동: '민예(民藝)' 개념의 형성에 관하여」. ≪일본문화연구≫, 4호, 181~198쪽.

兒嶋摠次郎(고지마 소지로). (1919. 4). 「朝鮮騷擾事件と官民の所感」. ≪朝鮮及滿洲≫, 142호, 46~63쪽.

長田彰文(나가타 아키후미). (2005). 『日本の朝鮮統治と國際關係』. 平凡社; 박환무 역(2008). 『일본의 조선통치와 국제관계』. 서울: 일조각.

長田彰文(나가타 아키후미). (2013). 『世界史の中の近代日韓關係』. 慶應義塾大学出版部; 김혜정 역. (2017). 『세계사 속 근대한일관계』. 서울: 일조각.

岡本眞希子(오카모토 마키코). (2010). 「조선총독부 관료의 민족구성에 관한 기초적 연구: 민족문제와 민족격차의 내포」. 『제2기 한일역사공동연구보고서 제4권』(151~206쪽). 서울: 한일역사공동연구위원회.

宇都宮太郎關係資料研究會 편(2007). 『日本軍とアジア政策: 陸軍大将宇都宮太郎日記』, 제3권. 東京: 岩波書店.

宇治敏彦(우지 도시히코)·金指正雄(가나자시 마사오)·北村公彦(기타무라 기미히코)·富田信男(도미타 노부오)·小西德應(고니시 도쿠오) 편저. (2001). 『일본총리열전』; 이혁재 역(2002). 『일본총리열전』. 서울: 다락원.

原奎一郎 편. (1950). 『原敬日記』, 제8권. 東京: 乾元社.

原照之(하라 테루유키). (1989). 「러시아 연해주에서의 한인운동 1905~1922」. 『소비에트 한인 백년사』(13~37쪽). 서울: 태암.

≪大阪朝日新聞≫. (1919. 1. 22, 7면). "御危篤の李太王殿下(위독하신 이태왕 전하)".

≪大阪朝日新聞≫. (1919. 1. 23, 석간 2면). "李太王殿下甘2日朝薨去(이태왕 전하 22일 아침 훙거)".

≪大阪朝日新聞≫. (1919. 1. 24, 석간 2면). "愁に鎖されし京城(슬픔에 갇힌 경성)".

≪大阪朝日新聞≫. (1919. 3. 1, 7면). "國葬豫習(국장 예행연습)".

≪大阪朝日新聞≫. (1919. 3. 3, 7면). "耶蘇教徒なる朝鮮人の暴動(야소교도인 조선인의 폭동)".

≪大阪朝日新聞≫. (1919. 3. 4a, 석간 2면). "國葬儀別記-曉かけての群衆(국장의별기-새벽부터 군중)".

≪大阪朝日新聞≫. (1919. 3. 4b, 7면). "朝鮮に於ける騷擾鎭靜す(소요 진정되다)".

≪大阪朝日新聞≫. (1919. 3. 7a, 7면). "朝鮮再び騷擾す(조선 다시 소요가 벌어지다)".

≪大阪朝日新聞≫. (1919. 3. 7b, 7면). "京城では男女學生續引致さる(경성에서 남녀 학생 구속되다)".

≪大阪朝日新聞≫. (1919. 3. 7c, 7면). "教會から一齊に押し出す平壤の暴民(교회에서 일제히 몰려나온 평양의 폭민)".

≪大阪朝日新聞≫. (1919. 3. 7d, 7면). "開城では少年隊日章旗を破棄す(개성에서 소년대가

일장기를 파기하다)".

≪大阪朝日新聞≫. (1919. 3. 7e, 7면). "各地方の不穩狀況(각 지방의 불온 상황)".

≪大阪朝日新聞≫. (1919. 3. 8a, 1면). "朝鮮の騷擾(조선의 소요)".

≪大阪朝日新聞≫. (1919. 3. 8b, 7면). "頑民猶蠢動す(완고한 민중이 여전히 망동을 하다)".

≪大阪朝日新聞≫. (1919. 3. 8c, 7면). "嚴罰に處する方針(엄중 경계에 대한 방침)".

≪大阪朝日新聞≫. (1919. 3. 8d, 7면). "騷擾の方法はすこぶる狡猾を極む(소요의 방법은 매우 교활하다)".

≪大阪朝日新聞≫. (1919. 3. 8e, 7면). "拳銃を連發しつつ憲兵の妻女逃る(권총을 연발하면서 헌병의 아내 도망)".

≪大阪朝日新聞≫. (1919. 3. 9a, 석간 2면). "朝鮮騷擾の總親玉天道敎主孫秉熙は(조선 소요의 총책임 천도교주 손병희)".

≪大阪朝日新聞≫. (1919. 3. 9b, 석간 2면). "京城西大門外獨立門に彩色を施す(경성 서대문 밖 독립문에 채색을 입히다)".

≪大阪朝日新聞≫. (1919. 3. 9c, 7면). "朝鮮全道にわたり檢擧4千餘名(조선 전도에 걸쳐 검거 4000여 명)".

≪大阪朝日新聞≫. (1919. 3. 9d, 7면). "騷擾で殉職した兩憲兵隊長(소요로 순직한 두 헌병 대장)".

≪大阪朝日新聞≫. (1919. 3. 10a, 석간 2면). "警戒を緩にすれば直に起って暴擧(경계를 느슨히 하면 즉시 일어나 폭거)".

≪大阪朝日新聞≫. (1919. 3. 10b, 석간 2면). "男女学生団又市中を練り廻る(남녀 학생단 또 거리를 행진하고 다니다)".

≪大阪朝日新聞≫. (1919. 3. 10c, 7면). "朝鮮騷擾同盟罷工續出す(조선 소요 동맹파업 속출)".

≪大阪朝日新聞≫. (1919. 3. 10d, 7면). "總督府印刷所東亞煙草職工萬歲を叫び罷業(총독부 인쇄소와 동아연초 직공 만세 외치며 파업)".

≪大阪朝日新聞≫. (1919. 3. 10e, 7면). "妄動を止めよ(망동을 중지하라)".

≪大阪朝日新聞≫. (1919. 3. 10f, 7면). "各道の形勢(각 도의 형세)".

≪大阪朝日新聞≫. (1919. 3. 10g, 7면). "示威運動に加はる者に(시위운동에 가담한 자에게)".

≪大阪朝日新聞≫. (1919. 3. 11a, 석간 2면). "憲兵分隊の苦戰(헌병분대의 고전)".

≪大阪朝日新聞≫. (1919. 3. 11b, 7면). "京城市中首魁孫秉熙檢事局へ送らる(경성 시내 수괴 손병희 검사국에 이송)".

≪大阪朝日新聞≫. (1919. 3. 11c, 7면). "憲兵隊と警察署暴徒に襲はれ(헌병대와 경찰서 폭도에게 습격당하다)".

≪大阪朝日新聞≫. (1919. 3. 11d, 7면). "郡廳に放火せんとせる暴徒十名射殺され(군청에 방화하려는 폭도 10명 사살)".

≪大阪朝日新聞≫. (1919. 3. 12, 7면). "城津又不穩(도시가 또다시 불온)".

≪大阪朝日新聞≫. (1919. 3. 13a, 석간 2면). "中西憲兵軍曺絶命す(나카니시 헌병 군조 절명)".

≪大阪朝日新聞≫. (1919. 3. 13b, 7면). "慷慨悲憤の宣言書を一枚一錢で賣ってる(비분강개한 선언서를 1장에 1전씩 팔고 있다)".

≪大阪朝日新聞≫. (1919. 3. 14a, 석간 2면). "朝鮮暴徒一千名騎兵隊と衝突す(조선 폭도 1000명 기병대와 충돌)".

≪大阪朝日新聞≫. (1919. 3. 14b, 7면). "朝鮮人を惑亂せんとする天道敎の正體(조선인을 어지럽히는 천도교의 정체)①".

≪大阪朝日新聞≫. (1919. 3. 15a, 석간 2면). "孟團長發砲して二十八名の死傷者を出す(맹단장 발포하여 28명 사상자 발생)".

≪大阪朝日新聞≫. (1919. 3. 15b, 7면). "朝鮮人を惑亂せんとする天道敎の正體(조선인을 어지럽히는 천도교의 정체)②".

≪大阪朝日新聞≫. (1919. 3. 16, 7면). "朝鮮人を惑亂せんとする天道敎の正體(조선인을 어지럽히는 천도교의 정체)③".

≪大阪朝日新聞≫. (1919. 3. 17a, 7면). "一天名憲兵隊を襲ふ(1000명이 헌병대를 습격하다)".

≪大阪朝日新聞≫. (1919. 3. 17b, 7면). "暴徒五名卽死(폭도 5명 즉사)".

≪大阪朝日新聞≫. (1919. 3. 17c, 7면). "朝鮮人を惑亂せんとする天道敎の正體(조선인을 어지럽히는 천도교의 정체)④".

≪大阪朝日新聞≫. (1919. 3. 18a, 7면). "居留邦人自衛團を組織す(거류 일본인 자위단 조직)".

≪大阪朝日新聞≫. (1919. 3. 18b, 7면). "京城の中學は全部開校す(경성의 중학은 모두 개교)".

≪大阪朝日新聞≫. (1919. 3. 18c, 7면). "浦鹽在留朝鮮人の不穩(블라디보스토크 재류 조선인의 불온)".

≪大阪朝日新聞≫. (1919. 3. 18d, 7면). "桑港在住の朝鮮人韓國旗を揭揚す(샌프란시스코 거주 조선인 한국기를 게양하다)".

≪大阪朝日新聞≫. (1919. 3. 18e, 7면). "朝鮮人を惑亂せんとする天道敎の正體(조선인을 어지럽히는 천도교의 정체)⑤".

≪大阪朝日新聞≫. (1919. 3. 20a, 7면). "浦鹽在留の鮮人頻に騷ぐ(블라디보스토크 재류 조선인 자주 소란을 일으키다)".

≪大阪朝日新聞≫. (1919. 3. 21a, 석간 2면). "市內朝鮮人の檢擧(시내 조선인 검거)".

≪大阪朝日新聞≫. (1919. 3. 21b, 7면). "暴動やまず(폭동이 계속되다)".

≪大阪朝日新聞≫. (1919. 3. 23a, 석간 2면). "止むなく發砲す(어쩔 수 없이 발포)".

≪大阪朝日新聞≫. (1919. 3. 23b, 7면). "京城又騷亂(경성 또다시 소란)".

≪大阪朝日新聞≫. (1919. 3. 24a, 석간 2면). "女人笑って縛に就く(여인 웃으며 포박을 받다)".

≪大阪朝日新聞≫. (1919. 3. 24b, 석간 2면). "憲兵と衝突(헌병과 충돌)".

≪大阪朝日新聞≫. (1919. 3. 24c, 석간 2면). "京城の其後(경성의 그후)".

≪大阪朝日新聞≫. (1919. 3. 24d, 석간 2면). "多數民衆集合す(다수의 민중이 집합하다)".

≪大阪朝日新聞≫. (1919. 3. 24e, 석간 2면). "水雷艇隊繰出す(수뢰정 부대 투입)".

≪大阪朝日新聞≫. (1919. 3. 26, 2면). "暴民と警官の大激鬪(폭도와 경관의 대격투)".

≪大阪朝日新聞≫. (1919. 3. 27, 2면). "山縣摠監東上(야마가타 총감 도쿄로)".

≪大阪朝日新聞≫. (1919. 3. 28a, 석간 1면). "朝鮮談(조선 이야기)".

≪大阪朝日新聞≫. (1919. 3. 28b, 7면). "米國の飛行機が朝鮮總督府に爆彈を(미국 비행기가 조선총독부에 폭탄을)".

≪大阪朝日新聞≫. (1919. 3. 28c, 7면). "社員が運轉(사원이 운전)".

≪大阪朝日新聞≫. (1919. 3. 29a, 7면). "朝鮮騷擾(조선 소요)".

≪大阪朝日新聞≫. (1919. 3. 29b, 7면). "釜山の暴民二千名押寄す(부산의 폭도 2000명이 몰려들다)".

≪大阪朝日新聞≫. (1919. 3. 29c, 7면). "百餘名の坑夫憲兵駐在所を襲ふ(100여 명의 광부 헌병주재소 습격)".

≪大阪朝日新聞≫. (1919. 4. 1, 석간 1면). "朝鮮と軍法會議(조선과 군법회의)".

≪大阪朝日新聞≫. (1919. 4. 3a, 석간 2면). "軍隊の護衛で開店(군대의 호위로 개점)".

≪大阪朝日新聞≫. (1919. 4. 3b, 석간 2면). "京城(경성)".

≪大阪朝日新聞≫. (1919. 4. 3c, 석간 2면). "大田(대전)".

≪大阪朝日新聞≫. (1919. 4. 7a, 석간 2면). "朝鮮の不穩(조선의 불온함)".

≪大阪朝日新聞≫. (1919. 4. 7b, 2면). "日本の朝鮮統治(일본의 조선 통치)".

≪大阪朝日新聞≫. (1919. 4. 8a, 석간 1면). "朝日評壇-朝鮮とウ博士(아사히 평단-조선과 웨일 박사)".

≪大阪朝日新聞≫. (1919. 4. 8b, 3면). "朝鮮騷擾に就きて(조선 소요에 관하여)①".

≪大阪朝日新聞≫. (1919. 4. 9a, 석간 1면). "朝鮮に增兵(조선에 증병)".

≪大阪朝日新聞≫. (1919. 4. 9b, 석간 2면). "六個大隊の增派(6개 대대 급파)".

≪大阪朝日新聞≫. (1919. 4. 9c, 3면). "朝鮮騷擾に就きて(조선 소요에 관하여)②".

≪大阪朝日新聞≫. (1919. 4. 10a, 석간 2면). "渡船隊敦賀出發(도선 부대 쓰루가 출발)".

≪大阪朝日新聞≫. (1919. 4. 10b, 3면). "朝鮮騷擾に就きて(조선 소요에 관하여)③".

≪大阪朝日新聞≫. (1919. 4. 11a, 3면). "朝鮮騷擾に就きて(조선 소요에 관하여)④".

≪大阪朝日新聞≫. (1919. 4. 11b, 7면). "米宣教師の家宅搜索(미국 선교사의 가택수색)".

≪大阪朝日新聞≫. (1919. 4. 11c, 7면). "むしろ滑稽なる妄想(오히려 우스꽝스러운 망상)".

≪大阪朝日新聞≫. (1919. 4. 12a, 석간 2면). "長谷川總督の遺誥(하세가와 총독의 유고)".

≪大阪朝日新聞≫. (1919. 4. 12b, 2면). "陸相車中談(육군대신의 기차 안 이야기)".

≪大阪朝日新聞≫. (1919. 4. 12c, 3면). "朝鮮騷擾に就きて(조선 소요에 관하여)⑤".

≪大阪朝日新聞≫. (1919. 4. 12d, 7면). "全身に二百の傷(전신에 200군데의 상처)".

≪大阪朝日新聞≫. (1919. 4. 13a, 석간 1면). "山縣總監車中談(야마가타 총감의 기차 안 이야기)".

≪大阪朝日新聞≫. (1919. 4. 13b, 1면). "原內閣の對朝鮮策(하라 내각의 대조선책)".

≪大阪朝日新聞≫. (1919. 4. 13c, 2면). "加藤氏の演説(가토의 연설)".

≪大阪朝日新聞≫. (1919. 4. 13d, 3면). "朝鮮騷擾に就きて(조선 소요에 관하여)⑥".

≪大阪朝日新聞≫. (1919. 4. 13e, 7면). "耶蘇教會堂放火さる(야소교회당 방화)".

≪大阪朝日新聞≫. (1919. 4. 14a, 3면). "內地人も今少し考へよ(내지인도 이제 좀 생각해보시오)".

≪大阪朝日新聞≫. (1919. 4. 14b, 3면). "朝鮮騷擾に就きて(조선 소요에 관하여)⑦".

≪大阪朝日新聞≫. (1919. 4. 15a, 7면). "鎭壓の根本策として暴徒取締令を近近發布の爲調査中(진압의 근본책으로 폭도단속령 조만간 발포를 위해 조사 중)".

≪大阪朝日新聞≫. (1919. 4. 15b, 7면). "三白餘名の警官憲兵一齊に三學校の家宅搜索(300

여 경관 헌병이 일제히 세 학교의 가택수색)".

≪大阪朝日新聞≫. (1919. 4. 15c, 7면). "騷擾と增兵の效果(소요와 증병의 효과)".

≪大阪朝日新聞≫. (1919. 4. 16, 7면). "騷擾に鑑みて犯罪處罰令(소요를 거울삼아 범죄처벌령)".

≪大阪朝日新聞≫. (1919. 4. 17a, 석간 2면). "憲兵二名牛殺にさる(헌병 2명이 반죽음당하다)".

≪大阪朝日新聞≫. (1919. 4. 17b, 석간 2면). "家宅搜索(가택수색)".

≪大阪朝日新聞≫. (1919. 4. 17c, 7면). "朝鮮人の旅行規程(조선인의 여행규정)".

≪大阪朝日新聞≫. (1919. 4. 18, 3면). "朝鮮暴動の因(조선 폭동의 원인)".

≪大阪朝日新聞≫. (1919. 4. 19, 7면). "耶蘇敎會堂で騷いだ暴徒二十名殺さる(야소교회당에서 소란을 피운 폭도 20명 사망)".

≪大阪朝日新聞≫. (1919. 4. 21a, 석간 1면). "巴里鮮人の運動(파리 조선인의 운동)".

≪大阪朝日新聞≫. (1919. 4. 21b, 7면). "米宣敎師は懲役六箇月(미 선교사 징역 6개월)".

≪大阪朝日新聞≫. (1919. 4. 22, 석간 1면). "騷擾處罰令(소요 처분령)".

≪大阪朝日新聞≫. (1919. 4. 23, 2면). "費府鮮人の運動(필라델피아 조선인의 운동)".

≪大阪朝日新聞≫. (1919. 4. 24, 2면). "朝鮮暴動特別委員會(조선폭동특별위원회)".

≪大阪朝日新聞≫. (1919. 4. 25a, 석간 2면). "騷いだ朝鮮人八十名放還(소란을 피운 조선인 80명 석방)".

≪大阪朝日新聞≫. (1919. 4. 25b, 2면). "在美鮮人妄動(재미 조선인 망동)".

≪大阪朝日新聞≫. (1919. 4. 25c, 7면). "朝鮮騷擾で收監總數四千餘名(조선 소요로 수감된 인원 총 4000여 명)".

≪大阪朝日新聞≫. (1919. 4. 26a, 석간 1면). "鮮人旅行取締(조선인 여행 단속)".

≪大阪朝日新聞≫. (1919. 4. 26b, 2면). "暴動鎭壓方針(폭동 진압 방침)".

≪大阪朝日新聞≫. (1919. 4. 27a, 1면). "朝鮮獨立說否定(조선 독립설 부정)".

≪大阪朝日新聞≫. (1919. 4. 27b, 1면). "耶蘇敎會堂放火さる?(야소교회당 방화?)".

≪大阪朝日新聞≫. (1919. 4. 28a, 석간 1면). "朝鮮軍法會議(조선군법회의)".

≪大阪朝日新聞≫. (1919. 4. 28b, 2면). "鮮人學生に警告(조선인 학생에게 경고)".

≪大阪朝日新聞≫. (1919. 4. 28c, 3면). "再び朝鮮騷動に就て(다시 조선 소요에 관하여)①".

≪大阪朝日新聞≫. (1919. 4. 29a, 2면). "朝鮮語を保存せよ(조선어를 보존하라)".

≪大阪朝日新聞≫. (1919. 4. 29b, 3면). "再び朝鮮騷動に就て(다시 조선 소요에 관하여)②".

≪大阪朝日新聞≫. (1919. 4. 29c, 7면). "巴里に於ける朝鮮人の秘密本部を訪ふ(파리에 있는 조선인의 비밀본부 방문)".

≪大阪朝日新聞≫. (1919. 4. 30a, 2면). "問責決議(문책 결의)".

≪大阪朝日新聞≫. (1919. 4. 30b, 3면). "再び朝鮮騷動に就て(다시 조선 소요에 관하여)③".

≪大阪朝日新聞≫. (1919. 5. 1, 3면). "再び朝鮮騷動に就て(다시 조선 소요에 관하여)④".

≪大阪朝日新聞≫. (1919. 5. 3, 1면). "李王御參拜(이왕 참배)".

≪大阪朝日新聞≫. (1919. 5. 24a, 7면). "長谷川總督を狙ふ(하세가와 총독을 노리다)".

≪大阪朝日新聞≫. (1919. 5. 24b, 7면). "米 大統領へ陳情書(미국 대통령에게 진정서)".

≪大阪朝日新聞≫. (1919. 5. 26, 7면). "長谷川總督の後任は野田卯太郎が適任だ(하세가와 총독의 후임은 노다 우타로가 적임)".

≪大阪朝日新聞≫. (1919. 5. 31, 7면). "朝鮮では基督教徒が大に減った(조선에서 기독교도 크게 감소)".

≪大阪朝日新聞≫. (1919. 6. 14, 석간 1면). "朝日評壇-米國と朝鮮獨立(아사히평단-미국과 조선독립)".

≪大阪朝日新聞≫. (1919. 6. 26, 2면). "文官か武官か(문관인가 무관인가)④".

≪大阪朝日新聞≫. (1919. 6. 28, 석간 2면). "金允植李容植の朝鮮獨立運動豫審決定す(김윤식, 이용식의 조선독립운동 예심 결정)".

≪大阪朝日新聞≫. (1919. 6. 30a, 석간 1면). "朝鮮師團繰上(조선 사단 조기 완성)".

≪大阪朝日新聞≫. (1919. 6. 30b, 석간 2면). "天道教印刷所全燒(천도교 인쇄소 전소)".

≪大阪朝日新聞≫. (1919. 7. 1, 2면). "長谷川總督の遺誥(하세가와 총독의 유고)".

≪大阪每日新聞≫. (1919. 3. 2a, 석간 6면). "故李太王御大葬前記-光景森嚴を極む(고 이태왕 대장 전기-광경 극히 삼엄)".

≪大阪每日新聞≫. (1919. 3. 2b, 석간 6면). "哀號更に切なり(아이고 소리 더욱 애절하게)".

≪大阪每日新聞≫. (1919. 3. 2c, 11면). "長谷川總督の遺誥(하세가와 총독의 유고)".

≪大阪每日新聞≫. (1919. 3. 3a, 석간 6면). "朝鮮各地の騷擾(조선 각지의 소요)".

≪大阪每日新聞≫. (1919. 3. 3b, 석간 6면). "學生の妄動に過ぎず(학생의 망동에 불과하다)".

≪大阪每日新聞≫. (1919. 3. 4a, 석간 2면). "大輿眩し國葬列(대여가 눈부신 국장 행렬)".

≪大阪每日新聞≫. (1919. 3. 4b, 석간 6면). "京城の大騷擾(경성의 대소요)".

≪大阪每日新聞≫. (1919. 3. 4c, 석간 6면). "更に嚴重なる二日の警戒(더욱 엄중한 2일의 경계)".

≪大阪每日新聞≫. (1919. 3. 4d, 석간 6면). "連絡を取って蜂起す(연락을 취하며 봉기)".

≪大阪每日新聞≫. (1919. 3. 4e, 석간 6면). "首魁 孫秉熙の豪語(수괴 손병희의 호언)".

≪大阪每日新聞≫. (1919. 3. 4f, 1면). "日鮮の融合(일본과 조선의 융합)".

≪大阪每日新聞≫. (1919. 3. 4g, 11면). "晝の如き金谷御墓所(대낮 같은 금곡 묘소)".

≪大阪每日新聞≫. (1919. 3. 7a, 11면). "朝鮮各地の騷擾(조선 각지의 소요)".

≪大阪每日新聞≫. (1919. 3. 7b, 11면). "騷擾民の鎭撫に努む(소요 민중 진무에 노력)".

≪大阪每日新聞≫. (1919. 3. 7c, 11면). "砂川の暴徒(사천의 폭도)".

≪大阪每日新聞≫. (1919. 3. 7d, 11면). "遂安の天道教徒(수안의 천도교도)".

≪大阪每日新聞≫. (1919. 3. 7e, 11면). "總督再び遺誥發す(총독 다시 유고를 발표하다)".

≪大阪每日新聞≫. (1919. 3. 8a, 11면). "李王に上書を企つ(이왕에게 상소를 시도하다)".

≪大阪每日新聞≫. (1919. 3. 8b, 11면). "各地方騷擾(각 지방의 소요)".

≪大阪每日新聞≫. (1919. 3. 8c, 11면). "憲兵の妻(헌병의 아내)".

≪大阪每日新聞≫. (1919. 3. 8d, 11면). "鮮人の爲眞に悲む可し(조선인을 위해 진실로 슬퍼한다)".

≪大阪每日新聞≫. (1919. 3. 8e, 11면). "嚴罰に處せん(엄벌할 것이다)".

≪大阪每日新聞≫. (1919. 3. 9a, 석간 1면). "朝鮮事件質問(조선사건 질문)".

≪大阪每日新聞≫. (1919. 3. 9b, 석간 6면). "職に殉ぜる夫(순직한 남편)".

≪大阪每日新聞≫. (1919. 3. 9c, 11면). "朝鮮の騷擾(조선의 소요)".

≪大阪每日新聞≫. (1919. 3. 9d, 11면). "孫秉熙の大芝居(손병희의 한바탕 연극)".

≪大阪每日新聞≫. (1919. 3. 10a, 11면). "理解なき騷民擾亂に次ぐに擾亂(이해 못 하는 소요 인민 거듭되는 요란)".

≪大阪每日新聞≫. (1919. 3. 10b, 11면). "總督府印刷所の職工一齊に不穩の擧に出づ(총독 부 인쇄소 직공 일제히 불온한 봉기)".

≪大阪每日新聞≫. (1919. 3. 10c, 11면). "電車盟休(전차 맹휴)".

≪大阪每日新聞≫. (1919. 3. 10d, 11면). "戶を閉せる平壤市民(문을 닫은 평양 시민)".

≪大阪每日新聞≫. (1919. 3. 10e, 11면). "寧遠襲はる(영원 습격)".

≪大阪每日新聞≫. (1919. 3. 11a, 석간 6면). "兩殿下御憂慮深し(양 전하 우려 깊음)".

≪大阪每日新聞≫. (1919. 3. 11b, 11면). "首魁孫秉熙收監さる(수괴 손병희 수감되다)".

≪大阪每日新聞≫. (1919. 3. 11c, 11면). "一軒の火事に三萬の人(집 1채에서 일어난 화재에 3 만 명)".

≪大阪每日新聞≫. (1919. 3. 11d, 11면). "大邱學生團の示威運動(대구 학생단의 시위운동)".

≪大阪每日新聞≫. (1919. 3. 11e, 11면). "龍山滿鐵工場職工盟休す(용산 만철공장 직공 맹휴)".

≪大阪每日新聞≫. (1919. 3. 11f, 11면). "政池中尉の死(마사이케 중위의 죽음)".

≪大阪每日新聞≫. (1919. 3. 12, 11면). "憲兵分遣所を襲ふ(헌병분견소 습격)".

≪大阪每日新聞≫. (1919. 3. 13a, 석간 6면). "騷民尙ほ覺らず(여전히 각성하지 않는 소요민)".

≪大阪每日新聞≫. (1919. 3. 13b, 석간 6면). "在京城記者團の宣言(재경성 기자단의 선언)".

≪大阪每日新聞≫. (1919. 3. 13c, 11면). "統治上の變改を見ん(통치상의 개혁을 하자)".

≪大阪每日新聞≫. (1919. 3. 13d, 11면). "京城市中は漸く鎭靜(경성 시내는 점점 진정)".

≪大阪每日新聞≫. (1919. 3. 14a, 석간 6면). "不穩の大道演說で煽り立る(불온한 대로변 연 설로 선동)".

≪大阪每日新聞≫. (1919. 3. 14b, 11면). "各騷擾地へ派兵(각지 소요지에 파병)".

≪大阪每日新聞≫. (1919. 3. 14c, 11면). "叔父敵孫秉熙(숙부가 적, 손병희)".

≪大阪每日新聞≫. (1919. 3. 14d, 11면). "騷擾混雜眞只中の一喜劇(혼잡한 소요 와중의 희극)".

≪大阪每日新聞≫. (1919. 3. 15a, 석간 1면). "朝鮮騷擾問答(조선 소요 문답)".

≪大阪每日新聞≫. (1919. 3. 15b, 석간 1면). "基督敎徒凶暴(기독교도 흉포)".

≪大阪每日新聞≫. (1919. 3. 15c, 11면). "田螺のような鮮商(우렁이 같은 조선 상인)".

≪大阪每日新聞≫. (1919. 3. 16a, 석간 6면). "眼の覺めかけた鮮民(눈을 뜨려고 하는 조선인)".

≪大阪每日新聞≫. (1919. 3. 16b, 석간 6면). "開敎せるはただ3校のみ(개교한 곳은 단지 세 학교뿐)".

≪大阪每日新聞≫. (1919. 3. 16c, 석간 6면). "支那軍隊の發砲(중국 군대의 발포)".

≪大阪每日新聞≫. (1919. 3. 17a, 11면). "東京の鮮人中學生等悉く同盟退校す(도쿄의 조선 인 중학생 등 모두 동맹퇴교)".

≪大阪每日新聞≫. (1919. 3. 17b, 11면). "續續憲兵駐在所を襲ふ(속속 헌병주재소를 습격)".

≪大阪每日新聞≫. (1919. 3. 17c, 11면). "內地人工夫と衝突(내지인 인부와 충돌)".

≪大阪每日新聞≫. (1919. 3. 18a, 석간 6면). "騷民五百警察包圍(소요민 500명 경찰 포위)".

≪大阪每日新聞≫. (1919. 3. 18b, 석간 6면). "暴民五千憲兵分遣所を襲ひ死傷あり(폭민 5000명 헌병분견소를 습격해 사상자 발생)".

≪大阪毎日新聞≫. (1919. 3. 18c, 석간 6면). "龍井居留邦人の自衛團軍隊の出動を領事に要求す(용정 거류 동포 자위단 군대 출동을 영사에게 요구)".

≪大阪毎日新聞≫. (1919. 3. 19, 11면). "休學宣言書を配布す(휴학선언서를 배포하다)".

≪大阪毎日新聞≫. (1919. 3. 20a, 석간 6면). "動き出した浦鹽鮮人學生(움직이기 시작한 블라디보스토크 조선인 학생)".

≪大阪毎日新聞≫. (1919. 3. 20b, 석간 6면). "露國官憲の取締嚴し(러시아 관헌의 단속 엄중)".

≪大阪毎日新聞≫. (1919. 3. 20c, 석간 6면). "不逞鮮民火を放つ(불령 조선인의 방화)".

≪大阪毎日新聞≫. (1919. 3. 20d, 11면). "黎明會と朝鮮學生(여명회와 조선 학생)".

≪大阪毎日新聞≫. (1919. 3. 21a, 석간 6면). "嗟や大阪にも鮮民の騷擾(아아, 오사카에서도 조선인 소요)".

≪大阪毎日新聞≫. (1919. 3. 21b, 석간 6면). "騷擾漸次內訌す(소요 점차 내분)".

≪大阪毎日新聞≫. (1919. 3. 22a, 석간 6면). "宣言書を戎克で運ぶ(선언서를 정크로 운반)".

≪大阪毎日新聞≫. (1919. 3. 23, 11면). "隊伍を組んだ勞動者團(대오를 정비한 노동자 집단)".

≪大阪毎日新聞≫. (1919. 3. 25, 석간 6면). "一萬の暴徒郵便局を襲ふ(1만 명의 폭도 우체국 습격)".

≪大阪毎日新聞≫. (1919. 3. 25b, 4면). "朝鮮暴動の影響(조선 폭동의 영향)上".

≪大阪毎日新聞≫. (1919. 3. 25c, 11면). "京城又も大騷擾(경성 또 큰 소요)".

≪大阪毎日新聞≫. (1919. 3. 25d, 11면). "夜半に解散(밤중에 해산)".

≪大阪毎日新聞≫. (1919. 3. 25e, 11면). "支那奉天省の鮮人團(중국 봉천성의 조선인 집단)".

≪大阪毎日新聞≫. (1919. 3. 27a, 석간 6면). "放火頻頻電車に投石(방화 빈번, 전차에 투석)".

≪大阪毎日新聞≫. (1919. 3. 27b, 석간 6면). "米總領事の抗議(미국 총영사의 항의)".

≪大阪毎日新聞≫. (1919. 3. 27c, 석간 6면). "市日の騷擾(장날에 소요)".

≪大阪毎日新聞≫. (1919. 3. 27d, 11면). "三十餘名又復馬山の騷擾(30여 명 검거, 또다시 마산 소요)".

≪大阪毎日新聞≫. (1919. 3. 28a, 석간 6면). "淸津の騷擾(청진의 소요)".

≪大阪毎日新聞≫. (1919. 3. 28b, 석간 6면). "間島不穩(간도 불온)".

≪大阪毎日新聞≫. (1919. 3. 28c, 2면). "今後の朝鮮統治山縣總監の談(앞으로의 조선 통치, 야마가타 총감의 말)".

≪大阪毎日新聞≫. (1919. 3. 30a, 석간 6면). "蠅叩きでは追っつかず(파리채로는 감당할 수 없다)".

≪大阪毎日新聞≫. (1919. 3. 30b, 석간 6면). "暴民の來襲頻頻たり(폭민의 습격이 잦다)".

≪大阪毎日新聞≫. (1919. 3. 30c, 1면). "山縣總監の上奏(야마가타 총감 상주)".

≪大阪毎日新聞≫. (1919. 3. 31, 석간 6면). "先づ小學兒童から拓植思想を鼓吹する(소학교 아동부터 척식 사상을 고취한다)".

≪大阪毎日新聞≫. (1919. 4. 3, 석간 1면). "朝鮮人取締の訓令(조선인 단속 훈령)".

≪大阪毎日新聞≫. (1919. 4. 5, 2면). "朝鮮首腦の引責(조선 수뇌의 인책)".

≪大阪毎日新聞≫. (1919. 4. 6a, 석간 1면). "朝鮮の言論(조선과 언론)".

≪大阪毎日新聞≫. (1919. 4. 6b, 1면). "朝鮮暴動先後策(조선 폭동 선후책)".

≪大阪每日新聞≫. (1919. 4. 7a, 석간 1면). "對朝鮮處置(대조선 처치)".

≪大阪每日新聞≫. (1919. 4. 7b, 석간 6면). "警官慘殺(경관 참살)".

≪大阪每日新聞≫. (1919. 4. 8a, 석간 1면). "朝鮮へ增兵(조선에 증병)".

≪大阪每日新聞≫. (1919. 4. 8b, 석간 1면). "軍隊增派の理由(군대 증파 이유)".

≪大阪每日新聞≫. (1919. 4. 9a, 석간 6면). "六箇大隊增派(6개 대대 증파)".

≪大阪每日新聞≫. (1919. 4. 9b, 1면). "巴里における鮮人の妄動(파리의 조선인 망동)".

≪大阪每日新聞≫. (1919. 4. 9c, 1면). "植民地統治の誤謬(식민지 통치의 오류)".

≪大阪每日新聞≫. (1919. 4. 9d, 2면). "朝鮮の騷擾に就て(조선의 소요에 관하여)①".

≪大阪每日新聞≫. (1919. 4. 9e, 11면). "戰爭より難かしい(전쟁은 어렵다)".

≪大阪每日新聞≫. (1919. 4. 9f, 11면). "最も機宜を得たる憲兵の增派(가장 시의적절한 헌병 증파)".

≪大阪每日新聞≫. (1919. 4. 10a, 석간 1면). "鎭壓隊の敦賀出發(진압부대 쓰루가 출발)".

≪大阪每日新聞≫. (1919. 4. 10b, 석간 1면). "広島姬路聯隊各大隊は宇品より出發(히로시마 히메지 연대 각 대대는 우지나에서 출발)".

≪大阪每日新聞≫. (1919. 4. 10c, 석간 1면). "敢然として再び警告す(과감하게 재차 경고)".

≪大阪每日新聞≫. (1919. 4. 10d, 1면). "朝鮮新統治方針(조선 신통치 방침)".

≪大阪每日新聞≫. (1919. 4. 10e, 2면). "朝鮮の騷擾に就て(조선의 소요에 관하여)②".

≪大阪每日新聞≫. (1919. 4. 11a, 석간 6면). "發船地の靑森(발선지인 아오모리)".

≪大阪每日新聞≫. (1919. 4. 11b, 2면). "朝鮮の騷擾に就て(조선의 소요에 관해)③".

≪大阪每日新聞≫. (1919. 4. 11c, 11면). "虛報頻頻チャイナプレス記者ガイスル(거짓 보도 잦은 차이나 프레스 기자 가일스)".

≪大阪每日新聞≫. (1919. 4. 11d, 11면). "暴露した此の事實(폭로한 이 사실)".

≪大阪每日新聞≫. (1919. 4. 12a, 석간 6면). "三び諭告す(세 번째 유고)".

≪大阪每日新聞≫. (1919. 4. 12b, 2면). "朝鮮の騷擾に就て(조선의 소요에 관해)④".

≪大阪每日新聞≫. (1919. 4. 12c, 2면). "陸相の時事談(육군대신 시사담)".

≪大阪每日新聞≫. (1919. 4. 12d, 11면). "鮮人露國傭兵の一團我兵營を襲擊す(조선인 러시아 용병의 한 무리가 우리 병영을 습격하다)".

≪大阪每日新聞≫. (1919. 4. 13a, 2면). "朝鮮の騷擾に就て(조선의 소요에 관해)⑤".

≪大阪每日新聞≫. (1919. 4. 13b, 11면). "朝鮮總督府にて連日の部長官會議(조선총독부에서 매일 부 장관 회의)".

≪大阪每日新聞≫. (1919. 4. 14, 2면). "朝鮮の騷擾に就て(조선의 소요에 관해)⑥".

≪大阪每日新聞≫. (1919. 4. 15a, 2면). "朝鮮の騷擾に就て(조선의 소요에 관해)⑦".

≪大阪每日新聞≫. (1919. 4. 15b, 3면). "宣敎師の警告(선교사에게 경고)".

≪大阪每日新聞≫. (1919. 4. 16a, 석간 1면). "朝鮮騷擾調査(조선 소요 조사)".

≪大阪每日新聞≫. (1919. 4. 16b, 석간 6면). "騷民に大鐵槌(소요민에게 대철퇴)".

≪大阪每日新聞≫. (1919. 4. 16c, 11면). "新處罰令(새로운 처벌령)".

≪大阪每日新聞≫. (1919. 4. 17a, 석간 1면). "朝鮮の騷擾(조선의 소요)".

≪大阪每日新聞≫. (1919. 4. 17b, 2면). "朝鮮騷擾對應策(조선 소요 대응책)".

≪大阪每日新聞≫. (1919. 4. 17c, 11면). "京城三學堂の家宅捜索(경성 세 학당의 가택수색)".

≪大阪每日新聞≫. (1919. 4. 18, 11면). "在鮮米國宣敎師對抗運動を起す(재조선 미국 선교사 대항운동을 일으키다)".

≪大阪每日新聞≫. (1919. 4. 19, 11면). "軍隊警官に反抗暴行す(군대 경관에게 반항 폭행하다)".

≪大阪每日新聞≫. (1919. 4. 20a, 석간 1면). "鮮人の死傷千名(조선인 사상자 천명)".

≪大阪每日新聞≫. (1919. 4. 20b, 석간 1면). "騷擾犯人の奪取を企つ晉州における鮮人の妄動(소요 범인의 탈취를 기도 진주에서 조선인 망동)".

≪大阪每日新聞≫. (1919. 4. 20c, 11면). "米人宣敎師モ-リ-は懲役六個月の判決(미국인 선교사 모리 징역 6개월 판결)".

≪大阪每日新聞≫. (1919. 4. 21a, 석간 1면). "米國總領事の騷擾調査(미국 총영사의 소요 조사)".

≪大阪每日新聞≫. (1919. 4. 21b, 석간 6면). "新聞記者大會(신문기자 대회)".

≪大阪每日新聞≫. (1919. 4. 22, 11면). "政治犯罪處罰令公布(정치범죄 처벌령 공포)".

≪大阪每日新聞≫. (1919. 4. 24a, 2면). "朝鮮騷擾調査(조선 소요 조사)".

≪大阪每日新聞≫. (1919. 4. 24b, 11면). "鮮人また騷ぐ(조선인 다시 소동)".

≪大阪每日新聞≫. (1919. 4. 25, 석간 1면). "在米朝鮮人大會(재미 조선인 대회)".

≪大阪每日新聞≫. (1919. 4. 27a, 2면). "朝鮮事件調査(조선 사건 조사)".

≪大阪每日新聞≫. (1919. 4. 27b, 2면). "又も耶蘇敎會堂を燒く(다시 야소교회당을 태우다)".

≪大阪每日新聞≫. (1919. 4. 28a, 석간 1면). "統治根本策(통치 근본책)".

≪大阪每日新聞≫. (1919. 4. 28b, 11면). "ニコリスクの假政府(니콜리스크의 가정부)".

≪大阪每日新聞≫. (1919. 4. 29, 석간 1면). "地方官會議(지방관 회의)".

≪大阪每日新聞≫. (1919. 4. 30a, 2면). "朝鮮事件決議(조선사건 결의)".

≪大阪每日新聞≫. (1919. 4. 30b, 2면). "朝鮮統治策攻擊(조선통치책 공격)".

≪大阪每日新聞≫. (1919. 5. 2, 11면). "塩沢憲兵大佐譴責さる(시오자와 헌병 대좌 견책)".

≪大阪每日新聞≫. (1919. 5. 3, 석간 1면). "朝鮮統治策(조선 통치책)".

≪大阪每日新聞≫. (1919. 5. 8a, 석간 6면). "天道敎全く屛息(완전히 움츠러든 천도교)".

≪大阪每日新聞≫. (1919. 5. 18, 석간 1면). "朝鮮獨立運動(조선독립운동)".

≪大阪每日新聞≫. (1919. 5. 22, 6면). "留置場の格子に頭を打付けて自殺(유치장 격자에 머리를 부딪치고 자살)".

≪大阪每日新聞≫. (1919. 6. 2, 11면). "鮮血白衣を染む(선혈이 흰옷을 물들이다)".

≪大阪每日新聞≫. (1919. 6. 3, 2면). "厄介なる宣敎師(골치 아픈 선교사)(하)".

≪大阪每日新聞≫. (1919. 6. 12, 석간 1면). "朝鮮總督の辭職(조선총독 사직)".

≪大阪每日新聞≫. (1919. 6. 13, 1면). "朝鮮獨立運動と米國(조선독립운동과 미국)".

≪大阪每日新聞≫. (1919. 6. 26, 2면). "長谷川總督東上延期の事情(하세가와 총독 도쿄행 연기한 사정)".

≪大阪每日新聞≫. (1919. 6. 30, 석간 1면). "朝鮮師團完成上編(조선사단 완성 앞당겨)".

≪大阪每日新聞≫. (1919. 7. 5, 11면). "長谷川總督の東上さらばよ!朝鮮(하세가와 총독 도쿄행, 안녕! 조선)".

≪大阪每日新聞≫. (1919. 7. 6, 6면). "どの点が惡政だ(어느 부문이 악정인가)".

≪大阪每日新聞≫. (1919. 7. 11, 석간 1면). "長谷川總督愈辭表提出(하세가와 총독 마침내 사직서 제출)".

≪大阪每日新聞≫. (1919. 8. 3, 3면). "補助憲兵歸還(보조헌병 귀환)".

≪大阪每日新聞≫. (1919. 8. 7, 1면). "朝鮮臺灣官制改正の要點(조선 타이완 관제개정의 요점)".

≪大阪每日新聞≫. (1919. 8. 9, 1면). "朝鮮總督,總監確定(조선 총독 및 총감 확정)".

≪大阪每日新聞≫. (1919. 8. 14a, 2면). "朝鮮へ內地警官(조선에 내지 경관)".

≪大阪每日新聞≫. (1919. 8. 14b, 2면). "朝鮮經費の支辨(조선 경비지급)".

≪大阪每日新聞≫. (1919. 8. 21, 1면). "兩總督府官制改正(양국 총독부 관제개정)".

≪大阪每日新聞≫. (1919. 8. 22, 효고 1면). "朝鮮派遣隊歸る(조선 파견대 귀환)".

≪大阪每日新聞≫. (1919. 8. 26a, 2면). "朝鮮の新豫算(조선의 새 예산)".

≪大阪每日新聞≫. (1919. 8. 26b, 2면). "朝鮮の警察力(조선의 경찰력)".

≪大阪每日新聞≫. (1919. 8. 27a, 2면). "朝鮮官制改正と米國(조선 관제개정과 미국)".

≪大阪每日新聞≫. (1919. 8. 27b, 11면). "朝鮮の虎疫(조선의 콜레라)".

≪大阪每日新聞≫. (1919. 8. 28, 석간 1면). "總督總監赴任(총독·총감 부임)".

≪大阪每日新聞≫. (1919. 8. 29, 1면). "斎藤総督の朝鮮入(사이토 총독의 조선 입국)".

≪大阪每日新聞≫. (1919. 8. 30, 6면). "御夫婦連で參宮(부부가 나란히 궁 참배)".

≪大阪每日新聞≫. (1919. 9. 2, 2면). "總督, 總監(총독, 총감)".

≪大阪每日新聞≫. (1919. 9. 3a, 1면). "斎藤総督爆彈を投ぜらる(사이토 총독에게 폭탄 투척)".

≪大阪每日新聞≫. (1919. 9. 3b, 11면). "爆彈を投ぜられだ斎藤総督一行(폭탄을 투척당한 사이토 조선총독 일행)".

≪大阪每日新聞≫. (1919. 9. 3c, 석간 6면). "蒙昧度し難し(무지몽매)".

≪大阪每日新聞≫. (1919. 9. 3d, 석간 6면). "凶變を知ず(흉변 모른 채)".

≪大阪每日新聞≫. (1919. 9. 4, 1면). "斎藤総督の訓示(사이토 총독의 훈시)".

≪大阪每日新聞≫. (1919. 9. 5, 석간 6면). "月給五十三圓が看板(월급 53엔이 간판)".

≪大阪每日新聞≫. (1919. 9. 6, 2면). "朝鮮警察署增設(조선 경찰서 증설)".

≪大阪每日新聞≫. (1919. 9. 8, 1면). "朝鮮警察機關充實計劃(조선 경찰기관 충실 계획)".

≪大阪每日新聞≫. (1919. 9. 10, 1면). "斎藤総督の諭告(사이토 총독의 유고)".

≪大阪每日新聞≫. (1919. 9. 26, 석간 1면). "斎藤総督の訓示(사이토 총독의 훈시)".

≪大阪每日新聞≫. (1919. 9. 27, 2면). "鮮人代表の希望(선인 대표의 희망)".

≪大阪每日新聞≫. (1919. 10. 7, 11면). "斎藤総督狙擊の爆彈眞犯人彼は六十五歳の老翁(사이토 총독 저격의 폭탄 진범인 그는 65세의 노옹)".

≪大阪每日新聞≫. (1919. 11. 3, 1면). "陰謀團一網打盡(음모단 일망타진)".

≪大阪每日新聞≫. (1919. 11. 28a, 8면). "不逞鮮人團の首魁全協李堈公を脅迫して誘出す(불령선인단의 수괴 전협 이강공을 협박해 유혹)".

≪大阪每日新聞≫. (1919. 11. 28b, 8면). "將に發車せんとする列車に飛乘って追跡(막 발차하려는 열차에 올라타 추적)".

≪大阪每日新聞≫. (1919. 12. 13, 2면). "朝鮮豫算決定(조선 예산 결정)".

≪大阪每日新聞≫. (1919. 12. 22, 석간 1면). "朝鮮師團增員理由(조선사단 증원 이유)".

Baldwin, F. P. (1969). "The March First Movement: Korean Challenge and Japanese Response." Ph. D Thesis. Columbia University.

Bix, H. P. (2000). *Hirohito And The Making of Modern Japan*. Haper Collins Publishers; 오현숙 역. (2010). 『히로히토 평전, 근대 일본의 형성』. 서울: 삼인.

Commission on Relations with the Orient of the Federal Council of the Churches of Christ in America. (1919). "The Korean Situation: Authentic Accounts of Recent Events by Eye Witnesses"; 독립운동사편찬위원회 편. (1971a). 『한국의 정세(The Korean Situation)』. 『독립운동사자료집 제4권: 3·1운동사자료집』. 서울: 독립유공자사업기금운용위원회.

Curtice, R. S. (1919. 4. 21). "Mr. Curtice to Mr. Bergholz, April 21". *Records of the U.S. Department of State relating to internal affairs of Korea(Chosen), 1910-1929*. 국회도서관.

Kang, H. (2001). *Under the Black Umbrella: Voices from Colonial Korea, 1910~1945*. Ithaca: Cornell University Press; 정선태·김진옥 역. (2011). 『검은 우산 아래에서: 식민지 조선의 목소리, 1910-1945』. 서울: 산처럼.

Kim, S. & Wales, N. (1941). *Song of Ariran: the Life Story of a Korean Rebel*. New York: John Day Co.; 조우화 역. (1992). 『아리랑』. 서울: 동녘.

McKenzie, F. A. (1920). *Korea's Fight for Freedom*. London: Fleming H. Revell Co.; 신복룡 역. (1999). 『한국의 독립운동』. 서울: 집문당.

Oliver, R. T. (1960). *Syngman Rhee: The Man Behind the Myth*. New York: Dodd Mead & Company; 황정일 역. (2002). 『이승만: 신화에 가린 인물』. 서울: 건국대학교출판부.

Schofield, F. W. (2012). 『강한 자에는 호랑이처럼 약한 자에는 비둘기처럼: 스코필드 박사 자료집』. 김승태·유진·이항 편. 서울: 서울대출판문화원.

Taylor, M. L. (1992). *Chain of Amber*. Lewes, Susses: Book Guild; 송영달 역. (2014). 『호박목걸이: 딜쿠샤 안주인 메리 테일러의 서울살이, 1917~1948』. 서울: 책과함께.

United States Government Printing Office(GPO, 미국 정부 인쇄국) 홈페이지(https://www.govinfo.gov)의 『Congressional Record(의사록)』.

연표

1868	일본 메이지유신
1871	독일제국 성립
1876	강화도조약 체결
1882	독일·오스트리아-헝가리·이탈리아 3국 동맹 성립 조미수호통상조약 체결
1885	청·일, 텐진조약 체결
1894	갑오농민운동 청일전쟁(~1895)
1895	시모노세키조약 일본, 대만 식민지화 명성황후 시해 을미의병
1902	제1차 영·일 동맹
1904	러일전쟁(~1905) 한일의정서 체결
1905	미·일, 가쓰라·태프트 밀약 체결 을사조약 체결
1907	영국·프랑스·러시아 3국 협상 성립 헤이그 특사 파견 고종 퇴위 대한제국 군대 해산
1909	안중근, 이토 히로부미 저격
1910	일본, 한국 병합
1912	중화민국 성립

1914	제1차 세계대전 발발(~1918)
1917	러시아혁명
1917. 11	레닌 '평화에 관한 포고' 발표
1918. 1	우드로 윌슨 '14개조 평화원칙' 발표
1918. 11. 11	제1차 세계대전 종전
1918. 11. 28	여운형, 찰스 크레인과 만남
1918. 12. 14	뉴욕에서 '소약속국동맹회의' 제2차 회의 개최
1919. 1. 18	파리강화회의 시작
1919. 1. 20 무렵	천도교 지도부, 독립만세운동 결의
1919. 1. 21	고종 서거
1919. 1. 27	학생 그룹, 독립선언 결의
1919. 2. 1	김규식, 상하이에서 파리로 출발 무오독립선언 발표
1919. 2. 8	재일 한국인 유학생, 도쿄에서 2·8독립선언
1919. 2. 12	기독교 장로교계, 독립청원 결의
1919. 2. 20	기독교 장로교와 감리교, 독립청원 합동 추진 결의
1919. 2. 21	최린과 이승훈 만남
1919. 2. 22 무렵	기미독립선언서 완성
1919. 2. 24	천도교·기독교·불교 연합 독립선언 추진 결의 독립선언서 서명자 규합
1919. 2. 25	대한국민의회 성립
1919. 2. 27	독립선언서 서명 날인 및 인쇄
1919. 2. 28	독립선언서 유통 및 배포
1919. 3. 1	경성 태화관 및 파고다공원에서 독립선언식 개최 선천에서 첫 총격 사망자 발생 조선총독부 심야 대책회의

1919. 3. 2	하라 일본 총리, 일기에 독립만세시위 첫 거론
1919. 3. 3	고종 국장 수안 만세시위 하세가와 조선총독이 다나카 육군상에게 군대 파견 및 발포 보고
1919. 3. 4	성천 및 사천 모락장 만세시위 헌병분대장 마사이케 부상·사망
1919. 3. 5	경성 제2차 만세시위
1919. 3. 6	정주 곽산 만세시위 조선총독부 기자회견 및 언론 보도 제한 해제
1919. 3. 7	일본 육군성, 시위 조속 진압 지시
1919. 3. 8	용산 조선총독부인쇄소 노동자 만세시위
1919. 3. 9	경성 전차승무원 및 동아연초 노동자 만세시위, 상가 철시 미주 교포에게 전파
1919. 3. 10	맹산 만세시위
1919. 3. 11	단천 만세시위 하라 총리, '표면상 경미, 실제로는 엄중' 대응 지시
1919. 3. 13	간도 옌지현 용정 만세시위 김규식 파리 도착
1919. 3. 15	명천 만세시위 대한인국민회 독립운동 지원 결의
1919. 3. 17	러시아 블라디보스토크 만세시위
1919. 3. 19	진주 '기생독립단' 만세시위 일본 오사카 덴노지 만세시위 무산
1919. 3. 20	북간도 훈춘과 경상남도 함안 만세시위
1919. 3. 22	경성 남대문 노동자대회
1919. 3. 23	경성 등에서 야간 및 봉화 시위
1919. 3. 27	용산 철도 노동자 파업시위

1919. 3. 28	마산·창원 연합 만세시위
	김윤식 '대일본장서' 발송·체포
1919. 3. 29	다이쇼 덴노, 만세시위 보고받음
1919. 3. 30	청주 미원 의거
1919. 3. 31	정주 및 수원 발안장 만세시위
1919. 4. 1	천안 아우내장터 만세시위
	일제, 경성 철시 해제 강요
	상하이 임시정부 수립 결정
1919. 4. 2	최대 시위
	한성 임시정부 수립 결의
	'파리장서' 사건 적발
	하세가와, 군대 증파 요청
1919. 4. 3	창원 삼진 의거
	수원 발안장 만세시위
1919. 4. 4	남원 및 이리 만세시위
	민족 대표 48인 예심 회부
	하라 내각, 일본군 증파 결정
1919. 4. 5	일제, 수원 수촌리 보복
	이완용, ≪매일신보≫에 1차 경고문 발표
1919. 4. 6	박중양, 대구에서 '자제단' 결성
1919. 4. 7	일본군 증원군 한반도 향해 출발
1919. 4. 8	일본 육군성, 증원군 한반도 파견 발표
1919. 4. 10	하세가와 총독, 세 번째 유고 발표
1919. 4. 11	일제, 수원 화수리 보복
	상하이 대한민국 임시정부 수립
1919. 4. 13	아리타 도시오, 수원 발안리 출현
1919. 4. 14	필라델피아 미주 한인대회 개회(~4월 16일)
1919. 4. 15	제암리 학살 사건 발생
	제령 제7호 공포 및 여행 통제

1919. 4. 16	커티스, 제암리 학살 현장 방문
1919. 4. 18	스코필드, 제암리 학살 현장 방문 일본 조선군 지도부, 제암리 학살 첫 은폐 모의
1919. 4. 19	로이즈, 제암리 학살 현장 방문 조선총독부·일본조선군 지도부, 제암리 학살 대응 조율
1919. 4. 21	커티스, 총영사 버그홀츠에게 제암리 학살 보고 일제, 제령 27호 공포
1919. 4. 22	하세가와 총독, 하라 총리에게 제암리 진상 보고 제암리 학살 사건 주범 아리타 도시오에게 행정 조치
1919. 4. 23	한성 임시정부 수립 선포 버그홀츠, 랜싱 국무장관에게 제암리 학살 보고
1919. 4. 25	일본 육군성, '독립만세시위 평정' 선언
1919. 4. 26	김규식, 대한민국 임시정부 파리위원부에 통신국 설치
1919. 5. 1	AP통신, 제암리 학살 사건 타전 아리타 도시오에게 중근신 20일 조치
1919. 5. 4	중국 5·4운동
1919. 5. 12	버그홀츠, 랜싱 국무장관에게 제암리 학살 재보고
1919. 5. 15	필라델피아에서 '한국친우회' 결성
1919. 5. 26	민족 대표 양한묵, 서대문감옥에서 옥사
1919. 6. 28	베르사유조약 체결 안창호, 상하이 임시정부 내무총장 취임
1919. 7	미국기독교교회총연합회 동양관계위원회에서 『한국의 정세』 발간
1919. 7. 15	노리스 미 상원의원, 일제의 잔인한 진압 규탄
1919. 8. 2	일제 증원군 철수 시작
1919. 8. 8	일제 관제개정안 및 신조선정책 발표 신임 조선총독 발표
1919. 8. 9	김규식, 파리 떠남

1919. 8. 21	일제 군법회의, 아리타 도시오에게 무죄 선고
1919. 8. 25	구미위원부 조직
1919. 9. 2	강우규, 사이토 마코토에게 폭탄 투척
1919. 9. 3	야마가타 이사부로, 하라 총리에게 독립운동가 회유책 건의
1919. 9. 6	조선총독부, 경찰 인력 확충 계획 발표
1919. 9. 8	조선총독부 및 조선군 지휘부 '상하이 사업' 결의
1919. 9. 11	통합 대한민국 임시정부 수립
1919. 11. 3	통합 대한민국 임시정부 출범식
1919. 11. 18	여운형, 방일(~12월 1일)해 대한독립 역설(11월 27일)
1919. 11. 22	미즈노 렌타로, 하라 총리에게 기밀비 증액 요구 및 친일당 수립 건의
1920. 11. 21	파리강화회의 종료 국제연맹 성립
1920	봉오동전투와 청산리대첩, 간도참변 민족 대표 48인 1심 선고
1921	워싱턴회의 개최 자유시참변
1926	6·10만세운동
1929	경제대공황 시작
1931	만주사변
1932	이봉창·윤봉길 의거
1933	미국 뉴딜정책 실시 독일 나치정권 수립 일본 국제연맹 탈퇴
1935	독일 재군비 선언
1937	중일전쟁 발발
1939	제2차 세계대전 발발

1940	일본·독일·이탈리아 3국 동맹 결성
	한국광복군 결성
1941	태평양전쟁 발발(~1945)
	대한민국 임시정부, 대일 선전포고
1943	카이로 선언(한국의 독립 보장)
1944	노르망디 상륙작전
	여운형, 건국동맹 조직
1945	일본의 무조건 항복으로 한국 광복
1947	냉전체제 시작
1948	남한 및 북한 정권 수립
	반민특위 결성 및 좌절
1949	중화인민공화국 성립
1950	한국전쟁 발발(~1953)
1951	샌프란시스코 회의 및 일본 독립
1953	한국전쟁 휴전협정 조인
1961	군사원호청 설치, 원호처로 개편(1962)
1965	한일협정 조인으로 한일 국교 정상화
1989	해외여행 완전 자유화로 한일 간 인적 교류 급증
1990	독일 통일
1991	소련공산당 해체 및 독립국가연합 결성
1998	한국, 일본 문화 개방
2002	한일 월드컵 공동 개최
2006	친일반민족행위자 발표(~2009)
2010	간 나오토 일본 총리, 3·1운동 의미 인정하는 내용 담긴 담화 발표
2019	3·1운동 100주년

찾아보기

지은이

논픽션그룹 '실록(實錄)'은 본격 논픽션 시대의 도래를 꿈꾸며 2017년 가을 만들어진 논픽션 쓰기 모임입니다. 우리가 잘 알고 있다고 생각하지만 잘 모르고 있는, 잘 모르고 있지만 꼭 알아야 할 '살아 있는 실제 이야기'를 기록하고자 합니다.

김용출 논픽션그룹 실록 대표. 1969년 장흥에서 태어났다. 대학 시절 시대의 격정과 학문의 무게에서 벗어나고자 문학의 향연에 자주 취했다. 현재 세계일보에서 근무하고 있다. 쓴 책으로『시대를 울린 여자: 최옥란 평전』(2003), 『독서경영: 지속성장을 위한 강력한 경쟁력』(2006, 공저), 『독일 아리랑』(2015, 개정판), 『비선 권력』(2017, 공저) 등이 있다. 꿈은 1000년이 가는 잡지를 만드는 것.

이천종 논픽션그룹 실록 부대표. 신문기자. 하늘 아래 가장 편한 곳, 천안에서 나고 청소년기를 보냈다. 인간과 권력에 대한 관심이 많아 대학에서 정치학을 배웠다. 현재 세계일보에서 일하고 있으며, '최순실 게이트' 특별취재팀에서 국정농단을 취재했다. 한국신문상, 국제앰네스티인권상, 이달의 기자상 등을 받았다. 쓴 책으로『비선 권력』(2017, 공저)이 있다.

박영준 논픽션그룹 실록 회원. 신문기자. 1983년 부산에서 태어났다. 2011년 세계일보에 입사해 사회부 경찰팀, 정치부 정당팀을 거쳐 현재는 경제부 소속으로 기획재정부와 공정거래위원회 등을 출입하고 있다. 한국신문상, 이달의 기자상, 인권보도상을 수상했다. 쓴 책으로『비선 권력』(2017, 공저)이 있다.

이현미 논픽션그룹 실록 회원. 신문기자. 1982년 강원도 영월에서 태어났다. 2011년 세계일보에 입사해 사회부, 문화부, 국제부, 경제부 등을 거쳐 현재 정치부에 근무하고 있다. 우리 사회가 조금씩 나아지길 희망하며 인권과 돌봄 문제에 대한 많은 기사를 써왔다. 올해의 여기자상, '인구의 날' 기념 보건복지부 장관 표창 등을 받았다. 쓴 책으로『엄마의 언어로 세상을 본다면』(2018)이 있다.

장윤희 논픽션그룹 실록 회원. 펜기자 출신 방송기자. 대학과 대학원에서 국어를 전공했다. 마음을 움직이는 말과 글을 향한다. 뉴스통신사 뉴시스를 거쳐 보도전문채널 연합뉴스TV 보도국에서 근무하고 있다. 전화보다 카카오톡이 익숙해진 모바일 시대 변화에 주목해『커넥트 에브리씽』(2016) 등을 썼다.

조병욱 논픽션그룹 실록 회원. 신문기자. 1985년 부산에서 태어났다. 대학과 대학원에서 북한학과 미래학을 전공했다. 2010년 세계일보에 입사해 사회부, 외교안보부, 경제부, 특별기획취재팀 등을 거쳤다. 탐사보도와 사람에 관한 기사를 많이 썼다. 한국신문상, 대한민국 녹색기후상 등을 수상했다. 쓴 책으로『비선 권력』(2017, 공저), 『지구의 미래: 기후변화를 읽다』(2016, 공저) 등이 있다.

역사 논픽션 3·1운동

ⓒ 논픽션그룹 실록, 2019

지은이 **논픽션그룹 실록**
펴낸이 **김종수**
펴낸곳 **한울엠플러스(주)**
편집 **김다정, 최규선**

초판 1쇄 인쇄 **2019년 2월 15일**
초판 1쇄 발행 **2019년 2월 25일**

주소 **10881 경기도 파주시 광인사길 153 한울시소빌딩 3층**
전화 **031-955-0655**
팩스 **031-955-0656**
홈페이지 **www.hanulmplus.kr**
등록번호 **제406-2015-000143호**

Printed in Korea.

ISBN **978-89-460-6602-1 03910** (양장)
ISBN **978-89-460-6615-1 03910** (반양장)

* 책값은 겉표지에 표시되어 있습니다.